【北京社科名家文库】

刘家和◎著

愚庵论史

BEIJING SHEKE MINGJIA WENKU

刘家和自选集

刘家和

首都师范大学出版社
CAPITAL NORMAL UNIVERSITY PRESS

图书在版编目(CIP)数据

愚庵论史:刘家和自选集/刘家和著.—北京:首都师范大学出版社,2010.6(2017.3重印)
(北京社科名家文库)
ISBN 978-7-81119-997-0

Ⅰ.①愚… Ⅱ.①刘… Ⅲ.①史学—文集 Ⅳ.①K0-53

中国版本图书馆CIP数据核字(2010)第097073号

北京社科名家文库
YU'AN LUNSHI
愚庵论史
刘家和自选集
刘家和 著

项目统筹:杨林玉　　责任编辑:张凌云
责任设计:王征发　　封面绘画:王征发
责任校对:李佳艺
首都师范大学出版社出版发行
地　址　北京西三环北路105号
邮　编　100048
电　话　68418523(总编室)　68982468(发行部)
网　址　www.cnupn.com.cn
印　刷　北京嘉实印刷有限公司
经　销　全国新华书店
版　次　2010年6月第1版
印　次　2017年3月第2次印刷
开　本　787mm×1 092mm　1/16
印　张　38.5　　插　页　2
字　数　379千
定　价　89.00元

《北京社科名家文库》编委会

出版说明

1978年，中国改革开放的元年。自那一年开始，中国已经走过了波澜壮阔的30年。这是伟大的30年，是改变中国的30年，是震惊世界的30年，也是哲学社会科学蓬勃发展的30年。

在哲学社会科学这30年的辉煌成就里，浸透着为新中国哲学社会科学奠基的老一辈专家呕心沥血的求索，也镌刻着寻着他们足迹的后来者追求真理的步伐。“学之大者，国之重器”。我们有责任将这些“大者”潜心研究的成果，重新编辑出版以飨读者。为此，北京市社会科学界联合会和首都师范大学出版社将这一套《北京社科名家文库》奉献给读者。她以自选集的体例形式，每年推出一批，争取在几年内达到百种以上。《北京社科名家文库》将系统展示当代哲学社会科学名家学者30年来的学思精华，展示他们的学术探索历程和风采。同时，为使这套《北京社科名家文库》更加丰富，编委会决定在首都师范大学出版社已出版的《当代著名学者自选集》中挑选符合体例的图书，编辑成《北京社科名家文库·纪念辑》，这将更完整地反映北京学人在学术风范和学术使命上的历史延续。

我们相信，《北京社科名家文库》将能够成为具有文化传承价值的经典性大型出版工程，成为集中展示首都哲学社会科学重要成果的一个窗口。由于我们水平所限，定有不足之处，希望读者和同仁给予批评指正。

编 委 会

2009年11月

刘家和先生

目录

北京社科名家文库

第二辑　学术思想史

第三辑　比较视野下的世界史与中国史

我与中外古史比较研究

我于1928年12月20日生于江苏六合。四岁时，不是像现在的孩子一样上幼儿园，而是被送进一家私塾，读《三字经》、《百家姓》等旧式开蒙课本和一种商务印书馆出的从“人手足刀尺”开头的所谓新式的国文。记得家里人送我进私塾的第一天，首先在孔夫子画像前摆好香案，点上香、烛，让我磕头，给孔夫子磕头以后，又给先生磕头。虽然从小在家里祭祖时也磕过不少头，可是这次的磕头好像特别严肃可怕，很想哭，又不敢哭。就在这样压抑的气氛里，天天读书、背书、写字，大约两年时间读完这些旧式课本和八本一套的国文，接着就上了小学，开始学算术。上小学，不用向孔夫子和老师磕头，还有下课的休息；气氛宽松得多，只是教室的正前上方，悬挂着孙中山先生的画像，两旁有“革命尚未成功，同志仍须努力”的对联，上面有“天下为公”的横批，让我很快就联想到孔夫子像两边的对联和上方的横批。小学刚刚上了两年多，日本大举侵华，南京沦陷，邻近南京的六合(现已划属南京)随之陷入日寇之手。学校没有了，只好跟老先生读《幼学》、《唐诗三百首》和《四书》。接着得知美国贵格会办的小学又招生，于是考进那个学校，开始学习用直接法教的英文，同时上宗教课，读《圣经》，每周日上午必须到教堂做礼拜；其他各科的及格标准是60分，而宗教课则是70分。记得刚上这所学校，处处感到陌生。教室里连孙中山先生的像也没有，前上方是空空的；到教堂做礼拜，也看不到神像，牧师在台上讲道，背后也是空空的。上帝在哪里？"上帝在我们心中"。我似懂非懂，但是没有压抑感。当时很恨日本人，觉得美国人是中国的朋友，美国老师对学生的确也很和蔼，与凶神恶煞般的日本兵形成极为鲜明的对比。最初对宗教课不习惯，觉得其内容和我读的中国书相去太远。但是逐渐对唱诗班的活动、圣诞节的活动也有了一种美好的感觉，甚至这成为我毕生的美好回忆之一。小学读完，正想继续上教会办的中学，不久太平洋战争爆发，美国老师被迫离开。只好再跟老先生读《古文观止》，学作古文，同时上私人办的补习馆从师学数学和英文；这时对读古书上了瘾，对数学的推理(尤其是几何学)和英文也很有兴趣。其间也上过县里办的中学，但是非常痛恨学日文(当时学生几乎无一例外)。越是痛恨学日文，就越是爱学中国古文，所以就是在上县里办的中学时，也几乎没有中断从老先生读古书、学古文。当我在一所私立中学读高一的时候，抗日战争终于胜利了。接着就到南京一所中学读完高中。

高中毕业，该考大学了，学什么呢？有些长辈劝我考理工科，意思是将来工作、生活有保证。我反观自己，对数学还有兴趣，可是由于中学上得断断续续，物理、化学就没有好好学过，上过一点课也没有实验条件，实际是勉强过关。所以学理工科没有条件。相对地说，文科的基础要好得多，而且兴趣浓厚，很想在中国学问上做出一点成绩。当时有一位曾经与我一起学古文的学长正在无锡国学专科学校读书，他告诉我那里有不少饱读经史、功力深厚的老先生，劝我到那里去求学。我就到那里去看看，觉得那里读古书、治国学的条件的确很好，可是又觉得路数旧了一点，自己还想学得更宽阔一些。国专的另一位朋友见我心里犹豫，就告诉我一条消息，说无锡荣家正在无锡办一所江南大学，他们要请钱穆先生主持文科，如果到那里从钱先生学习，又可以随时来国专请教其他老辈师长，岂非更好？我接受了这个建议，就考到江南大学史地系去学习，就这样走上了学史的道路。

虽然上了史地系，我的主攻仍是历史。兴趣最大的所在是先秦和两汉的历史。当时最爱读也最常读的有《左传》、《国语》、《史记》、《庄子》、《韩非子》等书，自己买了几种放在卧床的里侧，每天中午和晚上睡前都要读一些。这种情况实际从读高中的时候就开始了。不过，我的兴趣远远没有限制在这个范围里。在江南大学期间，除了中外两门通史、中外两门近代史、大一国文、英文及两门地理学方面的必修课外，我还选修了商周史、秦汉史、哲学概论、逻辑学(当时称理则学)、伦理学、中国文学史、古文字学、政治学、经济学、微积分等课程。作为一个年不满二十但已遭受过日寇八年统治的青年，当时，我渴望深入认识中国文化，同时也渴望了解世界。1949 年，江南大学史地系停办，我就转到南京大学历史系，随后又转到北京辅仁大学历史系学习。1952 年毕业于辅仁大学历史系。

从最初上私塾到大学毕业，我深深感受到老师的教诲的恩泽实在太多了，待以后工作稍有余暇，准备写一些回忆短文以为纪念。这里只能说几位老师，不是说我有能力继承他们的学问，是入室弟子，而是说他们对于我以后治学产生了长远影响，当然具体的影响也不一定就是老师所预期的。

钱穆先生教过我中国通史和秦汉史，他对历史发展大体的提纲挈领和对历史问题的精到论辩都使我在课堂上感受过精神的震动。当时我在读《庄子》，知道钱先生正在写一本关于《庄子》的书，所以几次请教他一些关于庄子的问题。他在回答问题时，顺便问了我对《庄子》和《老子》二书的关系有无了解，我以先老后庄的传统说法为对，并以《庄子》中说到老聃而《老子》中并无庄周为理由。他看我幼稚而好辩，就嘱咐我好好地看看他的《先秦诸子系年》。我费了好大气力读了这部书，心里的幼稚浮躁之气逐渐平了下来，知道学问实在太大了。再去向钱先生请教，他问我学到了什么？我说，具体问题，我此时还无考证能力，不过，我开始认识到，学历史即使治诸子也不能不懂考证，学先秦文史不能不懂清儒研究成果。钱先生点了点头，说他要我们读梁任公和他自己的两部同名之书《中国近三百年学术史》，目的就是要告诉我们一个治学门径。治史必重考证，治先秦史必自清人研究入手，成了我半个世纪以来治古史时所信守的基本原则。

唐君毅先生教过我哲学概论和伦理学，给我打开了了解西方思想的窗户。刚开始听哲学概论时，对大量的西方哲学词汇都无所知，颇有腾云驾雾之感；但是，并非什么都听不懂，也能感到他在辨析前代哲学家思想时所流露出来的哲学智慧，使我的好奇心逐渐向一个更深的层次发展。君毅先生和他的令妹至中先生（教我大一国文）对学生非常亲切和蔼，到他们家去问问题，就像向自己的家长问问题一样无所顾虑。问了问题适逢用饭时间，他们就留用饭；饭后有时他们会去湖山之间一些胜地散步，也带着我们同行。一边走，一边谈，从哲学到文学无所不谈。许多难懂的哲学问题，就是在饭桌上、散步间慢慢弄懂的。君毅先生很爱讲黑格尔辩证法，我为其精深所震动，但也时常不懂；至中先生往往在这样的时候帮了大忙。至中先生知道我还知道一些老庄，就常引老庄给我解说，使我感到了中外思想之间还有一条通道。两位唐先生引发了我对哲学的终身兴趣，也给我启发了比较思考的习惯。

牟宗三先生教过我们逻辑学，讲的基本是西方的古典逻辑，但也偶尔夹讲一些因明学和墨家逻辑。这门课在开始听时对我也很陌生，不过因其内在联系清晰而紧密，认真地听下去就不觉得有困难；而且，我发现，它和我很喜欢的几何学是同一个路数，是一种西方人所习用而我们中国人不常用的思考方法。唐君毅先生曾经对我们说，学哲学主要靠逻辑的思考。几十年来，我不断地读西方哲学的书，也不断地复习逻辑。用这种方法帮助自己克服学西方哲学中所遇到的许多困难，也逐渐提高了自己的思维能力。

冯振先生教过我文字学，他实际是教我们读《说文解字》，先讲《说文叙》，再讲部首，然后再一个字一个字地往下讲。从前跟老师学古文时，就听老师解字不时引用《说文》，也稍稍翻看过此书，觉得有趣，但不知入门途径。冯先生上课，时常辨二徐之误，出入段、王而时有发挥。当时所学虽然不多，但是由此我知道了，要在文字音韵之学上打好基础，不能不多学段、王。几十年来，我始终不敢忘记这门不能忘记的学问，基本上采取了“学而时习之”的方法，段、王就成了我随时请教的老师。有趣的是，冯先生讲课带广西口音，可是有些字的古音用他的口音读正好；记得他讲“见母”的见字，与现在普通话读音不同，而恰好符合古音。冯先生启发了我多年总爱从听方言中印证古音的习惯。我不才，不能成为文字学专家，但也稍知用以读好先秦、两汉及清儒之书，实皆拜冯先生循循善诱之所赐。

我之所以说到以上几位先生，是因为他们给予我的影响几乎是终生难忘的。我很幸运，我在一个适逢其会的阶段遇到了他们。我一想到他们，就会想起杜甫的诗句：“好雨知时节，当春乃发生，随风潜入夜，润物细无声。”当时我的求知欲极为旺盛，就像一株刚要从泥土里向外冒出头来的幼芽，恰好遇上了他们所施与的智慧的阳光雨露。

如果早一点遇到他们，那么我对他们的施与会一切茫然无知，接受不了；如果再晚一点遇到他们，那也许我习惯已成，他们的施与也许就改变不了我已成的积习，同样归于无效。因此，我觉得，在我几十年来所遇到的很多师长中，对我以后治学路数影响最大的是以上几位先生。

大学毕业后被分配在北京师范大学历史系工作，安排的专业是世界古代、中世纪史。当时自己很想进中国古代史专业，但是既然是工作的需要，当然也就服从了。可是，要做世界史，就要求外文好。我当时只是会一点英文，能看一般英文历史书籍，但是阅读速度与理解深度都很不够。好在我对外文(早年不愿意学日文是另一回事)不仅无反感，而且有兴趣。既然要我搞世界史，那就横下一条心学呗。正在加紧提高英文水平中，又遇到了必须学而且迅速学会俄文的要求。参加了突击式的俄文速成班，班上老师要求学过一种外文的人尽可能联系已学的语文来学俄文。这给了我一个大启发。英文还未及加深，又来了俄文，搞不好就会“鸡飞蛋打”两头空。怎么办？只好联系英文学俄文。我的办法是，准备一本英文本《共产党宣言》和一本俄文本《共产党宣言》，两个本子一字一句地对照看，每一句都用在中学学英文时学过的图解法(diagram)来作文法分析，用不同颜色的铅笔轻轻地画在书上。每天不求多，但必坚持。经过一段时间，这本书读完了，自己觉得效果还不错。又用同样的方法读《家庭、私有制和国家的起源》，到这本书读完，不仅没有了“鸡飞蛋打”的顾虑，而且感到这样做能够使英文与俄文的学习互相促进；特别是在对读过程中发现了印欧语言词汇、语法中的一些有趣的异同，很开自己的眼界。以后，我学德文，到自学阶段时还是用这个方法，用德文原本对照英文和俄文译本每句都表解分析地读。由于德文和英文关系更近，在比较对读中可以迅速发现二者在词汇和语法方面的异同，大大加快德文把握进度，而且对三种文字的学习也大有互相促进的作用。可是，收获还不仅于此，这样做也使我更自觉地在学习中注意比较方法的运用，促进了我的比较意识。随着比较意识的提高，我也把学中国古汉语文字学的方法运用到学外文上来。对汉字，我有追寻其小篆字形和古音的习惯；推广到学外文上，就是随时追寻外文字的字源。这种方法短时间看不到效果，长年累月积累下来，就很可观。这种方法既有利于加深、加固对某一种文字的理解和把握，又有利于学习多种(同一语系)的文字。还有一个原先没有想到的效果，就是因为理解得深，所以记得快、准、牢，从而大大提高效率；原先以为这样的笨方法会费时间、低效率，而结果恰恰相反，尤其从长时期的角度看，更是如此。正是因为如此，尽管我曾经费了大量的时间学外文，但是学外文并没有妨碍了我对中国学问的学习。

我注定要做世界古代史的教学和研究工作了，就决心好好干。经过两年，对课程基本内容有了一个大体的轮廓；知道全面平推不会有好效果，所以就想如何找一个点深入的问题。正好在工作中我很快对古希腊史发生了兴趣，引起兴趣的兴奋点主要在文化、哲学上。不过，那时候也在读侯外庐先生的书，看到他搞思想史先从社会经济史入手；由此得到启示，自己也就从社会经济史开始。不管从哪里入手，有一点我心里明白，总必须和中国史有所比较。当时中国古史分期问题讨论正热，有些先生涉及了与斯巴达的黑劳上(Hclot)制度的比较。我想，要研究希腊社会经济问题，斯巴达和雅典总是不可缺的。于是就开始准备作黑劳士制度的问题。先看了柏里(J. B. Bury)的希腊史打一个底，再细读格罗特(G. Grote)希腊史中涉及斯巴达社会经济史的部分，这样对问题的原委和基本材料所在也就有了一个底数，并且开始拟论文大纲，也做了部分卡片。这时东北师大来了一位教世界古代史的苏联专家，要开青年教师进修班。我考上了那个班，从1955年深秋到1957年夏，在那里学了两年世界古代史。这两年里，除专家讲的本专业课外，还有俄文及理论课，其余时间就是作论文。我就选定了《论黑劳士制度》为题，一面尽可能地阅读凡是能够找到的有关英文和俄文专著，包括两本1952年新出的英文的论斯巴达史的专书及新出的俄文论文；另一面就从洛埃布(Loeb)古典丛书的英译文阅读并查核史料。结果写出一篇八万多字的论文，其中涉及了与中国史对比的问题。论文在一个规模不小的答辩会上答辩通过，并得到了当时认为的最好的评价。进修班毕业，可是没有颁发任何学位；全班同学也都没有获得学位，当时没有这个规矩。一位老先生把此文推荐给了一家出版社，他们看了稿子，答应出版，但是提了一些修改意见。多数文字加工意见我都能接受，就是有一条我不赞成一位苏联大学者的意见的地方，他们要我必须改；我想我的苏联专家老师都没有要我改，宁可不出也不改。这样就没有再把稿子寄回给他们。我算做对了一件事，没有把不成熟的东西随便发出去。(“文革”以后，我把这篇论文删了一半还多一点，把不成熟的与中国对比的部分全都省略了。当时出版社对这些却都没有提不同意见。年纪稍稍大了一点，也就更知道比较研究之不易了。此是后话。)

作《论黑劳士制度》论文时，心里一直有两块心病，一块心病是只能看洛埃布丛书的英译文的这半边，而不能看其希腊原文的那半边。用史料不能从原文入手，怎能算真正的研究呢？另一块心病是，眼看着要作比较研究，可是自己在中国古史方面的文献功力仍然显得不够。由于想治这两块心病，首先打算自学古希腊文。找了一本用英文写的希腊文文法书，自己就试着往下学；因为没有老师可以请教，经过一段时间积累下来的问题无法解决，最后只好放弃。学不了古文字，就转而自学德文。买一本北大德语教研室编的《大学德语课本》(第一册)，自学起来；毕竟现代语言比古语文容易多了，这次自学为以后几年从师学习德文打下了一个初步但切实的基础。古希腊文学不会，就更觉得自己不能放松在中国古文字方面的努力，因为这是我在可望的将来(现在应该说我终身)能够直接用来研读原始古文献的唯一的语文了。自从工作以后，尽管具体作的是世界史教学与研究，但我从未间断在中国文献方面的业余学习。最有保障的是一天工作下来的晚饭前或后，到住处附近的旧书店去逛一个小时左右，除一般寻找有无可购的中外文书籍外，每次的重点都在搜寻清人的小学、经学和目录学方面的著作。有些书很贵，买不起，就每次看一些，总要看到有一个大体了解才罢手。对清代著名学者年谱，每见一部，都要浏览一遍。这样就逐渐积累了一些最基本的清人小学、经学著作。买书的原则是，在买得起的里面挑版本印刷最好的，所以也没有名贵好书。我常对人说，自己买书几乎像旧社会挑女婿一样，左看右挑，经过许多回才很吝啬地买一本；其实不是吝啬，这样买来的书，未到家，你对它的大体内容、功能特点都已经有了一个比较清楚的了解，以后用起来效率高，有时一本能顶好几本用。这一点可怜的体会，也许是有钱大手大脚买书的人无法感受的。直到“文革”开始前，我的这一逛旧书店的习惯一直坚持十几年不断。“文革”后，由于工作需要，我又同时兼作中国古史教学与研究时之所以不觉突然，实在与此有关。

从东北进修回北师大以后，一面跟张天麟先生继续学德文，一面又和教研室里的几位先生一同跟一位先生学拉丁文，学了不到一学期，运动风暴到了，只好停学。这一停，从此打断了我学拉丁文的路，而德文是到张先生家跟他个人学，运动风暴一过就又继续进行。

感谢张先生先后断断续续(因有运动)尽心且精心地教了我五年多一点，最终还是因为运动才停下来。学拉丁文不成，是我学古文字的第二次失败。这次失败使我想到，没有希腊文、拉丁文的素养而从事希腊、罗马史研究，究竟能作到何种深度的问题。原来我就打算以希腊古代史、印度古代史和中国古代史为三个支点，进行比较研究，从而推动自己对整个世界古代史研究水平的提高。这时就想更快地深入古印度史领域，借助自己在阅读中国古文方面的一些有利条件，从汉文佛教《大藏经》中发掘其丰富的历史资料，来作一种有中国人自己特色的古印度史研究。

既要认真治古印度史，就不能不认真读书；要认真读书，就不能不首先知道该读什么书，按什么样的次序来读。还是从治中国古史的经验中知道，要作一门学问，目录学的知识是第一要义。开始时看明代智旭的《阅藏知津》，看了许久，略知佛经分部，但对佛经复杂的译本原委仍不清楚。因想我已经是现代人，首先不能不从现代学者已取得的成果出发。转而先看《剑桥印度史》(第一卷)、《印度人民的历史和文化》(前三卷)，经过一段时间，终于对国外学者研究印度古史的成果有了大体的知识，也知道了古印度原始文献有了哪些英文译本，都有哪些单行之本(如《佛本生经》等)或收在哪些丛书之中(如《东方圣书》、《佛教圣书》等)；不做这一步，就不能与国外学者对话。接着又看现代中国学者治佛学的著作，了解佛学大体的知识。当再看梁任公著《佛学研究十八篇》时，读到其中《佛典之翻译》一文第一节之附录《佛教典籍谱录考》，简直如获至宝，觉得得到最有益的指点。按说这部书在上大学时就曾看过，可是那时只是从中得到一些佛学常识，没有认识到此一附录之重要。可见，不到某种程度，所读某些书的某些内容是难以得到应有的注意和理解的。多谢梁先生这个简单不过的附录的指引，我开始了从梁代僧祐的《出三藏记集》到唐代智升的《开元释教录》的阅读。读了一段时间，对千门万户的《大藏经》总算有了一个粗略的总门径的了解；于是转而集中注意于小乘诸经，即“阿含部”诸经和诸小乘律。这时，我的眼前放着的就不再是乱糟糟的一堆文书，而是大体知道它们哪些都是哪些经的同本异译，必要时一查还可知道其传译之源流。中国佛学文献本身就有其文献之历史，这恰好是印度文献所没有的。所以，佛经虽为译本，但不仅有印度传世原本之所无，而且译本历史基本清楚，亦较优于彼方文献年代之难考。于是，我对做出有中国特色的古印度史研究又增强了信心。当然，我具体作专题研究时，凡是引用重要资料，都是经过以汉译文献与英译彼方文献相对校读的。就是用这样的方法，我写了《印度早期佛教的种姓制度观》、《古代印度土地关系》等论文。研究的路数，仍然是由社会经济史而思想文化史；同时，我作古印度史研究也是在心里有一个不出台的作比较的参照系。譬如，我在研究印度种姓制度时，心里总是会想到以印度之首陀罗与希腊之黑劳士及中国古代社会里的某些人身不自由的劳动者相比较，以便把它们各自的特点认识得更为清楚一些。我知道，真要作古印度史，不能不学梵文和巴利文，系里领导也曾经答应送我去跟季羡林先生学几年梵文。可是，先是“四清”，接着就是“文革”风暴，我的古印度史研究都被打断，更无论去从师学梵文了。

到了“文革”中后期，因思想保守跟不上形势而靠边站的人，空余的时间就稍稍多了一点。我也讨了这个便宜，想学习的心又跃跃欲试。一位外语系的老师，和我是多年的交谈外文学习经验的好朋友；这时两人不约而同地各自自学起梵文来。自学不到一年，又蹈了以前学古希腊文的覆辙——做练习中积累下的问题无法解决，不知自己作的练习是对是错，再次败下阵来。这一败，彻底打破了我学外国古文字的梦。心里不服，知道电台教广播法语，就又跟着学法语，从初级班到学完中级班，再次用英、俄、德文本的《共产党宣言》对照法文本读。还没有读完，“文革”结束，各种工作压力一齐来临；而且我又正式兼做中国古史的教学与研究工作。所以刚学的法文就丢生了，还不如学希腊文失败后学的德文。噫，夫复何言！总之，我学外文几十年的情况是，教训多于经验，失败多于成功。一些好心的师友为了鼓励我，说我会多少种文字，使我十分惭愧；这里赘述数语，也是为了正视听于万一，以免虚声欺人。

如果说“文革”中后期有学梵文的失败，那么在中国古文献方面却颇有进展。1971 年春，我被借调到故宫博物院临时帮忙(做重新开放的准备)，开始下了学校里“运动”的车，在那里读了几个月古书，也从此时开始自学金文；因为有一点《说文》的底子，所以入门不觉其难。秋季回校，参加外国历史书汉译的工作，随后就参加刘知几《史通》的译注工作。译注《史通》，在当时算是注“法家”著作，可以比较集中精力。这项工作做了一年多，我的文字训诂能力得到了一次严格的考验和锻炼，原来在这方面作的准备一时都派上了用场。同时，我可以用为了工作的名义公开研读古书(从前我读古书都好像被认为是不务正业似的)，期间比较认真地读了《左传》、《尚书》和《诗经》，这恰好为“文革”结束后正式开始中国古史研究做了准备。

1979 年末，我奉调到史学研究所从事中国史教学与研究，在所里所招收的硕士研究生是中国古代史专业、中外古史比较研究方向。1986 年在历史系建立了世界上古中古史博士点，在系里就招收世界史专业、中外古史比较研究方向的博士生。所以，从 20 世纪 80 年代初起，我就正式与中外古史比较研究结了不解之缘。在早期，我曾经给研究生系统地讲过“中外古史比较研究”的课，但那只是讲社会经济和政治史方面的比较，未能涉及思想文化。好心的友人劝我就此写成专著，可是在我看来，如果事先没有作好一系列专题论文以为基础，遽尔就写专著，那么这样的“专著”就恐怕只能加上引号了。学校的出版社几度和我商谈，要我把讲义整理出版，我也以同样的理由谢绝了他们的好意。其实，我心里还有一个根本性的想法，就是比较研究是一种看来容易而实际又很难的工作。说容易，是因为只要你头脑灵活，随便在一个有话可说的方面抓一个热题，尽兴发挥一通，也能引起某种轰动效应；说不易，则是因为要真正地作比较研究，那还需要先有两种准备。这就是，第一，对于所要作比较的领域有一个总体的了解，对中外历史没有一个大体的把握，不能率尔操觚；第二，必须至少对一个国家(能多当然更好)的历史具有直接从原始资料入手作独立的研究的准备，并做出了一定的成果(即积累了一定的成功的研究经验)。我用这两项条件反省自己，觉得：对于世界古代文明史，自己还是有了一个大体的了解和把握的，对于古希腊、古印度还有一定程度的深入，但是已经不可能再具备从原始文献研究的能力；中国古文明是我们自己的文明，是我的精神自幼即寝馈于其间的文明，自觉理解较深，也具备从原始文献入手作研究的一定能力，最需要的是在中国古史方面做出一些切实的研究成果来，积累起一定的研究经验。当我开始正式作中国古史研究时，曾有友人劝我参加这方面正在讨论的一些题目的讨论，我自觉还不具备参加总体性问题讨论的准备，所以就从具体文献研究历史入手。我给自己规定了一个具体的研究取向，就是把中国古史的研究同经学文献研究结合起来，这是为了从源头上探寻中国古史的精神来龙，也是为了借助经学在文献考证方面的经验与成果。二十年来，我写了一些文章，大体都不出这个路数。这样的做法，是对是错，自己不敢断言，但作为一种选择和尝试，则未为不可。曾有一位师长和我开玩笑说：“你从世界史逃到中国史去了。”我说：“我没有也不敢逃，我是在‘转进’。”这些年来，我所写的文章，有少数是直接讲中外古史比较的和比较研究理论的，多数是专论中国古史某个具体方面或问题，但是其中总寓有比较研究的含义，文中也不时有一两句指出所资比较之所在。所以，在一定限度里说，我的中国古史方面的文章都具有某种中外比较的背景。现在，我不再就外国史某一专门领域作专门的研究，但是不放弃尽可能读一些外国新书，参加或主持一些世界史教材的编写工作，把自己在中国古史研究方面的或中外古史比较研究方面的点滴成果引进到这些教材里来。所以，我才敢说：“我没有也不敢逃，我是在‘转进’。”

我自知在中外古史比较研究方面成果甚少，尤其不能也不敢望前辈学贯中西的大家之项背于万一。我只是多少做了一些事，还要请各方面专家多多批评指正。

我希望在中外古史比较研究方面不断有新的专家和专著出现，我更希望的是这种研究是潜心的、塌实的、真正的研究。我常想，前辈学贯中西的大家为什么能达到那么高的学术境界，有一点至少是明白的。他们都在自己本国的文化领域里具有深厚的基础和功力，因而他们在探研外国历史文化的时候也就能自其大者、自其高处而观之，而理解把握之；他们学外国学问的时候，在精神境界上不是作为一个初学者趴在地上一点一滴地拾人遗穗，而是在本国学问上与外国学者（他们在其本国学问上）站在平等的地位上的。当然，由于各种条件的限制，不能在中国历史文化方面先奠定基础就开始学外国历史文化的现象也常会发生；而且这也未为不可。重要的是，当一个人在外国文化方面有一定造诣以后，不宜忘记学习本国文化；因为不管自觉与否，这总是我们的精神植根最深的土壤。离开这块土壤，我们的成就是不可避免地要受到很大的限制的。我深深景仰前辈大家的那种风范，愿意景行行止，也愿意与有志于中外古史比较研究的青年朋友们共勉。

对历史的敬意*

——刘家和先生访谈录

一个早春下午，我和吴怀祺同志访问了北师大的刘家和教授，就历史方面的一些问题向他请教。

郭：当前我国史学正处于阵发性的困窘状态，个别学校的历史系被撤销或为了生存而改头换面，大多数院校的历史系生源有难，第一志愿报考历史学的考生为数很少，系领导被创收搞得焦头烂额，挖空心思寻找生财的门路，以稳定教师队伍，改善教师生活。历来被统治者和社会重视的历史学现在受到了冷落，面临着人们常说的危机。不知先生怎样看待这种现象？

刘：这些问题我也感觉到了，并做了一些思考。我想借着你们的来访，谈谈应该对历史保持敬意的问题，不知是否合适。还是先从我个人对这一点的初次认识谈起。

我的少年时代是国难当头的时代，东北已经沦亡，日本全面侵华在即，国际形势于中国非常不利。那时的孩子差不多都知道中华民族正处于危亡关头，都对历史上的民

* 原载《史学史研究》，1993年第2期。

族英雄，比如岳飞、文天祥有一种特殊的敬重。随后就是“七七”事变，我的家乡变为沦陷区，我耳闻目睹日本占领者的专横与凶暴，对日本人与膏药旗产生了一种本能的反感。当时的日本占领者喋喋不休地自我宣传，无非是大日本如何伟大光荣，战无不胜。但他们越宣传我的反感越强烈，越感到中国历史文化的可爱和重要。有次英文课，老师讲的课文是《最后一课》(《The Last Lesson》)，班上的同学都流下了眼泪。

高中毕业之后进入大学，先生们有分量的教诲有许多，最令我难以忘怀的就是要求我们应对中国的历史文化持有敬意。这话是怎么说的呢？是在一次中国古史课上讲的。

郭：您还记得是谁讲的吗？

刘：是钱穆先生讲的。当然对他的历史观可以见仁见智，但他讲的有关对中国历史持有敬意的看法我认为非常正确。他说外国人研究中国历史文化是把它们当做死文化来研究的，当做古董、化石来研究的，就像他们研究巴比伦和古埃及历史文化一样。在他们看来，现代的活文化还要数西方文化。他们对我们的文化没有敬意。我们自己也有人对自己的文化缺乏敬意，宣传西化太过。在这种情况下，如果我们自己对本国的历史、本民族的文化毫无敬意，谁还能对我们的历史及我们的现在会怀有敬意呢？对这些话我很容易接受。

大学毕业之后，我最初想搞中国史，结果却阴差阳错，入了外国史的殿堂。搞外国史后，起初是研究希腊史，研究来研究去就逐渐产生了新的认识，即感到对希腊史，对外国史也应怀有同等的敬意。为什么这样讲呢？因为既然我们对中国的英雄怀有敬意，为什么就不能对外国的英雄表示尊重呢？比如对希波战争中为国捐躯的英雄。敬意是可以越出国界的，不能太狭隘。这样我就对历史有了一种美好的感情。

这种感情在“文革”中发生了改变，或者确切地说，发生了质的飞跃。在“文革”中好坏善恶的标准都翻转过来了。比如在《毛泽东选集》中分明写着“从孔夫子到孙中山，我们应当给以总结，继承这一份珍贵的遗产”①。但“文革”中把这推翻了。孔夫子非说是孔老二、复辟狂不可。又如宋江在《中国革命和中国共产党》一文中还是作为农民起义领袖被提及的②。可是到“文革”中宋江变成了叛徒。过去不可尊敬的变成可尊敬的了，过去可尊敬的变成了不可尊敬的了。在这种情况下，中国历史上还有哪些东西是好的呢？我感到有些迷惘，茫然若失。我疑问，对中国历史还要不要抱有敬意？后来我认识到“四人帮”的这一套就是对历史毫无敬意，而且他们对历史的不敬和破坏是空前的。

郭：记得有人说过历史是位残酷的继母，她报复起来是不顾一切的。“四人帮”不敬历史，但历史最终报复了他们。

刘：对。你说的历史是历史定义中的客体的历史，而客观历史过程是检验史学真理的唯一标准。在它面前，我们一切人、一切认识都经受着考验。我对敬意的敬字有了新的理解。原先只是一种美好的感情，现在上升到理性的理解。“敬”字在《说文解字》里的解释是“肃也”。“肃”字在此书的解释又是“持事振敬也”，“战战兢兢也”。《释名·释言语》：“敬，警也。恒自肃警也。”“敬”既表示尊敬的感情，又表示严肃的态度，这就比原来的了解复杂了些。过去我上中学时，大家只对中国史有敬意，对日本史、日语不屑一顾。这使我联想到对曾

① 《毛泽东选集》，第2卷，496页，北京，人民出版社，1952。
② 《毛泽东选集》，第2卷，595页，北京，人民出版社，1952。

经欺负、侵略过我国的民族该采取什么态度的问题。随之又联想到对我国历史上的那些糟糕的事、阴暗的记载应该怎样看。我感到对日本侵略者憎恶的感情是无可指摘的，但这不应妨碍我们对于日本的历史怀有敬意，尤其在研究日本历史的时候敬意是不可缺少的。懂得这个道理之后，敬在我眼里就有了两种含义：一种是感情上的尊敬，一种是理智上的肃敬。肃敬就是要我们对事物采取实事求是的科学态度。最近我进一步想到带感情色彩的尊敬和带理性色彩的肃敬之间的关系。

我们在治史时不可避免地会带有感情，彻底超越感情而达到太上忘情的地步是决然不可能的。像刘知几在《史通·惑经》篇中批评孔子作《春秋》时带有感情色彩，未能做到像明镜照物一样“妍媸必露”，像虚空传响一样“清浊必闻”。这种批评便有些过，人非禽兽，孰能无情？司马迁在《太史公自序》中明确地表示，他作《史记》是发愤的结果。“昔西伯拘羑里，演周易；孔子戹陈蔡，作《春秋》；屈原放逐，著《离骚》，左丘失明，厥有《国语》；孙子膑脚，而论兵法；不韦迁蜀，世传《吕览》；韩非囚秦，《说难》、《孤愤》；《诗》三百篇，大抵圣贤发愤之所为作也。此人皆意有所郁结，不得通其道也，故述往事，思来者。于是卒述陶唐以来，至于麟止，自黄帝始”。如果没有感情的作用，那么《史记》这一部伟大的不朽史著就不可能出现。

郭：所以实证主义史学所强调的那种在历史研究中摈弃情感、纯客观地求真求实是不可能的。

刘：小凌的话有道理。实证主义史学要求史学家摈弃感情，纯客观地求真实，这是以十分严肃的态度表述了一个比较天真的思想。为什么说这种思想是天真的呢？因为一方面，这种思想把复杂的问题看简单了，显得不够成熟；另一方面，这种思想有其纯真无邪的内容，有其科学的或合理的内核。

郭：那么我们将如何避免重蹈其简单幼稚的覆辙，而又能汲取其合理的内容呢？

刘：我还想和朋友们探讨这个问题。现在谈些想法，请指教。

郭：您太客气了。

刘：我以为，一位严肃的历史学家在从事一项历史研究或撰述之前，必定在精神上处于孔子所说的愤悱状态。“愤者，心求通而未得之意；悱者，口欲言而未能之貌”。（《论语·述而》篇朱熹注）愤悱是因某种外在和/或内在因素的刺激而产生的一种感情状态。不过，这已经不是由本能而生的低级感情，而是出于求知欲的高级感情。人们通常把这种高级感情称为理智感，因为理性的因素已经潜蕴于其中。在这个阶段，一个严肃的历史学家必定对自己持有敬意。这种敬意也包括两个方面：一方面，对自己的愤悱状态保持尊敬。这尊敬，不是个人的狂妄自大，而是对于自己作为史学工作者提出问题（愤悱处于欲知未知之间，实际是酝酿问题和/或是提出问题的阶段）的权利和义务的尊重；没有这样的尊敬，就没有史家人格的建立。另一方面，对自己的愤悱状态保持肃敬。这肃敬，就是要对自己的愤悱状态、对自己酝酿和提出的问题保持慎重和严肃的态度；没有这样的肃敬，同样就没有史家人格的建立。这可以说是事情发展的第一阶段。

在第一阶段中的史家人格的建立，切不可庸俗地理解为自封为史学家。恰恰相反，第一阶段肯定中即已包含了否定的因素。因为在第一阶段中，问题的提出是建立、是肯定，而问题的本身就包含了质疑、否定的因素。在第一阶段中，史家人格的建立，只表明一个人对于史学工作产生了自觉的责任感或使命感；至于他是否能够尽到自己的责任或完成自己的使命，那就要依他对于史学问题解决的客观后果来论定。所以，到了事情发展的第二阶段，前一阶段居于主导地位的感情必须经由理智感的渠道而让位于理性。在这个阶段，一个严肃的史学家必然明白，历史学上的真理绝非可由自己的主观来确定的。对于历史的敬意，对于历史学上的真理的客观性的敬意，在这一阶段必须居于主导地位。一个忙于搜集材料来论证自己某些初步见解的人，一个误以为用一切方法来维护自己某些初步见解便是维护自己史家人格的人，在客观上往往不能维护其作为史家的人格。因为他已经拒绝了对于史学真理的进一步探讨，他已经自以为成熟而自我封闭起来。在这个阶段，一个人的史家人格，一个史家对自己的敬意，毋宁用勇于对自己初步见解的证伪(falsification)和一切唯真理是从的理性精神来表现。不能自我证伪，不能自我否定，怎能摆脱前此的错误和局限(局限的危害甚于错误)而达到更高的阶段？怎能维持自己作为史家的人格？《老子》(第七章)说："是以圣人后其身而身先，外其身而身存。"看来从史家人格的建立到确立，中间也少不了一个"后身"与"外身"的否定阶段。

郭：在这里我们可以看到与实证主义史学的客观精神的相同或相似之处。

刘：正是这样。您说"相同或相似之处"，说得好，也很有意思。实证主义史学片面强调客观精神，否认史家作为主体的能动作用(包括感情因素的作用)；形象地说，他们的思路是一条直线。我们注意史家感性因素与理性因素的对立统一关系，注意史家的主观能动性与客观精神在研究的不同阶段的不同作用；形象地说，我们的思路是一条曲线。如果数学这一门神圣的学问也可以暂时借用来打个比方，那也许可以有一个更简要的说明。

郭：实证主义史学的客观精神用一个一次的或线性的方程式来表示就可以了，而我们的思路，则非用多次的或非线性的方程式来表示不可。二者之间显然有着层次的不同。不过，那是否只能说二者之间有相似之处，而不能说有相同之处了？

刘：当他们的直线和我们的曲线相交的时候，在交点上，二者重合，可以说是相同；如果结合两条线的整体来看交点上重合的那两点的各自运动方向，二者又是不同的，只能说是相似。小凌把相同或相似都说了，所以我觉得很有意思。

现在话归正题。经过第二阶段的富有客观的、理性精神的研究，历史上的真伪和是非问题弄得更清楚了。于是事情的发展进入了第三阶段。这时候，史家的自信在一个更高的层次上油然而生，作为史家的人格经过否定阶段以后重新达到肯定阶段，达到了确立。史家对于自身的敬意，既包括了对自身成绩的喜悦与自重，又包括了导致这种成果的严肃的、客观的精神，达到了尊敬与肃敬、感情与理性的统一。史家对于历史的敬意，表现在对历史过程的崇真黜伪上，表现在历史价值的是是非非或善善恶恶上。是非善恶的感情以理性的判断为基础，而理性的判断明确规定了更高一层次的感情。这也是感情与理性的统一。总之，我们的史学研究在开始时难以无情，深入时又不能不重理，而最终则要求情理结合。我的理解如此，二位以为如何？

郭：以上带有理论性的分析或推导，是不难理解的。但最好结合史学史上的实例来谈谈，比如说，以上谈到了司马迁决心著书时的发愤之情。现在我们读《史记》，也还能清楚地感触到太史公笔端的感情。那么，他又是怎样处理感情和理性的关系问题的呢？

刘：司马迁郑重说明自己由发愤而著书，这发愤之情首先值得分析。他已是刑余之人，人格遭到极大的屈辱。但是，他又意识到了自己不能有辱家世史官的使命，并有强烈的成一家之言的欲求。在这种剧烈的感情冲突中，他终于决心著书。如果他的激情不再或者意志不强，那就不会有《史记》之作了。他决心著书，表现了他的自我尊敬之情，也表现了他的“究天人之际，通古今之变”的理智感与不辱家世史官使命的道德感，也就是对自己史家人格的肃敬之心。这标志了他史家人格的建立。在司马迁著书的过程中，他面对上古传说中的那么多的真伪杂陈的材料，不得不理性地予以甄辨取舍；面对古今那么多是非善恶以用好或坏两个字来判断的人物和事件，不得不理性地如实记载。非如此，他便不能维护其作为史家的人格。然而，正是出于对自己史家人格之敬意，他不能不对历史本身具有真诚的敬意。他对自身之敬，于此外化为对史之敬。

郭：您可否举些实例呢？

刘：请以太史公对秦始皇的态度为例。秦始皇是历史上的一个大人物，也是一个大复杂人物。在《秦始皇本纪》中，司马迁对秦始皇的阴险、暴戾、刻削、贪婪的性格，对他以残暴得天下并于得天下后又残民以逞的行为，都一一记载清楚。他还引了尉缭、侯生和卢生的话，作为对秦始皇的描写的点睛之笔。从这些文字里可以清楚地看到司马迁对秦始皇的憎恶之情。那么他对秦始皇就是单凭感情用事了吗？并不如此。《秦始皇本纪》中，司马迁把秦始皇游巡各地时刻石颂德的文字都记载下来了。司马迁和班固不同，不是爱在本纪或传记里记录文献的人。他在汉《高祖本纪》中，都未收录一篇高帝诏书(《汉书》则尽收之)，为什么偏偏要收录对秦始皇歌功颂德的文字？而且收录得那么齐全。我对此曾经多年迷惑不解。后来反复细读一篇篇的铭文，才理解到铭文中原来也记了一些重要的历史事实。不论秦始皇如何残暴，也不论铭文中有多少阿谀之词，但铭文所记秦始皇做的一些有利于人民的事情，也是不能凭感情而予以一笔抹杀的。司马迁引用尉缭、侯生、卢生的话时，用的是“寓论断于序事”的方法，以否定秦始皇；在引用刻石之文的时候，用的也是“寓论断于序事”的方法，以肯定秦始皇。在这里，我们可以明显地看到太史公的实事求是的客观精神，看出他作为史学家的卓越理性。

说到这里，二位也许会问：太史公对于秦始皇是否理性上予以肯定而感情上予以否定呢？事情也非完全如此。如果完全如此，太史公岂非得了史学精神分裂症？他又何以能成一家之言？

郭：问题很有意思，愿闻其详。

刘：史学家在研究历史的过程中，尤其在上述的第二阶段，常常不免发生感情与理性的冲突。不能发生这种冲突的史学家，大抵所见浅陋，不能达到事物深层的矛盾处，故其书亦往往平淡无奇，不堪传世。可是如果让这种冲突敞开口子，那么其书必能引起读者的惊心动魄或彻底深思，往往可以成为一部文学杰作。《史记》之所以能够作为文学巨著，看来与其中的这种冲突剧烈有关。

但是，司马迁绝不仅仅是出色的文学家，而更主要的是伟大的史学家。因为他没有止步于表示自己感情和理性的矛盾。他把秦始皇放在历史过程中看，所以说“秦取天下多暴，然世异变成功大”。（《六国年表·序》）他给秦始皇以历史的肯定。他又把秦始皇放在历史过程中看，所以又说“乡秦之禁，适足以资贤者（指汉高帝）为驱除难耳”。（《秦楚之际月表·序》）又给秦始皇以历史的否定。那么司马迁至此就真的只认定历史的客观性，而自己就漠然无情了吗？也并非如此。他对秦始皇的论述深有憎恶之情。那么他又是感情用事了吗？亦并非如此。平心静气地读《秦始皇本纪》，就可以发现，凡司马迁对秦始皇憎恶处，大抵皆人民所难忍处，也即秦不能不自我否定之处。历史理性既已表明，秦之自我否定为不可免，司马迁针对秦之自我否定之理而寄以否定之情。这样他就达到了情理圆融的史学研究发展的第三阶段。这样他才算成了一家之言，他的史家人格才得以在历史上确立。

郭：但善和恶的标准是由人定的，不同的人群有不同的标准，有没有超时代的永恒的标准呢？如果没有，有情不就成了偏见了吗？

刘：具体的人，历史学家也是一样，都生活于具体的历史时期的群体之中，由此而得到了他的规定性(从肯定方面看)，也由此而得到了他的限定性(从否定方面看)。人非上帝，孰能无限？

郭：人既非上帝，不能无限；人又非禽兽，不能无情。这样看来，要避免偏见就很难了。

刘：不过人为万物之灵，其杰出之处在于能意识到自己的有限性。所以对于一位严肃的史学家不仅能要求无感情、无偏见，而且能要求他以理性来洗练感情从而不断克服一偏之见。我们只能在不断否定自己的弱点和缺点中前进，永远只能如此。

郭：先生是否可以扼要地谈谈对历史的敬意应体现在哪些方面？

刘：我正想转向这个问题。我认为，对历史的敬意首先应体现在对历史的客观性怀有敬意。刚才我们已提及这个问题，不过为了把问题弄得更清楚一些，还有以下一些问题需要稍加讨论。

第一，什么是对历史的客观性持有敬意？这就是承认以往的历史过程是客观的、不以人的意志为转移的。对于历史学者来说，就是要在史学研究中力求如实掌握客观的历史过程，在历史著述中力求如实再现客观的历史过程。

第二，有何必要对历史的客观性持有敬意？这要从两方面来看。一方面如您刚才说过的，历史会报复对它不敬的人。也许有人会问，历史是过去的事，历史上的风流人物也早作古人，古人怎能报复今人？要古人报复今人，岂非要关公出战秦琼？不过我想，您所说也是人们常说的“历史报复”，其“历史”是通古今以为一的历史，是活生生的历史长河。在这个活生生的长河中，古人是前浪，今人是后浪，前浪引起后浪，后浪接续前浪，其间有割不断的生命联系。因此颠倒并玩弄历史者，往往就是企图颠倒并玩弄其时代之人。这种人自然会受到时代的唾弃，或早或晚地没顶于历史的长河之中。这是人们对历史的客观性不能不持敬意的原因之一。另一方面，对于历史学家来说，他还需以研究历史之真实与表述历史之真实为使命，这真实只能是客观的或不以其意志为转移的。如果历史学家不以客观真实的历史为研究对象，而任意驰骋想象，那他就不能成为一个好的历史学家，甚至不能成为一个历史学家。他由对于历史的客观性不敬而导致对自身史学人格的不敬，就是走向了自身的反面。这是人对历史的客观性不能不持敬意的原因之二。

第三，有无可能对历史的客观性持有敬意呢？

郭：这就涉及相对主义史学的问题了。

刘：正是这样。历史相对主义认为，人不可能真正地掌握客观的历史；如果认为可能，那就只能是一个"高贵的梦"。美国史学家俾尔德(C. A. Beard)1935年发表的《那个高贵的梦》(That Noble Dream)，就是这样说的。如果俾尔德所说为真，那么我们对历史的客观性的敬意便无依托之所，当然这种敬意就只能作废了。可是历史相对主义恰恰在否定历史的客观性这一点上是站不住脚的。

历史相对主义史学在上世纪末、本世纪初曾经盛行一时。欧洲的哲学家如狄尔泰(W. Dilthey)、李凯尔特(H. Richert)、克罗齐(B. Cloce)等还曾为历史相对主义提出过一些知识论上的证论。总的说来，历史相对主义者们的论证大体有三方面：其一，历史的记载和著述永远不可能像客观历史过程那样完全和清楚；其二，历史记录和著述中的历史过程的秩序和连续性(因果关系、必然联系)是经过人的理解塑造出来的，不等于客观过程本身；其三，对于历史事实的解释和评价取决于历史学家这个主体，而主体对历史过程的解释与评价受制于他所处的时代，而不取决于已经消失的那个客观过程的那个时代。其中的第一条比较简单，俾尔德这样的史学家很强调它。而克罗齐等哲学家则不提它。因为不能知(甚至不知)其全体，并不等于不能知其部分。我们只要能知历史客观过程的一部分，这就是能知(尽管不全)而非不能知；这样，我们对于历史客观性的追求和敬意，就不再是"梦"，而是一种理想，一种高贵而不易达到(但非不能达到)的理想。关于历史相对主义，美国史学理论家曼德尔鲍姆(M. Mandelbaum)在其《历史知识问题》(The Problem of Historical Knowledge，1938)一书的第一部分中已有了回答。从此以后，相对主义史学的盛世基本也就过去了。现在我手边没有曼德尔鲍姆的这本书，只能凭过去浏览的印象说点粗枝大叶。如果说人对历史客观过程的知识必然受到自身所处历史条件的限制，那么人对自然的知识同样如此。人们既不能用人的知识的历史限制来否认自然科学的客观性，那也就不能用它来否认历史科学的客观性。特别值得注意的是，历史记录和著述中的事实性的叙述不等于解释性的判断；尽管二者之间有密切的关系，但总是有差别的二，而非无差别的一。叙述与客观相对应，判断与主观认识相对应。而且，历史学家不能凭空解释，凭空判断，而只能根据已有的事实叙述来解释和判断。因此，一个历史学家，可以有错误的解释、错误的判断，甚至可以歪曲了历史事实，但是他不可能消除历史学的客观前提、不可能消除历史的客观性。我说这些，如果有符合曼德尔鲍姆的见解之处(相信会有的)，那是受了他的启发，不敢掠美；如果说走了题，或者与他不同而有错误，那应由我负责，因为我的记忆或理解错了。

郭：那么相对主义史学是否就一无是处，一点历史的价值也没有呢？

刘：我倒也不这么看。因为相对主义史学是相对于实证主义史学而产生的。《那个高贵的梦》就是批评那些踌躇满志的实证主义史学家的。实证主义史学家们承认并尊重历史的客观性，这是正确的，是值得尊敬的。但是他们把真理讲过了头，问题就发生了。这就是他们只强调历史的客观性、科学性，而否认史学家的主观能动作用。这可以举出 19 世纪法国著名史学家古朗日(Fustel ue Coulanges)为例。当时有一种说法认为，法国的政治自由是早先的日耳曼人(德国人)带进高卢的。法国知识界对此极为反感，古朗日就是其中的代表人物。有一次，他正给学生讲早期法国制度，学生们忽然报以热烈的鼓掌。他忙说："诸位，请勿鼓掌，这不是我说的，是历史通过我的嘴说的。"分明是一位既有见解又有爱国心的历史学家，忽然变成了为历史传声的简单的话筒。他这样做，一方面是太谦虚了，谦虚到了不尊重历史客观事实(他作为杰出历史学家的事实)的程度，自己的行为与自己的理论发生矛盾；另一方面，他又太骄傲了，骄傲到了把自己作为客观历史的代表或化身，而如果有人敢于反对他，那么就不再是反对他作为史家的主观，而是反对历史的客观性了。他完全未意识到，他这样做，从尊重历史客观性出发，走到了极端，便达到自己的主观与历史的客观不分的程度。这又何等可惊可怪。英国著名实证主义历史学家柏里(J. Bury)曾坚持说："历史不多不少恰好是一门科学(History is a science，no less and no more)。"他对历史作为科学十分自信，自信到了认为它"不多不少"正是的程度。这样就发生了两个问题：第一，历史作为科学，既不多也不少，那就过去不曾有所损益或发展、将来更不可能有损益或发展。于是历史变成了一门无发展也不能发展的科学，也就是说历史变成非历史的科学。至少，它到柏里那里已经到了终点。第二，历史作为科学，既已不多不少，那就与科学的一般臻于同一，那也就是说不再有作为具体学科的特色和个性。世界上哪有一门没有自己的特色和个性的科学呢？否定了历史科学的特色和个性，岂不是也就否定了历史之作为科学？顺便说一句，狄尔泰、李凯尔特、克罗齐等人都是以强调历史学科的特色和个性来攻击实证主义史学，并宣扬相对主义史学的。所以，历史地说，相对主义史学对于批判实证主义史学的缺点和错误来说是合乎史学自身发展的规律的。因此，它在史学史上的地位不能一笔抹杀。

郭：不过，历史相对主义对历史的客观性没有敬意，这一点和我们是不同的。

刘：的确如此。但是，经过相对主义史学对实证主义史学的批判，我们对历史的客观性的认识不致再像实证主义史学家们那样简单而极端。我们知道，历史的客观性总是在和史家的主观在打交道的。因此，我们在发挥史家的主观能动性的时候必须经常而加倍地对历史的客观性持有敬意。

郭：对于历史客观性应有的敬意已经谈得不少了。这才是第一点。

刘：对，现在该谈第二点了。不过，第二点可以少谈一些。第二点是，敬意还应体现在尊重历史的价值上。现在历史的价值不清，不少人认为历史无用，当然这里的历史仍是历史认识，也就是史学。我们首先应尊重历史的有用性，史学不可能没用，认为历史无用的人是对历史的无知，也是对人类本身的无知。现在认为有用的知识就是看能有多少含金量。历史最好能像救心丸医治心脏病发作。但它既不能吃也不能穿，又不能使人成为万元户，使国家一下子增加税收和外汇，在这种要求下，历史自然就无用了。实际上历史的作用不在于立竿见影，马上解决问题。关于历史的价值问题，许多同志都已谈到，我同意他们的观点。我对此补充一点，这就是无用之用。老子讲："三十辐共一毂，当其无，有车之用。埏埴以为器，当其无，有器之用。凿户牖以为室，当其无，有室之用。故有之以为利，无之以为用。"(《老子》第十一章)我们通常容易看到有之以为利，而忽视了无之以为用。

历史的用处不亚于阳光、空气和水，一旦失去历史，人也不成其为人了。我们可以假设一下，我们三人，小凌、怀祺和我突然得了健忘症，我们互相不认识，不知道自己是谁，对方是谁，那将是一种多么可怕的情景。如果我们一切从现在开始，不要历史，那还有什么人类的文明!?

郭：是啊，我们就返回到一无所知的原始时代。可是就连数起数来到不了五的原始人也有历史意识，存在诸如祖先崇拜、图腾崇拜。

刘：我们现在讲热爱祖国，割断了历史，还怎么爱祖国。试看美国，他们历史那么短暂，但史迹却保存得那么好，每个城市、每个小镇，都有自己的博物馆、历史展室，到处都能看到保存完好的历史遗迹，如葛德斯堡、林肯纪念堂，而且多数历史博物馆都是免费的，总能看到一队队的学生，这点小凌可能也有体会。

郭：的确深有体会。美国人表面上不讲政治教育，也没有政工人员，"宣传"在那里是贬义词，但他们创造了爱国主义、大美国主义的教育氛围，国家舍得把纳税人的钱花在历史遗迹的保存和整理上，也许他们的古迹少，物以稀为贵嘛。但他们的确抓住了历史教育，把它当做培养公民意识的有效工具。

刘：在耳濡目染、课上课下的教育中，美国人走到哪里都知道自己是美国人。现在不少人爱国心不强，我觉得一个原因就是过去乱批历史的结果。历史上没有几个好人，我们还爱什么？我们都读过文天祥的正气歌。他诗中的人物起初大概都是无心看到、无心记住的。可是一旦到了“时穷节乃见”的时候，历史人物便一齐涌上他的心头，使他自信为正气的化身，使他超凡入圣。这就是无用之用，形似无用之大用。

郭：我也认为历史的主要的价值恐怕还是精神的而不是物质的，是隐性的而不是显性的。确如刘先生所说是阳光、空气，是蛋白质和维他命。他是人的一种必备的修养，不管有意识没意识，人们都在历史中生活，用历史的方式进行思考。历史是参照，赋予人们起码的判断能力。

刘：历史不是万能的，不能强加一些价值给史学。历史不是一堆大洋钱，不是一个任人打扮的小姑娘。它本身的价值应该也能够得到充分的发挥，它本身没有的价值也不能硬给它安上。我们常拿历史来论证我们不能论证的东西，结果起不了好作用。“文化大革命”时“四人帮”就是这样做的。其实凡是有用的东西都是具体的、有限的。比如收音机，可听播音，但不能录音，因此不能当录音机使。我们只能按照历史的特点去论证，对历史万不可取实用主义的态度，否则起不了好作用。现在许多人对历史不信任，很大程度上是“四人帮”滥用历史的结果。所以我们既要看到历史的价值，又要看到它的有限性，不要指望它治百病。以为历史能治百病，非把历史庸俗化为万金油不可。史学改革我十分同意，但历史的科学性不能放弃。我觉得对于史学工作者来讲，对史学具有敬意就是要在暂时困难的条件下不管别人怎么看我们的工作，我们自己应对我们的工作始终充满敬意。

宋朝的程颐说：“所谓敬者，主一之谓敬；所谓一者，无适之谓一。”理学家的敬就是控制自己，心无二用。我们对历史的敬意，多少也应该有点这样的精神。不过，古文字学大师段玉裁说宋儒释敬不对。这也没关系。《说文》：“忠，敬也。尽心曰忠。”无论怎样，我们作为史学工作者对史学的科学性要尽我们的忠心。我个人的一点愿望就是对史学秉持这种尽心之敬。

（访问人：郭小凌）

“学者亦必志于彀”*

——访刘家和教授

■：您的学术精神对我们晚辈学者来说有一种鼓舞和昭示的作用，我们很想了解您的治学经历，尤其是，在您学习的过程中，是否曾受到一些前辈的特别的影响，对形成您自己的学术道路起了重要的作用？

●：我小时候先上私塾读了几年旧书，然后才上小学，上了不到三年，抗战爆发，接着就逃难，上学校读书断断续续，但我从老先生读旧书一直没有中断。当时的老先生讲古文，对于一些关键性的字，常会讲它是怎么来的，写出它的篆体，说出它的古音，逐渐引起了我的好奇心。到了十四五岁的时候，稍微读了一点书，就问先生这些是怎么学来的，先生说首先要读《说文解字》，以后讲字，有时就会打开《说文》指着书给我讲。这是我接触《说文》的开始。先生不仅善于讲书解字，而且善于教学生读书写文。先是教学生按照一定的音调朗诵、背诵古文，等到你对一篇新文章也能够自己朗诵出一点味道的时候，他就开始要你作

---

* 原载《历史教学问题》，2002 年第 4 期。■代表访问者，●代表刘家和先生。

文了。教的方法也很有趣，每次他都从一部书里选一段短文(开始才一二百字，以后逐渐加长一些)，先朗读一遍，解说大意，再朗诵一遍。接着就开始让我们依样画葫芦，凡是已经背得的，可以照原文默写出来；记不得的，就自己“狗尾续貂”，用自己的可怜的文言文补上。为了自己的“续貂”不至于太难堪，我们再朗读古文时，就一边朗读，一边揣摩人家的文章是怎么写的。就这样，读书和作文结合得比较紧密，作古文的水平上得也比较快而且自然。我也就对读古书有了深厚的兴趣。上了高中，抗战也胜利了。这时我对中国国学有了浓厚的兴趣。当时，在我的头脑里，没有什么文史哲的区别，凡是中国的历史与文化，对这方面的书，我都很爱读。当时床头案边常放着《国语》、《春秋三传》(世界书局所编三卷本宋元人注“四书五经”里的一本)、《老子》、《庄子》、《韩非子》等书，不时浏览。快上大学了，原来和我在一起读古文的一位学长正在无锡国专读书，他劝我也上国专。我到无锡国专去看，觉得是治国学的好地方；不过上了高中以后思想有些变化，又觉得那里太传统了一点。国专的另一位学长告诉我，荣家在无锡兴办江南大学，请了钱穆先生，劝我去跟钱先生学，有需要时也可以到国专去向老一辈先生请教。接着我就到江南大学去学历史。在那里，从钱先生学了中国通史及秦汉史，尤其值得一说的是，根据他的指导，我读了他的《先秦诸子系年》和《中国近三百年学术史》以及梁任公的《中国近三百年学术史》。读了《系年》，我知道了要治先秦史及诸子，不能不作考证，而作考证就不能不知清人研究成果，而梁先生的《学术史》则恰好告诉了我接近清代学术的门径。就这样，以后我在治中国古史时始终不敢忘记考证之学，一直不能忘情于清代的学术研究成果。又从唐君毅先生学了哲学概论和伦理学，这引起了我对西方哲学和哲学史的浓厚兴趣；尤其唐先生很喜爱讲黑格尔，使我从最初的难以理解到后来的欲罢不能，见到黑格尔的书，只要有时间，看不懂也肯硬着头皮看下去，多年来一直如此。唐先生还有一句话使我难忘：要学哲学，不能用常识来思考，要用逻辑来思考。当时正好是牟宗三先生讲逻辑学，我听了也非常有兴趣，从此养成了长期在研究中遇到逻辑问题的时候总必须找逻辑书查清才罢手的习惯。又从冯振先生学了文字学，冯先生上课实际是讲《说文解字》，我自幼养成的喜爱文字训诂之学的兴趣得到了很大的满足；冯先生的课并没有把《说文》讲完，但是他让我知道了清儒（尤其是段玉裁、王念孙、引之父子）在文字训诂研究上的丰富成果。因而几十年来，我和《说文》、《尔雅》等书结了不解之缘，如非在特殊情况下，读古书遇到问题，不查阅这些书籍，心里就总过不去；而在看古书的时候，如果手边没有段、王的书作参考，那也就总是放心不下。在我几十年学术生涯中，遇到过好多位好的老师，例如我学外文就遇到过几位非常好又非常令人难忘的老师。可惜今天不是来让我专门谈老师，所以很多恩师这里都未提及。以上所谈的几位老师都是在我茅塞要开未开之际，适逢其会地给了我一生受用的影响；他们只教了我一至二年，可是我从他们那里得到的却是对于这些学科的终生学习的浓烈愿望。我觉得这是最宝贵的。因此，特别地说到了上述的几位老师。同时要说明的是，我提到这几位老师，并非说我能继承他们的学术、够做他们的入室弟子，而仅仅是因为他们在治学道路上给予了我终身的影响。

在江南大学读了两年，因史地系停办，我转到南京大学历史系，后来又转到北京辅仁大学历史系读到毕业。大学毕业，适逢院系调整，我被留在北京师范大学历史系工作。按照我的主观愿望，当然是想研究中国史。但因为工作需要，只能从事世界史专业，而且是世界古代、中世纪史专业，我心里知道这很难，但只好硬着头皮去做。研究世界古代史，是从希腊开始的。为什么从希腊开始呢？因为希腊的思想文化非常丰富，还可以和中国的思想如诸子比较。那时是在读侯外庐先生的著作中受到启发，我也认为，研究思想史，应先从社会经济史入手，于是开始把注意力集中在斯巴达的黑劳士问题上。随后有两年到东北师大从苏联专家进修世界古代史的机会，那等于上了一次研究生班，写了一篇《论黑劳士制度》(后来发表的只是论文主体部分)通过答辩毕业。它可算是我这一阶段的研究成果，而这个问题也和中国古史分期问题有关(发表时把有关比较的部分全删去了)。我明白，要研究希腊史就要懂多种语言文字，尤其是希腊文和拉丁文，在这一阶段我曾试图自学希腊文，但因没有老师解惑也没有充足的时间，作了不到一学期就知难而退了。从东北进修回来，我发现，印度与中国的关系很密切，也有十分悠久的文明传统，国内有大量汉译佛经可以作为研究资料。我首先从研究佛经目录开始，也还是从社会经济史入手，写了《印度早期佛教的种姓制度观》、《古代印度的土地关系》。当时，我尽可能地找一些英文书来对，还想学梵文，但是这时社会条件已不允许了，运动一个接着一个。等文革后期闲下来，我就开始自学梵文，但重走学习希腊文的老路，难以继续下去。这就到了“文革”结束。

对中国史，我是一直不能忘情，所以也就从来没有放下。其实，我研究世界史的方法，在一定程度上也是从研究中国史的方法中移植过来的。治中国史，必从史料入手，要懂目录学和文字训诂之学。研究世界史的方法又何尝不是如此？我们做世界古代史教学工作，少不了要看一些英文和俄文世界史教科书(五十年代尤其是俄文书)，可是当我看到乔治·格罗特的《希腊史》，就发现西方史家治史也是讲目录之学和文字训诂之学，要弄懂原始材料，要搞清学术发展脉络的。对于我来说，中国史和世界史并不是两张皮，互相扯着，而是相通的。当时，我经常去逛旧书店，主要是扩大中国史目录方面的知识。对文字训诂之学，我也一直没有放下，刚一工作，虽说是要研究世界史，但我首先买了《四书五经》、《十三经注疏》、《尔雅》等等。“文革”后，白先生要我到史学所工作，就又正式研究中国史，主要是先秦史。当我做世界史的研究工作时，无论从方法上还是内容上，我都在为作比较研究做准备，选取希腊和印度古代史，就是想构成比较的点。这使我近年来能做一些比较研究方面的工作。

■：您一直对中国古史情有独钟，这其中是不是存在一种情感因素呢？

●：这是毫无问题的。我幼年的时候正是我们民族灾难深重的时代。我生活在沦陷区，的确感到中国的历史文化就如同自己的生命一样。记得上英文课时，曾学都德的《最后一课》，当时我们读起来简直有切肤之感。大片国土已经沦陷，如果再忘掉自己的历史文化，那就要彻底亡国。这是中国人无论如何不能容忍的。为什么我能一直读古书，就是因为感到这是自己的历史和文化，不能割舍。在上大学选择专业的时候，虽然我对哲学也一直深有兴趣，也喜欢文字学，也喜欢古典文学，但还是选择了历史学，这是因为它涵盖面广、有助于我们思考自己民族和文化的未来，这也是司马迁“述往事，思来者”的意思。

■：记得您在讲治学方法的时候，曾强调“两极间的张力”：一极是哲学，一极是文字训诂之学。为什么您在研究历史学的时候，会强调这样两极呢？

●：研究历史，不直接强调历史，而谈哲学与文字训诂之学的张力，这看起来的确有一点奇怪。不过，如果稍一深思，那就可以发现其间是有路可寻且可循的。我们要研究历史，这里当然是说古代史，就不能不读古代史书，因为我们无法直接面对以往的古史；而要读古代史书，就不能不与古代历史典籍的作者对话。我们不能简单地以为，古代历史家已经用最直接的语言把全部历史过程叙述得一清二楚了。一般说来，除了某事发生于某时某地之类的最简单的叙述之外，凡是事情的前因后果都是由历史家通过自己的理解来表述的；甚至某些最简单的记载，如《春秋》僖公二十八年所记“天王狩于河阳”，也不全简单地是字面上的直接的意思。因此，我们必须仔细提出问题来：“他为什么这么说呢？他说的到底是什么意思呢？”“有没有藏在话语背后的内容或弦外之音呢？”做不到这一点，你怎么能够与古代史家对话？怎么能够真正理解所读的古代史书呢？所以，我们只要研读古书，就不能不首先重视文字训诂之学；因为这是对话的第一道关口，就好像不会外文不能与外国人对话一样。可是，只过这一关还不够。因为，当我们克服了语言文字的障碍以后，我们还必须在思维能力上具有把握和分析所读古书的水平。如果不具备这样的能力，那么就会像一个幼儿和说同一语言的大人对话一样，看起来相互间并无语言障碍，可是幼儿就是无法理解大人所说的话，从而无法对话。要克服这一种障碍，当然需要有各种专门的必要的知识，不过必要的知识也只是帮助我们理解古人；如果不仅要理解古人，而且能分析古人的思想，从世界观的高度作总体的把握，从而形成对话，即我们对于古人所论能在应有的深度与高度上有所回应，（尽管古人已经不能再起来倾听我们，可是当我们自己要真正从事撰述而不是转抄古人的话，我们所写的就必须是我们对于古书论述的回应。）那么我们最需要的还是哲学。在这里还要说明一点，我们对于形成文字训诂之学与哲学之间的张力的要求，只能是循序渐进的，而且总是有限度的（限于主客观的各种条件）。说实话，我们治史学的人，一般不能成为文字训诂之学的专家，也不能成为哲学专家，我们要有这种自知之明。但是，我们需要有形成这种张力的自觉。没有这种自觉，我们就会总是徘徊在某种理解古书和分析历史的较低的水平上；有了这种自觉，我们就可以用睁开了的文字训诂之学的眼睛去促进哲学的学习自觉性，又用睁开了的哲学的眼睛去促进文字训诂之学的学习。这样，张力就不仅是一种使我们感到两头吃力的离心力，而可以成为一种使我们收其两头相互促进之功的向心力。所以"宏观"和"微观"是两个相反的东西，互相构成张力，张力就像拔河一样，既是要离开的又是相吸引的，内部是相通的，实际上是相反相成的。

■：那么，您是怎样领悟到这一点的呢？

●：说来这也有一个过程。我们小的时候，读书要背，而背书在很大程度上是为了学作文。对于青少年来说，背书不难，有时又很难。字懂、句懂、段落大意懂，背起来就很容易；字不懂、句不懂、段落大意不懂，背起来就很难。背《论语》的"学而时习之"，这有何难？可是要背《中庸》，那就难了。当时童谚说："中庸中庸，手心打得通红。"我当时背《中庸》也很头痛，就是因为对于其中所说自己似懂非懂。为了背快、背熟、背牢，我就尽力一字一句地弄懂书的意思，结果成绩很不错，逐渐成为背书能手。

■：曾记得您说过，为什么能把书背下来呢？其实不是"背"下来，而是真正弄懂了，因此，即使自己要表述同样的意思，那也会说得和书上说的一样。

●：是这样。可是会背书才是第一步，从背书到自己写文字，还有一大段艰难的历程。真要会作文章，就得一边背书一边揣摩其中的谋篇、结体，就得边背边体会前人文章为何这样立题、这样入手、这样引申、这样演绎发挥、这样达到高潮而后结束，有时还结有余韵，启发人继续思考。文章背多了，揣摩多了，实际上就是学会了人家提出并思考问题的方法、解决问题的途径，这样自己才逐渐学会作文。在背书揣摩之中，我逐渐体会到，越是对字词句把握得好，就越是能够更快更好地理解通篇道理；对通篇道理把握得越好，也就越是能对字词句的细微含义体会得更为深切。这样读书、背书、学作文多年，逐渐体会到这是一种微观与宏观把握的相反相成；后来又学了文字学和哲学，于是在学习"反刍"中渐渐体会到，原来这就是文字训诂之学与哲学之间的张力。在这里必须说明，我无意主张学历史的人个个背古书，而只是说，背古书是一种有效的"钻进去"的方法，而且，只"钻进去"不够，还要能"走出来"。从学前人文章到自己写有创见的文章，这就是"走出来"。不能"走出来"，就是死读书，最多成为一部"活字典"。要能从读人家的文章到自己写有创发性的文章，就必须能从人家的文章里看出问题并能提出对问题的解决思路。朱熹对他的学生说，诸君读书为什么不能够深入下去，不能够长进，关键是未能看出"缝罅"来。"读书，须是看着它那缝罅处，方寻得道理透彻。若不见得缝罅，无由入得。看见缝罅时，脉络自开。"(《朱子语类》卷十《学》四)你只有把文字看透了以后，才能看出它的精神来，再进一步，才能看出其中的"缝罅"来。黑格尔讲，凡是具体的事物，其本身都是矛盾的。当然，要善于从人家文章看出"缝罅"，那么哲学的训练就是非常重要的了。如果没有看到所读书中的矛盾，那就是读书没有到位。

■：您在一篇文章中曾提到，您在读《史记·秦始皇本纪》时，对司马迁大量收载刻石纪功文字产生疑问，因为司马迁并不喜欢记载诏令表章，在《高祖本纪》里就一篇诏令也没有。后来您才明白，他是用这样的方式表述他对秦始皇历史功业的正面看法。他又引用侯生、尉缭等人的话，表明他对秦始皇之为人的一种反面看法。以如此之人作出如此业绩，正是太史公对秦始皇这样一个充满矛盾的人的如实的（揭示矛盾的）表述。这样的读法是在和司马迁展开对话吧？

●：是这样。我总觉得自己很笨，别人很快就懂了，可我就是觉得不懂。不懂就要问，古人早已不在，只能问他们的书。怎样问？就是反复质疑、推敲，得出恰当答案而后已。

我很希望在你们这个年龄段的人里能出史学大家。怎样才能成为大家？我没有资格来告诉你们，不过《孟子·告子上》的这样一段话对我们大家都可能有用："羿之教人射，必志于彀（把弓挽满之义），学者亦必志于彀。大匠诲人必以规矩，学者亦必以规矩。"箭无论是否能射准，弓却要拉满，弓都拉不满，还瞎比画什么。要在青年学者中出大家，就要让他把基本功打扎实了；不重视这一点而拼命要他出成果，恐怕就是孟子所说的"揠苗助长"了。

孟子告诉了我们治学的方法：一开始就要有一种高标准"志于彀"。同样，孔子主张"先难后获"。这看起来好像也是很笨的方法，不过这种笨的方法其实是最有效率的方法。有一种相当流行的幻想，以为马虎地读书可以提高速度，其结果是没有真懂，似懂非懂就永远真快不了。另一种方法是，开始不求快，但求真明白，以后自然地越走越快，而且是有效率的真快。比如看《资治通鉴》，一开始就以一天若干卷的速度快看，结果许多文字都未看明白，人物事件关系也未看清，这样越到后来就越看不快，且看不懂。相反，如果开始就不求快，下扎实工夫，前面基础实在，到后来就越走越快，而且这是真快，高效率地快。现在我们看王夫之的《读通鉴论》，能够感觉到，他一边看《通鉴》，一边思如泉涌，读和写的速度都不会低；可是这一定是在坚实基础上的快，而非马虎的快所能达到万一的。如果马虎地读，那么大概就只能从《通鉴》里找些材料编些什么，就谈不上研究了。这样的两种读法就是两种进路，也是两种效率。又如我们看《刘申叔先生遗书》，会惊讶这位36岁就去世了的学者竟然读了那么多的书，而且读得很深，他的时间是从哪里来的？答案只能是，他靠高效率延长了他的相对时间；有的人活到72岁还没有他36岁读过的书多，不是因为绝对时间比他短，而是相对时间远远没有他长。我们讲治学方法，想做出高水平的成就，不能靠延长绝对时间，只能靠提高速度来延长相对时间，而速度又只能靠提高实效来提高。

■：您的治学方法作为一种进入历史文化的路径，似乎是更强调内在的理解，这对于作为晚辈学者的我们来说，是特别有启发也特别必要的。我们经常感到对自己历史文化的深入体贴和理解是很不够的。20世纪80年代以来出版的“海外中国学丛书”在学界较有影响，一些外国学者观察中国历史文化的视角的确比较有穿透力，能够提炼出关于中国历史与思想的相当关键的问题，但其中一些却是简单地从某一种理论视角出发，从外部进行一种宏观的分析和批判，尽管新颖独特，但总有不到位之感，因而也缺乏真正的说服力。毋庸讳言，这种“外国人看中国历史”的思路对一些年轻学人是有影响的，这包括我们自己在内。但是，我们又的确感到，这样的思路有其严重的缺陷。近年来，可以看到一些近代“非主流”史家的作品，如钱穆、蒙文通等，感觉到他们对中国历史文化的理解和体会是很深切的，因而对他们的文化精神以及史学思想也更加同情和赞许。对自己的历史文化如果缺乏内在深入的理解和把握，那么，我们与自己历史文化之间的内在的精神联系也会被割断，比如，我们常常轻率地讲“取其精华，去其糟粕”，那是把自己的历史完全当成身外之物，然后按照某种标准加以去取，这样的话，所谓“民族意识”也就成了无源之水、无本之木。不知这一想法是否正确？愿您有所指教。

●：你们说得很准确，我的确更强调对于历史的内在理解，但不是否定对历史的客观的分析。当然，这里首先要说明一下对于历史的内在理解的含义。所谓的对于历史的内在理解，第一层意思是，在阅读历史著作时，要透过著作理解作者的思想和精神；第二层意思是，在此基础上，进一步理解历史的时代精神。如果缺乏这两种理解，那么我们对于历史的认识就只能是支离破碎的或皮相的。现代的人能够对于已成过去的历史有内在的理解吗？是能够的。因为历史是现实生活的渊源，和我们的文化生命有着内在的联系，本国的历史文化尤其如此，所以我们必须也能够把它作为一种活体来理解或体验。那么，为什么又必须有对于历史的客观分析？因为从另一方面说，历史又是我们研究的对象，是外在于我们的客观存在。作为历史学的研究者，当然应该也必须对自己的研究对象加以认真地分析或解剖。对于历史的内在理解与客观分析二者之间实际也存在一种张力，它们的方法和任务各不相同，但是又能互相促进。

■：但怎样把这样的意愿落实到工作里呢？

●：我想，这就是既做好对于历史的内在的理解，又做好对于历史的客观的分析，并且使二者互相促进，形成张力。具体地说，如果没有对一部重要的史书或其他文献有一个通体的了解与理解，只是凭借索引之类的工具搜集材料（这样就没有看到材料之间的内在联系，从而往往是片面的断章取义），就用某种理论或方法加以分析、整合，写成作品，那么就好像把前代历史著作看成已死的猪、狗、牛、羊，任意从它们的身体上割取这些或那些肉，然后用某种方法加以烩炒，做成一盘菜肴。换一个人来还可以照这种方法割取另外一些肉做出完全不同的另外一盘杂烩。这样就很难说是严肃的史学著作了。在这样的情况下，就十分需要强调对于历史的内在理解，从而形成对于历史的通识；没有通识，是谈不上史学的撰述的。可是，重视对于历史的内在理解，也不能是凭某种直觉而发生的领悟或体验。要达到对于历史的内在理解，首先必须弄清有关材料的文字训诂，确切把握文献的含义；在此基础上进一步作逻辑的分析，弄清文献所述内容的内在理路。这些都是必不可少的客观的分析，没有这种分析，所谓的内在理解就没有了可靠的基础。因此，需要的是二者的相辅相成与相得益彰。

■：您作中外比较研究，对西方的史学理论、史学方法论都非常熟悉，那么，在具体的历史论证方法上，您受益最大的是什么？

●：谈不上熟悉，略有常识而已。我觉得，自己获益于西方学术最大的是逻辑的分析和论证方法。我们中国人习惯怎样论证问题呢？中国人习惯历史的论证：你说一个道理，要拿出证据来，关键是举出事实例子来，所谓无征不信。先秦诸子不都是拿证据说话吗？通过故事讲道理，当然这里面有逻辑，但主要是拿故事做论证，以为“载之空言，不如见之行事之深切著明”。但希腊人留下的传统不是这样的，希腊哲学家认为历史的证据是不能证明永恒的真理的，因为它昨天是这样的，今天可以不是这样的，所以必须做逻辑的论证。然而中国传统以为，真理不能从静态中把握而只能在动态中把握，所以最好的论证就是历史的论证。这不是两种思路吗？应该说这两种思路各有所长，具体情况今天不可能细说。不过，对于我们中国人来说，我觉得必须学习西方学术传统里的逻辑的自觉性。只有学人之所长，才能补己之所短；从而才有可能把经过取长补短的中国文化贡献于全人类。

谢谢你们花了这么多的时间来访问我，而我所谈的都是一管之见，为是为非，就要请你们以及大家来批评指正了。

■：您在谈话中所强调的，我们感到，皆是您在治学中深有体会之处，值得我们认真汲取。非常感谢您！

（访问者：江湄　罗新慧）

第一辑　制度史

如何认识原始社会的公有制*

原始社会的所有制是公有制，这在今天已成为人们的常识，似乎毋庸赘言了。可是，就人们对原始时代认识的历史来看，朦胧地知道远古曾有过公有制时代，这是一回事；按照马克思主义的原理来科学地认识原始社会的公有制，这又是一回事。在这篇文章里，我们将根据自己学习马克思主义经典著作的体会，分析前人对原始社会所有制的认识与马克思主义的认识的原则区别，并对原始社会公有制的基本特点和发展趋势作一些理论性的探讨。

一

原始社会没有文字，自然没有留下当时社会情况的记载。“文明”开始以后，在古代的中国、希腊、罗马以及其他一些古国，就都有不少文献说到远古时期的社会，而且其中很多都说到远古没有私有制，实行的是公有制。直到近代，一些资产阶级学者也曾表述过远古无私有制的论点。

---

* 原载《北京师范大学学报》，1981年第6期。

另一方面，在古代和近代也都有一些认为远古就有私有制的说法①。后一种说法违背历史事实，错误比较清楚，以后适当地方从认识论上指出其致误的缘由就可以了。这里主要来看前人对于原始社会的公有制的论述。

前人对于原始社会公有制的论述大体可分为偏重于叙述和偏重于综论的两类。

第一类往往是前人对一些周围部落情况的记载。例如，亚历山大征服印度河流域时曾接触到许多部落。其部将尼亚尔库斯写道："在一些部落中，不同人群以亲属关系为基础，共同种植作物，收获时，各取一年所需之量，烧毁其余，以求此后有事可做而不致怠惰。"（斯特拉波：《地理学》XV，1.66）又如，恺撒征服高卢时曾与日耳曼人多次作战。他写道："他们（指日尔曼人——引者）中没有私有的、划分开的土地，也不允许在一个地方留居一年以上。"（《高卢战记》IV，1）"他们……没有一个人私人拥有数量明确、疆界分明的土地，官员和首领们每年都把他们认为大小适当、地点合宜的田地，分配给聚居在一起的氏族和亲属，一年之后，又强迫他们迁到别处去。"（《高卢战

① 例如，《墨子·尚同上》："古者民始生未有刑政之时，盖其语人异义。……是以人是其义，以非人之义，故交相非也。是以内者父子兄弟作怨恶，离散不能相和合，天下之百姓皆以水火毒药相亏害，至有余力不能以相劳，腐朽余财不以相分，隐匿良道不以相教。天下之乱，若禽兽然。"（中、下篇中也有类似的话）又《商君书·开塞篇》："天地设，而民生之。当此之时也，民知其母而不知其父。其道亲亲而爱私。亲亲则别，爱私则险，民众而以别险为务，则民乱。"近代西方资产阶级启蒙学者中的一些人（如伏尔泰、霍尔巴赫等）甚至认为私有制是自然产生、永恒存在的。古典经济学家大卫·李嘉图也曾把原始人的一点武器和工具说成是他们的"资本"（《政治经济学及赋税原理》，18页，商务印书馆，1962）。

记》VI，22)这一类的记载，写得比较平实，夸张成分不多。但是，记载这些情况的人已经生活于阶级社会之中，他们对于氏族部落制度已经感到不解，又没有(也不可能)对这些作深入的调查研究，当然也提不出深入的分析和论述。

偏重对原始社会公有制作综述的往往是哲学性作品。按其倾向性说，又可分为两种。

一种是对原始时代的公有制加以理想化的。例如，《礼记·礼运》："大道之行也，天下为公，选贤与能，讲信修睦。故人不独亲其亲，不独子其子，使老有所终，壮有所用，幼有所长，鳏寡孤独废疾者皆有所养。男有分，女有归。货恶其弃于地也，不必藏于己；力恶其不出于身也，不必为己。是故谋闭而不兴，盗窃乱贼而不作，故外户而不闭，是谓大同。"历史学家和经济学家往往以这段话作为原始社会的写照。我们认为，这一段话把原始社会过于理想化了①。至于当时的公有制是在怎样落后、原始的条件下产生的，是在怎样的亲属关系下维持的，这段话完全没有说到。而且，这段话实际是认为原始时代也有个体家庭的，所以那时才会有"鳏寡孤独"的现象，只不过"人不独亲其亲，不独子其子"而已。所以，这一段话只是说明远古曾有公有制的时代，而没有能说明这种公有制的任何科学的内容。

另一种说法对原始社会公有制取一定的分析态度。例如，古代罗

① 将原始社会理想化，并不是一个学派或一个国家所有的现象。道家葛洪在《抱朴子·诘鲍》中写道："曩古之世，无君无臣，穿井而饮，耕田而食；日出而作，日入而息。""身无在公之役，家无输调之费，安土乐业，顺天分地，内足衣食之用，外无势利之争。"古希腊诗人希西阿德曾把人类最初时期说成"黄金时代"，那时的人们"生活似神仙，心中无忧愁，远脱悲与苦，季世不临头，股肱力不惩，宴乐永无尤"(《田功农时》119行以下)。这些说法当然都是与实际不符的。

马哲学家卢克莱修认为，最初并没有私有制，“人们还过着一种像野兽那样到处漫游的生活”。那时有人成为野兽口中的牺牲，却没有成千士兵在战场上的牺牲。他认为，当时没有一定的婚姻形态，男女之间的结合是偶然的，因而也没有任何社会组织。当一男一女结合成一个家庭时，文明和私有制就要诞生了①。近代资产阶级启蒙思想家卢梭也认为，原始时代没有私有制，自然界的一切属于一切人。“在原始状态中，既没有住宅，也没有茅屋，又没有任何种类的财产，每个人随便住在一个地方，而且往往只住一夜。男女两性的结合也是偶然的……”，“需要一经满足，两性便互不相识，而孩子本身，一旦能离开母亲独立生存，也就与她毫无关系了”。② 这一说认为原始社会的无私有制是同其落后性分不开的，看法比较全面。但是，这一说实际认为人类最初连任何社会组织都没有。这种把原始人当成“鲁滨逊”的说法，又是很荒谬的。所以，他们在论证当时不存在私有制的同时，并未为公有制的存在作出任何正面的论证。

总之，前人对原始社会的公有制已开始有所认识，但这种认识距科学认识还很遥远。

二

马克思和恩格斯对于人类社会最初阶段的所有制作了长期、深入的研究。他们运用自己创立的唯物史观，分析了大量的历史资料，考察了当时在村社土地所有制和民族学方面的研究新成果，终于使人们

① 《物性论》第5卷，320～330页，上海，三联书店，1958。中国古代也有许多思想家指出原始时代的野蛮落后性。在《墨子》、《管子》、《商君书》、《荀子》、《韩非子》、《吕氏春秋》等书中都有类似的说法。

② 《论人类不平等的起源和基础》，89、112页，北京，法律出版社，1958。

对于原始社会公有制的认识产生了一个由朦胧到科学的飞跃。

马克思和恩格斯在《德意志意识形态》一书中写道："第一种所有制形式是部落〔Stamm〕所有制。它是与生产的不发达的阶段相适应的，当时人们是靠狩猎、捕鱼、牧畜，或者最多是靠耕作生活的。在后一种情况下，它是以有大量未开垦的土地为前提的。在这个阶段上，分工还很不发达，仅限于家庭中现有的自然产生的分工的进一步扩大。因此，社会结构只局限于家庭的扩大：父权制的酋长、他们所管辖的部落成员以及奴隶。"①还指出："私法和私有制是从自然形成的共同体形式的解体过程中同时发展起来的。"②

以上引文表明，马克思和恩格斯在19世纪40年代对于原始社会所有制的论述就具有这样一些特点：第一，马克思和恩格斯确认原始时代的所有制是公有制而非私有制，私有制是后来发生的。第二，他们把这种公有制明确地同生产不发达的阶段联系起来。第三，他们把生产发展的不发达阶段同不发达的社会结构联系起来。这些闪烁着历史唯物主义光辉的思想，从根本上远远超越了前人对于原始社会公有制的认识，是前人根本无法比拟的。从方法论上说，这已经是对于原始社会公有制的认识的革命性变化的开始。

由于当时历史学和民族学发展水平的客观限制，马克思和恩格斯在这里所论述的只是解体时期的原始社会，而且主要问题是当时对家庭和部落的关系还不清楚。恩格斯在为1883年第三版《资本论》第一卷作的一条注中说："最初不是家庭发展为氏族（这里的原文仍是Stamm，下同——引者），相反地，氏族是以血缘为基础的人类社会

① 《马克思恩格斯选集》，第1卷，26页，北京，人民出版社，1972。

② 同上书，70页。

的自然形成的原始形式。由于氏族纽带(Stammesband)的开始解体，各种各样家庭形式后来才发展起来。”①这就是说，马克思和恩格斯当时虽已看出了社会结构对于认识所有制问题的重要性，但是还未能真正弄清原始社会的结构。因此，问题尚未真正解决。

19 世纪 50 年代至 70 年代前期，马克思和恩格斯看到了资产阶级学者研究农村公社的许多材料，对东西方的公社土地所有制作了长期深入的研究。马克思为《政治经济学批判》所作的一条注很可以说明他们这一时期研究的特点。

“近来流传着一种可笑的偏见，认为原始公社所有制是斯拉夫特有的形式，甚至只是俄罗斯的形式。这种原始形式我们在罗马人、日耳曼人、克尔特人那里都可以看到，直到现在我们还能在印度人那里遇到这种形式的一整套图样，虽然其中一部分只留下残迹了。仔细研究一下亚细亚的、尤其是印度的公社所有制形式，就会得到证明，从原始的公社所有制的不同形式中，怎样产生出它的解体的各种形式。例如，罗马和日耳曼的私人所有制的各种原型，就可以从印度的公社所有制的各种形式中推出来。”②

从这一段引文可以看到马克思和恩格斯在这一时期里研究原始公有制的重大进展。第一，马克思和恩格斯通过对从印度到爱尔兰的公社所有制的充分研究，进一步明确指出，公有制是原始形式，而且是一切民族的原始形式。第二，他们研究了公社所有制的各种形式。第三，他们从不同地区、不同形式的公社所有制形式中，看出了它们在

---

① 《马克思恩格斯全集》，第 23 卷，389～390 页，注 50a，北京，人民出版社，1972。

② 《马克思恩格斯全集》，第 13 卷，22 页，北京，人民出版社，1972。

历史顺序(同样也是逻辑顺序)上的相互关系。

这就是说，马克思和恩格斯通过对不同形式的具体公社所有制的研究，逐渐深入到对公社所有制本身的发展规律的认识。这时，公社所有制本身已经开始被作为运动过程来理解，不再是抽象凝固的了。可是，在这一时期里，马克思和恩格斯由于受到当时所能有的材料的限制，主要研究的是处于阶级社会中的种种作为残余形态的公社。前一时期留下的家庭—部落关系问题仍然未能解决。

19 世纪 70 年代末期以后，马克思作了《科瓦列夫斯基〈公社土地占有制，其解体的原因、进程和结果〉一书摘要》，特别是读了摩尔根的巨著《古代社会》并作了《摩尔根〈古代社会〉一书摘要》。1883 年马克思逝世。次年恩格斯写成了不朽的经典名著《家庭、私有制和国家的起源》。

这一时期，马克思和恩格斯创立了科学的原始社会史体系，从根本上解决了人们对于原始社会公有制认识的问题。摩尔根的《古代社会》给予马克思和恩格斯很大的帮助。正如 1888 年恩格斯为英文版《共产党宣言》加的注中所说："最后，摩尔根发现了氏族的真正本质及其对部落的关系，这一卓绝发现把这种原始共产主义社会的内部组织的典型形式揭示出来了。"①但是也正如恩格斯在《家庭、私有制和国家的起源》第一版序言中所说："经济方面的论证，对摩尔根的目的来说已经很充分了，对我的目的来说就完全不够，所以我把它全部重新改写过了。"②在分析从野蛮到文明的时候，恩格斯又说："在这里，马克思的《资本论》对我们来说是和摩尔根的著作同样必要的。"③马克

① 《马克思恩格斯选集》，第 1 卷，251 页，北京，人民出版社，1972。

② 《马克思恩格斯选集》，第 4 卷，3 页，北京，人民出版社，1972。

③ 同上书，154 页。

思和恩格斯是借助于摩尔根提供的关键或钥匙，运用自己创立的唯物史观解决了原始社会史的问题的。

具体地说，马克思和恩格斯在这一时期里解决了有关原始社会公有制的这样几个问题。第一，马克思和恩格斯明确指出，原始公社有原生的、次生的等类型。总的说来，可以分为以血缘结合起来的氏族部落公社和以地缘结合起来的农村公社。在后一种公社中，所有制已具有公有和私有的二重性，所以它已是一种过渡形态。第二，弄清了氏族部落等社会组织的关系，确定了当时的公有制是在什么样的范围内、按照什么样的结构实行的，从而指出了认识原始社会公有制的真正科学的途径。第三，研究了原始社会中经济和家庭形式的发展，指出了原始社会公有制发展的条件。这样，马克思和恩格斯就从根本上阐明了原始社会发展的规律，建立了他们的原始社会史的科学体系。

三

马克思和恩格斯十分重视摩尔根关于氏族的本质及其对部落的关系的发现，因为这是了解原始社会的社会结构或所有制结构的关键所在。我们知道，马克思和恩格斯在研究所有制形式时始终注意分析当时的社会结构。他们早在《德意志意识形态》一书中论述第一种所有制形式（即部落所有制）时，就分析了当时社会结构。可是，由于当时误以为部落是家庭的扩大，实际未能解决原始社会公有制的结构问题。

原始社会公有制不同于其他公有制（如社会主义公有制）的根本之点，在于它是在以血缘关系为纽带的人群集团之中实行的。血缘组织的结构，规定着这种公有制的结构；血缘组织的范围，规定着这种公有制的范围。

原始社会血缘组织的典型形式是氏族部落结构。氏族是实行外婚制的血缘组织。在母系氏族制度下，世世代代都只有女子的子女留在氏族以内；在父系氏族制度下，情况则相反。相互通婚的氏族构成部落，部落实行内婚制。个人属于一定的氏族，氏族属于一定的部落。当时的社会就是按这样的层次和结构组织起来的。当时的公有制也就是在这样的层次和结构里实行的。

恩格斯在《家庭、私有制和国家的起源》中对易洛魁人的所有制情况的论述，可以使我们了解当时所有制的结构与氏族部落结构的密不可分的关系。“每一部落除自己实际居住的地方以外，还占有广大的地区供打猎和捕鱼之用。在这个地区之外，还有一块广阔的中立地带，一直延伸到邻近部落的地区边上；在语言接近的各部落中间，这种中立地带比较小，在语言不接近的各部落中间，中立地带比较大。……由这种不确定的疆界隔开的地区，乃是部落的公有土地，而为相邻部落所承认，并由部落自己来防卫，以免他人侵占。”①在氏族内部，“死者的财产（das Vermögen，这个词更准确的译法应该是‘财物’——引者）转归其余的同氏族人所有，它必须留在氏族中。因为易洛魁人所能遗留的东西为数很少，所以他的遗产就由他最近的同氏族亲属分享；男子死时，由他的同胞兄弟、姊妹以及母亲的兄弟分享；妇女死时，由她的子女和同胞姊妹而不是由她的兄弟分享。根据同一理由，夫妇不能彼此继承，子女也不得继承父亲”。②

以上内容也可以概括为这样几点：第一，在部落这个层次上，拥有土地的共同所有权。部落与部落之间，在土地所有权上是互相排斥的，又是互相承认的。第二，在氏族这个层次上，对土地以外的财物

① 《马克思恩格斯选集》，第4卷，87页，北京，人民出版社，1972。

② 同上书，83页。

拥有共同所有权(例如易洛魁人集体居住的长屋就为氏族所公有)。凡是个人所使用和占有的财物，其所有权都属于氏族。第三，在个人这个层次上，一些财物(如衣饰、武器等)是可以终生占有和使用的(个人财物还有些用以随葬)，而且在当事人死后实际上也由他的"最近的同氏族亲属分享"。所以，个人也并非绝对无权，只不过他的权利必须按照氏族内部结构的规定来行使，因而氏族是决定的因素。

由此可见，原始社会的公有制是有它自己的特有结构的，这种结构正是它与其他公有制的质的区别所在。因此，从原始社会公有制的结构里，我们看到了这种公有制的质的规定性。

斯宾诺莎有一句名言："规定即否定"。氏族部落结构在规定了原始社会公有制的内部结构的同时，也规定了这种公有制的对外界限，也就是说，超过规定的界限，公有制就不复存在，规定成了否定。部落是土地公有制的界限，也是一切现实秩序的界限。恩格斯论易洛魁人氏族时指出："凡是部落以外的，便是不受法律保护的。"①正是从原始社会公有制的这个界限里，我们看到了它的量的规定性。

这样，我们就不仅可以看到原始社会公有制和其他公有制的区别，而且可以更清楚地看到马克思主义以前对于原始社会公有制的认识和我们的认识的区别。

在本文第一部分里，我们曾简略地介绍了前人对于原始社会的所有制的认识，并指出其中与实际不符的说法。现在，我们再来分析那些错误说法在方法论上的问题。《礼记·礼运》所设想的原始社会里是

① 见《马克思恩格斯选集》，第4卷，94页，北京，人民出版社，1972。这句话原文是：Was auвerhalb des stammes，war auвerhalb des Rechts。似乎仍以直译为"凡是部落以外的，便是法律以外的"为好。因为，在部落以外的，不仅不受法律保护，而且几乎是可以对之无所不为的。

有个体家庭的，可是个体家庭里的亲亲原则被扩大了（“不独亲其亲，不独子其子”）；这一扩大达到它的极限，就是“天下为公”。从这样设想出来的公有制里，我们看不到它内部的层次和结构，也看不到它对外还有什么界限。换句话说，《礼运》所设想的远古的公有制，实际上是既无质的规定性又无量的规定性的。卢梭所设想的原始社会里，只有各个自由的、孤独的个人，个人之间没有任何组织结构。没有社会结构，也就没有这种结构的界限。这样，他所设想的原始时代的公有制，同样是既无质的规定性，又无量的规定性的。从以上两个例子可以看出，它们的具体设想虽不同，但在方法论上又有共同之点，即同样不看原始社会公有制的结构和界限，都忽略了这种公有制的质和量的规定性。

显然，这种既无质的规定性又无量的规定性的纯抽象公有制，除了作为与“私有制”相对立的概念以外，本身就不再能说明任何问题。它好似作为黑格尔的逻辑起点的纯粹抽象的“有”(sein)。这种“有”按照逻辑的必然性，本身就成为“无”。因为它本身就没有任何具体的规定性。① 为了说明这一点，黑格尔曾举了这样一个生动的例子：在纯粹的光明中，亦即无任何阴影或明暗差别的茫然一片的光明中，人们将一无所见，如同在没有任何光明的黑暗中一样。同样，从没有任何具体规定性的公有制中，我们能看到什么呢？如果不看质的规定性和量的规定性，我们又将如何能对远古的原始公有制和现在的社会主义

① 应该说明，这里对黑格尔的引喻，只是为了汲取其辩证法的启发，而非承认他的从“有”到“实有”(dasein)的唯心主义的逻辑进程。不论在逻辑上还是历史上，都不是先有抽象的公有制概念而后有具体的公有制的。“原则不是研究的出发点。”(《反杜林论》，32 页）本文就是反对用抽象的公有制概念来代替对原始社会公有制的具体分析的。

公有制以及今后的共产主义公有制加以区别呢？纯抽象的"公有制"是回答不了这些问题的。而且，还应说明的是，如果一旦出现了既无结构又无界限的公有制，那么就意味着所有制本身的消失。正如苏东坡所说，"江上之清风，山间之明月"，这是"取之无禁，用之不竭"的。人们对此二者的"公有"一直是既无结构又无界限的，因此从来也就不存在对于此二者的所有制的问题。①

至于认为原始社会也有私有制的说法，那倒是承认所有制的界限的。可是，主张这一说的人实际上不理解氏族部落的结构和界限，而只知道他们自身所处的个体家庭的结构和界限，因此才得出了"亲亲而爱私"的结论。从这样一个侧面我们同样可以认识到，正确把握原始社会所有制的结构和界限，乃是正确认识这种公有制的本质的关键。

四

认识原始社会公有制的结构和界限，这对于了解这种公有制发生、发展、衰落的过程和规律也是十分重要的。随着生产力的发展和婚姻形态的变化，原始社会公有制经历了一个漫长的发展变化的过程，这个过程也就是这种所有制的结构和界限发展变化的过程。

---

① 刘向在《说苑·至公》中记载了一个这样的传说故事："楚共王出猎，而遗其弓。左右请求之。共王曰：'止，楚人遗弓，楚人得之，又何求焉？'仲尼闻之，曰：'惜乎其不大！亦曰人遗弓，人得之而已，何必楚也。'"故事本身的真实性可不讨论，但它表明了这样的逻辑：当楚王与楚人在所有权上有界限的时候，是存在弓的得失问题的；一旦楚王与楚人之间界限泯灭，弓在楚国范围内就不存在所有权的得失问题；如果人与人之间的界限消失，那么就根本无所谓弓的得失，也就无所谓所有制的问题了。因此，所有权界限消失的极限，恰恰也就是所有制本身消失的极限。

如何认识原始社会公有制发生、发展、衰落的过程，这自然要涉及原始社会史的分期问题。目前，学术界对于这个问题正在讨论。本文目的不是讨论分期问题，不拟对各家说法作展开的探讨。我们根据自己的理解将原始社会分为发生、发展和衰落三个阶段，再在每一个阶段里分析原始社会公有制的结构和界限是在什么样的条件下发生了什么样的运动变化的。

第一阶段是原始社会公有制的发生时期。这一时期从人类形成开始，或者说从“完全形成的人”出现开始，包括直立人（或称猿人）和早期智人（或称古人）的时代，在考古学上属于旧石器时代的早期和中期。在旧石器时代早期，人们开始学会用火，到旧石器时代中期，已有人工取火技术（也有人认为，五十万年以前，即旧石器时代早期，已有取火技术）。这时，人们使用粗陋的石器和木棍，从事采集和狩猎，用火制胜野兽，烧烤食物。在生产力水平极端低下的情况下，人们依靠集体力量勉强维持生存，当然谈不上有什么私有制。

关于这一时期的婚姻形态和社会组织，现尚没有可以确切说明问题的实据。学术界主要有两种说法。依一说，这时期包括乱婚和血缘婚两种形态；依另一说，则只有血缘婚一种形态。我们倾向于后一说。马克思曾经强调指出：“血缘家族是第一个‘社会组织形式’。”[①]恩格斯曾经指出，随着完全形成的人的出现而产生了新的因素——社会。[②] 社会是与人类形成同时出现的新因素，所以作为第一个社会组织形式的血缘家族也是与人类形成同时出现的。血缘家族与乱婚不同，它已经不再是内部无差别的统一体，而是开始有班辈层次的有机

① 《摩尔根〈古代社会〉一书摘要》，20页。

② 《马克思恩格斯选集》，第3卷，512页，北京，人民出版社，1972。

的社会结构。当时人们的公有制就是在血缘家族的结构和范围里实行的。虽然我们对于这种公有制的结构和范围没有更具体的认识，但是可以肯定这种公有制的出现乃是与人类出现俱来的一个质变。古猿没有私有制，因为它们根本没有所有制的问题，直立人和早期智人没有私有制，却有了具有一定结构和范围的公有制。

第二阶段是原始社会公有制的发展时期。这一时期包括旧石器时代晚期和新石器时代。在旧石器时代晚期，出现了投枪、鱼叉和投矛器，随后又出现了弓箭。人们渔猎能力提高，出现了大规模的集体围猎。在新石器时代，出现了磨光钻孔的石器和陶器，开始出现了农业和畜牧业。生产力水平有了明显的提高，人们转入较长期的定居生活。

由于自然选择的作用，人们逐渐形成了禁止血亲通婚的习惯。先是排除同胞兄弟和姊妹的婚姻（在血缘家族的群婚条件下，同母的兄弟姊妹还是可以通婚的），随后又逐渐排除同胞姊妹的子女以至孙子女之间的婚姻，终于血缘家族内部不得通婚。这样禁止内婚、实行外婚的集团开始变为氏族，相互通婚的氏族联合成为部落。这样形成的氏族是母系的。最初实行的族外群婚，由于血亲禁婚逐渐推至较远的旁系血亲，群婚也就逐渐发生困难，并从而出现了对偶婚（不牢固的一对配偶的婚姻）。这样，社会形成了氏族部落结构，不牢固的对偶家庭尚非社会经济单位。在这一阶段，公有制形成了个人、氏族、部落的层次和结构，并以部落为其界限。这一点在本文第三部分中已有说明，这里不作申论。

这里需要说明的是，为什么把这一阶段当做原始社会公有制的发展时期，它的标志是什么？现在分两点来说明。第一，作为原始社会婚姻制度一般特征的群婚至此已发展到它的最高阶段，自然选择在婚姻形态发展中的作用至此也发挥到了最大限度。原始社会的血缘组织，随着氏族、部落的出现，氏族内有了明确的世系，氏族(同部落的)间有了固定的联系；到对偶婚家庭出现，就进入了这种组织的结构最完备、范围最宽阔的阶段。发展了的氏族部落组织正是公有制的结构和范围得以发展的一个条件。第二，在这阶段里按照氏族部落的结构和范围形成的公有制，是原始社会公有制最能适应生产力发展的阶段。土地归部落公有，适合于大规模狩猎活动和氏族间的相互支持，房屋和其他集体劳动的成果归氏族公有，适合于以氏族作为社会经济单位的集体劳动和生活；武器和衣饰等归个人终生占有，这也适合于当时劳动的需要(值得注意，原始人使用的工具、武器本身，并非必须社会性的劳动才能使用的)；由于性别分工，“男女分别是自己活动领域的主人：男子是森林中的主人，妇女是家里的主人。男女分别是自己所制造的和所使用的工具的所有者(Eigentümer)：男子是武器、渔猎用具的所有者，妇女是家庭用具的所有者”。[①] 这也是适合于当时生产劳动的需要的。

第三阶段是原始社会公有制的衰落时期。这是金属工具开始出现的时代。在畜牧业和农业发展的条件下，畜牧业部落从其他部落里分离出来，在手工业出现的条件下发生了农业和手工业的分工。劳动在趋向个体化，产品在趋向商品化。

随着畜牧业和农业的发展，男子在生产中占有重要地位。按照男女各是自己领域主人的原则，畜群和多余农产品归男子所有，他们要求把这些传给自己的子女。可在母系氏族结构中，男子的子女不属他的氏族。按照财产在氏族内继承的原则，男子财产只能传给自己姊妹

① 《马克思恩格斯选集》，第4卷，155页，北京，人民出版社，1972。

的子女。现在男子对这一点不能容忍了。于是母系氏族转变为父系氏族。这样，世系由男性确定，子女属于父亲氏族。氏族的结构和继承原则(在氏族内继承)基本不变，财产都转归男子的子女继承。为了确保继承者是自己的子女，男子对不牢固的对偶婚也不满足，于是对偶婚向一夫一妻制过渡。父系氏族之下出现了家庭公社，并代替氏族成为社会的经济单位。

在劳动个体化和交换发展的过程中，私有制逐渐在原始社会内部发生。不过，它并不是与氏族制无关地、突然地发生的。它是在氏族部落内部沿着这种结构的层次而逐步发生的。

马克思有这样一段引人深思的笔记："各种形式的动产是依怎样的次序变成私有财产的呢？在爱斯基摩人中：1. 个人财产：衣服、小舟和捕鲸必需的舟上工具，锥子(穿孔锥、钻孔器)，以及鲸鱼皮制的绳索。2. 家庭财产：其主体——一个至三个生活在一个屋顶下的家庭。其对象——帐幕及其附属物，用来捕鲸的大船(装有桅杆和篷顶的大船)，雪橇和供养在两三个月内维持公共炉灶的全体人员所必需的食物储备。3. 公社财产：过冬的木建筑和捕鲸业的产品，产品数量是以供为建造建筑物而结合起来的和共同居住在该建筑物内所有家庭衣食之需，以及供在无尽期的冬夜时期作住宅照明之用。"(见《科瓦列夫斯基〈公社土地占有制，其解体的原因、进程和结果〉一书摘要》第2～3页。引文稍有省略。)这个次序告诉了我们动产由个人的而家庭的而公社的，由量变到质变的私有化过程。同样，作为不动产的土地，由最初的部落公有，而氏族公有，而家族公社公有，而个体家庭私有；这也是经历了氏族部落结构的各个层次，逐步缩小公有制的范围，以至最后完成了从量变到质变的。

因此，了解原始社会社会组织的发展，了解原始社会公有制在这种社会组织之中的结构和范围，不仅是了解这种公有制的质的和量的规定性的根据，而且也是了解这种公有制由量变而质变的必要条件。

按照形而上学的观点，原始社会里的公有制是绝对的，它与私有制的对立也是绝对的，其间没有任何同一性。这样就有一个问题：原始社会的公有制怎么能够转化为私有制？因为，按照形而上学的观点，有就是有，无就是无，无中不能生有，有也不能变无。按照辩证法的观点，原始社会的公有制不是绝对的，它与私有制的对立是有条件的，其间存在着在一定条件下可以互相转化的同一性。“规定即否定”，原始社会公有制的界限(部落界限)，在当时条件下是现实的公有制的终点，也是可能中的私有制的起点；而部落以内的结构层次，也可以说是当时公有制的不同的度(表现公有制的质的量)。在原始社会发展的第三阶段，随着生产的发展而出现了新的条件，于是原始社会公有制的界限沿着氏族部落结构的各个层次逐渐缩小；当这个界限移动到个体家庭这一点上的时候，终于由量变而达到质变，私有制便发生了。

如何进一步深入地认识原始社会的公有制呢？这需要从理论和资料两个方面深入。我们在这篇文章里主要从理论上作一些初步探讨，希望得到批评指正。

(与贺允清合作)

《书·梓材》人历、人宥试释 *

《尚书·梓材》是周公旦在康叔受封时对他发布的训诰之一。其中有这样一段颇为难解的话：

> 女若恒越曰：我有师师司徒司马司空尹旅。曰予罔厉杀人。亦厥君先敬劳，肆徂厥敬劳；肆往奸宄杀人历人宥，肆亦见厥君事戕败人宥。王启监厥乱为民。

在这一段话中，“奸宄杀人历人宥，肆亦见厥君事戕败人宥”甚为关键，也最难解。自伪孔安国传以下，大多数注释家都把其中的“宥”训释为“宽宥”。这样就有一个问题，好像周公交代给康叔的政策是一切从宽。可是事实绝非如此。这可以从《梓材》的姐妹篇《康诰》、《酒诰》中得到证明。

《康诰》中说：“人有小罪，非眚，乃惟终，自作不典。式尔。有厥罪小，乃不可不杀。乃有大罪，非终，乃惟眚灾，适尔，既道极厥辜，时乃不可杀。”这就是说，判罪量

* 原载《中国史研究》，1981 年第 4 期。

刑，不仅要看罪行大小，要看犯罪是出于有意或无意，尤其要看是否坚持不改。又说："汝陈时臬事，罚蔽殷彝，用其义刑义杀。"对于"元恶大憝，矧惟不孝不友"的人，还要"乃其速由文王作罚，刑兹无赦"。周对被征服的殷地区人民，既采用他们认为适用的殷的刑法，又采用周文王所规定的刑法。《酒诰》中说："群饮，汝勿佚。尽执拘以归于周，予其杀。又惟殷之迪诸臣惟工，乃湎于酒，勿庸杀之，姑惟教之，有斯明享。乃不用我教辞，惟我一人弗恤，弗蠲乃事，时同于杀。"实行刑法时还要区分周人和殷人，对于殷人也还要看他们改与不改。可见当时周公交代给康叔的政策绝对不会是一切都宽宥的。

古人似乎也已有见于此。所以伪孔传把"杀人历人"解释为"杀人贼所过历之人"，把"戕败人"解释为"民以过误残败人者"。孔颖达疏又进一步推衍说："其所过历之人，情所不知。"所谓"过误"，所谓"情所不知"，纯属增字解经，曲为之说，当然不能令人信服。蔡沈对此说的弱点看得比较清楚，所以他说了一句实话"此章文多未详"①。

孙诒让说："按此段大意，谓君敬劳，则诸臣亦敬劳；君宥有罪，则诸臣亦宥有罪，以戒康叔之谨身率下也。"颇得原文要义。但他又说："而彼诸臣以奸宄杀人历人之罪而枉法宥之(按孙氏云：'历人谓搏执平民而历其手')，亦因见君任戕败人之罪或宽宥不治，故效之，而曲宥有罪也。"②他认为对此类罪行不当宽宥，立论与伪孔传及孔疏相反。但是他把"宥"释为"枉法宥之"，又与伪孔传及孔疏一样犯了增字解经的毛病。首先原文中并无枉法宥之的含义。而且据以上所引《康诰》、《酒诰》的文字来看，当时刑法对于犯罪是区别对待的，也并

① 见《尚书骈枝》，128页，济南，齐鲁书社，1988。

② 同上书，93页。

非凡是宽宥都是“枉法宥之”。孙诒让从与伪孔传相反的角度来释宥为宽宥，而结果竟又与伪孔传一样，必须增字解经。由此可见，要把这里的“宥”释为“宽宥”，反说、正说都有困难，看来此路不通。

值得注意的是，今本《梓材》中的“戕败人宥”，在王充《论衡·效力篇》中引作“强人有”(汉代“有”、“宥”通用。《韩诗外传》卷六第二十二章，“见人不善，愓然掩之，有其过而兼包之”。“有其过”即“宥其过”)。“人宥”原来是“人有”。古代“有”与“友”通。《论语·学而》：“有朋自远方来”，《白虎通·辟雍篇》引作“朋友自远方来”，《荀子·大略篇》：“友者，所以相有也。”《释名·释言语》：“友，有也，相保有也。”所以这里的“人宥”就是“人有”，也就是“人友”。与“人友”相对应是“人历”。于省吾先生早已指出，历古通鬲，《书·大诰》中的“大历服”的“历”，在魏石经中作“鬲”。他证明《梓材》中的“历人”就是《盂鼎铭文》中的“人鬲”①。于先生解决了前人一直未能解决好的“历人”问题。现在，我们采用于先生的成果，只是在形式上变动一下，把“历人”改说成“人历”而已。

我认为，《梓材》中的“人历”和“人宥”是两种身份不同的人，其具体情况下面再来论列。这里先试用这种解释来通读本文一开始所引的那一段《梓材》的原文。

为了正确通读，还要把那一段文字中的有关问题略加说明。“我有师师司徒司马司空尹旅”句中的“有”字，也是“友”字的假借。作有无的有字解，没有道理可说。这一句是呼语，当时国君呼官吏为友是常例(下文仍将说到)。“曰予罔厉杀人”的“曰”是语首助词，无义。厥君，指当地的邦君，地方统治者。“王启监厥乱为民”，伪孔传云：

① 《双剑誃尚书新证》卷二，91页下，上海，上海书店，1999。

“言王者开置监官，其治为民”。这也是曲说。按这里的“启”是“肇”的省文，古人习语。“监”就是“人无于水监，当于民监”的“监”，不是什么“监官”。“为”就是“于”。所以这里是“监其治乱于民”的意思，没有什么“为民”的意思。这样我们可以把这段文字用今语通读如下：

> 你要经常地说：我的诸位僚友师师司徒司马司空尹旅们，我不会滥杀人。那里的邦君能率先敬劳(人民)，如今你去，那里的人民也会敬劳(于你)。如今你去，那里有奸宄(之徒)杀害人历(鬲)和人宥(友)的事，也就可见那里的邦君干过伤害人宥(友)的事。王将要以民为鉴来衡量那里的治乱。

这样读来，大体可以文从字顺，而且符合在《诗经》和《尚书》中多次反映出来的周初统治者以夏商为鉴(周监于二代)、以民为鉴的这个基本思想。为什么对于邦君只提到他们是否伤害人宥(友)而未涉及人历(鬲)呢？因为只要邦君和人宥(友)之间出了问题，全邦就会大乱，所以也就无须提更多的事了。

现在让我们来对《梓材》所说的“人历人宥”作一些分析和探讨。为了便于就内容的性质展开论述，这里先从人宥(友)说起。友的概念，在古代与后世很不相同，必须历史地予以理解。《韩诗外传》卷五第十八章：“智可以砥砺，行可以为辅弼者，人友也。”是从品德才能论人的，已是汉代的概念，不是先秦本意。西周人所理解的人友，可以用《诗经》和《尚书》来说明。“嗟我兄弟，邦人诸友。莫肯念乱，谁无父母。”①“悠悠我里，亦孔之痗。四方有羡，我独居忧。民莫不逸，我

---

① 见《诗·小雅·沔水》。

独不敢休。天命不彻，我不敢效，我友自逸。”[1]“予小臣敢以王之仇民、百君子越友民保受王威命明德。”[2]可见，当时的人友，指的就是邦人诸友，就是同里民友，就是与仇民相对峙的友民。总之，这样的人友具有以下一些特征：

第一，友原本是一同劳动的伙伴。《周礼·天官·大宰》：“以九两系邦国之民……八曰友，以任得民。”郑玄注云：“友，谓同井相合耦锄作者。”《仪礼·有司》：“乃议侑于宾。”郑玄注云：“古文侑皆作宥。”友与侑、宥古相通用。《广雅·释诂》：“侑，耦也。”可见最初友与合耦同耕有密不可分的关系。

第二，友在军事活动中，并肩战斗，互相帮助。《孟子·滕文公上》：“乡田同井，出入相友，守望相助，疾病相扶，则百姓亲睦。”乡田同井、合耦共耕者为友，他们平时同劳动，战时自然同战斗。

第三，友既然共劳动、同战斗，所以正如《说文》所说：“友，同志为友，从二又(手)相交也。”古人常以“同志”训“友”。如《诗·关雎》“琴瑟友之”，郑玄笺云：“同志曰友。”《书·牧誓》“我友邦冢君”。伪孔传云：“同志为友。”但这个“同志”有特定的历史和社会的含义。《国语·晋语四》中有这样一段话：“同姓则同德，同德则同心，同心则同志。”这说明，在古代血缘关系在社会上仍起很重要的作用的时候，“同志”指的就是“同族”、“同姓”。当时同姓、同族的人构成一个共同体，一同劳动，一同战斗，本是常例。《班毁铭文》：“以乃族从父征。”《毛公鼎铭文》：“以乃族干吾王身。”都是明证。《师訇毁铭文》：“以乃友干吾王身”，与《毛公鼎铭文》雷同，唯以“友”代“族”，更可见

---

① 见《诗·小雅·十月之交》。

② 见《尚书·召诰》。

“族”和“友”可以互通。这就是说，人友往往指同族、同姓的人。

第四，人友又不局限于同姓、同族。《书·盘庚》：“汝克黜乃心，施实德于民，至于婚友。”这就说明，有婚姻关系的异姓人也可以称为人友。《释名·释亲属》：“两婿相谓曰亚……又曰友婿，言相亲友也。”这也可以作为婚友的一个具体例证。在由部落共同体转化而来的上古城邦中，作为邦的主体的居民总是由若干族组成的，同姓、同族，异姓通婚。所以不论同姓异姓，实际都有(至少在理论上有)亲属关系。周王称同姓诸侯为叔父，称异姓诸侯为伯舅，就是这种情况的反映。

第五，人友还指臣僚。《书·盘庚》：“至于婚友”，伪孔传云：“婚姻僚友。”《诗·大雅·假乐》：“燕及朋友”，毛传云：“朋友，群臣也”。《书·酒诰》中有太史友、内史友，《无惠鼎铭文》：“王乎史友册命无惠。”金文中的史友与《尚书》中的太史友、内史友可以互相印证。金文中称臣僚为朋友的例子很多。《毛公鼎铭文》：“普效乃友正，毋敢湎于西(酒)。”“友正”即僚友。在上古小邦林立的时代，君主专制制度尚未形成，邦君与臣僚之间，界限和差别远不如秦汉以后那样森严和悬殊，友的关系在当时还是被公认的重要关系。尤其值得我们注意的是：汉代君臣关系已非朋友关系，而汉代经师却以“群臣”训释“朋友”，这更说明他们的说法是有师承的，反映的是先秦时期确曾存在过的历史事实。

根据以上所说，可见人宥(友)就是古代城邦中的“百姓”。他们是以同族同姓或异姓通婚的纽带构成的城邦公民共同体。他们是农业劳动者，又是城邦的保卫者。他们可以在城邦机构中做官，在政治上起相当重要的作用。他们是城邦中的主体，而不是城邦的依附者。

与“人宥”(友)相对峙的是“人历”。在具体讨论“人历”以前，有必要考察一下这种人在古代的不同表达方法。以上说过，于省吾先生证明《梓材》中的“历人”（我们称之为“人历”）就是金文中的人鬲。闻一多先生又证明“黎”古通“历”①，所以黎民就是人历，即人鬲②。

至于人鬲与民献是否相通，学者们有不同说法。吴大澂说：“鬲疑献之省文”，不过他仍依传统训献为贤③。郭沫若先生也说：“人鬲当即《书·大诰》民献有十夫之民献。”④当然郭氏不认为人鬲是什么贤人，而是奴隶，这又与吴大澂之说截然不同。反对此说者，如吴闿生云：“吴（大澂）云人鬲即民献，谓贤人。此鬲乃仆隶之称，故有千数百之多，非十夫予翼之民献也。”⑤而他认为鬲乃仆隶之称，这又与郭说相通。

如果把献释为贤人，把鬲释为奴隶，二者在含义上各趋一极，那么自然就很难互相通假了。如果我们把鬲和献都释为黎民（这一点下面将要讨论），那么这个矛盾就不复存在。现在还是从文字训诂本身来看。郭沫若有见于《大诰》中的“民献”在《尚书大传》中作“民仪”，断言“今文家乃以支部仪字写鬲字，古文家则误读鬲之象形文以为献也”。的确，在金文辞中，“献”字除作专名（如献侯）用外，基本只有两种用法：一是作贡献的意思用，一是作鬲的假借字用。未见人鬲直接写作人献者。所以，把“人鬲”写作“民献”，肯定是古文家的误写。不过，古文家在把“鬲”误写为“献”的时候并未发生如郭氏所说的“误

① 《书·禹贡》：“厥土青黎。”马注：“黎，小疏也。”《管子·地员篇》：“赤垆历强肥。”注：“历，疏也。”

② 见《古典新义·尔雅新义》“黎，众也”条，《闻一多全集》，第10册，821页，武汉，湖北人民出版社，1993。

③ 见《说文古籀补》附录，64页，北京，中华书局，1988。

④ 见《两周金文辞大系考释》令毁条。

⑤ 见《吉金文录》卷一《盂鼎释文》。

读”现象。王念孙早已指出：“古声仪与献通。《周官·司尊彝》：‘郁齐献酌’，郑司农读献为仪（着重点为本文作者所加）。郭璞《尔雅》音曰：轙音仪。《说文》曰：‘轙从车义声；或作钀，从金献声。’”他也说明了“今文之民仪即古文之民献，王莽本用今文，故曰民仪九万夫”。由此可见，“鬲”写为“献”，不仅因为二者形近而讹，而且由于二者音近相通。因此，可以肯定，民献、民仪和黎民、人鬲以及《梓材》中的人历都是一个意思，所表示的是同一种人。现在我们就这种具有不同写法的同一种人作几点具体的讨论。

第一，人历是否即是仇民？人历中有仇民。《书·召诰》：“予小臣敢以王之仇民，百君子越友民保受王威命明德。”这里与“友民”相对峙的“仇民”，显然是与“人宥”（友）相对峙的“人历”（鬲）。但是问题不能一概而论，而要具体分析。《书·酒诰》：“予惟曰：汝劼毖殷献臣，侯、甸、男、卫，矧太史友、内史友，越献臣、百宗工……矧汝，刚制于酒。”这是周公旦发布给康叔的对一切人都要禁酒的训令。唯其对一切人，所以包括人历（鬲）和人宥（友）这两个方面。“殷献臣，侯、甸、男、卫”，“越在外服”；在外服中，当时的殷献臣自然属于仇民，而侯、甸、男、卫则在同盟者（友邦）之列。太史友、内史友以下，“越在内服”；在内服中，太史友、内史友属于“人宥”（友）之列，而献臣则是不具有人友身份的众近臣，他们既与百宗工并列，肯定不是仇民。《书·益稷》：“禹曰：俞哉。帝光天之下，至于海隅苍生，万邦黎献。共惟帝臣。”这里的“万邦黎献”虽然不是本邦的“邦人诸友”，但也不会是仇民。因为当时并无实际的敌对状态。从此篇看，一般的“万邦黎献”并非仇民；但“苗顽弗即工”，那就要算仇民了。《书·大诰》：“有大艰于西土。西土人亦不静。越兹蠢。殷小腆，诞敢纪其叙。天降威，知我国有疵，民不康。曰予复，反鄙我周邦。今蠢，今翼曰，民献有十夫予翼，以于敉宁武图功。”周武王一死，管、蔡、武庚、淮夷并叛，时有大艰，竟有“民献有十夫”站出来协助周王，以求安定文王和武王创立的基业。这样的民献(人鬲、人历)，虽然没有人友的身份，但实际是周邦的忠实支持者。这样的民献，当然是绝对不在仇民之列的。

不少学者怀疑这里的“民献有十夫”不是普通的小人物，尤非《盂鼎铭文》中成百上千的人鬲可比。这样的怀疑不是没有道理的。“邦人诸友”之中，人们的实际地位还各有不同；人历、民献之中，人们的实际地位自然也各有差异。但是，邦人诸友和人历、民献之间有一个重大的差别：邦人诸友，必须不是同姓的族友就是异姓的婚友，也就是构成本邦公民的“百姓”，在政治上和亲属关系上处于城邦公社之内；而人历、民献，不是族友、婚友，不属“百姓”之列，在政治上和亲属关系上处于城邦公社之外。唯其如此，所以后者即使不是仇民，甚至实际是有相当地位的人物，他们仍以“夫”论，因为他们在本邦没有族的关系，至少没有为城邦所承认的族。

第二，人历(鬲)是否都是俘虏？孙诒让氏首先作出了肯定的答案。他考释《盂鼎铭文》时说：“鬲当读为历，《周书・世俘篇》谓俘虏为历是也。”①孙氏此说为许多学者所认可。但是后半句有加以考察的必要。按孙氏所指《逸周书・世俘解》的原话是“馘磿亿有十万七千七百七十有九”。他训释说：“案磿历同声假借字，谓所执俘馘之名籍也。《周礼・遂师》抱磿，郑注云：‘磿者，适历执綍者名也’。《礼记・月令》季冬命宰历卿大夫至于庶民土田之数。注云：‘历犹次也。’又《郊特牲》云：‘简其车赋，而历其卒伍。’注云：‘简历谓算具陈列之

① 见《古籀余论》卷三。

也。'盖凡校计名数之簿书，通谓之历矣。"[①]鬲、历，在孙氏的《古籀余论》中释为俘虏，而在他的《周书斠补》和《周礼正义》中却释为俘虏名册了。应该指出，这是两种不同的事物，两种不同的概念。而且必须指出，在上引孙氏论述中，"历"字本身是作"数"来解释的，由"数"而引申出"校计名数之簿书，通谓之历矣"。在这段关键性的解释中，"历"字本身与俘虏毫无干系。只是因"历"前有一个"俘"字，才被解释为俘虏名册的。即令如孙氏所说，"历"等于俘虏名册，那么我们将其代入《世俘解》原句，便得"馘磿亿有十万七千七百七十有九"，不词甚矣。

磿(历)解释为俘虏名册，不对，那么释为俘虏是否就对了？现在必须研讨《世俘解》那段原文："武王遂征四方，凡憝国九十有九国，馘磿亿有十(当为七之误)万七千七百七十有九，俘人三亿万有二百三十。"在这段文字以前，自"丁卯，望(指太公望)至，告以馘俘"起，文中凡见"告以馘俘"七处，说的都是献捷。而所献的都是馘和俘这两类(没有第三类!)。按《周礼·夏官·环人》有郑注云："折馘执俘而还。"贾公彦疏云："死者取左耳曰馘，生者曰俘。"这就是说，用以献捷的敌人有生的和死的两类。后面既然说到生的"俘人三亿万有二百三十"，前面的"馘磿亿有十万七千七百七十有九"就都只应是死的，不应再包括生的，以致发生逻辑上的分类混乱。而且如果按孙氏《古籀余论》的说法，把历释为俘虏，那么生死性质不同的两种事物怎能加出一个统一的和数(亿有十万七千七百七十有九)来呢？大家知道，A＋B永远只能等于A＋B，是绝对不能合成任何一个单一的数来的。所以，把这里的历作俘虏解，同样是不可能的。

---

① 见《周书斠补》卷二，又《周礼正义》卷二十九。

那么，这里的历是什么意思呢？我认为，孙氏说磿通历是正确的。按《尔雅·释诂》："历，数也。"这个"数"包括两重意思：一作名词用，是数目、数字的意思；一作动词用，是计数、计算的意思。孙氏在《周书斠补》中释《世俘解》已经用了历的上述第二种意思。不过他绕了一个弯子，就说成"校计名数之簿书"了。现在我们去掉这个画蛇添足的弯子，直接训磿（历）为数目之数，再代入原文，用现代的话说，就是："馘的数目是亿有十万七千七百七十又九，俘人（的数目，此三字缘前而省）是三亿万有二百三十"。这样读来就比较清楚通顺了。而且这样训历也是符合古人词气的。《诗·大雅·文王》："商之孙子，其丽不亿。"郑笺云："丽，数也。"（丽、历古相通）《诗·小雅·鱼丽》："鱼丽于罶"（郑笺云："丽，历也"），可以为证。

自从孙诒让把鬲（历）解释为俘虏以后，此说影响很大。以上不惮其烦地作些论述，主要是说明孙氏的说法根据不足，鬲（历）字本身并无俘虏的意思。因此，我们不能一看到人鬲、人历或民献的字样就说他们是俘虏。但是，我们知道，他们之中也确有俘虏。《逸周书·作雒解》："俘殷献民迁于九毕。"这就清楚明白地是俘虏。

因此，人历（鬲）是否是俘虏，要具体问题具体分析，不是一看到这个名词就能得出俘虏的结论来的。

第三，人历（鬲）是否都是奴隶？我认为，这也是一个需要根据具体情况进行具体分析的问题。在这里，我们首先还是来探讨一下"历"（鬲）字本身的意思。

于省吾先生说："疑鬲、历、隶古并通。"闻一多先生说："案于说甚确。《释诂》：'历，傅也。'《说文》：'隶，附著也。'是历隶声近义通。"于、闻两位先生的说法是可信的。在古代，历又通丽。《诗·小雅·鱼丽》，郑笺即云："丽，历也。"这说明历有附丽的意思。《叔夷钟(即齐侯镈钟)铭文》:“女雁鬲公家。”杨树达先生引《尔雅·释诂》“艾、历,相也”,解释为“汝应辅相公家”。[①](按,《尔雅·释言》:“膺、身,亲也。”这里的雁似不宜释为“应”而当释为“膺”。意思是“汝躬自辅相公家”)辅相与历傅意思也很相近。所以,历、鬲和隶确可相通,都有从属、辅助的意思。

闻一多先生一方面说:“历隶声近义通”,同时又说:“余谓黎声亦近。”闻先生是坚持《尔雅·释诂》:“黎,众也”的说法的,所以他又把鬲、献训释为众。按《尔雅·释诂》:“历、秭、算,数也。”郭璞云:“今以十亿为秭。”秭到底是多少,古人说法不同,总之是一个很大的数,而一说算就是十亿,为数更大。所以,这里的数是表示很多的数。《尔雅·释诂》:“黎、庶、多,众也。”这也间接地说明,历也有众多的意思。

这样,人历(鬲)就有“隶”和“众”两重意思。又应当怎样来理解?在一些学者看来,很容易解决,反正隶是奴隶,众也是奴隶,两重意思可以统一于都是奴隶这一点上。

关于“众”是否是奴隶,许多学者提出不同的意见。本文不拟讨论这个问题。但要作出凡众都是奴隶这样全称肯定的判断,那是难以服人的。这里我们来看看隶到底是否全是奴隶。

应当指出,作为奴隶的隶,的确是存在的。于省吾先生说历、鬲、隶古并通以后,引《周礼·禁暴氏》:“凡奚隶聚而出入者司牧之。”注:“奚隶,女奴男奴也。”这种奚隶确是奴隶。《仪礼·既夕礼》:“隶人涅厕。”郑注:“隶人,罪人也,今之徒役作者也。”贾公彦疏也认为这种“隶人”就是奴隶。这类例子无须多举。

① 见《积微居金文说》卷二。

同样应当指出，不是奴隶的隶也是很多的。于先生引的另一个例子，《鲁语》："子之隶也。"注："隶，隶(按原注无此'隶'字)役也。"这里役的意思是事，"子之隶也"就是"这本是你的事"。可见于先生没有意思要把鬲、历、隶全都说成奴隶。《国语·晋语二》说到，晋献公死后，晋国发生内乱，于是派大夫梁由靡赴秦，请秦穆公协助晋国立君。这位使者对秦君说，如果秦君帮了忙，那么"晋国其谁非君之群隶臣乎?"这里的隶臣当然不是奴隶。又如，《左传》成公十六年，鲁大夫婴齐使晋，说："婴齐，鲁之常隶也。"杜注："隶，贱官。"《左传》定公四年，祝佗对其君卫灵公说："且夫祝，社稷之常隶也。"杜注："隶，贱臣也。"当然婴齐、祝佗都不是奴隶。《左传》襄公三十一年，郑子产坏晋馆垣，还向晋国大臣说了一番大道理，提到现在晋君的宫室很宏大，"而诸侯舍于隶人"。杜注："舍如隶人舍。"这里的隶人也是低级官员，而不是奴隶。即使晋国极其傲慢，也绝不会让盟邦君臣住到像奴隶住的房子里去的。

以上事例说明，隶中虽有奴隶，但非所有的隶都是奴隶。在先秦，"隶"在字义上并不等于今天所说的"奴隶"。那么，"隶"的本义是什么？我觉得服虔答得很好："隶，隶属于吏也。"①在睡虎地发现的《秦律》竹简中，私有奴隶称"臣妾"，官家的奴隶称为"隶臣妾"。《周礼·秋官·司隶》中所说的"五隶"，也都是隶属于国家的。这些都可以作为服虔解说的佐证。因此，我认为，对于人历是否是奴隶的问题，同样要具体问题具体分析，不能把他们一律说成奴隶。以上就《梓材》中的人宥和人历分别作了一些讨论。现在我们再来探讨他们之间的基本关系。《书·尧典》有一段话比较能够说明问题，兹录于下：

① 见《左传》昭公七年"舆臣隶"疏。

“克明俊德，以亲九族。九族既睦，平章百姓。百姓昭明，协和万邦，黎民於变时雍”。过去的经学家们注意到了这段里所讲的层次。那无非就是儒家所说的修身、齐家、治国(本邦)、平天下(万邦)。可是，这段话也反映了当时城邦社会中客观存在的分野。其实，九族、百姓就是邦人诸友或人宥(友)，其中九族是同姓的族友，百姓则是异姓的婚友；而万邦的黎民，就是万邦黎献，也就是人历(人鬲)。人宥(友)是一个共同体，它构成城邦政治的主体，当原始社会解体，城邦形成之际(以至奴隶制社会的前期)，血缘亲属关系自然地在国家的经济和政治生活中起着重要的作用。城邦的礼法以此为范围，公民的权利以此为界限。除此以外，原则上便是礼法和权利以外的。在人宥(友)或百姓以外并与他们相对峙的是人历(鬲)或黎民。他们没有自己的族或没有被城邦礼法承认的族，他们以“夫”为单位出现，是黎民、庶民或众人。他们不是城邦的主体，而是从属于城邦的人，是人历(鬲)或隶(隶属于吏)。这两种人在城邦中自然处于对立状态。因此，在一个城邦中，同姓的族友必须互相亲睦，在族友亲睦的基础上。异姓的婚友之间的关系也必须平(辨)章(明)。邦人诸友间的关系一切都搞好弄清，就解决了应付黎民的前提条件。黎民并非在地理上都居于邦外，唯其不是族友、婚友，唯其在礼法和政治上被摒斥于城邦之外，所以城邦对他们的关系在原则上与万邦黎献无异。城邦所要求于人历(鬲)或黎民者，一是变，二是雍。变者，化也，要求归化。雍者，和也，要求不反抗，不斗争。如此而已。黎民不“於变时雍”者，其前途往往是降在皁隶(固然降在皁隶的也有贵族之后)。可以推定，一个城邦的统治者只要具备必要和可能的条件，就会把一部分人历(鬲)或黎民降为奴隶。这种情况在古代奴隶制社会中无疑是不会少的。

人历(鬲)和人宥(友)这两种人的区分，在西周人的心目中是清清楚楚的，现在我们联系他国古代城邦的情况来加以考察，也能理解得很清楚。那么为什么前人竟把《梓材》这一段话弄误会了呢？因为这种区分到汉代客观上已经不复存在，所以在主观上汉儒的阅读和理解也模糊了。至于变化发生的过程，大体在春秋战国时期；这已超出本文的范围之外，另当别论了。

论黑劳士制度*

按照古代希腊人自己的看法，希腊的奴隶有两种类型，斯巴达的黑劳士便是其中的一种。公元前 4 世纪希腊历史家特奥滂普(Theopompus)在其《历史》第十七卷中说：

> 开俄斯人是继色萨利人和拉西第梦人之后最先使用奴隶的希腊人，不过他们获取奴隶的方法不同。大家知道，拉西第梦人和色萨利人把他们现在所占的土地上的原先的希腊人居民变为奴隶阶级，拉西第梦人占取了阿卡亚人的土地，而色萨利人则占取了伯尔勒比人和马格尼特人的土地。被拉西第梦人变为奴隶的人叫做黑劳士(Helots)，被色萨利人变为奴隶的人叫做皮涅斯特(Penestae)。而开俄斯人所占有的奴隶则来自非希腊人，是开俄斯人出钱买来的。①

---

* 原载刘家和著《古代中国与世界——一个古史研究者的思考》，武汉，武汉出版社，1995。

① Athenaeus, *Deipnosophistae* Ⅵ, 265, B.C. 本文所引古典作品，除另注明者外，皆据 Loeb 古典丛书英译。

且不论特奥滂普是否从本质上把握了这两个类型奴隶的特点，希腊奴隶明显地分为开俄斯型和斯巴达(即拉西第梦)型，这一点总是不可否认的。因此，关于黑劳士制度的研究，不仅对于斯巴达史，而且对于整个希腊史都是十分重要的。

黑劳士制度是否是古希腊所特有的现象，古代世界其他地区是否也有这种类型的制度，这是很多学者都注意到的问题。例如，苏联学者季雅科诺夫认为，公元前3000至公元前2000年代近东各国的奴隶可分为Ⅰ型和Ⅱ型两种①。其中Ⅱ型就是黑劳士型的奴隶，黑劳士型

① 季雅科诺夫表述两型主要特征如下：

经济特征	Ⅰ型	Ⅱ型
1. 剥削的特点	超经济的	超经济的
2. 生产资料所有权	没有	没有
3. 增补的来源	暴力掠夺	贫困和暴力掠夺
4. 使用情况	家内的生产	生产
5. 供给吃、住方式	主人供给(食物，以小份形式)	主人供给(食物，以小份形式，或有条件地占有份地)
6. 为主人劳动的时间	全部时间	全部(或部分)时间
7. 用于何种经济	主要用于私人经济，用于国有经济的不多	用于宫廷和神庙经济
8. 数量	不大	大
9. 职业标志	没有	有
法律特征		
10. 被转让性	被转让	不被转让(或很少被转让)
11. 移动的自由	没有	没有(固定在土地上)
12. 释放	很少	很少
13. 权利	很有限	有差别
风土特征		
14. 种族	外国人	部分是外国人
15. 烙印	使用	不用或很少用
16. 家庭生活	没有	有(并非全有)
17. 父名	不用	很少用

并非西方所特有[①]。又如印度学者高善必把雅利安人最初征服的“达萨”(dasa)和随后的首陀罗列为黑劳士一类[②]，印度学者沙尔玛也把吠陀时代的首陀罗列为黑劳士一类[③]。

在20世纪50年代，我国学者在探讨西周直接生产者的身份时也曾以黑劳士进行过比较研究。这是大家都知道的。

由此可见，关于黑劳士制度的研究，其意义又不仅限于古希腊史，而且关系到古代世界奴隶制问题的研究。

可是，黑劳士制度本身，多年来一直有许多争论。关于这一制度形成的原因、性质、特点等，实际都存在意见的分歧。这些问题需要在不断深入的探讨中加以解决。

为了弄清黑劳士制度，以下几点看来是必须注意的。这就是：(1)黑劳士制度同其他任何事物一样，不是凝固的、一成不变的；它有自己的发生、发展、衰亡的过程。我们必须以历史的眼光把它作为一个发展过程来考察。(2)黑劳士制度不是孤立存在的，它是在一定的条件下发生、发展、衰落的；离开活生生的历史条件，就无法了解这种制度的历史必然性。我们必须把它作为整个斯巴达社会的有机结构的一部分来考察。(3)黑劳士制度作为一种具体的制度，其内容自然表现为多方面的。在研究过程中需要将其多方面的内容充分展开，但是需要的并不是现象的简单罗列。我们必须考察这一制度多方面内

① 同 И. М. Дьяконов，Рабы，Илоты и крепостные в ранней древности 载 Вестник древней Истории（简作 ВДИ），3～29页，1973年，第4期。季雅科诺夫认为古代东西方国家基本都有这两种类型的奴隶制。也有苏联学者不同意这种说法。见 И. А. Шишова，О Статусе Пенестов，载 ВДИ，1975(3)，39～57页。

② 见 D. D. Kosambi，*An Introduction to the Study of Indian History*，92、104、187、220页，1956。

③ 见 R. S. Sharma，*Sudras in Ancient India*，48页，1958。

容间内在的联系，从而把握它的本质特点。

基于这些考虑，本文力求按照实事求是的原则，对有关黑劳士制度的具体材料进行具体分析。由于目前所掌握的考古资料很少，本文的材料依据主要是古典作家的作品。

一、黑劳士制度的发生

关于斯巴达早期的历史，现在所知很少。不过，从不多的史料中仍然可以看出：同其他国家一样，斯巴达在早期也曾经历过氏族部落制度的阶段。来到斯巴达的多利亚人也分为三个部落(同其他支多利亚人移民一样)，这种制度保持了相当长一段时间。在提尔泰的诗中还有这样的词句："让我们在自己的凹形盾牌掩护下急进，像野鹤或蝗虫飞行一样，庞菲力(Pamphyli)、希尔来斯(Hylleis)、第梦尼斯(Dymanes)，每一个部落都挥舞起杀敌的灰色矛枪。"①可见，三个部落仍是行军作战的单位。部落以下是胞族。据雅典尼乌斯所记："斯基普西斯的德梅特里乌斯(Demetrius of Scepzis)在其特洛耶战阵队列(The Trojan Battle-Order)卷一中说，斯巴达的卡尔奈亚(Karneia)节日就是他们的军事训练的演习。那就是有九个被称为'天幕'(σκιαδεζ)的场所，因为它们有些像帐篷；每一'天幕'都有九人寝馈其中，有一个传令官依次宣布一切事情。而且，每个'天幕'都包括有三个胞族(φρατριαζ)，卡尔奈亚节日举行凡九天。"②可见，斯巴达有 27 个胞族，并长期在军事组织和活动中发挥着作用。现在虽然没有当时氏族部落制度的详细材料，但是还可以看到这种制度在斯巴达国家的残余

---

① Tyrtaeus，I. 见 Loeb 本，*Elegy and Iambus*，第 1 卷，59 页。

② Athenaeus，*Deipnosophistae*，Ⅳ，142，a～b.

迹象①。

而且，当多利亚人进入伯罗奔尼撒的时候，他们不论是对待本地人还是在自己内部都还保持着平等的精神，这种精神也是氏族制度存在的明证。据公元前4世纪希腊历史家厄福鲁斯(Ephorus)所记，斯巴达人在早期是以平等的原则对待拉哥尼亚当地的人的(具体引文见下文)。而且，他还说到，进入伯罗奔尼撒的另一支多利亚人的领袖克勒斯仿特(Cresphontes)也是以平等的原则对待美塞尼亚的当地居民的②。这就说明，斯巴达最初并无黑劳士制度，也不是多利亚人一征服一个地方就立即出现了黑劳士制度的。当然，多利亚人与被征服者之间的平等关系不会长久，随着多利亚人内部的阶级分化，这种原始的平等关系终于被奴役的关系所代替。

在斯巴达，这种原始的平等关系为黑劳士制度所代替。关于这个过程，古典作家们有这样一些记载：

---

① 斯巴达社会中保留了许多群婚的残迹。据普鲁塔克说，斯巴达的男子可以要求与他人之妻同居，以便为自己生育子女；也可以让自己的妻子与他人同居，生育子女，并以这样的子女为自己的后嗣(见 *Plutarch's Lives*, *Lycurgus*, XV)。波里比阿也曾说："在拉西第梦人中，三四人合有一妻，如果男子们是兄弟，还可以更多一些人共有一妻，孩子为大家所公有，这是世代相传的习惯，也是十分普通的事；而且，如果一个人已生了足够的子女，他把妻子赠给一个朋友，那也是值得尊敬的，并且也是十分普通的事。"(Polybius, *The Histories*, Ⅻ, 6^b, 8)

② Strabo, *Geography*, 8, 4, 7："据厄福鲁斯所记，当克勒斯仿特占取美塞尼亚的时候，他把它分为五个城(πσλεις)；因为斯特尼克拉鲁(Stenyclarus)位于中央，他把它定为自己的王畿，而其余四城——Pylus, Rhium, Mesola 和 Hyameitis，他在授予所有美塞尼亚人以与多利亚人平等权利之后，为它们派去了(四个)王。"据说因多利亚人反对，只在斯特尼克拉鲁建立一城，由多利亚人聚居。

斯特拉波说："据厄福鲁斯所记：赫拉克里斯的后代攸利斯提尼(Eurysthcncs)和普罗克勒斯(Procles)占有了拉哥尼亚(Laconia)，把它分为六份，并建立了城市；他们从中选出一份，即亚米克莱(Amyclae)，把它给了那些早先把拉哥尼亚叛卖给他们的人，这些人曾经劝说当地原先的统治者接受他们的条件，和阿卡亚人一同移居爱奥尼亚；他们将斯巴达定为自己的王畿；他们向其他几份派出国王，因为人口稀少，所以允许这些派出的王接受任何希望获得这种权利的外来人为同邦人(ϭυνoiκos)；……虽然所有比邻的边民(oi περιolκol)都是斯巴达的臣民，但是他们仍享有平等的权利，既享有公民权，又可任国家公职，而这些人就被称为黑劳士；可是，攸利斯提尼的儿子阿基斯(Agis)剥夺了他们的平等权，并命令他们向斯巴达纳贡；其时，除黑劳士地方(Helus)的居民黑勒安人(Heleians)以外，全部都服从了；黑劳士居民因为造反，在一次战争中被猛烈地征服了，并被判处为奴隶(δουλos)，不过有一个明确的保留条件，即既不许奴隶的主人释放他们，也不许把他们卖出国境以外；这次战争就被称为反对黑劳士的战争。几乎可以这样说，正是阿基斯及其袍泽实行了一整套黑劳士奴隶制度，这个制度一直坚持到罗马人称霸以前；拉西第梦人在某种程度上把黑劳士作为国有奴隶，指定他们居住在一定的地方，并完成特定的任务。"①

普鲁塔克说："在来库古(Lycurgus)的这些祖先中，所乌斯(Soüs)是最著名的，在他的统治之下，斯巴达人使黑劳士成了他们的

① Strabo，8，5，4。亚里士多德亦曾说："相传早先的斯巴达诸王常赐予外来人以公民权"，见 Aristotle，*Politics*，1270ª35。参阅 Plutarch，*Ancient Customs of the Spartans*，22，见 *Moralia*，238，E.

奴隶(δoυλos)，又靠侵略从阿卡地亚人(Arcadians)手中取得了一大块额外的土地。”①

波桑尼阿说：“特勒克卢斯(Teleclus)死后，其子阿尔康明尼斯(Alcamenes)继位，拉西第梦人派攸提斯(Euthys)之子查尔米达斯(Charmidas)去克里特……他们(指拉西第梦人——引者)又摧毁了海边的一个阿卡亚人的城镇黑劳士，并且打败了来支援黑劳士的阿哥斯人。”②他又说：“沿海有一个黑劳士城，荷马在其拉西第梦人表中曾提到它：‘他们的家在亚米克莱，在沿海的城镇黑劳士。’这个城是百尔修(Perseus)的幼子黑里奥斯(Helius)建立的，后来为多利亚人所攻克。它的居民变成了拉西第梦国家的最初的奴隶(δoυλoι)，也是最先被叫做黑劳士的人，因为他们是名副其实的黑劳士人。以后所获得的奴隶(οiκετεiα)虽然是美塞尼亚的多利亚人，但他们也被称为黑劳士，正如整个希腊人由于色萨利的一个一度名为希腊(Hellas)的地区而称为希腊人(Hellens)一样。”③

根据以上三位作家的记载，斯巴达最初并无黑劳士制度。照厄福鲁斯的说法，斯巴达人最初还给予当地人以平等的权利，这种人称为“边民”(Perioici)。侵入斯巴达的多利亚人部落同这些边民之间的关系，是一种联盟的关系。所谓边民都是斯巴达的人民，只不过是说斯巴达在联盟中处于盟主地位(这与以后城邦时期盟主成为霸主的实质不同)而已。在氏族部落制度的条件下，如果没有消灭战败者而又必须和他们共处的话，联盟是当时可选择的唯一适当方式。城邦时期的

① *Plutarch's Lives*，*Lycurgus*，Ⅱ，1.

② Pausanias，*Description of Greece*，Ⅲ，ii，7.

③ Pausanias，Ⅲ，xx，6.

联盟继承了这种联盟的传统，但取消了平等的性质，经过了扬弃的过程。在平等的联盟关系存在的条件下，不存在黑劳士制度，这是既符合逻辑又符合历史真实的。

不过，黑劳士制度发生的时间，在以上三位古典作家的记载中尚有分歧。厄福鲁斯说是在阿基斯时代①，阿基斯是阿基斯王室的第二代王。普鲁塔克说是在所乌斯时代，所乌斯是攸利滂王室的第二代王。这二说的时间大体相同。而波桑尼阿说是在阿尔康明尼斯时代，这已是阿基斯王室的第九代王。所以，波桑尼阿说与前二说在时间上相去颇远。因此，这个问题需要加以探讨。

对于厄福鲁斯的多利亚人一次完全征服拉哥尼亚的说法，19 世

① 为了便于比较，这里列一个斯巴达的早期王表。

Agiads	Eurypontids 一说	Eurypontids 二说
(1)Eurysthenes	(1)Procles	Procles
(2)Agis(B. C. 930—900)	(2)Euryphon(890—860)	Soüs
(3)Echestratus(900—870)	(3)Prytanis(860—830)	Euryphon
(4)Leobotas(870—840)	(4)Polydectes(830—800)	Prytanis
(5)Doryssus(840—820)	(5)Eunomus(800—780)	Eunomns
(6)Agesilaus(820—790)	(6)Charilaus(750—720)	Polydectes
(7)Archelaus(790—760)	(7)Nicandrus(750—720)	Charilaus
(8)Teleclus(740—700)	(8)Theopompus(720—675)	Nicandrus
(9)Alcamenes(740—700)	(9)Anaxandridas(675—665)	Theopompus
(10)Polydorus(700—665)	(10)Archidemus(665—645)	Archidemus

阿基斯王室世系希罗多德(Ⅶ，204)，波桑尼阿(Ⅲ，Ⅱ—Ⅲ)一致，攸利滂王室一说据希罗多德(Ⅷ，131)，二说据波桑尼阿(Ⅲ，Ⅶ)。年代据 *The Oxford Classical Dictionary*，1970 年版，Sparta 条，仅作参考。

纪的西方学者就已经提出了怀疑和否定①，不过20世纪的西方学者对此仍有争论②。我个人也认为波桑尼阿的逐渐征服说是更为可信的。理由有两点。

第一，波桑尼阿的说法比较符合斯巴达人实力发展的情况。他指出，在阿基斯王室第七代王阿尔克劳斯在位时，“拉西第梦人以武力占取了一个名叫爱吉斯(Aegys)的边民(Perioeci)城市(在拉哥尼亚西北部靠近阿卡地亚处——引者)，并卖其居民为奴隶，因为怀疑他们同情阿卡地亚人”③。在他的儿子特勒克卢斯在位时，“拉西第梦人战胜并攻克亚米克莱、法里斯(Pharis)和格兰特腊(Geranthrae)等边民城市，这些城市一直都是阿卡亚人占据着的。”④法里斯和格兰特腊都在斯巴达东南不太远的地方，而亚米克莱则在斯巴达以南更近的地方。正因为这些腹心之地尚未真正在握，斯巴达不可能在更远的地方取得成就。特勒克卢斯占取了这些地方，他的儿子才能南下海滨攻取

① 19世纪西方学者O. Müller，G. Grote等都不同意厄福鲁斯的说法，因为考虑到了最初多利亚人力量不大，据公元前5至4世纪的雅典演说家伊索克拉特(Isocrates，*Panathenaicus*，255[286])说最初到拉哥尼亚的仅2000人。见Grote，*A History of Greece*，Everyman's Library本，第3卷，141页。

② G. Glotz同意波桑尼阿说。E. Meyer甚至认为多利亚初到拉哥尼亚时是为当地统治者当雇佣兵的，以后势力扩大才推翻了原统治者。而Busolt则认为多利亚人一次立即征服了全拉哥尼亚。其根据是斯巴达人自己认为在攸利斯提尼的父亲亚里斯托德摩斯(Aristodemus)时就已征服了拉哥尼亚(见Herodotus，Ⅵ，52)。见K. M. T. Chrimes，*Ancient Sparta*，273～274页，1952。至于斯巴达人自己的传统说法，看来未必可信。因为希罗多德已说明了他们的说法与别人不同，而且希罗多德自己也未对他们的说法表示赞许。

③ Pausanias，Ⅲ，ii，5。值得注意的是这时尚将战败者卖为奴隶，还不是黑劳士制度。

④ Pausanias，Ⅲ，ii，6。亚米克莱距斯巴达仅20 Stadia，即(185m×20=3700m)不足四公里。

黑劳士城。普鲁塔克说所乌斯即已建立黑劳士制度并夺取一大块阿卡地亚的土地，这很不确实。希罗多德说得明白：“在对特吉亚（Tegeans）人的早期战争中，拉西第梦遭受到的总是失败。”①

第二，波桑尼阿的说法比较符合斯巴达人社会发展的情况。如果按照厄福鲁斯的说法，斯巴达平等的社会里忽然出现了激剧对立的黑劳士制度，其中没有斯巴达人的内部矛盾，没有斯巴达人同边民的矛盾，没有任何矛盾发展的进程。这显然是难以理解的。实际上，从第三、第四代王开始，斯巴达曾经有过一个时期的平民和贵族的斗争。据普鲁塔克说，攸利滂王室的第三代（他采用的世系与波桑尼阿同）王攸利滂放松了对人民的统治，“但是由于这种松弛的结果，人民变得强悍了，继位的诸王，有些因为力图把他们的意向强加于人民而遭到了憎恨，有些则因为他们贪求之心或懦弱无能而降低了地位，因此无法律的混乱状态在斯巴达占了很长一段时间；并且也就是由于这种情况，作为一个大权在握的君主，来库古的父亲（据普鲁塔克说是攸诺摩斯——引者）还丧失了自己的生命。因为当他企图驱散一些骚动者的时候，就被一个屠夫的刀刺死了……”②在来库古的哥哥和他的侄儿为王时，矛盾仍然很多，所以他进行了改革。据波桑尼阿说，在阿基斯王室第四代王李奥博塔（Leobotas，波桑尼阿作 Labotas）的时候，“拉西第梦人首次决定对阿哥斯人开战，他们指控阿哥斯人正在兼并已被他们占取的库努里亚（Cynurian，在拉哥尼亚东北部）的领土，还指控阿哥斯人正在引发他们的边民起义。据记载，这时交战双方均未

① Herodotus，I，67。希罗多德所说斯巴达对阿卡地亚人转败为胜的时间，已在公元前6世纪后半叶了。

② *Plutarch's Lives*，*Lycurgus*，Ⅱ。同其他希腊城邦一样，斯巴达早期也经历了“王权”削弱的过程。

取得任何值得一提的成果，而且阿基斯王室随后的两代王，即李奥博塔(Labotas，即 Leobotas)的儿子多利苏和他的儿子阿格西劳，都很快就被杀死了。来库古就在阿格西劳在位时为拉西第梦人制定了法律……”①普鲁塔克和波桑尼阿的这些记载虽语焉不详，但大体说明在斯巴达的第三代至第六代王期间，确实有过斯巴达人内部的尖锐矛盾，也有过边民起义反对斯巴达的斗争；这些矛盾和斗争，正如其他希腊城邦的早期一样，本质是平民对贵族的斗争。普鲁塔克和波桑尼阿都认为这一段社会充满矛盾和斗争的时期末尾有一个所谓“来库古改革”。虽然普鲁塔克《来库古传》中所说的改革全部内容不可能在此时完成(这一点下文还将说到)，但是出现过某种改革是完全可能的。而黑劳士制度正出现于这以后，它是在平民贵族的矛盾和斗争有了一定的发展而又经过某种改革的调节的历史条件下出现的。

当然，有些学者不同意“黑劳士”(Helot)一词来源于“黑劳士”(helus)城名，而认为它是从希腊文字根 ελ—(意为“俘虏”)演化来的②。不过，此说也有一个问题难以解释：其他希腊城邦的俘虏奴隶为何不称为“黑劳士”呢？

“黑劳士”之名来自“黑劳士”城，看来也不是波桑尼阿的独创之说。“特奥滂普在其希腊史(Hellenica)第七卷中说到了黑劳士(Helot)，不过他在此书中说他们称为黑勒士(Heleats)，他写道：‘黑劳士(Helot)阶级处于一种全然是悲惨而痛苦的条件下。他们是很早以前就沦为斯巴达人奴隶的人民，他们中的一些来自美塞尼亚，而黑勒士

① Pausanias，Ⅲ，ⅱ，3～4.

② Grote，*A History of Greece*，第 3 卷，145 页；H. Michell，*Sparta*，75 页，1952。

(Heleats)先前则居住在拉哥尼亚的名叫黑劳士(Helos，意为沼泽)的地方。'"①这就是说黑劳士是拉哥尼亚、美塞尼亚两地奴隶的共名，拉哥尼亚一支名黑劳士，缘起于黑劳士城。所以实际还是说黑劳士最先起源于黑劳士城。而且，波里比阿曾说黑劳士城一带是拉哥尼亚的最宽阔而又最肥美的地方②。斯巴达人恰好在适当的历史条件下征服了这个适当的地方，从而开始了黑劳士制度。如果说这是出于偶然，那么这种偶然中是有其必然的。

二、黑劳士制度的形成

黑劳士制度源起于对拉哥尼亚的黑劳士城的征服，形成于对美塞尼亚的征服。

斯巴达人对美塞尼亚的征服实际有一个过程。第一次美塞尼亚战争发生于阿尔康明尼斯时代(约公元前740—公元前720年)。数十年后，美塞尼亚人起义，斯巴达人又进行了第二次征服(约公元前640—公元前620年)。

波桑尼阿曾经相当详细地谈到第一次美塞尼亚战争的缘起。其大体内容是：一个斯巴达人骗卖了一个美塞尼亚人的一群牲畜，而当事被揭发，这个美塞尼亚人派自己的儿子跟随斯巴达人去取补偿时，这个斯巴达人竟恼羞成怒把美塞尼亚人的儿子杀了。这个美塞尼亚人(受害者的父亲)控之于斯巴达当局，当局置之不理。于是这个美塞尼亚人一怒之下决定，只要有机会抓到任何斯巴达人，都要把他杀掉。这时斯巴达坚持要求美塞尼亚交出凶手，美塞尼亚也责备斯巴达不交

① Athenaeus，Ⅵ，272，a.

② Polybius，V，19，7.

出凶手。双方在互相谴责中还各自提出口实，看来都不甚重要。关键仍如波桑尼阿所记载的美塞尼亚人的见解那样。“他们说，那些事(指杀人案等——引者)都不是拉西第梦人从事战争的原因，而是由于贪欲，拉西第梦人已经形成了对他们的国家的野心……”①生活于第二次美塞尼亚战争时期的诗人提尔泰曾追述第一次美塞尼亚战争的情况：“……到了我们的国王、诸神之友特奥滂普的时候，由于他，我们取得了辽阔的美塞尼亚，美塞尼亚是这样适于耕耘，又这样适于种植，为了这，战争一直不停地进行了十九年……”②古代地理学家斯特拉波曾引用幼里披底斯(Euripides)的话比较拉哥尼亚和美塞尼亚说：“他说，拉哥尼亚有‘许多耕地，但是不易种植，因为这是洼地，围绕着崎岖的、敌人难以侵入的群山，而美塞尼亚则是一块盛产果实并有无数溪流灌溉的土地，这里富有牛羊牧场，在冬风中既不太冷，在日轮下也不太热’；稍后他在谈到赫拉克里斯的后代抽签分领土时说，头一签提供了‘拉哥尼亚土地的主权，这是一个贫穷的国度’，第二签提供了美塞尼亚的主权，‘其肥沃非言辞所能表达’；提尔泰的说法也如此。”③美塞尼亚的相对肥沃及适于农牧，显然是使正在扩大剥削要求的斯巴达人馋涎欲滴的真实原因。

这里不须叙述战争的过程，两次战争最后都以美塞尼亚失败告终。第一次美塞尼亚战争以后，据厄福鲁斯的说法，“拉西第梦人分割了美塞尼亚”④。至于美塞尼亚人的地位，波桑尼阿说：“美塞尼亚人是被这样对待的：首先，拉西第梦人强令他们宣誓永不造反或企图

① Pausanias，Ⅳ，v，3.

② Tyrtaeus，5^3。见 Leob 本，*Elegy and Iambus*，第 1 卷，65～67 页。

③ Strabo，8，5，6.

④ Strabo，6，3，3.

革命。其次，他们虽然未被征收固定的贡赋，但是要经常把他们田地中全部产品的一半交给斯巴达。又规定，逢国王及其他官员之丧，美塞尼亚人应偕妻子着丧服奔吊，其违命者有罚。关于美塞尼亚人所受的苛罚，提尔泰有诗云：'如驴负重受煎磨，无可奈何，需将田产谷一半，送向主人驮。'关于他们被迫奔丧，其诗云：'无论何方，主人不禄，夫妻相与，趋临痛哭。'"①土地既遭分割，人民亦受奴役，这说明美塞尼亚在第一次被征服后实际上已经有了黑劳士制度。不过，就现在所知，古典作家直接说到美塞尼亚有黑劳士制度还是在它第二次被征服之后。据波桑尼阿说，第二次美塞尼亚战争结束时，起义者被迫撤出伯罗奔尼撒，"遗留在当地的人沦为拉西第梦人的奴隶，唯沿海城镇居民除外"②。他又说："凡是在埃拉(Eira，第二次美塞尼亚战争中起义者所固守的据点——引者)或任何其他地方被捉到的美塞尼亚人，都被拉西第梦人降之于黑劳士的地位。"③他还说："拉西第梦人占有了美塞尼亚，把它全都在他们自己之间分了，唯原属阿辛(Asine，在美塞尼亚南端东海岸——引者)人民的土地除外；不过他们把摩通(Mothone，在美塞尼亚南端西海岸——引者)给了瑙普里亚(Nauplia，阿哥里斯南海岸的城市——引者)人，他们是新近被阿哥斯人从他们自己的城市赶出来的。"④这可以说是黑劳士制度在美塞尼亚的重建和形成。

---

① Pausanias，Ⅳ，xiv，4～5。据希罗多德(Ⅵ，58)说，为国王奔丧，是斯巴达人、边民及黑劳士的共同义务。据普鲁塔克(*Ancient Customs of the Spartans*，18，见 *Moralia*，238，D)说："他(指来库古——引者)又取消了除阵亡者以外的人的墓碑，还取消了丧服和哀悼。"可见斯巴达普通人不能举行丧礼。

② Pausanias，Ⅲ，iii，4.

③ Pausanias，Ⅳ，xxiii. 1.

④ Pausanias，Ⅳ，xxiv，4.

我们说第二次美塞尼亚战争以后斯巴达的黑劳士制度形成，主要是从以下几点考虑的。

其一，第二次美塞尼亚战争以后，黑劳士数量大增。古典作家没有给我们留下黑劳士的绝对数字。但是他们留下了一些很有意义的相对的概念。修昔底德说："……开俄斯人的奴隶很多，而且除了拉西第梦人的奴隶以外，在任何单个城邦中开俄斯的奴隶的确都是最多的……"①这就给了我们一个相对的但确实的概念，斯巴达人的奴隶在希腊各邦中是最多的。斯巴达的黑劳士包括拉哥尼亚和美塞尼亚的两部分，因此它的最大数值只能出现在美塞尼亚被征服之后。不仅如此，修昔底德还曾说过："大多数黑劳士是往昔被奴役的早期美塞尼亚人的后裔，因而他们全被称为美塞尼亚人。"②美塞尼亚人在黑劳士中竟占这样优势的比重，当然美塞尼亚的征服是黑劳士制度形成的一个重要标志。

关于黑劳士的具体数目，现在只能根据古典作家的有关记载加以估算。的确，伊庇提迈阿斯（Epitimaeus）在其《历史》第三卷中说过科林斯（Corinth）有奴隶（δουλος）460000人；克特西克勒斯（Ctesicles）在其《编年史》第三卷中说过雅典（约公元前309年时）有奴隶（οικεταϛ）400000人；亚里士多德在其《爱吉那（Aegina）政制》中说过爱吉那人有奴隶（δουλος）470000人。③ 以上说过斯巴达奴隶在希腊各邦中最多，而且柏拉图也曾说过雅典奴隶（ανδραποδον）不如斯巴达多④。照此说

---

① Thucydides，Ⅷ，40，2.

② Thucydides，Ⅰ，101，2.

③ Athenaeus，Ⅵ，272，d～j。这三个数字，正如格罗茨所说，"夸大是很明显的"（Goltz，*Ancient Greece at Work*，198页）。

④ Plato，*Alcibiades*，I，122，D.

来，斯巴达奴隶当在四五十万之数。然而这在事实上是不可能的①。

据希罗多德记载，在希波战争的普拉提亚(Plataea)战役中，有拉西第梦人军队一万人，其中五千是斯巴达人，每个斯巴达人又有七名轻武装的黑劳士随侍。学者往往以此比例推估斯巴达人和黑劳士的人数②。例如，瓦朗(H. Wallon)在其《古代奴隶制度史》(*Histoire de l'esclavage dans l'antiquite*)中，即据上述希罗多德记载，推估斯巴达人与黑劳士人数为一与七之比，又据希罗多德(Ⅶ，238)，说当时斯巴达人约有8000(户)，推算出斯巴达人总人数约31400人；从而推出黑劳士约(8000×7＝)56000户，约220000人(均以每户约四人计)③。当然这只是一个推测的大致数字，不过距离实际情况可能不会太远。

以上只是说明一个事实，当美塞尼亚征服以后，黑劳士制度形成的时候，黑劳士竟达斯巴达人之六七倍。边民大体为斯巴达人之三倍④。所以黑劳士人数比斯巴达人和边民(二者合称拉西第梦人，即斯巴达城邦的全体自由民)总和还多。但是，我们没有意思要证明这

---

① 据1952年以前的一次人口调查，美塞尼亚地区有人247907，拉哥尼亚有人144336(见Michell，*Sparta*，229页，1952)。两地现代总人数尚不足四十万，怎能说在古代仅奴隶即有四五十万人呢？

② Herodotus，Ⅸ，10～11，28.

③ 见俄译本 История рабства в Античном Мире1941，39页。也有学者认为黑劳士比斯巴达人多得多。如Grundy认为，黑劳士是斯巴达人的12～15倍，为斯巴达人与边民总和的6～7倍(转引自A. W. Gomme，*A Historical Commentary of Thucydides* 1945，第1卷，299页)。又如C. E. Robinson也认为黑劳士与斯巴达人成十五与一之比。见其*A History of Greece*，1957，第九版，46页。Glotz也认为黑劳士十倍于斯巴达人，见*Ancient Greece at Work*，90页。这样的估计看来也是不实际的。

④ 据普鲁塔克(*Lycurgus*，Ⅷ)说，斯巴达人份地数为九千，边民份地数为三万，故云。

样一个所谓定理，即奴隶占人口多数才算一个奴隶制社会的形成。这里只是具体论述黑劳士的特例。

其二，第二次美塞尼亚战争以后，斯巴达社会的劳动生产者的情况发生了变化。这主要包括非黑劳士型的奴隶在生产劳动领域里受排斥以及斯巴达人彻底脱离生产的以至经营管理的劳动两个方面。

在征服美塞尼亚以前，斯巴达有黑劳士型奴隶，也有非黑劳士型奴隶。例如，波桑尼阿曾说，阿尔克劳斯王在位时拉西第梦人占取一个名叫爱吉斯的边民城市，将其居民卖为奴隶。第一，这种奴隶通过买卖，按古希腊人看法，是属于开俄斯型(而非黑劳士型)的奴隶。第二，这种奴隶既通过市场，就根本与黑劳士不同。关于这种非黑劳士型的家内奴隶的具体情况，现在所知极少。可是在波桑尼阿的著作里我们也得到了一点启示。据他所说，在第二次美塞尼亚战争后期，美塞尼亚人固守埃拉，这时，斯巴达的一个显贵恩伯拉摩斯(Emperamus)的一个做牧人的奴隶(οικετης)①看上了一个从埃拉出来汲水的美塞尼亚妇女，后来他就背弃主人而逃往埃拉与所欢女子幽会。一夕天大雨，此女之夫因而疏忽防守，离岗位回家。这个逃奴藏于暗处，窃听得这个擅离岗位者与其不贞的妻子谈话，获悉美塞尼亚防守疏忽之点。于是他又逃回报告其主人，并被免除先前逃亡应受之处罚。②这个牧人奴隶显然不是黑劳士，而是家内奴隶；并且不是伺候主人日常生活的家内奴隶，而是从事畜牧生产的家内奴隶。这就说明，非黑劳士型的奴隶曾在斯巴达社会生产劳动中占有一定地位。美塞尼亚被征

① 据 H. G. Liddell 和 R. Scott 编，*A Greek－English Lexicon*，οικετης意为“家庭奴隶”(a house－Slave)、“奴仆”(menial)。就广义言，可与 δοῦλος(奴隶，总称)通；就狭义言，则作为“家奴”与 δοῦλος相对。

② Pausanias，Ⅳ，xx，5～10，xxi，1.

服，黑劳士制度形成以后，就很难见到这种奴隶从事生产劳动的实例（当然家内奴隶还是有的，这一点以下将论及），可见他们在生产劳动的领域里遭到了黑劳士的排斥。

斯巴达人最初并非全都不事家人生产，古典作家把斯巴达人不事家人生产归于来库古的改革①。现在且不论来库古改革的问题。但是，我们知道，美塞尼亚战争以前，斯巴达人还没有完全成为彻底不事生产的寄生者。波桑尼阿在叙述美塞尼亚战争缘起时，曾说到一个美塞尼亚人受斯巴达人骗后杀了斯巴达人从事报复的事。这个美塞尼亚人名叫波里卡里斯(Polychares)，是第四届奥林匹亚竞技会(公元前764)上竞走项目的优胜者。“此人拥有牲畜，而自己没有土地，不能给牲畜提供足够的饲料，于是就把牲畜交给一个名叫攸爱夫努(Euaephnus)的斯巴达人，让攸爱夫努在自己的土地上去饲养，并得到产品的一部分。攸爱夫努是一个见利忘义的人，还是一个骗子手。他把波里卡里斯的牲畜卖给一些来到拉哥尼亚的商人，又亲自去向波里卡里斯报告；不过他说的是，海盗在他的国家登陆，打败了他，把牲畜和牧人掳掠走了。正当他企图以谎话骗人时，恰好一个牧人从商人那里逃了回来；牧人发现攸爱夫努正和他的主人在一起，就当波里卡里斯的面把他的罪行证实了。”②这个故事说明两个问题：第一，斯巴达人攸爱夫努的这份土地还不是后来意义上的份地，还没有黑劳士在上面劳动，因为直接在这块土地上从事畜牧劳动的是波里卡里斯的牧人(其身份大概也是牧人奴隶)；第二，攸爱夫努虽不直接从事生产劳

① Xenophon, *Constitution of the Lacedaemonians*, Ⅶ, 2; *Plutarch's Lives*, *Lycurgus*, ⅩⅩⅣ; *Ancient Customs of the Spatans*, 41, 见 *Moralia*, 239, D.

② Pausanias, Ⅳ, iv, 5～7.

动，但他仍在自己的土地上经营畜牧业，而且他还同商人打交道，追逐市利。可是这种情况到了征服美塞尼亚以后就变了。黑劳士的大量增加为斯巴达人提供了更多的剩余产品，使他们有了充分脱离生产的可能。长期的美塞尼亚战争也使斯巴达人在事实上完全脱离了生产。据安提奥库斯(Antiochus)说："美塞尼亚战争(指第一次美塞尼亚战争——引者)爆发以后，那些没有参加远征的拉西第梦人被贬为奴隶，并被称为黑劳士。"[①]据厄福普斯："拉西第梦人对美塞尼亚人作战，因为他们的国王特勒克卢斯往美塞尼亚献祭时被美塞尼亚人杀死了；他们立下誓言，除非他们摧毁了美塞尼亚或者全部被杀，否则绝不回家；当他们出征的时候，他们留下了最年少和最年老的人守城……"[②]关于未参加出征的人被贬为奴隶，这尚无其他古典著作可供佐证。但是从以上两条可知，一是能出征的全出征了，二是出征时间很长。而这两点正是使全体斯巴达人脱离生产的催化剂。

其三，美塞尼亚被征服后，斯巴达社会的阶级矛盾情况有了一个很大的转变。这就是，平民与贵族的矛盾和斗争退居次要地位，自由人和奴隶(斯巴达人和黑劳士)的矛盾上升为突出的、压倒一切的主要矛盾。上文已经说到斯巴达早期曾有尖锐的平民和贵族的斗争。在征服美塞尼亚的过程中，斯巴达仍然有平民对贵族的斗争。在第一次美塞尼亚战争以后，曾有无公民权的"处女之子"密谋起义，事泄后被迫

---

① Strabo，6，3，2.

② Strabo，6，3，3.

往意大利殖民。他们斗争的目的是争取公民权和份地。① 在第二次美塞尼亚战争后期，阿里斯托明尼(Aristomenes)率起义军固守埃拉，并常四处掠取斯巴达人的牲畜、财物、谷物等，致使斯巴达人不得不决定将美塞尼亚和拉哥尼亚邻近美塞尼亚的地方闲下来不耕种。“结果斯巴达发生饥馑，随之发生革命。因为执业者不愿让土地白闲着。”②据亚里士多德说，提尔泰的诗里曾说到，由于战争的重负，“某些公民要求重分土地”③。自从第二次美塞尼亚战争结束并分配土地后，直至伯罗奔尼撒战争结束前，除摄政波桑尼阿的一次实际未引起大风波的“阴谋”④之外，两百余年之间，斯巴达自由民之间未见有大矛盾、大冲突。可是，在此期间发生了大规模的黑劳士起义，即所

① 关于“处女之子”(Partheniae)，古典作家有不同说法。安提奥库斯说：“美塞尼亚战争爆发以后，那些没有参加出征的拉西第梦人被贬为奴隶，并被称为黑劳士。所有在出征时期生的孩子被叫做‘处女之子’，并在法律上被剥夺了公民权。可是他们对此不愿忍受，而且他们人数很多，所以形成了反对自由公民的阴谋。”(Strabo，6，3，2)据厄福鲁斯说，斯巴达人长期在外作战，国内妇女不能生育，乃派军中少年(他们因年幼未曾发“必战胜始回国”之誓)回国，这样生的孩子名为“处女之子”。第一次美塞尼亚战争结束，“拉西第梦人把美塞尼亚分割了，可是他们回国的时候，不使处女之子同别人一样有公民权，理由是他们是私生的。处女之子乃与黑劳士结成同盟，形成了一个反对拉西第梦人的阴谋，并约定在市场上举起一个拉哥尼亚人的帽子作为进攻信号。虽然一些黑劳士泄露了这个阴谋，但拉西第梦人仍认定，很难对他们进行反击，因为黑劳士不仅人数众多，而且万众一心，情如手足，所以只是命令举信号的人离开市场。密谋者知计划已被叛卖，踌躇不前，于是拉西第梦人通过他们的父亲劝他们出去建立殖民地，而且如果他们满意所占之地就留在那里，如不满意，可以回来，再将美塞尼亚五分之一的地方分给他们”(Strabo，6，3，3)。参见 Aristotle，*Politics*，$1306^{b}30$.

② Pausanias，Ⅳ，xviii，2～3.

③ Aristotle，*Politics*，$1307^{a}1$.

④ Thucydides，I，132～134.

谓第三次美塞尼亚战争(公元前464)。这次起义乘大地震后斯巴达损失甚重之机而起，对斯巴达威胁很大，以致斯巴达人一度不得不向自己的老敌手雅典求援。① 正是由于斯巴达人和黑劳士之间矛盾的发展，这两个阶级之间极端不平等的状态的出现，斯巴达人不得不暂时缓和自己内部的矛盾，使自己成为以与黑劳士不平等为前提条件的"平等者"②。这里很自然地就要涉及所谓来库古改革的问题，因为传统认为斯巴达的政治体制、份地制度、公餐制度、教育训练以至社会风气几乎都是来库古规定的③。可是关于来库古这个人物本身及其年

---

① 关于这次起义的参加者，古典作家有不同说法。波桑尼阿明确地说："不是所有的黑劳士都起义了，起义的只是美塞尼亚人那部分，他们与老黑劳士是分开的。"(Pausanias，Ⅲ，xi，8)修昔底德说这次起义者有黑劳士和Thuria(在美塞尼亚Pamisos河左岸近出海口处)Aethaea(在拉哥尼亚，确址不详)两城的边民。"大多数黑劳士是往昔被奴役的早期美塞尼亚人的后裔，因而他们全被称为美塞尼亚人。"(Thucydides，I，101.2)意思是说以美塞尼亚人为主。狄奥多拉则明确指出起义者包括黑劳士和美塞尼亚人(Diodorus of Sicily，*The Library of History*，Ⅺ，63～64)。普鲁塔克说，大地震后，"黑劳士迅速从四面八方集合起来，意图消灭残余的斯巴达人。他们得知斯巴达人已摆好阵势，就退回自己的城镇，公开进行战争，并劝边民也起义。而且美塞尼亚人也参加了对斯巴达人的这一进攻"。(*Plutarch's Lives*，*Cimon*，XVI，6～7)也是说两地黑劳士都参加了。看来波桑尼阿之说不确。

② "平等者"(Ομοιοι)，斯巴达全权公民，在原则上享有同等权利，充任同等官职。例如，色诺芬说，国王出征时，"军官与国王共餐，为了经常交往，便于必要时商讨问题。还有三个平等者也与国王共餐。他们为国王及其总部管理全部粮秣，以便王及总部可以专注于战事"。(Xenophon，*Constitution of the Lacedaemonians*，ⅩⅢ，1)

③ 见Xenophon，*Constituton of the Lacedaemonians*；又Plutarch，*Lycurgus*；*Ancient Customs of the Spartans*.

代，古代已众说纷纭难以定论，现在也不能说已经完满解决①。这里我们不想探讨来库古其人，但是有一点大体可以肯定，就是传说的来库古改革的全部内容只有到美塞尼亚征服以后才能完全实现。

总之，美塞尼亚被征服以后，斯巴达的社会风貌有一个较大的变化，这大体是没有什么争论的。这也正是黑劳士制度形成的标志。

三、形成黑劳士制度的原因

按照古代希腊人的直观说法，征服者把当地被征服者变为奴隶，就出现了黑劳士制度。这种见解在近代又得到一些学者的继承和发挥。例如，H. 瓦朗在其《古代奴隶制度史》的专论黑劳士制度(他称之为农奴制)的一章中说："某个民族凭武力居住在被征服者之中，则新老居民间关系的形成取决于下列条件：他们的族源，他们的人数，他们的生活制度。同语言的民族很快互相接近起来，胜利者人少则易与战败者同化。但是，他们之间生活制度的差异往往抹杀了他们语言上的亲属性，抹杀了少数征服者被吸收的可能性，而继续加深由征服在他们之间造成的鸿沟。在希腊，那些凭武力站住脚跟的民族一般都保持自己的军事特点，他们借以取胜的条件对于进一步维护他们的统治也是最适用的。因此他们仍然保持武装状态。可是，只有具备一切生活必需的条件，国家才能组织起来。要保持掌握武装的特权，胜利者必须把劳动委于征服的民族。"②瓦朗的分析不无理由。然而，他没有回答：作为征服者的斯巴达人为何对当地居民先平等而后又实行奴

① 古代争论，见 *Plutarch's Lives*，*Lycurgus*，Ⅰ。近代论者甚多，H. Michell 说："我们不能断然肯定来库古的历史真实性，也不能否认它。"(Sparta，25 页)可见一斑。

② 引自俄译本 История рабства в Античном Мире，31 页。

役？斯巴达人对被征服者的奴役为何取黑劳士制度的具体形式？这些问题，离开当时的具体社会经济条件，从征服本身是无法直接回答的。

可是，也有一种几乎截然相反的意见。例如，卡尔施特德(Kahrstedt)认为，黑劳士制度的起源与征服无关，而是高利贷发展的结果。斯巴达的债务人同梭伦改革前雅典的"六一农"一样，只是由于斯巴达没有梭伦的"解负令"(seisachtheia)，富有的土地所有者和债主没有受到限制，不幸的债务人终于陷入"农奴"的地位。[①] 这种说法更难以成立。他说黑劳士制度形成与征服无关，理由是斯巴达人与黑劳士同语言，所以不是外来的征服者。可是斯巴达的黑劳士中有大量美塞尼亚人，而美塞尼亚人中本来就有很多多利亚人的成分，二者语言自然相通。何况语言本身在长期交互影响下是会逐渐变化的，征服者与被征服者语言统一的实例在历史上难道还少吗？

关于多利亚人的迁徙和早期征服，古典作家记述中神话传说成分不少，确切的信史不多。考古学材料也不能说明迈锡尼文化的衰亡是多利亚人征服的直接结果。[②] 不过，这个问题在这里可以不作讨论，

① 关于卡尔施特德的见解，转引自 H. Michell，*Sparta*，76 页。Michell 是反对这种说法的，其理由：第一，如果黑劳士因负债而为奴，那么他们为什么不是债主的私有奴隶，却反属于国有；第二，黑劳士之名称来自字根 ελ(俘虏)，显然与征服有关。

② 迈锡尼文明诸中心城市约毁于公元前 13 世纪末或公元前 12 世纪初，随后未见文化上的变更。迈锡尼陶器和几何型陶器之间并非截然分开，而是通过亚迈锡尼型和原始几何型逐渐过渡的。而且这种演变发生的中心正是历史连续性未曾中断的阿提卡，火葬墓、铁器亦均先见于阿提卡，大概自东方传来。见 J. B. Bury 原著，R. Meiggs 增订 *A History of Greece*，第 4 版，57、89 页，1975。

因为黑劳士制度并非发生在这个时期。多利亚人约在公元前1000年才到斯巴达，最初居住在一些小村庄里。大概这也就是他们尚以平等对待当地居民的时期。公元前9至公元前7世纪间，斯巴达的生产和社会分工有了发展。根据考古发现材料，公元前7世纪时，斯巴达输入象牙、琥珀、甲虫形宝石以及金、银首饰，而拉哥尼亚工匠在象牙器、骨器和陶器制造方面也可以同其他希腊城邦之上乘者相媲美。至公元前6世纪，输入渐停，但拉哥尼亚的陶器远销至小亚细亚的撒尔迪斯(Sardis)和意大利的伊特鲁里亚(Etruria)，达于极盛，约公元前550年以后迅速衰落。① 手工业从农业中分离出来，并达到一定的水平；社会上分化出享用珍贵饰物的富人贵族，这是公元前9至公元前7世纪间斯巴达的情况。正是在这种情况下，斯巴达进行了许多征服战争，曾经把俘虏卖为奴隶，但将更多的被征服者变为黑劳士。迨黑劳士制度形成以后，它又转而抑制了斯巴达工商业的发展。

为什么在斯巴达没有逐渐发展起开俄斯型(奴隶通过市场买卖)的奴隶制，而较早地发展起黑劳士制度？看来两种因素起了作用。一方面，斯巴达紧接着征服黑劳士城以后又征服美塞尼亚，在不太长时间里直接地获得了大量的奴役对象；奴隶来源如此涌盛，增长速度如此之高，远非雅典、开俄斯所能比拟。另一方面，要把这样多的战俘通过市场变为私人奴隶，使他们在私人经济中从事生产，这需要有很发达的工商业和商品货币经济。而相对来说，斯巴达在这方面的发展恰恰是比较低的。波桑尼阿说过这样的话："正如我说过的那样，拉西第梦人在这条路(一条通往市场的路——引者)上有一所称为白昂尼塔

① 见Bury和R. Meiggs，*A History of Greece*，96页。又*The Cambridge Ancient History*，第3卷，559页。

(Boöneta)的建筑物，它曾是他们的国王波里度鲁斯(Polydorus)的房子。当他死了的时候，他们就从他的寡妻那里把它买下来了，以牛付了价款。因为到那时还是没有金、银货币，他们仍然以老方法用牛、奴隶以及未经铸造的金银交易。”①来库古改革传说中也有废除金银货币的流通，而铸造实际不能使用的铁币的事②。不论这些传说的真实程度如何，我们从古典作家作品里几乎看不到多少斯巴达人(在美塞尼亚征服以前)运用货币的记载③。尤其需要注意的是，在雅典和罗马城邦的早期历史上都曾有过债务奴役和废除债务奴役的事，而斯巴达根本没有这样的记载。而且，当公元前3世纪末斯巴达城邦晚期的国王阿基斯废除债务时，他的政敌就曾以来库古未曾废除债务来对他进行质问④。这也说明斯巴达城邦早期商品货币经济发展不充分，债务奴役没有成为平民贵族矛盾中的尖锐问题。

斯巴达没有必要程度的商品货币经济来以开俄斯的形式容纳迅速得到的大量被奴役者，而他们的平民贵族矛盾中确实存在着严重的土地问题。于是，从被征服的土地中分出份地，被征服的大量人口成了黑劳士，自然地形成了黑劳士制度。

四、黑劳士的地位和性质问题

第二次美塞尼亚战争以后，斯巴达的黑劳士制度形成。从这时起

① Pausanias，Ⅲ，xii，3.

② Xenophon，*Constitution of the Lacedaemonians*，Ⅶ，5～6；*Plutarch's Lives*，*Lycurgus*，Ⅸ，1.

③ 波桑尼阿记斯巴达早期史甚详，除第一次美塞尼亚战争中斯巴达人曾雇克里特弓箭手(Ⅳ，viii，3)、第二次美塞尼亚战争中曾贿赂美塞尼亚人的盟友阿卡地亚人首领(Ⅳ，xvii，2)以外，也几乎没有提到他们运用货币的事。

④ *Plutarch's Lives*，*Agis*，Ⅹ，2.

直至伯罗奔尼撒战争结束(公元前404)，大约有两个世纪的时间，是黑劳士制度的全盛或典型时期。研究这一时期黑劳士在经济、法律、社会上的地位和处境，对于确切理解这一制度的性质是非常必要的。由于斯巴达并未留下系统的古典材料，古典作家的记载也比较稀少、零散以至有时互相牴牾，更由于学者们的观点、方法不同，现在人们对于黑劳士制度从内容到性质都有意见的分歧。现在我们从黑劳士的地位、处境问题谈起，然后再讨论它的性质问题。

关于黑劳士的实际地位和处境，我们从以下几点来探讨。

第一，黑劳士同土地的关系，即通过土地对斯巴达人的关系，是黑劳士制度的一项最基本的内容。厄福鲁斯说："拉西第梦人在某种程度上把黑劳士作为国有奴隶，指定他们居住在一定的地方，并完成特定的任务。"①普鲁塔克说："黑劳士为他们(指斯巴达公民——引者)耕种土地，缴纳一份预先规定好了的报酬。"②可见他们没有土地所有权，他们为斯巴达人种地，受斯巴达人剥削。可是也有人认为，黑劳士在为斯巴达人种地之余，"有自由在他所附着的土地以外去谋利，甚至占有自己的土地，并积聚一定数量的财富"③。我们认为，说黑劳士另外占有自己的土地，这种推测不仅没有事实根据，而且也与斯巴达城邦的土地所有制大相径庭。

斯巴达城邦的土地分两大类，一类是未分配的城邦土地，另一类是已分配的份地。据普鲁塔克记载："当他(指波里度鲁斯——引者)

---

① Strabo，8，5，4.

② Plutarch，*Ancient Customs of the Spartans*，41 见 *Moralia*，239，E；参阅 *Lycurgus*，XXIV，3.

③ H. Michell，*Sparta*，78 页，1952。作者并未提出黑劳士占有土地的论据。

引兵出征美塞尼亚的时候，有人问他是否要去同弟兄(意指美塞尼亚人与斯巴达人都是多利亚人——引者)作战。他回答说，不是，只不过是着手处理未分配的土地(the unassigned portion of the land)而已。”①这句话直接反映的固然是斯巴达人夺取美塞尼亚土地的野心。但它也说明有一种未分配的土地：它还不是份地，但有可能被分为份地。波里比阿在分析克里特制度与斯巴达的异同时曾说：“据说斯巴达国家的特色首先是其土地法，按照这个法律，不得有任何公民占有比他人更多的土地，而是所有的人都必须从公地(public land, πολιτικηs χωρas，相当于罗马的 agerpublicus)上占有平等的一份。”②当然分到份地的还有边民。普鲁塔克说：“他(指来库古——引者)把其余的拉哥尼亚的土地划为三万份分给了边民，把属于斯巴达城的土地划成九千份分给了同样数目的纯粹斯巴达人。但是有些人说，来库古只给斯巴达人分了六千份土地，其余三千份是以后波里度鲁斯加上的；还有一些人说，在九千份中，来库古分的只有一半，波里度鲁斯加了一半。”③可见，斯巴达人以城邦公民身份占有本城的份地(以后随着斯巴达城邦扩张，公民所得份地也就超出本城邦范围，波里度鲁斯加分三千份或四千五百份之说就是明证)，边民各以其本城市民的身份占有本城的份地。边民份地大概不可能与公民份地面积相等(这

① Plutarch, *Sayings of Spartans*, Polydorus, 2, 见 *Moralia*, 231, E.

② Polybius, Ⅵ, 45, 3～4.

③ *Plutarch's Lives*, *Lycurgus*, Ⅷ, 3.

在后面还将说到），但边民占有土地则是无可怀疑的。[①] 斯巴达的这种土地制度，与亚里士多德所论述的理想的城邦土地所有制最为近似。按照亚里士多德的主张，城邦“土地应属于执干戈以卫社稷并参与国政的人”；具体说来，土地又应分为两部分：一部分属城邦整体，另一部分分属公民个人。这两部分又应各分为两类。城邦公有地中，一类供祭祀之用，一类供公民公餐之用（后一类与斯巴达实际情况不符，斯巴达人以份地收入参加公餐）。各个公民份地也应分为两份，一份在近郊，一份在边鄙（斯巴达份地也有近郊和边鄙两种，不过不是由同一的公民兼有两种，而是由公民和边民这两种不同身份的自由民分有此两种）。在亚里士多德看来，种地最好用奴隶（在许多希腊城邦中，固然有奴隶种地，但自由的小农种地者很多），其次是用 Perioeci（亚里士多德所说 Perioeci，非指斯巴达边民，而泛指各邦黑劳士型奴隶；这又符合斯巴达情况）。他还认为，耕作城邦土地的奴隶应属于城邦，耕种份地的奴隶应属于个人（这又与斯巴达不尽相同，而同于克里特）。[②] 亚里士多德的这种理想的现实模型本是希腊各邦的实际土地制度（当然经过抽象加工而成他的理想）。而城邦土地所有制正是氏族社会土地制度的必然继续或扬弃：一方面，它采取了城邦公社所有制形式；另一方面，这种公社所有制由于公地与份地并存而形成了从公有到私有的发展趋势，而且这种城邦公社也是排除了奴隶并

① 关于边民占有份地的情况，据伊索克拉特说，在斯巴达早期发生过平民与贵族的斗争，结果贵族获胜，降平民为边民。“做了这一步以后，他们（指贵族——引者）就处置了土地，照理每个人本应从土地中得到相等的一份，可是他们为他们自己少数人不仅占取了最富饶的土地，而且占取了比任何希腊人都占得多的土地，同时他们却只分给人民群众最贫瘠的土地，使他们凭着辛勤劳动得以勉强糊口而已。”Isocrates，*Panathenaicus*，178～179(270).

② Aristotle，*Politics*，1329^{b}～1330^{a}.

在原则上与奴隶相对立的。马克思和恩格斯在《德意志意识形态》一书中论述第一种所有制形式——部落所有制以后继续写道："第二种所有制形式是古代公社所有制和国家所有制。这种所有制是由于几个部落通过契约或征服联合为一个城市而产生的。在这种所有制下仍然保存着奴隶制。除公社所有制以外，动产的私有制以及后来不动产的私有制已经开始发展起来，但它们是作为一种反常的、从属于公社所有制的形式发展起来的。公民仅仅共同占有自己的那些做工的奴隶，因此就被公社所有制的形式联系在一起。这是积极公民的一种共同私有制，他们在奴隶面前不得不保存这种自发产生的联合形式。"[①]斯巴达的土地所有制与这多么相像，应该算是一种很典型的城邦公社所有制了。

在城邦所有制的两大类土地中，没有一类是能容许黑劳士享有所有权的。从被征服的时候起，他们就不得不同时接受这样对立统一的两个条件：一方面失去土地所有权，一方面获得黑劳士的身份。他们的人身和土地同时都转归斯巴达城邦所有。

在斯巴达城邦的几种土地中，边民的份地看来不是由黑劳士耕种的。因为，一方面，古典作家在说到斯巴达人不得从事任何经济或生产活动时，从未提到边民；另一方面，有的古典作家(如伊索克拉特)直接说到边民靠自己劳动为生。古代其他许多城邦也有很多小自耕农，他们往往是公民中的下层；斯巴达的特点只不过是把这种小自耕农限制在它自己的自由民下层——无公民权的边民中而已。斯巴达公民的份地肯定是由黑劳士耕种的，古典作家已有明确记载。据普鲁塔克记载，每户斯巴达公民每年可以从其一份份地上获得 82 麦斗大麦

① 见《马克思恩格斯选集》，第 1 卷，26 页，北京，人民出版社，1972。

以及适量的酒和油[1]。至于城邦公有地由谁耕种，史无记载。但是，一则它肯定不能由斯巴达人耕种；二则大概也不可能由边民耕种（他们已有自己的份地）；三则未见斯巴达有专门耕种城邦公地的劳动者[2]。所以，它的唯一可能的耕种者是黑劳士。而且这一可能性也完全符合城邦公有地的特性。城邦公有地实际可以被认为是公民份地的储备形式，或者说，是潜在的公民份地。据厄福鲁斯说，斯巴达人曾允许"处女之子"如外出殖民不成，可以回来，再将美塞尼亚的五分之一分给他们。这五分之一的美塞尼亚耕地，是城邦公有地，也就是潜在的公民份地。斯巴达公民领得份地，同时也领得黑劳士。所以必须在公有地上有黑劳士，以便随时转化为公民份地上的黑劳士。普鲁塔克说，每户斯巴达人每年从份地上向黑劳士榨取 82 麦斗大麦等实物；提尔泰说，被征服的美塞尼亚人要向斯巴达人缴纳收成的一半。这二者如何统一起来？学者们的说法甚多[3]。据我看来，种公有地的黑劳士缴收成之半，种份地者缴大麦 82 麦斗等征收率都是 50%，只是由于份地有定数，故所征也有定额而已。斯巴达城邦可以使黑劳士移转于公地、份地之间，而其剥削率不变。所以，不论黑劳士在斯巴达国

---

① *Plutarch's Lives*, *Lycurgus*, Ⅷ, 4.

② 克里特的情况则不同。索西克拉特(Sosicrates)在其《克里特史》第 2 卷中说："克里特人称其公有奴隶为 mnoia，其私有奴隶为 aphamiotae，其臣民为 perioeci。"(Athenaeus Ⅵ, 263)在斯巴达未见这种区分。

③ 如有人推测，提尔泰所说比率只是临时战争赔款性的，以后剥削不会如此之重。见 Michell, *Sparta*, 78 页注 2。美塞尼亚已亡国，还谈得上什么赔款？此其不合逻辑者一。而且提尔泰所说缴收成之半是同为斯巴达国王、官长服丧并提的，后者系永久条件，前者何据而为临时条件？此其不合逻辑者二。还有人说，最初征收收成之半，第二次美塞尼亚战争之后，改为从份地上征收定量实物。见 к. м. колобова, Л. М. Гнускина, Очеркистории Древнеи Греции, 1958, 88 页。不见根据，也不能说明二者之间的区别与联系。

境内怎样被转移，他们总是同城邦所有制紧密结合在一起的。

第二，黑劳士是否有自己的经济，他们的经济处境如何，这也是一个分歧很多、需要进一步研讨的问题。

提尔泰说黑劳士必须缴纳收成的一半，普鲁塔克说每户斯巴达人向份地上的黑劳士征收82麦斗大麦等实物。既然黑劳士被剥削的形式是缴纳实物，这同时也就意味着他们可以保留收成的一半。因此，他们可以有自己的经济。就这一点来说，黑劳士与在主人直接经营的经济中劳动的奴隶有所不同。现在需要探讨的是，他们是否有节余和积蓄的实际条件，他们可能有的积蓄的性质如何。

有人说："在丰收之年，他们(指黑劳士——引者)能够节余一些东西，有时又靠为别人劳动或在战争中从事抢劫加以添补，结果很多人都获得了可观的财产。"①这就是认为，黑劳士既有积蓄的实际条件，积蓄本身又可以成为他们的财产。但是实际情况不然。

我们不妨先分析一下一般斯巴达公民的收支情况。据普鲁塔克所记，他们每户每年从份地上收入82麦斗大麦及适量的油和酒，而他们每月参加公餐食堂的支出是一麦斗大麦面粉以及若干酒、干酪、无花果和少量的钱等②。这样每人每年开支大麦面粉12麦斗。82麦斗

① G. W. Botsford，*Hellenic History*，91页。A. Andrewes也认为，黑劳士在缴给主人一定产物之后，"他们有一定限度的权利去积蓄财产"(见*Encyclopaedia Britanica*，第11卷，338页，1973，Helot条)。诚然，普鲁塔克曾说，斯巴达"有一项禁令，不许收更高的地租，为使黑劳士可得一点利益，从而乐意为主人工作，也就可以使得主人不必寻求更大的报酬。"(*Ancient Customs of the Spartans*，41，见*Moralia*，239，E)租额固定，这是事实。而所解释的用意和后果，则是这位道德家的理想之词。

② *Plutarch's Lives*，*Lycurgus*，Ⅻ，2.

大麦约可供一家老小六口之需，毫无困难，但也不会有很多节余①。至于黑劳士的收支情况，古典著作没有明文记载，近代学者作了许多具体估算(例如估算份地面积、单位面积产量等)，至少迄今未得要领②。实际上，在很多因素不能具体确定的情况下，估计越具体，出入可能也越大。我们认为可以作这样一个总的估计：在公地和份地上劳动的黑劳士都向斯巴达人缴纳收成一半，因此，黑劳士阶级的总收入在数量上大体与斯巴达人相等；黑劳士人数约为斯巴达人之七倍，因此，按人口计，每个黑劳士的收入约为斯巴达人收入的七分之一；因为每户斯巴达人岁入 82 麦斗大麦，所以每户黑劳士的岁入约为其七分之一，即约 12 麦斗③。因此，就总体来说，黑劳士的经济处境显然是很困难的。而且，黑劳士不仅必须缴纳收成之半，还必须服兵役。如果说在希波战争中他们还被用作轻装步兵④，那么在伯罗奔尼

① Glotz 估算，一个斯巴达人年消费 15 麦斗，其妻消费 12 麦斗，其余 55 麦斗供儿童及仆役消费。82 麦斗可供一家。*Ancient Greece at Work*，91 页。

② 关于斯巴达份地面积，近代学者估算结果差别很大，Jarde 认为 27～36 公顷(62.7～89 英亩)，而 E. Meyer 认为只有 22 英亩(8.9 公顷)，介于此二说之间尚有不同估计数字。H. Michell 认为，这些估计都不可靠，根据现代希腊政府农业部报告，拉哥尼亚和美塞尼亚共有耕地 600000 英亩，分为 39000 份，每份地约为 15 英亩。其中一英亩用于种植葡萄、橄榄、无花果并修建房屋、道路，余 14 英亩，每年休耕一半，亦即每年仅七英亩可种大麦。以最高产量(每英亩亩产 20 蒲式耳)计，每年可得 140 蒲式耳，而 82 麦斗即约合 170 蒲式耳，收成交斯巴达都不足，更无黑劳士口粮。所以他怀疑普鲁塔克记载的可靠性。见其 *Sparta*，224～226 页。按 Michell 的估算，其耕地面积数据无可怀疑，而他得不出甚至只是自信的结果，看来是因为他把边民份地与公民份地的面积等同了。

③ 应该说明，这个具体数字本身并无绝对意义。有人说："在拉哥尼亚，黑劳士在数目上至少与斯巴达及边民之和相等。"(*Encyclopaedia International*，1977 年，第 8 卷，386 页"黑劳士"条)这就是说黑劳士约为斯巴达人之四倍。即使如此，每户黑劳士年收入大麦 21 麦斗，也是很困难的。

④ Herodotus，Ⅸ，28.

撒战争中他们就已被用作重装步兵了①。在沉重的经济剥削和兵役的损害与折磨下，黑劳士很难有积蓄财物的实际可能性。

黑劳士即使偶尔有了一些财物②，也很难说他们有了财产。斯巴达没有留下法律文书，我们可以姑且以克里特的《高尔汀法典》(*The Laws of Gortyn*)作些比较。《高尔汀法典》中说到一个称为“俄伊克”(Οικευs)的阶层，他们的地位与黑劳士相近似。法典中说：“如果一个女俄伊克在男俄伊克在世时或去世时离去，那么她应占有她自己的(财产)；如果她带走了其他东西，那就应当受审。”法典还规定，父母在，儿子一般不得分家，“如果某人死去，城市里的房屋、居住在农村中的俄伊克不曾居住的房屋内的一切物品以及不属于俄伊克的大小牲畜，应属于(死者的)儿子们”③。看来俄伊克有不属于主人的“财产”，但实际不然。厄福鲁斯在论述克里特法律时曾说：“立法者似乎认为当然的是，自由乃一国中最大的善，因为唯有自由使得财产专门属于那些已经得了它的人，而在奴隶地位的状态下，一切都属于统治者，而不属于被统治者。”④厄福鲁斯的话深刻地揭示了克里特的俄伊克在法律上似乎有财产而实际没有财产的本质。现在虽然没有斯巴达的法律材料足以说明黑劳士也像俄伊克那样占有一定财富，但可以肯

① Thucydides，Ⅳ，80，5；Ⅶ，19，3.

② Herodotus，Ⅸ，80 曾说到黑劳士“偷窃”战利品的事，这当然只能是一种极特殊的情况。

③ Л. Н. Казаманова 俄译文见 Очерки Сошиалвноэкономидеской истории Крита Ⅴ－Ⅳ вв. до н. з. 1964，附录，181、182 页。Казаманова 说，所以禁止分俄伊克的牲畜及份地本身，因为包括俄伊克在内的份地是公有的。见同书 111 页。这样的解释是无可置疑的。英译文见 Botsford 等编 *Hellenic Civilization*，278、280 页，1915。

④ Strabo，10，4，16.

定，如果黑劳士也占有一定财富，那么其性质也如同厄福鲁斯所说的一样。

第三，黑劳士在法律上处于何种地位，他们是否是斯巴达人的财产，这也是一个关系到黑劳士制度性质的重要问题。

据柏拉图记苏格拉底的话说："不论是他们（指斯巴达人——引者）自己的和美塞尼亚的领土的广阔和肥沃，还是他们的奴隶、特别是黑劳士的数目，还是他们的马或饲养在美塞尼亚牧场上的牧畜的数目，都没有人能同他们相比。"①这段话很明确地表示出黑劳士作为奴隶中的一部分，同土地、牲畜一样，都是斯巴达人的财产。

不过，黑劳士与私有奴隶不同，他们不是斯巴达公民的私有财产，而是同他们耕种的城邦公有地或公民份地一样，是斯巴达城邦的财产，亦即斯巴达人共有的财产。正因为如此，所以才如厄福鲁斯所说："既不许奴隶的主人（指份地持有者——引者）释放他们，也不许把他们卖出国境以外。"

尽管斯巴达公民作为个人对于黑劳士的权利是有限的，斯巴达城邦对黑劳士却握有生杀予夺的全权。"关于斯巴达人极其横暴地对待黑劳士，米朗（Myron of Priene）在其《美塞尼亚史》第二卷中记述如下：他们责令黑劳士接受使人尊严扫地的侮辱性的习惯，因为他们规定，每一个黑劳士都必须戴狗皮帽子，穿皮革制的短上衣，而且即使毫无过错，每年也得挨一定数量的打，以便不致忘记自己还是奴隶。除此以外，如果任何一个黑劳士表现出一种超出奴隶以上的神情，那就要被处死，而且他的主人也将因为未能制止他变肥壮而受到处罚。斯巴达人把土地交给黑劳士耕作以后，要黑劳士始终向他们缴纳一定

① *Plato*, *Alcibiades*, Ⅰ, 122, D.

份额的谷物。”[①]普鲁塔克还叙述了斯巴达人秘密屠杀黑劳士的“克里普提”制度。“这种秘密勤务的性质如下。长官时常派遣大批最谨慎的青年战士下乡，他们只带短剑和一些必需的食品。在白天他们分散隐蔽于偏僻的地方，静静地躺在那里；可是到了晚上，他们就奔向大道，屠杀他们能捉到的每一个黑劳士。有时，他们也来到黑劳士们正在劳动的田地里，杀死其中最强壮和最优秀的人。同样，修昔底德在其《伯罗奔尼撒战争史》(Ⅳ，80——引者)中也告诉了我们，一群被斯巴达人评定为最勇敢的黑劳士头戴着象征解放的花环，列队拜谒了神庙，但是不久之后，他们两千以上的人就全都失踪了，这种情况，不论在当时或者以后，都没有一个人能说出他们是怎么死的。亚里士多德也特别提到了监察官，当他们一赴任之后，他们就立即对黑劳士作形式上的宣战，为的是在杀黑劳士时可以不冒渎神灵。在其他方面，他们对于黑劳士也是粗暴残酷的，例如，他们迫使黑劳士饮过多的烈酒，然后把这些人引入公共食堂，让青年们知道醉酒是怎么回事。他们又命令黑劳士作卑鄙可笑的歌舞，而不许有较高尚的表现。”[②]

以上所引古典作家的记载，既反映出斯巴达人与黑劳士处于尖锐的阶级对立状态，也反映出斯巴达人作为奴隶主阶级对于黑劳士握有任意处置的法律权利。

我们看到，对于米朗和普鲁塔克的上述记载，有些近代西方学者是有怀疑的。例如，有人认为[③]，对黑劳士“宣战”，如果真有其事，那也不过是最初斯巴达国家危急时期流传下来的一种古老仪式，国家

① Athenaeus，XIV，657，C～D.

② *Plutarch's Lives*，*Lycurgus*，XXVIII，2～4.

③ 见 H. Michell，*Sparta*，pp. 80～82.

一稳定，它就没有意义了。可是事实正如亚里士多德所说，黑劳士总是伺机起义打击斯巴达人①，斯巴达国家实际总是在黑劳士起义威胁之下。“宣战”和“克里普提”，在一定程度上正是斯巴达人力图消灭这种威胁的手段。这位学者还认为，即使斯巴达人真的每年鞭打一次黑劳士，那也不足为奇，因为斯巴达人也毒打他们自己的孩子。其实，斯巴达人鞭打黑劳士和鞭打自己的孩子这两件事在性质上是迥然不同的。鞭打黑劳士，米朗已说清楚，其目的是让黑劳士意识到自己是奴隶，是怕黑劳士将来不服从统治；而鞭打小孩，则恰如普鲁塔克所说，那是为了锻炼孩子，使他坚忍和狡诈起来，是怕他们将来不能统治②。所以，类似的怀疑和翻案文章并没有多少科学意义。不过这位学者也认为，“如果说，没有政府的批准，主人不能把黑劳士从他的住地上移走，那么，主人不能任意处死黑劳士，这也是确定无疑的。但是，斯巴达国家可以不假任何法律借口就屠杀黑劳士，而且也是常常这样做的。”这也就是说，他同样也是认为国家对于黑劳士是握有生杀予夺的全权的。

应当说明，我们并不认为，只有可以被任意屠杀的人才是他人的财产。雅典奴隶按照法律是不能随意屠杀的③。可是这丝毫也不妨碍他们作为奴隶主的财产。当然，可以被任意生杀的人，则无疑是主人的财产。

现在我们再来看黑劳士到底是什么性质的劳动者。这个问题可算是历史上争论很多的问题之一。

---

① Aristotle，*Politics*，1269[a]，1272[b].

② *Plutarch's Lives*，*Lycurgus*，XXVII.

③ Aeschines，*Against Timarchus*，16～17.

在西方，绝大多数学者都称黑劳士为农奴[①]。不过他们中间的许多人并未把奴隶和农奴作严格、科学的区分，所以出现了二者同时并用的现象。例如，格罗茨说："黑劳士是被分配给个人的'国家奴隶'，法律把他们这种身份永远固定下来。……主人的权利是有限的，对主人来说，黑劳士是农奴；但是国家的权利是无限的，在国家的眼里，黑劳士是奴隶。"[②]这一类的看法，实际是把形式上近似农奴的国有奴隶称为农奴[③]。另一些人则把黑劳士和其他希腊城邦的黑劳士型的奴

① 例如，Grote 说："拉哥尼亚的黑劳士乃是束缚在土地上的隶农(Coloni)或农奴(Serfs)，他们确实是在为斯巴达业主的利益而耕种土地，可能也为边民业主种地。"(*A History of Greece*，第 3 卷，144 页)Abbott 说："他们(指黑劳士——引者)与其称为奴隶，不如称为农奴，与其说是个人财产，不如说是国家财产，因为他们的主人不能出卖他们，而他们的解放也需有公家的法令。"(*A History of Greece*，Part I，218 页)Heitland 说，黑劳士是农奴，"重要特点是承担农业劳动……严格地附着在土地上，且不得被卖出国外。"(*Agricola*，26 页)Michell 说："他们(指黑劳士——引者)是束缚在土地上的农奴，是 ascripti glebae(土地的附属品)，被迫向主人缴纳一定数量的产品。他们是国家农奴，个别的斯巴达人无权私占他们，只有国家的法令才能使他们经解放而得自由。"(*Sparta*，75 页)近年西方百科全书基本仍持类似说法。如 *Broekhaus Enzyklopadie*，1969 年，第 8 卷，363 页；*Meyers Enzyklopadischen Lexikon*，1974 年，第 11 卷，688 页；*The Encyclopedia Americana*，1975 年，第 14 卷，77 页等，黑劳士条，都大致如此。也有说黑劳士是奴隶的，如 *La Grande Encyclopedie*，1976 年，第 18 卷，11284 页，斯巴达条说："该城邦中人数最多的是黑劳士，他们是附着在土地上的奴隶，是国家的财产。"

② Glotz，*Ancient Greece at Work*，pp. 90～91.

③ H，Wallon 也是一方面认为黑劳士等是农奴，一方面又把他们当做国有奴隶的。见 История рабства в Античном Мире，32、36～38 页。A. Andrewes 也说："黑劳士是古代斯巴达的农奴。……他们在某种意义上是国家的奴隶……"(*Encyclopaedia Britanica*，1973 年，卷 11，338 页，黑劳士条)。И. М. Двяконов 不赞成用农奴之名，但赞同国有奴隶之说(见 ВДП，1973，No. 4，18 页)。他把西方学者所说的这种"农奴"，列为Ⅱ型奴隶。

隶直接等同于中古的农奴制。例如，迈尔说："正如在中古一样，隶属关系在这里(指古代希腊——引者)也显示出了全部的层次，从耕作永佃制(如在阿提卡)或有服役和纳税义务的人身自由的劳动者起，直到最充分的农奴制(Leibeigenschaft，如在色萨利、阿哥利斯、斯巴达、克里特等)止。"①这就是说，他认为黑劳士制度是与古代奴隶制截然不同的中古农奴制度。到威斯特尔曼写《古代希腊和罗马的奴隶制度》一书，一开篇他就大谈"真实的奴隶制"同诸如黑劳士制度之类的"农奴制"的区分，公然把后者排除在他这本奴隶制度史之外②。

在苏联，斯特鲁威(B. B. Струве)于1933年发表《平民与黑劳士》(Плеби и илоты)一文，主张黑劳士奴隶说。他认为，黑劳士制度是征服的结果，而非"经济条件"的结果(这是针对迈尔等人论点提出的)。这种剥削方式在形式上似农奴，而实际是一种原始的奴隶制。"奴隶和黑劳士的区分基本只在于，在前一种情况下，是战胜者使战败者脱离生产资料，把战败者带到自己的经济里去劳动或卖掉他们，在后一种情况下，战胜者使被征服者留在土地上，并迫使他们完成种种义务。"③以后，在苏联的一般书籍中都认为黑劳士是奴隶或国有奴隶，或认为他们与奴隶无异。不过也有人认为，"黑劳士还不是名副其实的奴隶，因为他们在授予自己的一块土地上管理着自己的经济，把收成的大部分交给自己的征服者——主人。"④还有一种说法认为，

① Edward Meyer，*Die Sklaverei Altertum*，15页，见 Kleine Schriften，第1卷，181页。

② W. L. Westermann，*The Slave Systems of Greek and Roman Antiquity*，1页，1955。

③ 《平民与黑劳士》一文未见，此处据他为1950年版 Хрестоматия по истории Древнего Мира，Древни Восток 写的序言，见该书15页。

④ A. ьергер，Социа. гъные вцхенпяв Древнеи Спарге，1936，p. 14.

“不能把黑劳士称为名副其实的国家奴隶，因为国家出卖黑劳士在事实上也是不可能的。”①

在国内，也曾有过关于黑劳士问题的争论。一种意见认为黑劳士是农奴，主张者有王毓铨、童书业教授等。例如，王毓铨教授认为黑劳士不是奴隶，理由主要是：黑劳士缴纳地租，有自己的经济，主人无权出卖他们，国家可以屠杀他们也不过是征服者对被征服者的权利②。另一种意见认为黑劳士是奴隶，主张者有郭沫若、日知教授等。例如，日知教授认为黑劳士是奴隶，理由主要是：黑劳士制度发生于奴隶制城邦初期，是由征服而产生的原始的奴隶制，而且黑劳士制度消失后奴隶制仍在发展，故与中世纪农奴制不同③。

我个人也认为黑劳士是奴隶，而非中古的封建的农奴。主要想讨论以下几点：

其一，古典作家一般都把黑劳士叫做奴隶(正如日知教授所言④)，他们为什么这样说？这样说是否正确？

什么是奴隶？古代希腊人有自己明确的定义。例如，亚里士多德说：“财产是一种谋生的工具；一项产业就是一大批工具；奴隶是一

① B. B. Струве 和 Д. П. Каллистов 主编 Древная Греция，1956，93 页。这一部分执笔者也是 A. Бергер。

② 王毓铨：《周代不是奴隶社会》，见《新建设》，1951 年第 4 卷第 5 期，19 页。

③ 日知：《古典作家所记的黑劳士制度》，载《东北师范大学科学集刊》，1957 年第 3 期，23～38 页。参阅《历史研究》，1956 年第 12 期，《我们在研究古代史中所存在的一些问题》。

④ 见《东北师大科学集刊》，34～37 页，1957 年第 3 期。

种有生命的工具。”①奴隶是财产、是工具，这个定义准确地反映了奴隶制的实质。马克思说：“按照古人的恰当的说法，劳动者(指奴隶——引者)在这里只是会说话的工具，牲畜是会发声的工具，无生命的劳动工具是无声的工具，它们之间的区别只在于此。”②显然是赞成这样的奴隶定义的。事实上也未见有人对此表示反对。

问题在于一些人认为，斯巴达公民个人对黑劳士的权力有限，黑劳士不能成为公民个人财产；有人甚至对于黑劳士是国家财产这一点也表示存疑，说什么国家也不能买卖黑劳士。对此上文已略有介绍。其实这都是蔽于后来的成见，未能历史地对待古史问题。

奴隶是产生于原始社会解体、城邦产生时期，它不可能不与这种历史背景有密切关系。经过城邦时期到了帝国阶段才发展起来的罗马法，耐人寻味地透露出了这二者之间的关系。这对于我们理解希腊城邦的奴隶制度不无启发。罗马法分为“公民法”(Jus Civile)和“万民法”(Jus Gentium)。公民法原本只适用于罗马城邦公社内部公民之间。万民法则适用于罗马城邦公民与外邦外族的关系。据罗马法学文献，“奴隶制是‘万民法’的一种产物，根据这种法律，一个人违反自然地从属于另一个人的所有权。奴隶被称为 servi，因为军事统帅们通常不杀死俘虏，而卖掉他们，从而保存(preserve)了他们。奴隶又被称为 mancipia，因为他们是被敌人的手捉住的”③。可见，在城邦时期，只要俘虏被保存下来(不论卖出与否)，属于他人所有，这种处于公民

① Aristotle，*Politics*，1253^b 30～34。他在 *Eundemian Ethics*(Ⅶ，ix，2)及 *Nicomachean Ethics*(Ⅷ，xi，6)二书中也说到同样见解。

② 《资本论》，第1卷，222页注17，北京，人民出版社，1975。马克思在这里借用的罗马作家瓦罗(Varro)的话，精神与亚里士多德是一致的。

③ *The Digest of Justinian*，Ⅰ，Ⅴ，4. 据 C. H. Monro 英译本。

法(城邦法)之外的俘虏，就不被当做人，就是奴隶。这在城邦发生过程中本是一种简单而自然的现象，斯巴达人与黑劳士的关系就属于这种现象之列。至于说黑劳士与其他奴隶不同，所有权不属于公民个人，那正因为他们同份地一样同属于斯巴达城邦所有。

其二，如何理解黑劳士的所谓依附于土地的问题？

威斯特尔曼说："奴隶制与农奴制的区分在于：奴隶是他人的财产，农奴则附属于他有劳动义务的土地上，而不属于某个人，而且对主人只有每年尽一定义务之责。"①他据此标准判断黑劳士是农奴而非奴隶。其实，首先，黑劳士正是斯巴达城邦的财产，再则，所谓依附于土地正需要具体分析。

中世纪的领主和农奴的关系往往是通过投托保护制确立起来的。农民被迫投托领主，献出自己的土地，成为依附于领主的人；而领主则宣布对他加以"保护"，并使他永远有耕种土地的权利。农奴对领主有人身依附关系(虽不平等，但是人对人的关系，与奴隶不被当做人不同)，也有依附于土地的义务(也有永佃权)。农奴对领主的等级依附关系，折光反射到封建主阶级内部，就是下级领主对上级领主间的逐级依附与保护的等级关系，就是等级的封建土地所有制。当然，领主内部的等级结构，又是建立在封建主统治农奴的基础之上，并且是为维护这种统治服务的。马克思和恩格斯把封建所有制称为"等级的所有制"②，这一见解是非常精到的。

我们根本看不到黑劳士对斯巴达人有上述的人对人的依附关系，

---

① *The Slave Systems of Greek and Roman Antiquity*, p. 1.

② 《德意志意识形态》，见《马克思恩格斯选集》，第1卷，28页，北京，人民出版社，1972。

也看不到斯巴达人内部的等级结构，相反，他们有的却是作为城邦的平等者公社。所谓黑劳士依附在土地上，除了厄福鲁斯所说的“不许把他们卖出国境以外”，“指定他居住在一定的地方，并完成特定的任务”以外，几乎没有任何其他具体证据。不许卖出国境以外，这是由黑劳士的国有性质决定的。至于居住在一定的地方，不论黑劳士居住在城邦公有地上还是居住在公民份地上，都是同城邦土地所有制的结合，而非同封建的等级土地所有制的结合；而且，国家既然可以指定他们居住在一定的地方，当然也就可以把他们调动到别的地方(因为调动本身也就是指定)，斯巴达国家任意征发黑劳士的事例是很多的，这就是实际证据。所谓黑劳士附着在土地上，不过是城邦的奴隶不能离开城邦的领土而已。

其三，如何理解让黑劳士缴纳实物的剥削方式？是否缴地租即是封建制的剥削？

有些人自觉或不自觉地养成了一种习惯，一见缴纳实物、缴纳地租，便认为那一定是封建制的剥削关系。其实这是一种误解。

马克思指出，在研究地租时应当避免的主要错误之一，就是“把适应于社会生产过程不同发展阶段的不同地租形式混同起来”。① 历史上有不同形态的土地所有制，也有不同形式的地租。在近代，农业资本家租了土地，把一部分剩余价值作为地租交给地主；这种农业资本家当然绝对不是农奴，他同地主的关系是瓜分剩余价值的关系。在古代，土地的租赁实际上也有种种不同的情况。且不说古代近东一些国家里土地租佃的种种复杂现象，就以雅典来说，租佃土地的事也不少见。雅典国家、部落、神庙等常把土地租给缺少土地的农民耕作。

① 《资本论》，第3卷，714～715页，北京，人民出版社，1975。

例如厄柳西斯(Eleusis)地方的神庙出租产谷良田，收租是收成的8%或10%[①]。这是城邦公民利用城邦公有地的一种特殊形式，当然不是什么封建制的关系。在雅典自由民之间也有土地租佃关系，也不是什么封建关系[②]。可见，并非一有土地租佃就有封建关系。

黑劳士作为奴隶是否可以租地纳租呢？我们并未见古代的法典里有过禁止奴隶租地纳租的明文。据罗马法学文献解释："奴隶的产品由其劳务构成，换句话说也就是，奴隶的劳务即包含在其产品之中。不过，在其他情况下，产品被理解为扣除必要消费后的余额，实际在奴隶服劳务的情况下也是如此。"[③]在古代的奴隶主看来，占有作为财产的奴隶，就是要占有他们的劳动产品，甚至在一定程度上也认识到了就是要占有他们的剩余产品。奴隶租地纳租并不违反奴隶主法律规定。当然，应当指出，黑劳士所缴纳的实物中，不仅包含着斯巴达人对于土地所有权的实现(地租)，而且还包含着对于他们的人身所有权(黑劳士作为城邦财产)的实现。

因此，我们认为：黑劳士是奴隶；是奴隶中的国有奴隶；是国有奴隶中的与城邦土地所有制紧密结合在一起的城邦所有的奴隶。

---

① 引自Glotz，*Ancient Greece at Work*，254页。

② 据Lysias(Ⅶ，4～10[108～109])所记有这种情况：公元前411年某人从雅典政府接受一份土地，他自己耕种；到公元前404年卖给第二个人，这人买地后就出租了；公元前403年第三个人买了这份地五天后又出租了；公元前403—公元前402年租给一个人，公元前401年又租给另一个人，公元前400年租给又一个人(此人是被释奴隶)，此后又有一个人租了三年。这都是自由人之间的契约关系。

③ *The Digest of Justinian*，Ⅶ，vii，4.

五、黑劳士制度的演变和衰落

黑劳士制度随斯巴达城邦发生而发生，与城邦的土地所有制紧密地结合在一起，因而它也必然地随着斯巴达城邦的衰落而衰落。公元前431—公元前404年的伯罗奔尼撒战争，是斯巴达城邦发展中的转折点，也是黑劳士制度发展中的转折点。

伯罗奔尼撒战争以后，斯巴达的一个重大变化就是私有制的迅速发展。这种情况固然与战争的胜利和大量金银的流入有关，不过不能忘记，斯巴达社会内部本来就有私有制，只是曾经处于受抑制状态而已。

首先，土地的分配并非完全平等，而是存在差异。斯巴达人作为"平等者"原则上有一块相等的份地。但是，国王占有额外的土地。据色诺芬说："他(指来库古——引者)又授予他(指国王——引者)接受一定份额献祭牲畜的权利，并把许多边民(οiπεριοιkοι)城市中足够的上选土地分给他，以保证他有一份合理的而非过度富有的资财。"①很可能贵族也有额外的土地②。斯巴达确有未分配的城邦公有地。例如，据修昔底德记载：公元前431年夏天，雅典人把爱吉那人从爱吉那(Aegina)赶了出来。因为爱吉那人反对雅典，在第三次美塞尼亚战争中还帮助过斯巴达人；所以这时斯巴达人就把提里亚(Thyrea，在拉哥尼亚东北角)的土地给他们去居住和耕种③。这种土地未分配以前，大概实际总是由贵族支配的。斯巴达人内部占有土地的情况很难

① Xenophon，*Constitution of the Lacedaemonians*，XV，pp. 3～4.

② J. B. Bury & R. Meiggs，A *History of Greece*，96页有"贵族有其家族领地"之说。

③ Thucydides，Ⅱ，27.

想象是真正平等的。边民份地的面积也不可能与公民份地相等，这不仅有伊索克拉特的话为证；而且公民不亲自种地，收入只是份地产量之半，边民自种份地，如份地面积与公民份地相等，则收入将多于公民一倍，这在情理和事实上大概都是不可能的。所以，后来的土地兼并和集中正是先前土地占有的差异的发展。

其次，动产的私有在斯巴达一直是存在的。据普鲁塔克说，来库古在分配土地以后，“为了消除一切不均和不平等的痕迹，他企图把人们的动产也给分了；而当他看到直接从他们那里拿出，他们会不能忍受的时候，于是采取了另一条道路，用政治策略来克服他们的贪婪。首先，他取消了金银货币的流通。……其次，他排除了不必需的和多余的工艺。……来库古提出了他的第三个和最精巧的政策，就是公共会食的制度。”[①]所以，根本就不存在消除私有动产的问题，而只是用一些政策和措施对它的发展加以限制而已。而且就是有了这些限制，也并未能真正消除了贵族的贪婪。例如，据希罗多德记载，斯巴达王李奥提启德(Leotychides)就是因为在远征色萨利时受了贿赂而被逐出斯巴达的[②]。私有动产的存在正是以后私有制进一步发展的起点。

最后，私有奴隶在斯巴达也是一直存在的。例如，据希罗多德记载，斯巴达王亚历斯通(Ariston)有一次正和五位监察官一同议事，他的一个奴仆(οικετηs)来向他报告，王后(他第三次结婚所娶的妻子)生了一个儿子[③]。这显然是家内奴隶。据修昔底德说，斯巴达的摄

① *Plutarch's Lives*, *Lycurgus*, Ⅸ～Ⅹ.

② Herodotus, Ⅵ, 72.

③ Herodotus, Ⅵ, 63.

政、希波战争中指挥普拉提亚战役的名将波桑尼阿被告密为私通波斯。告密者是他的一个好友，为了取信于监察官，就在附近隐藏着监察官的地方装作抱怨波桑尼阿，说他虽未损害过波桑尼阿同波斯的谈判，“而他现在所受到的殊遇不外是他的一般奴仆（διακονοs）所得到的——将被处死”①。这种可以由主人个人任意处死的奴隶，显然也是一种私有的家内奴隶。据色诺芬说：“他（指来库古——引者）又授予人们在必要时使用他人奴仆（οικετηs）的权力”，同样也可以借用他人的犬马②。这种与私人犬马并列的奴隶，显然也是私有的家内奴隶。普鲁塔克曾以好几种术语说到斯巴达的家内奴隶。他说：“他们的习俗是，如果他们需要，就把别人的奴仆（οικετηs）当做自己的使用，他们使用犬马也是如此，除非主人把它们要回来供自己使用。”③他还说到斯巴达人的公共食堂里也有奴仆（δικονοs）④。他又说到，基利普斯（Gylippus）奉来山德（Lysander）之命从雅典解回金钱，从中偷了一部分，藏在自己家的屋瓦下，后来他的一个奴仆（θεραπων）发现，就告发了⑤。他也说到斯巴达晚期国王阿基斯四世和克利奥蒙尼三世都有奴仆（υπηρετηs）⑥。这些也都是私有的家内奴隶。有些学者认为

---

① Thucydides，Ⅰ，133. 据 H. G. Liddel 和 R. Scott 合编 *A Greek—English Lexicon*，διακουοs 意为“奴仆”（servant）、“差人”（messenger）等。

② Xenophon，*Constitution of the Lacedaemonians*，Ⅵ，3.

③ Plutarch，*The Ancient Customs of the Spartans*，23，见 *Moralia*，238，F.

④ *Plutarch's Lives*，*Lycurgus*，Ⅻ，5.

⑤ *Plutarch's Lives*，*Lysander*，ⅩⅥ. 据 Liddel 和 Scott 的 *A Greek English Lexicon*，θεραπων 意为“仆从”（henchman）及“侍者”（attendant）、奴仆（servant）等。

⑥ *Plutarch's Lives*，*Agis*，ⅩⅩ，1；*Cleomenes*，ⅩⅢ，3。据 Liddel 和 Scott 的 *Lexicon*，υπηρετηs 意为“杂役”（underling）、“奴仆”（servant）及“侍者”（attendant）。

家内奴隶中也有黑劳士。例如，格罗特说："当然也有黑劳士居住在斯巴达和其他城市中，并做家内奴仆的工作，不过这不是这个阶级的一般特性。"①可是古典作家明确地说黑劳士是在农村务农的。例如，讷波斯说："有一个称为黑劳士的阶级，他们人数很多；他们耕种拉西第梦人的田地，履行奴隶的职责。"②李维则称黑劳士为"自古以来就是居住在乡村的乡下人"③。这在一般情况下会造成黑劳士作为家内奴隶的困难。尤其因为黑劳士人身所有权属于国家，公民个人无权将黑劳士据为私人家内奴隶。所以，要黑劳士变为家内奴隶需要有一个从公有到私有的演变过程。在这一过程未发生以前，这类家内奴隶是与公有的黑劳士互相区别而又并存的私有奴隶。

在斯巴达，私有制受到抑制的情况，经过伯罗奔尼撒战争而发生了剧变。斯巴达赢得了战争的胜利，赢得了霸权，也赢得了大量的金银货币。据普鲁塔克所记，"在阿基达摩斯(Archidamus 之子)统治的时代(公元前 427—公元前 398 年——引者)，金银钱币最初流入了斯巴达，随着金钱的流入，贪婪和致富之欲也泛滥起来，虽然来山德本人并不腐化，然而正是通过他的行为，他从战争中带回金银，才在国家中充满了发财与奢侈的风气，并因此而破坏了来库古的法律"④。其实长期的伯罗奔尼撒战争所带来的后果也不仅是这一方面，战胜的斯巴达也是会有很多公民在战争中破产的。战争本身就可以导致斯巴

---

① Grote，*A History of Greece*，第 3 卷，291 页，参阅 146 页。类似说法，见 Michell，*Sparta*，78～79 页等。

② *The Book of Cornelius Nepos on the Great Generals of Foreign Nations*，Ⅳ，Pausanias，Ⅲ，6. 古典作家类似说法很多。

③ Livy，XXXIV，xxvi，9.

④ *Plutarch's Lives*，*Lycurgus*，XXX，1.

达公民的分化。

金银风暴卷起的贪欲狂澜，以不可抗拒的威力震荡着斯巴达人的社会，浸淫着贵族们的心。由于原来缺乏工商业方面的基础，从而缺乏从这方面吸收和利用金银货币的能力，因此这一狂澜便主要卷向了土地。

土地所有制变化了。据普鲁塔克所记："现在可以这样说，拉西第梦人的国家在推翻雅典霸权并被金银充满之后不久，它就开始忍受纷乱和腐化的痛苦了。不过因为来库古所规定的家庭数字(见来库古传Ⅷ——引者)还因地产的遗传而保持未动，父亲仍把家产遗给儿子，这种秩序和平等的继续多少总还维持着国家，尽管在其他方面它是有错误的。但是有一个时候某一个名叫伊庇塔德(Epitadeus)的有势力的人做了监察官，他是一个刚愎任性、脾气暴躁的人，因为和自己的儿子发生一场口角，就提出了一条法律，允许一个人在其生前把自己的财产和份地赠给任何他所愿给的人，或者用其遗嘱和誓言来这样支配其财产。这个人是用立法来报复个人的私恨，但他的国人却因贪欲而欢迎这项法律，并把它付诸实施，于是制度的最优秀之点就被毁坏了。因为有权势的人们立即毫不犹豫地开始掠取地产，把合法继承人从其继承权中排挤出去，于是国家财富迅速流入少数人手中，贫困变成了一般的规律。随着贫困，就产生缺乏时间做高贵职业的现象，产生了自由人所不宜做的职业，以及与之俱来的对富人的嫉妒与憎恨。剩下来的旧斯巴达家庭不过七百家，而七百家之中，大概只有一百家是占有土地和份地(γῆν κεκτημένοι καὶ κλῆρον，所据有的土地和份地——引者)的；而普通的群众，既无资财，又无公民权，只好一无所事地生活着。他们无心也无力防御外来的战争，却时刻伺机在国内进行政变。”[1]从这个记载里似乎还未见到土地买卖，其实正如亚里士多德所说，土地转让和自由买卖“导致了同样的后果”。[2] 所谓赠予或遗赠，不过是变相的土地买卖而已。随着土地的兼并和集中，土地所有制的性质也在变化。过去斯巴达的城邦公有地和份地，显然都变成了兼并的对象，变成了如普鲁塔克以上所说的富人“所据有的土地”的来源。于是大量的城邦所有制（公地和份地）的土地迅速地转化为私有地。土地制度既然剧变，与城邦土地所有制紧密相关的黑劳士制度安能不变？

黑劳士制度也在迅速地变化、衰落着，具体有以下三点表现：

第一，一部分黑劳士变成了纯粹私有的家内奴隶。普鲁塔克记载了一个这样的故事。在阿基斯（Archidamus 之子，Agis）王的时代，雅典的阿尔西比亚德（Alcibiades）曾逃至斯巴达避难，后来竟然与王后蒂迈亚（Timaea）私通，生了孩子，阿基达摩斯就不承认这个孩子是自己的儿子。据说（据 Duris 说）蒂迈亚对此也并非十分不安，不过她在家同她的“黑劳士婢女”（helot maids，ειλωτίs）耳语时却把孩子称为阿尔西比亚德，而不叫他李奥提启德[3]。这是黑劳士作为家内奴隶的最直接的证据。这是伯罗奔尼撒战争期间的事，大概是黑劳士变为家内奴隶之始。再则，这一时期的斯巴达社会上出现了一种叫做 trophimi 的人，大概就是斯巴达人与黑劳士妇女所生的孩子；据色诺芬的记载，公元前 381 年随同阿格西波利斯（Agesipolis）王出征的就有这

① *Plutarch's Lives*，*Agis*，V.

② Aristotle，*Politics*，1270ᵃ. 亚里士多德说斯巴达立法者禁止土地买卖，但许赠予或遗赠。结果土地集中，至公元前 4 世纪时，可以从军的公民已不足千人。这里所说的立法者似乎指来库古，不过指 Epitadeus 更为近于实情。

③ *Plutarch's Lives*，*Agesilaus*，Ⅲ.

种人①。这种人在以前是没有的。他们的出现，说明黑劳士妇女作为家庭婢女的情况已比较普遍。因为如果他们仍然居住在乡村从事农业劳动，斯巴达男子就不大可能有同她们接近的机会。当然，这种家内奴隶增多有其原因：一方面，在土地私有化的过程中，主人逐渐有了自己支配使用黑劳士的权利；另一方面，一些斯巴达人私有财产增加，生活奢侈起来，扩大了对家内奴隶的需要。在原有私有家内奴隶的基础上，一部分黑劳士的家内奴隶化和私有化就是在这样条件下实现的。

第二，一部分黑劳士被释放而成为自由民。在伯罗奔尼撒战争中，斯巴达第一次出现了一种所谓的"新公民"(νεοδαμωδηs)。修昔底德说："同一年(公元前421——引者)夏天，随同伯拉西达(Brasidas)出征色雷斯的部队在和约(指尼西亚和约——引者)告成后由克里亚里达(Clearidas)带了回来，拉西第梦人决定，凡曾随同伯拉西达作战的黑劳士都应得到自由，并居住于他们愿意居住的地方；以后不久，他们就把他们(指释放了的黑劳士——引者)和新公民一起安置在拉哥尼亚与伊利斯(Elis)边界上的勒普留姆(Lepreum)地方，因为这时他们与伊利斯人不和。"②这是"新公民"首次在历史上出现。从色雷斯归来的被释放的黑劳士和"新公民"获得同等待遇，实际上就是成了同一种人。米朗(Myron of Priene)在其《美塞尼亚史》第二卷中说："拉西第梦人常常释放他们的奴隶，他们称某些为'被释放的'，某些为'无主人的'，某些为'约束者'，另外一些为'工头海员'；他们派最后一种人去做海军。还有另一些人被称为'新公民'，所有这些都与黑劳士有

① Xenophon，*Hellenica*，Ⅴ，Ⅲ，9.

② Thucydides，Ⅴ，34，1.

别。”[①]由此可见，释放了的黑劳士虽不必是“新公民”，但“新公民”无疑是释放了的黑劳士。在整个伯罗奔尼撒战争中，斯巴达对“新公民”作了充分的运用，几乎所有较大的战役中都用了他们，而且所用的数字不小。例如，公元前413年阿基达摩斯曾带领三百名“新公民”去帮助优比亚人(Euboeans)背叛雅典[②]；又如，公元前396年阿格西劳(Agesilaus)远征小亚细亚，其所统率的六千部队中就有两千名“新公民”[③]。可见在伯罗奔尼撒战争中有不少黑劳士获得释放。当然也不能对这种释放作片面的夸大，须知在释放从色雷斯归来的黑劳士以前三年(公元前424)，在斯巴达就曾发生过一场假释放为名而屠杀了两千黑劳士的大惨剧[④]。斯巴达人释放黑劳士，主要为了在战争中利用他们，只用屠杀一手肯定是不行的。斯巴达人往往使“新公民”和黑劳士一同出征，这样可以鼓舞黑劳士奋勇作战。尤其在长期战争弄得许多斯巴达人倾家荡产、疲敝不堪的时候，这就更加有利用黑劳士的需要。黑劳士的较多释放还与土地的私有和集中过程开始有关[⑤]，因为在土地转移的动荡过程中比较容易地有较多的黑劳士从土地上分离出来。

第三，仍有很大一部分黑劳士停留在土地上从事农业劳动，但是他们的数目逐渐地也相当迅速地在减少。公元前370年，底比斯名将

---

① Athenaeus，Ⅵ，271，e. 米朗所说其他种种被释奴隶，现在已难以稽考，不过这种情况说明在斯巴达释放奴隶已非个别现象。

② Thucydides，Ⅷ，5，1.

③ Xenophon，*Hellenica*，Ⅲ，4，2；*Plutarch's Lives*，*Agesilaus*，Ⅵ，2.

④ Thucydides，Ⅳ，80.

⑤ Epitadeus立法具体时间难定，约在伯罗奔尼撒战争后不久。不过斯巴达土地兼并过程实际开始得比他的立法要早。他的立法只能是对既有事实的承认。

伊帕密农达(Epaminondas)率领大军侵入伯罗奔尼撒，斯巴达急忙释放一部分黑劳士[①]图谋抵抗，结果斯巴达虽未陷落，美塞尼亚却独立了[②]。斯巴达失去了那里的黑劳士，黑劳士制度受到了重大的打击。在克利奥蒙尼三世(公元前235—公元前221年)改革以前，斯巴达国势极为衰弱。据普鲁塔克说："埃托利亚人(Aetolians)侵入拉哥尼亚，并夺走了五万名奴隶(ανδραποδων)。"[③]这个数字可能有夸大，不过这样大的数目，大概不可能是家内奴隶，而只能是农村的黑劳士。据普鲁塔克说，克利奥蒙尼统治后期，他曾从释放的黑劳士中武装起两千人以对付马其顿人[④]。据波桑尼阿记载，甚至到了那比斯(Nabis)死后(公元前192年以后)，阿卡亚同盟的领袖菲罗波门(Philopoemen)干涉斯巴达的内政，这时还又出卖了三千名黑劳士[⑤]。由此可见，一方面，美塞尼亚独立后黑劳士的数目还不少；另一方面，如果把这些失去的黑劳士数字总括起来(计约六万人)，那么到罗马征服时拉哥尼亚的黑劳士大概也所余不多了。至于这一时期在土地上劳动的黑劳士归谁所有，古典作家没有直接的说明。我们试据事实推论：从主人已经可以把黑劳士看做家内奴隶这一点来看，他们似乎已经私有化了；从国家仍然可以任意征发、释放黑劳士这一点来看，他们又似乎依然是国有的。

---

① Xenophon，*Hellenica*，Ⅵ，Ⅴ，28～29说释放黑劳士6000人；Diodorus，ⅩⅤ，65，6说释放黑劳士1000人。

② Diodorus，ⅩⅤ，66，1；Pausanias，Ⅳ，xxvii，9.

③ *Plutarch's Lives*，*Cleomenes*，ⅩⅧ，3.

④ *Plutarch's Lives*，*Cleomenes*，ⅩⅢ，1. 他说这批黑劳士是以每人缴纳五个阿提卡明那的赎金获释的，斯巴达国家由此得五百塔兰特。按每塔兰特六十明那，则共有(60×500÷5=)6000人获释。不过这样多的人以这么多的钱赎身，其真实性甚为可疑。

⑤ Pausanias，Ⅷ，li，3.

显然，黑劳士大概实际也就处于这样的矛盾状态之中：他们是私有化中的国有奴隶，未能完全排斥国有的私有奴隶。数量的减少和性质的私有化这两个平行的过程，也就是黑劳士制度衰落的过程。按照厄福鲁斯的说法，黑劳士制度一直存在到罗马人称霸以前。

在黑劳士制度演变和衰落的过程中，斯巴达城邦的危机也日益酝酿成熟。于是，在这个风雨飘摇的城邦中，竟然也掀起了几次改革的惊涛骇浪。黑劳士制度的衰落意味着什么？这与斯巴达晚期的一些改革有密切关系。我们不能不加以考察。

过去，苏联学者 B. C. 塞尔格叶夫在论述斯巴达晚期的改革时曾说："那比斯把没收的土地和财产分给他的拥护者，招募雇佣兵和行政人员，不论他们是自由民或是奴隶。所以，他的政策摇撼了奴隶社会的基础，促使各等级的直接生产者合成一个范畴，即依赖君主或僭主的国有土地之持有者。这已经是从奴隶制度向社会封建化方面跨进了一步。"①1963 年出版的在斯特鲁威和卡里斯托夫主持下增订的此书作者逝世后的第三版中，这段话保留到"那比斯的政策摇撼了奴隶社会的基础"为止，以下就删去了②。看来"封建化"的说法在苏联没有得到其他学者的同意。其实，说斯巴达晚期的改革"摇撼奴隶社会的基础"都是难以成立的，更不必说"向封建化方面跨进一步了"。

我们可以很简略地分析一下斯巴达城邦后期的危机和改革。伯罗奔尼撒战争之后不久，公元前 399 年，基那敦(Cinadon，一个失去公民权的斯巴达人)密谋联合黑劳士和边民起事，谋泄未成③。这可说是斯

① 《古希腊史》，缪灵珠译，488 页，北京，高等教育出版社，1955。

② В. С. Сергеев，История Древнеи Грешии，增订本主编 В. В. Струве 和 А. П. Каллистов，447 页。

③ Xenophon，*Hellenica*，Ⅲ，3，4～11.

巴达城邦危机开始的信号，只是距离条件成熟尚远，未能有大影响。到公元前3世纪以后，由于土地兼并和高利贷的恶性发展，危机急剧发作，改革频繁发生。阿基斯四世(公元前245—公元前241年)改革前由于土地集中，公民已减少到七百户，不仅无力防御外敌，内部矛盾也一触即发。他和他的支持者提出的改革议案是："废除一切债务人的债务，并分配土地，把在帕伦尼(Pellene)的水道和塔吉佗(Taygetus)山以及马里亚(Malea)城和塞拉西亚(Sellasia)城之间的土地分为4500份，此界以外的土地分为15000份；这块较大的土地在那些能服兵役的边民中分配，较小的一块则分给纯粹的斯巴达人；这些斯巴达人的数字将由边民和外邦人来补足，候补者必须是生为自由人的，并且必须是年富力强的；这些人应组成15个公餐集团，每团400人或200人，同时要实行上古斯巴达人所遵循的生活方式。"[①]其目的明显是为了恢复城邦份地制度，从而恢复城邦公民兵制度，以求重振斯巴达往日的声威。阿基斯废除了债务，未能分配土地，[②] 后为政敌所害。克利奥蒙尼三世(公元前235—公元前221年)作为阿基斯事业的继承者，"他说，对于所有其余的人(指反对派以外的人——引者)来说，全部土地要变为公共财产，负债者要从债务中解脱出来，同时外邦人要受到审查和评定，以便他们当中最强壮的人可以成为斯巴达公民，并以他的武装协助捍卫国家。他说：'这样，我们将不再看到斯巴达由于没有男丁来保卫而成为埃托尼亚人和伊利里亚人(Illyrians)的掳获物。'说完以后，克利奥蒙尼首先把自己的财产投入公库，他的继父麦基斯顿诺(Megistonoüs)以及他的朋友们每一个人都照样做了；其次所有其他的公民也都这样

① *Plutarch's Lives*, *Agis*, Ⅷ.

② Ibid, ⅩⅢ.

做了，同时土地也被分配了。克利奥蒙尼也分派了部分土地给每一个被他放逐了的人，并且答应在事定之后让他们全都回国来。然后，他以自由的边民中最有希望的人补足了公民之数，这样建成了一支为数4000人的军队。”①克利奥蒙尼的言论和行动都说明他的改革目的也是要复兴斯巴达城邦。但是他的改革后来在外来干涉下失败了。不论是阿基斯还是克利奥蒙尼，他们在自己的改革纲领里或改革过程中都没有任何释放奴隶(包括黑劳士)的内容。克利奥蒙尼统治后期曾使许多黑劳士各以五阿提卡明那自赎，那既是为获得一笔款项，又是为获得一部分兵源，总之都是为了对抗马其顿人的一项应急措施。何况五明那为数不少②，即使真有那么多黑劳士能有这么多的钱自赎，这本身就是一笔不小的剥削了。波桑尼阿说：“拉西第梦人摆脱了克利奥蒙尼，又出了一个僭主马卡尼达斯(Machanidas)当权，他死了以后又出了第二个僭主那比斯。因为他既抢夺人们的财产，又盗取神庙财产，他在短时期中就积聚了大量的财富，并以此纠集了一支军队。”③古典作家对于那比斯(公元前207—公元前192年)一般都加以贬斥，而其中对此最为深恶痛绝的就是稍晚于那比斯而持贵族立场的史家波里比阿。波里比阿说：“他(指那比斯——引者)断然根除斯巴达的王室余裔，放逐那些富有资财和先世显贵的公民，把他们的财产和妻子分给自己的主要拥护者，分给自己的雇佣兵，这些人大多数都是杀人凶手，无赖之徒，截路强

---

① Plutarch's Lives, *Cleomenes*, Ⅹ, 6～Ⅺ, 2.

② 五明那在当时约相当一个普通奴隶的价格，参见 Wetermann, *The Slave Systems of Greek and Roman Antiquity*, 36 页。

③ Pausanias, Ⅳ, xxix, 10.

人，夜窃盗贼。”①他又说：“我已经叙述了斯巴达僭主那比斯在伯罗奔尼撒推行的政策，他放逐公民，释放奴隶(δουλοs)，使他们与主人的妻子、女儿相婚配……”②那比斯所作所为，向外放逐贵族，没收财产，招雇佣兵，释放部分奴隶。现在要分析一下那比斯释放奴隶的问题。首先，我们可以通过那比斯本人的话来看他的行为动机或目的。公元前195年，那比斯在阵前对来征讨的罗马将领作自我辩护，他承认自己曾“释放奴隶以增加人口，并给贫民分了土地”(不过他做这些事是在过去同罗马还交好的时候，那时罗马并未责问他)，理由是“我们的立法者(指来库古——引者)规定，国家不应握于你们称之为元老的少数人手中，而且任何等级都不得在国家里居优势，因为他认为，把财富和等级拉平，就会出现多数人为国家服兵役的情况。”③他所说的立法者的规定看来并不真实，但是他最重视的就是一要有钱募兵，二要有人替他当兵。他并不是某些人所说的那种革命者④。再则，我们可以看看实际情况，就在公元前195年罗马入侵斯巴达之际，那比斯在国内实行了恐怖性的戒严，“其时有一些乡下人、从古以来就是乡村居民的黑劳士(Ilotae)被控告为企图逃走，于是就被用鞭子赶着游行了所有的街道，然后都被处死。”⑤这就说明，那比斯根本没有完全释放奴隶，所以黑劳士依然存在，而且黑劳士并不满于那比斯政权，否则他们不会逃跑；那

---

① Polybius，XIII，5，6，3～4及以下。波里比阿竭力描述那比斯如何派人谋杀逃亡贵族，以及如何设法弄钱，等等。不免语近夸张。

② Polybius，XVI，13，1～2。Diodorus，XXVII，对那比斯也有类似说法。

③ Livy，XXXIV，XXXI.

④ 有些人把那比斯说成是“革命的王子”，以至把他的雇佣兵称为“赤卫队”(Red Guard)，未免有些不伦不类。见 *Cambridge Ancient History*，第8卷，147页。

⑤ Livy，XXXIV，XXVIII.

比斯极端严厉地镇压这些黑劳士这一事实本身，也说明他并不是释放奴隶的救星。

如何看待从阿基斯到那比斯的改革？这些改革是否打击或摇撼了奴隶制的基础？这些问题并不难回答，只要借鉴一下晚一个世纪的罗马史就行了。阿基斯四世和克利奥蒙尼三世力主废债分地，改革内容确与格拉古兄弟改革大体相同，其目的也都是为了增加公民，解决兵源问题，维护城邦制度。他们都想挽城邦于狂澜之既倒，因而都失败了。接着必然以雇佣兵代替公民兵，以军事独裁代替城邦机构，在斯巴达马卡尼达斯、那比斯如此，在罗马马略、苏拉亦复如此。至于流放公民，释放奴隶，在由城邦向帝国过渡的复杂斗争过程中，本是寻常的事。苏拉当了独裁官，“他从被宣布为公敌的人的奴隶中选择年龄最轻、身体最强的一万多人为平民，给予他们以自由和罗马公民权，依照他自己的名字，称他们为科尼利阿斯，这样，他就有把握在平民中有一万人随时准备服从他的命令。为了在全意大利取得同样的保障起见，他把各城市许多土地分配给在他部下服务的二十三个军团的士兵”。① 难道能说苏拉摇撼了罗马奴隶制的基础吗？当然不能。在罗马内战时期，这一类的事情是很多的。可是罗马奴隶制显然并未衰落，而是更发达了。斯巴达晚期的社会矛盾和改革，与罗马内战时期颇有相似之处。所不同者在于：罗马由城邦过渡到帝国，有自己的奴隶制发展的连续过程；而斯巴达城邦落入了罗马的地中海帝国之中，黑劳士制度的衰落并未有本邦独立的更发达的奴隶制来代替，而是归并到罗马庞大的奴隶制体系之中。所以，与黑劳士制度一同衰落的是斯巴达城邦，而不是奴隶制度本身。

根据对斯巴达历史的具体分析，我们可以看出，黑劳士制度是一

---

① 阿庇安著，谢德风译：《罗马史》，XIII，100，北京，商务印书馆，1979。

种与城邦土地所有制相对应、与斯巴达城邦命运共始终的奴隶制度。黑劳士制度是城邦所有的奴隶制度。它是在城邦形成时期由于征服的作用而形成的。当时工商业的发展水平容纳不了多少奴隶，征服造成的大量奴隶来源只有移到城邦公有地和公民份地上去，而大量奴隶的出现，既造成了公民脱离劳动的可能，又造成了公民脱离劳动(成为终身军人以维护奴隶主阶级统治)的必要。于是，黑劳士制度带来了其他城邦一般都不具有的现象：奴隶劳动过早、过快也过多地排斥了自由民的劳动，呈现出一种历史早熟的局面。这种由于政治和军事的需要而形成的强制性的分工，代替了由于客观经济发展的需要而逐步扩大和加深的分工，结果起了抑制经济发展的作用。因此，黑劳士这种城邦所有的奴隶与其他的国有奴隶不同：其他的国有奴隶和私有奴隶在一定程度上是互相补充的，国有奴隶不至排斥或代替私有奴隶；而黑劳士奴隶则把私有奴隶排斥、限制于家庭之中，在很大程度上抑制了私有奴隶制的发展。在奴隶制城邦中，土地私有制逐渐取代城邦土地公有制，这是一种普遍的现象，在黑劳士制度盛行的城邦也概莫能外。在土地私有化的过程中，黑劳士制度逐渐衰落了；而私有奴隶制则恰好更加发展起来，非黑劳士型的国有奴隶因为与城邦土地所有制无直接关系，所以也并不必然随城邦衰落而衰落。因此，黑劳士制度在其兴起时可以抑制或代替私有奴隶，而在其衰落时又可以有私有奴隶制之代起。这一特点，也不是非黑劳士型的国有奴隶制所具有的。从这些情况来看，把黑劳士等同于一般的国有奴隶(或称Ⅱ型奴隶)，或把一般的国有奴隶(或称Ⅱ型奴隶)称为黑劳士型奴隶，是不符合实际的。当然，一个古代国家剥削劳动者的制度是否属于黑劳士型的奴隶制，只有经过具体的比较分析才能确定；否则对于历史科学是不能有裨益的。至于另外一种倾向，不对问题作历史的、实质的探讨，而从现象上将黑劳士制度比附为封建农奴制度，则只能给历史造成混乱。

说《诗·大雅·公刘》及其反映的史事*

公刘是周先公中第一个有史可考的历史人物,《诗·大雅·公刘》就是反映他的活动的一篇史诗。此诗大抵写成于西周,但其内容似非西周人所编造,而是以口头的方式从远古的时候流传下来的。

《公刘》诗凡六章,234 字,却以相当清晰的层次、相当生动的文辞叙述了公刘自邰(今陕西武功县境)迁豳(今陕西栒邑县境)的过程和大事,为我们了解当时的历史提供了宝贵的资料。当然难于索解的地方不少。汉代毛亨所作的传和郑玄所作的笺对我们读懂这一篇诗是有重大帮助的。然而毛传和郑笺也留下了一些含糊、矛盾的地方,甚至使人们更难理解原诗的训释。这篇文章的目的,是要透过这篇诗来看其历史的内容;而要做到这一点,就不能不对毛传和郑笺的一些说法重新加以探讨。清代以来的不少学者对此诗的训诂已经作出了许多贡献,本文自当择善而从。

为了便于讨论,现先将六章诗(附以毛传、郑笺摘要)抄

* 原载《北京师范大学学报》,1982 年第 5 期。

录如下：

（一）笃公刘，匪居匪康，乃埸乃疆，乃积乃仓，乃裹糇粮，于橐于囊，思辑用光。（传：笃，厚也。公刘居于邰，而遭夏人乱，迫逐公刘。公刘乃辟中国之难，遂平西戎，而迁其民，邑于豳焉。……思辑用光，言民相与和睦以显于时也。笺：厚乎公刘之为君也……为夏人迫逐己之故，不忍斗其民，乃裹粮食于囊橐之中，弃其余而去，思在和其民人，用光大其道，为今子孙之基）弓矢斯张，干戈戚扬，爰方启行。（传：戚，斧也。扬，钺也。张其弓矢，秉其干戈戚扬，以方开道路，去之豳。盖诸侯之从者十有八国焉。笺：……公刘之去邰，整其师旅，设其兵器，告其士卒曰：为汝方开道而行，明己之迁，非为迫逐之故，乃欲全民也）

（二）笃公刘，于胥斯原，既庶既繁；既顺乃宣，而无永叹。（传：胥，相。宣，遍也。笺：厚乎公刘之于相此原地以居民，民既众矣，既多矣，既顺其事矣，又乃使之时耕。民皆安今之居，而无长叹思其旧时也）。陟则在巘，复降在原。何以舟之，维玉及瑶，鞞琫容刀（传：巘，小山，别于大山也。舟，带也。瑶，言有美德也。下曰鞞，上曰琫，言德有度数也。容刀，言有武事也。笺：陟，升。降，下也。公刘之相此原地也，由原而升巘，复下在原，言反复之重居民也。民亦爱公刘之如是，故进玉瑶容刀之佩）

（三）笃公刘，逝彼百泉，瞻彼溥原，乃陟南冈，乃觏于京。（传：溥，大也。觏，见也。笺：逝，往。瞻，视。溥，广也。山脊曰冈，绝高为之京。厚乎公刘之相此原也，往之彼百泉之间，视其广原可居之处，乃升其南山之脊，乃见其可居者于京，谓可营立都邑之处）京师之野，于时处处，于时庐旅，于时言言，于时语语。(传：是京乃大众所宜居之也。庐，寄也。直言曰言，论难曰语。笺：……京地乃众民所宜居之野也。于是处其当处者，庐舍其宾旅，言其所当言，语其所当语，谓安民馆客，施教令也)

(四)笃公刘，于京斯依，跄跄济济，俾筵俾几，(笺：跄跄济济，士大夫之威仪也。俾，使也。厚乎公刘之居于此京，依而筑宫室，其既成也，与群臣士大夫饮酒以乐之，群臣则相使为公刘设几筵。使之升坐)既登乃依；乃造其曹，执豕于牢，酌之用匏(传：宾已登席坐矣，乃依几矣。曹，群也。执豕于牢，新国则杀礼也。酌之用匏，俭以质也。笺：公刘既登堂负扆而立，群臣适其牧群，搏豕于牢中，以为饮酒之肴。酌酒以匏为爵，言忠敬也)；食之饮之，君之宗之。(传：为之君，为之大宗也。笺：宗，尊也。公刘虽去邰来迁，群臣从而君之尊之，犹在邰也)

(五)笃公刘，既溥既长，既景乃冈，相其阴阳，观其流泉，(传：既景乃冈，考以日景，参之高冈。笺：厚乎公刘之居豳也，既广其地之东西，又长其南北，既以日景定其经界于山之脊，观相其阴阳寒暑所宜，流泉浸润所及，皆为利民富国)其军三单；度其隰原，彻田为粮(传：三单，相袭也。彻，治也。笺：邰，后稷上公之封，大国之制三军，以其余卒为羡。今公刘迁于豳。民始从之，丁夫适满三军之数。单者，无羡卒也。度其隰与原田之多少，彻之使出税以为国用，什一而税谓之彻。……)度其夕阳，豳居允荒。(传：山西曰夕阳，荒，大也。笺：允，信也。夕阳者，豳之所处也。度其广轮，豳之所处信宽大也)

(六)笃公刘，于豳斯馆，涉渭为乱，取厉取锻，(传：馆，舍也。正绝流曰乱。锻，石也。笺：……取锻厉斧斤之石，可以利器，用伐取材木给筑事也)止基乃理，爰众爰有，夹其皇涧。

溯其过涧，(传：皇，涧名也。溯，乡也。过，涧名也。笺：爰，曰也。止基，作宫室之功止，而后疆理其田野，校其夫家，人数日益多矣，器物有足矣，皆布居涧水之旁)止旅乃密，芮鞫之即。(传：密，安也。芮，水厓也。鞫，究也。笺：芮之言内也，水之内曰隩，水之外曰鞫。公刘居豳既安，军旅之役止，士卒乃安，亦就涧水之内外而居，修田事也)①

从以上所引的毛传和郑笺中，我们可以看到这样一些问题：第一，注释本身有时有头无尾，或有尾无头，使人不知所以。例如，毛传说到公刘“遂平西戎”，而以下根本未提此事；郑笺释“止旅乃密”为“军旅之役止，士卒乃安”，而上文中根本也没有什么军事行动。第二，如依传、笺(尤其是笺)所释，六章诗文层次重复、条理紊乱不堪，使人读之茫然。胡承珙曾指出，“三章言处处庐旅，末章又云止旅，五章言度其隰原，末章又云止基乃理，文义重复”(《尚书后笺》)。不过他以为文义重复是由于移民不止一次的缘故，这当然只能是一种很牵强的说法。诗的原意并非如此。第三，传、笺将儒家理想中的模型套在公刘这样的人物和当时的制度上，于是公刘成了一个充满圣贤气象的雍雍穆穆的君主，而大国三军之制等也在邰之封国时(按《国语·周语》、《史记·周本纪》、郑玄《豳谱》，这都应当是在虞夏时代)就存在了。这当然也是不符合历史发展的客观实际的。

现在，我来对《公刘》一诗逐章地作一些必要的考释和分析，并通过分析原诗谈谈自己对当时社会的认识。

第一章，说明公刘从邰启程以及行前所做的准备干粮的活动，原

① 《毛诗正义》，《十三经注疏》，541～543页。

文比较清楚，传、笺亦明晰。唯“思辑用光”一句，传云“民相与和睦以显于时”，笺言“思在和其民人，用光大其道”，皆迂阔而不切实际。按《孟子·梁惠王(下)》引作“思戢用光”，“思”，语首助词，无义。“戢，聚也”。(《尔雅·释诂》)“光，大也”。(见《左传》昭公二十八年“光有天下”杜注，《国语·周语》“故能光有天下”韦注)全句的意思是，积聚力量而强大起来。《尚书·无逸》伪孔传说太甲“在桐三年，思集用光，起就王位”。这里的“思集用光”，就是上面理解的意思，是指实际力量的集聚，而不是什么仁义道德之类的东西。

第二章，公刘率领着周人开始到达豳原。公刘“于胥(相看)斯原”，所见的是“既庶既繁”。是谁“既庶既繁”呢？自郑笺以下，许多注释都以为指周人。可是，第一，公刘刚到，要察看的对象当然是豳原和豳原上的一切，而不会是他自己的同族人。第二，周人刚到，还未立定脚跟，怎能这样飞快地就“既庶既繁”了呢？而且郑玄在笺第五章“其军三单”一句时也说，公刘迁豳，民始从之，尚无羡卒。这就更自相矛盾了。陈奂大概看到了这个难题，于是说二章前五句“此纪公刘居邰之事”。(见《诗毛氏传疏》)可是前章已说启行，此章一开头接着就说“胥”原，如何又退了回去？而且如是邰原，住了不知多少代人了，还有何可“胥”？真是“狼跋其胡，载疐其尾”，“狼疐其尾，载跋其胡”。怎么说也说不通。这里唯一可能的解释是：这里“既庶既繁”指的是原来居住在豳的人，即毛传所说的西戎。而且，这不是毛诗一家之说。《史记·周本纪》说“公刘虽在戎狄之间”，《吴越春秋》(一)说：“公刘避夏桀于戎狄，变易风俗，民化其政。”按司马迁习鲁诗，赵晔习韩诗。(见陈寿祺、陈乔枞父子《三家诗遗说考》)所以，公刘迁豳，处戎狄之间，这是汉代今、古文诗说的一致认识。这里说“既庶既繁”的是戎狄，在逻辑上和历史上都是有根据的。

“既顺乃宣”一句，传义含糊，笺义未得。胡承珙云：“笺以顺为顺事，宣为时耕，此时方陟降相原，恐未及此也。”(见《毛诗后笺》)马瑞辰云：“五章乃言授田之事，不得训宣为时耕也。”(见《毛诗传笺通释》)他们的说法都是有道理的。于省吾先生云，顺古通巡，宣即宣示，“谓公刘既巡行，乃宣示，巡行其原，宣示其众”。(见《双剑誃诗经新证》)这样训释前后都能贯通。公刘巡行宣示的结果是当地人没有怨叹之声。

“陟则在巘，复降在原”，过去一直是说公刘上下相原，我觉得不如解释为巡宣的继续。因为对豳地真正广泛地调查记在第三章里。

“何以舟之”及以下两句，传、笺解释不同。传训舟为周，引申为带，说瑶、玉、鞞琫、容刀为公刘之佩，其余“言有美德”、“德有度数”等都是臆说。笺亦训舟为周，实际引申为酬，说周人感谢公刘，献玉、瑶、容刀之佩以为酬。俞樾曾指出这里传、笺的不同，并论证了舟应训为酬(见《群经平议》)，王闿运亦曾释此句为“何以酬之”(见《毛诗补笺》)。但不论依传或依笺，这三句看来都很突兀。传云公刘佩戴着什么，表示美德，在这里固然是题外之辞。笺言周人酬报公刘，在这里也很奇怪，公刘为迁徙的操劳主要还在后面，为何不早不晚恰好在这时给他报酬，而不在他功成业就(诗之篇末)时报酬他？过去我每读到这三句都感到突然，甚至疑为错简。现在我认为，舟可以训为酬，不过非报酬之酬，而是酬酢之酬。《小雅·节南山》：“方茂尔恶，相尔矛矣；既夷既怿，如相醻(酬)矣。”相悦自然相酬。《释名·释船》：“舟，言周流也。”《邶风·谷风》：“就其深矣，方之舟之；就其浅矣，泳之游之。”这都说明，舟本可以作动词用，有交流、往来之义。公刘同豳地的戎狄打好了交道，化干戈为玉帛，于是有玉、瑶、容刀(《释名·释兵》：“佩刀，在佩旁之刀也，或曰容刀，有刀形而无刃，备仪容而已。")之类纯粹礼品性的东西的交往。公刘启行时"弓矢斯张，干戈戚扬"，豳地如无人，本不必如此。既然如此，从诗中又见不到他们同当地人作战的事，原因只能从第二章中寻找。毛传说公刘"平西戎"，不是靠武力镇平，而是和平。（孔颖达《正义》也说，"与之交好，得自安居"。）平字古义，往往如此。《左传》僖公十二年，"齐侯使管夷吾平戎于王"，杜注"平，和也"。《春秋》宣公十五年，"宋人及楚人平"，《榖梁传》"平者，成也"。公刘怎样及戎狄平？最后三句恰好解释了这个问题。

第三章，前五句讲公刘到泉流众多的地方看到了广阔的原野，登上南冈看到了适于筑垒居人的地方。这就是京，就是那个地方的制高点。传、笺训释也很清楚。如果方诸外国古史，那就是一个适合于构筑卫城(Citadel)的地点。

后五句的传、笺，训释都是字面上的。笺训这里的旅为"宾旅"，释处处庐旅为"安民馆客"，似是而非。如果把新迁来的周人理解为宾旅、为客，那还是对的；如果另指其他人，那就不对了。这两句本意是，于是定居的人仍然定居，新来的人寄居下来。这里有一个十分重要的词，即"旅"字。这个字一词多义，可以训为军旅（《说文》："军之五百人为旅，从㫃从从，从，俱也"），可以训为俱（《礼记·乐记》："今夫古乐，进旅退旅"，郑玄注"旅，犹俱也"），可以训为宾旅（《广雅·释诂（四）》："旅，客也"），还可以引申为商旅，如《礼记·月令》："来商旅。"还可以引申为客处。（如《左传》襄公二十八年，（岁星）"旅于明年之次"杜注。）可以训为子弟（《周颂·载芟》："侯亚侯旅"，毛传云："旅，子弟也"），而其最广义的训释就是众。（《尔雅·释诂》："旅，众也。"和黎、庶、师等字同义。）从治史的角度来说，我们不能从"旅"字的众多含义中任选一个，代入诗句，可以说通，便以为满足。我们必须历史地弄清这个词的本始义（及其与诸引申义的关系），也必须历史地弄清这个词在当时确实表示的是什么事物①。按旅字屡见于殷周的甲骨文和金文中，正如容庚先生所言："旅，象聚众人于旗下形。"（见《金文编》）。有时下面还有一个车字。这大概是"旅"字本义。（《说文》所释显非本义）旅即众，但非一班乌合之众，而是聚于一个旗帜之下的众人。那么这些旗下之众是些什么人？《周礼·地官·大司徒》："大军旅，大田役，以旗致万民。"（郑玄注："旗，画熊虎者也。"）《周礼·夏官·大司马》："中春，振旅，司马以旗致民。"（郑玄注："凡师出曰治兵，入曰振旅，……春习振旅，兵入收众，专于农。"）《周礼》于此虽难以作为证史确据，但它总反映出在某个时代曾有以旗致民的事。这些万民既是农业生产者，又是战士，还是某种共同体的成员。《左传》隐公五年记载臧僖伯的话说："三年而治兵，入而振旅。"这说明春秋以前确有一种由共同体成员组成的兵农不分的旗下之众。这种共同体的滥觞，就是氏族、部落组织；那时的旗，也就是图腾的标志。（郑玄所云旗画熊虎，其图腾之遗迹欤。）这也并非凭空推论。《班毁铭文》："以乃族从父征。"《毛公鼎铭文》："以乃族干吾王身。"《左传》中也屡有按族从征的实例（如成公十六年"栾范以其族夹公行"[鄢陵之战]）。这些都是氏族部落制度的遗迹。这样的旅，训为子弟，当然可以。西周春秋时期尚且如此，那么公刘时代的旅，显然不能指宾或军旅，而只能是一种亦血缘亦地域、亦兵亦农、亦行亦止的浑然未分的共同体。所谓庐旅，就是组成这种共同体的周

① 陈奂似乎想给这两句赋以具体的历史内容，他以为"庐旅"是寄居于田中之庐的人，里旅是居城邑的人，谓"公刘定庐舍，行井田法"（《诗毛氏传疏》）。唯宥于先入之见，说公刘井田，没有实据，何况"其筑室授田之事在下文也"（胡承珙驳陈语，见《毛诗后笺》）。

人暂时寄居下来。

毛传"直言曰言，论难曰语"，也是对"言言语语"的字面训释。不过这一古训对我们很有启发作用。这说明当时有发言，也有讨论。讨论什么？陈奂以为讨论农事，是从他的当时已有井田的假设出发的，自然不可信。《周礼·秋官·小司寇》："小司寇之职，掌外朝之政，以致万民而询焉。一曰询国危，二曰询国迁，三曰询立君。"在当时的情况下，要讨论的自然是在豳定居的事。

第四章，记一次宴会或仪式。毛以为庆祝邦国新建，郑以为庆祝宫室落成。实际营建宫室的事到第六章才写，所谓"新国"也不过在这里刚立下足跟（"于京斯依"）而已。"跄跄济济"一句，笺释为"士大夫之威仪"，传也说"言有容也"（见《小雅·楚茨》"济济跄跄"传，陆德明《释文》云，济济大夫之容，跄跄士之容），差异不太大。此句以下，传、笺所释便截然不同。"俾筵俾几，既登乃依"，毛传说是公刘使设筵几，众宾登席依几；郑笺说是群臣为公刘设筵几，公刘登堂负扆。毛传所释，质朴易通。郑笺则据《礼记·明堂位》"天子负斧依（背后有画着斧形的屏风）南向而立"以释"既登乃依"。以汉代成书的《礼记》中的"天子"来解释约在夏末商初时的周人首领公刘，郑说自不可信。后世学者大都也不信郑玄此说。

"乃造其曹，执豕于牢"。传释曹为群，笺释为群牧（孔颖达《正义》和朱熹注又引申为群牧之处）。笺以为这两句的意思是群臣到牧群中去执豕于牢。胡承珙（《毛诗后笺》）指出，"《一切经音义》（九）引诗云'乃告其曹'。传云，曹，群也。据此，今毛诗'造'字恐系'告'之误。告其曹谓有司告其掾属搏豕于牢中。传以曹为群者，谓曹为群辈，则群不当为牧群之群也"。胡氏此说，除有司掾属之类为增字释经外，大意是正确的。

末两句，传以为公刘为之君，为之大宗；笺以为君臣推举公刘为君为尊。二说的主体虽不同，不过问题不大，因为事实上公刘的地位至少总要大家同意才能确定。

这一章诗中很值得注意的一点是，其中有两种人。一种是跄跄济济的一伙，虽未必就是什么士大夫，却也是登筵依几的有体面(传云“有容”)的人物。另一种是“曹”，虽未必就是什么掾属，却也是要去动手捉猪的一群人。不过，后一种虽无什么体面，也总还是“群辈”之人，并非臣妾贱隶。第一种人和第二种人一同参加公刘举行的宴会(也可能宴会本身就是一种什么宗教仪式)，公刘的族长(宗)兼首领(君)的地位也是在这两种人之间确定的。由此还可以看出公刘的“君之宗之”是怎么一回事。“宗之”是作为族长，这一点比较清楚。“君之”看来并不是作为后世所理解的君主，而似乎是军事首领。这里有必要考察一下“君”字的古义。《逸周书·谥法解》：“从之成群曰君。”(此篇还有“赏庆刑威曰君”一义，应当是较晚义。)《白虎通·三纲六纪》：“君者群也，群下之所归心也。”《尔雅·释诂》：“林、烝，君也。”按林、烝都有群或众的意思。在阶级社会里，只有脱离群众并高居于群众之上的君，如果说还有过群众归心的群，那大概只有原始社会晚期的军事首领可以当之①。公刘同执豕于牢的人们还算群辈(曹)，所以他这个君是符合“君”字的古义的。

第五章前五句写公刘周密地考察地形。诗原文和传、笺都比较清楚。唯“既景乃冈”一句，林义光说：“景读为竟，景竟古同意。既竟

① 古代希腊人用“巴赛勒斯”(Basileus)一词表示君或王，而这个词在荷马时代表示的正是军事首领。恩格斯在《家庭、私有制和国家的起源》第四章中曾有确切的说明。

乃冈，言公刘所相所观之地既普既长，其循行已穷于山脊也。循冈而行，盖欲居高临下，俾阴阳流泉了然在目。毛训景为日影，则上文不得言既溥既长，而下文仅可言相其阴阳，不得赘以观其流泉矣”。(《诗经通解》)按林说可从。

第六句“其军三单”，在此诗中最为难解，各家解说分歧很大，朱熹则干脆说：“三单，未详。”(见《诗经集传》)传云，三单，相袭，未说明如何相袭。笺以为丁夫适满三军，无羡卒，当然也就无法相袭，与传义不相蒙。很多人以为笺义不然。例如，胡承珙说：“此以单为尽，乃后世扫境出兵之法，古无是也。”(《毛诗后笺》)王夫之发挥传义，认为古代百亩八口之家，一般可以从军者三人，三丁中出一人从军，轮番更替，就是其军三单。(见《诗经稗疏》)胡承珙、陈奂(见《诗毛氏传疏》)、魏源(见《诗古微·大雅答问上》)基本上都取这种说法。这一说虽然把毛传发挥得很圆通，但实际上所依傍的又是《周礼·地官·小司徒》：“凡起徒役，毋过家一人，以其余为羡”的框子。可是《周礼》本身也没有说得很固定。接着以上引文就是“唯田与追胥竭作”，又说：“凡国之大事，致民；大故，致余子。”所以，此说也不能令人满意。马瑞辰说：“按《逸周书·大明武》篇，‘隳城堙溪，老弱单处’，孔晁注‘单处谓无保障’。是单即单处之谓。……‘其军三单’承上‘相其阴阳，观其流泉’言之，谓分其军，或居山之阴，或居山之阳，或居流泉之旁，故为三。公刘迁豳之始，无城郭保障之固，故谓军为单耳。”(《毛诗传笺通释》)。此说颇有新意，能启发人。于省吾先生释“三单”为“三战”，意为屡战。(见《双剑誃诗经新证》)此说亦有新意，唯此诗他处(包括传、笺)和其他史书都未说到公刘作战的事，稍感不协。

我认为，这一句诗中的“军”和“单”两个字似乎都有待重新解释。

关于“军”，似乎也需要像对上文说过的“旅”那样作历史的理解。军事民主制时期全体成年男子亦兵亦农，这与战国时代的扫境出兵完全是两回事。我认为，这里的“军”就其组成人员来说，和上文及下文的“旅”是一致的。因为当时尚未见有不同的兵种、不同的队伍。不过，这里的“军”指的主要并非这支队伍的成员，而是另有他意。按《说文》：“军，圜围也。四千人为军，从车从包省。军，兵车也。”所说大概不是“军”字本始义。《左传》宣公十二年：“晋之余师不能军[邲之战]”，杜注“不能成营屯”。《国语・晋语八》：“以藩为军”，韦注“藩，篱落也，不设垒壁。”《左传》昭公十三年：“乃藩为军”，杜注“藩，篱也。”(按“藩为军”和“为武军”不同，“武军”是筑壁垒的)《战国策・齐策(一)》：“军于邯郸之郊”，高诱注“军，屯也。”这些都说明“军”为营屯之意。王筠说：“军之所以从勹车者，古者车战，故从车，以《左传》乃藩为军推之，知军者即今之营盘，必有营垒周乎其外，故从勹。”(见《说文释例》)应该说，王氏此说对《说文》作了最好的解释。所以，这里的“军”不是指其人员，而是指其营地。

至于“单”，于省吾先生于《释四单》一文中说：“四单的单字应读作台，单台双声故通用。台乃后起字。”(见《甲骨文字释林》，131页)我赞成此说，还可以补充一些证据。《越绝书・吴内传》：“习之于夷，夷，海也；宿之于莱，莱，野也；致之于单，单者，堵也。”单是与海、野相对举的一种地形。《礼记・礼器》：“家(按指大夫之家，不能与诸侯比)不龟，不台门。”郑玄注“阇者谓之台”，陆德明《释文》“堵本又作阇。”孔颖达疏：“两边筑阇为基，基上起屋，曰台门。”可见台就是堵，就是单。“其军三单”，就是说营地设在三块台地上。前面“相其阴阳，观其流泉”，就是为了选定周人居住的营地。马瑞辰贯通诗文前后以求索解的方法是正确的。

此章后四句中，“彻田为粮”最为关键。毛传训“彻”为“治”，相当于今语中的“办”或“搞”，无所不可，亦无所可，因为没有说明到底是怎样“办”或“搞”的。郑笺云“什一而税谓之彻”，很牵强。胡承珙对此驳得很风趣。他说：“设泥于周彻之名，则与夏贡殷助相同，岂可云贡田为粮、助田为粮邪?”(见《毛诗后笺》)不过胡氏也认为彻包括什一之法。我认为，这里的“彻”字也不能以后世的什一之说来理解，而应求其本始义。《说文》：“彻，通也，从彳，从攴，从育。”商承祚先生说：“㪿，《说文解字》，彻，通也，古文作徹。此从鬲，从又，象手象鬲之形，盖食毕而彻去之。许书之彻从攴，殆从又之讹矣。卒食之彻乃本谊；训通者，借谊也。”(见《殷墟文字类编》)徐中舒先生说：“公田私田原来都是属于原始公社中的公有财产，公刘时代周部族征服这些原始的农业公社，彻取公社土地十分之一作为公田谓之彻，彻是彻取，如诗‘彻彼桑土’，‘彻我墙屋’，都是彻取之意。《大雅·公刘》之诗曰：‘度其隰原，彻田为粮’，这是彻法的开始。……凡此彻田、彻土田、土疆，都是彻取公社土地的一部分作为公田；它只是为借助人民进行生产粮食的准备，并不是征收什一的生产税。”[①]不论公刘是否征服当地部落，从公社中彻取一部分田地作为“公田”，这是原始社会解体和阶级社会开头一段时期普遍存在的一种情况。例如，古代希腊有一种田地名曰 Temenos，原义就是“切割出来的”或“划出来的”土地。在荷马史诗中，军事首领们握有这种土地，以后希腊的神庙拥有这种土地，甚至迈锡尼时代的国王也有这种土地(这已为线形文字乙的材料所证明)。凡此等等，需要另作专文论述。这里只是说

① 徐中舒：《试论周代田制及其社会性质》，载《四川大学学报》，1955 年第 2 期。

明一下彻田在历史的这一时期并非中国特有的现象而已。

第六章写公刘率领周人在豳营建居室，毛传、郑笺所释基本清楚。唯郑笺于“止基乃理”、“止旅乃密”二句，所释迂阔无当。于省吾先生说：“按止即之字，金文之字作㞢，与止易混。之犹兹也。……之基乃理，兹基乃理也。之旅乃密，兹众乃安也。笺读止如字，失之。”(见《双剑誃诗经新证》)我认为于先生此说是无可怀疑的。兹基乃理，是说营建之基弄好；兹旅乃安，是说那个亦兵亦农的周人队伍安定下来。至于皇涧和过涧，没有确实的历史地理资料。孔颖达疏：“以皇、过与涧共文，故知皆涧名也。夹者在其两傍，故知溯者向也，谓开门向之。大率民以南门为正，此盖皇涧纵，在两旁夹之；过涧横，故在北而向之。王肃云：或夹或向，所以利民也。”孔疏的推测看来是有道理的。如果此说不误，那么“其军三单”也就更为清楚：皇涧与过涧垂直，呈“丁”字形，一单居北(所谓“溯其过涧”)，两单居南，夹在皇涧两边。三单就是二涧三侧的三个台地上的营地。所以，“其军三单”，正是“相其阴阳，观其流泉”的自然结果。等到这个队伍定下来，就又逐渐向水边发展，这就是“止旅乃密，芮鞫之即”。

这样，《公刘》一诗六章就有一个分明的发展层次：第一章写准备和启行，第二章写与当地人的交往，第三章写考察地形和大家讨论，第四章写会宴和公刘成为首领，第五章写确定营地和彻出公田，第六章写建立永久性居室①。这个层次是符合古代部族的一般迁徙过程的。

---

① 前人论此诗各章层次，多误，唯吴汝纶说：“首章始行，次章相宅，三章寄舍，四章燕劳，五章定居，六章作室。四章所言乃初至时于庐旅饮犒耳，说者以为落成，非也。”(见吴闿生：《诗义会通》引其父之说)虽未周到，然大体得之。

概括地说，《公刘》一诗所反映的当时社会情况大致如下：开始从公社彻出一部分田地，但尚未形成确定的剥削制度；已经有了人们的身份差别(跄跄济济的上层或贵族，执豕于牢的下层或平民)，但是人们还在一起商讨徙居大事，在一起宴聚，在一起确定自己的首领；在这种情况下，也就没有出现周人以武力征服和奴役当地居民的现象。这就是说，当时处于原始社会末期，尚未形成阶级社会。孙作云先生认为，诗中有了“君”字便是有了君长，有了“军”字便是有了军队，从而也就有了国家，也就不再是原始社会。① 我觉得，历史上的问题一般不会这样简单，因而进一步的具体分析是必要的。

最后简单地谈一下公刘的时代问题。《国语·周语上》引祭公谋父的话说：“昔我先王世后稷以服事虞夏。及夏后之衰也，弃稷不务，我先王不窋用失其官。”《史记·周本纪》：“后稷之兴，在陶唐、虞、夏之际，皆有令德。后稷卒，子不窋立。不窋末年，夏后氏政衰，去稷不务，不窋以失其官，而奔戎狄之间。不窋卒，子鞠立。鞠卒，子公刘立。”《史记·刘敬叔孙通列传》：“周之先自后稷，尧封之邰积德累善，十有余世。公刘避桀居豳。”《国语》、《史记》本来说得清楚，公刘当桀之世，而自弃至于公刘经十有余世，也与有夏一代大体相符。而郑玄于《豳谱》中说：“公刘以夏太康时失其官。”韦昭注《国语》“昔我先王世后稷”云：“父子相继曰世，谓弃与不窋也。”这样就硬把弃与不窋拉成父子关系。由此以下，公刘的时代便成了问题，而且弄得相当混乱。《史记·周本纪》云：“后稷卒，子不窋立。”虽易造成误解，但前人也有早就弄清楚的。司马贞《索隐》云：“《帝王世纪》云，后稷纳姞氏，生不窋，而谯周按《国语》云，世后稷，以服事虞、夏，言世稷

① 孙作云：《诗经与周代社会研究》，27页，北京，中华书局，1966。

官，是失其代数也。若以不窋亲弃之子，至文王千余岁，唯十四代，实亦不合事情。”这就已经说明，所谓世后稷是世世代代当后稷官，不知经过多少代，最后一代后稷的儿子是不窋，而非第一代后稷弃的儿子是不窋。戴震作《周之先世不窋已上缺代系考》（载《戴东原集》卷一），再一次证实不窋以上世系有缺。这样，公刘年代约在夏末、商初，便不存在什么问题了。当然，这样的年代只能是一个大致的年代，相对于夏、商的年代。不过，这个年代可以使我们想到，在文化上落后于夏、商的周人，在夏末商初进入原始社会解体和开始阶级分化的阶段，这大体是不会距离历史事实太远的。

公元前6至4世纪北印度社会性质和发展趋向蠡测*

在印度古史分期问题的研究中，有一个从奴隶制社会向封建社会过渡的问题。在印度和西方的非马克思主义学者的印度史著作中，虽然往往也有古代和中世纪之分，但是他们另有历史分期标准，同奴隶制社会和封建社会的分期法根本是两回事。现在还存在着印度古代是否有奴隶制社会的争论。① 这个问题需要另作专门讨论。本文在讨论公元前6至4世纪北印度社会性质时也将对当时奴隶制社会的存在作一些论证。在承认印度历史上有奴隶制社会和封建社会之分的学者中，对于二者划分于何时也有不同的见解。不过，学者们的选择大抵集中于公元前6至3世纪

---

* 原载《南亚研究》，1983年第1期。

① 西方和印度的非马克思主义学者一般都不承认印度曾有作为一种社会经济形态的奴隶制社会，在承认马克思主义的学者中，如高善必也认为印度不曾有奴隶制社会（见D.D.高善必：《印度史研究绪论》，英文本，1956年版，10～15页）。中国、苏联的学者大都认为印度曾有奴隶制社会。民主德国学者卢本也认为如此（见W.卢本：《古代印度社会中奴隶的处境》，德文本，1957年版，102～103页）。

和公元4至7世纪这两段时期。① 这两段时期之所以引起特别的注意，的确不是偶然的。公元前6至3世纪，出现了佛教等新宗教，形成了孔雀帝国，无疑是印度历史上非常重要的时期。至于公元4至7世纪，在印度史上则是复兴时期，这期间中国的西游高僧法显、玄奘、义净的记载也为印度封建制度的存在提供了确证。以上两种选择都不存在否认后一时期为封建时代的问题，因此，分歧的主要关键在于对前一时期的认识。

在这篇文章里，我将就个人管窥所及，谈一下对于公元前6至4世纪这段时期的社会及其发展趋势的看法。关于公元前3世纪以后的事，附带也谈一点粗线条的想法。这段时期的资料已很丰富，所须涉及的面也很多。在这里，我只能就几个有关的主要问题谈谈个人一些粗浅的认识。鉴于所要谈的内容，也为了论述方便，我把这一时期分为两个问题来谈。

---

① 例如，丹吉认为，印度奴隶制国家盛世至佛教兴起而止。很可能难陀帝国是其下限（见S. A. 丹吉：《从原始共产主义到奴隶制时期的印度》，英文本，1955年版，XIII页）。萨拉夫认为，印度封建社会始于公元前542年（见R. P. 萨拉夫：《印度社会》，英文本，1974年版，164页）。季羡林先生认为："从释迦牟尼和大雄的时代开始，已经进入从奴隶社会向封建社会过渡的时期。……到了阿育王时代，印度已完全形成封建社会。"（《罗摩衍那初探》，1979年版，57页。）以上三说在时间上虽接近，但具体论证是不同的。苏联科学院编《世界通史》第二卷中认为，公元前1世纪至6世纪是封建关系在奴隶制社会内形成的时期（见中译本787页，原本1956年版）。莫斯科大学出版的《苏联境外东方诸国中世纪史》认为，印度封建社会始于笈多王朝（见《苏联境外东方诸国中世纪史》，俄文本，1957年版，56～58页）。库杰辛主编《古代东方史》认为，1至5世纪是印度奴隶制社会解体和封建关系形成时期（见《古代东方史》，俄文本，1979年版，363页）。

一

公元前6至4世纪，即早期佛教时代，印度社会(严格地说是北印度)的社会性质如何，看来需要从社会各主要阶级的具体情况来加以分析。

鉴于数量是一个很容易引起注意的因素，这里也就先从人数最多的农民谈起。据公元前4世纪末塞琉古王国驻孔雀帝国使节美伽斯提尼(Megasthenes)说，印度人口中的大多数是农民。美伽斯提尼原作已佚，转引其说的三位希腊史学家狄奥多拉斯(Diodorus)、斯特拉波(Strabo)和阿里安(Arrian)在这一点上所记相同。农民占人口之大多数，这也符合大多数古代国家的常例。他们人身是自由的，不依附于任何人。照斯特拉波所引的说法，“他们不仅人数最多，而且最受重视，因为他们豁免了兵役，并有其耕作的自由权利；他们不入城市，因为既无公事打扰，又无其他事情”。狄奥多拉斯和阿里安所引大意略同。至于他们的义务，阿里安所引的说法是，“他们向国王或自治城市纳税”。狄奥多拉斯所引的说法是，“他们向国王缴纳地租，因为全印度皆为王土，私人不能有任何土地；地租以外，他们又纳四分之一(指收成——引者)于王库”。斯特拉波所引的说法，希腊原文不甚明确，意思可能是“农民为工资而耕地，条件是获得收成四分之一”①。斯特拉波所引的说法意思不明确，又与其他材料不能印证，

① 见狄奥多拉斯：《历史集成》Ⅱ，40，4～5；斯特拉波：《地理学》15，1，40；阿里安：《亚历山大远征记》Ⅷ(印度志)，11。皆引自洛埃布古典丛书英译本。关于斯特拉波一段不明确的话，参见该书洛埃布本，第7册，68～69页，英译者H.L.琼斯的注释。米申科等的俄译本也是如正文所述那样译的，见B.B.斯特鲁威等主编：《古代东方史文选》，俄文本，1963年版，376页。

可以暂不讨论。狄奥多拉斯所引的税外有租的说法，也是只此一家，别无佐证，很可怀疑。[①] 在古代印度，本来税有多种，[②] 很可能狄奥多拉斯是把其他种税误解为地租了。

农民必须向国王缴纳地税。按印度早期法论所说，税率约为收成的十分之一、八分之一或六分之一。[③] 收十分之一显然是极少的，阿育王优待佛降生地蓝毗尼(Lumbini)村，也只把税率降到八分之一。[④] 大概六分之一是常率，当然其他杂税不在其内。

从种姓的角度来看，这种纳税农民大多应该属于吠舍等级。因为《阿跋斯檀巴法经》为吠舍规定的职业是农业、畜牧业和商业。[⑤]《乔达摩法论》在这几项之外又加了一条放债谋利。[⑥] 有人认为这种农民的情况与吠舍不符(吠舍是可以从军和担任官职的)，而更像首陀罗(他们没有从军和担任官职的权利)。[⑦] 其实，公元前 6 至 4 世纪时，由于社会经济发展，阶级分化激剧，社会上很多人的实际经济地位和

---

① R. 费克曾试图以《佛本生经》中有税吏清查土地的事推测可能税外有租，不过他自己也觉得这种推测不太可靠。见其所著《佛陀时代印度东北部的社会组织》(原为德文，1897 年版)，英译本，1920 年版，118～119 页。

② 参见《印度人民的历史和文化》，第 2 卷，《帝国统一时代》，英文本，1953 年版，598 页。

③ 《乔达摩法论》Ⅹ，24 规定耕者须向国王缴纳产品十分之一、八分之一或六分之一。本书所引古代印度诸法论，除另有说明者外。皆据《东方圣书》英译本。所说“早期法论”，指大可反映公元前 6 至 4 世纪印度社会的《乔达摩法论》、《阿跋斯檀巴法经》、《包达耶那法论》、《伐息斯它法论》。关于此四法论年代，参见《印度人民的历史和文化》，第 1 卷，《吠陀时代》，英文本，1952 年版，477 页。

④ 见《帝国统一时代》，598 页。

⑤ 《阿跋斯檀巴法经》Ⅱ，5，10，7。

⑥ 《乔达摩法论》Ⅹ，49。

⑦ 见高善必：《印度史研究绪论》，185 页。

职位同法论所规定的已不相同。① 因此，这种纳税农民大概以吠舍为主，可能也包括其他种姓出身的农民。

从阶级属性来说，这种纳税农民不是奴隶，不是封建的农奴或农民，更不是雇佣的农业工人，他们是有人身自由的小生产者。这种小生产者从原始社会解体以后就存在，而且在奴隶制社会和封建社会里曾长期大量存在，甚至在一些资本主义国家里都曾在一段或长或短的时间里大量的存在。可是，他们从来不是决定社会性质的因素，相反，他们存在于奴隶社会、封建社会、资本主义社会之中，受奴隶主阶级、封建主阶级和资产阶级的剥削，是被社会决定的因素。

那么，公元前6至4世纪时，印度社会中的决定因素是什么呢？在我看来，就是奴隶制。

照美伽斯提尼的说法，当时印度不存在奴隶制。阿里安引用美伽斯提尼的说法是："所有印度人都是自由民，连一个奴隶都没有，印度的这一特点是很出色的。在这方面，印度和拉西第梦(Lacedaemonn)相仿。不过拉西第梦人把黑劳士(Helot)当奴隶使用，叫他们干奴隶的苦活，而印度人却不使用任何异族奴隶；印度人本身，更是无人当奴隶。"②狄奥多拉斯走得更远，甚至说"法律规定，任何人在任何情况下都不得成为奴隶，所有的人都应当是自由的，并且应当尊重人人平等的原则。"③斯特拉波则比较慎重，一方面引用了美伽斯提尼印度无奴隶的说法，但同时又指出，亚历山大的部下欧奈西克里图

① 关于这一点，拙作《印度早期佛教的种姓制度观》第二部分曾有所论证，这里不再重述。

② 阿里安：《亚历山大远征记》Ⅷ，10。参阅李活中译本，北京，商务印书馆，269页，1979。

③ 见狄奥多拉斯书，Ⅱ，39，5。

斯（Onesicritus，其著作已佚）曾明确指出穆西坎努斯（Musicanus）地方就有奴隶制。[①] 美伽斯提尼的说法肯定不合印度实际情况，现在大概已经没有人相信了。[②]

各种古代印度典籍中留下来的关于奴隶制的材料不能算少，特别是公元前6至4世纪。早期佛教作品中保留下来的材料相当丰富，这些材料一般不是历史的直接记录。而是通过传说故事或宗教法规曲折地反映了当时的客观历史。

印度的奴隶也同其他古国的奴隶一样，是主人的财产，是同牡牛、黄金、衣服、檀香木、牝马、明珠等并列的珍贵财产。[③] 他们是可以买卖的商品。[④] 主人可以对他们施以鞭打、禁闭、烙印，随意虐待。[⑤] 主人打死无辜的奴隶，也不会受到法庭干预。[⑥] 从这些方面看，印度奴隶与希腊、罗马的奴隶的处境没有多少不同。至于《佛本生经》有一些所谓善待奴隶的故事，[⑦] 这并不足为奇。有一位德国学者曾写过一篇文章，其中就搜集了希腊罗马的许多奴隶和主人情谊甚笃的例子。这些都恕不多谈，因为关键在于主人有任意支配奴隶的权利，个别奴隶主的态度那是可以不同的。

---

① 见斯特拉波书，15，Ⅰ，54。

② 如《帝国统一时代》571页中说：“在各种法论和其他印度文献中提到奴隶制度的地方是如此之多，因而很难把美伽斯提尼所述视为实情。”参见《剑桥印度史》卷一，1935年，英文本，416，481页。

③ 见《佛本生经》第527篇。本篇所引《佛本生经》，均据1895～1907年间剑桥陆续出版的R. 查默斯等的英译本。

④ 见《佛本生经》第39篇。

⑤ 见《佛本生经》第125篇。鞭打奴隶的事散见于佛经者甚多，不一一列举。

⑥ 见《佛生本经》第373，第416篇。

⑦ 见《佛本生经》第131，第354，第382，第421篇等。

当时印度奴隶之中，的确有相当多的家庭奴隶。国王宫廷奴隶不少，许多都是从事服务性劳动的，有的甚至陷入宫廷矛盾之中。① 但是家庭奴隶并非完全与生产劳动无关，《佛本生经》中说到一家婆罗门六口人(包括一女奴)，父子二人下田耕地，女奴负责送饭。② 而且佛经中也不乏奴隶劳动的例证，例如中译《生经》曾说到一个婆罗门问他的男女奴隶准备做什么，"奴言，欲得车牛覆田耕具；婢曰，欲得碓磨舂粟硙面以安"③。这与中国古代奴耕婢织的传统大体相似。这一类经营农业的婆罗门，剥削奴隶劳动很厉害。《生经》说到一个婆罗门，"苦役奴子，酷令平地，走使东西。奴子无聊，欲自投水"④。真是近乎敲骨吸髓。在当时印度的农村中，奴隶劳动并非稀有现象。例如，佛经中曾说到贝拿勒斯(Banaras)附近有奴隶村(dasagaama)。又属于某一个庇法里·马纳瓦(Pipphali Maanava)的奴隶村就有14个之多，⑤ 可见当时在农村从事生产劳动的奴隶相当不少。至于具体的奴隶数字，古代印度也同其他古国一样，没有多少可靠的统计资料，阇那那根据巴利文佛经的传说资料，统计出其中常见的奴隶人数是100，500，1000，16000，100000等，其中100出现14次，500出现51次，16000出现20次，100000出现20次。⑥ 这些夸大性的数字虽不

---

① 见《佛本生经》第92，第181，第220篇。《佛本生经》中说到国王宫廷奴隶的约有二十余篇。

② 见《佛本生经》第354篇。女奴为农夫做饭又见《佛本生经》第520篇。

③ (西晋)法护译《生经》，卷五，《佛说梵志经》第四十五。

④ (西晋)法护译《生经》，卷一，《佛说五仙人经》第十一。

⑤ 转引自D.R.阇那那：《古代印度奴隶制度》，英文本，1960年版，42页。

⑥ 阇那那：《古代印度奴隶制度》(附录Ⅱ)，123页。他分析了这些数字作为确切数字是没有意义的。

足以作为证据，但也反映出当时社会的奴隶数量绝对不是微不足道的。卢本根据《佛本生经》传说资料指出，547 篇本生经中就有 71 篇或多或少说到奴隶，占故事总数百分之十三，可见奴隶数目一定可观。① 这种统计和分析是有一定道理的。

我认为，如果说一个社会是奴隶制社会，那么这个社会必须有一定数量的奴隶，这些奴隶必须在社会生产中占一定地位。但是，这并不是说奴隶必须在人口中占多数，奴隶必须在数量上成为社会的主要劳动者。前面已经说到，小生产者在古代一般总是占人口多数的。②问题的关键在于怎样说明奴隶制在当时印度社会中起了支配作用。我认为，奴隶制关系规定了小生产者分化的趋向，奴隶主作为统治阶级利用经济的和经济以外的力量力图使小生产者奴隶化，这就是奴隶制在社会中占主导地位的主要表现。③

在私有制社会里，小生产者总是要分化的，这是由小生产者本身的经济特点决定的，但是他们分化的具体趋向却是由社会中居主导地位的生产关系规定的。小生产者的一个特点和弱点是经不起天灾人祸。《佛本生经》中的一个故事说，迦尸(Kasi)农村中有一个贫穷的婆罗门，他有两头牛(当时耕作方法是两头牛拉一张犁)，自己耕种田

---

① W. 卢本：《古代印度社会中奴隶的处境》，德文本，1957 年版，101 页。

② 除特殊时期特殊地区外，希腊、罗马也是小生产者占人口的多数，这一点已为许多人所证明。因属题外，不赘。

③ 苏联学者 Г. ф. 伊林的《古代印度奴隶制的基本问题》一文曾说“奴隶制社会中奴隶制度的存在，也决定了自由民之间的关系，即使自由民占居多数”。他的这个论点及其分析，我是同意的。此文载于《古代印度的历史和文化》(俄文)，1963 年版，引文见 151 页。据悉伊林于 1971 年另有《古代印度社会的阶级性质》一文，我尚未见到。

地，后来其中一头牛死了，他的再生产就成了问题。[①] 遇到荒年，青黄不接，农民们就只好借债，《佛本生经》也有例证。[②] 不同的法论对高利贷的利率规定不同，但总的来说是很重的。[③] 小生产者一旦落入这种高利贷的罗网，就很难有脱逃的希望。尤其值得注意的是，当时取利的方式中有“身利”和财物抵押两种。[④] 如果债主使用了债户抵押来的财产，从中收益，原则上就不能再取息，也不能占取这处抵押品。可是也有法论说，抵押品被人连续使用十年即不再属于原主。[⑤] 如果抵押的财产未被使用，那就不能抵利息，而是到期不还债时便归债主所有。所以，抵押是掠取负债小生产者财产的一种方法。至于“身利”，就是人身抵押，借债人以劳动抵利息，实际已成为债务奴隶或准奴隶。由于这种“身利”不像《汉谟拉比法典》那样规定有时间界限，所以人身抵押的时间可以无限延长以至终身，这就为奴隶主、富人变小生产者为奴隶准备了具体的途径。至于以各种暴力手段掠夺奴隶，是古代常有的事，不再赘述。

公元前6至4世纪，国王封地给婆罗门和臣下的情况的确是很多

① 见《佛本生经》第211篇。

② 见《佛本生经》第199、第255篇等。

③ 《乔达摩法论》Ⅻ，29说：“借钱之合法利息为每周从20[卡尔沙朋那]中取与马沙。”(按1卡尔沙朋那＝20马沙，故月利率为1.25%。年利率为15%——引者)30说：“有人说，超过一年即不应按此利率支付。”31说：“如果[贷款]长期不还。那么，[在停息之后]，本金可以加倍。”36说：“牲畜的产物、羊毛、田地的产物和驮兽的利息，不超过[所借物的价值的五倍]。”《伐息斯它法论》Ⅱ，44说：“金[于偿还时取其价值之]二倍，而谷则三倍[于原价]。”《包达耶那法论》I，5，10，22规定，25卡尔沙朋那每月生息5马沙，即月利率1%。

④ 《乔达摩法论》Ⅻ，34～35说到利息有复利、期利、约定利、身利、日利和使用抵押物六种。

⑤ 见《伐息斯它法论》ⅩⅤ 1，16～17。

的。中译本和巴利文本阿含经中有很多"梵分"、"封邑"的记载。[1] 据巴利文本所记，其中有些条目所说的。封地原是国王之地(royal domain)，受封者即享有国王在这块土地上享有的权利。但是这些权利并无具体明确的说明。《佛本生经》中也有许多国王赐地事例。例如，一个国王曾赐给一个婆罗门五个村子、一百个女奴、七百匹马等；又一个国王曾准备赐给一个贤者八十个村子、四百个女奴、一百个妻子等；还有些国王赐给近幸、臣下一个村，据说一个村的年收入是十万钱，等等。[2] 这说明有两种情况：一些地是和奴隶一同赐给的，另一些则好像只赐给了该村的年收入或税收。《阿跋斯檀巴法经》说："国王在无损于其奴仆(his servants)的情况下，把土地和金钱按其功绩赠与婆罗门，就赢得无极世界。"[3]大概这里的"奴仆"是指被赐土地上的居民，所谓无损于他们，就是他们原来负担什么义务土地赐赠后仍负担什么义务。譬如，原是奴隶村，那么村上的奴隶就向受封者尽原来

① 如佛陀耶舍，佛念译《长阿含经》卷十三，第三分，《阿摩昼经》第一(巴利本《长阿含经》Ⅰ，87)；《长阿含经》卷十五，第三分《种德经》第三(巴利《长阿含经》Ⅰ，111)；《长阿含经》卷十五，第三分《究罗檀头经》第四(巴利本《长阿含经》Ⅰ，127)；《长阿含经》卷十七，第三分《露遮经》第十(巴利本《长阿含经》Ⅰ，224)；《长阿含经》卷七，第二分《弊宿经》第二(巴利本《长阿含经》Ⅱ，316)；《中阿含经》卷十二，王相应品，《鞞婆陵耆经》第六(巴利本《中阿含经》Ⅱ，45，未说封邑)；《中阿含经》卷四十一，梵志品，《梵摩经》第十(巴利本《中阿含经》Ⅱ，133，未说封邑)。以上皆系婆罗门有封邑。《中阿含经》卷五十，大品，《牟尼破群那经》说到居士有封邑，但相应的巴利本《中阿含经》Ⅰ，125～126也未说到有封邑，等等。以上所引巴利本阿含经皆据牛津出版的《佛教圣书》英译本，以下同此。此上各条，凡有赐地国王名字者，中译本都说是憍萨罗的波斯匿王。唯《种德经》又说到摩揭陀的瓶沙王，巴利本则封地为瓶沙王所赠。

② 见《佛本生经》第456、第546、第107、第9、第533篇，等等。类似例子不少。

③ 见《阿跋斯檀巴法经》Ⅱ，10，26，1。

的义务；原是纳税农民村，那么村上农民也就照例纳税。用我们今天的话来说，就是不因土地的封赐而改变生产关系的实质，所发生的只是土地收益权（或所有权）在统治阶级内部的转移。因此，我觉得，如果说这些封地就是封建关系，那么说服力似乎还不足。

值得注意的是经营大片土地的婆罗门。这类记载在早期佛经中比较突出的至少有三处。中译本《杂阿含经》说到一个"耕田婆罗豆婆遮婆罗门"有"五百具犁耕田"。① 《佛本生经》中说到一个婆罗门经营一千迦梨沙（可能等于8000英亩）土地。② 又一处说到，一个婆罗门有一千迦梨沙土地，"当庄稼长起来时，他就树起坚固的篱障，把土地委托他'自己的人'，给一个人五十迦梨沙，给另一个人六十迦梨沙，这样他就在这些人中分配了五百迦梨沙的田地。其余五百迦梨沙，他则交给一个雇工，这个人在那里搭一个茅舍，日夜住在那里"。③ 这种土地的耕种看来都在主人亲自指挥下进行的。至于后期管理和照看庄稼的，一是"自己的人"，一是雇工。"自己的人"是什么人？原书没有说明，学者们有不同的推测。W. 卢本认为，可能是主人的儿子和奴隶。④ 季羡林先生认为，可能指的是自己的儿子、奴隶或者分成农等。⑤ 如果说"自己的人"中有一部分是分成农，那么这种分成农只是在每一个农业生产周期中独自负责一部分时间，距离独自负责整个生

① （刘宋）求那跋陀译：《杂阿含经》卷四，［九十八］，又《杂阿含经》（译者名佚，附吴魏二录），又《别译杂阿含经》（译者名佚，附秦录）卷十三（此经未说到五百具犁）；相同内容见于巴利文本《义足经》（*Sutta—Nipata*）Ⅰ，4（此经亦见《佛教圣书》丛书英译本）。

② 见《佛本生经》第389篇。

③ 见《佛本生经》第484篇。

④ 见W. 卢本：《古代印度社会中奴隶的处境》，49页。

⑤ 见《罗摩衍那初探》，53页。

产周期的租佃农民还有相当一段距离。因此，如果说其中有封建生产关系的萌芽，那么似乎还早了一点。R. 费克对当时这一类大经济的看法是："每一个大土地所有者、每一个富有的商人，在自己所有的奴隶以外都还使用领取日工资的工人。"①如果费克的推测可信，那么这种大农业经济在本质上也应该算奴隶制的了。

我的意思并不是说当时没有土地租佃的事。《阿跋斯檀巴法经》明确规定，"如果一个人租田(耕种)而不尽力，因而不产谷物，那么只要他富有，他就得[向土地的主人]交付本该生长出来的[谷物的价值]"，② 这当然说明土地租佃关系已经存在。可是引人深思的是，同一法经又规定，婆罗门"不得吃工匠所给的食品；不得吃[非刹帝利而]以军事为生者[所给的食品]；不得吃以出租房舍或土地为生者[所给的食品]。"③婆罗门不吃工匠之食，以其贱故；不吃非刹帝利而以军事为生者之食，以其不合法故；那么，他们不吃以租地为生者之食，以其贱乎？以其不合法乎？因为"法"已经允许了，看来是以其贱故。旧传统鄙视新事物，事情大概如此。不过从这里也可以曲折地看到租佃关系在当时多么幼弱而可怜了。

奴隶制关系支配着小生产者分化的趋向。封建关系只是有了最初的幼芽，公元前6至4世纪看来只能是印度的奴隶制社会时期。

① 见《佛陀时代印度东北部的社会组织》，英译本，305页。

② 《阿跋斯檀巴法经》Ⅱ，11，28，1。英译者G. 毕勒尔在此条注中说，此条可证明当时已有流行近代之初的租佃制。见《东方圣书》，卷二，166页。

③ 见《阿跋斯檀巴法经》Ⅰ，6，18，18～20。从这三条文字看来，英译者毕勒尔的注大概是夸大无疑了。租佃制在当时不会是很盛行的。

二

以上我对公元前6至4世纪北印度的社会性质作了一些尝试性的说明，现在再来就当时的社会发展趋向问题作一些探索。

公元前6至4世纪，在北印度是一个激烈动荡的时代。当时社会充满了矛盾和斗争，而矛盾的焦点是拥护还是反对种姓制度(指瓦尔纳制)。因此，要探讨当时社会发展的趋向，就必须围绕这个关键性的问题来进行。

首先谈一点个人对于种姓制度与奴隶制度关系的认识。印度种姓有再生族与一生族之分。存在于再生族三种姓之间的是贵族与平民之分，而非奴隶主与奴隶之分，这一点比较清楚。至于作为一生族的首陀罗种姓，则有人说它是奴隶阶级，① 有人说它是农奴，② 有人说它是等级而非阶级，③ 有人则对不同时期的首陀罗的性质作了不同的评定。④ 我赞成沙尔玛划分时期的分析方法，也赞成他对吠陀时代首陀罗地位的看法。他认为，首陀罗不是一般的奴隶或农奴，他们不属于

---

① 曾有许多学者认为首陀罗是奴隶。E. W. 霍普金斯认为首陀罗是奴隶的同义语(见《剑桥印度史》，英文本第1卷，1936年版，234、268页)。S. A. 丹吉认为，首陀罗即奴隶，见《从原始共产主义到奴隶制时代的印度》，115页。卢瓦塞勒尔·迭朗法译《摩奴法论》，甚至将“首陀罗”径译“奴隶”。

② 见P. 马森·奥尔塞尔等：《古代印度和印度文明》，英文本，1951年版，113页。狄百瑞：《印度传统资料》，英文本，1960年版，224页。

③ 苏联学者见解大体如此。《古代东方史》，俄文本，1979年版，352页仍强调种姓作为等级与阶级的不一致处。

④ 如N. K. 达特认为，犁俱吠陀时代的首陀罗是真正的奴隶，梵书时代的首陀罗是农奴，经书时代的首陀罗地位又有改善等，见《印度种姓的起源和成长》，英文本，第1卷，1931年版，165～166页。R. S. 沙尔玛在《古代印度的首陀罗》(英文本，1958年版)一书中更对首陀罗分五期进行了具体论述。

任何个人；正如公社普遍控制土地一样，它也同样控制劳动人手，“在这个意义上，首陀罗也许可以与斯巴达的黑劳士相比”。[①] 首陀罗作为被征服的异部落人成为征服者公社的共同财产。这的确与黑劳士有相似之处。[②] 但是当时在印度并未形成一套公民份地制度，因而对首陀罗的剥削也还没有形成为成熟的黑劳士制度。[③] 再生族与首陀罗之间的对立具有奴隶制的性质，因为后者在法律上为前者所有，不过这在一定程度上是潜在的奴隶制，因为它还没有形成一定的具体结构。

在原始社会解体和阶级社会形成的过程中，原先的氏族部落公社内部分出了贵族与平民，这并不是古代印度特有的现象。例如，雅典提修斯改革时曾将公民分为贵族、农民和手工业者三个阶级，贵族有权“掌管宗教仪式，充任官职，讲授法律，解释天意”，“在品位上”占优势，而农民和手工业者则成为无特权的平民，只能分别“在有用上”和“在人数上”占优势。[④] 其他古国大抵也有类似情况。所不同的是印度的贵族又分为两个部分。雅典贵族所享有的特权归结起来不外对内的即宗教方面的(这包括司法等内容)和对外的即军事方面的，用中国古话来说，就是“国之大事，在祀与戎”。[⑤] 印度贵族在祀与戎上分了家，就分别成为婆罗门和刹帝利。在公社以外出现了首陀罗，这一点

① 见《古代印度的首陀罗》，48 页。

② D. D. 高善必也很注意到这一点，见《印度史研究绪论》，英文本，1956 年版，92、187 页等。

③ 黑劳士型奴隶制是与古典城邦土地所有制相表里的一种奴隶制类型，这一点请参阅拙作《论黑劳士制度》，见本书前篇。

④ 见普鲁塔克：《希腊罗马名人传·提修斯传》，XXV，1～2(据洛埃布古典丛书译本)。

⑤ 见《左传》成公十三年，《十三经注疏》，1911 页。

看来比较特别。其实和其他国家也有相通之处，恩格斯在分析易洛魁人氏族部落制度的局限性时曾指出："凡是部落以外的，便是不受法律保护的"。[①] 依照原始社会的传统，部落的界限就是法律的界限。生产资料的公有制，人与人之间的平等地位和民主关系，凡此种种都只有在部落之内才是现实的，超出部落界限就不再是现实的了。因此，如果没有经过联合或缔结同盟关系，那么一个部落以外的人就是这个部落法律以外的人，或者说这个部落的法律不承认其为人。这样，公有制、平等和民主在部落界限上所达到的终点，恰好成了私有制和奴隶制可能的起点，各国最初的奴隶大抵都来自部落以外，当然也有由于联合而处于部落以外的平民(如"罗马人民"以外的平民)。首陀罗处于部落以外，又起源于被征服者，因而是法律以外的人，即在法律上与奴隶地位无异。

由此可见，在原始社会解体以后和阶级社会形成之初，四种姓的区别原来曾经是与当时阶级分化的实情大体相符合的。可是，这种情况一旦在"法经"或"法论"中凝固成为固定的种姓或等级，它也就逐渐和现实的阶级分化的情况脱了节，成为不符合实际以至阻碍实际阶级变化的守旧因素。[②]

在印度，最具体地维护种姓制的工具是"法经"或"法论"。它们都是古来的习惯法，由不同的婆罗门学派传习、编纂而成。"吠陀称天

① 《家庭，私有制和国家的起源》，见《马克思恩格斯选集》，第4卷，94页。这一句话最好依原文直译为"凡是部落以外的，便是法律以外的"。见第茨原文版97页。因为"法律以外"的含义实际广于"不受法律保护"。

② E. 森纳尔也有类似这样的看法，参阅他所著《印度的种姓·其事实及制度》原为法文，见英译本，1930年版，117、129页等。

启(Sruti)，法论谓传承(Smrti)”,[①] 这正说明了法论的传统习惯法的性质(当然不排除法论编集者为高级种姓利益而做的种种损益)。按照这些法经或法论的说法，人是分为种姓或等级的，而人的种姓是由其出身决定的。用从氏族部落时代传下来的血统原则来维护新出现的等级制度，这也不仅仅见于印度。雅典国家产生初期，贵族就凭“出身和财富”这两条垄断了国家的重要官职。[②] 中国古代更有一套与政治体制密不可分的宗法制度，其原则就是亲亲尊尊，就是礼。[③] 有人把“法论”译作“印度教法典”(如 M. N. 达特在其英译法论前就冠上这种译称)，其实把它们称为“礼”也许更为妥帖，因为它们都因袭了氏族部落的血统原则，尚不能成为真正的法典。血统原则有一个界限。它原来表现为“凡是部落以外的，便是法律以外的”，到这时就表现为“礼不下庶人”(《礼记·曲礼上》)，在当时的印度就表现为礼不下首陀罗。

总之，种姓制度和维护这种制度的法论都是奴隶制社会发轫阶段的产物，都拖着一条长长的氏族血统原则的尾巴，因而势必与奴隶制经济的进一步发展不相适应。

到公元前 6 至 4 世纪，实际社会生活已经打破了法论所规定的四

① 见《摩奴法论》Ⅱ，10。

② 见亚里士多德：《雅典政制》Ⅲ。

③ 《礼记·大传》：“其不可得变革者则有矣，亲亲也，尊尊也，长长也。男女有别，此其不可得与民变革者也。”1506 页。《丧服小记》：“亲亲，尊尊，长长，男女之有别，人道之大者也。”1496 页。王国维认为，周代礼制“皆由尊尊亲亲二义出”(见《殷周制度论》，《观堂集林》，卷十)，这是很有道理的。

种姓职业的框框，在四个种姓出身的人中都发生了程度不同的分化。① 现实的阶级分化和演变既然打破了种姓出身的界限，按出身决定等级的种姓制度也就必然面临挑战。在佛教典籍里，我们看到当时有过激烈的阶级斗争：有的国王被起义者杀死，② 有的国王被人民所废逐，③ 也有逃亡奴隶聚集在山林举行起义的事。④ 可惜佛经多以这类故事说明所谓善恶报应，关于起义的真实原因和性质反而弄不清楚。当时从思想上反对婆罗门教和种姓制度的派别很多，⑤ 其中影响最大、留下材料最多的是佛教。

佛教反对种姓制度，主要表现在以下几方面。

第一，反对种姓制的凝固不变性。按照婆罗门教的传统说法，四种姓分别由普鲁沙的口、手、腿、脚演化而来，⑥ 实际是把种姓制度说成是与天地人类共生的永恒存在的制度。佛教认为，原先人间并无种姓之别，只是在有了"田界"和私产之后，人们发生争夺，为了息争，人们选出一个"田主"做统治者，这就是刹帝利之起源，后来又由

① 佛经中明确讲到四个种姓中的富人都可以用其他种姓的人为奴仆，据巴利文本《中阿含经》Ⅱ，84～85。见《佛教圣书》丛书卷六。查默斯英译本，1927 年版。

② 见《佛本生经》第 73、第 432 篇。

③ 见《佛本生经》第 542 篇。

④ 见佛陀什等译：《弥沙塞部和醯五分律》卷十第一分之六"悔过法"。

⑤ 其略说见(后秦)佛陀耶舍、竺佛念译：《长阿含经》中的《梵动经》(别有《佛陀梵网六十二见经》)和《沙门果经》(别有《佛陀寂志果经》)。

⑥ 此说首先见于《梨俱吠陀》末后部分。参阅狄百瑞等编《印度传统资料》，英文本，1960 年版，17 页。

职业的分工产生了婆罗门、吠舍和首陀罗，[①] 这种类似社会契约论的说法无疑含有主观臆测的成分，不过它把种姓制度从神定的、永恒的还原成了人事的、历史的。凡是在历史中发生的都将在历史中变化、消灭，种姓制度当然不能例外。在佛经中可以不止一处见到佛引边远邦国的情况驳斥四种姓不变的言论。例如“世尊告曰：‘彼土人民有二种之姓，云何为二？一者人。一者奴。此二姓亦复不定。’又(指施罗梵志——引者)问：‘云何不定?’世尊答曰：‘或作人后作奴，或作奴后作人。’”[②]这也就是说，早期佛教认为，存在自由人和奴隶两个阶级，个别的人可以在这两个阶级之间互变，这种可变的情况比不变的四种姓制更正常。大概佛陀不会意识到不变的种姓已在阻碍可变的奴隶制的发展，也不会有意为发展奴隶制而反对种姓制，可是不论如何，在客观上他总是做了这样的事情。

第二，反对以出身定人的地位高下。婆罗门种姓宣称：“我等梵志是梵天子，从彼口生，梵梵所化。”佛陀反驳说：“见梵志女始婚姻时，婚姻已后见怀妊身时，怀妊身后见产生时，或童男或童女……如是诸梵志变如世法随产道生。”而且各种姓的人都是十月怀胎，并无分别。[③] 婆罗门种姓又说：“梵志种胜，余者不如，梵志种白，余者种

---

① 类似说法屡见于阿含部诸经。参阅(刘宋)施护等译《佛说白衣金幢二婆罗门缘起经》卷中、卷下。巴利本《长阿含经》Ⅲ，93 以下(据《佛教圣书》卷四，T. W. 黎斯·大卫等英译本。其余不备引)。

② (东晋)提婆译：《增壹阿含经》卷四十六，放牛品第四十九。巴利本《中阿含经》Ⅱ，149 亦有此论(据《佛教圣书》卷六，查默斯英译本)。中译《中阿含经》及其别译中亦有类似说法。在《中阿含经》中这段说到了“余尼”(指希腊人国家)，事实在亚历山大东侵之后。所以这段话可能是公元前 4 世纪以后插入的，但基本符合早期佛教的思想。

③ 见(东晋)昙无兰译：《梵志頞波延问种尊经》。《大藏经》卷一，877 页。

黑，梵志得清净，非梵志不得清净。”佛陀即反驳说：“为刹利（即刹帝利——引者）族、梵志族（指婆罗门——引者）者，彼能持澡豆至水洗浴去垢极净耶？为居士族（指吠舍——引者）、工师族（指首陀罗——引者）者，彼不能持澡豆至水洗浴去垢极净耶？”①事实当然可以证明谁都能洗得干净。凭出身不行，那么如何评价人的地位呢？佛陀回答说：“人不因出身而成种姓外者，亦不因出身而成婆罗门；人因所行而成种姓外者，亦因所行而成婆罗门。”②又说：“我不因人之出身与母氏而称之为婆罗门。彼诚高傲，而又富有。但贫穷而能脱离一切执著者，我乃称之为真婆罗门。”③佛陀作为宗教家，以宗教品德的标准代替了种姓出身的标准。别的国家早期也曾有过出身标准被废弃的事，例如雅典的梭伦和罗马的塞尔维乌斯·土利乌斯提出了以财产作为划分居民等级的标准，④ 中国的商鞅提出了“有军功者，各以率受上爵……僇力本业，耕织致粟帛多者复其身。……宗室非有军功论，不得为属籍。”⑤佛陀反对种姓制，反对以出身定人的地位，在当时有反对氏族残余的意义，可是他提出的代替物只是宗教的伦理，因而其历史作用也就不能与中国、雅典、罗马的情况并论了。

第三，反对婆罗门居于四种姓之首的地位。在汉译和巴利本小乘

---

① 见（东晋）提婆译：《中阿含经》卷三十七，梵志品《郁瘦歌逻经》第九。

② 据巴利文本《义足经》，M，米勒英译本，见《东方圣书》卷十，第二部分。

③ 据巴利文本《法句经》XXVI，396，M. 米勒英译本，见《东方圣书》卷十，第一部分。

④ 分别见亚里士多德：《雅典政制》，VII，3～4；普鲁塔克：《希腊罗马名人传·梭伦传》XVIII，1～2；李维：《罗马史》I，42～43。

⑤ 见《史记》卷六十八，《商君列传》，2230页。《商君书·农战第三》更强调“作壹”，人民要得官爵只有一条路：农战。

经律中提到四种姓时，大抵皆以刹帝利、婆罗门、吠舍、首陀罗为序。“刹利生中胜，种姓亦纯真，明行悉具足，天人中最胜”。[①] 这个偈子就是佛陀用来对付婆罗门的一种武器。佛陀这种说法，可能是由于北印度东部婆罗门教的影响不深，事实上那里婆罗门的地位不高，势力也不大。[②] 不过，我们也要看到，佛陀毕竟出身贵族，他对种姓制的反对不会十分彻底。在不少地方，他实际上是在为刹帝利向婆罗门争胜。所谓各种姓平等之说，只是佛陀的宗教伦理，当然，这也可以作为佛教联合低级种姓的手段。

从以上佛教反对种姓制度的记载中，我们看不出它有任何反对奴隶制度的地方。那么，佛陀在别的地方是否反对奴隶制呢？现在让我依据事实来分析。

第一，佛陀说过沙门不畜奴婢的话。例如，“沙门瞿昙舍离饮酒，不著香华，不观歌舞，不坐高床，非时不食，不执金银，不畜妻息僮仆婢使，不畜象、马、猪、羊、鸡、犬及诸鸟兽，不畜象兵、马兵、车兵、步兵，不畜田宅种植五谷……”(着重点为引者所加)而且类似的说沙门不畜奴婢的例子还很多。[③] 这里的不畜奴婢是特指出家人——沙门而言的。出家人连妻子儿女都不要，怎么能要奴婢呢？而

---

① 见(后秦)佛陀耶舍等译：《长阿含经》卷十三，第三分《阿摩昼经》第一。参阅巴利本《长阿含经》Ⅲ，97(见《佛教圣书》英译本卷四)。

② R. 费克认为，在迦尸、憍萨罗、摩揭陀等地，婆罗门教势力不大(见《佛陀时代印度东北部的社会组织》，英译本，11，209页。季羡林先生也有类似的主张。这些都是有道理的)。

③ 引文见(后秦)佛陀耶舍、佛念译《长阿含经》卷十四，第三分《梵动经》第二。又见吴支谦译：(《佛说梵网六十二见经》(即梵动经别译)、支谦译《佛开解梵志阿颰经》即长含阿摩昼经别译)、(东晋)昙无兰译《佛说寂志果经》(即长含沙门果经别译)，等等。

且出家人不畜田宅，不种五谷，在这种情况下不要奴婢也是很自然的。是否据此就可以证明佛教要取消奴隶制呢？恐怕不能这样说。如果说，佛教要沙门摒弃一切物质享乐生活，其中也包括摒除奴婢，那么是可以的。但这只是宗教生活中的局部，不能适用于整个社会。

第二，佛陀提倡善待奴隶。以上讲的是出家人的特殊情况，在家则不然。正如佛说："若在家者，钱不增长，金银、真珠、琉璃、水精悉不增长，畜牧、谷米及奴婢使亦不增长，尔时在家，忧苦愁戚。……若在家者，钱得增长，金银、真珠、琉璃、水精皆得增长，畜牧、谷米及奴婢使亦得增长，尔时在家，快乐欢喜。"①一个婆罗门（梵志陀然）在同佛徒（舍利子）对话时曾说："舍利子，当知我今在家以家业为事，我应自安稳，供养父母，瞻视妻子，供给奴婢……舍利子，是一切事不可得疑，一向从法。"佛徒也未说使用奴婢为非法。只是说："愍伤奴婢，给恤瞻视，行福德业不作恶业者，彼便为奴婢之所尊重，而作是言，愿令大家强健寿考无穷……若有人极为奴婢所尊重者，其德日进，终无衰退。"②佛教认为，"有四种法，宜应修习：一者恭敬父母，尽心孝养；二者恒以善法，训导妻子；三者愍念僮仆，知其有无；四者近善知识，远离恶人。"③关于主人和奴隶的关系，佛教提倡："主于僮使，以五事教授。云何为五？一者随能使役，二者饮食随时，三者赐劳随时，四者病与医药，五者纵其休假。……僮仆复以五事奉事其主。云何为五？一者早起，二者为事周密，三者

---

① （东晋）提婆译：《中阿含经》卷三十六，梵志品，《何苦经》第七。

② 提婆译：《中阿含经》卷六，舍利子相应品，《梵志陀然经》第七。（东晋）法显译：《大般涅槃经》，卷上。

③ （后秦）佛陀耶舍、佛念译：《长阿含经》卷十一，第二分《善生经》第十二。参阅（后汉）安世高译：《佛说尸伽罗越六方礼经》。

不与不取，四者作务以次，五者称扬主名。”①主人对奴隶大体就这五条，奴隶对主人还另有九条、十条之说，不过大体相同。从这些情况来看，佛教完全承认奴隶制度，只不过要调节一下奴隶主和奴隶之间的关系。宗教一般都具有这样一种所谓的“悲天悯人”的面孔，实际上倒不如说是要以更好的手段来维护奴隶制度。

第三，佛陀禁止“度奴”(不许奴隶受戒为佛徒)，见于律藏。② 这更不是佛陀反对奴隶制度的证据，相反，这里佛陀承认奴隶主对奴隶的所有权，因而非经释放者即不收容。佛教敢于接受各种姓人受戒为徒，但不接受奴隶，这不很清楚地说明佛教一点也不想触动奴隶制吗?

佛教对待奴隶制的这种态度后果如何？答案是佛教伽蓝本身也役使奴隶，竟然自己也成了奴隶主。阇那那根据佛经材料反驳了佛教寺院无奴隶的说法，证明寺院逐渐也役使奴隶劳动。巴利本《律藏》所说寺院接受五百名“阿拉米卡”(Aramika)劳动力，他们与其他财物一同赠来，实际就是奴隶。③ 玄奘有一段记载最能说明问题，现录如下：“如来寂灭之后第五十年，阿难弟子末田底迦罗汉者……便来至此(指迦湿弥罗国——引者)……时阿罗汉既得其地，运大神通力，立五百伽蓝，于诸异国买鬻贱人，以充役使，以供僧众。末田底伽入寂灭后，彼诸贱人，自立君长。邻境诸国，鄙其贱种，莫与交亲，谓之讫

① 奴隶对主人义务九条说见东晋·提婆译《中阿含经》卷三十三，大品《善生经》第十九。奴隶对主人义务十条说见西晋支法度译：《佛说善生子经》。

② (刘宋)佛陀什等译：《弥沙塞部和醯五分律》卷十七，第三分初，《受戒法》下。(姚秦)佛陀耶舍、佛念等译：《四分律》卷三十四，二分之十三，《受戒揵度》之四。巴利一律藏亦有之。

③ 见《古代印度奴隶制度》，81～85页。作者的论证很有启发性，他还分析了寺院中有些变相的奴隶。主人出家，奴隶跟来出家，实际仍为主人服务。

利多(唐言买得)。"[①]按"讫利多"为买来的奴隶，是印度传统的奴隶中之一种。[②] 而玄奘所说的"贱人"，也不是现在一般理解的地位卑下的人。中国古代通常以"良"和"贱"作为自由人和奴婢的对称。与玄奘大体同时的长孙无忌在《唐律疏义》中也是以"奴婢贱隶"、"奴婢贱人"和"良人"相对举的。[③] 可见"贱人"即奴隶之代称。"于诸异国买鬻贱人"，这说明当时迦湿弥罗国附近各国奴隶买卖很盛行，买卖甚为方便。尤其可惊异的是释迦牟尼逝世后的五十年里，佛教寺院本身役使奴隶劳动就达到了这种程度，这既不能说明佛教反对奴隶制，更不能说明由于佛教的反对而使奴隶制趋向衰落，相反，佛教倒是在一定程度上促进了奴隶制。佛教寺院这样大规模地役使奴隶，恐怕在北印度先前的历史上是很少见的。

概括起来说，在公元前 6 至 4 世纪的北印度，带着浓厚的氏族残余的种姓制度受到一定的冲击，奴隶制度获得一定的发展，社会发展的趋势也大体如此。如果这一点看法不错。那么就很难说这个时期是从奴隶制社会向封建社会过渡的时期了。

公元前 6 至 4 世纪以后的发展趋势又如何呢？最后再简略地谈一点个人对孔雀王朝全盛时期(公元前 3 世纪)印度社会的认识。阿育王是暴君，[④] 也是将佛法用于政治实践的人。这不在于他说过什么要

---

① 玄奘：《大唐西域记》卷三，"迦湿弥罗国"条。

② 见《摩奴法论》Ⅷ，415 页。即其中"买得的(Krita)"一种。

③ 见《唐律疏义》卷二十二。

④ 阿育王作为暴君的故事，见(西晋)安法钦译《阿恕伽传》，卷一；(东晋)法显《佛国记》；(唐)玄奘《大唐西域记》卷八"摩揭陀上"条等。他在征服羯陵伽时，曾杀人十万，俘人十五万，其余死亡不计其数。见阿育王第十三号摩崖诏令(这里所引皆据 D. C. 西尔卡尔《阿育王铭文集》英译本)。

“善待奴隶和仆人”,[①] 说过什么“所有臣民都是我的子女”[②]之类的话，而是在他留下的铭文中没有再承认四种姓差别的合法地位，甚至没有提到四种姓的问题。作为一个帝国的统治者，阿育王不需要那些拖着氏族血统残余、带着地方部落色彩的种姓制度，这是不难理解的，因为他要的是统一。不过在这一点上他远未成功，由于种姓制度的根深蒂固和前一时期反种姓运动的不彻底性，这种制度实际上长期保存下来，而孔雀王朝的帝国却是昙花一现。至于孔雀王朝时期的社会经济状况，如据考底利耶的《政事论》来看,[③] 王室有了用奴隶、雇工和囚徒劳动的农庄(给奴隶发口粮，给工人发工资和口粮),[④] 这比佛经中讲到的几处婆罗门大地产显然有了发展；可是另一方面，奴隶制本身却在衰落，例如对雅梨耶出身的人为奴已有很大限制。[⑤] 同时，王室又迁移首陀罗农民建立新村，征收租税,[⑥] 这与王室奴隶制农庄的剥削方式不同。婆罗门教法论不承认首陀罗为农民，不管一个首陀罗的实际阶级地位如何，总要让他带上奴隶的色彩。[⑦] 但《政事论》承认首陀罗为农民,这也可以证明,这个种姓不再是奴隶制关系支配下的一个阶层了。因此孔雀王朝可以说是印度奴隶制社会发展的一个转折时期。

---

① 见阿育王摩崖诏令第九号，第十一号。

② 见阿育王摩崖诏令第十五号，第十六号。

③ 关于这本书的成书年代，争论很多，早到公元前4世纪和晚到公元3世纪的说法都有(见《帝国统一时代》，274～275、285～287页)。看来此书同印度其他许多典籍一样，成书有一个过程，这个过程大概是从孔雀王朝开始的。这里所据主要还是R. 沙马沙斯特里英译本，1956年第五版，参用1959年苏联科学院出版俄文本。

④ 见《政事论》Ⅱ，24。

⑤ 见《政事论》Ⅱ，13。

⑥ 见《政事论》Ⅱ，1。D. D. 高善必认为，阿育王征服羯陵伽时的俘虏，也都成了这一类的劳动者。见《印度史研究绪论》，195～196页。

⑦ 稍后的《摩奴法论》(Ⅷ，413～414)仍然如此。

宗法辨疑*

宗法是我国古代史上一项非常重要的制度。前代学者对它的解释和研究很多，但所留下的问题也不少。其中分歧最大而至今犹在争论者，大概首推君统与宗统是否一致的问题。本文拟就这个问题发表一些意见，以就正于有道。

一

在宗法系统中是否包括天子和诸侯，或者说君统与宗统是否一致，这个问题至少在汉代即已存在。

《诗·大雅·公刘》："食之饮之，君之宗之。"毛传云："为之君，为之大宗也。"①《诗·大雅·板》："大宗维翰。"毛传云："王者天下之大宗。"②此说将天子、诸侯列于宗法系统之内，即视君统与宗统为一。

《礼记·大传》："别子为祖、继别为宗，继祢者为小

---

* 原载《北京师范大学学报》，1987年第1期。

① 《毛诗正义》，《十三经注疏》，542页，北京，中华书局，1980。

② 同上书，550页。

宗。”(《丧服小记》亦有此文)“有小宗而无大宗者，有大宗而无小宗者，有无宗亦莫之宗者，公子是也。公子有宗道，公子之公，为其士大夫之庶者，宗其士大夫之嫡者，公子之宗道也。”郑玄注云：“公子不得宗君。君命嫡昆弟为宗，使之宗之，是公子之宗道者。所宗者嫡，则如大宗……无嫡而宗庶，则如小宗……公子唯己而已，则所无宗亦莫之宗。”此说以为国君不在宗法系统以内，即视君统与宗统为二。

王国维氏注意到了这一点，说“是礼家之大宗限于大夫以下者，诗人直以称天子诸侯”。① 他敏锐地判定这是经学系统中的诗家和礼家的区别。他这样说，是有一定的道理的。许多治礼的经学家从《礼记》之说，如万斯大《礼记偶笺》、毛奇龄《大小宗通绎》、程瑶田《宗法小记》等都如此；而治诗的经学家颇持异说，如胡承珙《毛诗后笺》、陈奂《诗毛氏传疏》等皆如此。不过，王氏此说也并非绝对正确。《白虎通义》是汉代言礼的重要著作，其说即与《礼记》有异(见下文)，汉代礼家之说并不一致。另一方面，郑玄精研三礼，博治群经，力图以《礼记》之说注《诗》。他释“君之宗之”之宗为“尊也”。释“大宗维翰”云“大宗，王之同姓之嫡子也”。② 从他以后，许多治《诗》的经学家也从《礼记》之说。如对“君之宗之”一句，晋儒孙毓云：“国君不统宗，故有大宗、小宗。安得为之君复为之大宗乎?”宋儒朱熹亦云：“宗，尊也、主也。嫡子孙主祭祀，而族人尊之以为主人。”由于郑玄的影响，君统与宗统为二的说法逐渐为多数经学家所接受，成为经学中一种具有代表性的思想或主流之说。

---

① 王国维：《观堂集林》，462页，北京，中华书局，1959。下引王氏说见此文者不另注。

② 《毛诗正义》，550页。

王国维氏本人对君统、宗统为二说是有所怀疑的。他说："《大传》此说颇与《小记》及其自说相违异。盖宗必有所继，我之所以宗之者，以其继别若继高祖以下故也。君之嫡昆弟、庶昆弟皆不得继先君，又何所据以为众兄弟之宗乎？或云：此宗子者，所以合族也。若然，则所合者一公子耳，至此公子之子与先公子之若孙间，乃无合之之道。是大夫、士以下皆有族。而天子、诸侯之子于其族曾祖父母、从祖父母、世父母、叔父母以下服之所及者，乃无缀属之法。是非先王教人亲亲之意也。"①这一段议论的逻辑十分清晰，无懈可击。不过，他采取了一个折中的办法，说："故由尊之统言，则天子、诸侯绝宗，王子、公子无宗可也。由亲之统言，则天子、诸侯之子身为别子，而其后为大宗者，无不奉天子、诸侯以为最大之大宗。特以尊卑既殊，不敢加以宗名，而其实仍在也。"②王氏的折中是有倾向的，即认为天子、诸侯其实皆为大宗。这是王氏求实精神的表现。但是他容许在自己的说法中保留名实的矛盾。这个矛盾，不再是诗家和礼家的经学内部矛盾，而是王氏作为史学家和经学家的矛盾。作为史学家，他究心于实际；作为经学家，他又不愿对《礼记》和郑玄不留余地。

我认为，王国维氏在这里作出了两重的贡献：一方面，他揭示了《礼记》中君统、宗统为二的说法中的内在矛盾，直接地告诉了人们实际存在的宗法是与此相反的；另一方面，他自己又留下了矛盾，间接地启发人们思考：在某种经学见解和历史实际有矛盾的时候，我们应该怎样做。

---

① 王国维：《观堂集林》，460页。

② 同上。

二

在某种经学见解和历史实际发生矛盾的时候，看来我们仍然首先必须综核名实，考信于历史事实。

按照王国维氏的说法，天子、诸侯有大宗之实而无其名，诸侯对天子、大夫对国君的宗法关系也有实而无名。然而事实并非如此。

首先探讨一些先秦的实例。

《何尊铭文》："王弃(诰)宗小子于京室。"[①]何的先父事周文王有功。武王克商后赏赐何，并称何为"宗小子"。可见周王承认和臣下的同宗关系。而无意断绝这种关系。

《驹形盠尊铭文》："(盠)拜韻首曰：王弗朢(忘)氒(厥)旧宗小子，蛰皇盠身。盠曰：王倗下不其则万年保我万宗。"后一句在《盠尊铭文》中作："盠曰：天子不叚不其保我万邦。"盠的这两篇铭文说明：王承认和臣下的同宗关系，臣下也希望王保护自己的宗，并且作为最大的大宗保护一切小宗(万宗)。同时，万宗与万邦相当，可见这里的小宗指的是诸侯，天子和诸侯间有大小宗的保护关系。

《善鼎铭文》："善敢拜韻首，对扬皇天子不𠀠休，用作宗室宝隮。唯用妥福乎前文人，秉德共屯(恭纯)。今其用各(格)我宗子雩(与)百生(姓)，今用匄屯鲁(纯嘏)于万年，其永宝用之。"[②]善受命于周王，继承其祖职务，佐助某侯监某地驻军，他因此作器。他做的是献给宗室的尊。《诗·召南·采苹》："于以奠之，宗室牖下。"毛传云："宗

① 郭沫若：《两周金文辞大系图录考释》下册，65页，上海，上海书店，1999。

② 同上。

室，大宗庙也。大夫、士祭于宗庙，奠于牖下。”①所以善作的就是献给大宗之庙的尊。其目的，一方面是要“妥福于前文人，秉德恭纯”，一方面是要“格我宗子与百姓，勻纯嘏于万年”。“前文人”见《书·文侯之命》。“父义和，汝克绍乃显祖，汝肇刑文武，用会绍乃辟，追孝于前文人。”②伪孔传释“前宁人”为“前文德之人”。其实父义和肇刑的既然是文、武(王)，追孝的自然是“前文王”。“前文人”在《书·大诰》中作“前宁人”，③ 伪孔传释“前宁人”为“前文王”，是正确的。金文“文”字作，古人误认为“宁”。至于《善鼎铭文》中的“宗子”，郭沫若先生云：“《大雅·板》‘宗子维城’，郑玄云‘宗子谓王之嫡子’。此亦言宗子，而与百姓对列，似言本宗子弟。郑解不确。”④其实，此处的宗子，所指正是作为大宗(继文王的大宗)的周王。因为，一则，善为宗室作器，而妥福于文王，此宗子非作为文王嫡嗣的周王莫属；二则，宗子与百姓对列，正说明此宗子非一般宗子可比，而是作为百姓大宗的总宗子，在周邦中此宗子亦非周王莫属。释宗子为本宗子弟有两个问题：一是，本宗子弟称“宗小子”，“宗小子”与“宗子”相差一字，而意思相去甚远；二是，“本宗子弟”和“百姓”两个概念在内涵上是有重复的，如果并列，在逻辑上就有混乱。如果以宗子(周王)与百姓并举，就没有上述的逻辑问题。《善鼎铭文》显示的正是善作为小宗与周王大宗的关系。

《王子午鼎铭文》：“佳正月初吉，丁亥，王子午择其吉金，自乍䵼彝鬲鼎，用享以孝于我皇且文考，用祈眉寿。”《礼记·丧服小记》

① 《毛诗正义》，286页。

② 《尚书正义》，《十三经注疏》，254页。

③ 《尚书正义》，《十三经注疏》，199页。

④ 郭沫若：《两周金文辞大系图录·考释》，65页。

云："庶子不祭祖者，明其宗也。"①"庶子不祭祢者，明其宗也。"②《大传》云："庶子不祭，明其宗也。"③《郊特牲》："诸侯不敢祖天子，大夫不敢祖诸侯。"王子午为楚王庶子，竟然也能祭祖，这就说明，王子午和王没有断绝宗法关系。

以上四条铭文材料，前三条属于西周时期，后一条属于东周时期的楚国。它们都证明国君并不在宗法关系以外，而是同下属保持着宗法关系。同样，传统的文献也有类似的记载。

《左传》文公二年："宋祖帝乙，郑祖厉王，犹上祖也。"④杜预注云："帝乙，微子父；厉王，郑桓公父。二国不以帝乙、厉王不肖，而犹尊上之。"这都是反驳"诸侯不敢祖天子，大夫不敢祖诸侯"的有力实据。

《国语·鲁语上》记曹刿曰："天子祀上帝，诸侯会之受命焉。诸侯祀先王、先公，(韦昭注云：先王谓若宋祖帝乙，郑祖厉王之属是也。先公，先君也)卿、大夫佐之受事焉。"⑤

《左传》襄公十二年："秋、吴子寿梦卒，临于周庙(杜预注云：文王庙)，礼也。凡诸侯之丧，异姓临于外，同姓临于宗(杜注云：所出王之庙)，同宗于祖庙(杜注云：始封君之庙)，同族于祢庙。是故鲁为诸姬临于周庙，为邢、凡、蒋、茅、胙、祭临于周公之庙(杜注云：即祖庙也)。"⑥这又进一步证明《鲁语》所记曹刿说"诸侯祀先王、先

---

① 《礼记正义》，《十三经注疏》，1495页。

② 同上书，1496页。

③ 同上书，1508页。

④ 《春秋左传正义》，《十三经注疏》，1838页。

⑤ 董增龄：《国语正义》，386页，成都，巴蜀书社，1985。

⑥ 《春秋左传正义》，《十三经注疏》，1951页。

公”是对的。

《战国策·齐策四》记：“冯谖诫孟尝君曰：‘愿请先王之祭器，立宗庙于薛。’庙成，还报孟尝君曰：‘三窟已就，君姑高枕为乐矣。’”①《齐策三》：“孟尝君在薛，荆人攻之。淳于髡为齐使于荆，还反过薛。而孟尝令人体貌而亲郊迎之。谓淳于髡曰：‘荆人攻薛，夫子弗忧，文（孟尝君名）无以复侍矣。’淳于髡曰：‘敬闻命。’至于齐，毕报。王曰：‘何见于荆？’对曰：‘荆甚固，而薛亦不量其力。’王曰：‘何谓也？’对曰：‘薛不量其力，而为先王立清庙（高诱注云：先王，威王），荆固而攻之，清庙必危，故曰薛不量力而荆亦甚固。’齐王和其颜色（高诱注曰：齐宣王也，威王之子），曰：‘薛，先君之庙在焉。’疾兴兵救之。”②孟尝君以公子身份宗先君，祭先王，和齐公室同样保持着大小宗的关系。

万斯大在《礼记偶笺》（三）“郊特牲”篇“诸侯不敢祖天子”条中，硬是不信《左传》襄公十二年传所说，吴寿梦临于周庙之庙为文王庙，谓为“后人假托之辞也。鲁安得有文王庙？《左传》所言周庙，盖即泮宫。”③万氏削史学之足适经学之履，主观臆断，至于斯极，金文和传统文献材料都证明他的臆断错了。

其次再探讨一些汉代的实例。

汉武帝末年，江充用事。他和太子刘据有矛盾，恐在武帝死后为太子所杀，就企图以巫蛊为手段陷害太子。刘据发兵杀江充，但在与丞相等作战中兵败，逃亡不知下落。汉武帝大怒，此时壶关三老茂上

---

① 《战国策》，379页，上海，上海古籍出版社，1985。

② 同上书，376页。

③ 万斯大：《礼记偶笺》，《清经解续编》，第1册，卷二十七，108页，上海，上海书店，1988。

书劝武帝宽恕太子，其中有云："今皇太子为汉嫡嗣，承万世之业，体祖宗之重，亲则皇帝之宗子也。"①如果汉朝皇帝不自认为诸侯王的大宗，皇太子又怎能称为"宗子"？

汉昭帝死后无子，霍光拥立昌邑王贺，不久又废了他。霍光向太后建议立刘据的孙子病已为皇帝。他说："礼，人道亲亲故尊祖，尊祖故敬宗。大宗无嗣，择支子孙贤者为嗣。孝武皇帝曾孙病已……可以嗣孝昭皇帝后，奉承祖宗，子万姓。"②这就清清楚楚地讲明，汉朝皇帝就是大宗。原来刘据是汉武帝的嫡子，立为太子，弗陵(昭帝)只是庶子，太子死于巫蛊之祸，病已流落民间。昭帝继武帝位，便成嫡子、大宗。昭帝死后，病已又从民间被选出继昭帝位，又是以支子继大宗。这样大小宗之间的关系是没有割断的。《通典》(卷九十六)引"汉石渠议：大宗无后，族无庶子，己有一嫡子，当绝父祀以后大宗不？戴圣云：'大宗不可绝。言嫡子不为后者，不得先庶耳。族无庶子，则当绝父以后大宗。'闻人通汉云：'大宗有绝，子不绝其父。'宣帝制曰：'圣议是也。'"宣帝如此裁决不是偶然的。他本人就是这样以小宗入嗣大宗，为昭帝后而继位的。

成帝无子，以定陶王欣为太子。欣父康为元帝庶子，成帝异母弟，是为定陶共王。欣被征入为太子后，"上(成帝)以太子奉大宗后，不得顾私亲，乃立楚思王子景为定陶王，奉共王后。成帝崩，太子继位，是为孝哀帝。即位二年，追尊共王为共皇，置寝庙京师，序昭穆，仪如孝元帝。徙定陶王景为信都王云。(如淳曰：不复为定陶王

① 《汉书》卷六十三，《武五子传》，2744页，北京，中华书局，1962。

② 见《汉书·宣帝纪》。

立后者，哀帝自以己为后故。)”[①]哀帝这样做，不合小宗为大宗后之礼，所以师丹曾进谏，其中有云：“礼：‘父为士，子为天子，祭以天子，其尸服以士服。’子亡爵父之义，尊父母也。为人后者为之子。故为所后服斩衰三年，而降其父母期，明尊本祖而重正统也。孝成皇帝圣恩深远，故为共王立后，奉承祭祀。今共皇长为一国太祖，万世不毁，恩义已备。陛下既继体先帝，持重大宗，承宗庙天地社稷之祀，义不得复奉定陶共皇祭入其庙。今欲立庙于京师，而使臣下祭之，是无主也。又亲尽当毁，空去一国太祖不堕之祀，而就无主当毁不正之礼，非所以尊厚共皇也。”[②]这就说明，汉天子是诸侯王的大宗，诸侯王于汉为小宗。大宗无子，小宗子必往继大宗后。诸侯王在本国又为大宗，百世不迁(即“共皇为一国太祖，万世不毁”)，也不能无后，所以汉成帝在征定陶王欣为太子以后，又“立楚思王子景为定陶王，奉共王后”。

以上情况说明，汉代的天子和诸侯王皆在宗法系统之内，天子为大宗，诸侯为小宗，名义毫不含糊；大宗(天子)无子，以小宗(诸侯王子)入嗣为后，关系也至为明确。事实既然如此，我们就不能再像万斯大那样削“史学之足”以适“经学之履”，不能说国君是绝宗之人了。

三

既然《礼记》中有些关于宗法的记述及郑玄以下的经学家们所作的注疏不符合历史的事实，那么，我们就应当弄清楚：哪些地方是《礼

---

① 见《汉书·宣元六王传·定陶王传》。

② 《汉书·师丹传》，卷八十六，3506 页。

记》内容本身有问题，经学家的注疏跟着错了；哪些地方是《礼记》本身并无错误，也许文字有些含糊，经学家的注疏理解错了。

清人程瑶田说："宗法载《大传》及《丧服小记》，列其节目，明其指归。有大宗、小宗之名，有迁与不迁之别，又为之通宗道之穷，究立宗之始，此所谓宗法也。"①现在我们就按程氏所列节目来考辨《礼记》和经学家注释的是非。

第一，关于立宗之始"别子为祖，继别为宗，继祢者为小宗"，②见于《小记》及《大传》。这是关于立宗之始的概括说明。大、小宗的区别也由此而确定。但是，这几句话如何理解，历来学者所说颇有不同。

首先，什么是别子？《白虎通义·宗族》云："别子者，自为其子孙为(据卢文弨校本，此'为'字当删)祖。"③这就是说，凡是别起一支而成为本支后世之祖者，就是别子。郑玄却认为："别子谓公子若始来此国者，后世以为祖也。"④他认为只有公子或始来别国并为后世祖者，才是别子；如果是公子之庶子孙在本国别始一支者，那就不算是别子。这样，他就把别子的范围作了一个限制。

为什么作这样的限制呢？郑玄在注《丧服小记》"别子为祖"时说："诸侯庶子别为后世始祖也，谓之别子者，公子不得祢先君。"⑤这就赋予了别子以特殊的意义，不再是一般的始为别支的庶子，而必须是

① 程瑶田：《宗法小记·宗法述》，皇清经解之礼类，第1册，631页，台北，艺文印书馆，1986。

② 《礼记正义》，《十三经注疏》，1508页。

③ 陈立：《白虎通疏证》，卷八，"宗族"，395页，北京，中华书局，1994。

④ 《礼记正义》，《十三经注疏》，1508页。

⑤ 同上书，1495页。

诸侯的庶子即公子。《仪礼·丧服传》云："诸侯之子称公子，公子不得祢先君；公子之子称公孙，公孙不得祖诸侯。此自卑别于尊者也。"①郑玄以"公子不得祢先君"作为"别子"所以为"别"的理由，大概是着眼于卑与尊之别。这样"别子"之"别"就有了经学微言中的大义，成为一种不能逾越的框框。"公子不得宗君"，"君是绝宗之人"等说法，也由此而起。其实，正如上文所述，公子、王子祭先祖、先君的事实是存在的。郑玄于《周礼·春官·都宗人》职注中说："都或有山川及因国无主、九皇、六十四民之祀，王子弟则立其祖王之庙，其祭祀，王皆赐禽焉。"②又于《家宗人》职注中说："大夫采邑之所祀与都同。若先王之子孙，亦有祖庙。"③郑氏本人也承认这些事实。那么，怎样解释"公子不得祢先君"呢？《礼记·曲记下》云："支子不祭。祭必告于宗子。"④不祭，表明大小宗之间的区别；祭必报告宗子，表明大小宗之间的联系。大小宗之间的区别处，正是二者之间的联系处。因此，"别子"之"别"，应是与所自出之国君或大宗有区别也有联系，不是一"别"便出现绝宗现象。

至于"别子"和"为祖"的关系。郑玄于《王制》注中云："大祖，别子之始爵者。《大传》曰：别子为祖，谓此。虽非别子，始爵者亦然。"⑤这样说来，别子可以为祖，也可以不为祖；为祖者可以是别子，也可以不是别子。什么是决定一个人为祖的条件呢？始爵。这就成了"始爵为祖"而非"别子为祖"了，着眼点主要放在政治方面而非血

---

① 《仪礼注疏》，《十三经注疏》，1115 页。

② 《周礼注疏》，《十三经注疏》，827 页。

③ 同上。

④ 《礼记正义》，《十三经注疏》，1269 页。

⑤ 同上书，1335 页。

缘方面。其实，《礼记》的“别子为祖”和《白虎通义》的“别子者，自为其子孙祖”，都表示一种比较简单明确的观念；只要在亲属关系中别开一支，即成为本支后世之祖。这是由血缘关系分衍而自然出现的事实。宗法固然具有浓厚的政治的性质，不过它必须建立在血缘关系的基础上。郑玄这样解释“别子为祖”，把简单的问题说复杂了，把本来明白的问题说糊涂了。

由立祖而立宗，这就是“继别为宗，继祢者为小宗”。《礼记》这两句话在《白虎通义·宗族》中表述为“继别也，各自为宗。小宗有四，大宗有一。”①(卢文弨据《通典》引文校，“也”作“者”，“小宗”前有“所谓”二字)郑玄释“继别”者为“别子之世嫡也，族人尊之，谓之大宗，是宗子也”。释“继祢者”为“父之嫡也。兄弟尊之，谓之小宗。”②郑注符合《礼记》本义。不过，《礼记》文和郑注与《白虎通义》文有区别。按《白虎通义》文，“继别者各自为宗”，显然不止一个大宗，而且包含各小宗。所以下文立即是“所谓小宗有四，大宗有一”。大宗固然是继别子者，小宗也是继别子者；不过小宗不是把别子当做立宗之祖来继，而是当做自己的祢来继的。第一代的小宗以别子作祢来继，第二代的小宗以第一代小宗建立者为祢来继，以至小宗有四。按《白虎通义》的意思解释《礼记》的“继祢者为小宗”。“继祢者”就有两重意思：一是各代小宗的建立者以各代“别子”(包括第一代大宗建立者和四代小宗的建立者)为祢来继，二是各小宗的继承者以自己的父庙为祢来继。例如，周公作为周文王的别子，建立鲁国之宗成为鲁宗之祖。这一方面是“别子为祖”，另一方面又是继祢为宗。周公以文王为祢而自建相对

---

① 陈立：《白虎通疏证》，395页。

② 《礼记正义》，《十三经注疏》，1508页。

于周大宗的鲁小宗。三桓建宗者以鲁桓公为祢以建相对于鲁大宗的各自小宗，同时他们又是别子为祖，建立了相对于从属三桓的诸小宗的大宗。

这就是说，大宗和小宗都是相对而言的。当然，天子的大宗，不相对地表现为小宗。清儒朱大韶根据《仪礼·丧服传》“族人以支子后大宗也，嫡子不得后大宗”[①]的精神，得出大宗有四，小宗有一的结论。他说：“盖小宗传世之后，即为继祖之宗。以嫡子后之(指大宗)，是夺其宗也。故嫡子不得后人。为人后者，皆为其大宗。则大宗非指百世不迁之宗甚明。嫡子不得为人后，则再世之嫡，即为大宗，又甚明。否则必百世之宗无子，乃立后，则继祖至继高祖四宗，皆可绝。既不为之立后，何以嫡子不得后人。”依朱氏说，只有刚继祢为小宗尚无庶子分支者为小宗，当然这个小宗也是暂时的，将来也将转化为大宗。[②] 朱氏善做翻案文章，以经学之矛陷经学之盾，其说甚辨。其实，从立宗之始的角度来看，一大宗四小宗说是正确的，然从宗的发展演变角度来看，四大宗一小宗说又是正确的。朱氏与前人各执一偏而已，岂有他故。不过，朱大韶能从宗的发展角度看问题，在当时是很难得的，对今人也是有启发的。

第二，关于有迁与不迁之别，《礼记·大传》：“有百世不迁之宗，有五世则迁之宗。百世不迁者，别子之后也；宗其继别子之所自出者，百世不迁者也。宗其继高祖者，五世则迁者也。”[③]《丧服小记》：

---

① 《仪礼注疏》，《十三经注疏》，1106页。

② 朱大韶：《实事求是斋经义·四小宗辨》，《续经解诸经总义类汇编》，346页，台北，艺文印书馆，1986。

③ 《礼记正义》，《十三经注疏》，1508页。

“有五世而迁之宗，其继高祖者也。是故祖迁于上，宗易于下。”①

“宗其继高祖者，五世则迁者也”。这是说，一般的小宗由继祢者开始，逐渐经过继祖者，继曾祖者而至继高祖者，丧服尽于高祖，于是至第五世，祖迁于上，宗易于下。这是宗族繁衍发展的过程。而支庶而新生小宗，小宗有自身支庶后转又为“大宗”（相对的大宗），这种“大宗”历五世而迁。这是祖迁于上。同时，新小宗又生于下，原小宗又成为相对的“大宗”。这是宗易于下。《礼记》讲宗法，以此段为最好，活泼泼地，颇能反映宗法存在的动态。

至于“百世不迁者”，《大传》说：“别子之后也”。由于对别子看法不同，认识也就不同。依郑玄的说法，这就是作为国君庶子的公子的屡世嫡传子孙系统。朱大韶把大宗和别子都看成相对的，这样就认为不存在百世不迁之宗。《大传》又说：“宗其继别子之所自出者，百世不迁者也。”郑玄注云：“继别子，别子之世嫡也。”②依此解释，这句的意义还是别子之后百世不迁，就与前一个百世不迁的情况雷同，就成了多余的话。而且郑注也未解释什么是“继别子之所自出”。孔颖达疏云：“经云别子之所自出者，自由也，谓别子所由出，或由此君或由他国而来，后世子孙恒继此别子，故云别子之所自出。”③孔疏说出了别子之所自出者可能是某国君，又说后世所继仍是别子，因此不能自圆其说。朱熹则干脆说“之所自出”四字是“衍文”。他认为有此四字不好解说，同时郑玄也未对此四字加以解说，故以为衍文。如果此四字真是衍文，“宗其继别子之所自出者，百世不迁者也”，全句可谓衍

① 《礼记正义》，《十三经注疏》，1495 页。

② 《礼记正义》，《十三经注疏》，1508 页。

③ 同上。

文。因为如前所说，这句与上句重复。朱大韶反对朱熹认为“之所自出”是衍文的说法，并认为“继别子之所自出者”，在鲁就是祭周公所自出之文王，在郑就是祭桓公之所自出的厉王。他是以此解释《左传》襄公二年的鲁有“周庙”，《左传》文公二年的郑祖厉王①。朱氏此说确有见地，不过，我认为，“宗其继别子之所自出者”，应该是比宗别子者高一个层次的系统。按郑玄说，别子即作为国君庶子的公子，那“宗其继别子之所自出者”应当就是国君世代相承的系统。

国君世代相承的系统能不能作为百世不迁的大宗系统呢？回答应当是肯定的。《仪礼·丧服传》：“……大宗者，尊之统也。禽兽知母而不知父。野人曰：父母何算焉？都邑之士则知尊祢矣。大夫及学士则知尊祖矣。诸侯及其太祖，天子及其始祖之所自出。尊者，尊统(大宗系统)上；卑者，尊统下。大宗者，尊之统也。”②自士之尊祢至天子及其始祖之所自出，都是尊统或大宗的不同层次，其差别在于尊统上、下之不同，可见，天子、诸侯都有其尊统，即都有其大宗系统。士、大夫之尊祢、尊祖，本属小宗系统，不过如前所说，它们在发展中也可以演化为相对的大宗。

《白虎通义·宗族》：“诸侯夺宗，明尊者宜之。大夫不得夺宗何？曰：诸侯世世传子孙，故夺宗。大夫不传子孙，故不夺宗也。《丧服经》曰大夫为宗子(服齐衰三月之丧)，不言诸侯为宗子也。”③诸侯世世传子孙，有百世不迁(理论上)的条件，所以可以夺宗而成为大宗。国君始祖百世不迁，这正是成为大宗的标准条件。

① 见《实事求是斋经义·之所自出非衍文辨》。

② 《仪礼注疏》，《十三经注疏》，1106页。

③ 陈立：《白虎通疏证》，397页。

或以为“诸侯夺宗”和“君是绝宗之人”是同一类的意思。我以为不然。《汉书·梅福传》记梅福上书汉成帝，建议立孔子之后作为殷朝的后嗣，其中有云：“(孔子)虽不正统，封其子孙以为殷后，礼亦宜之。何者？诸侯夺宗，圣庶夺嫡。传曰：贤者子孙宜有土。而况圣人，又殷之后哉!”如淳注云：“夺宗，始封之君尊为诸侯，则夺其旧为宗子之事也。夺嫡，文王舍伯邑考而立武王是也。孔子虽庶，可为殷后。”[①]成了诸侯，就可以不再尊事旧时尊事的宗子，而自立为大宗；庶子之圣者，就可以代替嫡子而成大宗。诸侯夺宗，只夺了旧有大宗的地位，并不是被夺去了宗法的关系。《通典》(卷五十二“礼十二”“夺宗议”)记：“晋元帝建武初，孙文上事：宣帝支子不应祭豫章、京兆二府君(按指宣帝司马懿之祖与父)。仆射刁协云：诸侯夺宗，圣庶夺嫡，而况天子乎？自皇祚以来，五十余年，宗庙已序，而文攻乎异端，宜加议罪。按汉梅福云：诸侯夺宗，此谓父为士，庶子封为诸侯，则庶子夺宗嫡主祭祀也。在诸侯尚有夺义。岂况天子乎？所言圣庶者，如武王庶子，有圣德，夺代伯邑考之宗嫡也。”[②]如淳三国时曹魏人，刁协晋人，对“诸侯夺宗”的理解自然大体相同，与《白虎通义》亦成呼应。“夺宗”不是“绝宗”。汉高帝刘邦不是太公的长子，但是成了皇帝以后，也就成了大宗之祖，其兄(吴顷王仲)之子孙反而成了小宗的诸侯王。晋元帝司马睿本来也非嫡子，但是成为东晋第一个皇帝后也就成为晋(相对于诸侯王)的大宗。“夺宗”不是“绝宗”，而只是变小宗为大宗；它看起来是一种宗法联系的断绝，而事实是另一种宗法联系的新建。

---

① 《汉书》卷六十七，《梅福传》，2925～2926 页，北京，中华书局，1962。

② 《通典》卷五十二，《夺宗议》，298 页，北京，中华书局，1984。

所以，百世不迁之大宗是有的，就是天子、诸侯的大宗，在世卿时代，也包括大夫的大宗。清儒陈立于《白虎通疏证·封公侯·右论昆弟相继》中说："为后本所以传重。传重者，传所受宗庙、土地、爵位、人民之重也。大宗百世不迁，为大宗有重可传者也。小宗五世则迁，为小宗无重可传，故祖迁于上则宗易于下也。天子以别子为诸侯，其世为诸侯者，大宗也。诸侯以别子为卿，其世为卿者，大宗也。卿以别子为大夫，其世为大夫者，大宗也。大夫以别子为士，其世为士者，大宗也。天子建国，则诸侯于国为大宗，对天子言则为小宗；未闻天子之统可绝，而国统不可绝也。诸侯立家，则卿于家为大宗，对诸侯则为小宗；未闻诸侯之宗可绝，而卿之家统不可绝也。卿置侧室，大夫二宗，士之隶子弟等，皆可推而著见也。"①陈氏的这一段议论，可以说是大小宗的常与变及迁与不迁之别的颇为精粹的说明。

第三，关于通宗道之穷，《礼记·大传》："有小宗而无大宗者，有大宗而无小宗者，有无宗亦莫之宗者，公子是也。公子有宗道。公子之公，为其士、大夫之庶者，宗其士、大夫之嫡者，公子之宗道也。"②这就是程瑶田所谓的通宗道之穷。既然硬把君统与宗道分为两橛，可是事实上二者又有联系，那么只好编排以上一段，以求自圆其说。《大传》作者费尽心力，希望这些努力能通宗道之穷，其结果恰如托勒密费尽心力，企图以生造的本轮、均轮说解释行星盈缩现象一样，解释得越像真的，距离客观事实也越远。因为，所谓"公子有宗道"恰如"本轮"、"均轮"一样，客观上是不存在的。而且宗法制度有

① 陈立：《白虎通疏证》，152 页。

② 《礼记正义》，《十三经注疏》，1508 页。

大、小宗的区别和联系，又有祖迁于上，宗易于下的演变和发展。也没有所谓的“穷”需要另立一套办法来通。

本来不需要通，却生造出办法来通。结果是欲通而反穷。本文开始时曾说王国维已指出这一套说法与《丧服小记》及《大传》自身相违异。其实，这是势所难免的。

《仪礼·丧服传》：“大宗者，收族者也。”[①]有各级大宗，便有各级收族者。作为大宗的国君，同样有收族或合族的责任。《礼记·大传》记，周武王克殷以后，“上治祖祢，尊尊也，下治子孙，亲亲也。旁治昆弟，合族以食，序以昭缪，别之以礼义，人道竭矣。”[②]又说：“君有合族之道，族人不得以其戚戚君位也”一句，又被经师们用来作为隔断国君与族人的宗法关系的借口。郑玄注云：“君恩可以下施，而族人皆臣也，不得以父兄弟子之亲，自戚于君位，谓齿列也。所以尊君别嫌也。”孔颖达疏云：“此一经明人君既尊，族人不以戚戚君，明君有绝宗之道也。”[③]陈澔《集说》云：“君恩可以下施，故于族人有合聚燕饮之礼，而族人皆臣也，不敢以族属父兄子弟之亲而上亲于君者，一则君有绝宗之道，二则以严上下之辨，而杜篡代之萌也。”郑说族人不得戚君位是不得“齿列”（论年龄列座次），可是《礼记·文王世子》说得清楚：“若公与族燕，则异姓为宾，膳宰为主人，公与父兄齿。”[④]这分明是论年龄而列座。孔颖达、陈澔之说，尤其强调以至夸大君与族人间的距离。其实所谓“不得以戚戚君位”是简单的一句话：族人与国君在序昭穆和年齿后，以此序列而入座。国君所以表现特殊

① 《仪礼注疏》，《十三经注疏》，1106页。

② 《礼记正义》，《十三经注疏》，1506页。

③ 同上书，1508页。

④ 同上书，1408页。

的地方，就是族人在就座时不能太靠近他，必须保持一个适当的距离，族人以此来表示对他的尊重，表示他的地位与众人有所不同。这就是“不得戚君位”的真正而简明的含义。如果真像孔颖达、陈澔所说那样由此可见君是绝宗之人，那么，国君怎么会和族人在一起以昭穆、年齿的秩序燕享呢?

国君既有合族之道，就不须“公子有宗道，公子之公，为其士、大夫之庶者，宗其士、大夫之嫡者”。① 值得思考的是:《大传》作者既然认为君统与宗统间有间隔，又何必设此一有宗道之公子? 回答只能是:经师们设想君统和宗统是分离的。但是二者之间又确实存在联系。为了克服这个矛盾，就设立了这样一个有宗道之公子以为桥梁。所以，从这个桥梁的设立也可以看出:君统与宗统的客观存在的联系，即使对于认为君统与宗统为二的人来说，也不得不以曲曲折折的形式反映出来。这一点肯定是经师们当年不能意识到的，但毕竟是事实。

以上已就宗统、君统关系问题发表了个人意见。现在想简单地谈一下关于解决经学史上的问题的方法问题。我认为，第一，凡有争论的问题，皆须考信。司马迁说:“夫学者载籍极博，犹考信于六艺”②;窃以为“六艺”中的问题宜首先考信于历史。第二，经学史上的问题，需要从揭示经学本身的矛盾中逐步加以清理、解决。本文在这两个方面作了一点尝试，当然是肤浅、很不成熟的。第三，分析经学史上问题产生的历史条件，通过说明这些问题产生的必然性，以彻底说明问题。在拙文《史学和经学》中曾稍稍涉及这一点，但语焉不详。这个问题不是可以轻易解决的，本文限于篇幅，未再论列，请俟诸他日。

① 《礼记正义》，《十三经注疏》，1508 页。

② 《史记·伯夷列传》，第 7 册，2121 页。

三朝制新探*

有一种见解认为，在古代西方，政治体制是多种多样的，其中唯独没有专制君主制；而在古代东方，政治体制则只有一种，即专制君主制。最先明确提出此说的人，看来是亚里士多德。

亚里士多德认为古希腊城邦的君主不拥有专制的王权，这一点完全是无可非议的。因为古希腊城邦中的王权总是在不同程度上受到其他权力制约的，具体地说，那就是在国王以外通常还存在一个贵族或长老的议事会和一个公民大会。国王与两个会议并存，这在历史上本来是一种很自然的正常现象——它无非就是前一历史时期(即军事民主制时期)的军事首领和两个会议并存现象的延续和发展。

中国上古时期是否也有国王和两个会议并存的现象呢？在文献里似乎不易发现像希腊以至罗马典籍所记那样的比较明确的说明。不过，能够证明上述现象曾经存在的证据还是有的，在我看来，三朝制度就很可以说明一些问题。

* 原载唐嘉弘编《先秦史研究论集》，中州古籍出版社，1984。

在说明三朝以前，首先应该讨论一下“朝”。什么是“朝”？“旦见君谓之朝”①。这是一个很简明也符合实际的回答。由于见君通常都在旦②，人们逐渐又把“朝”用作晋见国君的专门术语。不过，如果作进一步的探索，我们就会发现，在古代，“朝”并不仅限于指在下位者谒见在上位者，而是具有更广泛的含义。试以《春秋》三传为例，我们可以看到“朝”实际表示以下三种不同情况。

一则，诸侯见王、大夫见国君曰朝。西周时诸侯有朝周王的制度，“诸侯时朝乎天子，天子之郊诸侯皆有朝宿之邑焉”③。当时，诸侯“一不朝贬其爵，再不朝则削其地，三不朝则六师移之”④。春秋初期(周桓)“王夺郑伯(庄公)政，郑伯不朝。秋，王以诸侯伐郑，郑伯御之”⑤。周讨郑失败，诸侯朝王的制度不行。不过，在春秋时期，齐桓、晋文之流的霸主还把朝王当做号召诸侯的一种手段。所以，诸侯朝王仍不时有之。至于大夫朝见国君，则是常事，毋庸赘言。

二则，“诸侯相见曰朝”⑥。而且，据说“诸侯五年再相朝，以修王命，古之制也”⑦。《春秋》和《左传》中对于鲁君朝其他诸侯和其他诸侯朝鲁的事大概每一次都作了记载，对于其他诸侯之间的互相朝见，尤其是对于诸侯朝见齐、晋、楚等霸主，也有很多记载。诸侯互朝，自然以小国朝大国为多，但是大国朝小国的情况也是有的。例

① 《左传》成公十二年。“百官承事，朝而不夕”。孔颖达疏。
② 《说文》：“朝，旦也。”
③ 见《公羊传》桓公元年。
④ 见《孟子·告子下》。
⑤ 见《左传》桓公五年。
⑥ 见《穀梁传》桓公九年，僖公五年。
⑦ 见《左传》文公十五年。

如，“齐侯、郑伯朝于纪，欲以袭之。纪人知之”。[①] 当时，齐是大国，郑是强国，纪是一个弱小国家。齐君朝纪怀着灭纪的阴谋，纪国也清楚地知道。尽管如此，齐君以大国诸侯朝小国之纪君并非违反礼制之举。又如，有一次，滕侯和薛侯同时朝鲁，互争优先地位。薛侯的理由是，薛国受封在先。滕侯的理由是，薛侯和周天子不同姓，而滕和鲁都是周王的同姓(姬)，所以不能在薛之后。鲁隐公派人去说服薛侯，主要论点是“周之宗盟，异姓为后。寡人若朝于薛，不敢与诸任(薛侯的同姓)齿”。结果，“薛侯许之，乃长滕侯”[②]。滕、薛都是小国，在朝鲁时的地位由是否与鲁侯同姓而定；鲁是大国，如果朝薛，在原则上也不能与薛的同姓国争先。这就说明，诸侯不分大小，互相朝见的原则是平等的。

三则，居上位者召集居下位者议事亦曰朝。《春秋》三传中屡次说到国君“朝诸大夫”[③]、“朝国人”、“朝众”[④]。这些朝，严格说来都是召集会议。董仲舒说：“朝者，召而问之也。”[⑤]这是有道理的。

从以上三种情况来看，朝实际就是不同种类的集会[⑥]。既是集会，就要有会场。于是这类的会场也称为朝。《礼记·曲礼下》：“君命大夫与士肄，在官言官，在府言府，在库言库，在朝言朝。”郑玄注云：“官谓板图文书之处也，府谓宝藏货贿之处也，库谓车马兵甲之

① 见《左传》桓公五年。

② 见《左传》隐公十一年。

③ 见《公羊传》僖公二年，《穀梁传》宣公二年，《左传》昭公五年。

④ 见《左传》僖公十五年，昭公十四年，定公八年，哀公元年。

⑤ 见《春秋繁露·诸侯》。

⑥ 甚至国君不一定参加的集会，也可以称为“朝”。如《礼记·王制》：“司徒修六礼以节民性……命乡简不帅教者以告。耆老皆朝于庠。”郑玄注云：“耆老，致仕及乡中老贤者。朝犹会也。”

处也，朝谓君臣谋政事之处也。”官是文献档案库，府是财货库，库是武器库，君臣在这些地方只讨论有关具体问题。唯独朝是君臣讨论政事的地方。

中国最古的君臣、君民集会之朝，大概是明堂。关于明堂的具体制度，前人有种种不同说法，看来最后只能靠考古发掘的材料来定论。不过，明堂是一处多用的集会场所，对于这一点从汉代的贾逵、服虔、卢植、蔡邕到清代的惠栋、阮元大体都是没有分歧的。《天亡毁铭文》“王凡(汎)三方”，《静毁铭文》“射于大池”，大概都是在明堂举行的。明堂作为上古遗迹，到战国时期还存在。齐宣王曾问孟子：“人皆谓我毁明堂，毁诸？已乎?”①可见当时它已是没有实际用途的摆设了。随着国家机构的逐渐复杂化和不同阶级或阶层的权力地位的变化，君臣、君民议事之处在周代分为三朝。

三朝的所在地都在天子或诸侯之宫的前部。《周礼·考工记·匠人》记载匠人营建王宫的蓝图是：“左祖右社，面朝后市。”现在我们在北京所见的明清故宫基本上仍然是按照这个蓝图设计的。故宫前部为朝(内城正阳门内无市)，后面神武门外至鼓楼有市，左面是太庙(今劳动人民文化宫)，右面是社稷坛(今中山公园)。不过，明清故宫以太和、中和、保和三大殿为朝，都在午门以内，这却与古代颇不相同。

在周代，以国君所居之处为起点，三朝由内而外分布如下：

1. 内朝，又称燕朝。《周礼·夏官·太仆职》云：“王视燕朝，则正位，掌摈相。”郑玄注云：“燕朝，朝于路寝之庭。王图宗人之嘉事则燕朝。”《礼记·文王世子》云：“庶子之正于公族者，教之以孝弟、

---

① 见《孟子·梁惠王下》。

睦友、子爱，明父子之义、长幼之序。其朝于公内朝，则东面北上。臣有贵者以齿。"[①]郑玄注云："内朝、路寝庭。"[②]"寝，寝也，所寝息也。"[③]而"路寝者，生人所居"。[④] 所以，路寝也就是国君的正式居室，内朝就在居室前面的庭院中进行。内朝的内容原本不是政治性的，而是礼仪性的。内朝为国君图宗人嘉事之所。嘉礼内容有以下六种：(1)"以饮食之礼亲宗族兄弟"；(2)"以婚冠之礼亲成男女"；(3)"以宾射之礼亲故旧朋友"；(4)"以飨燕之礼亲四方之宾客"；(5)"以脤膰之礼亲兄弟之国"(郑玄注云："脤膰，社稷宗庙之肉，以赐同姓之国，同福禄也")；(6)"以贺庆之礼亲异姓之国"。郑玄注云："异姓，王婚姻甥舅。"[⑤]从嘉礼的六方面内容看，内朝不仅是礼仪性的处所，而且带有浓厚的血缘关系的特色。因为参加者基本都是国君同姓的宗人和异姓的婚姻甥舅，而且入朝时所立的位置也不是根据政治地位的高下(以爵)，而是根据年龄的长幼(以齿)。孟子说："朝廷莫如爵，乡党莫如齿。"[⑥]如果以孟子所说的原则来衡量，内朝原本没有多少政治意义上的朝廷的气味。内朝的这种特点并不是偶然的，从原始社会晚期的部落首领变成的早期国家的君主，总是要在一定程度上保存原始的、以血缘关系为基准的礼仪的。

2. 治朝，又往往有外朝、内朝之称，很容易引起混乱。任启运

---

① 《礼记正义》，《十三经注疏》，1407 页。

② 郑玄根据什么说内朝或燕朝在路寝庭呢？孔颖达疏云："知路寝庭者，以下出其在外朝司士为之。按《周礼》司士掌管路寝门外之朝，则知此内朝是路寝庭朝也。"

③ 见《释名·释宫室》。

④ 见《礼记·杂记下》"路寝庭"郑玄注。

⑤ 见《周礼·春官·大宗伯职》。

⑥ 见《孟子·公孙丑下》。

说："对燕朝而言，则治朝在外。对外朝而言，则治朝在内。合三朝而言，则治朝在中。故治朝或谓之内，或谓之中，或谓之外也"①，解释最为简明②。治朝的具体地点，在路门(路寝庭即内朝之门名路门，亦称毕门，约相当于明清故宫之午门)之外，中门(周天子之中门称应门，诸侯之中门称雉门，说见《礼记·明堂位》，约相当于故宫之端门)之内，东为太庙，西为社稷。

治朝为周代天子和诸侯每日上朝和公卿大夫办事的地方。《周礼·天官·大宰职》："(大宰)王视治朝，则赞听治。"郑玄注云："治朝在路门外，群臣治事之朝。王视之，则助王平断。"《周礼·天官》："宰夫之职，掌治朝之法，以正王及三公、六卿、大夫、群吏之位，掌其禁令(郑玄注云：'治朝在路门之外，其位司士掌焉，宰夫察其不如仪')，叙群吏之治，以待宾客之令，诸臣之复，万民之逆(郑玄注云：'玄谓复之言报也，反也。反报于王，谓于朝庭奏事。自下而上曰逆，逆谓上书')。"《周礼·夏官·司士职》云："正朝仪之位，辨其贵贱之等。王南乡，三公北面东上，孤东面北上，卿大夫西面北上，王族故士、虎士在路门之右，南面东上，大仆、大右、大仆从者在路门之左，南面西上(郑玄注云：'此王日视朝事于路门外之位')。司士摈(郑玄注云：'诏王出揖公卿大夫以下朝者')、孤卿特揖，大夫以其等旅揖，士旁三揖。王还，揖门左，揖门右。大仆前(郑玄注云：'前正王视朝之位')。王入，内朝皆退(郑玄注云：'王入，入路门也。王入路门，内朝朝者皆退，反其官府治处也。王之外朝，则朝士掌焉。'按这里相对于外朝，而称治朝为内朝)。"《周礼·夏官·大仆职》云：

① 《朝庙宫室考》，见《皇清经解续编》卷一三六。

② 按《礼记·文王世子》孔颖达疏中已有类似说明。

“大仆掌王之服位，出入王之大命(郑玄注云：‘服，王举动所当衣也。位，立处也。出大命，王之教也。入大命，群臣所奏行’)，掌诸侯之复逆。王视朝，则前正位而退；入，亦如之。(郑玄注云：‘前正位而退，道王，王既立，退居路门左，待朝毕。’)”从《周礼》以上记载看，治朝是君臣每日见面的地方，他们在这里举行仪式，也相互交流情况和意见(当然在君臣间的讨论有着不平等的特点)。国君在大宰协助下在这里裁断事情，群臣也在这里办理公事。《左传》闵公二年追记季孙氏之祖季友得名的由来说：“成季之将生也，桓公使卜楚丘之父卜之。曰：‘男也，其名曰友，在公之右；间于两社，为公室辅……’”两社指周社(鲁之社稷)与亳社(在鲁太庙之前)，作为公室辅佐者经常在两社之间为国家治事。两社之间就是治朝之所在。治朝在周代为国家政治统治的中心，这应该是没有问题的。

但是，《礼记·玉藻》说，诸侯“朝服以日视朝于内朝(郑玄注云：‘此内朝，路寝门外之正朝也。天子诸侯皆三朝’)。朝辨色始入(郑玄注云：‘群臣也。入，入应门也’)，君日出而视之，退适路寝听政，使人视大夫，大夫退，然后适小寝释服”。这就是说，每天黎明时大夫们从应门进入治朝，日出时国君从路门出到治朝，于此君臣相见。不过，国君出来只是“视之”，随即退回路寝听政。等大夫们都退了，无人再到路寝向国君奏事，国君就再退到小寝，脱去朝服，换上便服。这个说法与以上所说有几点不同之处：第一，治朝之朝只是每天例行的仪式，而没有实际的政治内容；第二，君臣议事不在路门之外的治朝，而在路门之内，内朝反而成为有重要政治意义的地方；第三，君臣议事之处也并非在举行内朝的路寝之庭，而是在路寝之内。由此看来，《玉藻》的说法和上引《周礼》的说法不可能同时都符合实际。在我看来，两种说法大概反映的是不同历史时期的情况。那么，哪种说法符合周代较早时期的情况呢？这就要结合具体的历史文献来考察。

在现存古代文献中，记述宫廷朝会情形最详细者当首推《尚书·顾命》。周成王病笃，召见太保奭（即召公）等，嘱咐他们册立并辅佐元子钊。成王死后，元子钊受册命于太庙①。册命仪式结束后，“诸侯出庙门俟，王出在应门之内。大保率西方诸侯入应门左，毕公率东方诸侯入应门右，皆布乘黄朱。宾称奉圭兼币曰：‘一二臣卫，敢执壤奠。’皆再拜稽首。王义嗣德答拜。大保暨芮伯咸进，相揖，皆再拜稽首曰：‘敢敬告天子，皇天改大邦殷之命，唯周文武诞受羑若，克恤西土。唯新陟王毕协赏罚，戡定厥功，用敷遗后人休。今王敬之哉。张皇六师，无坏我高祖寡命。’王若曰：‘庶邦侯、甸、男、卫，唯予一人钊报告，昔君文武丕平富，不务咎，厎至齐，信用昭明于天下，则亦有熊罴之士，不二心之臣，保乂王家，用端命于上帝。皇天用训厥道，付畀四方，乃命建侯树屏，在我后之人。今予一二伯父，尚胥暨顾，绥尔先公之臣服于先王。虽尔身在外，乃心罔不在王室。用奉恤厥若，无遗鞠子羞。’群公既皆听命，相揖，趋出。王释冕，反丧服”。这就是周康王即位后在治朝和诸侯及大臣相见的全部仪式和内容。在这里，新王和诸侯相互重新确认君臣关系，相互勉励对方恪尽其职。论内容，这种朝会是政治性的；论仪式，它还保留有一定的平等的性质，如君臣互相施礼等。

治朝与内朝不同，为议政之所，这种规矩直到春秋晚期在人们观

① 此次册命典礼的地点是路寝还是太庙，历来学者见解不同。王国维认为地点在太庙，合于古礼，亦合于金文中所云锡命在太庙、太室或某宫的事实。见王国维：《观堂集林》，50，58页。

念中还是很清楚的。《国语·鲁语下》记："公父文伯之母如季氏，康子在其朝，与之言，弗应。从之及寝门，弗应而入。康子辞于朝而入见，(韦昭注云：'辞其家臣入见敬姜也')曰'肥也不得闻命，无乃罪乎?'曰：'子弗闻乎？天子及诸侯合民事于朝(韦昭注云：'言与百官考合民事于外朝也')，合神事于内朝(韦昭注云：'神事，祭祀也，内朝在路门内也')，自卿以下，合官职于外朝(韦昭注云：'外朝，君之公朝也')，合家事于内朝(韦昭注云：'家，大夫，内朝，家朝也')。寝门之内，妇人治其业焉。上下同之。夫外朝，子将业君之官职焉；内朝，子将庀季氏之政焉。皆非吾所敢言也。'"这里所说的外朝，是相对于路门以内的内朝而言的，所以实际就是治朝。从来的传统都是，天子、诸侯的治朝是讨论民事、公事的地方，卿大夫的外朝也是办公事的地方，只有内朝才是讨论祭祀和本宗族事务的地方。而妇女只能管内朝之后寝门以内的事情。内外有别，自天子至卿大夫，上下同之。所以，《礼记·玉藻》所说的内朝听政，绝不是周初以来的传统制度，而是后来发展中的变态。

3. 外朝，《周礼·秋官·小司寇》："小司寇之职，掌外朝之政，以致万民而询焉。一曰询国危，二曰询国迁，三曰询立君。(郑玄注云：'外朝，朝在雉门之外者也。国危，谓有兵寇之难。国迁，谓徙都改邑也。立君，谓无冢适选于庶也')其位，王南乡，三公及州长、百姓北面，群臣西面，群吏东面。小司寇摈以叙进而问焉，以众辅志而弊谋(郑玄注云：'摈，谓揖之使前也。叙，更也。辅志者，尊王贤明也。'孙诒让《周礼正义》：'《说文·攴部》云：叙，次第也。《广雅·释诂》云：更，递也。谓自三公以下，各以爵秩尊卑次第更递进而问之。云辅志者尊王贤明也者……谓以众论辅助王之志虑，赞其决断，即使众尊王贤明，示不专己也')。"又《周礼·秋官·朝士职》："朝士掌建邦外朝之法，左九棘，孤卿大夫位焉，群士在其后；右九棘，公侯伯子男位焉，群吏在其后；面三槐，三公位焉，州长众庶在其后。左嘉石，平罢民焉，右肺石，达穷民焉。帅其属而以鞭呼趋且辟，禁慢朝、错立、族谈者。”

据上引《周礼》及郑注，知外朝在雉门之外，不过，东汉经学家有天子五门、诸侯三门之说。诸侯三门者，外库门，中雉门，内路门。天子五门者，郑众云：“外曰皋门，二曰雉门，三曰库门，四曰应门，五曰路门”；而郑玄“谓雉门三门也”，① 则库门应为二门。郑玄关于外朝所在地的说法有自相矛盾之处。孙诒让指出，此处“注云外朝，朝在雉门之外者也’者，依后郑五门三朝之说，三询之外朝当在库门之外，此云在雉门外，与阍人、朝士注不合，疑误沿先郑五门雉门在库门外之说偶失刊易也”（孙诒让《周礼正义》，742页）。不过，郑玄的这一对于他自己来说是偶然失误的说法，客观上倒是正确的。看来天子五门说是错误的。戴震说：“礼说曰：天子五门：皋、库、雉、应、路，诸侯三门：皋、应、路。失其传也。天子之宫，有皋门，有应门，有路门。路门一曰虎门，一曰毕门，不闻天子库门、雉门也。诸侯之宫，有库门，有雉门，有路门，不闻诸侯皋门、应门也。皋门，天子之外门，库门，诸侯之外门；应门，天子之中门，雉门，诸侯之中门。异其名，殊其制，辨等威也。天子三朝，诸侯三朝；天子三门，诸侯三门。其数同，君国之事，侔体合也。朝与门无虚设也。”②按戴氏的说法，外朝在中门（天子应门、诸侯雉门）之外，外门（天子皋门，诸侯库门相当于北京故宫之天安门）之内。这个说法是有

① 见《周礼·天官·阍人职》郑玄注。

② 见《戴东原集·三门三朝考》。

道理的。因为，如按郑玄说，诸侯外朝当在库门之外，而这是很难解释得通的。金鹗说："外朝之门谓之皋门，皋与郊声相近，宫之有皋门犹国之有郊门，可见其与外朝相应矣。且皋之为言，告也。外朝询万民，所以告之。故外朝门谓之皋门。……外朝门谓之库门，库藏兵革以备非常，外朝询国危、国迁，亦为非常之事。其义正相应矣。夫然，外朝在库门内，断断然矣。"①

皋门(库门)以内应门(雉门)以外的外朝，在平时是国人可以随便出入的地方。《周礼·秋官·大司寇职》："以嘉石平罢民(郑玄注云：'嘉石，文石也。树之外朝门左。平，成也。成之使善')，凡万民之有罪过而未丽于法，而害于州里者，桎梏而坐诸嘉石，役诸司空。重罪旬有三日坐，期役；其次九日坐，九月役；其次七日坐，七月役；其次五日坐，五月役；其下罪三日坐，三月役。使州里任之，则宥而舍之。以肺石达穷民(郑玄注云：'肺石，赤石也。穷民，天民之穷而无告者')，凡远近惸独老幼之欲有复于上而其长弗达者，立于肺石，三日，士听其辞，以告于上，而罪其长。正月之吉，始和布刑于邦国都鄙，乃悬刑象之法于象魏，使万民观刑象，挟日而敛之。"国人有罪过者，在这里受到惩教；国人之孤苦无告而有言不得申者，在这里可以上达自己的苦情；这里(象魏在应门或雉门两侧)也是向国人公布国家刑法的地方。《周礼·秋官·朝士职》："凡得获货贿、人民、六畜者，委于朝，告于士，旬而举之，大者公之，小者庶民私之。"(郑玄注云：'俘而取之曰获。委于朝十日，待来识之者。人民，谓刑人、奴隶逃亡者。')这里也是招领失物或逃奴的地方。从以上这些情况来

① 《求古录礼说》"诸侯外朝在库门之外辨"条，见《皇清经解续编》卷六六七。

看，外朝这个地方本身就具有浓厚的民间气息。

在非常时期，国君在外朝召集国人，征询意见，决定国家大计。这在历史上是有实例的。

首先，关于询国危。《左传》僖公十八年(公元前642)记："冬，邢人、狄人伐卫，围菟圃。卫侯以国让父兄子弟及朝众，曰：'苟能治之，燬请从焉。'众不可，而后师于訾娄。狄师还。"在邢人、狄人严重威胁下，卫君(文公燬)朝国人，准备让贤。国人不同意，决定出兵迎战，结果狄人退兵。又《左传》定公八年(公元前502)记，卫灵公与晋国为盟，受了晋国大夫的凌辱。"卫侯欲叛晋，而患诸大夫。王孙贾使次于郊。大夫问故，公以晋诟语之，且曰：'寡人辱社稷，其改卜嗣，寡人从焉。'(杜预注云：'使改卜他公子以嗣先君，我从大夫所立。')大夫曰：'是卫之祸，岂君之过也?'公曰：'又有患焉，谓寡人"必以而子与大夫之子为质"。'大夫曰：'苟有益也，公子则往，群臣之子敢不皆负羁绁以从?'将行，王孙贾曰：'苟卫国有难，工商未尝不为患，使皆行而后可。'公以告大夫，乃皆将行之。行有日，公朝国人，使贾问焉，曰'若卫叛晋，晋五伐我，病何如矣?'皆曰：'五伐我，犹可以能战。'贾曰：'然则如叛之，病而后质焉，何迟之有?'乃叛晋。晋人请改盟，弗许。"[1]卫灵公想叛晋，可是得不到大夫们的支持，最后朝国人，问能否坚决抗晋。国人态度坚决，卫就决定叛晋。在这次危机中，卫国国人的意见比大夫们的意见起了更大的作用。又《左传》哀公元年(公元前494)记："吴之入楚也(在定公四年，公元前506)，使召陈怀公。怀公朝国人而问焉，曰：'欲与楚者右，欲与吴

---

① 《求古录礼说》"诸侯外朝在库门之外辨"条，见《皇清经解续编》卷六六七，2142页。

者左。’陈人从田，无田从党。（杜预注云：‘都邑之人，无田者随党而立。不知所与，故直从所居，田在西者居右，田在东者居左’）逢滑当公而进（杜预注云：‘当公，不左不右’）曰：‘臣闻国之兴也以福，其亡也以祸。今吴未有福，楚未有祸；楚未可弃，吴未可从。而晋，盟主也。若以晋辞吴，若何？’公曰：‘国胜君亡，非祸而何？’对曰：‘国之有是多矣，何必不复？小国犹复，况大国乎？臣闻，国之兴也，视民如伤，是其福也；其亡也，以民为土芥，是其祸也。楚虽无德，亦不艾杀其民。吴日蔽于兵，暴骨如莽，而未见德焉。天其或者正训楚也，祸之适吴，其何日之有？’陈侯从之。”①陈国长期受强邻楚国的威胁，这时又受新强邻吴国的压力，何去何从，涉及陈国安危。陈怀公朝国人，希望国人用站队的方式表决。由于缺乏思想准备，国人不知怎样做才好，站队结果不能说明民意。最后通过逢滑和国君的讨论，陈国决定不站在吴国一边。逢滑的身份在《左传》中没有说明。《史记·陈杞世家》说，劝陈怀公不应吴召的是大夫，但所陈述的理由与《左传》所记逢滑的话不同（梁玉绳《史记志疑》已经指出）。即使逢滑是大夫，那么这一次有关陈国安危的大计是在朝国人的场合中决定的。

其次，关于询国迁。《尚书·盘庚中》：“盘庚作，惟涉河以民迁，乃话民之弗率，诞告用亶其有众，咸造勿亵在王庭②。盘庚乃登进厥民③。”然后他讲了一篇话，对人们晓以利害。《盘庚中》所记为盘庚迁殷以前的动员性的讲话，从讲话的内容和口气看，它的听众都是没有贵族身份的普通国人。“古我先后，既劳乃祖乃父，汝共作我畜民。”

① 《求古录礼说》“诸侯外朝在库门之外辨”条，见《皇清经解续编》卷六六七，2155 页。

② 伪《孔传》：造，至也，众皆至王庭无亵慢。

③ 伪《孔传》：升进，命使前。

所以这些人的祖先从来也都是处于这种地位的。不少学者把“畜”解释为牲畜，因而“畜民”就是奴隶。不过，如果真是奴隶，盘庚还有什么必要把他们召集到王庭来谈迁国的事呢？孙星衍说：“畜音近好，《祭统》云：‘顺于礼，不逆于伦，是之谓畜。’注云：‘畜谓顺于道教。’”① 这就把“畜民”解为“好民”或“顺民”。这样解释看来比较符合通篇文义。《盘庚上》则是盘庚在已经迁到殷以后的一篇讲话。当时众民不习惯新居地，出现不满情绪，其中也有殷王的“众戚”表示不满。于是“王命众，悉至于廷”。然后作了一篇讲话。从讲话的内容和口气看，它的主要对象是其祖先就和先王共过事的贵族或“众戚”。这两次召集众民到王廷，虽然集会的地点是否是在外朝之地（或者商代是否有了三朝在地点上的区分）现在仍不清楚，但从集会的性质看，那是和周代的外朝相当的。

最后，关于询立君。《左传》僖公十五年（公元前 645）记，秦晋之间发生战争，晋君惠公被俘。不过秦国准备与晋媾和，释放晋君。“晋侯使郤乞告瑕吕饴甥，且召之。子金（瑕吕饴甥之字）教之（指郤乞）言曰：‘朝国人而以君命赏。且告之曰：孤虽归，辱社稷矣，其卜贰圉（晋惠公之子）也。’众皆哭。晋于是乎作爰田。吕甥曰：‘君亡之不恤，而群臣是忧。惠之至也，将若君何？’众曰：‘何为而可？’对曰：‘征缮以辅孺子。诸侯闻之，丧君有君，君臣辑睦，甲兵益多。好我者劝，恶我者惧，庶有益乎’。众悦，晋于是乎作州兵”。郤乞依照吕甥的办法，召集国人传达晋惠公的意思，一则赏赐国人，再则就立其子为君的问题征求国人的意见。这是特殊情况下询立君的一个实例，也是询国危并讨论对策的一次外朝。又如，公元前 520 年，周景王

① 见《尚书今古文注疏·盘庚》疏。

死，其庶子王子朝争立，反对继位的悼王(在位不及半年而死)与敬王。周王曾要求晋国出兵援助，次年春形势稍好，就让晋军撤回。可是随后王子朝势力越来越大，并派使者去争取晋国。《左传》昭公二十四年(公元前518)记："三月庚戌，晋侯使士景伯莅问周故。士伯立于乾祭，而问于介众。(杜预注云：'乾祭，王城北门，介，大也')晋人乃辞王子朝，不纳其使(杜预注云：'众言子朝曲故')。"两年以后，晋国出兵驱逐了王子朝，保证了周敬王的王位。这是一次特殊形式的询立君。王子朝和刚继位的周敬王争位，应该支持谁呢？晋人还是依照古代的传统，派大夫到周去朝大众于乾祭(如在北门之外，与正规外朝的地点有些不合，不过性质是真正的外朝)，听了大众的意见，再决定支持谁。这不能不说是对周的民意的某种程度上的尊重。

根据上述三朝的情况，我们可以看出，当时国君的权力不是绝对的，而是相对的和受到一定制约的。内朝是国君的宗教性的和礼仪性的活动场所，在这里，他没有受到什么限制，不过也决定不了军国大事。治朝是国君和贵族、大臣议政的场所，在这里，国君裁决政事，不过事先要经过讨论，所以其权力不能不受到一定的限制。治朝，在某种程度上与希腊或罗马的长老会议、贵族会议或元老院有相似之处。外朝是国君在最紧急的关头朝国人的场所，在这里，平时没有集会，国君的权力也不会受到任何限制；不过，在紧急关头必须举行外朝，因而国君的权力在这种紧急的关键时刻还是受到了一定的限制。外朝，在某种程度上与希腊或罗马的公民大会有相似之处。

中国上古政制与西方有相似之处，这是因为：一方面，不论在中国或西方，最初的文明均由野蛮而来，原始社会晚期广泛流行的军事民主制的权力结构都会对早期国家的政制发生重大影响，君主不可能不在相当长的时期里受到贵族或长老会议及公民大会的制约；另一方面，不论在中国或西方，早期的国家都具有小国寡民的特点，在这样的国家里，公民或国人是构成国家武装力量的基本成分，当然也就保持了自己的权力和地位，在紧要关头成为征询意见的对象。

值得注意的是，在历史发展的过程中，中国的情况和古代希腊、罗马有明显的不同。在古代希腊，最初各邦都曾有过君主制。后来，一些邦的君主被取消了，一些邦的君主的形式仍然存在。前者例如雅典，公元前 7 世纪初期，世袭的君主就已经被选举产生的执政官所代替，执政官中有一位保有君或王的称号（Archon basileus），实际只掌管宗教和氏族方面的事务，真正的权力由贵族会议（Areopagus）所掌握；公元前 6 世纪以后，国家大权又逐渐由贵族会议转入公民大会手中。雅典政制发展的趋向是：由君主制而贵族制，由贵族制（中经僭主制）而民主制。后者例如斯巴达，那里有两位王，早在公元前 8 世纪初，君权就已受到长老会议（Gerusia）的约束，到公元前 5 世纪，五监察官（Ephors）实际已经成为国家大权的掌握者，王只有领兵出境作战才有指挥权。在亚里士多德看来，斯巴达的长老会议具有寡头制的特征，监察官（每年一选）则具有民主制的因素。所以，斯巴达政制发展的趋向虽与雅典不同，却也有相似之处。在古代罗马，最初也有过君主（Rex），公元前 6 世纪末，共和国建立，君主被废，元老院（Senate）掌握国家大权。罗马共和国基本上是贵族政制，不过经过平民贵族斗争，到公元前 3 世纪初期，平民参加的公民大会（comitia populi tributa）也掌握了一定的权力。所以，罗马政制发展的趋向也是：由君主制到贵族制，然后在贵族制中又掺入了一定的民主制的因素。至于罗马帝国时期，君主制的再现和向专制君主制的发展，那是古代社会晚期的事，这里姑不具论。

在古代中国，不曾有过君主制被废除的阶段。在春秋时期，曾有君权削弱和政权逐渐落入大夫、陪臣之手的现象。孔子说:“天下有道,则礼乐征伐自天子出;天下无道,则礼乐征伐自诸侯出。自诸侯出,盖十世希不失矣;自大夫出,五世希不失矣;陪臣执国命,三世希不失矣。天下有道,则庶人不议。”又说:“禄之去公室五世矣,政逮于大夫四世矣,故夫三桓之子孙微矣。”①所指即是政权下移现象。不过,孔子所说主要是鲁国的情况,齐、晋也有类似的情况。在其他国家,这种情况则不明显。值得注意的是,这种在春秋末期看来已成趋势的现象,到战国以后忽然反转过来了。

从战国时期起,政权逐渐向君主手中集中,这是由于多种历史条件而形成的一种趋势。这种趋势在朝会制度上的反映是:三朝制度消失,国家大计决定于君主所居的内朝之路寝。

以上曾经指出,《礼记·玉藻》所持君臣议政于路寝的说法只能反映较晚时期的情况,这是以历史事实为根据的。

在春秋时期,内朝还不是君臣议政定谋之正式场所,不过,在内朝议政以至定谋的个别事实已经开始出现。《公羊传》宣公六年记:晋“灵公为无道,使诸大夫皆内朝,然后处乎台上,引弹而弹之已。趋而避丸,是乐而已矣。赵盾已朝而出,与诸大夫立于朝”(按此朝当然是治朝)。大夫朝君的正式场所应是治朝,晋灵公无道,才使大夫内朝。赵盾已朝而出,与诸大夫立于治朝,因为这是当时正规的朝会所在,也是大夫治事之所在。《左传》成公六年记:“晋人谋去故绛,诸大夫皆曰:‘必居郇瑕氏之地,沃饶而近盐,国利君乐,不可失也。’韩献子将新中军,且为仆大夫。公揖而入,献子从。公立于寝庭,谓献子曰:‘何如?’对曰:‘不可。郇瑕氏土薄水浅,其恶易觏。易觏则民愁,民愁则垫隘,于是有沈溺重膇之疾。不如新田,土厚水深,居

① 见《论语·季氏》。

之不疾，有汾、浍以流其恶，且民从教，十世之利也。夫山、泽、林、盐，国之宝也。国饶则民骄佚，近宝公室乃贫。不可谓乐。'公说，从之。夏四月丁丑，晋迁于新田。"这是一次关于迁都的大事，按常规应在外朝讨论并征询国人意见。诸大夫的意见是迁往郇瑕氏之地，治朝就结束了，晋君(景公)退进内朝，韩厥(献子)作为仆大夫(即《周礼》中掌管宫廷事务的大仆)跟了进去。晋景公在寝庭即内朝之处和韩厥商量，竟然决定改迁新田。这不能不说是议政定谋从外朝、治朝转向内朝的一个明显征兆。不过，这还不是如《玉藻》所说的在路寝听政。《左传》昭公二十六年记："齐侯(按指景公)与晏子坐于路寝。公叹曰：'美哉室，其谁有此乎?'晏子曰：'敢问何谓也?'公曰：'吾以为在德。'对曰：'如君之言，其陈氏乎。陈氏虽无大德，而有施于民。豆、区、釜、钟之数，其取之公日薄，其施之民也厚。公厚敛焉，陈氏厚施焉，民归之焉……'"①君臣坐于路寝谈话，《左传》所记，仅此一次。而这一次对话的地点又很可疑。《韩非子·外储说右上》说："景公与晏子游于少海，登柏寝之台而还望其国，曰：'美哉，泱泱乎，堂堂乎，后世孰将有此?'"由此开始对话。《晏子春秋·内篇谏下》说："景公与晏子登路寝之台而望国，公愀然而叹。"《史记·齐太公世家》说："景公坐柏寝叹曰：'堂堂，谁有此乎?'"可见《左传》所说的路寝不是国中(都城内)内朝之路寝，而是城外离宫中的柏寝。所以，在春秋时期，是否真有内朝路寝听政的事，现在仍无确实证据。

战国以下，国君朝国人的外朝不再见于史乘，路门之外君臣每日相见的治朝也绝迹了。从前外朝、治朝和内朝都是在露大的庭中举行，朝会时不论君臣、君民都是站着，所谓的位(立)都是立位而不是座位。这种情况到战国以下也变化了。变化的过程，现在已不清楚。

① 见《论语·季氏》。

不过，我们从史籍中可以看到变化的确发生了。

《史记·平原君列传》记平原君赵胜和毛遂等到楚国与楚王谈判合纵的事。平原君与楚王从早晨谈到中午，不见分晓。“毛遂按剑历阶而上”，一方面对楚王施以威胁；另一方面，也说以合纵对楚之利。楚王乃决定与赵结盟合纵，“毛遂奉铜盘而跪进之楚王曰：‘王当歃血而定从，次者吾君(指平原君)、次者遂。’遂定从于殿上”。[①]

又《史记·刺客列传》记，荆轲奉燕太子丹之使，带着樊于期之头及燕督亢之地图来到秦国，伪装献地归附。“秦王闻之，大喜，乃朝服设九宾，见燕使者咸阳宫。荆轲奉樊于期头函，而秦舞阳奉地图匣，以次进至陛。……秦王谓轲曰：‘取舞阳所持地图。’轲既取图奏之，秦王发图，图穷而匕首见。因左手把秦王之袖，而右手持匕首揕之。未至身，秦王惊，自引而起，袖绝。……荆轲逐秦王，秦王环柱而走。群臣皆愕，卒起不意，尽失其度。而秦法，群臣侍殿上者不得持尺寸之兵，诸郎中执兵，皆陈殿下，非有诏召不得上。方急时，不及召下兵，以故荆轲乃逐秦王。”[②]可见朝会时，秦王坐在咸阳宫的殿上(遇险才惊起)，群臣侍立殿上者不得佩带兵器，手执武器者侍立殿下。这种情况和以前三朝中的任何一个朝都有很大的差别。

平原君和楚王约合纵以及荆轲谋刺秦王(政)的时代距离汉代已经不远，司马迁记载楚秦的朝会情况应该比较可靠。汉初，叔孙通起朝仪，使得汉高帝尝到了当皇帝的尊贵滋味，那显然不是春秋以上的三朝制的朝仪，而是以战国以下的秦楚等国的朝仪为蓝图重新设计出来的。所以，三朝制的终结恰好反映了中国古代专制君主制的发生。

① 《平原君虞卿列传》，《史记》第7册，卷七十六，2368页。

② 《刺客列传》，《史记》第8册，卷八十六，2534～2535页。

一部成一家之言的中国古代社会经济史*

——读何兹全先生《中国古代社会》书后

何兹全教授所著《中国古代社会》一书，于1991年3月由河南人民出版社出版。这是我国一位有代表性的主张魏晋封建说的史学家写的一部有代表性的学术著作。

早在20世纪30年代中期，何先生先后发表了《中古时代之中国佛教寺院》、《魏晋时期庄园经济的雏形》、《三国时期国家的三种领民》、《中古大族、寺院领户研究》、《南北朝隋唐时代的经济与社会》等颇领当时中古社会经济史研究之风骚的学术论文，以英年而崭露头角。就在这些论文中，何先生已经开始形成了魏晋封建说的主张。如从他在1934年发表的第一篇论文算起，至今已有57年。所以，他的魏晋封建说的主张，不可谓之不早。

何先生20世纪30年代开始治中国古代及中世纪社会经济史，40年代在美国留学期间又悉心研究欧洲古代及中世纪史，50年代回国以后仍长期以中国古代及中世纪社会

---

* 原载《历史研究》，1992年第4期。

经济史为其主要研究领域。在50年代和60年代，他还发表了《关于中国古代社会的几个问题》、《周代土地制度及其演变》等论文，说明自己在古史分期问题上的见解。后来，从70年代后期起，他又陆续发表了《汉魏之际封建说》、《汉魏之际社会经济变化》、《佛教经律关于寺院财产的规定》、《佛教经律关于僧尼私有财产的规定》、《关于中国古代史的几个理论问题》、《秦汉地主与魏晋南北朝地主的不同》、《众人和庶民》等论文，反映了他在中国古代及中世纪社会经济史研究领域中取得的丰硕成果。在这样长期的研究成果基础上，他终于写成了成一家言的代表作——《中国古代社会》一书。

本书共分为三编。第一编"由部落到国家"，论述殷商、西周春秋的社会，凡四章："早期国家的出现"、"阶级分化和演变"、"井田和土地制度"、"早期国家形成"。第二编"中国古代社会"，论述战国秦汉时期的社会，凡十章："春秋战国之际的经济社会变化"、"战国秦汉的农业"、"小农和小农经济"、"战国秦汉的城市经济"、"战国秦西汉的豪富家族"、"中国古代社会中的奴隶"、"国家和社会"、"东汉帝国"、"东汉的豪富家族"、"社会危机的孕育和发展"。第三编"古代到中世纪"，论述汉末魏晋的社会变化，凡二章："城乡经济的衰落"、"依附关系的发展"。全书四十三万字，第一、三两编，约各占篇幅的五分之一，第二编则占五分之三。本书题为"中国古代社会"，内容自应以第二编为主。第一编者，旨在说明"中国古代社会"的来龙；第三编者，旨在说明"中国古代社会"的去脉。

以上对《中国古代社会》一书作了一些背景的和点题的介绍，以下再来谈谈此书在撰述上的一些特点。

第一，此书以正面阐述作者自己的学术见解为主，而不突出对于其他古史分期说的驳论。借用佛家术语来说，此书采用了重表诠而不重遮诠的论证方法。当然，既然说到中国古史分期问题，如想完全没有与不同见解的对话，那是不可能的。全书三编的内容都可以说是对于其他分期说的辩难与否证。第一编“由部落到国家”(作者又曾称这一阶段为“前期古代社会”)，说明殷周和春秋时期文明虽已产生，但血缘关系作为原始社会的残余仍然经历了漫长的时间才逐渐解体。这实际上就是对于战国封建说和西周封建说的否定。在战国封建说的学者看来，西周和春秋必须是奴隶社会的繁荣时期。何先生把这段时期论定为早期古代社会，就等于说明春秋战国之际尚未具备向封建制过渡的条件。他也认为春秋战国之际有重大的历史变化，但仅为从早期古代向繁荣期古代的转变而非从古代到中世纪的转变。西周封建说者以周之代殷为从奴隶制时代向封建制时代的过渡，何先生于此书第一章中则把周人代殷后的秩序解释为“不平等部落结合的关系”。他既然把周初的封土建国的“封建”确认为不平等的部落结合的关系，那实际上就否定了周初“封建”与作为社会经济形态(Formation)之一种的封建制(Feudalism)之间的同一性。因此，在何先生陈述已见的表诠中，实际已包含有否定不同见解的遮诠了。

第二，此书也是论述中国古代社会经济的一部专著。对于一个不想探讨中国古史分期的人来说，此书亦不失为一部很值得参考的中国古代社会经济史。只要打开此书的目录一看，便可发现全部编、章、节的标题都是按照具体历史内容安排的。再看书的内容，所引历史资料也十分丰富。例如，讲农业生产，从工具役畜到种植技术，原原本本；讲奴隶制，从奴隶来源、种类到奴隶劳动的使用及其在中国古代社会中的地位，历历分明；讲豪富家族，从战国秦西汉到东汉，从工商豪富到贵族豪富，从其兼吞农民到其腐朽生活，见人见事，生动具体，等等。作者在书中引用了大量的文献材料，但又不以此为满足。

凡有考古材料处，皆尽可能取之以为印证；于古文献训释有异义之处，凡关键之点，则必扬榷诸说，衷于一是。所以，当我们读此书时，会觉得作者是在述古代之事并求古史之真，而不是随时随地着意于问题的争辩。作为一部论及中国古史分期问题的代表作，而采用这种论述方式，这与作者“力矫过去有一时期以论代史之弊，先叙述历史事实，让史料说话，然后再结合史实探讨一些历史理论问题”(《序言》5 页)的想法是分不开的。这是他的寓遮于表的论述方法的自然体现。

第三，此书既是一部中国古代社会经济史的著作，而内容又不局限于社会经济方面。作者在第一编中论述了中国早期的国家形成，这是作为对商、周、春秋时期阶级关系和社会经济结构的论述的必然继续。有早期的尚未摆脱血缘关系的社会经济结构，斯有早期的尚存氏族部落经济的“城邦”。这种关于早期国家形成的论述，看起来超出了社会经济史的范围，实际上却对当时社会经济结构的特点作了一个更深一层的论述。在第二编的第七、第八两章中，作者结合社会经济问题论述了西汉的皇权及其作用，同样把我们引到一个更深的层次来认识当时社会经济的特点。在一些关键性的地方，作者甚至还引证了思想史方面的资料。在论春秋战国之际的时候，作者指出了当时的“尚贤”思潮，说明此种思潮在墨子、孟子、荀子著作中皆有反映。尚贤就是以任人唯贤代替过去宗法制度下的任人唯亲。尽管有儒墨的区分，有孟荀的差异，墨子、孟子、荀子竟然在尚贤这一点上思想有一致之处，这当然说明血缘关系的破坏在战国时期已是不可避免的了。在说到东汉向魏晋过渡的时候征引了王符、崔寔、仲长统等人的作品，用以说明当时豪富家族在生活和意识上的堕落，和一个时代没落的征兆。当然，作者这样引用思想史的资料，并非要论述思想史本身，而不过是用来加厚或加深他的社会经济史的论述的层次，使自己关于社会经济的见解在更多的历史层次上得到印证，从而把历史的图景显示得更为富有立体感和说服力。

第四，作者论中国古代的“城邦”，论中国古代奴隶制与商品货币经济的关系，论自然经济与农民依附身份的关系等等，显然都有一个与欧洲古代作对比的意思在。不过作者既没有大量引用欧洲古代的史实来作为衡量中国古史的标准尺，又没有忽略从具体的中国古代历史事实出发。他说：“人类社会历史发展道路是有共性的，没有共性历史科学就难于成为科学。”“共性来自个性。历史研究应深入探讨分析各民族历史发展中的个性、特殊性。个性、特殊性认识越透，共性的认识越坚实。……我们对中国古代社会研究，一方面要让史料说话，实事求是，是什么就是什么，也要避免夸大特殊性；一方面要尊重共性，也要注意不要公式化，削足适履，生搬硬套，把中国史讲成非中国史。”(《序言》3 页)所以，此书论述中国从原始社会经古代社会到封建社会的规律，所论述的正是人类社会历史发展的一般性或共性，但此书中所讲的从原始社会经古代社会到封建社会的具体道路，却完全是具有中国特色的或与欧洲并不相同的。作者着力于通过对中国古代社会的具体分析以说明人类历史发展的共性，这也就是他成一家之言的一个重点之所在。

因此，我们可以说，《中国古代社会》具有三个层次上的学术价值。一则，作为一部内容充实而系统的中国古代社会经济史，它对于从事本专业的研究者来说具有重要的参考价值；二则，作为魏晋封建说的一家之言，它对于中国古史分期研究者来说是不可不读之书；三则，作为一部有意于透过中国古史来论证古代社会一般规律的书，它对于从事世界古代史研究或从事古史比较研究的人来说，也是具有启发价值的。

以下再就我个人的理解，对此书一些重要论点略加评介。

第一，此书第一编“由部落到国家”，不是指在部落与国家之间有一个独特的历史时期，而是指从文明开始萌生而血缘传统逐步衰退以至地域性的国家最终形成的过程。所以，作者有时又称此期为“早期古代社会”。

这样的结论是怎样得出来的呢？首先，作者根据甲骨学家的研究成果，确认殷商后期的国家组织，仍以氏族为基础(10 页)，而且商代“诸侯之于天子，犹后世诸侯之于盟主，未有君臣之分也。周初亦然”(11 页)。在殷代，一邦之内，国家组织尚以氏族为其基层结构；而在众邦之上，天子对诸侯实际也处于不平等的部落联盟中的首脑的地位。接着作者又根据文献和考古资料说明，周仅在克殷前的不多几代人中才开始发生国家，而克殷后的分封所建立的也只是“不平等部落结合的关系”(29 页)。

对于西周和春秋时期，作者又从以下三个方面作了进一步的论证：

其一，作者论证，当时的阶级分化尚未能完全摆脱血缘关系的纽带。“从文献记载可以看出，西周春秋时期氏族组织仍是贵族阶级的骨架，血缘关系仍起着极强的纽带作用，每家贵族，都是氏族长，他背后都有个族。”(33 页)各层贵族之间又有着宗法关系，这还有其血缘纽带的作用。“氏族中的显赫家族演化为贵族，一般氏族成员演化为平民(38 页)。”贵族和以周族自由平民为主体的国人是居于统治地位的阶级。在此以下有“众”和“庶”。“众”在殷代原是氏族部落成员，只是由于征服的关系，作为被征服氏族部落成员的“众”的身份就低了一等。作者认为，“庶”与宗法制度下的嫡庶之分有关。“尽管庶子身份地位低，可是仍总是同氏族或同部落联盟的成员。”(46 页)“春秋时期，殷人、周人间的不平等逐渐消失了。众人、庶民都混同起来称作‘民’”。有时国人和民甚至也混同起来(50 页)。以上从贵族到众庶的层层区分，都与血缘纽带有着密切的关系。在此以下，“大小贵族的身边还团聚着一群依附于他们的人口。他们被称作人鬲、臣、隶、私属、私徒。西周一般称为鬲、臣、隶，春秋称为私属、私徒或徒。”而贵族私属中“有些人身份并不低下”(54～57 页)。处于社会最下层的是奴隶，他们主要来自战俘和罪犯。在贵族的依附民和奴隶中，看不到有什么血缘的关系。从这一角度看，他们失去了血缘纽带的联系。可是如果相对于从贵族到众庶的不同层次的自由民来说，他们的失去人身自由却是与他们的脱离血缘纽带相一致的。所以也可以说，自由民与非自由民的区别就是血缘群体内外的关系，阶级区分仍然有与血缘区分相重合的一面。

其二，作者论证，当时的土地私有化中仍然保留着“土地公有制的史影”。作者引用《诗·周颂》中的《载芟》和《良耜》为例说明，“即使周初已经没有氏族公有土地了，这两篇诗也可以看做周人早期历史上公有土地制的史影。西周王室的大田籍田，也正可看做前土地公有和氏族成员在家族长率领下在公有土田上劳动的继续。”(73～74 页)至于井田制度以及国与野的不同田制，的确如作者所说，文献记载相当模糊，学者间对此也有不同的看法。问题的解决，还有待于进一步研究。不过，有一点可以肯定，当时的君主和贵族占有大量的土地。他们为什么能够如此呢？因为他们来源于氏族贵族。他们在私有土地上的特殊权利仍然与他们在血缘关系中的特殊地位直接关联着。

其三，作者论证，当时的国家组织还保留着部落联盟的形式。作者指出，当时有为数甚多的以一个城邑为核心而包括周围一片土地的

“城邦”。在众城邦之上有一个王或天子，王朝与各诸侯城邦间的关系以分封和宗法为纽带，采取的是一种有明显的血缘关系色彩的不平等的部落联盟的形式。这是事情的第一层。在一邦之内，又有有权管理城邦事务的国人与无权管理城邦事务的野人之分，而国人和野人又都各自有其血缘纽带的群体。这可以说是邦内的不平等的部落联盟形式。这是事情的第二层。在一个邦的国人群体之内，又有贵族与平民之分，二者依宗法关系而区分着，同时又依宗法关系而联系着。作为平民的国人按部落传统而受国君和贵族的统率，也按部落传统享有后世平民所不能享有的权利。这是事情的第三层。把这三层情况结合起来看，当时的国家显然还有着部落和部落联盟的形式。

从上述情况来看，作者把从殷商至春秋看做从部落到国家的说法是有道理的。恩格斯在《家庭、私有制和国家的起源》第五章《雅典国家的产生》的一开始就说明，“国家是怎样靠部分地改造氏族制度的机关，部分地用设置新机关来排挤掉它们，并最后全部以真正的国家权力机关来取代它们而发展起来的”①。正是他要以雅典历史为例来说明的问题。这正说明国家的发生要有一个亦陈亦新、改陈为新和推陈出新的复杂过程。也许有人会怀疑，从殷商到春秋这么长的时期都是“从部落到国家”的过程，岂不太长了吗？其实，在生产水平那样低的上古时代要完成这么复杂的变化过程，时间不长是不可能的。就以恩格斯用最为典型的雅典来说，恩格斯从提修斯说到克利斯提尼（从公元前约 13 世纪至公元前 6 世纪末）前后跨越八个世纪，如果再把恩格斯的时候还未弄清的迈锡尼文明阶段加上去，那么其时间长度和从殷商到春秋是差不多的。

① 《马克思恩格斯选集》，第 4 卷，105 页，北京，人民出版社，1972。

第二，第二编“古代社会”是此书的核心部分，内容自然也最多。要作系统的全面介绍，不是在一篇短文里可以做到的事，因此就我的理解来谈谈它的大纲要旨。

首先，作者把春秋战国之际以及战国秦汉时期的生产发展和交换经济的发展当做论述这一时期社会的基本前提。在这个前提下，分析了土地所有制的变化。他说：“战国之际开始的土地所有权的变化，有前后两个阶段。头一段落是：井田制破坏，农民对自耕份地的占有关系加强，出现自耕农民小土地所有制；氏族贵族阶级分化，一部分贵族也下降为自耕农。这一段的时间是春秋时期到战国初。后一段落是军功贵族通过赐予和买卖取得土地；与此同时，商人、货币持有人也通过买卖取得土地，他们和军功贵族一起构成新兴大土地所有人。这一段的时间是战国时期。”(第 140 页)“春秋战国时期是中国社会历史重大变化的时期，变化的特点是贵和贱的对立逐渐向富和贫的对立关系上转换；族和族的界限，通过融合同化而逐渐消失。”(143 页)

富和贫的对立关系的出现，这正是中国古代社会的重要特点之一。作者指出，在中国古代社会中，前一时期的国人与野人的区分不存在了。“两汉的郡县人民，称为编户齐民。……齐民，谓身份无贵贱之分。《汉书·食货志下》‘所忠言，世家子弟、富人或斗鸡走狗马戈猎博戏乱齐民’。颜师古注引如淳曰：‘齐，等也；无有贵贱，谓之齐民。若今言平民矣。’”(175 页)当然，说编户齐民身份平等，不等于忽视二十等爵的存在。此书专有一节论“二十等爵”，说明不同爵级的人有身份的差别和待遇的不同。但作者又指出二十等爵与周代爵制不同：“周代官爵是不分的。自天子以下诸侯、公卿、大夫，是爵位同时也是官位。它是贵族阶级内的等级关系，不关平民。”(180 页)而二十等爵却包括编户齐民在内，“汉代没有爵的编户民似乎是不多的”。“编户齐民由自由平民起步，可以上升为高级贵族——列侯。……当然，编户齐民封侯只是法理上有些可能，事实上只有极少数人可能。但即使如此，也可以说明编户齐民的自由平民的身份。”(183、184 页)在一些学者看来，二十等爵是封建的等级制，而在作者看来，二十等爵固然表示人的等级差别的存在，但它不是凝固的以至世袭的封建等级，而是一种“阶梯”，平民可以循此以升为贵族，贵族亦可能由此下降为平民。编户齐民与贵族之间没有任何永恒的、无法逾越的界限，他们在法理上都是自由的人。

应该指出的是，作者在论述编户齐民是自由民的时候，并未以一种抽象的“自由”来掩蔽阶级区别的存在。作者在此书中写了两个专节论述战国秦汉时期的“小农”和“小农经济的繁荣和不稳定”。他强调“战国秦汉时期的农民，是自由平民”(173 页)。他列举事实说明，不仅拥有小块土地的自耕小农是自由民，而且像陈涉那样“与人佣耕”的雇农和郑玄那样“假田播殖”的佃农也是自由民。当然，这种自由就包括了在还有土地时出卖土地的自由与已经失去土地后出卖劳动力的自由。作者指出，“战国秦汉时期的小农经济，在中国社会经济发展史的长河中，是属于比较繁荣的时期。但小农经济是不稳定的，政治条件和经济条件都使小农居于被动、被吞并的境地而无力抗拒。尽管从整个历史长河看，可以说战国秦汉时期是小农经济的繁荣时期，而被兼并、破产现象却是自小农在历史上出现之日，即与之同来的，东汉时期尤为显著”。(210 页)小农的自由既然包括了被兼并与破产的自由，这种自由中当然就包含了富与贫的阶级对立的存在。在这种情况下，作者为什么还要强调战国秦汉时期的农民是自由民呢？看来他所要论证的正是：这种农民还不是封建的依附农民，从而那时的社会也就还不是封建社会。

以上所述，还只是战国秦汉时期的第一种社会对立，即自由民内部的富与贫的阶级对立。此外，作者又对"中国古代社会中的奴隶"作了专章的论述。此章所讨论的就是自由民与奴隶之间的阶级对立问题。

作者在此章中论述了奴隶的来源、性质、类型、奴隶劳动的应用领域，并对奴隶数目作了估算。作者也正是通过上述诸方面的论述来分析奴隶制在当时社会中的作用的。他说："贫民因债务沦为奴隶，是战国秦汉时期私奴隶的主要来源，官府租税压迫、商人高利盘剥，人民贫困无法生活，只好出卖儿女和出卖自身为奴"。(288 页)原来自由民内部的贫富对立还可以转化为自由民与奴隶的对立。当自由的贫民"自由地"出卖自身为奴之后，前一种对立就转化为后一种对立了。自由贫民转化为奴隶，这又起了什么作用呢？作者指出，"战国秦汉时期，是交换经济比较发达的时期。……对这个交换经济比较发达的社会，奴隶劳动是它发达的一个支柱。如前所述，在这时期的商业、手工业、渔业、矿业和农业中，都有奴隶劳动。越是大的产业经营，奴隶劳动的作用越显著"。(307～308 页)而奴隶制的大经济又转而兼并小农。"武帝时，奴隶主大商人大土地所有者依靠奴隶劳动兼并农民使小农破产的形势更发展更清楚。……武帝以后，货币交换经济发展，土地兼并，农民流亡沦为奴隶，一路发展下去。在这个社会里，小农、罪人、奴隶是一体的。小农受兼并而破产，作了罪人，沦为奴隶，是小农的必然命运。"(30 页)

这样，作者就既论述了自由民内部贫富对立关系对于自由民与奴隶对立关系的影响，又说明了自由民与奴隶对立关系对于自由民内部贫富对立关系的影响。一些学者把这样的社会称为奴隶制社会，因为在我们看来，这已经说明奴隶制关系对其他社会关系起了主导的或支配的作用。作者本人过去把战国秦汉时期称为奴隶制社会时期，大概也是有鉴于此。但是，在这本书中，作者对于战国秦汉社会是否能叫做奴隶制社会，“却有迟疑了”。他以为还是以马克思《政治经济学批判·导言》所用的“古代社会”一词为好，不论如何说，历史事实终究是一个：上述的两种对立的社会关系是相互影响的。

第三，此书第三编比较简要地论述了从古代到中世纪的转变。在前一编中，作者论述了奴隶制大经济对于小农的侵吞作用，实际上也就是揭示了正孕育之中的古代社会的危机。此编则主要从两个方面具体说明了这种社会的转变。

其一，是城乡经济的衰落。战国以来比较发达的交换经济转化为自然经济占优势。也许有人一看到作者把讲向中世纪的过渡和讲向自然经济转化结合起来，就以为作者是在套用西欧历史的模式了。其实，作者是从中国的具体历史事实来探寻这种转变的规律的。他说：“城市经济的衰落，是和东汉时期整个社会经济的衰落联系在一起的。战国以来，交换经济的发展，牵动着整个社会。交换经济发展，使社会大量财富集中在少数人阶层手里。这时期没有机器，扩大再生产受到限制，对手中积累的财富通常有两条路来使用，一条是过起豪华奢侈的生活，一条是购买土地。……购买土地是比较保险的。土地兼并的盛行，人口大量离开农村，离开土地，农业生产必然要衰落。在当时生产力水平条件下，农业是社会盛衰的基础，农业生产的衰落必然影响到城市经济的衰落。”(455～456 页)所以，实际上也可以说，这种城市商品经济的衰落正是前一时期的与奴隶制关系密切的商品经济发展到一定程度后的自然的后果。它不是一种偶然的历史现象，而是当时中国社会本身发展的一种必然趋势。

其二，自由平民、奴隶向依附民的转化。作者在“依附关系的发展”一章中以大量历史事实说明种种具体的依附关系的发生和发展。

魏晋南北朝时期的依附关系的发展，也并非历史的偶然。前一历史时期作为自由平民的农民既然大量地从他们的土地上“自由”出来(free from their own lands)并从而造成社会的危机，那么社会也只有从他们的重新与土地结合中才能找到出路。可是当农民从土地上“自由”出来以后，他们自由地回到土地上的去路也就堵绝了。于是依附化就成了他们难以避免的前途。

作者一点也未忽略这样一个事实，即在魏晋南北朝时期自由平民和奴隶还是存在的。那么这又怎样和前一历史时期来区别呢？作者指出，不同之处有三点：一则，以前富人如把编户民变为自己的依附民，那是违法犯罪的；魏晋南北朝时期，这样做即成为合法的了。二则，以前自由民可以直接沦为奴隶，奴隶也有可能直接解放为自由民，其间没有中间的依附关系的环节；魏晋南北朝时期，自由民的下降与奴隶的解放，却往往都是变为依附民。三则，魏晋南北朝时期的自由民中，已有了固定的士族与庶族的区分，即使一个士族有贫富的变化，也不再能有相应的贵贱的变化；而且那时的编户齐民实际已经不“齐”，其中也有了等级的区分。四则，魏晋南北朝的编户民经常由法令变为国家的依附民或豪族的依附民。他们在身份上和依附民是相通的，自然也就和战国时的编户齐民不同了。这些实际上也正是作者认为魏晋时期开始进入中世纪或封建社会的重要历史依据。

综上所述，我认为《中国古代社会》无疑是一部成一家之言的史学力作。有时人们会认为，只要持之有故、言之成理，便可以成一家之言。其实，严格的持之有故，就是要求持论的根据(故)在质上是切实的，在量上是充分的；而严格的言之成理，则要求论证本身是有系统的、合逻辑的。只有这样才能具有学术的说服力。《中国古代社会》正好具有这样的特点。

当然，凡是作为一家之言的书，都会有其他学派学者持异议的。不过，不能真成一家之言的作品，其他学派或后来学者可以置之一边，不理会地迈过它，而真能成一家之言的著作，其他学派或后来学者则必须认真分析它、研究它，考虑它所提出的问题，汲取其中的合理的内核，使问题的探讨进入一个更深的阶段。何先生此书正是这样一部著作。

第二辑　学术思想史

史学和经学*

史学是一门涉及面很广的学科，同很多学科都有着这样或那样的关系。在中国学术史上还有一门与史学关系甚密的学科，这就是经学。怎样把握史学和经学的关系？这就是本文准备探讨的问题。

一

中国史学和经学的关系是在历史上形成的，经学对于当前史学研究的意义也是历史文化遗产性质的。因此，在具体探讨这种意义以前，有必要对史学和经学的关系作一个简要的历史回顾。

中国是世界文明古国之一，文化发展很早。到春秋时期，反映各种文化知识的文献已经有了一定的积累；不过在这些文化知识之间还没有严格的学科区分，当然也没有经史之分。从春秋后期起，儒家典籍逐渐形成，史学也随着《春秋》、《左传》的出现而开始出现；不过当时仍然无所

* 原载《北京师范大学学报》，1985 年第 3 期。

谓经史之分。

西汉时开始把儒家典籍尊奉为经，并把儒家经典的产生和孔子联系起来。司马迁说："孔子之时，周室微而礼乐废，《诗》、《书》缺。追迹三代之礼，序《书传》，上纪唐虞之际，下至秦缪，编次其事。曰：'夏礼吾能言之，杞不足征也。殷礼吾能言之，宋不足征也。足，则吾能征之矣。'观殷夏所损益，曰：'后虽百世可知也，以一文一质。周监二代，郁郁乎文哉。吾从周。'故《书传》、《礼记》(按：非指传世的小戴《礼记》)自孔氏。孔子语鲁大师：'乐其可知也。始作翕如，纵之纯如，皦如，绎如也，以成。''吾自卫反鲁，然后乐正，《雅》、《颂》各得其所。'古者《诗》三千余篇，及至孔子，去其重，取可施于礼义，上采契、后稷，中述殷、周之盛，至幽厉之缺，始于衽席，故曰：'《关雎》之乱以为《风》始，《鹿鸣》为《小雅》始，《文王》为《大雅》始，《清庙》为《颂》始。'三百五篇孔子皆弦歌之，以求合《韶》、《武》、《雅》、《颂》之音。礼乐自此可得而述，以备王道，成六艺。孔子晚而喜《易》，序《彖》、《系》、《象》、《说卦》、《文言》。读《易》，韦编三绝。曰：'假我数年，若是，我于《易》则彬彬矣。'……子曰：'弗乎，弗乎，君子病没世而名不称焉。吾道不行矣，吾何以自见于后世哉?'乃因史记作《春秋》，上至隐公，下讫哀公十四年，十二公。据鲁，亲周，故殷，运之三代。约其文辞而指博。故吴、楚之君自称王，而《春秋》贬之曰'子'；践土之会实召周天子，而《春秋》讳之曰'天王狩于河阳'；推此类以绳当世。贬损之义，后有王者举而开之。《春秋》之义行，则天下乱臣贼子惧焉。孔子在位听讼，文辞有可与人共者，弗独有也。至于为《春秋》，笔则笔，削则削，子夏之徒不能赞一辞。弟子受《春秋》，孔子曰：'后世知丘者以《春秋》，而罪丘者亦以

《春秋》。’”[1]这就是说，六经皆出孔子手订，经过孔子的不同程度的加工和整理。这些并非司马迁个人的看法，在很大程度上受了当时正在兴起的经今文学的影响。[2] 至西汉末叶和王莽时期，古文经学逐渐兴起。汉哀帝时，刘歆“欲建立《左氏春秋》及《毛诗》、《逸礼》、《古文尚书》皆立于学官”。[3]《周礼》(即《周官经》)“王莽时刘歆置博士”。(《汉书·艺文志·六艺略》原注)古文学家把经的起源史往前推，如《周礼》，刘歆竟“知其周公致太平之迹”[4]，郑玄也说“周公居摄，而作六典之职，谓之周礼”[5]。如《春秋》，晋杜预竟说“盖周公之志，仲尼从而明之”[6]。尽管今、古文学说法不同，其中(尤其古文家说)不实或待考之处又不少，但有一点可以肯定，儒家经典从一开始就不是抽象的理论或说教。孔子自言修《春秋》的目的时说：“我欲载之空言，不如见之于行事之深切著明也。”[7]《春秋》即事言理，经史不分。这一点对中国后来学术的发展产生了相当深远的影响。

汉代人在认识上经史不分，而学术的客观发展过程却表明：经学是在汉代正式产生的，史学也随着《史记》、《汉书》等巨著的出现而开

① 《史记·孔子世家》。

② “太史公曰：‘先人(《正义》：司马谈也。)有言：“自周公卒五百岁而有孔子。孔子卒后至于今五百岁，有能绍明世，正《易传》，继《春秋》、本《诗》、《书》、《礼》、《乐》之际?”意在斯乎，意在斯乎，小子何敢让焉。’”“太史公曰：余闻董生(仲舒)曰：‘周道衰废，孔子为司寇，诸侯害之，大夫壅之。孔子知言之不用，道之不行也，是非二百四十二年之中，以为天下仪表，贬天子，退诸侯，讨大夫，以达王事而已矣。’”(俱见《太史公自序》)

③ 见《汉书·楚元王传》。

④ 贾公彦：《序周礼废兴》。

⑤ 见《周礼·天官冢宰》首句注。

⑥ 见《春秋左传正义序》。

⑦ 见《太史公自序》引。

始崭露头角，正是在汉代开始了经史分离的过程。《汉书·艺文志》(据刘向、刘歆父子)将《战国策》、《太史公书》(即《史记》)等史书都列在“六艺略·春秋家”中，这是人们认识落后于实际的反映。

自魏晋至于宋初，在经学上是各说“不相统摄，及其弊也杂”①的时期，而史学却有了长足的发展。曹魏时荀勖《中经簿》分书为甲乙丙丁四部，经在甲部，史在丙部；②《隋书·经籍志》分书为经史子集四部，史部又分十三目，“凡史之所记，八百一十七部，一万三千二百六十四卷，通计亡书，合八百七十四部，一万六千五百五十八卷”。唐代又出现了刘知几的《史通》和杜佑的《通典》，这都是史学发展中具有创造性的成就。史学从经学的分离在目录学上也反映出来了(《春秋》三传之属仍在经部)，但是经学的思想或原则却作为指导思想渗到史学之中。如果说汉代的经学和史学是在统一中分离着(思想统一，学科分离)，那么这时它们却在分离中统一着(学科分离，思想统一)。杰出史学家刘知几尽管曾在《疑古》、《惑经》诸篇中对儒家经典有所质疑，但是他又曾说：“夫史之有例，犹国之有法。国无法则上下靡定，史无例则是非莫准。昔夫子修经，始发凡例，左氏立传，显其区域。科条一辨，彪炳可观。”③“孔子曰：‘唯名不可以假人。’又曰：‘名不正则言不顺，必也正名乎。’是知名之折中，君子所急。况复列之篇籍，传之不朽者邪。昔夫子修《春秋》，吴楚称王而仍旧曰子。此则褒贬之大体，为前修之楷式也。”④刘知几强调例和名的重要性，就是坚

① 见《四库提要·经部总序》。

② 荀勖书已逸，其分部见阮孝绪《七录序》(载《广弘明集》卷三)、《隋书·经籍志总序》。

③ 见《史通·序例》。

④ 见《史通·称谓》。

持在史书中贯彻儒家经典的指导思想。当然，这对于唐代史学家刘知几来说是不足为奇的，而且以后历朝的史家几乎莫不如此。

宋代的经学和史学都有新的发展。就经学而言，宋儒一方面坚守经典的基本思想，把三纲五常强调到了前所未有的程度；一方面又“不信注疏，驯至疑经。疑经不已，遂至改经、删经、移易经文以就己说”。① 宋儒作风的这种变化，有深刻的历史原因。② 如果只从学术角度来说，那么一方面它是前一阶段经学自身“杂”的自然结果；另一方面又是史学考证有所发展的反映。就史学而言，宋人一方面坚持《春秋》义例，一方面则注意史实的考证。情况可以分为两类。一类如欧阳修撰《新五代史》，“大致褒贬祖《春秋》，故义例谨严；叙述祖《史记》，故文章高简；而事实不甚经意”。③ 于是吴缜作《五代史纂误》，这是考证工作由别人做了。另一类如司马光主持编《资治通鉴》，义例根据《春秋》，虽然记事不直接从获麟以后开始，表示“经不可续”的谦逊态度④，但是正如胡三省所说“通鉴之作，实接《春秋左氏》后也”。⑤ 同时司马光注意史料的辨别取舍，撰成《通鉴考异》三十卷(胡注本已将考异散附本书各条下)，这是考证工作由自己做的。当然宋人在学术上有武断和空疏的方面，这种缺点后来在清代得到克服。

有清一代，经学和史学都很发达。自清初起，顾炎武、黄宗羲博治经史，在两方面都卓有成就；王夫之主要治经，但也有《读通鉴

① 皮锡瑞：《经学历史·经学变古时代》。

② 如王安石作《三经新义》，显然与其变法主张有关。

③ 见《四库提要》。

④ 见刘恕《通鉴外纪·引》。《四部丛刊》，第35册，上海，上海书店，1989。

⑤ 见《通鉴注序》。《资治通鉴》，第1册，24页，北京，中华书局，1956。

论》、《宋论》这样博通而精辟的史学论著。雍乾以后，以考据为特征的古文经学大兴，其中以惠栋(继曾祖有声、祖周惕、父士奇之学)为首的吴派(王鸣盛、钱大昕等皆此派健者)博通典籍，学贯经史；以江永、戴震为首的皖派(段玉裁、王念孙、引之父子皆传戴学，其后俞樾、孙诒让亦为此派健者)精小学，善训诂。从表面上看，江、戴、段、王之学似乎距离史学稍远，而从内容看，他们的成果对于史学研究来说有很多是非常重要的。嘉道以后，今文经学兴起，龚自珍、魏源等今文学家同时也是史学家。经学和史学密切结合，在清代的学术史上有其成功之处。这也是清人对于前代学术传统的继承和发展的结果。

五四运动以后，经学在反传统的浪潮冲击下已经走向衰落，中国史学终于摆脱了经学的思想和义例的束缚。这是中国史学发展中的一大变革。当然这种变革并不排斥我们对于学术史的反省，相反，我们应当分析中国史学与经学关系密切的传统，从中汲取有益的东西。

二

现在我们研究历史(特别是中国古代史)，经学是否仍有必要或有何具体的必要性，这的确是值得讨论的问题。金景芳教授在《经学与史学》①一文中就中国古代历史若干问题说明“不可不研究经学”。又说：“从历史实际出发，就要求占有大量的史料。不论是地上、地下，正统、非正统的，都不应轻易放过。基于上述观点，研究中国古代史就不能不对经学予以足够的重视。”我认为这种意见是正确的，以下再略陈个人的管见。

① 载《历史研究》，1984年第1期。

经学对于史学研究的价值，基本上是史料性质的。具体地说，它对史学有三种意义。

第一，提供资料。

前人有“即经即史”的说法。如王守仁说：“以事言曰史，以道言曰经；事即道，道即事。《春秋》亦经，五经亦史。《易》是庖牺之史，《书》是尧舜以下史，《礼》《乐》即三代史，五经亦即史。”①章学诚说：“六经皆史也。古人不著书，古人未尝离事而言理，六经皆先王政典也。”②这里所说的“史”，如果释为历史著作，那么除了《春秋》(再勉强一点还可加上《尚书》)以外实在是说不通的；可是如果释为历史资料，那就毫无问题了。对于这一点，前辈学者如金毓黻先生早已论辩清楚。③

儒家经典基本内容属于先秦时期，因此它们作为历史资料的直接有效性也以先秦历史为限。当然，我们也要注意到，儒家经典对于研究秦汉下的历史往往也是一种背景资料。

儒家经典作为历史资料对于先秦史的重要性，可以说是大家都看得到的，不过具体的认识或估价未必全同。我认为，儒家经典作为先秦史料的重要价值表现在以下三方面：

一则，在传世的文献中，儒家经典保存了比其成书时间更古的历史文献。以前古文学家动辄把经典的著作权归于文王(如《易》之卦辞、爻辞)、周公(如《仪礼》、《周礼》)，今文学家则认为五经皆经孔子手订。这些说法，早已有人怀疑，儒家各经的具体编成时间有待分别具

① 见《传习录》卷一。

② 见《文史通义·内篇一易教上》。

③ 见《中国史学史》，310页，北京，商务印书馆，2007。

体论定。无可怀疑的是，儒家经典里保存了很多比较古老的文献资料。《尚书》保存了迄今所知最古的政治文献（如《盘庚》及《周书》各篇），《诗经》也保存了迄今所知最古的诗篇。被康有为说成刘歆伪造的《左传》（具体作者虽仍在讨论中，但基本内容成于战国时代无大疑问），其中也保存了很多古老文献，即使除去追述三代的内容不说，其中所记春秋时代政治、外交、军事等方面的文献（当然不排除经过作者的加工）应该也属于我国古老文献之列。其他先秦诸子虽然也不乏援引《诗》、《书》和前代志传之处，但其完整和丰富的程度与儒家经典是不可同日而语的。

二则，儒家经典包括多种类型的文献，从较多的方面反映着历史的事实。儒家经典原本是六艺，后来又附进了《春秋》三传、《礼记》、《周礼》等书。司马迁说："孔子以诗书礼乐教，弟子盖三千焉，身通六艺者七十有二人。"[①]看来孔子是以六艺作教材教学生的。《诗》是文学教材，其中《风》（包括二《南》和十三国《风》）反映了很多地方的风俗民情，《雅》和《颂》反映了士大夫以上阶层的生活和感慨，还反映了许多远古传说和当时的历史事件。《书》是政治教材，在这些前代的政治文献里反映了很多重要的历史事实和古人的政治思想。《礼》（《仪礼》）是伦理教材，其中反映了社会结构和礼仪制度。《周礼》原名《周官》，古文学家以为周公所作，今文学家以为伪书。此书约成于战国时代[②]，叙职官兼及社会制度。它固然反映一种理想，但也不是全无事实根据。《礼记》为汉儒所撰集，其中也有先秦礼制的反映。《乐》是音乐教材，其乐谱已不可考，其歌词，古文学家认为秦火以后遗失，今

① 《史记·孔子世家》。

② 据何休说，见于贾公彦《周礼废兴》所引。

文学家认为即在《诗经》之中。从《武》乐六章皆在《周颂》之中①看来，今文说在这里是可信的。《易经》是占卜资料，《十翼》中反映了古代的哲学思想。孔子是否传授过《易》，尚难定论。《春秋》是史学教材，其中包括《左传》，反映了很多前代的和大量当时的历史事实。任何其他先秦子书都没有从这么广的方面留下这么多的资料。

三则，儒家经典为先秦历史提供了比较有连续性的资料。《诗》、《书》、《春秋》、《左传》为西周以上的政治史提供了虽不完全连续但十分重要的资料，为春秋以下的政治史则提供了比较系统的连续记载。这种情况也是先秦其他典籍所不能比拟的。现在学者治古代史，当然要重视甲骨文和金文的资料。唯这些资料或短或长都是单篇，在年代上不具有连续性(如《史墙盘铭》自文王历述至穆王是不多见的)。要确定这些资料所属历史时代，传统的文献作为参考资料是十分必要的，其中儒家典籍尤其具有重要作用。

儒家经典可以为先秦历史提供直接的资料，还可以为我们把握秦汉以下的历史提供背景性的资料。这一点我们在平常往往注意不到，但是当我们考察一些制度或人物思想的渊源的时候，这种背景材料对于人们理解后世历史的意义就会十分明显地表现出来。造成这种情况的原因是，长期作为官方圣经的儒家经典在多方面有其深远的影响，人们往往从儒家经典中寻求自己行为的理论根据。例如，《周礼》尽管从总体结构来说并非依据史实，既被认为圣经，想用它作为自己的改制依据者颇不乏人：王莽、刘歆、宇文泰、苏绰、卢辩、王安石等都用过它(当然各人用的具体目的和意义并不相同)。这样此书就具有作为了解以上诸人行为的思想认识的背景的作用。诸如此类事例很多，

① 见王国维：《周大武乐章考》，载《观堂集林》卷二。

这里不多列举。

第二，提供对古代文献的解释。

中国经学有一个传统，就是把解经当做经学的一个十分重要的内容。对于经解的重视甚至达到了这样的程度：《公羊传》、《穀梁传》作为经解而被列入经书；《左传》或说不传《春秋》（汉今文家说）或说传《春秋》（汉古文学家说），但将其列入经书时是以为它是传《春秋》的；《礼记》本是汉人编辑的解释礼的文献（如《冠义》、《昏义》、《乡饮酒义》、《射义》、《燕义》、《聘义》显然是《仪礼》中有关六篇的传注），后也被列为经；《尔雅》本是汉人编的经书传注类编，也被列为经书。（在《汉书·艺文志》里《尔雅》（时为三卷）已被列在《六艺略·孝经家》中）其他小学书籍，虽然不算经书，但从《汉书·艺文志》（列于《六艺略》中）、《隋书·经籍志》，直到张之洞的《书目答问》，都一直被列在经部中。

从前的人这样认识、这样分类是有其道理的。如果只有经书而无经解，那么随着时世迁移和语言变化，经书也就越来越读不通，当然经学最终就会失去其存在理由。

如果没有注释，古书就有很多难解之处，这是大家都了解的。为什么难解呢？试读《尔雅》十九篇，就可以知其大概。《尔雅》第一篇是《释诂》，内容是举古言释以今语，解决古语与今语不同的问题。例如，“豫、射（即斁），厌也”。表示前两个字都是厌（满足）的意思。第二篇是《释言》，以常用字解释非常用字，解决难认字的问题。例如：“靡、罔，无也”。（按郝懿行《尔雅义疏》云：“罔古读如莽，无古读如模，靡、罔、无俱一声之转。”）用“无”这个常用字来解释前两个字。第三篇是《释训》，主要解释复合词的含义。例如，“明明、斤斤，察也。”在这里“斤斤”一词不能拆开以“斤”字寻求其词义，而要注意到复合词产生的新义。现在还有“斤斤计较”的成语，就是计较得一清二楚的意思。第四篇是《释亲》，解释亲属关系。例如，“婿之父为姻，妇之父为婚”。原来古代的“婚姻”指的是儿女亲家的关系。第五篇是《释宫》，解释有关建筑物的各种名称。第六篇是《释器》，解释种种用具、衣、食、物品名称。这两篇对了解衣食住行方面的问题十分重要。第七篇是《释乐》，解释五音、种种乐器和演奏的名称。第八篇是《释天》，解释有关天文、气象、岁时、祭祀等方面的词语。第九篇《释地》、第十篇《释丘》、第十一篇《释山》、第十二篇《释水》解释各种地理现象和山、水、地名，为读史所不可少。第十三篇《释草》、第十四篇《释木》，解释各种植物。第十五篇《释虫》、第十六篇《释鱼》、第十七篇《释鸟》、第十八篇《释兽》、第十九篇《释畜》，解释各种动物。《尔雅》十九篇大体告诉了我们古书需要解释的方面之多。不过《尔雅》只是辞书，解释以辞语为限，至于各种典章制度等还不在其内。历代经典注疏在这些方面还别有解释。这是从横的方面看解释面的广度。

当然，对于研究史学最重要的还是传注保存了古义，使我们可以少犯许多按今义解古言，从而把古史现代化的错误。例如，现在的“同志”一词，有确定的含义，这是大家都了解的。古代也有“同志”之说，但是绝对不能以现代的意思去理解。古人认为，“同姓则同德，同德则同心，同心则同志”。① 所以同德、同心、同志所指都是血缘上的同姓或同族的关系。又如朋友之“友”，现在的意思也很明确，而古义与今义很不相同。《说文》云：“友，同志为友。”从古人对“同志”的理解，我们可以知道“友”在古代是指今天所说的亲属关系②，而不

---

① 见《国语·晋语四》。

② 参阅拙作《〈书·梓材〉人历、人宥试释》，已收在本书中。

是今天所说的朋友关系。又如，今人一见到君王这样的名词，就会解释为专制君主。其实这一类名词最初并不表示这种意思。《尔雅·释诂》云："林、烝、天、帝、皇、王、后、辟、公、侯，君也。"古代的"君"是何意思？郝懿行说："《逸周书·谥法篇》云：'赏庆刑威曰君，从之成群曰君。'《白虎通》云：'君，群也，群下之所归心也。'然则君之言群，凡群众所归，皆谓之君矣。林、烝者，众也，又训君者，众之所归斯谓之君，与君、群义同也。……王者，《说文》云：'天下所归往也。'《风俗通》引《书大传》同。《谥法篇》云：'仁义所在曰王。'仁义所在是即民所归往也。"①战国秦汉的人怎会这样解释君呢？而且今、古文经学没有意见分歧。这种解释绝对不反映秦汉时的现实，而是保留了原始社会晚期军事领袖的称号的古义。古希腊的"巴赛勒斯"(basileia)、古罗马的"勒克斯"(rex)，后来都释为"王"，有些近代学者又把他们释为专制君主，他们实际上是原始时代晚期的军事首领。中国古代的君王称号最初与古希腊、古罗马的"巴赛勒斯"、"勒克斯"同属一类。所以，对君的传统解释对于我们了解君的起源是很有助益的。这是从纵的方面看古注对于今人的意义。

第三，提供整理古代文献的方法。

中国经学还有一个传统，就是一贯重视对古代文献的整理工作。汉人经学、宋人经学、清人经学莫不如此，当然各时期发展的程度和特点有所不同。

重视注释，从汉儒以下一贯如此，不再缕述。对于目录、版本、校勘之学，刘向、刘歆父子已开其端。从现存的刘向《别录》少数篇章(如校《战国策》书录等)，可以看到他校书和作提要的情况，《汉书·

① 见《尔雅义疏》。

艺文志》也反映了他们父子工作的成果。辨伪的思想开始更早，孟子说：“尽信《书》，则不如无《书》。吾于《武成》取二三策而已矣。”①汉人对于书之真伪也很注意。例如，相传汉武帝认为《周官》(《周礼》)是“末世渎乱不验之书”，何休认为它是“六国阴谋之书”等②。不过汉代还没有辨伪书的论著。汉代在经学上的主要成就是，一方面十三经(但当时无“十三经”之目)已基本编定，另一方面各经都开始有了注解。在治经方法上，除了辑佚以外，汉儒都已作了开端。

宋代经学在思想上的特点是在佛学影响下形成理学，在治经方法上则一方面大胆疑经，另一方面开始注意考信。宋人疑经之说颇多，最于史学有影响的是对于《诗》、《书》的怀疑。吴棫开始怀疑《尚书》伪孔传，朱熹又进而怀疑伪《古文尚书》。郑樵、朱熹先后怀疑《诗序》。这些怀疑都是很有见地的。既对《毛诗》的序和传有疑，于是开始了已失传的今文三家(齐、鲁、韩)诗传的追溯。王应麟撰《三家诗考》，虽才得一卷，但是开了辑佚书的先声。随着印刷术的发展，宋人刻经在版本和校勘方面也很有成绩。

到清代，学者以考据的方法治经，尤其因为精于小学，成绩远远超过前人。皮锡瑞说清代经学家的成就和贡献主要有三方面：一是辑佚书，二是精校勘，三是通小学③。这实在没有夸大的地方。清人充分应用了第一种方法，把大量散失的古书遗文从其他书中辑出来，使人们看到了原来已经看不到的书；充分应用第二种方法，把书中的各种讹错通过校勘加以指明校正，使人们能够看懂原来由于讹错而无法

① 见《孟子·尽心下》。
② 见《序周礼废兴》。
③ 见《经学历史·经学复盛时代》。

卒读的书；充分应用第三种方法，对大量典籍加以解释，使人们对原来误解或不解的书也能懂得其意思。应该说清人还在一个方面很有成绩和贡献，这就是辨伪。例如，宋人开始疑伪《古文尚书》，明代梅鷟继续有所驳难，到清初阎若璩作《古文尚书疏证》，以大量证据说明《古文尚书》是伪书，了结了中国历史文献上的一大公案。（惠栋作《古文尚书考》，又把伪《古文尚书》抄袭他书的出处疏列出来，也是辨伪工作中的一种彻底揭露方法。）

清人治经学的方法，实际就是整理历史文献的方法，因此可以用来治史，更不用说他们所治的经学中实际已经涉及了大量史学问题了。张之洞曾说："由小学入经学者，其经学可信。由经学入史学者，其史学可信。"①他倒是说出了清代史家成绩取得的途径或方法。作为整理历史文献的方法，前人特别是清代学者的经验是值得我们批判地汲取的。

三

我们重视经学对于史学研究的意义，同时又不能不看到这种意义的限度。首先不能不看到经学本身中留下了很多问题。《四库全书总目·经部总序》有这样一段话颇值一读："自汉京以后，垂二千年，儒者沿波，学凡六变。其初专门授受，递禀师承，非惟诂训相传，莫敢同异，即篇章字句，亦恪守所闻。其学笃实谨严，及其弊也拘。王弼、王肃，稍持异议，流风所扇，或信或疑。越孔、贾、啖、赵以及北宋孙复、刘敞等，各自论说，不相统摄，及其弊也杂。洛闽继起，道学大昌，摆落汉唐，独研义理，凡经师旧说，俱排斥以为不足信，

① 见《书目答问·姓名略序》。

其学务别是非，及其弊也悍。学脉旁分，攀援日众，驱除异己，务定一尊，自宋末以逮明初，其学见异不迁，及其弊也党。主持太过，势有所偏，材辨聪明，激而横绝，自明正德、嘉靖以后，其学各抒心得，及其弊也肆。空谈臆断，考证必疏，于是博雅之儒引古义以抵其隙，国初诸家，其学征实不诬，及其弊也琐。”这些话对经学史上的得失评得比较客观，所指出的拘、杂、悍、党、肆、琐等缺点也无一不是实际的存在。清人都能看出经学发展中的种种问题，这的确不能不促使我们在估计和应用经学成果的时候保持一种积极的清醒态度。

第一，我们估计儒家经书和经学著作作为历史资料的价值，应该有一个适当的限度。以上曾经肯定儒家经书：(1)保存了古代原始文献，(2)反映历史的方面较多，(3)比较系统地记载了古史。不过，这些都是有限度的。在儒家经典以外，先秦还有其他子书、史书，其中多记各种历史资料，虽不系统，但足资参考或印证，不然就会留下缺陷。例如，《史记·十二诸侯年表》始自共和元年（鲁真公十五年，即公元前841年），《春秋》始自周平王四十九年（鲁隐公元年，即公元前722年），鲁隐公元年以前的一百二十年就要依靠《春秋历谱谍》。司马迁在《序》中说：“儒者断其义，驰说者骋其辞，不务综其终始；历人取其年月，数家隆于神运，谱谍独记世谥，其辞略，欲一观诸要难。于是谱十二诸侯，自共和讫孔子，表见《春秋》、《国语》学者所讥盛衰大指著于篇，为成学治古文者要删焉。”可见，事关中国连续历史纪年起点的这个《年表》，司马迁就不是只凭儒家经典做出来的。儒家经典以外，现又有大量甲骨文、金文的文献资料。从数量来说，甲骨文、金文资料将随考古发现而日益增多，从内容来说，有儒家经典所未记者，有可与相互印证者。由于儒家经典传世久，讹误多（王国维曾说这是《尚书》难懂的原因之一），甲骨文、金文资料具有更权威的第一手性质。如《毛公鼎铭文》、《大盂鼎铭文》等，我们称之为真“古文尚书”看来也不为过。考古发现的遗址和文物，作为历史资料，有许多尤其不是经学资料所能代替的。这些资料需要有经学的资料作为参考和印证，经学中许多不易凭文字考释得到解答的问题更要靠这类资料来解决。

如果说儒家经典的局限之一在于数量还不足，那么历代经学著作的一个严重问题就是烦冗。《十三经注疏》、宋元人注《四书五经》、《皇清经解》、《皇清经解续编》等，卷帙之多，可谓汗牛充栋。这么多的经解，作为中国学术史的资料，尤其作为经学史的资料，在不同性质和程度上都是有用的；而其中实际有益于证史的却只占很小的比重。因为经学研究有一个致命弱点，就是从文字到文字，严重脱离实际(当时无考古学、民族学等知识)，许多儒者在这种情况下逞其“博学”，结果不能不出现大量无用的东西。经学大病之一是烦琐，而烦琐所指的正是这样一种矛盾统一现象：无用的成分多，有用的成分少。我们在接触经学著作时不能只看到其量多的现象，而应尤其注意其实质的不足。

第二，儒家经典和经学著作不仅有数量和范围的局限，而且还有许多各种各样没有解决或没有解决好的问题。譬如，书有真伪，文有正讹，说有是非(有观点性的，有学术性的)，尽管经过清人做了大量工作，分歧、矛盾没有解决者仍然是很可观的。因此，我们在运用经学成果证史时，对于那些成果本身仍须加以分析和研究。

现在试就两个例子略论这种分析和研究的必要。这两个例子都是金景芳教授在《经学与史学》一文中已经举过的。

《礼记·礼运》记孔子曰：“大道之行也，与三代之英，丘未之逮也，而有志焉。大道之行也，天下为公，选贤与能，讲信修睦。故人不独亲其亲，不独子其子，使老有所终，壮有所用，幼有所长，矜、寡、孤、独、废疾者皆有所养，男有分，女有归。货恶其弃于地也，不必藏于己；力恶其不出于身也，不必为己。是故谋闭而不兴，盗窃乱贼而不作，故外户而不闭。是谓大同。”

“大同”一章，基本有两种理解：一种认为说的是孔子的理想，一种认为有实际根据。（其中又分两说，一认为就是反映历史真实情况，如金先生所说，一认为基本反映实际，有理想化或夸大的成分，如郭沫若先生所说。我同意郭先生的说法，不过这两说分歧不是基本的。）应该说，这两种理解在经学史上都是有根据的，前者宋人主之，后者汉人主之，关键问题在于谁是谁非。

分歧的产生的确如金先生所言，在“丘未之逮也，而有志焉”的“志”字上。元人陈澔（其父大猷乃朱熹再传弟子饶鲁的弟子）释此句云：“我（指孔丘）今虽未得及见此世之盛，而有志于三代英贤之所为也。此亦梦见周公之意。”这就分明把“志”释为“理想”（只说有志于“三代英贤”，又漏了“大道之行”这一半）。这样释“志”，看起来在训诂上并非无据。“吾十有五而志于学”，“志于道，据于德”中的“志”就都是理想、志愿的意思。而且这样解释看起来也文从字顺。前辈学者多读陈氏《集说》，很自然地就接受了“大同”出于理想的说法。[①] 可是，正是在这里显出了宋人“悍”的毛病，他们没有认真考虑和吸收前代的合理故训。郑玄注云：“志谓识古文”，一语破的。金先生赞成郑说，并且引用了马克思主义经典著作作了论证。这里再补充一点理由或根据。《吕氏春秋·孟春纪·贵公》：“昔先圣王之治天下也，必先公。公则天下平矣。平得于公。尝试观于上志（高诱注云：上志，古记

① 邵懿辰解释为“有志未逮”，见皮锡瑞：《经学通论》三，“三礼”，80页。

也），有得天下者众矣，其得之以公，其失之必以偏。”这段话说明两个问题：一是“志”确是“识”或“记”的古文（其实是同音假借），秦汉人近古，都熟知这一点；二是到秦时仍然存在“上志”，记载着上古以公治天下的事。《吕氏春秋》作者既看过这种记载，孔子看过也就不足为奇了。原始社会没有文字，怎么会有记呢？一是可以经过传说再记载下来；二是西周、春秋时还有许多部落夹在诸夏的空隙里，有文字的诸夏看见就会记下来。孔子知道“先进于礼乐，野人也；后进于礼乐，君子也”，知道“礼失而求诸野”，当然也能从各部落当时的情况推想出诸夏早先的情况。古人根据前世传说和当时部落情况，知道上古有公有制，这不足为奇，而且在许多国家都是有的。

《礼记》之《丧服小记》及《大传》皆有“别子为祖，继别为宗，继祢者为小宗”之说，也就是宗法之说。关于别子，郑玄在《礼记》注中凡有三说：(1)“大祖，别子始爵者。《大传》曰：别子为祖。谓此。虽非别子，始爵者亦然”①；(2)“诸侯之庶子别为后世始祖也，谓之别子者，公子不得祢先君”②；(3)“别子谓公子若始来在此国者，后世为祖也。”③《大传》云：“君有合族之道，族人不得以其戚戚君位也。”郑注云：“君恩可以下施，而族人皆臣也，不得以父兄子弟之亲自戚于君位，谓齿列也。所以尊君别嫌也。”孔颖达疏云：“此一经明人君既尊，族人不以戚戚君，明君有绝宗之道也。”由此而出现君统与宗统分离的说法。过去许多经学家（如毛奇龄、程瑶田等）取此说，金景芳教授亦取此说。

还有不少学者认为，“天子是天下之大宗”，“诸侯是一国之大

① 见《王制》注。

② 见《丧服小记》注。

③ 见《大传》注。

宗”。金先生以为这“显然是不研究经学之过”。我看恐怕不能这样说，因为这一说在经学史上也是有根据的。《诗·大雅·公刘》云：“君之宗之。”直接说明在公刘身上君统与宗统是统一的。毛传云：“为之君，为之大宗也。”也是没有任何附加的直解(郑玄笺则云：“宗，尊也。”)。《大雅·板》云：“大宗维翰”、“宗子维城”，毛传云：“王者天下之大宗。”(郑笺则云：“大宗王之同姓之嫡子也”，又云：“宗子谓王之嫡子。”)《诗》和毛传对大宗的认识与《礼记》不同，王国维在《殷周制度论》中已经指出，前人也早有指出者。郑玄把“君之宗之”的“宗”释为“尊”，严格地说是训诂上的一种错误。“宗”固然可以经过抽象引申为“尊”(按《说文》：“宗，尊也(此‘也’字依段注加)，祖庙也”，“宗”的本义是“祖庙”，经抽象引申为“尊”)，“君”也同样可以经过抽象而引申为“尊”(按《说文》：“君，尊也，从尹发号令故从口。”君原是发号令者，经抽象引申为“尊”)。因此，君、宗二字如依同样方法训释就都成为“尊”，那么此句诗就成了“尊之尊之”，还成话吗？我认为，以郑玄这样淹贯群经，精于小学的人不会不注意到这个问题，他所以这样背传作笺一定另有考虑。这种考虑从孙毓的话里可以看到一点线索。孙说：“国君不统宗，故有大宗小宗，安得为之君复为之大宗乎？笺说为长。”孙毓之所以疑传取笺，根据在“国君不统宗”这一前提，好像这是自明而不可疑的。为什么呢？我看是因为这种情况至少在汉代已实行了近四百年，以前国君收族的事这时都由宗正办理，堂堂汉代皇帝是不屑于做统宗的事了。人们看惯汉代的制度，就自觉或不自觉地把它套到古代去了①。毛传保守传统，郑笺顾及现实，分歧大概由此

① 赵光贤先生对此曾有论述，见《周代社会辨析》，104页，北京，人民出版社，1980。

而来。

无论如何，关于宗法中的君统和宗统的问题，自汉代以来就有两说，以后经学家持两说者都有，所以分歧是经学不同理解的问题，而不是研究或不研究经学的问题。

对于这种分歧，如果按传统的以考据和训诂为主的经学方法讨论下去，大概大家都还有很多话可说，问题也可以有所进展。不过，我觉得，如果同时注意一下金文资料，那么我们的选择可以作得比较迅速而准确一些。例如，《何尊铭文》："王寡(诰)宗小子于京室。"这说明，王承认臣下为同宗。又如，《驹形盠尊》："(盠)拜䭫首曰：王弗朢(忘)氒(厥)旧宗小子，蛰皇盠身。盠曰：王倗下不其则万年保我万宗"。这说明，王仍承认同宗的人，而且王永远是万宗的保护者。这里的王就是大宗，万宗就是小宗，其间永远有着对下倗(《说文》：倗，辅也)和保的关系。又《盠尊铭文》："盠曰：天子不叚不其保我万邦。"此器铭的"万邦"就是前引器铭的"万宗"，就又可见天子与诸侯邦国间也有大宗、小宗的关系。当然，宗法中君统宗统问题的解决，不能如此简单了事，不过，从这里可以看到金文资料对于解决经学史上的问题具有十分重要的意义。

四

中国的史学为什么会在长时期中与经学关系十分密切呢？除了历史上的政治原因以外，看来还有学术上的原因，就是中国经学与史学在传统上有相近以至相合之处。

第一，中国经学有一个特点，就是重视传统。当然，重传统并不意味没有变化和发展，清代经学很重传统，而清代经学成就远胜前代，这就是明证。重传统有其保守的一面，但是也有维护中国文化连续性的一面。中国史学也重传统。如果说经学重的是多识前言往行以蓄其德，那么史学重的就是多观前车之鉴以益其智。由于中国经学和史学之重传统，几千年来，这两方面的著作前后相承，连续不断，为世界任何其他国家所未有。汤姆生说希腊和中国同样具有文化的连续性①，高善必亦云印度文化有长期的连续性②。究其实际，恐怕只有中国的经学和史学的连续性才真正体现了文化链条上的环节完整性。中国经学和史学在发展中既是平行的，又是相互影响的，这对中国文化的连续性关系至大。

第二，中国经学不是宗教教义，不是纯抽象的哲学，而是兼含多种学术内容(印度吠陀经学亦有多种内容，而独缺于史)，有论有史，与史接近。中国史学亦兼容多科内容，自《史记》分撰"八书"，以下正史大多都有书、志，更不必说《通典》、《通志》(尤其二十略)、《通考》这样的书了。这样，中国的经学和史学实际在许多领域里就重合起来。在前人研究《诗》、《书》、《礼》(三礼)、《春秋》的著作中有着大量的史的内容，而且有不少实际也就是考史之作。实例极多，不胜枚举。

第三，中国的经学和史学既有相通之处，还有共同倾向，就是都注意经世致用。当然，前人经学和史学中的烦琐哲学和烦琐考证确实不少。但只要把中国的经学和外国的宗教教义一比较，就可明显地看出，中国的经学不是出世的，而是入世的，和史学一样，其基本倾向是注意经世致用。前代优秀的经学家和史学家无不十分致力于此。

---

① G. Thomson, *The First Philosophers*, 1977, p. 61.

② D. Kosambi, *The Culture and Civilization of Ancient India in Historical Outline*, 1977, p. 9.

既然中国的经学和史学在历史上的关系并非偶然的，现在我们就不能敝屣视之，一丢了事。我们应该科学地利用经学成果以为治史之资（如何科学地利用也是一个值得研究的课题），而且也应该从这种关系中得到启发。我认为，至少有三个方面是值得注意的。一则，充分研究中国文化传统、史学传统，发展有中国特色的史学。二则，应该发扬中国史学（经学亦同）注意多科联系的传统。当然，过去所已注意到的有关方面和关系深度都远远不够，现在要了解国外史学方面的新发展，建立有中国特点的多学科史学。三则，史学研究仍须注意经世致用，这绝不是说要引古喻今，搞什么影射，那是不科学的。现在有些学者主张将史学分为理论史学和应用史学二科，这些都值得思考。

中国经学有其复杂的思想体系，这种思想体系对于史学的影响是应该充分注意和研究的。这篇小文不可能涉及那样广泛而复杂的问题，所以只就经学和史学的关系以及经学在资料和方法上对史学的作用说了一些不成熟的意见。

先秦儒家仁礼学说新探*

关于先秦儒家的仁和礼的学说，近数十年学术界的论著不少。由于不同见解的争鸣，讨论已经达到相当的深度。不过分歧尚未消除，进一步的研讨仍有必要。

一

讨论先秦儒家仁、礼学说，自然要从孔子开始。那么，孔子以前是否已经有了仁和礼的概念？这实际就是孔子的仁和礼的学说渊源问题，我们先作一个简要的考察。

首先说礼。《说文》："豊，行礼之器也，从豆，象形。"王国维认为，殷虚卜辞中的珏、㺲亦可作𡕒，即豊之省文。此诸字皆象二玉在器之形。古者行礼以玉，故《说文》曰："豊，行礼之器，其说古矣。"①这一解释正符合"器以藏礼"②之说。看来当时作为抽象概念的礼尚未从器中分离出

* 原载《孔子研究》，1990年第1期。

① 见《观堂集林》卷六，《释礼》，291页，北京，中华书局，1959。

② 《春秋左传正义》，1894页。

来。礼字也很少见于金文中。在战国以前的彝器铭文中，迄今唯见于何尊一次，也很难说就是抽象的礼的概念。在《尚书》中，除成篇较晚的《舜典》、《皋陶谟》里的礼字不计，见于《金縢》(按此篇问题亦较多)者一次，指的是礼仪；值得分析的是见于《洛诰》和《君奭》的礼字。《洛诰》："王肇称殷礼，祀于新邑，咸秩无文。"此节自郑玄以下，历来解说纷纭，但大体皆认为周初祭祀曾用殷礼(蔡沈以盛释殷，不可取)，而"咸秩无文"当以王引之以"紊"释"文"为最切。意即祭祀时，"各有等差，皆次序之，无有紊乱也"①。可见周初礼仍寓于祭祀之中，但"等差"、"次序"以至制度的含义亦渐显露。《君奭》："故殷礼陟配天，多历年所。"②殷礼配天，礼仍未离祭祀而言之；不过这里的"殷礼配天"也已经是殷的体制或王权的一种代用语了。礼字见于《诗经》者，在《小雅》之《楚茨》、《宾之初筵》，在《周颂》之《丰年》、《载芟》中，皆指礼仪，"以洽百礼"，即是以合各种礼仪。而据《小雅·十月之交》所记，周(幽)王卿士皇父在毁了此诗作者的房屋、荒芜了他的田地以后还说这并不是伤害他，因为礼则然矣。做了害人的事，还说没有害人，礼当如此。这个"礼"，当然具有制度的含义了。不过据现有文献来看，西周时人对礼的概念认识仍不太明确。到春秋时，情况发生了变化。春秋初期，晋大夫师服说："礼以体政，政以正民。"③他已认识到礼是政治体制的核心。《礼记·礼器》："礼也者，犹体也。"④《释名》之《释语言》、《释典艺》均有"礼，体也"。以体训礼，由此而出。春秋中期，鲁曹刿曰："夫礼，所以整民也。故会以

① 见《经义述闻》卷四，98页，南京，江苏古籍出版社，2000。

② 《尚书正义》，224页。

③ 见《左传》桓公二年。

④ 《礼记正义》，1435页。

训上下之则，制财用之节；朝以正班爵之义，帅长幼之序"[①]。这又说明，礼是一种使人民有区分和等差的秩序。到春秋晚期，被孔子称为"古之遗直"的晋大夫叔向曾说："礼，王之大经也"[②]，虽然这句话是他在谈丧礼时说的。被孔子称为"古之遗爱"的郑大夫子产曾说："夫礼，天之经也，地之义也，民之行也。"[③]这两位与孔子同时而年长的人已把礼看做天经地义的、人的行为准则。《荀子·大略》："礼者，人之所履也。"《说文》："礼，履也。"以履训礼，由此而出。从西周到春秋，礼的概念的内涵逐渐明晰，而其价值(也许由于礼崩乐坏的反面刺激)也更受到一些人的重视。孔子的礼的学说以此为渊源，当然他又有自己的发展，下文再说。

再来说仁。仁字不见于甲骨文。除战国时期中山王䁖鼎外，亦不见于金文。在《尚书》(伪古文书不计)中，仁字仅于《金滕》一见。周武王病，周公祭祷先王，愿代武王死，去侍奉祖先。他说："予仁若考，能多材多艺，能事鬼神。""予仁若考"(或句作"予仁若考能")一句，解说亦多分歧。《史记·鲁周公世家》引此，但作"旦巧"二字。王念孙、王引之父子据此，以为"考巧古字通，若而语之转。予仁若考者，予仁而巧也"[④]，不把"若"释为实词"顺"或"如"，而释为"而"，正是王氏父子解经高明之处。于省吾先生鉴于"巧"不见于金文，故以孝释考，云："予仁若考者，予仁而孝也。"[⑤]于先生说自有新意，不过，"仁"字也极少见于金文。所以，司马迁以"巧"作"考"的训释似不可

---

① 见《左传》庄公二十三年。

② 见《左传》昭公十五年。

③ 见《左传》昭公二十五年郑大夫游吉引子产语。

④ 见《经义述闻》卷三，88页。

⑤ 见《双剑誃尚书新证》卷二，79页，上海，上海书店，1999。

废。阮元说："予仁若考者，言予旦之巧若文王也。巧义即佞也。佞从仁得声而义随之，故仁可为佞借也。古者事鬼神当用佞，《金縢》之以佞为美、借仁代佞者，因事鬼神也。故《论语》孔子谓祝鮀之佞治宗庙，即《金縢》仁巧多材多艺能事鬼神之义也。"[①]阮氏发现佞字古多褒义，《左传》等书中多有例证，实属不刊之论；认为此处"仁"字本为"佞"字，亦极具卓识。惜乎对"若考"二字又无所安顿，《鲁周公世家》中引书根本没有"若文王"的说法。我以为，综合王、阮二家之说，可以得到更合理的解释。"予仁若考"之"仁"确为"佞"字之代，但这里"佞"字应释为"才"。《左传》成公十三年"寡人不佞"，服虔注："佞，才也。"又成公十六年"诸臣不佞"，杜预注："佞，才也。"《国语·鲁语上》"寡君不佞"，韦昭注："佞，才也。"都可为证。而"考"确如王氏所云，为"巧"之代。须知"仁"(即"佞")与"考"(即"巧")是同"多材多艺"相契合的。"多材"即是"才"，即是"佞"；"多艺"呢？《论语·子罕》，"吾不试，故艺"。郑玄注："故多技艺。"艺即技艺。而《说文》："巧，技也"；又："技，巧也。"巧技互训。所以，"多艺"即是"巧"。唯"仁"(佞、才)而"考"(巧、艺)，所以才"能多材多艺，能事鬼神"。这样，我们就可以说《尚书》未见真正的仁字。在《诗经》中，《郑风·叔于田》形容在狩猎的太叔段"洵美且仁"；《齐风·卢令》又形容一个猎人"其人美且仁"。于省吾先生指出，这两个人都谈不上有任何的仁可言，因"仁与尸古同字"，而"尸，古夷字"，据《尔雅·释言》，"夷，悦也"。故于先生认为，"美且仁"实是"美且夷"[②]。这样，我们也就可以说《诗经》中未见真正的仁字。在《左传》中，仁字出现四十余次，其中在

① 见《释佞》，载《揅经室续集》卷一。

② 见《泽螺居诗经新证》卷中，75～76页，北京，中华书局，2003。

孔子以前谈仁者，亦有多次，不过就其含义来看，可以和孔子所说的仁相契合者实在很少。

从以上分析来看，在孔子以前，“礼”的概念已经有了一定的发展，为孔子礼的学说的建立准备了相当多的思想资料；而仁的概念，如果不说是尚未出现，那也是处于相当混沌的阶段。那么孔子在建立自己的仁的学说的时候就没有任何前人遗留的思想资料吗？这也不是。赵光贤先生在《论孔子学说中“仁”与“礼”的关系》一文中指出，“孔子的德治思想来源于周公。周公在《康诰》里教导康叔治理殷民的原则就是‘明德慎罚’四个大字”。又说：“德治的实质就是仁治。”①此说确有启发。按德字见于两周铜器铭文者很多，与礼、仁二字之罕见成鲜明对比。《说文》：“悳，外得于人，内得于己也。从直从心。”段玉裁注云：“内得于己，谓身心所自得也；外得于人，谓惠泽使人得之也，俗字叚德为之。”德，就是人的内在美德及其外在行为中的外现。《管子·正》：“爱之，生之，养之，成之，利民不德，天下亲之，曰德。”又说：“爱民无私曰德。”这都是德的外现或德政，与行仁政确乎是很近似的。“德”与“仁”有联系，当然也有区别。这一点，早在孔子以前，晋大夫韩无忌已有所认识。他说：“恤民为德，正直为正，正曲为直，参和为仁。”②“恤，忧也。”③忧民与前述爱民、利民一样，算是德。但仍不足，还要直道而行（正）并反对斜曲（直），三者合起来，才能算仁。韩无忌所说的仁，仍然没有达到孔子所说的仁的高度，不过总又靠近了一步。因为他认识到，虽然德和仁都有爱民的含

---

① 见《北京师范大学学报》，1985年第1期。

② 见《左传》襄公七年。

③ 见《尔雅·释诂》及《说文》。

义，但是仁比德还有更为丰富的内容。他所说的“正直为正，正曲为直”与孔子的“道之以德，齐之以礼”①也相当近似，可是他未认识到区别德政与仁政的关键：德政是把民当做臣民来爱，仁政则把民当做人来爱。

二

现在谈孔子的仁、礼学说。

孔子言礼，多就具体问题而发，因此所涉及的礼的层次亦各不同。小之属于个别事件之礼仪，例如，“子贡欲去告朔之饩羊。子曰：赐也，尔爱其羊，我爱其礼”②。大之则总指一代典章制度，例如，“子张问：十世可知也？子曰：殷因于夏礼，所损益可知也；周因于殷礼，所损益可知也。其或继周者，虽百世可知也”③。《太平御览》五二二引郑注云：“世谓易姓之世也。问其制度变易如何。”④郑玄把这里的礼理解为三代制度，无疑是正确的。所以，孔子所说的礼，还有高于一代典章制度以上的、所谓“百世可知”的伦常。“(鲁)定公问：君使臣、臣事君，如之何？孔子对曰：君使臣以礼，臣事君以忠。”⑤“齐景公问政于孔子。孔子对曰：君君，臣臣，父父，子子。公曰：善哉。信如君不君，臣不臣，父不父，子不子，虽有粟，吾得而食诸？”⑥孔子不知有民主制的共和国，所以把君臣一伦与父子一伦同样

① 见《论语·为政》。刘宝楠：《论语正义》，《诸子集成》，第1册，北京，中华书局，1954。以下凡引《论语》只注篇名。

② 见《八佾》，《论语正义》，59页。

③ 见《为政》，《论语正义》，39页。

④ 转引自刘宝楠：《论语正义》，39页。

⑤ 见《八佾》，《论语正义》，62页。

⑥ 见《颜渊》，《论语正义》，271页。

看做天伦了。《礼记·哀公问》[①]记曰："哀公问于孔子曰：大礼何如？君子之言礼，何其尊也？"孔子说："丘闻之，民之所由生，礼为大。非礼，无以节事天地之神(大戴记作'神明')也；非礼，无以辨君臣、上下、长幼之位也；非礼，无以别男女、父子、兄弟之亲、昏姻疏数之交也。君子以此之为尊敬然。"接着他又说："古之为政，爱人为大；所以治爱人，礼为大；所以治礼，敬为大……爱与敬，其政之本与？"又说："为政先礼，礼其政之本与？"大、小戴礼记所记孔子言论未必皆可信，但是上引一段内容与《论语》相合；所以即使非孔子原文，也是后学陈述了他的思想。

从以上引文可以看出，孔子的礼学说的核心理论内容就在于在差别中求和谐，在和谐中存差别。孔子的后期高足，曾被子夏、子张、子游认为"似圣人"的有若[②]说："礼之用，和为贵。先王之道斯为美。小大由之，有所不行。知和而和，不以礼节之，亦不可行也。"[③]马融解释说："人知礼贵和，而每事从和，不以礼为节，亦不可行。"后来学者对此章解释颇多分歧，但马融所释大意是对的。用今天的话说就是，礼的功能的最宝贵之处在于可以达到和谐，但是如果一切都是为和而和，忘了礼的节制或差别的一面，那么和谐也就无法实行。有若在这里实际是发挥了孔子的和而不同的思想。"子曰：君子和而不同，小人同而不和。"[④]和与同的区分，据《国语·郑语》所记，西周末年的史伯已开始注意到了；不过《郑语》这一段有可疑处，现在姑且不论。

---

① 《大戴礼记·哀公问于孔子》同。

② 见《孟子·滕文公上》，焦循：《孟子正义》，《诸子集成》，第1册，231页。

③ 见《学而》，《论语正义》，16页。

④ 见《子路》，《论语正义》，296页。

可以肯定的是，与孔子同时而被孔子称为“善与人交、久而敬之”①的齐大夫晏婴对和与同的差别已有明确的解释。其原文见于《左传》昭公二十年，其大意是，不同味道的材料可以烹成美味的食品，不同声音可以合成美好的乐章，不同意见的商讨可以得出完美的结论。“若以水济水，谁能食之？若琴瑟之专一，谁能听之？”所以，同是无差别的、单调的统一，是不可取的；而和则是有差别的、多样性的统一，是最好的。

有若道出了孔子礼学说的精髓就在“和”上，这就指出了孔子的礼在肯定各种差别的同时不能不有其间的和谐。由此可见，孔子的礼学说，就其自身的逻辑而言，必须有其仁学说才能成立。“子曰：人而不仁，如礼何？人而不仁，如乐何？”②这正道出了孔子之礼，不可以无仁。

孔子论仁，也因人因事而有不同方面和不同层次的解说。樊迟看来是孔门不太得意的弟子，《论语》记他三次问仁。一次回答是：“仁者，先难而后获，可谓仁矣。”③大概樊迟爱走捷径，孔子怕他因此不能懂得仁的道理，所以对症下药。又一次回答是：“爱人。”④这一回答含义较广、层次较高，可惜“樊迟未达”。又一次回答是：“居处恭，执事敬，与人忠。虽之夷狄，不可弃也。”⑤显然又是针对樊迟特点而发，“爱人”，的确是孔子仁学说的核心内容。但仅此二字，规定性尚嫌不明。所以，“子曰：唯仁者能好人，能恶人”。又说：“好仁者，

① 见《公冶长》，《论语正义》，101页。

② 见《八佾》，《论语正义》，44页。

③ 见《雍也》，《论语正义》，126页。

④ 见《颜渊》，《论语正义》，278页。

⑤ 见《子路》，《论语正义》，292页。

无以尚之；恶不仁者，其为仁矣。”[1]这就从正反两面阐明仁的性质，排除了折中的可能性。孔子在与其高足弟子对话中还说明了仁的实现途径，更为其仁学说的精义所在。“仲弓(冉雍)问仁。子曰：出门如见大宾，使民如承大祭。己所不欲，勿施于人。”[2]。对子贡则说：“夫仁者，己欲立而立人，己欲达而达人。能近取譬，可谓仁之方也已。”[3]所以，仁的途径是从己出发，推己及人。己立立人，己达达人，这是从正面把自己所好推及于人。可是这还不够，因为尚未排除以己所欲强加于人的可能。所以他又从反面规定，“己所不欲，勿施于人”。这就要求有对人的充分尊重。“出门如见大宾，使民如承大祭”，这本出自古语[4]。孔子引来表示一种对人充分尊重的心理状态。而“己所不欲，勿施于人”被法国 1793 年《宪法》中的“人权宣言”引为他们的道德准则，也正因为它确实体现了一种尊重人的精神。

“颜渊问仁。子曰：克己复礼，为仁。一日克己复礼，天下归仁焉。为仁由己，而由人乎哉？颜渊曰：请问其目。子曰：非礼勿视，非礼勿听，非礼勿言，非礼勿动。”[5]据《左传》昭公十二年引孔子语：“古也有志：克己复礼，仁也。”孔子引用古语在这里向他最得意的弟子说明仁和礼的关系：仁非礼不立。饶有趣味的是，在《礼记·中庸》里还引有孔子这样一段话：“仁者人也，亲亲为大；义者宜也，尊贤为大；亲亲之杀，尊贤之等，礼所生也。”这又从另一个方面说明仁和礼的关系：礼由仁而立。当然《中庸》所引是否孔子原话，可以存疑；

---

① 见《里仁》，《论语正义》，75 页。

② 见《颜渊》，《论语正义》，263 页。

③ 见《雍也》，《论语正义》，134 页。

④ 见《左传》僖公三十三年，《春秋左传正义》，1833 页。

⑤ 见《颜渊》，《论语正义》，262 页。

不过内容是符合孔子思想的。有若说："其为人也孝弟，而好犯上者，鲜矣；不好犯上，而好作乱者，未之有也。君子务本，本立而道生。孝弟也者，其为仁之本与。"[①]仁者从自己出发，最近的是父母兄弟，能做到孝弟，就可以进一步推到君臣上下之间，就不会犯上作乱。由己而人，由近而远，由孝而忠，由父父子子而君君臣臣，这无疑是孔子的思想。对于这个思想，如果从仁的角度来看，它是推己及人的逐步外推的阶梯；如果从礼的角度来看，它又是人己之间的层层区别和界限。孔子的仁是有等差的博爱，而不同于墨子的无差别的兼爱；这样就不能没有礼的层次来作为阶梯。孔子的礼义是以和为贵的(即因差别而和谐的)秩序，与先前"礼不下庶人"[②]的原则不同，不能把礼当做横亘于人与人之间的鸿沟；这样，礼的不同层次间的界限，同时又必须是桥梁，而这种桥梁恰恰就是仁。

孔子的仁和礼，作为一对概念，其外延的广袤是相当的。仁是己立立人，己达达人，由己外推并无边界。"子贡曰：如有博施于民而能济众，何如？可谓仁乎？子曰：何事于仁，必也圣乎。尧舜其犹病诸"[③]。仁能推而施于所有的人，就成了圣，就是孔子的仁的最高境界。如果说，孔子的仁只能施于某部分人，而不能施于另一部分人，恐怕在文献中找不到切实证据。礼原不下于庶人，是有边界的；而一旦与仁相结合，这个边界就消失了。孔子不仅主张"事君尽礼"，"君使臣以礼"，[④] 还主张"使民如承大祭"[⑤]；我们不曾见他说有任何人天

① 见《学而》，《论语正义》，3～4页。

② 见《礼记·曲礼上》，《礼记正义》，1249页。

③ 见《雍也》，《论语正义》，133页。

④ 见《八佾》，《论语正义》，62页。

⑤ 见《颜渊》，《论语正义》，263页。

然即在礼的范围以外。当然，礼的显示区分和界限的基本特性并未改变，只不过是作为仁的范围以内的层次或阶梯了。西汉早期还流传有这样的古语："爱由情出谓之仁，节爱理宜谓之义，致爱恭谨谓之礼。"①何谓致爱恭谨？不单纯是外表仪态问题，首先必须其节得理之宜。所以仁为爱之外推，礼(包含义)为谨遵理宜之节。这正是所谓"礼以行义"②。所以我们甚至可以说，孔子的仁和礼的概念的内涵，就其质而言，是相当的：均为爱；就其量而言，也是相当的：均为层次不等的爱。不过，如果进一步把这种量作为向量(Vector quantity)来考察，那么仁为爱的外伸，礼为爱的节制，二者就适成相反了。

以上是对于孔子的仁和礼的概念以及二者之间关系的一般分析，没有涉及孔子以仁、礼为标准论人论事的内容。在实践中，孔子不轻易以仁许人，他说"我未见好仁者"③。因为现实生活中的确很难找到他理想中的纯粹的仁者。同样，他也不轻易以知礼许人，在《论语》中只记他说了一次鲁昭公知礼④，可是听到别人批评以后，自己还认了错。这也因为现实生活中很难找到他理想中的纯粹的知礼者。不过，孔子也并非绝对地不许人以仁。对于学生，他说："回(颜渊)也，其心三月不违仁。其余则日月至焉而已矣。"⑤又如管仲生活奢侈逾礼，孔子批评他不知礼⑥；可是他辅助齐桓公完成尊王攘夷的霸业，又维护了诸夏的礼，孔子就称赞他"如其仁，如其仁"⑦。所以，孔子对于

① 见《韩诗外传》卷四，第二十四章引"传曰"。
② 见《左传》僖公二十八年，《春秋左传正义》，1827 页。
③ 见《里仁》，《论语正义》，77 页。
④ 见《述而》，《论语正义》，150 页。
⑤ 见《雍也》，《论语正义》，118 页。
⑥ 见《八佾》，《论语正义》，69 页。
⑦ 见《宪问》，《论语正义》，311 页。

仁和礼的概念，作为理想中的目标，是不允许含糊的。而在实践中，孔子总肯定人们在这个方向上的或大或小的努力和成就，鼓励人们尽力坚持做下去。曾参在孔门中天资不能算高，有时体会孔子思想却很深刻。他说："士不可以不弘毅，任重而道远，仁以为己任，不亦重乎？死而后已，不亦远乎？"①可见孔子的仁、礼学说，运用到实践上就是终身的功夫了。

三

先秦儒家仁、礼学说，由孔子首创，经孟子、荀子的发展而达到一个更高的阶段，体系大备。这里就讨论孟、荀二子是怎样继承孔子而又有所发展的。

事情还须从颜渊问仁这关键性的一章谈起。孔子说："克己复礼为仁。一日克己复礼，天下归仁焉。为仁由己，而由人乎哉？"颜渊问细节，他又说非礼勿视、勿听、勿言、勿动。学者对于这一段话的解释，历来都有分歧。朱熹《集注》说："仁者，本心之全德。克，胜也。己，谓身之私欲也。复，反也。礼者，天理之节文也。为仁者，所以全其心之德也。盖心之全德，莫非天理，而亦不能不坏于人欲。故为仁者必有以胜私欲而复于礼，则事皆天理，而本心之德复全于我矣。"又引"程子曰：非礼处便是私意。既是私意，如何得仁？须是克尽己私，皆归于礼，方始是仁"。② 这一解释在以后相当长的时间里曾占据主导地位。可是在清朝，却有许多学者对此持有异议。

首先，毛奇龄在《四书改错》中指出："马融以约身为克己，从来

---

① 见《泰伯》，《论语正义》，159～160页。

② 朱熹：《四书章句集注》，131～132页，北京，中华书局，1983。

说如此。惟刘炫曰：‘克者，胜也。’此本扬子云‘胜己之私之谓克’语。然己不是私，必从己字下添之私二字，原是不安。至程氏直以己为私，称曰‘己私’。致朱注谓‘身之私欲’，别以己上添身字，而专以己字属私欲。于是宋后字书，皆注己作私，引《论语》‘克己复礼’为证，则诬甚矣。毋论字义无此，即以本文言，现有‘为仁由己’己字在下，而一作身解、一作私解，其可通乎？”①他认为，把“克己”的己字说成私，再说成私欲，是曲解原文；“克己”不过是约己、抑己，“约己自尅，不必战胜，况可诂私字也”②。毛氏的批评切中程、朱错误，故为以后许多清儒所赞成。他认为，把“克己”的己字说成私或私欲，与《论语》此章下文“为仁由己”的己字无法统一，因而自相矛盾。这一点也极有启发，故为后来许多学者所称许。

其次，惠士奇在《礼说》中又对“克己”进一步作了他独到的解释。他说：“孔子曰‘克己’，曾子曰‘己任’，一也。《说文》：克之象，肩也；其义，任也。《诗》云‘佛时仔肩’，毛传曰克，郑笺曰任，《释诂》曰胜，盖能胜其任谓之克。然则苟非己，焉能克？……若无己，则敬失其基，礼失其干，慎失其籍；堕枝体，黜聪明，离形去智，变为槁木死灰，亦终入于昏昏默默而已矣。”③惠氏从训诂角度指出，“克”字有胜任之义；从逻辑角度指出，无己，则仁便失去主体。这种见解的确精辟，所以它被以后许多学者所称引。

我说惠氏见解精辟，并不等于说他的见解就是完满周到的，对任何学者的精辟见解也不能如此求全责备。惠氏看到并道出前人所未

---

① 《西河合集》，《四书改错》，清嘉庆十六年金孝柏学圃刻本，卷十八，《小诂大诂错》上“克己”条。

② 同上。

③ 《礼说》，15～16页，文渊阁四库全书本。

见、未发的方面，却不能排除前人马融释“克己”为“约己”的故训。从训诂的角度说，“克己”的克字确有胜任与克胜正反两义。克字常见于经典，古人训释很多。《说文》：“克，肩也。”《尔雅·释诂》：“尅、肩，胜也；胜、肩，克也。”《尔雅·释言》：“克，能也。”可以概括克字正反两方面含义。由于克字在甲骨文、尤其是金文中多次出现，近世学者对克字原始字形作了许多讨论，虽尚无统一结论，但《说文》所作字形的错误已无可疑；不过，古文字学家对于“克”字字义的见解大体仍未出前人已指出的正反二义。一个词中包含正反二义，这表现出汉语自古即具有辩证的特点。当然，我们也完全不必为克字有正反二义而苦恼。从逻辑的角度说，克字正反二义的确定，也有助于克服“克己复礼”一语释义中的两难状态。如仅依程、朱的解释，“克己”既是克尽己私，那么恰如惠士奇所指出的，行仁的主体都消失了，仁将从何谈起？如仅依惠氏的解释，“克己”既是“任己”，那么，行仁的主体或出发点是找到了，可是任己又将伊于胡底？任意地任己，仁还能存在吗？《论语·子罕》明言：“子绝四：毋意，毋必，毋固，毋我。”任意扩张自我，仁的目标必将消失，这就是两难。其实阮元早已有见于此，他说：“颜子克己，己字即自己之己，与下‘为仁由己’相同。言能克己复礼，即可并人为仁。一日克己复礼，而天下归仁，此即己欲立而立人，己欲达而达人之道。仁虽由人而成，其实当自己始。若但知有己不知有人，即不仁矣。”[①]我认为，阮元对孔子克己复礼的思想作了明确的解释，也许还可以说是作了一定程度的阐发。《论语·卫灵公》：“子曰：君子求诸己，小人求诸人”，“求诸己”，就是要把己建立为行仁的出发点：第一步，有了这个对己的肯定，才有可能推

① 见《论语论仁论》，载《揅经室一集》卷八。

己及人实行恕道。第二步，由对己的肯定推至对人的肯定，这时不约己是不行的，《论语》同篇："子曰：志士仁人，无求生以害仁，有杀身以成仁。"这就是要求有对己的否定，甚至不惜牺牲一己之生命。经过对己的否定，第三步，又达到对己的肯定，即"成仁"。不过，这一次已经不是单纯地对一己的肯定，而是把己肯定在与人和谐的仁礼统一的关系之中。借用阮元的话来说，"即可并人为仁"矣。我作这样解释，绝对无意去说明孔子或阮元已经有了否定之否定的理论框架。而只是觉得，当我们用否定之否定的思路去看前人学说的时候，往往可以看得更为清楚一些。

以上费了不少笔墨讨论孔子"克己复礼"，尤其是其中的"克己"思想，目的是要为孟子和荀子的思想探明渊源。我认为，孟子的仁、礼学说溯源于以"克己"为"任己"的一路，而荀子的仁、礼学说则溯源于以"克己"为"约己"的一路。要细论孟、荀两家仁、礼学说，那须各写专文。在这篇文章里，只能勾画一个最简单的轮廓。

孟子和荀子，作为战国时期儒家的先后两大巨子，都继承了孔子的仁礼学说。孟子说："君子以仁存心，以礼存心。"①荀子说："人主，仁心设焉，知其役也，礼其尽也。故王者先仁而后礼，天施然也。"②可见他们都很重视仁和礼，奉行的都是孔子所开创的仁礼结合的学术传统。当然，孟子和荀子在仁礼学说上又各有其特点。

孟子对孔子仁礼学说的发展，着重在仁上。《礼记·中庸》引孔子语："仁者，人也，亲亲为大。"孟子说："仁也者，人也；合而言之，

① 见《离娄下》，焦循：《孟子正义》，350 页。

② 见《大略》，王先谦：《荀子集解》，《诸子集成》，第 2 册，322 页。

道也。”①这对《中庸》释仁有明显的继承，也有其发展。郑玄在为《中庸》“仁者人也”作的注中说：“人也，读如相人偶之人，以人意相存问之言。”郑氏曾多次以“人偶”注经，例如，在《诗·桧风·匪风》“谁能亨鱼”一句下，郑笺云：“谁能者，言人偶能割亨者。”“人偶”又是什么意思？孔颖达疏云：“人偶者，谓以人思(阮元校勘记：思当作意)尊偶之也。《论语》注：人偶，同位人偶(按后一‘人偶’疑为衍文)之辞。《礼》注云：人偶相与为礼，仪皆同也。”孔疏严格按照以郑释郑的方法，证明“人偶”就是同位之人，他们在行礼的时候用同等的礼节，相互间以人意相存问或尊偶，即相互以待人之道相对待或相尊重。阮元在《孟子论仁论》中说：“孟子曰：仁也者，人也。此孟子学于子思，得《中庸》之传也。《中庸》曰：仁者，人也。郑康成氏以相人偶注之。《孟子》此章‘人也’人字，亦当读如相人偶之人。‘合而言之’，谓合人与仁言之，即圣人之大道也。”②阮氏的说法是对的。不过，我认为，郑玄以“相人偶”之“人”解释“仁者人也”之“人”，不仅可以用于解释《中庸》此章，而且用来解释孟子的话更为适合。因为，在《中庸》里接着“仁者人也”的是“亲亲为大”，亲亲只是“相人偶”的很重要但也很具体的一端，而非“相人偶”的一般原则。而《孟子》里接着“仁也者人也”的是“合而言之，道也”；人而行仁或者仁体现在人身上(即“合而言之”)，那恰好是一般的“相人偶”之道，所以说是“道也”。孟子把孔子、子思对仁的解释发展到了一个新的高度。

孟子在仁学方面对孔子的发展，与其人性善的主张有关。《孟子·告子上》：“仁，人心也。”什么是“人心”呢？孟子说：“人皆有不

---

① 见《尽心下》，《孟子正义》，575页。

② 见《揅经室一集》卷九。

忍人之心。……所以谓人皆有不忍人之心者，今人乍见孺子将入于井，皆有怵惕恻隐之心。非所以内交于孺子之父母也，非所以要誉于乡党朋友也，非恶其声而然也。由是观之，无恻隐之心非人也，无羞恶之心非人也，无辞让之心非人也，无是非之心非人也。恻隐之心，仁之端也；羞恶之心，义之端也；辞让之心，礼之端也；是非之心，智之端也。”①又《告子上》中有类似的话，小异处是“恭敬之心，礼也”；此章又断言，“仁义礼智非由外铄我也，我固有之也”。在孟子看来，仁出自人的本性或内心，而义、礼、智也莫不如此。在这里，孟子不过是把礼当做仁的一种表现为辞让或恭敬的外现，对其意义或价值并无更多的阐发。可以说，孟子是把礼看成了仁的一个不可缺少的附件。

孟子的以性善说为背景、以仁为主体的仁礼学说，其运行方向基本上就是由内向外的。孟子引孔子语：“道二，仁与不仁而已矣。”②怎样区分仁与不仁呢？孟子说：“仁者以其所爱及其所不爱，不仁者以其所不爱及其所爱。”③前者的运行方向是推己及人，由内而外；后者则恰好相反。孟子主张：“君子之于物也，爱之而弗仁；于民也，仁之而弗亲。亲亲而仁民，仁民而爱物。”④这就是以其所爱及其所不爱的由内外推。其中的爱的等差与层次也就是礼，而在孟子的仁礼学说中，这种礼只能是为仁外推提供的阶梯。应当指出，孟子并未忽视礼，他很重视人伦实践中的“父子有亲，君臣有义，夫妇有别，长幼

① 见《公孙丑上》，《孟子正义》，138～139页。

② 见《离娄上》，《孟子正义》，289页。

③ 见《尽心下》，《孟子正义》，561页。

④ 见《尽心上》，《孟子正义》，559页。

有叙，朋友有信”[1]。他认为杨朱、墨翟不遵守这种秩序，就痛斥说："杨氏为我，是无君也；墨氏兼爱，是无父也。无父无君，是禽兽也。"[2]本来，杨墨主张相反，各为一极，可是用孟子的逻辑来分析杨墨，他们的问题就似异而实同。杨氏除了自己谁也不爱，这就是爱不外推，也就是把本来应当亲爱的人也当成陌生的路人了。墨子看起来与杨朱相反，他主张无差别地兼爱一切人，一般应当说是主张爱的外推的。可是依孟子的逻辑，既然爱无等差，那也就分不出对路人的爱与对亲人的爱，结果仍然是用对路人的态度来对待亲人了。因此，杨墨形式虽然不同，但实质都是以其所不爱及其所爱，因而都是不仁；不仁就是非人，因而都只能算是“禽兽”了。孟子仁礼学说大致特点如此。

荀子对孔子的仁礼学说也有发展，但着重点在礼上。如果说孟子在“仁”和“人”之间建立了一种内在的联系，荀子则强调了“礼”和“人”的不可分离的关系。《荀子·非相》：“故人之所以为人者，非特以其二足无毛也，以其有辨也。夫禽兽有父子而无父子之亲，有牝牡而无男女之别。故人道莫不有辨，辨莫大于分，分莫大于礼。”孟子认为人与人之间的基本关系是仁，是“相人偶”，注意的是人与人之间的同位和相通。荀子则认为人与人之间的基本关系是礼，注意的是人们之间的等差和分别。值得指出的是，看起来性质是消极的等差和分别，在荀子看来却正是使人能群的积极因素。他说，人“力不若牛，走不若马，而牛马为用，何也？曰：人能群，彼不能群也。人何以能群？曰：分。分何以能行？曰：义。故义以分则和，和则一，一则多力，

① 见《滕文公上》，《孟子正义》，226 页。
② 见《滕文公上》，《孟子正义》，269 页。

多力则强，强则胜物；故宫室可得而居也，故序四时，裁万物，兼利天下，无它故焉，得之分义也”①。人之所以能超越其他动物，从自然界脱颖而出，就靠能群，能群就靠有分，有分就靠礼义。有礼义之分就成为和，因和而有群。应该说，这是孔子的和而不同的思想在人类生成说上的运用和发展。

荀子在礼学说方面对孔子的发展，与其人性恶的主张有关。《荀子·礼论》：“礼起于何也？曰：人生而有欲，欲而不得，则不能无求，求而无度量分界，则不能不争。争则乱，乱则穷。先王恶其乱也，故制礼义以分之，以养人之欲，给人之求。使欲必不穷乎物，物必不屈于欲，两者相持而长，是礼之所起也。故礼者养也。……君子既得其养，又好其别。曷谓别？曰：贵贱有等，长幼有差，贫富轻重皆有称者也。”在荀子看来，礼义所规定的度量分界，是以节人之欲为手段来达到养人之欲的目的；由于人性恶，人的欲望只有经过节制或否定以后才能得到满足或肯定。相对来说，我们没有见到荀子对孔子的仁学说有多大的发展。

荀子的以性恶说为背景、以礼为主体的仁礼学说，遵循的是一条约己为仁的途径，与孟子的任己为仁的纯粹的由内外推不同。荀子并非不重视仁，也并非不要仁的外推。以上曾引他这样一段话：“人主，仁心设焉，知其役也，礼其尽也。故王者先仁而后礼，天施然也。”这可作为证据，关键在于，荀子的仁与孟子所说不同，不是人自然而有的本性。他说：“今人之性，饥而欲饱，寒而欲暖，劳而欲休，此人之性情也。今人饥，见长者而不敢先食者，将有所让也；劳而不敢求息者，将有所代也。夫子之让乎父，弟之让乎兄，子之代乎父，弟之

① 见《王制》，《荀子集解》，104～105页。

代乎兄，此二行皆反于性而悖于情也。然而孝子之道，礼义之文理也。”[①]“仁者爱人”，首先是“亲亲”[②]，可是在荀子看来，这也是人的本性被约束或否定的结果；或者说，没有对人性的否定便没有仁（这里所说否定，即扬弃，而非简单的消除）。没有仁，也就没有仁的外推。在“仁心设焉”的条件下，的确就是“先仁后礼”。荀子说：“故君子之度己则以绳，接人则用抴（杨倞注：‘抴，牵引也。……或曰：抴当为枻，枻，楫也’）。度己以绳，故足以为天下法则矣；接人用抴，故能宽容因求（杨注：‘成事在众。’王念孙《读书杂志》荀子第二《因求》条谓求为众字之误），以成天下之大事矣”[③]。这就是说，人必须首先以礼义（绳）律己，于是自己设立了仁心，足以作为榜样；在与人交往中推引（抴）或引渡（枻，即舟楫）出去，就能以宽容的态度依大众而成事。所以，必先克己、约己，然后才可以为仁。那么荀子是否认为一旦仁心设立便可以一直外推下去呢？也不是。他说：“亲亲、故故、庸庸、劳劳，仁之杀也；贵贵、尊尊、贤贤、老老、长长，义之伦也；行之得其节，礼之序也。仁，爱也，故亲；义，理也，故行；礼，节也，故成。”[④]不论仁之杀（等差）还是义之伦，其中皆有节，而这正是礼之序。仁义无节不成，所以仁之每一步外推，同时也就是礼的一次节制；而礼的每一次节制，同时也就是仁的一步推行。“古者先王分割而等异之也，故使或美或恶，或厚或薄、或佚或乐、或劬或劳，非特以为淫泰夸丽之声，将以明仁之文，通仁之顺也。”[⑤]王先谦

① 见《性恶》，《荀子集解》，291页。

② 见《议兵》、《大略》等篇，《荀子集解》。

③ 见《非相》，《荀子集解》，54页。

④ 见《大略》，《荀子集解》，324页。

⑤ 见《富国》，《荀子集解》，116页。

《集解》："此言先王将欲施仁于天下，必先有分割等异，乃可以明其文而通其顺；若无分割等异，则无文不顺，即仁无所施矣。"因此，在荀子的仁礼学说里，我们可以看出，他的仁和礼总是在对立的统一中前进着。

上文分析孔子"克己复礼"的逻辑时曾指出它有三个阶段：第一步是己作为人的肯定；经过"由己"而及人，而及人必然克己或约己，即对己的否定，是为第二步；由克己而成仁，即达到己在与人和谐中的再肯定，是为第三步。当然这一逻辑只是以尚未展开的形式统摄在《论语》的简单语录里，孔子作为这一学说的开创者的伟大之处正在于其思想的浑然中包孕了发展的可能性。历史地看，孟子对于孔子仁礼学说的发展在于上述逻辑的第一阶段到第二阶段，而荀子的发展则在其第二阶段到第三阶段。当然这也不是孟子或荀子自己能意识到的；荀子只知道自己与孟子的对立，而不知其间的历史发展。因此，上述的阶段只不过是客观的历史逻辑的反映。我以为，先秦儒家仁礼学说的发展，大致如此。

《史记》与汉代经学*

司马迁的《史记》作于汉武帝时代，正值经学在中国历史上开始崛起的时期。作为一部既能在相当程度上反映时代学术水平，又能从一定角度上反映时代精神面貌的杰作，《史记》自然会与当时的经学有着颇为密切的关系。至于这种关系的性质以及具体情况如何，则自班彪、班固父子以下，学者的见解实多分歧。如果想详细、逐点地讨论前人争论过的具体问题，那在一篇文章中是做不到的。因此，以下可就几个主要问题来作一些讨论。

一、关于司马迁对于经学的基本态度问题

《史记》对于经学所持的态度，是贬抑？还是重视？这是涉及二者之间关系的性质的问题。

东汉初期，班氏父子在论述司马迁时，是把他视为离经叛道者的。班固说他，“又其是非颇缪于圣人。论大道，则先黄老而后六经；序游侠，则退处士而进奸雄；述货殖，

* 原载《北京师范大学学报》，1991年第2期。

则崇势利而羞贱贫。此其所蔽也”。[1] 班固的说法源出于其父，不过班彪的话说得更重，竟说司马迁“此其大敝伤道，所以遇极刑之咎也”。[2] 当然，有类似看法的也不只班氏父子。班彪同时代人博士范升曾向光武帝“谨奏左氏之失凡十四事。时难者以太史公多引左氏，升又上太史公违戾五经、谬孔子言及《左氏春秋》不可录三十一事”。[3] 范升所说具体内容已不可知，而其对手陈元上书光武帝说：“臣元窃见博士范升等所议奏《左氏春秋》不可立及太史公违戾，凡四十五事。按升等所言前后相违，皆断截小文，媟黩微辞。以年数小差，掇为巨谬，遗脱纤微，指为大尤。抉瑕擿衅，掩其弘美。所谓小辩破言，小言破道者也。”[4]不论范陈二人争论的是非如何，有一点可以肯定：在东汉初年，司马迁的《史记》是否离经叛道，这已是学者争论的问题了。

对于班氏父子的说法，宋代的沈括、晁公武皆有辩难，而清人梁玉绳的辩驳尤为针锋相对。梁氏说：“夫史公考信必于六艺，造次必衷于仲尼，是以孔子侪之《世家》，老子置之《列传》。尊孔子曰至圣，评老子曰隐君子，六家指要之论归重黄老，乃司马谈所作，非子长之言，不然，胡以次李耳在管晏下，而穷其弊于申韩乎？固非先黄老而后六经矣。《游侠列传》首云‘以武犯禁’，又云‘行不轨于正义’，而称季次、原宪为独行君子。盖见汉初公卿以武力致贵，儒术未重，举世任侠干禁，叹时政之缺失，使若辈无所取材也。岂退处士而进奸雄者哉？《货殖列传》与《平准书》相表里，叙海内土俗物产，孟坚《地理志》

① 《汉书》，第9册，2737～2738页，北京，中华书局，1964。

② 《后汉书》，第5册，1325页，北京，中华书局，1965。

③ 同上书，1229页。

④ 《后汉书·郑范陈贾张列传》。

所本。且掘冢、博戏、卖浆、胃脯，并列其中，鄙薄之甚。三代贫富不甚相远，自井田废而稼穑轻，贫富悬绝，汉不能挽移，故以讽焉。其感慨处乃有激言之，识者读其书因悲其遇，安得斥为崇势利而羞贫贱耶？况孟坚于史公旧文未尝有所增易，不退处士。不羞贱贫，何以不立逸民传？又何以仍传《游侠》、《货殖》？"[1]梁氏词锋之利，可以使班氏语塞。不过，梁氏所说三条本身仍有待于分析。

第一，"考信必于六艺"[2]，"造次必衷于仲尼"[3]，这都是司马迁自己的话。司马迁作《史记》，基本上也实践了自己的话。考信于六艺，这是他在选择与解释历史材料时的一个标准；折中于仲尼，这是他在说明历史进程时的一个标准。当然，他在考信于六艺时，对六艺本身即有自己的理解；他在折中于仲尼时，对孔子本人也是有他自己的理解的。关于这一层意思，以下将有两节作专门的讨论。这里只想说明，班氏简单地说司马迁不推崇孔子、不重视经学，是不对的；同样，梁氏简单地驳斥班氏，也难以使认识深入一步。因此有进一步具体分析的必要。

第二，司马迁作《游侠列传》，对于能救人之急而不自矜的游侠与设财役贫、侵凌孤弱的豪强作了区别，对游侠颇为称赞与同情。[4] 在他的眼中，游侠比"以术取宰相卿大夫"的儒生还要高尚一些。司马迁反对公孙弘之类的儒生，这是毫无疑问的。但这也并不证明他就完全反对儒学本身。

---

① 梁玉绳：《史记志疑》，卷三十六，1487～1488 页，北京，中华书局，1981。

② 见《史记》，第 7 册，2121 页，"犹考信于六艺"。

③ 见《史记》，第 6 册，1947 页，"言六艺者折中于夫子"。

④ 司马迁《自序》说，游侠，"仁者有乎"，"义者有取焉"。

第三，司马迁在《货殖列传》中对“贤人所以富者”是取肯定态度的，而且说过“富者，人之情性，所不学而俱欲者也”这样的话。梁氏为他的辩护是无力的。不过，班氏父子把这也说成司马迁是非谬于圣人的罪行之一，那也是不对的。孔子本人曾说：“富而可求也，虽执鞭之士，吾亦为之，如不可求，从吾所好。”①又“子适卫，冉有仆。子曰：庶矣哉。冉有曰：既庶矣，又何加焉？曰：富之。曰：既富矣，又何加焉？曰：教之。”②可见，儒者对自己的标准是：可以发财、求富，但不能取不义之财；对于一般人民的标准是：先富之，再教之，富先于教。孟子见梁惠王，听到的第一句问话就是：“亦将有以利吾国乎？”于是他对梁惠王说：“王亦曰仁义而已矣，何必曰利？”理由是，恐怕王带头言利，弄得“上下交征利，而国危矣”。③可是也正是孟子，他多次谈到“制民之产”的问题，认为只有使人民富足起来，然后才可能兴礼乐教化。他遵循的仍是孔子的思想。司马迁的《货殖列传》表彰了编户之民经营农牧工商而致富者，赞成“仓廪实而知礼节，衣食足而知荣辱”④的说法，这是他的主张的一面；还有另一面见于《平准书》中，在那里他表彰慷慨疏财的卜式而贬斥专门与民争利的桑弘羊之流，此篇之末说到元封元年天旱，武帝下令官兵求雨，“卜式言曰：县官当食租衣税而已，今弘羊令吏坐市列肆，贩物求利。亨弘羊，天乃雨”。⑤所以司马迁主张的也是：在上者不应与民争利以至损民以自利，而人民则必富而后始可言礼义。这基本上与

① 《论语正义》，140页。

② 同上书，287页。

③ 《孟子正义》，21～26页。

④ 《史记》，第10册，3255页。

⑤ 《史记》，第4册，1442页。

孔孟的主张是一致的，说不上是离经叛道。

从以上三点分析来看，司马迁与其父谈在学术见解上的确有所变异，即从尊黄老之说转而尊儒。现在再就太史公父子见解转变的背景与条件作一个简要的说明如下。

汉高帝居马上得天下，一向轻儒。不过他很想从秦之速亡吸取经验教训，所以陆贾向他陈述儒家仁义之理的重要性以后，他对孔子和儒生表示了一定的尊重。① 但是要汉高帝真懂得什么是儒学那是很困难的，他看了叔孙通为了尊显皇帝威严而创立的朝仪，心里很舒服地说："吾能为此。"②这也就是他据自己的文化水平所能体会到的儒者的用处。当然还有一个原因，即汉初经大乱之后，经济凋敝，百废待兴，统治者一时也无暇顾及儒家的六艺之学。

汉高帝以后直到文景时期，汉统治者采用了黄老之道。黄老之道主清静无为，这既适应于当时经济状况和与民休息的需要，又简易而便于为统治者(如惠帝、吕后、文帝、周勃、灌婴、窦太后、景帝、周亚夫等)所奉行。

到汉武帝时，情况发生了很大变化。从经济情况来看，汉初"自天子不能具钧驷，而将相或乘牛车，齐民无盖藏"③，"至今上(武帝)即位数岁，汉兴七十余年之间，国家无事，非遇水旱之灾，民则人给家足；都鄙廪庾皆满，而府库余货财。京师之钱累巨万，贯朽而不可校；太仓之粟，陈陈相因，充溢露积于外，至腐败不可食"。④ 清静无为的黄老之道使汉初社会与国家由贫而富，但同时有另一方面的后

① 《史记》，第 8 册，2699 页。

② 同上书，2723 页。

③ 《史记》，第 4 册，1417 页。

④ 同上书，1420 页。

果，即“当此之时，网疏而民富，役财骄溢，或至兼并；豪党之徒，以武断于乡曲。宗室有土公卿大夫以下，争于奢侈，室庐舆服，僭于上，无限度”。[①] 于是在黄老之道的推行过程中就准备了否定它自身的条件。

其实，在黄老与法术之间，本来就有着某种内在联系。司马迁在《老子韩非列传》中以老、庄、申、韩并列，最后又指出：“申子卑卑，施之于名实，韩子引绳墨，切事情，明是非。其极惨礉少恩，皆原于道德之意。”[②]这正道出了二者之间的思想上的联系。试看《韩非子·主道》篇，不难发现，人君的“虚静”、“无事”完全是一种“执其契”、“操其符”的南面君人之术；人君的无为原来就是建立在臣下有为的基础之上。因此，毫不足奇的是，汉景帝在奉行黄老之道的同时，不仅曾经重用“学申、商刑名”、“为人陗直刻深”的晁错[③]，而且也用郅都这样的酷吏来对付豪强、贵族。《史记·酷吏列传》就是从晁错、郅都开始写起的。到汉武帝时期，酷吏就更多了。司马迁对于酷吏中具体的人的邪正污廉，给予了不同的具体评价；但是他更担心的是酷吏将带来吏治的败坏以致造成政治危机。他说：“法令者，治之具，而非制治清浊之源也。昔天下之网尝密矣，然奸伪萌起，其极也，上下相遁，至于不振。”[④]这讲的是秦代的历史教训，贾谊早已作过透彻的分析了。司马迁对贾谊的《过秦论》是铭记在心的，他自己又亲眼看到：“自温舒等以恶为治，而郡守、都尉、诸侯二千石欲为治者，其治大抵尽放温舒，而吏民益轻犯法，盗贼滋起。……于是作‘沈命法’，

① 《史记》，第4册，1420页。
② 《史记》，第7册，2156页。
③ 《史记》，第8册，2745页。
④ 《史记》，第10册，3131页。

曰：‘群盗起，不发觉，发觉而捕弗满品者，二千石以下至小吏，主者皆死。’其后小吏畏诛，虽有盗不敢发，恐不能得，坐课累府。府亦使其不言。故盗贼寖多，上下相为匿，以文辞避法焉。”这当然是一种使他忧虑的危险征兆。

司马谈主要生活于文景时期，所见的主要也是黄老之道的积极的一方面，因而推崇黄老，这是很自然的。司马迁则生活于武帝时期，看到了黄老之道所生的反面效果，因而改变了父亲的主张，这也是很自然的。

司马迁转而崇儒，也与思想受了董仲舒的影响有关。至于他与董仲舒这样的经师的不同，以下将有所论述。

二、《史记》引经主要为今文或古文问题

司马迁是一位伟大的史学家，他的崇儒首先表现在他的史学实践上。这就是上文所说的“考信于六艺”与“折中于仲尼”。因为汉代经学有今古文学之分，司马迁的考信与折中所依据的是今文说或古文说，就成为学者们长期讨论的一个问题。这一节先讨论司马迁在考信于六艺方面的经学倾向问题。

这一问题的提出，始于汉代的班固，而争论最盛则在经学甚盛的有清一代。这里先简略地介绍一下前人的争论，然后再谈个人的见解。

《尚书》是司马迁编撰《史记》时所依据的最重要材料之一，而他所用的《尚书》是今文还是古文的问题，学者争论也最多。班固说：“孔氏有古文《尚书》，孔安国以今文读之，因以起其家。……而司马迁亦从孔安国问故。迁书载《尧典》、《禹贡》、《洪范》、《微子》、《金縢》诸

篇，多古文说。”①

对于班固的说法，清代学者的见解不一。臧琳认为：“《史记》载《尚书》今文为多，间存古文义。其诂训多用《尔雅》，马融注及伪孔传往往本之。”他以《尧典》为例，一条条地证明《史记》所引《尚书》的文字为今文而非古文。② 段玉裁进一步对《尚书》(不包括伪古文)通篇地作了今古文字的辨析。他也认为：“马班之书皆用欧阳、夏侯字句，马氏偶有古文说而已。”并称“玉裁此书，详于字而略于说”。③ 班氏以为《史记》引《尚书》“多古文说”，而臧、段二氏只认为“间存”或“偶有”古文说，所以见解显然不同。孙星衍作《尚书今古文注疏》，不满于段氏“仅分别今古文字”(按段氏实际不仅分别今古文字，也有辨今古文说处，不过详字略说而已)，而着意分别《尚书》今古文说。他以为：“司马氏迁从孔氏安国问故，是古文说。”④陈寿祺、乔枞父子致力于经今古文说之辨，于今文经说用功尤勤。陈寿祺一方面很赞赏段玉裁的《史记》引《尚书》文字依今文之说；另一方面又指出，《史记》引《尚书》“实有兼用古文者”。不仅于此，他还指出，“今文《尚书》中有古文”。为什么会这样呢？他解释说：“司马子长时，《书》唯有欧阳，大小夏侯未立学官。然则《史记》所据《尚书》，乃欧阳本也。”至于今文《尚书》中有古文，他以为伏生所传今文书中宜即兼有古文文字。⑤ 其子乔枞以为：“按迁尝从孔安国问《尚书》。孔氏家世传业，安国、延年皆以

① 《汉书》，第11册，3607页，北京，中华书局，1964。

② 《经义杂记·五帝本纪书说》条，《皇清经解》，第1册，836页。

③ 《古文尚书撰异》，引文见此书序，《皇清经解》，第4册，1页。

④ 引文见《尚书今古文注疏》序及凡例，《皇清经解》，第5册，1页。

⑤ 《左海经辨》中《今文尚书中有古文》、《史记用今文尚书》、《史记采尚书兼古文文》等条，《皇清经解》，第7册，199～200页。

治《尚书》为武帝博士。安国得壁中书后，始治古文，先实通今文《尚书》。则迁之兼习古今文，从可知矣。”①总之，臧琳、段玉裁以为《史记》用今文而间存古文说，陈寿祺、乔枞父子基本同意此说，又指出《史记》亦间有引古文文字处。他们立论皆有证据，是可信的。唯孙星衍据司马迁问故于孔安国而断言《史记》为古文说，失之武断，不能成立。

《诗经》是《史记》的另一重要文献依据。那么，《史记》所引《诗经》是今文还是古文呢？陈寿祺说：“两汉毛诗未列于学。凡马、班、范三史所载，及汉百家著述所引，皆鲁、齐、韩诗。”②这就是说，司马迁所引为今文《诗》。陈乔枞继承父业，完成《三家诗遗说考》。他认为，“孔安国从申公受《诗》为博士，至临淮太守。见《史记·儒林传》。太史公尝从孔安国问业，所习当为鲁诗”。③ 这就又把《史记》所引定为今文家之鲁诗。皮锡瑞说：“今文三家《诗》、《公羊春秋》，圣人皆无父感天而生，为一义。古文毛诗中间大段遗漏所谓传记。即《五帝德》、《帝系姓》之类，太史公据之作《三代世表》，自云‘不离古文者近是’。是以稷、契有父，父皆黄帝子，乃古文说。故与毛诗、左氏合，与三家《诗》、《公羊春秋》不合。太史公作殷、周《本纪》，用三家今文说，以为简狄吞玄鸟卵，姜嫄践巨人迹；而兼用古文说云：殷契母曰简狄，有娀氏之女，为帝喾次妃；后稷母有邰氏女，曰姜嫄，为帝喾

① 《今文尚书经说考·今文尚书叙录》，载《皇清经解续编》，第4册，911页。

② 陈寿祺：《三家诗遗说考自序》，《皇清经解续编》，第4册，1178页。

③ 陈乔枞：《三家诗遗说考·鲁诗遗说考自序》，《皇清经解续编》，第4册，1178页。

元妃。是亦合今古文义而两言之。”[①]这就又是说《史记》杂采古今了。

至于《春秋》以及与之有关的三传，自然也是《史记》所引据的重要文献。不过，司马迁所引是今文或古文的问题，前人未作具体讨论。如有讨论，那么肯定也会有分歧意见，而且也会有认为他杂采今古的说法的。

现在开始谈谈个人的看法。我认为，《史记》引用经书的文字和所取的解说为今文或古文的问题，其本身是很复杂的。为了解决这种复杂的问题，前人设立了一些划分今古文的标准。这些标准是有价值的，但是又不能被绝对化。例如前人根据司马迁曾从孔安国问故这一事实，便设立了《史记》引《书》为古文说（如班固、孙星衍）或兼今古文说（如陈乔枞）的标准，设立了引《诗》为今文鲁诗的标准（如陈乔枞）。这种标准的价值在于，它提出了一种可能的条件。可是，只有这一条件显然是不够的。实际上当前人在应用这一标准时，还有一个在他们看来是不言而喻的条件，即汉儒守师说、重家法。而这一点也恰恰需要具体分析。汉初伏生传《尚书》，有弟子欧阳生、张生，张生又传夏侯氏。武帝时，欧阳尚书立博士。至宣帝时，大夏侯（胜）、小夏侯（建）尚书又立博士。夏侯胜受业于族父夏侯始昌，又问于欧阳氏；夏侯建受业于族父夏侯胜，又从师于欧阳氏。结果大小夏侯又分为两家。[②] 如果汉儒真的严守师说，怎么会有许多分分合合？学术流派的分合，本是学术发展过程中的正常现象。试看《汉书·儒林传》，因“改师法”而未能补博士缺的，亦仅孟喜一人而已。可是孟喜的弟子以

---

① 《经学通论·诗经·论诗齐、鲁、韩说，圣人皆无父，感天而生；太史公、褚先生、郑君以为有父，又感天，乃调停之说》条。皮锡瑞：《经学通论·诗经》，40页，北京，中华书局，1954。

② 见《汉书·儒林传》，又见《汉书·眭两夏侯京翼李传》。

后还当上了博士。可见孟喜未被重用实际与其个人人品不佳有关。那么汉儒为什么高谈师法呢？看来不过是为了标榜自己是"真正老王麻子"，以便猎取官禄罢了。司马迁时代的经师都没有真正严守师法（如他们自我标榜的那样），司马迁并非经师，也无意补博士缺，当然更无严守一家师法之必要。所以，他从师问学，自然会受到影响，我们所能确定的仅仅是这种可能性，而得不出他严守师法的结论。又例如，从司马迁时《书》唯有欧阳立于学官这一事实出发，陈寿祺便得出他引《尚书》为欧阳本的标准。但是这个标准也不能绝对化。司马迁时，诸经立于学官者皆为今文。因此，他考信于六艺时候，自然有采用今文的较大的可能性。不过，也不能说，除今文经与经说以外，当时就没有先秦古文典籍与传说的存在。所以，连陈寿祺本人也认为《史记》采《尚书》兼今古文。他说："迁非经生，而好钓奇，故杂胪古今，不肯专守一家。《鲁周公世家》载《金縢》，其前周公奔楚事乃古文家说，其后成王改葬周公事乃今文说，此其明证矣。"①

其实，只要对《史记》的引经略作具体分析，我们就不难发现，司马迁既未墨守于当时已立于学官的经和经说，又未严守任何师法。例略如下：

(1)《五帝本纪》引《尚书·尧典》，基本为今文经。但是司马迁既不满于"《尚书》独载尧以来"，又不满于"百家言黄帝，其言不雅驯"；于是他引用了"儒者或不传"的"孔子所传宰予问《五帝德》及《帝系姓》"，并说"总之不离古文者近是"。② 如果株守今文尚书，那就不可能写《五帝本纪》。《五帝德》、《帝系姓》（此二篇先秦古文资料在司马

① 《左海经辨·史记采尚书兼古文文》，《皇清经解》，第7册，200页。

② 《史记》，第1册，46页。

迁死后又被收入《大戴礼记》中)保存了黄帝以下的世系传说。此篇还引了《左传》，亦属于古文。

(2)《夏本纪》引《尚书》之《禹贡》、《皋陶谟》、《甘誓》，基本皆为今文经。但是也引用了《帝系姓》、《五帝德》的文字。

(3)《殷本纪》引《尚书》之《汤誓》、《高宗肜日》、《西伯戡黎》，基本皆为今文经并用《尚书大传》说，但又引《逸周书·克殷解》；引《诗·商颂·玄鸟》，承认"天命玄鸟"之说，但又取契有父(帝喾)说。

(4)《周本纪》引《尚书》之《牧誓》、《吕刑》、《泰誓》皆为今文经并取《尚书大传》说，但是又博采《逸周书》之《克殷解》、《度邑解》以及《国语》、《左传》；引《诗·大雅·生民》，承认弃母履大人迹说，又言弃有父。

(5)《三代世表》主要据《五帝德》、《帝系姓》，兼取《尚书》。在当时流传的一部分古文资料中，"黄帝以来皆有年数，稽其历谱牒终始五德之传，古文咸不同，乖异"。[①] 他对不可信的古文并不迷信。

(6)《十二诸侯年表》主要据《春秋历谱牒》和《左氏春秋》、《国语》。他在此篇序中首次承认《左传》为解《春秋》之书。

(7)《鲁周公世家》引《尚书》之《金縢》，兼取今古文说，引《费誓》基本为今文，但又大量引据《左传》、《国语》。

(8)《宋微子世家》引《尚书》之《微子》、《洪范》，基本皆为今文经，以为正考父作《商颂》以美宋襄公亦为今文韩诗说；但此篇亦大量引据《左传》。他说，"襄公既败于泓，而君子或以为多，伤中国阙礼义，褒之也。宋襄之有礼让也"。[②] 所用既是今文韩诗说，又是今文《公羊

① 《史记》，第2册，488页。

② 《史记》，第5册，1633页。

传》说。可是他记宋襄公泓之战的历史，完全依据《左传》，笔下至少毫无褒意。

通过上述例证，我们还可以看出，司马迁兼采今古文并非出于简单的猎奇的爱好。因为，一则，司马迁引经并非从主观上愿意或不愿意引某书出发，而是首先要看能说明某一时代历史的究竟是些什么文献。黄帝以下至尧以前，他不得不用古文的《五帝德》、《帝系姓》；春秋时期，他又不得不主要据《左传》、《国语》。这就是说，他引书有无法选择的一面。二则，当今古文资料并存时，他又非从猎奇或师法出发。他对于“近是”的古文，取之，甚至作《仲尼弟子列传》时也采用了孔氏古文的弟子籍；而对于“乖异”的古文，则不取之。他的确重视今文《尚书》，但是《殷本纪》中竟然未引《盘庚》，《周本纪》中竟然未引周初诸诰。他为什么不引用这些极为宝贵而重要的材料？看来因为这些篇目太难懂，当时今文经师未能解释通，甚至解释有“乖异”（段玉裁即曾指出汉代《尚书》今文说有“乖异”处，见《古文尚书撰异》）处。总之，在有选择余地时，不论古文或今文，凡其说乖异者，他皆不选。三则，他既兼引今古文，在一定条件下，也就不得不兼容并包，信以传信，疑以传疑。例如，他既从今文韩诗说，以为契、稷皆感天而生，又从古文《帝系姓》说，以为此二人皆有父。这看来是留下了矛盾，实际是并存了古代的两种传说。古代有生于图腾说或感天神而生说，同时古人又有重血缘而明谱系的传统。尽管两种说法都很不可靠，但两种说法反映的古代传统本身则是真实的。试看《圣经·新约》第一章《马太福音》一开头就开列着耶稣的家谱，从亚伯拉罕直到耶稣母亲的丈夫约瑟，共四十二代；同时又说明耶稣之母玛利亚是童贞女，从上帝圣灵而孕育了耶稣。兼存古代传说，并非《史记》或其他中国古史所特有。

如果用司马迁自己的话来概括他引书兼容并包的方法，那就是："厥协六经异传，整齐百家杂语。"①这是否说明司马迁引书是杂家式的？不是。他引六经时协其异传，整齐百家杂语时"考信于六艺"。这就说明也是"折中于仲尼"的。但是他又有自己的特色：一则，与当时株守一经及一家之说而拒斥他说的陋儒不同，司马迁对儒家诸经之间的态度是开放的；二则，与董仲舒的罢黜百家、独尊儒术的态度不同，司马迁主张兼容百家，只不过以儒家的六经为最高标准来整齐百家，所以对百家的态度也是开放的。

三、司马迁与董仲舒今文经学在思想上的异同

以上谈了《史记》在引据和解释典籍的层次上与当时经学的关系。现在再就学术观点的层次谈谈《史记》与当时经学的关系。那么，当时经学主要研讨的是什么问题呢？汉武帝在策问董仲舒时说："盖闻善言天者，必有征于人；善言古者，必有验于今。故朕垂问乎天人之应，上嘉唐虞，下悼桀纣，寖微、寖灭、寖明、寖昌之道。"②汉武帝提出的问题，出于汉统治者从理论上总结历史经验以巩固其统治的需要；而他所提出的，也正是当时在理论上尚未解决的问题，即天人之际与古今之变两个问题。现在分别讨论如下。

第一，关于古今之变的问题，也就是人类历史如何演变的问题。

在汉代经学兴起以前，这个问题就已经提出好久了。孔子说："殷因于夏礼，所损益可知也；周因于殷礼，所损益可知也。其或继

① 《史记》，第10册，3319～3320页。

② 《汉书》，第8册，2513页。

周者，虽百世可知也。”[①]这就是说，当前一朝的治变为乱的时候，下一朝就要加以损益或变革以求治；当下一朝的治再转为乱的时候，更下一朝又要加以损益以求治。如此在因循与损益过程中一治一乱地走下去，这大概就是孔子自以为百世可知的历史演变方式了。孟子说：“天下之生久矣，一治一乱。”[②]看来这是他对孔子说法的概括，也是他自己对历史演变方式的看法。不过，孟子又加了一条：“五百年必有王者兴。”[③]这样就多了一个五百年一回转的具有神秘色彩的圈子。孟子以后，邹(驺)衍“称引天地剖判以来，五德转移，治各有宜，而符应若兹”。[④] 邹衍书已不传，其说略见于《吕氏春秋·有始览·应同》。这就是，“黄帝之时，天先见大螾大蝼。黄帝曰：土气胜。土气胜，故其色尚黄，其事则土。及禹之时，天先见草木秋冬不杀。禹曰：木气胜。木气胜，故其色尚青，其事则木。及汤之时，天先见金刃生于水。汤曰：金气胜。金气胜，故其色尚白，其事则金。及文王之时，天先见火，赤乌衔丹书集于周社。文王曰：火气胜。火气胜，故其色尚赤，其事则火。代火者必将水，天且先见水气胜。水气胜，故其色尚黑，其事则水。水气至而不知，数备将徙于土”。[⑤] 这种说法比孟子的“一治一乱”和“五百年必有王者兴”更系统化、更神秘化了。邹衍五德终始说中有着一种战国时期的以力取胜与除旧布新的精神，所以采用了以木克土、金克木、火克金、水克火、土克水的相代

① 《论语正义》，39页。

② 《孟子正义》，263页。

③ 《孟子·公孙丑下》，焦循：《孟子正义》，《诸子集成》，第1册，183页。

④ 《孟子荀卿列传》，《史记》，第7册，2344页。

⑤ 《吕氏春秋》，《诸子集成》，第6册，126～127页。

嬗的演变方式，但总的体系仍是一种圈子。五行相胜说在秦汉时期曾经盛行。秦始皇正式宣布秦为水德以代周。汉文帝时即有人提议，至武帝时(太初元年)正式宣布汉为土德以代秦。

以董仲舒为代表的今文经学家对于历史演变的解释，虽然受到五行相胜说的某种影响，但实际上是与之不同的。董氏在回答汉武帝册问道是否有变化时说："道者，万世亡弊。弊者，道之失也。先王之道必有偏而不起之处，故政有眊而不行。举其偏者以补其弊而已矣。三王之道所祖不同，非其相反，将以救溢扶衰，所遭之变然也。故孔子曰：'亡为而治者其舜乎。'改正朔，易服色，以顺天命而已，其余尽循尧道，何更为哉？故王者有改制之名，亡变道之实。然夏上忠、殷上敬、周上文者，所继之救当用此也。孔子曰：'殷因于夏礼，所损益可知也；周因于殷礼，所损益可知也。其或继周者，虽百世可知也。'此言百王之用，以此三者矣。夏因于虞，而独不言所损益者，其道如一，而所上同也。道之大原出于天，天不变，道亦不变。是以禹继舜，舜继尧，三圣相受，而守一道，亡救弊之政也。故不言所损益也。由是观之，继治世者其道同，继乱世者其道变。今汉继大乱之后，若宜少损周之文致，用夏之忠者。"①这一段话有三层意思：一则，天不变，道不变，故历史实无变；所谓变，只是举偏补弊，把偏离于道之弊纠正并返回于道上来。二则，既是救弊，便没有五行相胜说的前后相反。三则，把孔子三代因循损益之说神化为教条，认为一切历史的变都不会超出三代的圈子，于是五行的圈子为三代的圈子所代替。

为了神化其事，董仲舒又把他的三代圈子展开为三统说或三正

① 《董仲舒传》，《汉书》，3518～3519页。

说。他说："三正以黑统初，正日月朔于营室，斗建寅。天统气始通化物，物见萌达，其色黑。"[①]"正白统者。历正日月朔于虚，斗建丑。天统气始蜕化物，物始芽，其色白。"[②]"正赤统者，历正日月朔于牵牛，斗建子。天统气始施化物，物始动，其色赤。"[③]他认为，夏为黑统，以正月(建寅)为岁首；殷为白统，以十二月(建丑)为岁首；周为赤统，以十一月(建子)为岁首。十一月(冬至所在月)，阳气在地下开始萌动，植物的根株是红色的；十二月，植物在地下萌芽，其色白；正月，植物芽始出地面，其色黑。这样他就给夏殷周三代的三正、三统、三色找出了似为科学而实为神学的理论根据。[④] 他还构造出一个大的推衍体系。例如，周以本代及前二代夏、殷为三代，以三代前自黄帝至舜的五朝为五帝，以黄帝以前的神农氏为九皇。那么，代周者，将以自身及前二代殷、周为三代。黜夏为五帝之一，再上黜黄帝为九皇。如此等等。[⑤] 由此又可看出，董氏三统说与邹氏五行说还有两个重要差别：第一，董氏三统、三正之变，只是同一个道在不同阶段的展现形式之不同(具体化为同一植物根芽在不同阶段的颜色不同)，不是一物为另一物所代替。第二，董氏三统说中，没有以十月(建亥)为岁首的一统；这样他就把以十月为岁首的秦代排除在正统之外。以后刘歆作《世经》，就正式把秦当做闰统。儒家经学的正统说容

① 苏舆：《春秋繁露义证》，191 页，北京，中华书局，1992。

② 同上书，193 页。

③ 同上书，194 页。

④ 夏、殷、周岁首推移的次序与三代相传次序相反，《白虎通·三正》解释说："天道左旋，改正者右行，何也？改正者，非改天道也，但改日月耳。日月右行，故改正亦右行也。"陈立：《白虎通疏证》，364 页，北京，中华书局，1994。

⑤ 见《春秋繁露·三代改制质文》。

纳不了反儒的秦王朝，这与五行说承认秦占一德，汉继秦为土德不同。以后到刘歆《世经》中又以周为木德，木能生火，汉继周为火德。[①] 这就是继承了董仲舒不予秦为正统的方法。

司马迁在解释历史演变时，既没有引用五行相胜说，又没有引用三统、三正说；大概因为它们都神秘化而远于人事。但是也引用了董仲舒的说法。例如，“太史公曰：夏之政忠，忠之敝，小人以野。故殷人承之以敬，敬之敝，小人以鬼。故周人承之以文，文之弊，小人以僿。故救僿莫若以忠。三王之道若循环，终而复始。周秦之间，可谓文敝矣。秦政不改，反酷刑法，岂不谬乎？故汉兴，承敝易变，使人不倦，得天统矣。”[②]这里既承认夏、殷、周三代忠、敬、文三种政教的承敝易变的关系，又把秦置于三王之道以外加以批评，显然受了董仲舒经学的影响。但是，司马迁说：“秦取天下多暴，然世异变，成功大。传曰：法后王。何也？以其近己，而俗变相类，议卑而易行也。学者牵于所闻，见秦在帝位日浅，不察其终始，因举而笑之，不敢道。此与以耳食无异，悲夫。”[③]秦取天下多暴，是事实；其成功大，也是事实。汉基本上继承了秦制，这就是法后王。这仍然是事实。怎能抛开这些事实对秦采取“举而笑之不敢道”的态度呢？司马迁把这种对秦的态度嘲笑为“与耳食无异”，应该说这就是对于不予秦为正统的学者(当然首先是董仲舒)的不指名的批评。这是司马迁不同于董仲舒者之一。又如，司马迁在比较三代诸侯与高祖功臣侯者异同时指出，同是诸侯，三代诸侯那么多，历时又那么长久，而汉初受封的

① 《律历志下》，《汉书》，第 4 册，1023 页。
② 《史记》，第 2 册，393～394 页。
③ 《六国年表序》，《史记》，686 页。

功臣侯者百余人，仅经百年，至武帝太初时仅剩下五个，“余皆坐法陨命亡国，秏矣”。于是他深有感慨地说：“居今之世，志古之道，所以自镜也，未必尽同。帝王者各殊礼而异务，要以成功为统纪，岂可绲乎？”[①]这就是说，由于时移世异，古今情况已有很大不同；所以用古作为镜子照照还是有益的，要求今就像古一样那就是不可能的。因此，司马迁说汉代用夏之忠，那只是说以之为借鉴，而绝非汉代又回到了夏的情况。在这里，司马迁是司马迁、董仲舒是董仲舒，“岂可绲乎？”这是司马迁不同于董仲舒者之二。总之，司马迁看历史的演变，从事实而不是从经学或五行说公式出发，同意历史的演变有某种循环的特征，而并不认为客观的历史真的就是在封闭的圆圈中循环的。

第二，关于天人之际的问题。在古代，不少思想家都用天人关系来解释人世间的盛衰与祸福，有时候还用这种关系来解释历史演变的原因。

在儒家典籍中，是有以天人关系解释历史演变的传统的。在《尚书》中，王朝的更替往往被说成“皇天上帝，改厥元子”[②]。天为什么会改换“元子”（即天子）呢？这是为了把这个天子的地位从无德者的手中夺回来，转给有德者的手中。夏代先王曾经有德，所以得了天命即王位；夏代末王失去了德，天就命令有德者商汤革了夏代的命。商汤以有德得天命，至其末王又失去了德，于是天又命令周文王、武王革了商代的命。《尚书·周书》中有许多篇都反复讲这个道理。周统治者意识到天命是会转移的，因而也是不易把握的。怎样才能知道天命的

① 《高祖功臣侯者年表序》，《史记》，878页。

② 《尚书正义》，212页。

动向呢？“天棐忱辞，其考我民。”[①]看看民心就知道天命的动向了。《孟子·万章上》引真古文《尚书·泰誓》说：“天视自我民视，天听自我民听。”[②]说的也就是这个意思。所以，在《尚书·周书》中，把天看做能赏善罚恶的主宰者或上帝，这个认识的水平并不算太高，可是，把天命看做民心的反映，这种认识中就已经具有水平甚高的理性因素了。

孟子对《尚书》中的上述思想作了进一步的发挥。万章问孟子说，尧把天下传给了舜，有此事吗？孟子回答说，天子不能拿天下给别人，舜得天下是天给的。怎见得是天给的呢？尧在位时用舜做副手，这就是荐舜于天。舜祭祀，神接受，舜办事，“百姓安之”。这就是“天与之，人与之”。尧死以后，人民拥护舜而不拥护尧的儿子。这样就是天把天下给予舜了。万章又问，有人说，禹的德行就不行了，天下不传贤而传子，对吗？孟子回答说，不对。“天与贤则与贤，天与子则与子”。因为禹也曾荐益于天，可是禹死后，人民不拥护益，而拥护禹的儿子启，所以启得天下也是天给予的。益为什么不能得到人民拥护呢？孟子说，舜做过尧的副手 28 年，禹做过舜的副手 17 年，“施泽于民久”，而尧、舜的儿子又都不肖，所以舜、禹能得人民拥护；而益只做过禹的副手 7 年，“施泽于民未久”，禹的儿子启又贤能，所以益得不到人民的拥护。先前的国君的儿子贤或不肖，被荐者做副手的时间长短，这都不是人力所能决定的。“莫之为而为者，天也；莫之致而至者，命也。”所以传贤或传子都决定于天、于命。[③] 这

① 《尚书正义》，199 页。

② 《孟子正义》，380 页。

③ 《孟子正义》，379～382 页。

样，孟子就又给天加上了一种偶然性的解释。不过，就连这些偶然性，最终也要由人民的拥护这一决定因素来实现。所以，在孟子看来，天命和民心是一致的；他以天命解释历史的演变，实际即是以人心向背来解释历史的演变。

邹衍的阴阳五行说，讲的也是天人关系问题。他的五行相胜说，是以木克土、金克木、火克金、水克火、土克水的形式表示一种不以人的意志为转移而人只能适应它的天命。他的五行相生说，是讲“禨祥度制”①因而“大祥而众忌讳，使人拘而多所畏”②的，其说大体可见于《吕氏春秋·十二纪》或《礼记·月令》中。这种思想产生的背景大概是，战国社会剧变而争战酷烈，旧体制的破坏势成命定，不以人的意志为转移了。秦始皇正式宣布秦得水德，“刚毅戾深，事皆决于法，刻削毋仁恩和义，然后合五德之数”。③ 看来他是在自觉地适应以水克火的天命，而不再顾忌人心了。实际上他也是认为人心不足畏的。

汉代秦以后，儒家讲天人关系，大体分为两支：今文《尚书》家讲《洪范》主要以五行说灾祥；而陆贾、贾谊等则又注意以人心解释天命，因为他们在总结秦亡的经验时重新认识到了人心的重要性。到了董仲舒的手里，二者又合而为一。他的春秋公羊说，既以人心解释天命，又以五行相生、相胜说来讲灾祥。他对汉武帝说：“臣谨案《春秋》之中，视前世已行之事，以观天人相与之际，甚可畏也。国家将有失道之败，而天乃先出灾害以谴告之。不知自省，又出怪异以警惧之。尚不知变，而伤败乃至。以此见天心之仁爱人君，而欲止其乱

① 《史记·孟子荀卿列传》。
② 《史记·太史公自序》。
③ 《史记·秦始皇本纪》。

也。自非大无道之世者，天尽欲扶持而全安之，事在强勉而已矣。”“故治乱废兴在于己，非天降命不可得反，其所操持悖谬，失其统也。臣闻天之所大奉使之王者，必有非人力所能致而自至者，此受命之符也。天下之人同心归之，若归父母，故天瑞应诚而至。”“诗云：‘宜民宜人，受禄于天。’为政而宜于民者，固当受禄于天。”[①]董仲舒把天说成人格化的上帝，上帝是爱护人君的，会对人君给以警告以至奖惩，而最后奖惩的标准还在于人君是否能得民心。这实际是把孟子的说法作了宗教神学化的加工，本质上还是儒家以人心解释天命的思想。董氏以天人感应之说讲灾祥，备见《春秋繁露》书中，成为以后史书中《五行志》的滥觞，这里不多说了。

司马迁对于天人之际的解释，与董仲舒有同也有异。一方面，司马迁相信灾祥，与董仲舒有相似处。《史记·天官书》前面的绝大部分都是古代天官理论或占星学理论，大概是司马谈从唐都那里学来又传给司马迁的。“太史公曰：自初生民以来，世主曷尝不历日月星辰，及至五家三代，绍而明之。内冠带，外夷狄，分中国为十有二州。仰则观象于天，俯则法类于地。天则有日月，地则有阴阳；天有五星，地有五行；天则有列宿，地则有州域。三光者，阴阳之精。气本在地，而圣人统理之。”[②]这是司马迁对上文所引天官理论的总结和提要，说明天官理论的核心在于天地亦即天上人间的对应与相通。司马迁承认天地或天人之际的对应与相通，就与董仲舒有了一个基本的共同点。但是，司马迁不赞成以天官理论胡乱解释历史。他在《自序》中说：“星气之书，多杂禨祥，不经。推其文，考其应，不殊，比集论

① 《汉书·董仲舒传》。

② 《史记》，第4册，1342页。

其行事，验于轨度以次，作天官书。”[①]所以，《天官书》中，自从“太史公曰”以下，都是他以史书记载与天官理论相核验的推文考应之作。他对春秋时期，只举了很少的例证，而对于秦灭六国、项羽破秦、汉之兴、平城之围、诸吕作乱、吴楚之乱等，都列举了星象的先兆，并说“此其荦荦大者，若至委曲小变，不可胜道。由是观之，未有不先形见而应随之者也”。为什么要有这种天人之际的理论呢？司马迁说：“日变修德，月变省刑，星变结和。凡天变过度，乃占。国君强大，有德者昌，弱小饰诈者亡。太上修德，其次修政，其次修救，其次修禳，正下无之。”所以，这种理论旨在利用天变警戒人君，使之改过、修德。其目的与董仲舒也是一致的。不过，尽管如此，司马迁与董仲舒仍然有很大的不同。司马迁的态度是：对于天官灾祥理论，必须以历史事实去检验之，能核实者（尽管这也是偶合）才承认之。他的方法是归纳的、实证的。董仲舒则是尽力作天人之际的比附[②]，其方法是演绎的、玄想的。所以，如果说董仲舒为汉代今文经学的神学化奠定了基石，那么司马迁则在一定程度上做了以后兴起的古文经学的先导。尽管司马迁在相信灾祥说的内容上颇有与今文经学一致的地方。

另一方面，司马迁讲天人之际，还有与董仲舒颇为异趣的地方。董仲舒对于皇天上帝的赏善罚恶的性质是充分肯定的，而司马迁对此却将信将疑，甚至疑多于信。他说：“或曰：‘天道无亲，常与善人。’若伯夷、叔齐，可谓善人者非耶？积仁洁行如此而饿死。且七十子之徒，仲尼独荐颜渊为好学，然回也屡空，糟糠不厌，而卒蚤夭。天之报施善人，其何如哉？盗跖日杀不辜，肝人之肉，暴戾恣睢，聚党数

---

① 《史记》，第10册，3306页。

② 事见《春秋繁露》书中，恕不举例。

千人，横行天下，竟以寿终。是遵何德哉？此其尤大彰明较著者也。若至近世，操行不轨，专犯忌讳，而终身逸乐富厚，累世不绝。或择地而蹈之，时然后出言，行不由径，非公正不发愤，而遇祸灾者，不可胜数也。余甚惑焉。傥所谓天道是耶？非耶？”①由于对赏善罚恶的天人之际的怀疑，司马迁对天及天人之际提出了一种新的理解。

司马迁在论秦的兴起时说：“秦始小国，僻远。诸夏宾之，比于戎翟。至献公之后，常雄诸侯。论秦之德义，不如鲁卫之暴戾者；量秦之兵，不如三晋之强也。然卒并天下，非必险固便、形势利也。盖若天所助焉。”②又说：“说者皆曰：‘魏以不用信陵君故，国削弱，至于亡。’余以为不然。天方令秦平海内，其业未成，魏虽得阿衡之佐，曷益乎？”③秦暴戾而终于因天助而得胜，就像《伯夷列传》中所说坏人得好报一样，那么，这个天又是什么样的天呢？其实，司马迁对助秦的“天”已经作了分析和回答。他说，“是（春秋中期）后，陪臣执政，大夫世禄，六卿擅晋权，征伐会盟，威重于诸侯。及田常杀简公而相齐国，诸侯晏然弗讨。海内争于战功矣。三国终之卒分晋，田和亦灭齐而有之。六国之盛自此始。务在强兵并敌，谋诈用而从衡短长之说起，矫称蜂出，誓盟不信，虽置质剖符，犹不能约束也”。④ 山东各国内部及各国之间的争权夺利，本来都为了营其私利，而结果在斗争中削弱了自己的力量并破坏了彼此间的团结，终于为秦的征服与兼并扫清了道路。为秦兼并扫清道路的本是山东六国的人的行为，怎能说是天呢？因为他们的本来日的不是为秦扫清道路，扫清道路是莫之为

① 《史记》，第7册，2124～2125页。

② 《史记》，第2册，685页。

③ 《史记》，第6册，1864页。

④ 《史记》，第2册，685页。

而为、莫之致而至的违反他们本来目的的客观后果，所以这就是天是命了。司马迁在分析秦楚之际形势变化之快并比较先秦统一之难与汉高帝统一之易的时候说："秦既称帝，患兵革不休，以有诸侯也。于是无尺土之封，堕坏名城，销锋镝，钼豪杰，维万世之安。然王迹之兴，起于闾巷，合从讨伐，轶于三代。乡秦之禁，适足以资贤者为驱除难耳。故愤发其所为天下雄，安在无土不王。此乃传之所谓大圣乎。岂非天哉，岂非天哉！"①秦本为维护自己的统治而不立诸侯，结果却为汉高帝的统一扫清了道路。这也是莫之为而为、莫之致而至的事，所以岂非天哉？司马迁所说的这种天，如果换用黑格尔的话来说，就叫做"理性"或"普遍的东西"。黑格尔说："热情的特殊利益，和一个普通原则的活泼发展，所以是不可分离的：因为'普遍的东西'是从那特殊的、决定的东西和它的否定所生的结果。特殊的东西同特殊的东西相互斗争，终于大家都有些损失。那个普遍的观念并不卷入对峙和斗争当中……它驱使热情去为它自己工作，热情从这种推动里发展了它的存在，因而热情受了损失，遭了祸殃——这可以叫做'理性的狡计'(the cunning of reason)。"②每一个个体或特殊者都在为自己的利益而热情地斗争着，而站在背后的普遍者、理性或天却假手于个体间的热情的斗争去实现天自己的计划，个体的自觉的努力却使其自身转变为天的不自觉的工具。司马迁在两千余年以前对天人之际的认识，就已经接近于黑格尔的理解，实在是难能可贵的。用这样的天人之际来解释历史的发展，其深度远远超出汉代经学水平之上了。

不过，司马迁的这种天人之际的思想却有其经学的来源。在《尚

① 《史记》，第3册，760页。

② 黑格尔：《历史哲学》，72页，北京，三联书店，1956。

书》里，天假手于商汤以伐桀、假手于周武王以伐纣，是假手善人以伐恶；人是天的自觉工具，有天人之间的同一而无对立。在《左传》中，又有了这样的记载：蔡侯般是一个弑父而篡位的人（襄公三十年）[①]，12年后，楚灵王把他召到申，杀了他又派兵围蔡。晋国的韩宣子问叔向楚是否能胜利，叔向说楚能胜利，因为“蔡侯获罪于其君，而不能其民，天将假手于楚以毙之”。而楚灵王也不是好人，所以叔向又说：“天之假助不善，非祚之也，厚其凶恶，而降之罚也。”[②]楚灵王灭蔡，只是为了自己兼并的目的，天却假手于他，一则惩罚蔡侯般，二则为他自己的灭亡准备条件。楚灵王做了天要他做的事，在这一点上天人一致；可是他个人的目的与天的目的又是不同的，这一点上天人又相对立。但是，最终天还是利用楚灵王而实现了天的目的，楚灵王只不过是天的一个热情的而又不自觉的工具。以上曾经说到司马迁多引《左传》，现在又可以看出，他的这一杰出的天人之际的见解，显然也是受了古文经的影响的。当然，司马迁的见解比《左传》又进了一步。《左传》只说到天假手罪人以罚恶人，而《史记》则已经看到天假手怀有自私目的的人去推动历史的发展了。

① 《春秋左传正义》，2011页。

② 同上书，2060页。

先秦时期天下一家思想的萌生*

一、问题的提出

六十多年以前，顾颉刚先生发表了《秦汉统一的由来和战国人对于世界的想象》一文，批评了人们以为中国从来就是如此统一的误解。他说："秦汉以前的中国只是没有统一的许多小国；他们争战并吞的结果，从小国变成了大国，才激起统一的意志；在这个意志之下，才有秦始皇的建立四十郡的事业。"①顾先生以其疑古精神纠正人们对于古史的误解，这当然有积极的意义。因为前人读了《禹贡》往往误以为，在大禹治水以后，真的就"九州攸同"、"四海会同"了。不过当他强调上古无统一的时候，对问题的另一方面便不免有所忽略。因此傅斯年、张荫麟等先生又指出他把商代的疆域看得太小了，对他作了匡正②。

---

* 原载《史学、经学与思想——在世界史背景下对于中国古代历史文化的思考》，北京师范大学出版社，2005年1月。

① 《古史辨》第2册上编，1页。

② 同上书，10～16页。

经过几十年的疑古与辨伪，人们一般不会再把《尚书》中的《虞书》、《夏书》以至《商书》中的一些篇章当做当时的原始文献，而是会有分析地加以使用。而近几十年来的考古研究的巨大成果，又使人们眼界大开，对古代的历史有了前人所难有的了解。例如，从前我们只能通过《诗·商颂·玄鸟》知道商的规模是："邦畿千里，维民所止，肇域彼四海。"怎样肇域彼四海法？那就不知道了。可是考古研究的成果改变了我们知识的状况。"综观各地发现的殷商时期的方国遗存，它们的文化面貌尽管在某些方面也表现出一定的地方特点……但在很多主要的方面和殷商文化几乎是完全相同的。这就表明殷商文化的分布已经远远超出了原先的想象，它不仅存在于黄河中下游，而且发展到长江以南的广大地区……它充分证实了殷商文化对于各个方国的强大影响。这些方国中，有的是殷商帝国的重要盟国，有的长期与殷商帝国处于敌对状态。但是，无论是哪一种情况，在物质文化上都接受了殷商的文明。"①

几十年来的历史学与考古学的研究成果表明，到了殷周时期，中原大地上虽然有小国的林立，但也并非没有任何统一的趋向；不容忽视的文化统一进程正为政治的统一奠定着坚实的基础。因此，现在我们不能再以为，只有到了战国时期才开始有统一的意志，并且这种意志只是由征战兼并激发而生的。这样，探索从商周时期开始的统一思想或天下一家思想的萌生过程，就不是没有意义的了。这也就是本文的写作日的所在。

① 《新中国的考古发现和研究》，244 页。

二、商周时期天下一家思想的萌芽

在司马迁所著的《史记》中，首先是《五帝本纪》，随后就是夏、殷、周三个本纪以至秦、汉诸本纪。如果不看内容，人们是会有可能把五帝、三代之君误会为先后相承的统一国家的君主的。《史记》所反映的当然是大一统了的汉代的观念。中国文明自三代始，夏、商、周还不是真正的统一国家。这在今天已经为人们所公认。但是，难道司马迁的三代统一的观念就只有其自身时代的影响而没有任何历史的根据吗？不，事情并非如此简单。司马迁是历史家，他不能凭空说话，而是言必有据，尽管他的史料依据有时并不太可靠。他写夏、商、周三代本纪，所根据的是《尚书》、《诗经》、《左传》、《国语》以及先秦诸子书中的有关资料。就以"三代"的观念来说，他是有其充分的历史根据的。三代观念的源头见于《尚书》之中。传世的二十九篇《尚书》(伪古文诸篇除外)就是按虞、夏、商、周的朝代次序排列的。当然这并非按照各篇产生的真实时间次序排列的。因为学者们发现，所述时代较早的虞、夏、商书的许多篇章的行文反而比较晚的周书更为通顺易懂，其内容也常夹有晚后的成分；所以它们的最后成篇当在周书之后。不过，即使如此，这样的排列次序在春秋战国时期就已经出现了。《墨子》书中常引"先王之书"，其中包括"夏书"、"商书"、"殷书"、"周书"，其《明鬼下》中还明确提出："尚者[书]夏书，其次商、周之书。"①这就说明，墨子所见的《尚书》已经是按夏、商、周三代的次序来排列的了。那么春秋时期的学者又何所据而这样编排《尚书》篇

① 据孙诒让《墨子间诂》(孙氏引王念孙、引之父子说)改"书"为"者"。见《诸子集成》，第4册，150页。

章的次序呢？他们是有根据的，根据就在《尚书》自身之中。

在最可凭信的《尚书·周书》中，我们可以看到两种情况：一方面，小邦林立；另一方面，在众小邦之上有一个共主的王朝。周与商曾经是小邦与大邦之间的关系。周人在自己的文献中丝毫也不掩盖这一点。他们习惯地把原先的殷商称为“大邦殷”（见《召诰》、《康王之诰》）、“大国殷”（见《召诰》）、“天邑商”（见《多士》），而自称为“小邦周”（见《大诰》）、“我小国”（见《多士》）。武王伐商成功以后，殷、周之间的大小邦关系颠倒了过来，殷变成了“小腆”（见《大诰》，郑玄谓小腆即小国），尽管它还是一国。周对其他小邦或称“友邦”（见《牧誓》、《大诰》），或称“庶邦”（见《大诰》、《酒诰》、《梓材》、《无逸》、《顾命》、《康王之诰》等）。既然承认邦的存在，那么大小邦之间自然是邦与邦之间的关系；邦之大小从这个角度来看只是量的区别。然而事情还有另一方面。当殷还是大邦或天邑的时候，它不仅在量上为大，而且在质上为“天”，即“天命”所在之邑或邦。当时小邦固然很多，幅员较大以至在某些情况下称为大邦者也是有的，但是被公认为受有天命的则只有商。因为天只有一个，天命也只有一个。

也许有人会问，在殷、周时期，人们就真的认为天命只有一个吗？王国维不是已经用彝铭材料证明“古时天泽之分未严，诸侯在其国自有称王之俗”[①]了吗？文献材料说明，早在武王伐商之前，周文王就已经有受命称王之说。在《尚书》的《大诰》、《康诰》、《洛诰》、《无逸》、《君奭》等篇和《诗经·大雅》的《文王》、《大明》、《皇矣》、《文王有声》等篇中，都说是文王受命；而《尚书·洛诰》和《诗经·周

① 《古诸侯称王说》，载《观堂别集》，卷一，16～17页。见《王国维遗书》第4册，上海，上海古籍出版社，1983。

颂·昊天有成命》中又说是文、武二王受命。证诸彝器刻词，如盂鼎铭文也说："不显文王受天有大命，在武王嗣文王作邦。"周人的说法中看来有矛盾，但是他们说的是实话。因为规划并着手反对商王朝的是周文王，而实现了文王的计划的则是武王。后世儒者为了文王受命称王问题争论不休，以为文王既是圣人就不会不守臣节，不会在殷王朝尚在的时候称王。这是后世儒者不明古今之异，不懂当时"天泽之分未严"的缘故。不过，天泽之分未严不等于无天泽之分。这也是可以用文献材料加以说明的。

近年在陕西省周原发现的甲骨中，有两片(H：82和H：84)记有"𠕋周方伯"之句。在此周邦之君被称为方伯，而称周君为方伯者是殷王。殷、周之间的君臣关系于此可见实证。其实在《尚书》和《诗经》之中，周人一直是明确承认这一点的。不过，周人不是把这种殷、周君臣关系当做永恒状态来看待的，而是把它放在历史的过程中来说明的。《诗经·大雅·文王》："殷之未丧师，克配上帝。"这是说殷在败于周以前曾经是克配上帝的天子。而在败于周以后，情况就变了。周人把这种殷、周地位的变化解释为"皇天上帝，改厥元子兹大国殷之命，惟[周]王受命"(见《尚书·召诰》)或"皇天改大邦殷之命，惟周文武诞受羑若"(见《尚书·顾命》)。原来殷受天命而为天子或天之元子，但是天把给予殷的命改了，转而给予周了。所以周王就代替殷王而为天子。此处值得注意的是，天只有一个，天下只有一个，天命也只有一个。所以，天授命与殷的时候，周就没有天命，就不能君临天下；天要授命与周，就又必须改掉了殷受的命，使殷不再君临天下。所以天之元子或天子在同一时间内应该也只能有一个，他就是代表唯一的天而统治唯一的天下的唯一的人。所以他们总自称为"予一人"。

这一套理论究竟始于何时？现在还不能给予准确的回答。可以肯定的是，在商代就已经存在了。周以一个原先的小邦战胜并取代了天邑商，商遗民总是心中不服。周人就对商人说："惟尔知殷先人有册有典，殷革夏命"（见《尚书·多士》）。可见，周人不过是把殷人对夏人做过的事在不同历史条件下重演了一次。你殷人既然革过夏人的命，我周人为什么就不能革你殷人的命呢？你们祖先遗留下的典册正好可以作为我们可以革你们的命的根据。由此可见，尽管商先公们曾经和夏王朝同时并在，商原来总是夏王的臣；而在殷革夏命以后，夏裔也还存在，但君臣关系却倒过来了。至少殷先人的典册中是这样记载的。殷人为什么要承认在自己的王朝以前有过一个夏王朝呢？那看来只能说这是承认历史事实。因为如非事实，商人是完全没有必要生造出一个先前统治过自己的君主来的。这就说明，在夏、商、周三代，尽管小邦林立，其上是有一个共主或王朝的。它就是分离状态中的统一象征，也就是天下一家思想赖以萌芽的最初土壤。

说到这里，也许有人会说，这并非中国古代特有的现象，于古代近东实亦有之。事情的确如此。在两河流域，早在苏美尔（Sumer）城邦时期的《苏美尔王表》（*The Sumerian King List*）中就有了"王权降自上天"和王权在诸邦间转移的记载；在著名的《汉穆拉比法典》（*The Laws of Hammurabi*）中，这位立法者也自称为"众王之王"、"天下四方之王"。以后，在波斯国王居鲁士（Cyrus）、大流士（Darius）、薛西斯（Xerxes）等人的铭文中，也多次出现过"众王之王"、"天下四方之王"的称谓。这些材料出现于公元前2000纪中叶至公元前1000纪中叶，大约相当于中国的殷商至春秋时期。试将中外古代的情况一比，我们的确可以发现其中的某些相似之处。不过，我们也不能忽视了中国历史的特点。

在古代近东，那些"众王之王"、"天下四方之王"的地位是凭武力打出来的；当然，在古代中国，商之代夏与周之代商也是凭武力打出来的。这也是二者的相似之处。但是，在周取代殷以后，以周公为代表的周人对夏、商兴衰的历史进行了深度的反省，从而在思想上和实践上都比前人大有突破。而这些突破看来就不是古代近东诸国所曾有的了。现在请一论周公在上述两方面的突破(breakthrough)。

首先说周公在思想方面的突破。周公是武王伐商时的重要辅佐，又是东征平定武庚之乱的统帅，当然知道周之代商不能不用武力。但是周公的真正伟大之处并不在于此，而在于他看出了武力的不可靠性。如果论武力，殷的武力比周曾经强得多了，不然周也不会成为殷的方伯。即以牧野之战时的兵力对比来说，周也并不比殷占优势。可是，曾经强大一时的殷竟然被小邦周打败了。这一奇迹般的胜利，不仅没有使周公头脑发昏，反而使他大吃一惊，使他不能不想一想这究竟是什么缘故。周公反省的结果就反映在《尚书·周书》的《大诰》、《康诰》、《酒诰》、《梓材》、《召诰》、《洛诰》、《多士》、《无逸》、《君奭》、《多方》、《立政》诸篇之中。如果把这些篇中的主要思想概括起来，那也许可以说有两点：其一，天命或天子的地位并不可靠，它是会变的，其变化的指标就反映在民心的向背上。他说："天棐忱辞，其考我民(见《大诰》)。"又说："天畏棐忱，民情大可见(见《康诰》)。"又说："古人有言曰：人无于水监，当于民监。今惟殷坠厥命，我其可不大监抚于时(见《酒诰》)。"早在公元前2000纪之末，周公就能把天命直接地还原为人心，这自然是一大突破。其二，天命和人心向背的根据又何在？周公的回答是在国君之德的有无得失。他说："我不可不监于有夏，亦不可不监于有殷。我不敢知曰，有夏服天命，惟有历年，我不敢知曰，不其延；惟不敬厥德，乃早坠厥命。我不敢知曰，有殷受天命，惟有历年，我不敢知曰，不其延；惟不敬厥德，乃早坠厥命。今王嗣受厥命，我亦惟兹二国命，嗣若功。”（见《尚书·召诰》，按《召诰》亦为周公之作）他多次生动地说明，当夏有德的时候，天就授命与夏；当夏失德的时候，天就革夏命而授予商。当商又失德的时候，天就再革殷之命而与周。“天惟时求民主（见《多方》）。”在周公看来，天总在根据民心所向去为人们寻找有德之君以代替无德之君。周公把这种变换君主的过程叫做“皇天上帝改厥元子”。郑玄解释此句说：“言首子者，凡人皆云天之子，天子为之首耳。”这就是说，不管周公的自觉到了什么程度，他的确已经或多或少地意识到，天为人之父或家长，因而天下之人皆为一家。这一大家的管家长子（即天之元子或天子）虽非由人民直接选举产生，也是由天根据人心所向指定的。这种刚刚发生的天下一家思想中就蕴藏了一种理性的萌芽，在当时也不能不说是一大突破。

其次，周公为了巩固周王朝对诸侯的君临地位，建立了封建制与宗法制。据《荀子·儒效》篇说，周公“兼制天下，立七十一国，姬姓独居五十三人焉；周之子孙，苟不狂惑者，莫不为天下之显诸侯”。《左传》僖公二十四年亦记，“昔周公吊二叔之不咸，故封建亲戚，以蕃屏周”。周公的封建是与宗法的建立有关系的。王国维在《殷周制度论》中说：“周公既相武王克殷胜纣，勋劳最高，以德以长，以历代之制，则继武王而立，固其所宜矣。而周公乃立成王而己摄之，后又反政焉。摄政者，所以济变也；立成王者，所以居正也。自是以后，子继之法遂为百王不易之制矣。由传子之制而嫡庶之制生焉。由嫡庶之制而宗法与服术二者生焉。”①于是周王由政治而言为诸侯之天子，由宗法而言又为天下之大宗。诸侯之不同姓者，则又与周及周之同姓诸

① 载《观堂集林》，卷十，3～5页，见《王国维遗书》，第2册。

侯互通婚姻，构成另一种亲戚关系。周王照例称同姓诸侯为伯父或叔父，称异姓诸侯为伯舅或叔舅。这就是天下一家思想在封建和宗法、政治和血缘并行不悖体制中的体现。这样的体制在中国历史上也不能不说是一种突破。现在看来，这两种突破的同时出现，在古代其他地区似乎还不曾见到过。这应该说是中国古代历史上的一个特点。当然，我们也应看出，在周公的两种突破之间是有一种张力(tension)的：他的天命得失取决于人心向背的思想，体现的是以德作为核心的天下一家的理性，是超越的而且无私的；而他所设立的封建与宗法制度，则体现为以姬周王朝一姓为核心的天下一家的实践，是现实的却又有私的。

三、春秋战国时期天下一家思想的成长

宗周既灭，平王东迁以后，周公所构建的封建与宗法一致的体制日益衰败。于是诸侯势力兴起，不断相互争夺并进行兼并战争。与西周时期相比，这时的形势表现为分裂与混乱，是一种所谓礼坏乐崩的无理性的局面。然而正是在春秋战国时期，中国历史上出现了由封建而郡县、由小邦而大国的转变的过程；所以在分裂与混乱的现象的后面，历史实际是在向一个更高层次的统一进展着。在这样的情况下，中国历史上出现了第一次百家争鸣，出现了一个空前的文化繁荣时代。人们的理性正由无理性状态中激发而生，其中也包括了关于天下一家思想的发展。

春秋战国时期并没有统一的天下，但是儒、墨显学与法家之学都不以为那是正常现象。因为他们都相信，曾有过先王王天下的统一时期，当时的分裂混战只是一时的状态。《论语·季氏》记孔子曰："天下有道，则礼乐征伐自天子出；天下无道，则礼乐征伐自诸侯出。"所

以，礼乐征伐自天子出的统一局面是正常的或有道的状态，反之就是无道的不正常状态。尽管显学中有儒、墨之争，而法家又批评儒、墨显学，他们彼此间多有分歧，可是他们都力图改变当时的分裂混战的或无道的局面。至于天下为何可以成为一家又怎么才能成为一家？各家的答案就不同了。

孔子作为先秦诸子中的第一人，最服膺于周公。周公总结出的巩固周王天子地位的理论是自人心以观天命，自修德以求民心；其措施则是以分封诸侯与确立宗法来作为王权的保障。到春秋时期，周公所设立的制度已在崩解，而他的思想却得到了孔子的继承和发扬。如果说周公发现了德，那么就可以说孔子又进了一步，由德进到了仁。什么是仁？《论语》中记载了孔子从不同角度所作的回答。《颜渊》篇记："樊迟问仁。子曰爱人。"这是关于仁的最简明而又切要的答案。同篇又记："颜渊问仁。子曰：克己复礼为仁。一日克己复礼，天下归仁焉。为仁由己，而由人乎哉。"周公以为有德可以得天下，孔子则以为行仁可以得天下。"德"和"仁"都有爱人的意思；不过，德是站在君主的地位爱臣民，而仁则是站在人的地位爱人。何以见得？《颜渊》篇记仲弓问仁，孔子的回答是："己所不欲，勿施于人。"《雍也》篇记孔子对子贡说："夫仁者，己欲立而立人，己欲达而达人。能近取譬，可谓仁之方也已。"所以，仁就是推己及人地爱人。这也就是孔子所说的"为仁由己"的意思所在。仁者为什么能够推己及人？这需要意识到自己和他人同样是人，同类才能相推。当然，对这些孔子并未作展开的论述，但他的意思是明白的。同时应该说明的是，孔子虽未表明他要实施周公设立的封建制与宗法制，但他确实很重视礼，强调君君、臣臣、父父、子子的亲亲尊尊的等级秩序。他的仁、他的推己及人之爱，也就是要经过这一条等级阶梯由己及人、由内向外地推展出去。

他的仁与他的礼是相须而行的。孔子以为，只要能够行仁，天下就会归仁而成为一家。能够成就这一点的逻辑前提是什么？孔子没有明说，如果加以推论，那就只能是天下之人都有一个共性即人性。

墨子也主张天下一家。《墨子·法仪》："今天下无大小国，皆天之邑也；人无幼长贵贱，皆天之臣也。"从天的角度来看，不论天下之国还是天下之人皆属一家。他同孔子一样，主张爱人；不过他以为孔子的有等差的仁爱还不够，而主张实行无差别的兼爱。在《兼爱》上中下三篇中，他都批评了主张爱己先于爱人、爱自己之亲先于爱他人之亲、爱自己之国先于爱他人之国的现象。他认为这是一切纷争的根源。除了《兼爱》篇中的经验论证以外，在《大取》篇中还有其逻辑的论证。他说："爱人不外己，己在所爱之中；己在所爱，爱加于己。伦列之，爱己，爱人也……臧之爱己，非为爱己之人也。"①他认为己是人中一员，爱人中就包括了爱己。从逻辑上说，爱己也可以说是爱人，因为自己也是人；但是，爱作为自己之人不等于爱全人类。爱人(类)之中可以包括爱己，爱己之中却包括不了爱人。譬如一个奴隶(臧)爱他自己，其目的就在爱己，而非爱自己仅作为其中一员的人(类)。因此墨子认为，要实现天下一家的理想，就不能像儒家那样，爱人从爱己起，再外推以爱人；而必须先人(类)然后及己，即行兼爱。兼爱本是墨子的主张，是人志，但他一定要把它说为天志。这倒不仅是为了打出天的旗帜以利号召，爱既不能从爱己始，能爱与所爱自始即已背离，故能爱之源就不能不外化为"天志"。所以墨子所要实现的是人从天志的天下一家。怎么样才能达到天下一家呢？墨子的处

① 据孙诒让《墨子间诂》，此处引文删节号以下文字应与以上文字相连，见此书244～245页。《诸子集成》，第4册。

方是“尚同”。在《尚同》上中两篇的开端，我们可以看到墨子把原始的人说成一群野兽，不能和合而相亏害。这就必须由天来选知天志的人为天子(像野兽一样的人是不可能有选择能力的)，然后逐级下选诸侯、百官等等。有了这样的秩序，人们再逐级上同到天子，天子又上同于天。总之，下级服从上级，天子服从上天。一旦上同实现，墨子以为，天下一家也就实现了。

孟子更为明确地主张天下一家。《孟子·梁惠王上》记他和梁襄王的一段对话：“卒然问曰：‘天下恶乎定?’吾对曰：‘定于一。’‘孰能一之?’对曰：‘不嗜杀人者能一之。’‘孰能与之?’对曰：‘天下莫不与也……诚如是也，民归之犹水之就下，沛然谁能御之。’”他说：“三代之得天下也以仁，其失天下也以不仁。”(见《离娄上》)又说：“桀纣之失天下也，失其民也。失其民者，失其心也。得天下有道，得其民斯得天下矣。得其民有道，得其心斯得民矣。得其心有道，所欲与之聚之，所恶勿施尔也。民之归仁也，犹水之就下、兽之走圹也。”(见《离娄上》)这也就是孔子所主张的恕道或仁道。为什么行仁道就能实现天下一家？他说：“仁也者，人也；合而言之，道也。”(见《尽心下》)仁就是把人当人，以仁对人就是道。对人类实施人道，天下人自然可以成为一家。孟子与墨子不同，他不把人性看成野兽一样，而是以为人性善，“人皆可以为尧舜”(见《告子下》)。因此他也不须像墨子那样，必须先把人能爱人之理性外化为天志，而后才能加以运用。孟子的“人”，不是天下一家的对象，而是其主体。墨子说儒家的仁爱不如无差别的兼爱。孟子说：“仁者以其所爱及其所不爱，不仁者以其所不爱及其所爱。”仁者老吾老以及人之老，爱人之老是爱己之老的向外展延；墨家兼爱主张对路人之父如对己之父，实际也就是以对路人的态度对自己之父。所以墨子的“人”心中没有理性的火种，因而必须要到天上去取；而孟子的“人”就有理性的火种在其自心，只要加以扩充就可以了。孟子说：“人皆有不忍人之心。先王有不忍人之心，斯有不忍人之政矣。以不忍人之心行不忍人之政，治天下可运之掌上。”(见《公孙丑上》)在他看来，实现天下一家的关键就在于使人性充分展开。

荀子的理想也是天下一家。他认为，只要大儒居于君位或居君位者为大儒，就可以“一天下，材万物，长养人民，兼利天下，通达之属，莫不从服。”(见《荀子·非十二子》)就可以做到“四海之内若一家，通达之属，莫不从服。”(见《儒效》)他反对墨子的“僈差等”而主张隆礼，但又受了墨子人性说的影响而主张性恶论。他认为：“人生而有欲，欲而不得，则不能无求；求而无度数分界，则不能不争。争则乱，乱则穷。先王恶其乱也，故制礼义以分之，以养人之欲，给人之求。使欲必不穷乎物，物必不屈于欲，两者相持而长，是礼之所生也。”(见《礼论》)墨子以为无差别的兼爱可以达到和谐，荀子则认为有等差的礼才能够造成和谐。孟子以为充分发挥人性可以达到天下一家，荀子则认为以礼节制人性才能构成有差别的统一。荀子虽主张性恶说，但他又认为“涂之人可以为禹”(见《性恶》)。为什么？因为他认为，人皆有“可以知之质，可以能之具”(见《性恶》)。人性虽恶，但还有改恶从善的智与能；而且这种智与能的充分发挥还可以使人成圣人。所以荀子重视劝学、修身，强调教育与文化影响的作用。他对天下一家的实现看得不像孔、孟那样简单，并不认为一旦仁政出现，天下就会立即全部归仁。从前人们相信圣王汤、武已经做到了天下一家，可是到了战国晚期荀子的时候，有人就怀疑汤武是否真能统治全天下了。荀子坚持认为：“汤居亳，武王居镐，皆百里也，天下为一，诸侯为臣，通达之属，莫不振动从服以化顺之。”不过这种统一并非无差别的统一，而是“诸夏之国同服同仪，蛮夷戎狄之国同服不同制。

封内甸服，封外侯服，侯、卫宾服，蛮夷要服，戎狄荒服。甸服者祭，侯服者祀，宾服者享，要服者贡，荒服者王。日祭，月祀，时享，终王。夫是之谓视形势而制械用，称远近而等贡献，是王者之至也”(见《正论》)。大体相同的说法见于《国语·周语上》，类似的说法见于《尚书·禹贡》篇末。因此可见，这时的“天下一家”不仅包括了华夏诸邦，而且包括了边裔少数民族。儒家不以种族而以文化别华夷，在《孟子》中就有了开端①。这些大概都是当时儒家学派中人提出的以文化声教为导向的有区别的渐进的天下一家的理论。不管这些说法中的事实可靠性如何,其中无疑是有着理性的因素的。

当儒墨显学正在从理论上讨论天下一家问题的时候，历史上的客观统一进程却快速地发展着。法家迎着这种形势走了出来。韩非说：“世异则事异……事异则备变。上古竞于道德，中世逐于智谋，当今争于气力。”(见《韩非子·五蠹》)又说：“夫两尧不能相王，两桀不能相亡；亡、王之机，必其治乱、其强弱相踦者也。木之折也必通蠹，墙之坏也必通隙。然木虽蠹，无疾风不折；墙虽隙，无大雨不坏。万乘之主，有能服术行法以为亡征之君风雨者，其兼天下不难矣。”(见《亡征》)还引申子曰：“独视者明，独听者聪。能独断者，故可以为天下主。”(见《外储说右上第三十四·说二》)这些实际都只是阴谋独断以取天下之术，而颇为当时君主欢迎。因为它是实用主义的。

秦的统一结束了诸子的讨论。儒、墨显学似乎都未能起到直接的作用。但是，秦的统一六国与罗马的征服地中海地区，情况毕竟有所

① 孟子主张在文化上“用夏变夷”(见《滕文公上》)。他说舜是“东夷之人”，文王是“西夷之人”(见《离娄下》)，夷而能成华夏的圣人，是夷在文化上变为夏的结果。

不同。秦统一后，六国故地和秦地一样成为郡县，六国遗民和秦人一样成为黔首；而罗马的行省及其人民与罗马及其人民的地位就无法同日而语了。中国与罗马的区别，固然与多方面的条件不同有关；但是，文化上的统一与天下一家思想的深入人心实在也是不能忽视的一个因素。所以，尽管秦的统一未能运用周公和儒、墨显学提出的天下一家思想，这种思想本身作为文化遗产还是很值得我们研究的。

论汉代春秋公羊学的大一统思想*

早在先秦时期，中国就有了“天下一家”思想的悠久传统。这种思想到战国尤其是汉朝时期，更进一步发展为系统的大一统思想。《春秋公羊传》是表述这种思想的一部著作。此书在战国时期就以口授的方式在学者间师生相传，至汉景帝时始著于竹帛。汉武帝时的春秋公羊学大师董仲舒作《春秋繁露》，对公羊学的大一统思想作了系统的阐述。至东汉末，何休作《春秋公羊经传解诂》，把公羊学的大一统思想发展成一套具有历史哲学的特点的理论体系。本文所要论述的范围就是这三部书的大一统思想的内容以及其间的发展。

一、《公羊传》中的“大一统”思想

《春秋》开篇云：“隐公元年，春，王正月。”《左传》云：“元年，春，王周正月。”只是说明，所谓“王正月”就是周王朝所采用的历法的正月，即周正。所以只是说明一下事实。

* 原载《史学理论研究》，1995 年第 2 期。

《穀梁传》云："虽无事，必举正月，谨始也。"这就连经文中"正月"前面的"王"字都未作解释。唯独《公羊传》作了细致的解释，云："元年者何？君之始年也。春者何？岁之始也。王者孰谓？谓文王也。曷为先言王而后言正月？王正月也。何言乎王正月？大一统也。"对于这一段《公羊传》，董、何二家皆有解说；不过，他们的解说包含了他们各自的天人学说。这可以说是他们对于传文的解释，也可以说其中已经包括了他们的发展。所以，关于他们的解释，以下论及他们的思想时再说，这里直接谈我个人对于传文的理解。为了尽可能减少个人先见(Prejudice或Vorurteil)中不应有的主观成分，这里将尽量采用汉代人的训诂成说。首先，关于"大一统"的"大"，在这里不是形容词，而是动词。按《公羊传》文例，凡言"大"什么者，都是以什么为重大的意思。如隐公七年传中两次言"大之也"，都是"以此为大事"的意思。又例如《荀子·性恶》"大齐信焉而轻财货"，杨注云："大，重也。"这里的"大"作为动词既与"轻"相对举，解为"重"自然是毫无疑问的。所以，这里传文"大一统也"，意思是说，所以书为"王正月"，是因为以"一统"为重为大的缘故。至于"一统"，看来已经非常明白而无须解说；不过，我以为如果了解一下汉人的解诂，那么就可以把其真意弄得更确切、更清楚一些。汉儒许慎作《说文解字》，其中对"统"的"解释是："统，纪也。"段玉裁注云："《淮南·泰族训》曰：茧之性为丝。然非得女工煮以热汤，而抽其统纪，则不能成丝。按此其本义也。引申为凡纲纪之称。……《公羊传》大一统也。何注：统，始也。"《说文》云："纪，别丝也。"段注云："别丝，各本作丝别。《棫朴》正义引：纪，别丝也。又云：纪者，别理丝缕。今依以正。别丝者，一丝必有其首，别之是为纪；众丝皆得其首，是为统。统与纪，义互相足也，故许不析言之。"这就是说，纪是一根丝的头，找到丝头，这根丝就能理好；统是许多根丝的头，把这许多根丝的头抓到一起，这一团丝也就能理出头绪来了。所以，如果就其为“头”的词义来说，“统”和“纪”可以无别；但是析而言之，只有“统”才有一的问题，而纪则不存在这个问题，因为它本身就是一。所以，这个“一统”不是化多（多不复存在）为一，而是合多（多仍旧在）为一；它可作为动词（相当于英文之 to unite），也可作为名词（相当于英文之 Unity），就此而言，词义的重心在“一”。但此“一”又非简单地合多为一，而是要从“头”、从始或从根就合多为一。只有看出这后一点意思，才确切地把握了《公羊传》的“一统”的本义。而这样的“一统”，要从西文里找出与之完全相对应的词，看来就很困难了。（按西文中的“一统”，如 Unity，die Einheit 等等，其词根皆源于“一”，而与“统”略无关系。）中国人的“一统”观念，自有其历史的特色，是非常值得我们研究的。

《公羊传》为什么把“王正月”和“大一统”联系在一起呢？因为，在春秋时期，各诸侯国的历法实际并不一致；例如《左传》记晋国事，常用夏历（以现在农历的正月为岁首，故今农历亦称夏历），说明晋在当时采用夏历，与周历（以今农历十一月，即冬至所在月为岁首）不同。当时有夏、商（以今农历十二月为岁首）、周三正说，可见所用非皆周历。可是，诸侯既以周为天子，自然在理论上该用周历。《春秋》原本为鲁史，鲁用周历，故《春秋》也用周正，称“王正月”。《公羊传》据此发挥《春秋》大义，以为书“王正月”就是奉周王之“统”或“正朔”；各国都奉周之统，于是“统”就为“一”。所以，书“王正月”就是要强调“一统”的重要性。

《公羊传》从“王正月”这一尚无具体历史内容的记时方法上就看出了《春秋》的大一统思想。当然，这一思想在其论述具体历史事件中也是必然有所表现的。兹举例论述如下：

例如，在《公羊传》所论及的春秋时期，周王朝已经日趋衰落，诸侯势力日增；因而诸侯各行其是，天子已经无力过问。这正是不一统的现象。《公羊传》既然要“大一统”，它就不能不对诸侯独断专行的现象加以批评。桓公元年《春秋》记：“三月，公会郑伯于垂，郑伯以璧假许田。”《公羊传》(以下引此传解经文皆简作《传》)云：“其言以璧假之何？为恭也。曷为为恭？有天子存，则诸侯不得专地也。许田者何？鲁朝宿之邑也。诸侯时朝乎天子，天子之郊，诸侯皆有朝宿之邑焉。此鲁朝宿之邑也，则曷为谓之许田？讳取周田也。讳取周田，则曷为谓之许田？系之许也。曷为系之许？近许也。此邑也，其称田何？田多邑少称田，邑多田少称邑。”按这里对经文的事实说明与《左传》有所出入，但在一个基本点上是无可怀疑的，即鲁国把由周天子授予并在朝周时居住的近许之土地擅自转让给了郑国。上面还有周天子在，诸侯竟自交易土地，这当然是有损大一统的行为。因此，《公羊传》不与“诸侯专地”。

又例如，僖公元年《春秋》记：“齐师、宋师、曹师次于聂北，救邢。夏六月，邢迁于夷仪，齐师、宋师、曹师城邢。”《传》云：“救邢，救不言次，此其言次何？不及事也。不及事者何？邢已亡矣。孰亡之？盖狄灭之。曷为不言狄灭之？为(齐)桓公讳也。曷为为桓公讳？上无天子，下无方伯，天下诸侯有相灭亡者，桓公不能救，则桓公耻之。曷为先言次而后言救？君也。君则其称师何？不与诸侯专封也。曷为不与？实与而文不与。文曷为不与？诸侯之义不得专封也。诸侯之义不得专封，则其曰实与之何？上无天子，下无方伯，天下诸侯有相灭亡者，力能救之，则救之可也。”狄人灭邢，齐桓公率齐、宋、曹三国之师救之不及，但是把溃败的邢人迁于夷仪，帮他们筑城复国。按筑城立国就是“封”，而封诸侯本是天子的权力，齐桓公作为诸侯是无权“专封”的。所以，尽管他做了救邢的好事，《传》对他仍然是只“实与”而“文不与”。为什么呢？因为齐桓公存亡国固然有功，但是他终究还是违背了诸侯不得专封的原则；要“大一统”，在文词上就不能不批评他。《公羊传》中不与诸侯专封的事例不少，如僖公二年、僖公十四年、襄公元年、昭公四年、昭公十三年皆有类似文例。

又例如，《春秋》宣公十一年记：“冬十月，楚人杀陈夏征舒。”《传》云：“此楚子也，其称人何？贬。曷为贬？不与外讨也。不与外讨者，因其讨乎外而不与也。虽内讨，亦不与也。曷为不与？实与而文不与。文曷为不与？诸侯之义，不得专讨也。诸侯之义不得专讨，则其曰实与之何？上无天子，下无方伯，天下诸侯有为无道者，臣弑君，子弑父，力能讨之，则讨之可也。”陈国的夏征舒杀了其君陈灵公，楚庄王出兵伐陈，杀夏征舒。这本是讨杀君的罪人，按《春秋》之义是正当行为。可是，楚庄王不是陈国人，就算是“外讨”，诸侯越境外讨，这就是做了天子才能做的事。因此不能允许。那么本国人就可以任意讨杀罪人了？如果不报告天子就动手，那就算是“专讨”，仍然是不能允许的。

以上所说不与诸侯“专地”、“专封”、“专讨”，都是《公羊传》特有之义，为《左传》及《穀梁传》所无。(《穀梁传》桓公元年虽有“礼，天子在上，诸侯不得以地相与也”之文，但不像《公羊》明标为例。所以，那只是个别地方接受了《公羊传》的见解。)《左传》与《穀梁传》对于隐公元年“春迁正月”未有“大一统”的解说，独《公羊传》有之。这与其不与诸侯专地、专封、专讨是精神一致的。为什么这样说呢？齐桓、楚庄等人或救亡存灭，或讨杀杀君之人，这本来是合乎《春秋》之“义”的，但是仍然只能实与而文不与。为什么呢？因为还有一条更重、更大的“义”，就是诸侯不得独断专行(“专”)，不得有违“一统”之“义”。唯其

“一统”之“义”重于、大于其他诸义，所以这才叫做“大”“一统”，也就是以“一统”为大。

关于《公羊传》的“大一统”的思想，以上已经作了解析和讨论。那么，《公羊传》的“大一统”思想是否就是《春秋》经本有之义呢？当然，有人是把公羊家的“大一统”之说看做骗人的鬼话的。不过，我以为，如果说《公羊传》的全部“大一统”说都直接来自《春秋》，那未免失之于凿；但是，不能说《公羊传》的大一统思想与《春秋》没有渊源关系。正如司马迁在《史记·孔子世家》中所指出，“吴、楚之君自称王，而《春秋》贬之曰子；践土之会实召周天子，而《春秋》讳之曰天王狩于河阳。”这就是《春秋》尊王的大一统思想的表现。至于《春秋》的这种思想与孔子是否有关，这也不能作断然否定的答案。相反，《论语·季氏》记孔子曰：“天下有道，则礼乐征伐自天子出；天下无道，则礼乐征伐自诸侯出。”应该说这正是《公羊传》不与诸侯“专地”、“专封”、“专伐”的思想源所自出。所以，可以说《公羊传》的大一统思想虽然未必就等于《春秋》的同类思想，但它总是《春秋》中一统思想的发展。

二、董仲舒天人合一体系中的大一统思想

如上所述，《公羊传》是从“王正月”说到“大一统”的。董仲舒也由此说到一统，但内容有所拓展。《春秋繁露(以下简作繁露)·三代改制质文》云：“《春秋》曰：‘王正月’，《传》曰：‘王者孰谓？谓文王也。曷为先言王而后言正月？王正月也。’何以谓之王正月？曰：王者必受命而后王。王者必改正朔，易服色，制礼乐，一统于天下。所以明易姓，非继人，通以己受之于天也。王者受命而王，制此月以应变，故作科以奉天地，故谓之王正月也。”《公羊传》从“王正月”直接就到了“大一统”，其间未涉及天命；而董生则以为，“王正月”是王者受天命

必改正朔以应变、以奉天地的结果。所以改正朔“一统于天下”者，不仅是天子与臣民的关系，而且首先是天子与天的(受天命)的关系。这样，董生就把公羊家的一统说纳入了他的天人合一的思想体系。

董生既然要把其一统说置于其天人合一体系之中，他就不可能止步于其上述的对于“王正月”的解说上。于是，他又追溯到“王正月”以上的“元年”的“元”，通过对此字的解说来进一步阐发其天人合一说及在此体系中的大一统思想。为什么第一年不叫一年而叫元年呢?《繁露·玉英》曰：“谓一元者，大始也。”为什么改称一为称元就算是以“始”为大了呢？他在《繁露·重政》中说：“惟圣人能属万物于一，而系之元也；终不及本所从来而承之，不能遂其功。是以《春秋》变一谓之元，元犹原也，其义以随天地终始也。故人惟有终始也而生，不必应四时之变，故元者为万物之本，而人之元在焉。安在乎？乃在乎天地之前。故人虽生天气及奉天气者，不得与天元本、天元命而共违其所为也。”对于这一段文字，前人理解颇有分歧。或如俞樾在其《诸子平议》中所主张，以为人之元“乃在乎天地之前”意不可解，其中实有衍文；他以为不当有“乃在乎”三字，而应以“安在乎天地之前”为句。俞氏以为人之“元”不可能在于天地之前。或如苏舆在其《春秋繁露义证·玉英》篇注(苏氏取钱塘之说以为此段文字当属《玉英》)中所主张，以为原文无误，“元”自应在天地之前。我以为苏说为长。苏说具见于其注(见中华书局钟哲　校点本第68～70页)，恕不备引。不过，这一段话对于理解董生天人合一的一统说极为重要，因此不能不从这方面稍作说明。

按董生此说乃专为解《春秋》经文首字“元”而发。在他看来，孔子作《春秋》，字字皆无虚置。所以，既然以“元”字开篇，其中就必有深意。意在何处呢？这个“元”既是纪年之始，又是经文之始，还是万物之始。他认为，圣人变一为元，乃是为了追本溯源至最初的源头。为什么呢？因为万物虽属分殊，但溯至初源乃归于一。当然，这个一不是具体的一，而是抽象的一或大一，为了区别于具体的一，乃改称为元。他曾对汉武帝说："一者万物之始也，元者辞之所谓大也。"（见《汉书·董仲舒传》对策一）所以这个"元"，既近似于老子的道，又近似于古希腊毕达戈拉斯派的"一元"（monados）。此"一"既是在时间中作为序数的一（第一），又是在空间中作为基数的一（单一或独一）；也可以说这就是"一"与"统"的先天的结合，或者说就是"一统"的形而上学的根源。因此，它作为初本（近于古希腊的 archi，即"始基"）之"元"，既是天地之原，也是人之原。看来这个"元"似乎非常虚玄而不切于实用，可是它在董生的天人合一体系中却是必不可少的大前提。《繁露》一书多处谈天人合一，天与人为什么又怎能够合一呢？关键就在于天人同"元"。此书中又一再说到人能与天地"参"，人为什么又怎能够与天地参呢？其关键仍在于天人同"元"。作为天人共同之"元"，当然它既在人之前，又在天地之前。唯其如此，"故人虽生天气及奉天气者，不得与天元本、天元命而共违其所为（即共同的'元'）也。"不过，董生的天人合一体系理论又有不同层次之分。相对于最高层次的"元"来说，天与人属于同一层次。如果下降到天人关系的这个层次，董生又以为"人之（为?）人本于天"，（见《繁露·为人者天》）"天地者万物之祖"。（见《繁露·顺命》）所以天人之间并不平等，而是人从于天。如果再从天人关系层次降到人与人的关系层次，董生则以为"君者民之心也，民者君之体也"。（见《繁露·为人者天》）所以君处于支配地位，民处于被支配地位。他在"深察君号之大意"时甚至说"君者元也，……是故君意不比于元，则动而失本"。（见《繁露·深察名号》）当然，这里所说"君者元也"只是说君之意相对于民来说可以"比于元"，而非说君就等于元。所以君与民虽同样是人，但地位仍不平等。所以他说："《春秋》之法，以人随君，以君随天。"(见《繁露·玉杯》)董仲舒的这种等级系统开始于"元"，而其终极目的则在于化大行、天下一。《繁露·二端》云："是故《春秋》之道，以元之深正天之端，以天之端正王之政，以王之政正诸侯之即位，以诸侯之即位正境内之治。五者具正，而化大行。"化大行则天下之统一矣。这就是董生要把他的天人合一体系中的一统说溯源于"元"的理论缘由。当然，这种说法只不过是他的一种理论上的虚构。早在孔子以前的青铜器铭文中就有了把第一年称为元年的先例，可见元字本身并没有那么多深文大意。在这里我们只是就董生之文而论其思想，并无信其说为历史之真的意思。

董生把他的一统说上溯到"元"，那只是为了在理论上求得一种彻底性。他说："故春正月者，承天之所为也，继天之所为而终之也。其道相与共功持业，安容言乃天地之元？天地之元奚为于此、恶施于人？大其贯承意之理矣。"(见《繁露·重政》)所以，谈"元"只是"大其贯承意之理"，而人间的正月仍然是直接按"天之所为"(即地球绕日而引起的一年四季现象)来确定的，并不直接与天之"元"有关。因此，要说天人合一的一统，直接地仍然要从"春正月"说起。为什么这样说呢？因为一年有四季，以春季为首。春季又有三个月，以正月为春季之首。可是，以这三个月中的哪一个月为春正月呢？在中国古代曾有三正之说。那就是，周以建子之月(冬至所在月、今农历十一月)为正月，商以建丑之月(今农历十二月)为正月，夏以建寅之月(立春所在之月、今农历一月)为正月。古人看到冬至之日最短，以为这应当是一年之末；此日之后天渐变长，便以为新岁之春已经开始。这种看法并非没有天文上的根据，可是就是与实际气候条件不合。冬至过后，不仅没有转暖，而且更加严寒。这就使得古人不得不把岁首逐渐往后推延。以冬至所在月为岁首，是周正；往后推一个月，就是商正；再往后推一个月，就是夏正。推到夏正，正好符合天时气候，所以就不能再往后推了。因此，三正就有了子、丑、寅三个月。“天之所为”既然可以有三正，那么又怎么能成一统呢？于是董仲舒又推衍出一套通三统为一统的说法。

董生的“三统”说源出于古代的“三代”观念。当周王朝取代商王朝以后，周人在多篇文告中都曾表示，周之代商犹之乎过去商之代夏；从而正式地承认在周以前有过夏、商两个王朝。这些皆见于《尚书·周书》，亦见于《诗经》的不少篇章，在此无须细说。到了春秋时期，就有了以夏、商、周为“三代”的说法，这也见于孔子的言论中，如“斯民也，三代之所以直道而行也”。（见《论语·卫灵公》）三代是在历史的进程中递嬗的，董生的三统也是在历史中流变的。在《繁露·三代改制质文》中，他结合历法、天象、物候推衍出一整套三统论。他以夏为“黑统”，以商为“白统”，以周为“赤统”。其说为：“三正以黑统初。正日月朔于营室，斗建寅。天统气始通化物，物见萌达，其色黑。故朝正服黑，首服藻黑，……亲赤统，故日分平明，平明朝正。正白统奈何？曰：正白统者，历正日月朔于虚，斗建丑。天统气始蜕化物，物始芽，其色白。故朝正服白，首服藻白，……亲黑统，故日分鸣晨，鸣晨朝正。正赤统奈何？曰：正赤统者，历正日月朔于牵牛，斗建子。天统气始施化物，物始动，其色赤。故朝正服赤，首服藻赤，……亲白统，故日分夜半，夜半朝正。”继赤统者又为黑统，三统重新循环下去。三统是循环的，在三统体系中运行的王朝系列却不是循环的，而是不断代谢的。周为赤统，代周者为黑统，这是循环的；但是，前面的黑统代表者夏王朝不仅没有循环回来，而且要在历史流程中被绌下去。董生于同篇文章中说：“《春秋》上绌夏，下存周，以《春秋》当新王。《春秋》当新王者奈何？曰：王者之法，必正号。绌王谓之帝，封其后以小国，使奉祀之。下存二王之后以大国，使服其服，行其礼乐，称客而朝。故同时称帝者五，称王者三（请注意，这里的'称'只是说有其称号，而不是真正地同时为帝、为王），所以昭五端、通三统也。是故周人之王，尚推神农为九皇，而改轩辕谓之黄帝，因存帝颛顼、帝喾、帝尧之帝号，绌虞而号舜曰帝舜，录五帝以小国。下存禹之后于杞，存汤之后于宋，以方百里，爵号公；皆使服其服，行其礼乐，称先王客而朝。《春秋》作新王之事，变周之制，当正黑统。而殷、周为王者之后，绌夏改禹谓之帝，录其后以小国，故曰绌夏，存周，以《春秋》当新王。不以杞侯，弗同王者之后也。"那么这种三统说与一统又是什么样的关系呢？这里有两点值得注意：第一，三正虽然在历史上曾经同时并存，但三统则一个接替一个；虽同时有"三王"之称，但其中必有两者是先王，而真正的王同时期中则只有一个。因此，经过三统说的规范，在任何一个时期里三正中只有一正是一统之正，三王中只有一王是正统之王。例如，在周代，尽管三正并存，但只有周之正月为王正月，虽有三王之说，而夏、商之后皆为先王客，真正之王只有周王。因而虽有三统，而实成一统。第二，同一时期只有一个王正月，只有一个天子，这本来只有空间中的一体性；可是，经过了三统说的规范，这种空间中的一体性又具有了时间中的连续性。当董生把一统说从"王正月"追溯到"元"的时候，他已经注意到了"一统"在时间与空间中的统一性；三统说兼容了"一统"在时间中的连续性与在空间中的一体性，所以正是他的"元"一统说的继续和发展。值得我们深深注意的是，这种冶空间中的一体性与时间中的连续性于一炉的大一统思想，也正是中国思想传统中的一大特点，为其他国家和地区的历史中所罕见。这样的有经有纬的大一统思想对于中国历史发展的影响也是至关重大的。而董仲舒的看来颇具神秘色彩的天人合一体系中的三统说，却曲折地把这种大一统的观念表述出来了。

以上着重论述董生一统说的思想体系，所以说的比较抽象。但是，这不等于说他没有比较具体的主张一统的言论。他对《公羊传》中不与诸侯专地、专封、专讨之义也是有所阐述的，因与上节所述多有雷同，此处故不赘述。同时，他的大一统说是维护君主专制制度的，他的此类言论甚多，人们不难从《繁露》书中或其“天人三策”中看出，这里也不用多说。当然，他的一统思想既有拥护王权的一面，又有主张行德政的一面。在某种程度上，他也认为德是维系一统的重要条件。他主张，爱必远推，“远而愈贤、近而愈不肖者，爱也。故王者爱及四夷，霸者爱及诸侯，安者爱及封内，危者爱及旁侧，亡者爱及独身。独身者，虽立天子诸侯之位，一夫之人耳，无臣民之用矣”。(见《繁露·仁义法》)所以，必有德能爱及四夷，方能成为胜任一统的王者；君之德不足以至无德，其处境必每下愈况，以至于灭亡。董生的这种思想，所依循的仍然是儒家(如孟子)一统思想的传统。

三、何休的“三科九旨”与“大一统”

何休在解释“元年”的“元”字上与董仲舒不同。董生解之为“始”与“大”，即既为时间上的第一又为空间中的独一的抽象的大一。何休则以为，“变一为元，元者气也。无形以起，有形以分，造起天地，天地之始也。故上无所系，而使春系之也”。所以，董生所见的“元”是作为序数的一与作为基数的一的逻辑的统一，而何休所见的“元”则是先于天地的元气及其“造起天地”的运作；前者的思维方法具有思辨的特色，而后者的思维方法则具有历史的特色。何休解释《传》文“大一统”说：“统者始也，总系之辞。夫王者始受命，改制布政，施教于天下，自公侯至于庶人，自山川至于草木昆虫，莫不一一系于正月，故云政教之始。”他的“大一统”说的基础，同《公羊传》本身一样，仍然建立在王正月的统一上。所以，他的“一统”说的理论起点，比起董仲舒的从“元”开始来说，是后延了一步。何休的“一统”说的卓越之处在于，他把此说与他的“三科九旨”体系紧密地联系起来。

《公羊传》徐彦疏引何休《文谥例》云：“三科九旨者：新周、故宋、以《春秋》当新王，此一科三旨也。又云，所见异辞，所闻异辞，所传闻异辞，二科六旨也。又内其国而外诸夏，内诸夏而外夷狄，是三科九旨也。”我以为，何休的“大一统”说即寓于此“三科九旨”之中，应该加以充分说明。可是，清末今文经学家皮锡瑞于其《经学通论·春秋》之部的“论存三统明见于董子书，并不始于何休”条说：“三科之义，已见董子之书。”因此，如果不先辨明何、董在这方面异同，那么何休的贡献是无法说明的。兹请先论何、董之异同。

皮氏引《繁露·楚庄王》篇云：“《春秋》分十二世以为三等，有见，有闻，有传闻。有见三世，有闻四世，有传闻五世。故哀、定、昭，君子之所见也。襄、成、宣、文，君子之所闻也。僖、闵、庄、桓、隐，君子之所传闻也。所见六十一年，所闻八十五年，所传闻九十六年。”皮氏论断云，“此张三世之义”。按以上引文乃董生对于隐公元年《传》“所见异辞，所闻异辞，所传闻异辞”的解说，皮氏所引以下还有：“于所见微其辞，于所闻痛其祸，于传闻杀其恩，与情俱也。”这是说孔子在作《春秋》时，因自己对于不同的三世有感情深浅的不同，所以在书法上也有所不同，何休对于此段《传》文以及桓公二年同样《传》文也有类似于董文的解说。同据《传》文本义作解说，其说法相似是很自然的，无所谓何源于董。更重要的是，董的解说在此与一统说毫无关系，而何另有说，为董说所未有，请待以下再作详论。皮氏又引《繁露·王道》篇云："内其国而外诸夏，内诸夏而外夷狄，言自近者始也。"并论断云，"此异内外之义"。按董生此处所说实为成公十五年《传》文之节引。此年《传》云："曷为殊会吴？外吴也。曷为外也？《春秋》内其国而外诸夏，内诸夏而外夷狄。王者欲一乎天下，曷为以外内之辞言之？（何休注云：据大一统。）言自近者始也。"董生引其文重在自近始，而未直接言及一统；而何休于此处之注则重在"大一统"，与董有别。

又皮氏引《繁露·三代改制质文》篇云："《春秋》应天作新王之事，时正黑统。王鲁，尚黑，绌夏，新周，故宋。……"并论断说，"此存三统之义"。按"存三统"之说在《公羊传》中并无直接的根据，故与"张三世"、"异内外"不同。宣公十六年《春秋》记："夏，成周宣谢灾。"《传》云："外灾不书，此何以书？新周也。"董、何皆由此而引申出"王鲁、新周、故宋"的"存三统"说，实为增字解经，根据不足。在这一点上，何休显然是受了董生的影响的。不过，董生是由其"三统"说而发挥出一大套如上所述的一统理论的，而何休的一统理论主要并非来自董生的"三统"说，却是发挥自董生所未充分论述的"张三世"与"异内外"以及二者的内在关系上。

这里我们可以考察一下何休的有关论述。在隐公元年《传》"所见异辞，所闻异辞，所传闻异辞"之下，何休注包括了两个部分。其前一部分，与董生之说基本相同，上文也说到了；其后一部分则为何休的独到之见，其文云："于所传闻之世，见治起于衰乱之中，用心尚麤觕；故内其国而外诸夏，先详内而后治外，录大略小，内小恶书，外小恶不书，大国有大夫，小国略称人，内离会书，外离会不书是也。于所闻之世，见治升平，内诸夏而外夷狄，书外离会，小国有大夫；……至所见之世，著治大平，夷狄进至于爵，天下远近大小若一，用心尤深而详。”这样，他就把“张三世”的三阶段和“异内外”的三阶段重合起来了。由于这一重合，何休的大一统说有了新的巨大发展。不过，在阐述他的大一统说以前，我们还必须考察一下它在事实上及在理论上是否有所根据。

人们通常都把《春秋》看做史书，《公羊传》解《春秋》自然也应在史书之列。可是，如果单从历史学的角度来看，那么何休对“张三世”、“异内外”的重合的确“其中多非常异义可怪之论”（何休《春秋公羊经传解诂序》中语）。何休把“所传闻世”看做衰乱世，把“所闻世”看做“升平世”，把“所见世”看做“太平世”，这就和春秋时期的历史情况不能相符。春秋时期的不少国家中都曾有过政权下逮的现象。由西周而东周，礼乐征伐由自天子出而下逮为自诸侯出，随后在若干国家中又下逮为自大夫出，在鲁还出现过陪臣执国命的趋势。孔子曾为此而发浩叹。与政权下逮相应的是各种矛盾的激化与战争的频繁。所以，到底是由衰乱而升平而太平呢？还是相反地越来越乱呢？到底是由西周而来的“封建”的一统日益瓦解呢？还是相反，由分裂逐步走向大一统呢？如果直接地观察历史，人们是会认为何休说于此的确是与历史事实背道而驰的。当然，何休本人也不是不知道这一点。他认为，他注《公羊传》并非为了叙史，而是为了解《传》并由解《传》以明经。在公羊家看来，《春秋》并不是史，而是经，是孔子借史以发挥其微言大义的经典之作。所以，《传》解《春秋》，有“名不与而实与”之类的名实背离之例；何休循着这一逻辑，就推导出了“《春秋》定、哀之间文致太平”的说法。（见定公六年“讥二名”注）这就真成了刘逢禄所说那样：“鲁愈微而(春秋)之化益广”，“世愈乱而《春秋》之文益治”。（见《春秋公羊经何氏释例·张三世例》释）所以，在史学中实在非常异义可怪者，在经学中就不成其为问题了。历史上的公羊学家们从来也都是以分别经史来为自己的说法辩护的。

我们不是公羊学家，没有必要为公羊学辩护。不过，我们也不能把何休的思想当做发高热中的胡言乱语，简单地一嗤了之。我们需要的是，首先理清他的思路，然后再循其思路以析论其一统说的得失。

按何休的衰乱、升平、太平三世之说是从“所见异辞、所闻异辞、所传闻异辞”的《传》文引申而来的。这三句《传》文见于隐公元年、桓公二年以及哀公十四年凡三次。第一次是解释公子益师卒为何不记日期，理由是“远也”。因为在所传闻世，时远恩浅，所以不记日期。第二次是解释鲁桓公与齐、陈、郑三国之君集会“以成宋乱”，鲁君协助成宋乱，这当然是大恶；按书法“内大恶讳”，本是不该记的，却记了。为什么呢？还是“远也”。因为时远恩浅，所以不讳。第三次总述《春秋》笔法，不详论。这三句《传》文本是说鲁国内部的事的，与“异内外”的问题无关。可是，如果不消除内外之异，那么就不可能由分裂而走向一统，由衰乱而渐进于太平。所以何休又把“张三世”与“异内外”联系起来。为什么能这样联系呢？他从不同时期书法“异辞”这一点着眼，看出《经》、《传》之文对不同时期的“内外”也是有“异辞”的。例如，隐公二年《春秋》记：“公会戎于潜。”何注云：“所传闻之世，外离会不书，书内离会者，《春秋》王鲁，明当先自详正，躬自厚而薄责于人，故略外也。”公羊家以为两国间的私会为离会，应该贬斥；但批评要从自己开始。所以在所传闻世只批评本国的内离会而不批评外国间的离会。那么，是否有例外呢？例如，桓公五年《春秋》记：“齐侯、郑伯如纪。”《传》曰：“外相如不书，此何以书？离，不言会。”何注云：“《春秋》始录内小恶，书内离会；略外小恶，不书外离会。至所闻世，著治升平，内诸夏而详录之，乃书外离会。嫌外离会常（陈立以为，字当作‘当’，可取）书，故变文见意，以别嫌明疑。”齐、郑之君离会于纪，在所传闻世，本不当书；这里书了，可是不书为会而书为“如”，就是为避嫌疑。这样，他就从本国与诸夏的内外中看到了不同时期的“异辞”。又如，成公十五年《春秋》：“冬，十一月，叔孙侨如会晋士燮、齐高无咎、宋华元、卫孙林父、郑公子鰌，邾娄人，会吴于钟离。”《传》云：“曷为殊会吴？外吴也。曷为外也？《春秋》内其国而外诸夏，内诸夏而外夷狄。”何注云：“吴似夷狄差醇，而适见于可殊之世，故独殊吴。”如果吴在《春秋》的所传闻世出现，那时还外诸夏，就谈不到殊吴。吴恰好出现于所闻世，正是外夷狄的时候，所以就要殊了。这样，他就又从诸夏与夷狄的内外中看到了不同时期的“异辞”。不管他所说是否有牵强之处，但是他从经传文字中看出了时间中的先后阶段与空间中的内外层次之间的函数关系。这不能不说是一种特识，因为他把空间中的一统理解为时间中历史发展的趋势或结果。如果说董仲舒的通三统为一统的一统说中已经有了时间与空间中的两重因素的结合，那么其结合还是思辨的。何休却是把这种结合引进了历史的思考之中。

也许历史学家们会以为我陷入了何休的玄想圈套，而忘记了自己所学的历史。其实，在我看来，在何休的似乎极其违背历史的说法中，也很难说就没有任何一点历史的真实性。从表面上看，由西周而春秋，中国是在由统一走向分裂；而其实，春秋的分裂中正准备着更高一级统一的必要条件。这一点似乎是没有多大争议的。在春秋时期，由小邦而渐成为大国，甚至开始出现了郡县制的最初萌芽。原来被视为夷狄的楚、吴等邦，这时也逐渐实现了华夏化；而原先自以为华夏的诸邦，在此过程中也大量地汲取了所谓夷狄的文化，在一定程度上也是夷狄化。至春秋时期之末，楚、吴诸邦与中原诸夏无复分别。这就是“夷狄进至于爵”，以当时人对“天下”的眼界来说，说“天下远近大小若一”，虽然夸大到了不合事实的程度，但也总不能说连一点影子都没有吧。所以，在何休的似乎荒唐的一统说中，实际是蕴涵着孤明卓识的。

如果我们再作进一步的分析，那么就可以发现，何休的以“张三世”与“异内外”结合的大一统说，还有其深刻的儒家伦理、政治思想的内涵在。三世之别与内外之别，都在其所爱程度之别。儒家之仁爱自近而及远，推己以及人；三世与内外之差别，不过在一为时间之远近、一为空间之远近而已。所以，自儒家之仁学原则观之，二者自然是可以重合的。空间中的大一统如何才能在时间的进程中实现？不能靠武力或其他东西，而只能靠仁心与仁政之不断地外推。这是从伦理的角度说。从政治的角度说，儒家以为必正己方能正人。成公十五年《传》云：“王者欲一乎天下，曷为以外内之辞言之？言自近者始也。”何注云：“明当先正京师，乃正诸夏；诸夏正，乃正夷狄。以渐治之。叶公问政于孔子，孔子曰：近者悦，远者来。季康子问政于孔子，孔子曰：政者，正也；子帅以正，孰敢不正。是也。”所以，何休的大一统说也就是儒家正己以正人的主张的不断外推。如此而已。

按照何休以上的一统说，能实现大一统的王者必须是能推己以及人、正己而正人的仁者。不如此，也就不能成为这种王者。因此，一统在历史中是不断发展的，而王者却不是万世一系的。甚至于尽管一统的起点通常是本国，然后由本国而诸夏，由诸夏而夷狄；但是，这一次序也不是绝对的。一个国家是夷还是夏，在《公羊传》及何休注中并非以血统来分辨的，而是要看它的实际行为。例如，昭公四年《春秋》记：“夏，楚子、蔡侯、陈侯、郑伯、许男、徐子、滕子、顿子、胡子、沈子、小邾娄子、宋世子佐、淮夷会于申。”何注云：“不殊淮夷者，楚子主会行义，故君子不殊其类。所以顺楚而病中国。”因为这一次会是为了合力讨齐逆臣庆封；诸夏不能讨而楚讨之，故顺楚而病中国。又例如，昭公十二年《春秋》记：“晋伐鲜虞。”何注云：“谓之晋者，中国以无义故，为夷狄所强。今楚行诈灭陈、蔡，诸夏惧然去而与晋会于屈银。不因以大绥诸侯，先之以博爱，而先伐同姓，从亲亲起，欲以立威行霸。故狄之。”在一般情况下，楚为夷狄，晋为诸夏。可是，当楚能行诸夏所不能行之义时，公羊家就顺楚而病中国；当晋不能绥诸夏而反伐同姓时，他们就以晋为夷狄了。总之，中国与夷狄并无截然的界限，其标准就是要看其行为合乎义与否。因此，何休的一统说并不以种族原则为依旧，而是以儒家之义为取舍。这正是孟子所说的“不嗜杀人者能一之”思想的发挥。

因为能承担一统之责的不必是某国、某王，所以在统一发展的进程中可以有中心的转移，也可以有王朝的更替；中心变而一统之趋势不变。这其实也就是“三统”说所以必需的缘由。董仲舒对“通三统”说得很有创见，但是他未能将它与“张三世”、“异内外”结合起来。以上已经说到，何休把“张三世”和“异内外”结合起来从而将其大一统说发展到了一个比董仲舒更高的阶段。可是，现在我们又可以看到，何休实际上也将“通三统”和“张三世”及“异内外”结合起来了。

《公羊传》徐彦疏说何休“三科九旨”之意云：“何氏之意以为，三科九旨正是一物。若总言之，谓之三科；科者，段也。若析而言之，谓之九旨；旨者，意也。言三个科段之内，有此九种之意。”初读这一段话常不能解。因为能直接看到的是何休将“张三世”与“异内外”结合起来，而“通三统”则似乎与前二者无关。经过以上的论析，我们可以证实徐疏的这一段话是很有见识的。何休的大一统说之特点，正是将“三科九旨”结合为一来加以论述的；唯其如此，他的一统说比董仲舒又发展到了一个更高的阶段。

《春秋》公羊学是汉代经学中的重要一支，它在大一统学说的发展上的成绩是其他经学流派所不能比拟的。它把一统在空间中的拓展与在时间中的延续结合为一，并把一统的基本原因或前提理解为儒家的仁学的实行以及由之而来的不同族群的文化的趋同。这种思想对于中国历史上一统事业的发展是有其深度影响的。

《左传》中的人本思想与民本思想*

在20世纪里，不止一次地有人主张彻底抛弃中国传统典籍，也不止一次地有人主张从传统典籍中开发出有价值的文化资源，以此为中国文化的再生或复兴疏导源流。《左传》作为先秦的一部重要典籍，当然也会遇到不同态度的对待。本文不是专门讨论如何从《左传》中开发有价值的文化资源的问题，但如果我们真能证实《左传》中确有可供开发的重要文化资源，那么在客观上也就证明它不应该被彻底抛弃了。

《左传》有什么文化资源可以开发呢？在20世纪20年代初，梁任公著《先秦政治思想史》，其中有“民本的思想”一章，而《左传》也被认为是有民本思想的著作。这一见解的提出，在中国近代思想史上可能还是第一次，应该说具有很重要的意义。为什么呢？当19世纪末梁氏追随其师康有为从事变法运动的时候，他们还守着今文经学的门户，不重《左传》，而从公羊学中寻求文化资源。清代今文学家

---

* 原载《历史研究》，1995年第6期。

刘逢禄作《左氏春秋考证》，自称“余年十二读《左氏春秋》，疑其书法是非多失大义”①。至晚清皮锡瑞作《经学通论》，其中“论孔子作春秋以辟邪说，不当信刘歆、杜预反以邪说诬春秋”条说：“传载韩厥称赵盾之忠，士鞅称栾书之德；弑君之贼，极口赞美。史墨云，君臣无常位；逐君之贼极力解免，而反罪其君。可见当时邪说诬民。”他以为这还是《左传》的据事直书，至于左氏凡例的问题就大了。他说：“凡弑君称君君无道，称臣臣之罪也一条，尤与《春秋》大义反对。”②清代今文经学家以为《左传》中多邪说，而清代古文经学家的见解也颇多如此。其显著的实例如，万斯大在其《学春秋随笔》中说：“《春秋》弑君，有称名、称人、称国之异。左氏定例，以为称君君无道，称臣臣之罪。甚矣其说之颇也。”③其他如焦循等人也均有类似见解。总之，凡《左传》中以为人民在一定条件下可以反对国君的说法，清代的今、古文经学家大多皆以为邪说。到 20 世纪 20 年代，梁任公一变而把此等“邪说”称为“民本思想”，视为中国古代的文化精华。从历史的角度来看，这一认识上的转变，其意义不能说不重要。

自梁氏此说发表 70 余年来，学者们就《左传》一书探讨中国古代民本思想的著作或称之为民本思想，或称之为民主思想，或称之为原始的民主思想，具体见解各有不同。我以为，这些不同见解的发表，对于我们从《左传》中开发积极的文化资源在不同程度上都是有启发价值的。这篇文章将把《左传》中的人本思想和民本思想结合起来进行讨

① 《清经解》，第 7 册，435 页，上海，上海书店，1988 年重印本。以下引《清经解》和《清经解续编》，皆据此本，故仅注册数和页数。

② 《经学通论》四“春秋”，44 页，北京，中华书局，1954。本书系重印商务“国学基本丛书”本。

③ 《清经解》，第 1 册，328 页。

论，希望能够在前贤讨论的基础上把探索再推进一步。

一、"人本思想"和"民本思想"释义

为了避免在讨论中发生概念的混乱，这里首先谈一下对这一概念的理解。

"人本思想"，就是西文中的 Humanism。这个词在汉文中或译为人文主义，或译为人道主义，或译为人性论等，那都是根据上下文的语义而作的具体处理。这个字来源于拉丁文的 Homo(人)，其本义为关心或致力于人的利益(而非神的利益)的思想体系。这种思想的基本要求是，把人看做人而非神或任何其他非人之物，同时以人事而非天心或神意来解释人事。

人本思想不等于无神论(Atheism)，它并不要求人们在思想上排除对于神的信仰，而只要求人们在处理人神或天人关系时以人为本。在古代中国、希腊以及近代西方文艺复兴时期，人本思想都很盛行，而那时的人本思想都未曾排斥对于神的信仰；毋宁说，它承认在人与神之间存在一种张力(tension)或"拔河"关系。人本思想只是告诉人，在这种关系中不能忘记了人是根本，即使你信神，那么目的也是人而非神。

我认为，理解人本思想的这一特点，对于研究古代思想尤为重要。因为要求一位古代思想家完全消除神的观念是极为困难的。关于这一点，以下还会说到。

"民本思想"，这在西文中没有与之对应的词。关于"民本"一词，或以为出自《尚书·五子之歌》中"民惟邦本，本固邦宁"之说。不过，《五子之歌》是伪古文书，不能为据。惠栋《古文尚书考》引阎若璩语曰："《淮南·泰族训》：国主之有民也，犹城之有基，木之有根；根

深则本固，基长(应作'美')则土(应为'上')宁。"[1]按惠栋引阎氏说非是。《管子·霸言》："夫霸王之所始也，以人(民)为本；本理(治)则国固，本乱则国危。"[2]又《晏子春秋·内篇问下》记晏子谓叔向曰："卑而不失尊，曲而不失正者，以民为本也。"此二书出于战国时期，可见民本之说产生甚早。不过，对于民本思想作系统论述的是贾谊的《新书·大政上》。按贾谊死时刘安尚未封为淮南王，所以伪古文《五子之歌》"民为邦本"之说非始出于《淮南子》，而出于上述三书。

从贾谊《新书·大政上》的论述看，中国的民本思想不等于西方的民主主义(Democracy，来自古希腊文的 demos[人民]和 cracy[统治])，在古希腊实行民主制的城邦，是不允许有君主存在的。例如雅典的情况就是如此。中国古代的民本思想却从来没有把君主当做一种制度加以排斥的意思。孟子曾说："民为贵，社稷次之，君为轻。"[3]这样的话不愧为民本思想的一种典型。可是，也正是他批评杨朱、墨子"无父无君，是禽兽也"[4]。梁任公曾说，林肯释民主主义为 Of the people，By the people，For the people(即民有、民治、民享)三原则，中国古代民本思想但有 Of the people，For the people，而无 By the people[5]。这实在是一种真知灼见。

我在这里所要进一步说明的是，"民本思想"所重视的是君民之间的张力或"拔河"关系，并在这种关系中强调民作为"本"的重要性；即

---

① 《清经解》，第 2 册，707 页。

② 戴望《校正》曰："御览治道部引，人作民，理作治，是也。今本系唐人避讳所改。"见《管子校正》，《诸子集成》，151 页，北京，中华书局，1954。

③ 《孟子·尽心下》。

④ 《孟子·滕文公下》。

⑤ 《先秦政治思想史》，4 页，北京，中华书局，1936。

使你在表示要尊君的时候，也不能忘记尊君的目的不在于君而在于民。

由此可见，人本思想和民本思想都不是只承认两极中的任何一极，而是从两极间的张力中强调其一极为“本”。本文所论《左传》人本思想与民本思想，都是在这样的释义的基础上进行的。

二、《左传》中的人本思想

《左传》中的人本思想首先表现在以人而非以神为目的这一点上。例如，《左传》僖公十九年记：“夏，宋公使邾文公用鄫子于次睢之社，欲以属东夷。司马子鱼曰：古者六畜不相为用，小事不用大牲，而况敢用人乎？祭祀以为人也。民，神之主也。用人，其谁飨之？”宋襄公为了谋取霸主的地位，竟然用一个小国君主作为牺牲（或谓叩其鼻使出血而用之）以祭神，实际是企图以此立威，恐吓东夷，使之归属自己。宋襄公这样祭神，其目的也非为神，而是为人，不过是为他这个做霸主梦的个人。司马子鱼说他这样做是达不到目的的。子鱼为什么这样说呢？他的论证逻辑实际是这样的：祭祀本身体现的是一种人神关系，人以牺牲祭神，看来是在满足神的要求、达到神的目的，但其实，人满足神正是为了要神回报人，从而达到人的目的。在这一点上，子鱼与宋襄公并无分歧。既然祭祀是人神之间的礼尚往来的关系，那么，小事用小牲，大事用大牲，不言而喻，也就是合乎交换的对等原则的。在这一点上宋襄公已经违背了传统的原则。不过，宋襄公的错误远不止此。他犯的不是小事大牲的量的错误，而是以人代牲的质的错误。人为什么与牲畜有质的区别呢？这正是人本思想的基本原则所在：人是人，不是神，也不是其他非人之物。值得注意的是，子鱼的分析并未到此而止。他在认清人不是神的同时，指出了“民，神之主也”。《左传》中不止一次地出现“民，神之主也”的语句。这里的“主”自然不是“主子”的“主”，而是“东道主”的“主”。人是神的奉祭者，从这一角度说，神有赖于人；但另一方面，神又是人的保佑者，从这一角度说，人又有赖于神。人与神正是张起拔河绳的相对应的两极，相互间有着既相反又相成的不可分离的关系。牲畜不具有这样的与神对应的关系，所以只能作为工具或牺牲品，而不能成为目的。人与神则在这种对应关系中各以自身为目的；而且，为了实现自己的目的，双方都不能完全忽视对方的存在的重要性。宋襄公以人为祭神的牺牲，就直接地伤害到神的祭祀者，也就是发生了伤害到奉祭的来源的问题。子鱼的议论，充分说明了人本思想中人是目的而非神的工具这一根本认识。

《左传》中人本思想更大量地表现在主要以人事说明人事的成败得失上。在《左传》中，人事的成败得失，有只以人事作解释的，也有以各种形式的神意（如天道、鬼神、灾祥、卜筮、梦等）作解释的。不过，清代学者汪中在其所作《左氏春秋释疑》中早已用充分的证据说明，《左传》在记述天道、鬼神、灾祥、卜筮和梦的时候都“未尝废人事也”①。

这里仅举一例，试作一些分析。《左传》僖公十五年记，秦于韩原之战中胜晋，晋惠公被俘至秦，接着就写了这样一大段文章：

> 初，晋献公筮嫁伯姬于秦，遇归妹之睽。史苏占之曰：“不吉。其繇曰：‘士刲羊，亦无衁也；女承筐，亦无贶也。西邻责言，不可偿也。归妹之睽，亦无相也。’震之离，亦离之震。‘为

① 载汪中《述学》内篇二，参见《清经解》，第5册，240～241页。

雷为火，为嬴败姬。车说其輹，火焚其旗，不利行师，败于宗丘。归妹睽孤，寇张之弧。侄从其姑，六年其逋，逃归其国，而弃其家，明年其死于高梁之虚。'”及惠公在秦，曰：“先君若从史苏之占，吾不及此夫。”韩简侍，曰：“龟，象也；筮，数也。物生而后有象，象而后有滋，滋而后有数。先君之败德，及可数乎。史苏是占，勿从何益？《诗》曰：下民之孽，匪降自天；僔沓背憎，职竞由人。”

这段文字是很值得分析的。晋惠公埋怨他的父亲献公不该在筮占不利的情况下把女儿伯姬（惠公之姊）嫁给秦穆公，从而招致韩原之败，身陷秦国。晋献公当时所遇之卦为归妹之睽，这也很可能是事实，因为古人迷信，遇事必占，占而偶遇归妹之睽，也不足为奇。按归妹下兑（为少女之象）上震（为长男之象），为婚媾之卦，却由于震之上爻变阴为阳而成为离。于是兑（少女）下离（为中女之象）上而卦变为睽。睽者，违也；所谓“二女同居，其志不同行”者也。占婚姻而遇此卦，自非吉兆。史苏解为不吉，也是正常的。所以，在这段文字中，“归妹之睽，亦无相也”以上是没有问题的。晋献公听了那些笼统的解释以后，不以为意，也是正常的。晋惠公埋怨父亲不从占，韩简劝说惠公，以为失败之因在人不在天。这也很可能是当时之事。从这两句以下，说的后果就太明确了；如果嫁女，晋人就要打败仗，要被俘，要逃归，要被杀。晋献公即使十分固执，看到那样严重后果，大概也不敢不听的。尤其奇怪的是，在那些预言里，“败于宗丘”一句以上，说的是晋惠公的失败过程，惠公本人事前可能未太注意；而此句以下，说的就是惠公的儿子为质于秦、其后逃归、被杀等事，惠公知道这些又怎么会在此后还让他的儿子为质于秦呢？从这些情况来看，“震之离"以下，肯定是后人添上去的。什么人在什么时候添上去的呢？我看那是晋国史官在惠公、怀公父子失败的过程发生以后，把他们的失败用从前占得的卦象加以解释，并作为验辞记录在先前占卦的档案上去的。那些话都是晋献公、惠公、怀公三代人所根本不会知道的。由于这些话都在档案上，而且说得很圆，《左传》作者见到了，也就记录下来了。但是《左传》作者宁可更重视韩简的话，并借韩简的话来表示他在天人两极的张力关系中更重视人事的作用。

应该说《左传》作者在天人关系上的思想也就是他那个时代的思想。这里可以举晋国的叔向和郑国的子产为例作一些说明。《左传》襄公十八年记："楚师伐郑，次于鱼陵。……晋人闻有楚师，师旷曰：'不害。吾骤歌北风，又歌南风，南风不竞，多死声。楚必无功。'董叔曰：'天道多在西北，南师不时，必无功。'叔向曰：'在其君之德也。'"在这里，叔向作为博物君子，宁信人事而不信天道。《左传》昭公元年记："晋侯有疾，郑伯使公孙侨(子产)如晋聘，且问疾。叔向问焉，曰：'寡君之疾病，卜人曰：实沈、台骀为祟。史莫之知。敢问此何神也？'"叔向在这时又信神了。子产对叔向原原本本地讲了关于实沈、台骀的神话史，表现出当时博物君子的特色；可是，他不认为晋君之病由神而起，而认为是由于晋君多同姓内宠所致。他在此处宁信人事而不信神。又《左传》昭公十七、十八两年记，十七年冬"有星孛于大辰，西及汉"。郑国的裨灶说明年将有火灾，劝子产用玉器祭神祛灾，子产不许。次年夏果有火灾；裨灶再次劝子产祭神。子产又不许，并说："天道远，人道迩，非所及也，何以知之？灶焉知天道？"子产的这一席话常常被人们解释为唯物论的思想。可是，请看《左传》昭公七年的记载。"郑子产聘于晋。晋侯有疾，韩宣子逆客，私焉，曰：'寡君寝疾，于今三月矣，并走群望，有加而无瘳。今梦黄熊入于寝门，其何厉鬼也？’对曰：‘以君之明，子为大政，其何厉之有？昔尧殛鲧于羽山，其神化为黄熊以入羽渊，实为夏郊，三代祀之。晋为盟主，其或者未之祀乎。’韩子祀夏郊，晋侯有间，赐子产莒之二方鼎。”这一次子产又表现为传统神话的忠实信奉者。同年《左传》记载，郑国被杀大夫伯有作祟，一些人被害死；子产就立伯有的儿子为大夫，作为安抚。据说，伯有也就不再作怪了。当子产到了晋国，有人问他，伯有真能为鬼吗？他说能，还大谈了一通关于鬼的理论。如果看见子产说“天道远，人道迩”就说他有唯物主义思想，那么现在就又必须说他有唯心主义思想了。子产、叔向都是春秋时期的博物君子，他们深于传统文化，以博知前言往行为人所称许；他们又是深知现实的政治家、思想家，看问题不能不以人事为基本出发点。这就是他们成为人本思想家而不是无神论者的原因所在，也就是他们对于传统能推陈出新的原因所在。《左传》作者也一方面深于历来史官的传统，熟知过去的神话史；另一方面，为了把握历史真相，又不能不从人事上来说明问题，他在天人关系中表现出的重人倾向，正是一种精神觉醒的反映；也可以说，他是在从巫史之史向史家之史转化的过程中迈出了关键的一步。

三、《左传》中的民本思想

《左传》中的民本思想主要反映在以下几个方面。

第一，君权的根本在民。例如，《左传》哀公元年记，吴师伐陈，因为十二年前吴先王阖庐伐楚时陈未肯站在吴的一面。“吴师在陈，楚大夫皆惧，曰：‘阖庐惟能用其民，以败我于柏举。今闻其嗣（指吴王夫差）又甚焉，将若之何？’子西曰：‘二三子恤不相睦，无患吴矣。昔阖庐食不二味，居不重席，室不崇坛，器不彤镂，宫室不观，舟车不饰，衣服财用择不取费。在国，天有灾疠，亲巡孤寡而共其乏困。在军，熟食者分而后敢食，其所尝者，卒乘与焉。勤恤其民，而与之劳逸，是以民不罢劳，死知不旷。吾先大夫子常易之，所以败我也。今闻夫差，次有台榭陂池焉，宿有妃嫱嫔御焉；一日之行，所欲必成，玩好必从；珍异是聚，观乐是务；视民如仇，而用之日新。夫先自败也已，安能败我？'”

十二年前吴伐楚，入其都城郢，楚几乎亡国。这时吴王夫差的兵力看样子比阖庐时更强，所以楚国的大夫们一见吴出兵就感到震惊。这并非是全无理由的。可是唯独子西看到了问题的深层实质。他指出，阖庐之强，全凭爱惜民力，从而得到人民的效力；夫差之“强”，则靠滥用民力，从而在实际上是在为其自身的失败准备了条件，当然对楚也不能成为真正的威胁了。子西看到了一个国君的权力的盛衰存亡最后取决于人心的向背，说明了君权的真正基础在民。

第二，立君的目的在于保民。例如，《左传》文公十三年记：“邾文公卜迁于绎。史曰：‘利于民而不利于君。’邾子曰：‘苟利于民，孤之利也。天生民而树之君，以利之也。民既利矣，孤必与焉。’左右曰：‘命可长也，君何弗为？’邾子曰：‘命在养民。死之短长，时也。民苟利矣，迁也，吉莫如之。’遂迁于绎。五月，邾文公卒。君子曰：‘知命。’”

在这一段引文里既包含了邾文公的思想，也包含了《左传》作者通过对于邾文公思想的评论而表现出的思想。当占卜说明迁都利于民而不利于君的时候，邾文公认定利于民就是利于君，因为他认为天立君的目的就在于养民，不思利民就不配为君；能利民才说明君的称职，为君而能称职才算有利。所以他不把利民与利君对立起来，而认定利民就是利君。他的左右却有不同的看法，以为迁都危及国君生命，不迁才有利于君。他们考虑的是国君作为个人的生命之利，而非其作为国君的使命之利。所以邾文公为他们解释了命的意义。他说“命在养民”，这个“命”就是国君的使命；而个人的生命短长，那不过是个时间问题，没有什么了不起的意义。所以他坚决迁绎。《左传》作者对于邾文公只作了两个字的评论：“知命。”这就是说这一位国君知道他为君的使命。可见立君为民原是当时流传的一种思想认识。

这种思想的一个重要特点是：不可以无民，也不可以无君。立君为民，民为目的，是重要的；但是无君即无以达到为民之目的，所以君也是重要的。这里也有君民之间的张力关系，《左传》作者在这种关系中仍保持其以民为本的思想倾向。

第三，如果君不称职，民可以批评以至反抗。例如，《左传》襄公三十一年记：“郑人游于乡校，以论执政。然明谓子产曰：‘毁乡校何如?’子产曰：‘何为？夫人朝夕退而游焉，以议执政之善否。其所善者，吾则行之；其所恶者，吾则改之。是吾师也，若之何毁之？我闻忠善以损怨，不闻作威以防怨。岂不遽止？然犹防川：大决所犯，伤人必多，吾不克救也；不如小决使道，不如吾闻而药之也。’然明曰：‘蔑也今而后知吾子之信可事也。小人实不才，若果行此，其郑国实赖之，岂唯二三臣?’仲尼闻是语也，曰：‘以是观之，人谓子产不仁，吾不信也。’”

这一段文字既说明了子产主张让人民批评执政者的思想，又说明了孔子对于子产思想的赞同。子产以为，执政者只有听见人民的批评，才能及时地改正错误，才能利民；而利民才可以避免人民的反感的积累，从而才能避免大的政治动荡。这可以说是既利民，又利君。而在这君民张力的关系中，子产和借孔子的话来表达自己思想的《左传》作者坚持了以民为本的思想倾向。

又例如，《左传》庄公十八年冬记巴人伐楚，次年春又记："楚子(指文王)御之，大败于津；还，鬻拳弗纳。遂伐黄，败黄师于踖陵。还，及湫，有疾；六月庚申，卒。鬻拳葬诸夕室；亦自杀也，而葬于绖皇。初，鬻拳强谏楚子，楚子弗从；临之以兵，惧而从之。鬻拳曰：'吾惧君以兵，罪莫大焉。'遂自刖也。楚人以为大阍，谓之大伯。使其后掌之。君子曰：'鬻拳可谓爱君矣；谏以自纳于刑，刑犹不忘纳君于善。'"

鬻拳对于自己的国君，一方面敢于实行兵谏，以至在国君战败时拒其回国；另一方面，在做了这些事以后，又十分惶恐，以至自刑、自杀。这显然是一种很矛盾的现象，其原因何在？当他兵谏和拒君的时候，他是认为国君没有尽到国君的职责，因而必须用一切手段来督促或迫使国君尽其职责；当他对国君实行暴力以后，他又认为自己犯了辱君之罪，因而不敢自爱而自刑、自杀。正是因为他自觉地认识到后一点，所以他在做前一点的时候也并非自肆害君，而是出于爱国爱君之忱。《左传》作者假"君子"之口说鬻拳爱君，道理就在这里。不仅《左传》作者认识到了这一点，楚人也认识到了这一点，不然，他们就不会让鬻拳的后代继承他的官职以表对他的报答了。从这一件事又可看到君民之间的张力关系，而《左传》作者在这种关系中仍然是以民为本的。

又例如，《左传》昭公三十二年记，鲁昭公流亡在外多年后死于乾侯，晋国大夫赵简子问于史墨曰："季氏出其君，而民服焉，诸侯与之；君死于外而莫之罪，何也？"史墨回答了一大套话，其中最重要的是，"鲁君世从其失，季氏世修其勤，民忘君矣；虽死于外，其谁矜之？社稷无常奉，君臣无常位，自古以然。故《诗》曰：'高岸为谷，深谷为陵。'三后之姓，于今为庶，主所知也"。

赵简子(鞅)看到鲁君被季氏流放而死于外，以为是不正常的，而鲁国的人民却无异议。他于是问史墨原因何在？史墨的回答很明白：首先，从逻辑上说，国君而不勤民，就是未尽为君之责；为君而未尽为君之责，自然会被人民遗忘；被遗忘了的国君流死于外，自然不会发生人民的抗议。从历史角度说，改朝换代，君臣易位，自古以然，为什么会有这种变化呢？终极原因还在于君是否能尽其为君之责。君不忘民，能勤民事，民亦不忘其君，这样君位就可以维持下去；否则，君位就不能维持下去。这里再现的还是君民之间的张力关系，而《左传》所引的史墨之言仍然重在以民为本。

更能说明《左传》作者民本思想的是宣公四年关于弑君的凡例："凡弑君，称君，君无道也；称臣，臣之罪也。"所谓"称君"，就是只写被杀国君的名字，不写杀君者的具体人名，而写某国或某国人弑其君。古人以直呼其名为不敬，称君之名就表示此君不足敬，已说明其无道；不写具体杀君者的人名而称某国或某国人，则说明此次杀君并非某个人的行动，而是国人对此君都已不能容忍，皆有杀之之心。在这里最值得注意的是，凡国人皆曰可杀的国君被杀，就不是杀君者犯了罪，而是被杀的国君无道而该杀。为什么呢？因为那个被杀的国君违背了其为君的职责，即君以保民的职责。君与民在这里同样处于一种张力关系之中，《左传》的弑君凡例在这种关系中显然以民为本。

四、《左传》中人本思想与民本思想的关系

以上说了《左传》中的人本思想和民本思想，现在再就一些实例来辨析此二者之间的内在关系。

《左传》桓公六年记，楚武王侵随而又派使者去谈和，他的一位大臣建议等随国使臣到达时故意示弱，诱随追击，以歼灭随。随使臣看

到假象，回去果然建议追击楚军。随大夫季梁说，楚大随小，小不敌大。要小能敌大，那就必须是“小道大淫”。“所谓道，忠于民而信于神也。上思利民，忠也；祝史正辞，信也。今民馁而君逞欲，祝史矫举以祭，臣不知其可也。”随君说，他祭神的用品很丰盛，怎能说不信于神呢？季梁说：“夫民，神之主也。是以圣王先成民而后致力于神。故奉牲以告曰：‘博硕肥腯’，谓民力之普存也，谓其畜之硕大蕃滋也，谓其不疾瘯蠡也，谓其备腯咸有也；奉盛以告曰：‘絜粢丰盛’，谓其三时不害而民和年丰也；奉酒醴以告曰：‘嘉栗旨酒’，谓其上下皆有嘉德而无违心也。故务其三时，修其五教，亲其九族，以致其禋祀，于是乎民和而神降之福，故动则有成。今民各有心，而鬼神乏主，其何福之有?”随君听了季梁的话，未敢追击楚军，免了败亡之祸。

从季梁的这一段话里，我们可以看到人与神的关系以及君与民的关系，并且二者是结合在一起的。国君要向神祈福，当然要向神献祭。这一点随君看到了。但是这还不够，还要看他是否信于神，这一点是关键所在，而随君恰好没有看到。季梁说得清楚，献神的祭品好，那必须意味着人民的实际生活好；祭品好而人民生活不好，那就是对神说了假话，就是不信于神，自然也就不能得福。所以，国君要想得福于神，就得取信于神；而要取信于神，就得先“忠于民”。“忠于民”恰好是“信于神”的不可或缺的前提。这样，在君民之间的张力关系中，神作为仲裁者也就侧重于民的一面；于是，《左传》中的神竟然也有了民本思想的倾向。

《左传》昭公二十年记载了另一个类似的例子。齐景公患了疥疮，又有疟疾，经年不愈。诸侯的使者来问候的很多。于是有人对齐景公说，现在我们祭祀鬼神比从前丰盛，可是国君的病长期不好，让诸侯担忧，这一定是祝和史的罪过，请诛祝、史。齐君听了很高兴，把此事告诉晏子。晏子说，如果国君有德，祝、史祭神时如实报告以向神求福，那么神是会降福的；可是，如果国君无德，祝、史祭神时只好说假话，那么鬼神就会降祸。齐君问晏子那怎么办？晏子说，现在国家的问题很多，“民人苦病，夫妇皆诅。祝有益也，诅亦有损。聊、摄以东，姑、尤以西，其为人也多矣。虽其善祝，岂能胜亿兆人之诅？君若欲诛于祝、史，修德而后可。”

晏子这一段话的前一部分，说的也是要信于神，不必再论；其后一部分，又说到少数人在神前为君祝福终不如多数人的诅咒有力。在君和民之间的张力关系中，神又总是会听多数人的话，而不会听少数人的话的。这样，神从多数也就是一种重民的思想倾向了。

《左传》襄公十四年记，卫献公被卫人放逐出国，晋悼公问正在身边的师旷说：“卫人出其君，不亦甚乎？”师旷回答说：“或者其君实甚。良君将赏善而刑淫，养民如子，盖之如天，容之如地；民奉其君，爱之如父母，仰之如日月，敬之如神明，畏之如雷霆，其可出乎？夫君，神之主而民之望也。若困民之主（杨伯峻以为当作‘生’，可从），匮神乏祀，百姓绝望，社稷无主，将安用之？弗去何为？天生民而立之君，使司牧之，勿使失性。……天之爱民甚矣，岂其使一人肆于民上，以从其淫，而弃天地之性？必不然矣。”

师旷的这一段话说明了这样几个问题：第一，君是天所立的，是司牧（统治）人民的；第二，如果君良，能尽为君之责，民就只能敬君、爱君、畏君，而无抗君之理；第三，如果君不良，使百姓失望、社稷无主，那么此君就是未尽到为君之责，就失去了天立君的目的，从而也就是可以推翻或放逐的；第四，天之所以如此对待国君，那是因为“天之爱民甚矣”，故不能容许一人“肆于民上”。由此我们可以看到天、君、民之间的三个梯级：天治君，君治民，这是一般的正常原则。可是，君对民的统治又不能是绝对专制的，因为天意又是受民心影响甚至支配的；于是就又出现了民心、天意、君权兴亡这样的三梯级的关系。如果我们把这两个三梯级的关系连接起来，那么就可以得到一个三者循环影响的圆圈。

现在我们可以看出，中国古代的民本思想是少不了一个“天”来起调剂作用的。如果没有中国的人本思想，那么就不可能有民本思想而只能有专制思想。同样，中国古代的人本思想总是以民本思想作为其内容的；如果没有中国的民本思想，那么也就会失去中国古代的独具特色的人本思想。所以，只有看清了二者之间的关系，我们才可以说对二者各自的特点有了了解。

从《左传》研究史的角度看，自杜预以下，中国学者越来越不易了解其中的民本思想，直到梁任公提出古代有民本思想时为止。清代杰出学者汪中发现了《左传》中的人本思想，实为不凡之见；可是他未能将它与《左传》中的民本思想联系起来，因而也就未能把问题推向更深入的一步。汪中的局限性是他的时代所决定的。梁任公提出古代民本思想，可能是受了日本人的影响。日本人安井衡作《左传辑释》（刊出于明治四年，即 1871 年），其前言中就提出《左传》对于无道之君是主张批评的，虽然他没有明确地提出“民本思想”这一个词。安井之所以能见及于此，看来也与其时日本的历史条件有关系。不过安井又未能注意到《左传》中的民本思想与人本思想的密不可分的内在关系，因而没有作出进一步的分析和讨论。

一旦我们把《左传》中的人本思想和民本思想结合起来观察，那么就可以发现，这种思想体系的一个重要特点即在于：在君主统治人民这一环节上，其关系是直接的，也是无弹性的；而在民意作用于君主这一环节上，其关系就是间接的，并且因为隔着“天”这一个中介而成为有弹性的了。因为，在这种思想体系里，君主受命于天，从而对天负责，而不对民负责；君主无道伤民，民怨上达于天，天才或早或迟地警告、惩罚以至变置君主。在这里，就表现出两个弹性极限：其一，君主如非大无道，天是不会遽然变置他的（其实是，民怨如不积累到一定程度，人们是不会轻易对君主的地位提出挑战的）；其二，君主的无道只有达到使人无可容忍的程度，天才会改命新君，革旧君之命，实现改朝换代（其实是，只有当民怨和人民反抗的力量积累到一定的程度，旧的王朝才有可能被推翻）。于是只要在这种弹性极限之内，君主有其恣意妄为的自由，而其反抗者（如起义农民）也只能落一个“败则为寇”的下场。在这里，我们还可以看到一种悖论：本质实为民心的“天意”在这种思想体系里原是一种起调节作用的理性，可是它的实现却只能在暴力的革命中才能完成。自从《诗》、《书》叙述商革夏命、周革商命以下，大多数改朝换代都是这样实现的；一些以“禅让”为名的篡权夺位，实际也是以暴力为其后盾的。在这样的历史里，我们可以清楚地看到古代以天为中介的民本思想的局限性。

我们不能忽视《左传》中人本思想与民本思想结合的思想体系里的合乎理性的成分，浪费其中的宝贵资源；同样，我们也不能忽视了其中的局限性，误以为那在今日还有其现实的价值。我们需要从历史获得的是其有益的启示。

关于战国时期的性恶说*

在战国时期的“百家争鸣”状态中，有一个引人注目的现象，那就是人性恶的学说的出现以及它的风行一时。最初人们注意到的是荀子的性恶说，后来韩非的性恶说也得到了学者们相当深入的分析和研究。不过，在荀子以前是否有过性恶说或近似于性恶说的思想呢？这一点似乎尚无太多的讨论。如果有，荀子性恶说和其前驱者之间的关系又是怎么样的？同时，关于荀子性恶说和韩非子性恶说本身以及二者之间的关系，似乎也还有可以进一步分析的余地。这些也就是本文所拟讨论的问题。

一、战国早、中期人性恶的思想的萌生

(一)关于《墨子》书中的性恶思想

《尚同上》记：“子墨子曰：古者民始生，未有刑政之时，盖其语人异义。是以一人则一义，二人则二义，十人则十义。其人兹众，其所谓义者亦兹众。是以人是其义，

* 原载《华夏文明与传世藏书》，北京，中国社科出版社，1996。

以非人之义，故交相非也。是以内者父子兄弟作怨恶，离散不能相和合；天下之百姓皆以水火毒药相亏害，军有余力不能以相劳，府列余财不以相分，隐匿良道不以相教。天下之乱，若禽兽然。"《尚同中》篇首记有同样的内容。

墨子在这里讲的是人类的原始状态，亦即未经改造过的人性的表现。他认为，人的生而具有的本性是恶的，而且恶到了这样一种程度："若禽兽然。"为什么人类会这样性恶呢？墨子也已给了回答，那就是因为一人一义。简而言之，那就是人皆有己，并以自己为中心；于是为了一己之私，不惜伤害他人的利益。于是"己"或个人的自我就成了墨子的性恶说中的恶源。

墨子何所据而云然？他的这种认识是从战国时期的激烈的争夺和兼并环境中得来的。在墨子看来，人性之恶，表现为损人利己。在《非攻上》中，他列举了从"入人园圃，窃其桃李"，到"攘人犬豕鸡豚"，"取人牛马"，以至"杀不辜人，扡其衣裘"，并指出这是人们公认的损人利己的行为。而在当时的战国时代，这种损人利己的行为已经发展为大规模的杀人的战争。《非攻中》分析了当时战争造成的国家财富损失与人民伤亡常常"不可胜数"。"杀人多必数于万，寡必数于千，然后三里之城、七里之郭且可得也。"可是统治者"贪伐胜之名，及得之利，故为之"。墨子把这一切看做是本质为恶的人性的充分扩展的结果。

出于救世的目的，墨子从两个层面上提出了自己的主张。在实践的层面上，他主张"非攻"，以免除人民的伤亡与痛苦；在理论的层面上，他主张"兼爱"，以消除争夺的祸根。墨子为何不用其前辈学者孔子的"仁"爱，而一定要用"兼爱"呢？从表面上或墨子本人所能意识到的层面上来看，那是因为孔子的"仁"中还不免有一个"己"字，而他自己的“兼爱”则是完全没有人我之别的。墨子把孔子称为“别士”，而自称为“兼士”。他在《兼爱下》中将二者作了一个对比说：“是故别士之言曰：‘吾岂能为吾友之身若为吾身、为吾友之亲若为吾亲？’是故退睹其友，饥即不食，寒即不衣，疾病不侍养，死丧不葬埋。别士之言若此，行若此。兼士之言不然，行亦不然，曰：‘吾闻为高士于天下者，必为其友之身若为其身，为其友之亲若为其亲，然后可以为高士于天下。’是故退睹其友，饥则食之，寒则衣之，疾病侍养之，死丧葬埋之。兼士之言若此、行若此。若兹二士者，言相非而行相反欤。”这就是说别士尚不能忘我，而墨家的兼士们则是廓然而大公的。不过墨家还没有把这种廓然大公说为完全无私。他们说：“爱人不外己，己在所爱之中；己在所爱，爱加于己。伦列之，爱己，爱人也……臧之爱己，非爱己之人也。厚不外己；爱无厚薄，举己非贤也。”[①]他们的逻辑是，己为人（类中之一员），爱厚于人（类），自然地包括了爱己。由于己也是人（类中之一员），固然也可以说爱己也是爱人，但那只是爱人中的一员，而不等于爱了人（类）。譬如，一个奴隶（臧）爱他自己，那并不等于爱他所属的人类。所以不论爱的厚薄，突出自己总是不对的。墨家处处都把“己”或个人当贼那样来防范着，只许它融于人（类）之中，而不许它有任何独特的自立性。这是他们把“己”或个别人当做性恶之源的自然结果。

墨家的陈义固然甚高，而且也甚重逻辑，可是他们用以救治性恶的灵丹妙药即“兼爱”却由此而失去了在人性上的内在依据。孔子说：“夫仁者，己欲立而立人，己欲达而达人。能近取譬，可谓仁之方也

① 《墨子·大取》，《诸子集成》，第 4 册，244～245 页。

已。”[①]又说“己所不欲，勿施于人”。所以说“为仁由己，而由人乎哉”[②]。孔子的“仁”爱是由对己之爱推出去的，作为“仁”的出发点或中心的正是作为人(之一员)的个人或“己”。所以“仁”之源不假外求，即在自己的人性之中。在墨家性恶说的理论体系中，“兼爱”却无法从人性自身找到它的源泉。因为性恶本来就是对于爱人的排斥，人性之中既然本无爱人的资源，那又如何能无中生有地从人性中幻变出一个“兼爱”来呢？于是墨子只有把“兼爱”归之于“天志”。“兼爱”本是一种人类之爱，可是在墨家那里却不得不外化为一种宗教之爱：既然天无差别地兼爱世人，人们当然也就应该互相兼爱了。墨家的这种论证具见于《天志》三篇之中，此处不烦细说。此处所要强调指出的是，“天志”无非是墨家性恶说的自然的逻辑结论。而且，墨子只要否定孔子的“仁”，他就不能不走上这一条路。

由于同样的道理，墨家既然不能从个人或“己”的“义”中看到任何理性的因素，那么就必然要使人们下级服从上级、直到服从天子，而后天子再服从于天。其说具见于《尚同》三篇，此处也不必细说。这里想要说明的是，墨子的“非攻”、“兼爱”、“天志”、“尚同”等基本思想，几乎都是以其性恶说为其必要条件的。

(二)关于早期法家的性恶思想

在早期法家的著作中有比较明显的性恶思想的是《商君书》。尽管其中掺入了若干较晚时期的人的东西，应该说此书仍是战国中期商鞅及其后学的作品。现在试从此书来探索这一学派的性恶说。

此书《开塞》篇云：“天地设而民生之，当此之时也，民知其母而

① 《论语·雍也》，《诸子集成》，第1册，262页。

② 《论语·颜渊》，《诸子集成》，第1册，134页。

不知其父，其道亲亲而爱私。亲亲则别，爱私则险；民众，而以别险为务，则民乱。当此时也，民务胜而力征，务胜则征，力征则讼，讼而无正，则莫得其性也。”这也是说的人类的原始状态，也是把人的本性说得既自私又险恶，几乎和以上所引的《墨子·尚同上》中的那一段话一模一样。看来作者是受过墨家学派的影响的，所以二者之间有共同性。

不过，商鞅及其后学在处理性恶的问题上比墨家学派又远走了一步。当墨子说了“天下之乱，若禽兽然”以后，就接着说：“夫明乎天下之所以乱者，生于无政长。是故选天下之贤可者，立以为天子。天子立，以其力为未足，又选择天下之贤可者，置立之以为三公。天子三公既立，以天下为博大，远国异土之民，是非利害之辩，不可一二而明知；故画分万国，立诸侯国君。诸侯国君既立，以其力为未足，又选择其国之贤可者，置立之以为正长。正长既具，天子发政于天下之百姓。”墨子以为，天子是天选派的，以下各级政长分别由其上级选派；他们必须是各级的贤者，人民则必须逐级地尚同于上。人民之上同至于天子，而天子则必须上同于天。这种尚同虽然已有相当程度的盲从的性质，但是尚同的既是贤者，那就不能说其中完全没有理性的因素。“天志”所体现的“兼爱”中实际也包含了人类之爱的理性因素，尽管它已经经过了外化。商鞅及其后学们在这一点上与墨家就大有不同了。在以上所引的《开塞》篇那段文字以下，紧接着就是“故贤者立中正，设无私，而民说仁。当此时也，亲亲废，上贤立矣。凡仁者以爱为务，而贤者以相出①为道。民众而无制，久而相出为道，则有

① 按“相出”，一说“出”即“屈”，意即互相使对方屈服；一说以为，相出就是互相超出。总之，就是互相竞争，贤本来就是在竞争中产生出来的。

(又)乱。故圣人承之，作为土地、货财、男女之分。分定而无制，不可，故立禁。禁立而莫之司，不可，故立官。官设而莫之一，不可，故立君。既立君，则上贤废而贵贵立矣。然则上世亲亲而爱私，中世上贤而说仁，下世贵贵而尊官。上贤者以道相出也，而立君者使贤无用也”。《商君书》的这一段话说明了这样两个问题：第一，墨子是主张上贤的，除上引文字外，《墨子》中还有《尚贤》的专篇。《商君书》在这里却明确提出“尚贤”已经过时；有了君主就不能再有别的权威，所以尚贤必须废止。第二，“尚贤”也是有问题的，因为“贤”本身就有赖于竞争才能出现；而竞争本身就包含了作为性恶之源的私，所以有竞争而无制必乱。这两点可以说都是否定墨家思想的。如果说其第一点是以历史的眼光否定墨家的尚贤，那么其第二点就是批评墨家对付“性恶”的方法还不彻底。因为“贤”本来就含有“私”或“性恶”的因素，可是贤者总又以“仁”为号召；所以“尚贤”于“性恶”虽可以致治于一时，而结果必然是“乱”。于是这些法家们决心把贤放到一边，而把全部对治“性恶”的希望投在君主身上。

那么商鞅及其后学对治“性恶”的具体方法又是什么呢？概括起来说也有两点：一是以恶治恶，二是以愚治恶。在先秦法家著作中要找以恶治恶的言论，那可以说是太多而无法备引了。现在姑且引用《开塞》篇的结语以为概括：“故王者以禁赏，以刑劝，求过不求善，藉刑以去刑。”这真是与儒家的“仁”和墨家的“兼爱”划清了界限，把性恶说运用得够彻底了。至于以愚治恶的话，那在法家著作中也可说是俯拾即是。现在姑且引《商君书·农战》篇一段话以为概括：“学者成俗，则民舍农，从事于谈说，高言伪议，舍农游食，而以言相高也。故民离上，而不臣成群。此贫国弱兵之教也。夫国庸民以言，则民不畜于农。故惟明君知好言之不可以强兵辟土也，惟圣人之治国作壹，抟之于农而已矣。”这就是说，要富国强兵，就只能要人民在家努力种地，外出为国作战；而要做到这一点，就必须使人们无知无识。这种愚民主张，不仅为儒家所缺乏，而且也为墨家所未知，真是做到了前无古人的地步。

《墨子》和《商君书》都以人性恶作为自己政治理论的前提，可是当他们展开各自的理论的时候，却走到几乎完全相反的两个极端去了。墨家对“人”采取的是悲天悯人的态度：主张非攻，反对使人民蒙受苦难的战争；主张无差别的兼爱，以推己及人的“仁”爱为不足。而早期法家对“人”却采取冷酷无情的态度：对国内人民重罚而不重赏，对其他国家则一概以战争解决问题。为什么同自性恶说出发而结果如此不同呢？看来这与他们对性恶主张的彻底程度不同有关。墨家虽然从人性中找不到善，但是在“天志”(外化了的人性)发现了善源，于是主张以天之善救人之恶；法家却不信天而只信人，因而找不到任何善源，于是就只有以恶治恶了。

二、关于荀子的性恶说

荀子的性恶说集中地记录于其《性恶》、《正名》等篇中，而《荀子》书中许多篇章的内容又多有与其性恶说密切相关者。如果说反映在《天论》中的自然天道观是荀子思想体系的一大理论支柱，那么性恶说就应该是荀子思想体系的另一重大理论支柱了。

《性恶》篇云：“人之性恶，其善者伪也。人之性，生而有好利焉，顺是，故争夺生而辞让亡焉；生而有疾恶焉，顺是，故残贼生而忠信亡焉；生而有耳目之欲有好声色焉，顺是，故淫乱生而礼义文理亡焉。然则从人之性，顺人之情，必出于争夺，合于犯分乱理而归于暴。故必将有师法之化，礼义之道，然后出于辞让，合于文理，而归于治。用此观之，然则人之性恶明矣，其善者伪也。”在这里，荀子对于性恶的论证，几乎和墨子一样，是以经验事实为根据的。

当然，荀子也注意到了要回答性恶而善又何来的问题。同篇云：“问者曰：人之性恶，则礼义恶生？应之曰：凡礼义者，是生于圣人之伪，非故生于人之性也。故陶人埏埴而为器，然则器生于工人之伪，非故生于人之性也；故工人斲木而成器，然则器生于工人之伪，非故生于人之性也；圣人积思虑、习伪故，以生礼义而起法度，然则礼义法度者，是生于圣人之伪，非故生于人之性也。若夫目好色，耳好声，口好味，心好利，骨体肤理好愉佚，是皆生于人之情性者也；感而自然，不待事而后生之者也。夫感而不能然，必且待事而后然者谓之生于伪。是性伪之所生，其不同之征也。故圣人化性而起伪，伪起而生礼义，礼义生而制法度；然则礼义法度者，是圣人之所生也。故圣人之所以同于众、其不异于众者，性也；所以异而过众者，伪也。”这就是说，性是与生俱来、自然而然的，而伪则是凭后天的努力而对于性的改变、节制、纠正或否定；虽圣人，其性也不能有异于常人，其不同于常人者在于他能“化性起伪”而已。

在区分了性与伪以后，从逻辑上说还有两个问题必须回答。第一，人性既然为恶，人们如何会感到有化性起伪、改恶从善的必要？荀子的回答是：“凡人之欲为善者，为性恶也。夫薄愿厚，恶愿美，狭愿广，贫愿富，贱愿贵；苟无之中者，必求于外。故富而不愿财，贵而不愿势；苟有之中者，必不及于外。用此观之，人之欲为善者，为性恶也。”①荀子的这一回答看来很机警，但实际很勉强，严格说来并不能成立。因为，他所说“薄愿厚、恶愿美、狭愿广、贫愿富、贱

① 《性恶》，《诸子集成》，第2册，292页。

愿贵”等，都是可以用其性恶说来解释的；可是，根据他的性恶说，“厚愿薄、美愿恶、广愿狭、富愿贫、贵愿贱”就不可能成立了。何况，根据他的性恶说的逻辑，厚者只会愿更厚，美者只会愿更美，广者只会愿更广，富者只会愿更富，贵者只会愿更贵；否则就不会有贪利争夺，就不成其为性恶了。既然荀子所举“薄愿厚”等例证不具有可逆性，它们就不能证明人们对于凡是自己没有的东西都有必需之感；没有不幸经验的人，是绝不会因此而希望不幸的降临的。荀子此说之病，前辈学者已经指出过了①。第二，人性既然为恶，那么人们又如何会有化性起伪、改恶从善的可能？《正名》篇云：“生之所以然者谓之性。性之和所生，精合感应，不事而自然谓之性。性之好、恶、喜、怒、哀、乐谓之情。情然而心为之择谓之虑。心虑而能为之动谓之伪。虑积焉，能习焉，而后成谓之伪。正利而为谓之事，正义而为谓之行。所以知之在人者谓之知，知有所合谓之智；智（卢文弨云：此智字衍）所以能之在人者谓之能，能有所合谓之能。”这一段话首先给“性”下了定义：即“生之所以然者”或“不事而自然者”；然后又说明“伪”的来源。为了说明“伪”的来源，荀子由性而引出情，即好与恶、喜与怒、哀与乐三对各自类相同而质相反的情；并由此而引出选择的必要。要选择就不能无虑，要虑就不能不引出能虑的主体即心。心有两种功能：一是“知”，即虑事、知事的功能；二是“能”，即断事、行事的功能。心能思（虑）能行（动）就是“伪”（与性或本能不同的人的后天努力），思虑和行动积累到某种程度就成就为“伪”（与自然而然的性不同的人的后天规范）。正是心的知和能这两种功能，为人的化性起伪、改恶从善提供了可能性。同时，荀子在这里倒是间接地回答了上

① 见郭沫若：《十批判书·荀子的批判》。

述第一个问题，即人性恶而为何有求善之需要的问题。因为他在这段话中表明，人有性而有情，有情就需要选择，而选择即非性之所能胜任；这就有了外求的必要性。

关于心是怎么样对性起作用的，《正名》篇云："欲不待可得，而求者从所可。欲不待可得，所受乎天也；求者从所可，所受乎心也。所受乎天之一欲，制于所受乎心之多，固难类所受乎天也。人之所欲，生甚矣；人之所恶，死甚矣；然而人有从生成死者，非不欲生而欲死也，不可以生而可以死也。故欲过之而动不及，心止之也；心之所可中理，则欲虽多奚伤于治。欲不及而动过之，心使之也；心之所可失理，则欲虽寡奚止于乱。故治乱在于心之所可，亡于情之所欲。不求之其所在而求之其所亡，虽曰我得之，失之矣。"这就是说，心里的欲望不一定要它能实现才会发生，而寻求实现欲望的行动则必定发生在它有可能实现之后。因为欲望是自然而生的，而寻求欲望的实现则是人心决定的。自然而生的一种欲望会受到心的多种考虑的制约。人皆欲生而恶死，可是有人却由生而求死。这不是说他的本性不想活而想死，而是他的心知道了他无法活而只能死。欲望多而行动少，这是心起了阻止的作用，所以只要心的决定合理，欲望多也没有关系；欲望少而行动多，这是心在起促进作用，所以只要心的决定不合理，欲望少也会乱。乱不乱在于心的决定，不在于人的欲望。总之，心对植根于性的欲望或促进、或阻止，起着支配性的作用。

由此看来，荀子所说的心与性很近似于亚里士多德所说的灵魂中的有理性的部分与无理性的部分。亚氏以为，灵魂的有理性部分处于统治的地位，而无理性的部分则处于被统治的地位①。这与荀子的心

① 见 *Aristotle's Politics*，Ⅰ，xⅲ，6. E. Barker 英译，1952，London，p. 35。

与性的关系很相似。亚氏又把灵魂的无理性部分分为纯本能的部分与有接受理性指导的倾向的部分，把有理性的部分又分为实践的（practical）和思辨的（speculative）两部分，或知识的（intellectual）和道德的（moral）两部分①。亚氏的思辨理性（知识理性）和实践理性（道德理性）与荀子的心的知和能两种功能又很相似。既然如此，那么荀子为什么不像亚氏那样说人心或灵魂包含善恶两个部分而只强调性恶呢？在我看来，亚氏强调的是，人的理性优于非理性的方面，从而能制胜非理性的方面；而荀子所强调的则是，人性虽然能为人心之知与能所化而起伪，但是伪不能离性而生，故必强调性恶。所以，如果从表面上看，亚氏把有、无理性二者当做人的灵魂统一体中的两个相关部分，而荀子的心与性是否是统一体的两个部分呢？这在荀子书中却无明文表述。可是，在实际上，荀子的心与性同样是一个统一体中的两个互相依存、互相制约的部分。不仅性受心的节制和支配这一点在荀子书中是清楚的，而且心受性的制约的方面也是可以从荀子的议论中看出来的。《正名》篇云："凡人之取也，所欲未尝粹而来也；其去也，所恶未尝粹而往也。故人无动而不可以不与权俱。衡不正，则重县于仰，而人以为轻；轻县于俯，而人以为重。此人所以惑于轻重也。权不正，则祸托于欲，而人以为福；福托于恶，而人以为祸。此亦人所以惑于祸福也。道者，古今之正权也；离道而自择，则不知祸福之所托。"又说："欲虽不可尽，可以近尽也；欲虽不可去，求可节也。所欲虽不可尽，求者犹近尽；欲虽不可去，所求不得，虑者欲节求也。

① 见 *Politics*，Ⅻ，*xiv*，9～10，Barker 本，317 页；*Aristotle's The Nicomachean Ethics*，Ⅱ，i，1；H. Rackham 英译，Loeb 古典丛书本，1934，p. 71。

道者，进则近尽，退则节求，天下莫之若也。”这就是说，由于事物的复杂性，人在取所欲和去所恶的时候，所取与所去往往都不会是纯粹的，因而需要权害取轻、权利取重。心在权衡轻重、祸福的时候不能是任意的，而必须遵循“道”，即对欲望“进则近尽，退则节求”的原则。用现在的话来说明，那就是，当权(秤锤)在衡(秤杆)上移动的时候，所取位置的值应在可欲(利)最大而可恶(害)最小的点上。因此，心不仅不能完全满足或取消植根于性之欲，而且必须按照性之所欲的方向来取最大值。可见，心虽支配性，但又不能完全脱离性的制约。而这一点在亚氏书中却是未被充分注意到的。荀子之所以强调性恶，看来是他更多地注意到了性的重要性的结果。

那么荀子的性与心的关系在本质上属于什么范畴呢？应该说，那属于内在于人的天(即自然或性，nature)人(即心或知，intellect)关系。作为一个人，他不可能没有天生的或来自自然的性，更不可能没有人所特具的心或知。荀子这样认识人的性与心的关系，和他对于天人关系性质的认识是一致的。所不同者，他的“天”是外在于人的自然(nature)，他的“人”则是自然之有心或知者。荀子在《天论》篇中主张人定胜天：“大天而思之，孰与物畜而制之。从天而颂之，孰与制天命而用之。”这正好和他在《性恶》、《正名》等篇中主张以心引导并节制性的思想是相表里的。特别应当指出的是，荀子并未止步于其性恶论与天论的并列关系的指出上，而是进一步发现了二者之间的内在的因果关系。《王制》篇云：“水火有气而无生，草木有生而无知，禽兽有知而无义；人有气、有生、有知亦且有义，故最为天下贵也。力不若牛，走不若马，而牛马为用，何也？曰：人能群，彼不能群也。人何以能群？曰：分。分何以能行？曰：义。故义以分则和，和则一，一则多力，多力则强，强则胜物。故宫室得而居也。故序四时，裁万物，兼利天下，无它故焉，得之分义也。”这就是说，人之性恶为心制胜之后就能按义而有分，能按义分就能有多的统一而成群，能群而后有力以胜自然。所以，在荀子看来，人的心之胜性，正是人定之所以能够胜天的前提。所以，在荀子的天论和性恶论中，二者只要缺一，他的天人关系的理论体系就不能是完整无缺的。

如果说荀子的性恶说在哲学上是和他的自然天道观的天论相关联的，那么这种性恶说和他的政治、伦理学说同样是关系非常密切的。《礼论》篇云：“礼起于何也？曰：人生而有欲，欲而不得，则不能无求，求而无度量分界，则不能不争。争则乱，乱则穷。先王恶其乱也，故制礼义以分之，以养人之欲，给人之求。使欲必不穷乎物，物必不屈于欲，两者相持而长，是礼之所起也。”有对植根于性的欲的否定(是扬弃而非取消)，乃有礼制的建立；而礼在荀子伦理、政治学说中无疑具有十分重要的地位，不待多言。《富国》篇云：“人之生不能无群，群而无分则争；争则乱，乱则穷矣。故无分者，人之大害也；有分者，天下之本利也。而人君者，所以管分之枢要也。故美之者，是美天下之本也；安之者，是安天下之本也；贵之者，是贵天下之本也。”这样，荀子的国家发生学说也就建立在对于人性之恶的否定上了。因此，我们说性恶论是荀子全部学说体系中的一个必不可少的重要部分。

荀子的性恶说显然受了墨子的影响。墨子以为，未有国家以前，由于人之性恶，“天下之乱，若禽兽然”。故必有国立君以为挽救。荀子也以为，未有国家之前，“无君以制臣，无上以制下，天下害生纵欲；欲恶同物，欲多而物寡，寡则必争矣”[①]。故必有国立君以为挽

① 《富国》，《诸子集成》，第2册，113页。

救。他们对原始状态中的人群关系的描写，实际都是以性恶说为依据的。不过在如何有国立君的问题上，荀子与墨子的主张就不同了。《非十二子》篇批评墨子云："不知一天下、建国家之权称，上功用，大俭约而僈差等，曾不足以容辨异，县君臣；然而其持之有故，其言之成理，足以欺惑愚众。"墨子主张无差别的兼爱和节用，把人群组成一个归依天志的无差别的统一体；而荀子则以为这是取消了君臣上下之分，使人群失去了礼。荀子以为，人群必须实行有差别的统一，因为只有有差别的统一才是和谐的、有机的统一；而且，正是由于这样的统一，人才有了力量并由此而从自然界或天的权威下直立起来。在墨子那里，人只不过是天志的手段；而在荀子那里，人是要"制天命而用之"的主体，是要与天地"参"的。这也是儒家和墨家不同的一个地方。

荀子既然主张性恶，这就和商鞅及其后学的性恶说不能没有相似的地方。但是，应当指出，二者之间是有着原则的区别的。如上所述，商鞅等人对治性恶的办法是以恶治恶与以愚治恶。而荀子与此相反，他主张以心治性、以理性治情欲，经过理性对于本质为恶的性的否定，以达到善的目的。这也是儒家和法家不同的一个地方。

三、韩非子的性恶说

韩非虽然没有写过论性恶的专篇文章，可是他在性恶说上真算是走到了极点。这可以从两方面来说明。

首先，韩非以为，如果观察一个个的人，那么就可以发现人的性彻底为恶，恶到了连一点可以由之而改恶从善的内在的可能性都没有的程度。他说："人为婴儿也，父母养之简，子长而怨。子盛壮成人，其供养薄，父母怒而诮之。子、父，至亲也，而或谯、或怨者，皆挟相为而不周于为己也。夫卖庸而播耕者，主人费家而美食，调布而求易钱者，非爱庸客也，曰：如是，耕者且深耨者熟耘也。庸客致力而疾耘耕者，尽巧而正畦陌者，非爱主人也，曰：如是，羹且美钱布且易云也。”①内则父母与子女之间、外则雇主与庸工之间，人皆为己而不为人；如果有看来是为人的事，那么究其实际还是为了自己。如果说荀子以为人之性恶其善者伪也，他的“伪”是“人为的努力”的意思，那么韩非以为人之性恶其善者伪也，他的“伪”就只能是伪装的意思了。韩非又说：“且父母之于子也，产男则相贺，产女则杀之。此俱出父母之怀衽，然男子受贺，女子杀之者，虑其后便，计之长利也。故父母之于子也，犹用计算之心以相待也，而况无父子之泽乎。”②儒家主张恕道，推己及人，老吾老以及人之老，幼吾幼以及人之幼；其前提是人对自己的老、幼总还有一份善心，由此才能够外推。韩非把这样一点善的种子都剥开踏碎，当然就只能也必须走向彻头彻尾的性恶说了。

再则，韩非以为，如果观察社会或人的群体，那么就会发现人性彻底为恶，恶到了连一个善者也找不出来的程度。按照传统的说法，人中之至善者为圣人，圣人的典型也就是尧、舜、汤、武等先王。可是，韩非对尧、舜、汤、武也不恭维，一律以为无善可言。你说这些先王是圣人，看你从什么角度说吧；不过，不管你从什么角度说，他都能把你驳回去。如果你歌颂传统的尧、舜禅让之说，那么韩非就告诉你：“尧之王天下也，茅茨不剪，采椽不斲，粝粢之食，藜藿之羹，冬日麑裘，夏日葛衣，虽监门之服养，不亏于此矣。禹之王天下也，

---

① 见《外储说左上·说三》，《诸子集成》，第5册，204页。

② 见《六反》篇，《诸子集成》，第5册，319页。

身执耒臿以为民先，股无胈，胫不生毛，虽臣虏之劳不苦于此矣。以是言之，夫古之让天子者，是去监门之养而离臣虏之劳也，古传天下而不足多也。”①这就是说，上古天子很苦，所谓禅让只不过是他苦够、苦怕了，因而想要个滑头逃脱下来。这有什么值得歌颂的！如果你歌颂传统的汤、武征诛之说，那么韩非就告诉你：“尧、舜、汤、武，或反君臣之义，乱后世之教也。尧为人君而君其臣，舜为人臣而臣其君，汤、武为人臣而弑其主、刑其尸，而天下誉之，此天下所以至今不治者也。夫所谓明君者，能畜其臣者也；所谓贤臣者，能明法辟、治官职以戴其君者也。今尧自以为明而不能以畜舜，舜自以为贤而不能以戴尧，汤、武自以为义而弑其君长，此明君且常与而贤臣且常取也。”②这就是说，所谓征诛，不过是弑君篡位罢了。这又有什么值得歌颂的！既然连所谓圣人都是恶的，那还有什么人性善的余地。

从以上两点来看，性恶说到了韩非手里的确又大为加深了一步。不过事情还不止于此，值得注意的是，性恶说在韩非的思想体系中也占有了更重要的地位。

韩非在历史上是被公认的法家，但又不同于其先驱商鞅那样的法家。如所周知，韩非是一位兼法、术、势三者而用之的“集大成的”法家。他在《定法》篇中说明商鞅与申不害的片面言法或言术的不足：“问者曰：徒术而无法，徒法而无术，其不可何哉？对曰：申不害，韩昭侯之佐也；韩者，晋之别国也。晋之故法未息，而韩之新法又生；先君之令未收，而后君之令又下。申不害不擅其法，不一其宪令，则奸多。故利在故法前令则道之，利在新法后令则道之。利在故

① 见《五蠹》篇，《诸子集成》，第5册，340页。

② 见《忠孝》篇，《诸子集成》，第5册，358页。

新相反，前后相悖，则申不害虽十使昭侯用术，而奸臣犹有所谲其辞矣。故托万乘之劲韩，七十年而不至于霸王者，虽用术于上，法不勤饰于官之患也。公孙鞅之治秦也，设告相坐而责其实，连什伍而同其罪，赏厚而信，刑重而必，是以其民用力劳而不休，逐敌危而不却，故其国富而兵强。然而无术以知奸，则以其富强也资人臣而已矣……故战胜则大臣尊，益地则私封立，主无术以知奸也。商君虽十饰其法，人臣反用其资。故乘强秦之资，数十年而不至于帝王者，法不勤饰于官，主无术于上之患也。”韩非以为，术虽可为治于一时，然不足以强国；法虽可以强国，而又不足以张君权。所以，法与术不可偏行，而应兼收并用，以取互相补充之效。不过，在韩非看来，只有法和术仍不够，还必须有势。他在《难势》篇中反复论述了势之必要性，并得出结论说：“抱法处势则治，背法去势则乱。”在《人主》篇中，他又说：“万乘之主，千乘之君，所以制天下而征诸侯者，以其威势也；威势者，人主之筋力也。”还有许多篇章也都说到了势的重要性。所以，法、术、势三者并用，这才是韩非的完整的政治思想体系。

韩非看到了法、术、势三者互补的一面，可是，问题还有其另一方面。因为，一则法与术是有其内在的矛盾的。《难三》篇云：“人主之大物，非法则术也。法者，编著之图籍，设之于官府，而布之于百姓者也。术者，藏之于胸中，以偶众端而潜御群臣者也。故法莫如显，而术不欲见。”法是成文的、公开的、要人知道的，术是不成文的、不公开的、不可要人知道的。因此二者恰好成一组矛盾，不能同真，也不能同假，只能此真而彼假或此假而彼真。二则法与势也是有矛盾的。法既是成文的、公开的、人所共知的，当然就应该是人所共守的；说人所共守，其中自然包括君主，因为君主也是人。《南面》篇云：“人主不能明法而以制大臣之威，无道得小人之信矣。人主释法而以臣备臣，则相爱者比周而相誉，相憎者朋党而相非；非誉交争，则惑乱主矣。人臣者，非名誉请谒无以进取，非背法专制无以为威，非假于忠信无以不禁；三者，昏主坏法之资也。人主使人臣，虽有智能，不得背法而专制；虽有贤行，不得逾功而先劳；虽有忠信，不得释法而不禁，此之谓明法。”这说明君主不能离法而用人，大臣不能背法而立威，君臣都不能离法而行事。大臣“非背法专制无以为威”，所以大臣背法就是专制，不可。“人主使人臣，虽有智能，不得背法而专制”，这是说谁“不得背法而专制”呢？有人以为是“人主使人臣不得背法专制地来治民”[①]。这是因上文的大臣背法专制而作的解释，不无道理。但是，如果连下文的“虽有贤行”、“虽有忠信”以下的句子来看，那么这里“不得背法而专制”的就应当是君主了。《难二》篇云：“人主虽使人，必以度量准之，以刑名参之；以事遇于法则行，不遇于法则止；功当其言则赏，不当则诛。”这里也主张君主在用人时必须按照法行事，意思也就是不得背法专制。所以在守法这一点上君臣应该是一致的。可是，如果讲势，那么君臣之间就绝对不可一致了。君臣上下而可一致，那还有什么势呢？韩非对此论述很多，不必再引。所以法与势同样是矛盾的。

关于韩非的法与术、势之矛盾，前贤已有所见[②]。现在需要思考的是，韩非又是怎么把矛盾着的东西组合为一体的？

在我看来，韩非赖以将其法、术、势连成一体的因素是“不上贤”。他在《忠孝》篇中明确表示：“是废常上贤，则乱；舍法任智，则

---

① 见梁启雄：《韩子浅释》，127～128页，北京，中华书局，1982。

② 见梁启超：《先秦政治思想史》，第14章，尽管他的说法有不是处已经郭沫若氏在《十批判书·韩非子的批判》中指出，但是他对法与术、势之间存在的矛盾是有所见的。

危。故曰：上法而不上贤。”这篇文章为此论点提供了许多论据，那就是尧、舜、汤、武等所谓贤者没有一个是好东西；要说他们贤，那也是贤于为他们自己。所以韩非说：“故人臣毋称尧、舜之贤，毋誉汤、武之伐，毋言烈士之高，尽力守法，专心于事主者为忠臣。”什么贤不贤，都是各自为己；哪怕是条狗，只要能忠心耿耿为主子就是忠臣。说透了，韩非的性恶论走到了极端，因此无人可信；无人可信，当然也就不上贤了。

韩非为何讲术呢？《扬权》篇云：“黄帝有言曰：上下一日百战。下匿其私，以试其上；上操度量，以割其下。”人性如此之恶，君主不用术又何以对待来自下面的一日百战？所以韩非之重术，也是因为无贤可信，人性太恶之故。至于韩非所重之势，那也是与贤不能相容的。他在《难势》篇中打了著名的以子之矛陷子之盾的比方之后说：“夫贤之为道不可禁，而势之为道也无不禁，以不可禁之贤与无不禁之势，此矛盾之说也。夫贤势不相容亦明矣。”所以韩非重势也是由于贤无可取而人性太恶之故。由此我们可以看到，韩非所以能把本来相互间有矛盾的法、术、势整合为一个体系，其关键就在于他的彻底的性恶论。这样，性恶论在韩非思想体系中的地位也就很清楚了。

韩非的性恶说远绍墨子，其主张君主专制的思想也与墨子尚同之说相通。但是，墨子的人虽无理性、为性恶，而他的“天”却是有理性的，即以兼爱为其内容的天志。天志是墨子思想体系中的“绝对命令”(categorical imperative)，虽君主亦必恪遵无违。桀、纣不从天志，就被认为暴王，就要受到天罚；于是汤、武起而革命就是奉天之命，就是圣王之举①。墨子的君主是有天志管着的，而天志如前所言不过

① 见《墨子》的《非攻下》、《天志上》。

是人志之外化，所以，在墨子思想体系中，君主还可以说是间接地由人心管着的。也就是说，墨子还有一定的民本思想。韩非不信邪，在他的思想中没有有意志的天，这是一个进步。不过，韩非没有了天，他的君主也就不会受到天(间接地就是受到人)的限制了。不仅如此，《八经》篇又说："故明主之行制也天，其用人也鬼。天则不非，鬼则不困。"韩非的君主本身就成了至高无上的天，其行事又莫测如鬼；这样，一切的人和法对君主都不再有限制作用。由此他的学说中的君主就真正可以无法无天了。

韩非的性恶说直接源于荀子。可是，荀子的性恶说容纳了一个有知与能的心，正是这种心使人能以化性起伪而为善；而韩非的思想里连这一点可以由之转恶为善的潜在可能性都断绝了。韩非把荀子的性恶说推向了极端，因而也就失去了荀子思想中可能有的一切理性因素。荀子讲性恶，其目的在强调人的自律的重要。韩非不承认人有自律的可能，而只相信外来因素他律的作用。他的全部法、术、势学说都是由此而设的。当然，韩非也不相信君主性善或要求君主性善，他所要求的只是用君主的恶来制住其他一切人的恶，如此而已！

韩非的性恶说的一个重要来源自然还有商鞅等早期法家的思想。他与他们一样地主张以恶制恶、以愚制恶。在《五蠹》、《显学》、《诡使》等篇中叙述的韩非的愚民思想，假使商鞅等前辈看了也会感到那是大大青出于蓝的。如果说商鞅等主张愚民而办法尚少，那么韩非的法、术、势相辅相成的那一套真是能把不愚的人也弄愚了。不过，既然"上下一日百战"，那么你愚民就不能排除民也愚你，怎么办呢？韩非所能指望的仍然只能是专制主义，极端的愚民需要极端的专制主义；同样，极端的专制主义也需要极端的愚民。韩非在这两方面都远远超越他的前驱者。而其所以如此，看来仍与韩非在性恶说上的极端化有关。

战国时期性恶说的产生，在相当程度上是学者们对于当时各国之间与各国内部的激烈而残酷的斗争的思想反映。在那些斗争中，人性中的恶的一面的确暴露得相当充分。所以，墨、荀、商、韩等人在发表性恶说的时候，又都是以救世的姿态出现的。不过，墨子、荀子是在借性恶说以明理性(墨子之“天志”，荀子之人“心”)的重要性，因而其主张总不失为理性的思考；而商鞅、韩非的性恶说则表现为对于人类理性的绝望，他们因而也就陷入了主张君主专制主义的狂热之中。性恶说也就在其发展中走向了其自身的反面。

从清儒的臧否中看《左传》杜注*

《左传》按中国传统的说法，是一部儒家的经书；按现在的说法，也不失为中国史学史和文学史以至世界史学史和文学史中的一部古典名著(classics)。《左传》一书包含多方面的内容，可以从多方面进行研究，也具有多方面的学术价值。不过，《左传》也像许多世界古典名著一样，其自身中就包含了很多难解的问题。因此学者要研究《左传》，就不能不参考并借助前人的注释。

现存最古的《左传》注释是晋代杜预(222—284)所作的《春秋经传集解》(后人简称之为“杜解”或“杜注”)。在杜预以前，东汉经学家贾逵、服虔等曾经注释《左传》。在南北朝时期，南北经学也有分化。对于《左传》，北方用服虔注，南方用杜预注。[1] 唐初孔颖达等作《五经正义》，于《春秋左传》则取杜注为标准。从此以后，汉儒贾、服等人的《左传》注逐渐散佚，唯有残篇散见于古书的注疏中，而杜预注遂

* 原载《北京师范大学学报》，2001年第5期。

① 李延寿：《北史·儒林传上》，2706页，北京，中华书局，1974。

成为《左传》的唯一存在的古注。

既然学者研究《左传》不能不借助于古注，而杜注又是现存的唯一完整的古注，自然它就成了解释《左传》的一个权威。正如历史上的一切权威都免不了遇到挑战一样，杜注也曾先后遭到过不少学者的这样或那样的批评。不过，直到明代为止，学者们的批评对杜注并未起到多大的震撼作用。到了清代，学者们对于《左传》杜注的批评，就其作品数量之多、涉及方面之广与考语分量之重而言，都超过了前代，几乎到了要推翻它的程度。那么清儒们是怎样批评杜注的？他们的批评的价值如何？从而我们又将如何看待杜注？这些就是本文所要说明的问题。

一、清儒对于杜注的批评

从顾炎武作《左传杜解补正》到俞樾作《春秋左传平议》，清儒研究《左传》并评及杜注之作不下数十种。各家对杜注批评的着重点和态度并不完全一致，以下先就这种批评所涉及的诸方面分别作一概括的论述，并从中指出这种批评发展的大势。

清儒批评杜注之书，始自顾炎武(1613—1682)《左传杜解补正》。其用意在于补杜注所未备(例加“补云”，亦有不加者)，并改正杜解之失误(例加“改云”，或言“解非”，亦有只批评而不加以上用语者)。按二者比例说，所“补”居大多数，而“正”则为数甚少。顾氏这种对杜注既“补”又“正”的方法，以后一直为清儒所沿用。按顾氏补正所涉及内容来说，已经包括有历法、地理、礼制、解经义例、文字训诂诸方面。不过顾氏此书仅三卷，在明代邵宝、陆粲、傅逊等人的研究基础上发展而成，在清代还是开创期的作者，未及作专门的分类研讨。王夫之(1619—1692)作《春秋稗疏》(二卷)，内容也涉及多方面，但从数量上来说，则绝大多数条目皆为历史地理方面的驳议。高士奇(1645—1704)作《春秋地名考略》(十四卷)，于地名先列杜注，但对杜注不确处也有考订。[①] 陈厚耀(1648—1723)作《春秋长历》(十卷)，为补杜预《春秋长历》而作，对杜氏《长历》颇有修改。陈氏又作《春秋氏族谱》(一卷)。按杜预所作《春秋释例》中原有《世族谱》一篇，久逸；陈氏作此书也是为了补杜书之亡失。大体在顺治、康熙时期，对《左传》杜注补正的专门之作已开始出现。顾栋高(1679—1759)于雍正、乾隆间以 15 年时间(1734—1748)作成《春秋大事表》(五十卷)，对《左传》杜注有比较全面的补正。此书卷四十八为《春秋杜注正讹表》，其中包括："杜氏论礼之误"、"杜氏地理之误"、"杜氏时日之误"、"杜氏称名之误"(关于《春秋》褒贬问题)、"杜氏解经传之误"(包括义理方面的解释和文字训诂等具体问题的解释)等方面，并各举了若干条例证。顾氏所列举的诸方面，基本上涵盖以后清儒批评杜注的诸方面。

为了论述的方便，以下把清儒对于杜注的批评分为两大类：考据类和义理类。

首先谈考据一类。这一类包括历法、地理、文字训诂等具体问题。现分别举例如下：第一，关于历法问题。例如《左传》僖公四年记："十二月戊申，(晋世子申生)缢于新城。"《春秋》僖公五年记："春，晋侯杀其世子申生。"杜注："书春，从告也。"顾栋高说：

按《经》书春不书月数，盖春二月也。晋用夏正，晋之十二月为周之春二月。晋以十二月告，鲁史自用周正改书春耳。杜谓以

① 据四库馆臣考，此书实士奇请徐胜代作。见《四库全书总目》经部春秋类四，上册，238 页，北京，中华书局，1965。

晋人赴告之日书之，非也。①

又如，《左传》僖公九年记："十一月，里克杀公子卓于朝。"《春秋》僖公十年正月始记："晋里克弑其君卓。"杜注："弑卓在前年，而以今春书者，从赴也。"顾栋高说：

按晋之十一月，为周之春正月。是夏正周正恒差两月之明验。《传》从晋史，而《经》自用鲁之简牍尔。《正义》从杜，谓晋赴以今年弑者，非也。②

按在《春秋》、《左传》之中，经从鲁国传统，例用周正；传于晋国则往往从晋国传统用夏正，二者前后相差两个月。经传记载这一类的事例很多，③ 经过清人考证，现在问题已经大体清楚。这是清儒对杜注中历法问题的一大改正。当然，清儒所批评的杜注历法问题尚多，尤其在朔闰问题上。不过，春秋时期的历学尚未成熟，历法错误较多；而且当时历法并未流传下来。所以杜预为迁就经传所记日辰干支而排的长历，虽然不合于正确的历法，也许还有接近当时错误历法的方面。罗士琳(约 1784—1853)作《春秋朔闰异同》，但记各家之说的异同，而不下自己的断语，就是因为考虑到了种种难以确定的因素。其说详见于此书自序后之附记中。在此处我们不能也不必详辨清儒批评与杜注

① 顾栋高：《春秋大事表》，《清经解续编》第 1 册，721 页，上海，上海书店，1988。

② 同上。

③ 参见日本竹添光鸿：《左氏会笺》僖十五年，新文丰出版公司，1978 年汉文大系本[10]，《会笺》第 5 册，78 页所引清儒钱锜之文。

之间的是非，对诸多朔闰问题不再予以申论。

第二，关于地理的问题。例如，《左传》桓公十六年记："(卫宣)公使诸齐，使盗待诸莘，将杀之(急子)。"杜注："莘，卫地也。阳平县西北有莘亭。"又《左传》成公二年记："(晋师)从齐师于莘"。杜注："莘，齐地。"顾栋高说：

杜两注齐、卫，亦属骑墙之见。《左传》明言莘是卫地，特人习读之而不察耳。《传》云，晋师救鲁、卫，"季文子帅师会之，及卫地。韩献子将斩人，郤献子驰将救之"云云，下遂云："师从齐师于莘。六月壬申，师至于靡笄之下。"观其特志月日，则知从于莘自是前月事，尚在卫地……是时莘地必有齐之偏师，侵略卫疆而未返者。晋师适遇，遂与交战。缘是偏师零骑，望风披靡，故不言胜负。直至六月壬申，长驱至靡笄之下，齐侯始请战期。其前言齐师，后言齐侯，历历分明可证。①

又如，《左传》襄公三年记："春，楚子重伐吴，……克鸠兹，至于衡山。"杜注："鸠兹吴邑，在丹阳芜湖县东。""衡山在吴兴乌程县南。"顾栋高说：

按杜注衡山甚谬。鸠兹城在今江南太平府芜湖县东三十里，乌程为今浙江湖州府附廓。时吴都尚在无锡。从无锡至湖州尚三四百里，楚兵不应反过吴都也。当涂县东北六十里有横山。横与

① 顾栋高：《春秋大事表》，《清经解续编》第1册，516页，上海，上海书店，1988。

衡古通用。俱在太平府，此说得之。[①]

从前一例看，同是在卫至齐通道上的莘地，杜预一说属卫、一说属齐，造成混乱。顾栋高通过细析《左传》原文的方法指出，莘在传文中就明说是卫地。结论比较有说服力。从后一例看，楚子重伐吴，攻克今芜湖附近的鸠兹以后，继而进至衡山。如按杜注，衡山在今浙江吴兴附近，而吴都时在无锡，那么这条路线在地理上就是荒谬而不可理解的。顾氏通过地理方位和路程远近的分析，证明杜注是错误的。他推测衡山即是当涂东北的横山也是有一定道理的。广征文献资料，验以地理实情，这是清儒历史地理考证的基本方法。他们用这种方法发现了杜注地名的许多问题。不过，要确证一个历史地名的切实地点，往往并非易事。即以上述第二个例证来说，衡山何在？以后沈钦韩(1775—1831)在其《左传地名补注》中说明在不同文献中有横山之名者即有数处，他自己也只能推测为其中一处。[②] 当然沈氏的推测比较符合地理情况，有所进展。[③]

第三，关于文字训诂问题。在这一方面，清儒纠正杜注失误甚多。现略举数例，以为说明。例如，《左传》僖公六年记许僖公见楚成王时，"面缚衔璧"，以示屈服。杜注云："缚手于后，唯见其面也，以璧为质，手缚故衔之。"惠栋(1697—1758)在其《春秋左传补注》中说：

---

① 顾栋高：《春秋大事表》，《清经解续编》第1册，721页，上海，上海书店，1988。

② 沈钦韩：《左传地名补注》，《清经解续编》第3册，89页，上海，上海书店，1988。

③ 刘文淇：《春秋左氏传旧注疏证》，990页，北京，商务印书馆，1959。

> 子惠子(按此为栋引用其曾祖父惠有声之说)曰：《汉书·项羽传》“马童面之”。张晏曰：“背之也。”师古曰：“面之谓背之，不面向也。”面缚之，亦谓反借而缚之。杜元凯以为但见其面，非也。①

洪亮吉(1746—1809)亦于其《春秋左传诂》中说：

> 《广雅》：“偭，偝也。”《汉书·贾谊传》：“偭蟂獭以隐处兮”，王逸应劭注并云：“偭，背也。”《项籍传》：“马童面之”，张晏曰：“背之也。”师古亦云：“面之谓背之，不面向也。”偭、面古字同。按杜注云“但见其面”，可为臆说。②

惠氏和洪氏指出的杜注错误，是无可怀疑的。他们对“面缚”的解释也是有道理的。当然清人对“面缚”还另有一解，见于黄生所著《义府》；他以为，面缚不是两手反缚在背后，而是两手正缚在身前。③ 在清人两说中，以惠洪之说为长。④ 又例如，《左传》僖公九年记晋献公向其大夫荀息托孤时说：“以是藐诸孤辱在大夫。”杜注云：“言其幼贱，与

① 惠栋：《春秋左传补注》，《清经解》第2册，716页，上海，上海书店，1988。

② 洪亮吉：《春秋左传诂》，《清经解续编》第1册，1251页，上海，上海书店，1988。

③ 黄承吉：《字诂·义府合按》，170～171页，北京，中华书局，1984。

④ 参见刘文淇《春秋左氏传旧注疏证》，280页。而竹添光鸿的《左氏会笺》却未指名地引用黄生说。

诸子悬藐也。"顾炎武于《左传杜解补正》中说："藐，小也。"[①]这就解决了被杜预解错了的"藐"字的问题。可是惠栋在《春秋左传补注》中说顾说"未当"，因为"按吕谌《字林》曰：'藐，小儿笑也'(《文选》注)"。[②] 王引之(1766—1834)在其《经义述闻·春秋左传上》"藐诸孤"条中说：

> 杜以藐为悬藐，诸为诸子。"以是悬诸子孤"，斯为不词矣。《文选·寡妇赋》"孤女藐焉始孩"，李善注："《广雅》曰：藐，小也。《字林》曰：孩，小儿笑也。"是小儿笑乃释孩字(出《说文》)，非释藐字。俗书《文选》注脱孩字，惠遂以为小儿笑，其失甚矣。顾训藐为小是也，但未解诸字。今按诸即者字也。者与诸古字通。《郊特牲》四："不知神之所在，于彼乎？于此乎？或诸远人乎？"或诸即或者。(《士虞礼》注作"或者远人乎？")《大戴礼·卫将军文子》篇："夫子之施教也，先以诗，世道者孝悌，说之以义而观诸体。"者亦诸也。《尔雅·释鱼》："龟，俯者灵，仰者谢，前弇诸果，后弇诸猎。"诸亦者也。藐者孤，犹言嬴者阳耳。又《诗》言"彼茁者葭"，"彼姝者子"、"彼苍者天"、"有頍者弁"，"有菀者柳"，"有秡者狐"，"有卷者阿"，文义与此相似。[③]

① 顾炎武：《左传杜解补正》，《清经解》第1册，8页，上海，上海书店，1988。

② 惠栋：《春秋左传补注》，《清经解》第2册，716页，上海，上海书店，1988。

③ 王引之：《经义述闻：春秋左传上》，《清经解》第6册，908页，上海，上海书店，1988。

经顾、王二人的解释，本甚难解而又被杜解错的“藐者孤”就变得很容易懂了。意思就是小的孤儿。又如，《左传》文公十四年记齐公子元对齐懿公不服气，“终不曰公，曰夫己氏”。杜注：“犹言某甲。”杜预此注本已含糊不清，孔颖达疏又为之解释说：“斥懿公之名也。”于是“夫己氏”就变成公子元口中的齐懿公的名字了。顾炎武在《左传杜解补正》中说：“夫己氏，犹言彼己之子。”①沈钦韩在其《左传地名补注》中也说：

> 夫己氏，己读如“彼其之子”之其，《扬之水》笺：其或作记，或作己。读声相似。夫己氏，犹云夫夫。②

顾炎武已经提出了正确的解释，沈钦韩又进一步作了论证。“夫己氏”的意思就是“夫夫”（那个人），问题已经有了完满的解答。尽管洪亮吉、孔广森（1752—1786）、焦循（1763—1820）等人仍然从己字在天干中的位序去推测懿公的排行次序或其母为第几夫人，但是问题实际已经解决了。③ 又如，《左传》襄公三十一年“寇盗充斥”一句，杜注云：“充，满；斥，见。言其多。”俞樾（1821—1906）说：

> 充斥连文，其义一也。《淮南子·说山》篇“近之则钟音充”，

① 顾炎武：《左传杜解补正》，《清经解》第1册，11页，上海，上海书店，1988。

② 沈钦韩：《左传地名补注》，《清经解续编》第3册，39页，上海，上海书店，1988。

③ 刘文淇：《春秋左氏传旧注疏证》，566～567页，北京，商务印书馆，1959。

> 高诱注曰："充，大也。"《吕氏春秋·必己》篇"祸充天地"，高注亦曰："充犹大"，是充之义为大也。《文选·魏都赋》"坟衍斥斥"，李善注引《苍颉》曰："斥，大也。"《史记·司马相如传》"除边关益斥"，《索隐》引张揖曰："斥，广也。"广与大同是斥字之义，亦为大也。凡有大义者，皆有众多之义。如殷训大亦训盛，丰训大亦训满，皆其例也。……皆大、多义通之证。充斥并训大，故亦并训多。寇盗充斥，言寇盗之多也。杜训斥为见，义反不伦矣。①

杜注把"充斥"训为"多"，本无错误。只是释"斥"为"见"，这一点不妥也被俞樾发现并纠正了。不仅如此，他还从杜预未作解释的文句中发现杜氏理解《左传》的错误。例如《左传》僖公二十四年有"况贪天之功以为己力乎"一句。这句话今天看来似乎也不难解，杜预当时也未作注。可是俞氏在同上书中指出：

> 杜氏不解贪字，盖即以本字读之。然非也。贪当读为探。《释名·释言语》曰："贪，探也"，探取入它分也。《后汉书·郭躬传》："舍状以贪情。"李贤注曰："贪与探同。"是贪探声近而义通。《尔雅·释诂》："探，取也。"探天之功者，取天之功也。《国语·周语》曰："而郤至佻天以为己力，不亦难乎?"韦注曰："佻，偷也。"偷亦取也。《淮南子·说林》篇："偷肥其体。"高注曰："偷，取也。"此传探天之功以为己力与外传(指《国语》)佻天以为

① 俞樾：《群经平议：春秋左传二》，《清经解续编》第5册，1179页，上海，上海书店，1988。

己力，文异而义同。[①]

俞氏从杜预不注中发现他是把贪字当作其本义“贪欲”来解了，从而加以纠正，说明“贪天之功以为己力”就是“取天之功”或“偷天之功”以为己力。这样的解说无疑是透彻多了。

清儒对于杜注在解释文句方面的补正，成绩既大又多。以上略举数例，只想说明，清人由于精于声韵之学并达于假借之旨，在明训诂和通文法(清人说“审词气”)方面是远远超过杜注的。当然，清人从早期的顾炎武到中期的王引之、沈钦韩，到晚期的俞樾，训诂是在日趋缜密，而从另一方面也不免有日趋烦琐甚至穿凿的倾向。这也是我们不能不留意的。

其次谈清儒从义理上批评杜注的一类。这一类包括关于礼制的解释与关于《左传》的“书法”的解释等问题。现在分别论述如下：

第一，关于礼制解释的问题。例如，《左传》隐公元年记“弔生不及哀”。杜注云：“诸侯已上，既葬则缞麻，无哭位，谅闇终丧也。”顾炎武在其《左传杜解补正》中说：

杜氏主短丧之说，每于解中见之。谓既葬除丧，谅闇三年，非也。改云：不当既封反哭之时。[②]

沈彤(1688—1752)于其《春秋左传小疏》中以为“顾说未尽”。他所论为

① 俞樾：《群经平议：春秋左传二》，《清经解续编》第5册，1171页，上海，上海书店，1988。

② 顾炎武：《左传杜解补正》，《清经解》第1册，6页，上海，上海书店，1988。

礼制考证问题，未对杜注作义理上之评议。此处不赘。惠栋于其《春秋左传补注》中说：

> 朴庵子惠子（即惠栋曾祖父惠有声）曰：荀卿云："货财曰赙，舆马曰赗，衣（按此下原书漏引23字）死也。送死不及柩尸，吊生不及悲哀，非礼也。赠吊及事，礼之大也。"（按惠氏所引见《荀子·大略》）荀卿所称乃时王之礼，故左氏依以为说。杜元凯遂借以文其短丧之说，诬之甚，妄之甚。①

顾栋高于其《春秋大事表·春秋左传杜注正讹表叙》中说：

> 元凯历事至久，读书至深，亲见当时行三年丧者，多饮酒食肉，宴乐嫁娶，不循轨则。况以天子之丧，勒令天下士庶皆从重服，势必小人皆违法犯禁，君子皆循名失实，以为制不称情。读《春秋》而见当日诸侯之例，皆既葬成君，列于会盟。不知此自当时之失礼，非先王本制也。欲执此为定制，令上下可通行，为短丧者立赤帜。论者谓其得罪名教，岂过论哉？呜呼！元凯释《春秋》而至倡为短丧，欧阳永叔援《仪礼》而至倡为两本二父。经术之误，害于政事，于古同病，不可不戒也。②

沈钦韩于其《左传地名补注》"吊生不及哀"条中，首先引证《仪礼》分析

---

① 惠栋：《春秋左传补注》，《清经解》第2册，712页，上海，上海书店，1988。

② 顾栋高：《春秋大事表》，《清经解续编》第1册，720页，上海，上海书店，1988。

人在亲死以后“卒(止)哭”与“说(脱)服(孝服)”的历程，然后下评语说：

> 三年之丧，天下之达礼。杜预谓，天子、诸侯，既葬无服。非圣无法，古今之罪人也。①

杜预主张短丧，与后世儒家强调的三年之丧的礼制不合，因而引起顾、惠、顾、韩等人的批评。不过，在批评者之中，具体情况尚有不同。顾炎武只是简单地表示了一下不赞成杜注。惠氏祖孙与顾栋高则以为杜预所据为“时王之礼”而非先王之制，虽在义理上错了，但仍不失有历史的一定根据。沈氏则据《仪礼》以驳杜氏，不仅彻底否定杜说，而且批评用语也加重了。到底《春秋》经传的根据可靠还是《仪礼》的根据可靠呢？治史者大概都倾向于前者。这个问题此处不须细谈。这里只想说明，清儒对于杜注在义理上的不容忍程度有加深的趋向。

第二，关于《左传》中一些“书法”解释的问题。例如，《左传》宣公四年：“凡弑君，称君，君无道也；称臣，臣之罪也。”此处杜注甚为简略，但说明详见其所著《春秋释例》中。按此章孔颖达疏引《释例》云：

> 天生民而树之君，使司牧之。群物所以系命，故戴之如天，亲之如父母，仰之如日月，事之如神明。其或受雪霜之严，雷电之威，则奉身归命，有死无贰。故《传》曰：“君，天也，天可逃

① 沈钦韩：《左传地名补注》，《清经解续编》第3册，230页，上海，上海书店，1988。

乎?"此人臣所执之常也。然本无父子自然之恩，末无家人习玩之爱，高下之隔悬殊，壅塞之否万端。是以居上者降心以察下，表诚以感之，然后能相亲也。若亢高自肆，群下绝望，情义圮隔，是谓路人，非君臣也。人心苟离，则位号虽有，无以自固。故传例曰：凡弑君，称君，君无道；称臣，臣之罪。称君者，唯称君名，而称国、称人以弑，言众之所共绝也。称臣者，谓书弑者之名，以垂来世，终为不义，而不可赦也。①

杜预对于上述传例的解释，引起了清儒的不安和愤怒。万斯大(1624—1683)在其《学春秋随笔》隐公四年"卫州吁弑其君完"条中说：

《春秋》弑君，有称名、称人、称国之异。左氏定例，以为称君君无道，称臣臣之罪。甚矣其说之颇也。孟子曰："世衰道微，邪说暴行有作。"所谓暴行，即弑父、弑君是也。所谓邪说，即乱臣贼子与其侪类，将不利于君，必饰君之恶，张己之功，造作语言，诬惑众庶是也。有邪说以济其暴，遂若其君真可弑，而己无可告罪然者。相习既久，政柄下移，群臣知有私门，而不知公室。且邻封执法，相倚为奸，凡有逆节，多蔽过于君，鲜有罪及其臣者。如鲁、卫出君(鲁昭、卫献)，师旷、史墨之言可证也。左氏之例亦犹是耳。噫！于弑君而谓君无道，是《春秋》非讨乱贼，而反为之先导矣。邪说之惑人，一至是乎?②

① 《十三经注疏》下册，1869页，北京，中华书局，1980。

② 万斯大：《学春秋随笔》注二十七，《清经解》第1册，328页，上海，上海书店，1988。

焦循在其《春秋左传补疏》中接受了万氏的见解，推论《左传》必非孔子之徒左丘明所作，并说：

如所谓称君君无道，显然谬乎孔子作《春秋》使乱臣贼子惧之义。而杜预援此而演其说，以为非君臣，为路人，其妄悖甚矣。夫刘歆之于莽，犹杜预之于昭也。歆称左氏好恶与圣人同而表之，预遂以左氏为素臣而尊之。预之背恕而谄昭，与歆之背向而谄莽，情事实同；其援左氏以为乱臣贼子地，其情事亦同。儒者共耻言歆矣，而甘于服预。岂莽为汉诛，从莽者遂为国贼，司马终为魏禅，从司马者遂为佐命乎？①

万氏还只是论《左传》传例之是非，焦氏则从杜预对传例的解释进而评杜氏人品善恶。焦氏以为，杜预和刘歆是一类人：歆父刘向作为汉朝宗室，忠于汉朝，曾极力劝汉朝提防王氏篡权；而刘歆却倒向了篡汉的王莽一边，是为不忠不孝。预父杜恕与司马懿不和，被幽禁而死；而杜预却娶了司马懿的女儿，倒向了图谋篡夺曹魏的司马氏家族一边，也是对魏不忠对父不孝。焦循有此先入之见在心，于是对杜注往往都从杜氏是否有何政治目的着眼。例如《春秋》桓公二年记："宋督弑其君与夷及其大夫孔父。"杜预之注及其《释例》说：

[注云]称督以弑，罪在督也。孔父称名者，内不能治其闺门，外取怨于民，身死而祸及其君。[释例云]《经》书宋督弑其君

① 焦循：《春秋左传补疏》注二十八，《清经解》第6册，671～672页，上海，上海书店，1988。

与夷及其大夫孔父。仲尼、丘明唯以先后见义，无善孔父之文。……《经》书臣蒙君弑者有三，直是弑死相及。即实为文。仲尼以督有无君之心，改书一事而已，无他例也。①

按此孔父即孔子之祖先孔父嘉。据《左传》桓公元年记，华督在路上，见到孔父嘉的妻子，目不转睛地看，并说“美而艳”。《左传》桓公二年记华督攻杀孔父嘉，而取其妻。并说宋殇公（与夷）在位十一年打了十一场战争，“民不堪命”，而孔父嘉就是负责军事的司马。看来华督杀孔父嘉与宋殇公是利用了人民不满的历史背景的。杜预对经传的解释，所根据的也就是这些事实。可是早在隋代，刘炫在这一点上就批评了杜注（具体内容已不可知）。因为事涉孔圣人的祖先，清儒中很多人都批评杜预此说。例如，王夫之在其《春秋稗疏》中说杜预既知孔父嘉为孔子六世祖，则知孔父名嘉，而又说孔父为名，“何其自相刺谬”。② 惠栋在其《春秋左传补注》中首先考辨孔父是字而非名，然后说：“杜氏辄为异说，不可从也。”③齐召南（1703—1768）在其《春秋左传注疏考证》之卷四与卷六中两次提及此事说：“此事关系伦常，应为驳正。”“杜氏之说贬孔父，贬仇牧，悖理伤教。”④邵瑛（1739—?）在其《刘炫规杜持平》中首先申说孔父为字而非名，经文原无贬义，杜注错

① 《十三经注疏》下册，1740页，北京，中华书局，1980。

② 王夫之：《春秋稗疏》，《清经解续编》第1册，47页，上海，上海书店，1988。

③ 惠栋：《春秋左传补注》，《清经解》第2册，713页，上海，上海书店，1988。

④ 齐召南：《春秋左传注疏考证》注三十一，《清经解》第2册，542、543页，上海，上海书店，1988。

误，“刘炫规之当矣”。[①] 沈钦韩在其《左传地名补注》中也批评说：“杜预因公、穀两家皆美孔父，故欲立异，而称名罪之。”[②]这些人还就此事而论其是非，而焦循则以春秋时事与魏晋时事相比附，力图说明杜预是为了掩盖忠于魏而反晋的忠臣才掩盖孔父之忠的。[③] 这就近于影射史学了。可是，直到光绪末年出版的《经学通论》中还坚持焦氏的说法，[④] 由此可见焦氏的说法影响之深。

清儒对杜注的批评有越来越重的趋向。早期学者还对杜注存有一定敬意。如乾隆时期所修《四库全书总目提要·经部·春秋类一》的“春秋左传正义”条中说“传与注（按即杜注）疏，均谓有大功于《春秋》可也”。其“春秋释例”条中也说“《春秋》以《左传》为根本，《左传》以杜解为门径”。[⑤] 尽管此书对杜注也有批评。大约就从此时起，否定杜注的倾向日益突出。李贻德（1783—1832）作《左传贾服注辑述》，尽弃杜注，而辑贾逵、服虔之注并加以申论。其意在取代杜注。刘文淇开始作《春秋左氏传旧注疏证》，其中之注亦取贾服，而疏证中则博引各家之说然后下以己意。刘文淇远未卒业，其子毓崧（1818—1867），其孙寿曾（1838—1882）、贵曾（1845—1899）等继续进行，其定稿本也只到襄公五年为止，以下仍未完成。此书本意也是要取代杜注。[⑥] 那么杜注是否真的可以被抛弃或取代呢？请待进一步的讨论。

---

① 邵瑛：《刘炫规杜持平》卷一，6页，清嘉庆间刻本。

② 沈钦韩：《左传地名补注》，《清经解续编》第3册，24页，上海，上海书店，1988。

③ 焦循：《春秋左传补疏》注二十八，《清经解》第6册，665～666页，上海，上海书店，1988。

④ 皮锡瑞：《经学通论》四“春秋”，45页，北京，中华书局，1954。

⑤ 《四库全书总目》上册，210、212页，北京，中华书局，1965。

⑥ 参见《春秋左氏传旧注疏证》附录—刘文淇致沈钦韩书。

二、杜注优点非清儒批评可掩

在这一节中，讨论仍将按考证的与义理的两个方面来进行。

首先谈考据一类。

第一，关于历法问题。清人批评杜注在历法时日方面失误者固多，但亦有杜注甚精而使清人心服者。例如，《春秋》襄公九年记："十二月己亥，同盟于戏。"同年《左传》则记："十一月己亥，同盟于戏。"杜注经云："以长历推之，十二月无己亥，经误。"同年《左传》又记："十二月癸亥，门其三门。闰月戊寅，济于阴阪。"杜注对此段文字有所献疑，并试作订正。其《春秋长历》说明更为明晰，现引于下：

> 参校上下，此年不得有闰月。戊寅乃是十二月二十日也。思惟古传文必言"癸亥门其三门，门五日"。戊寅相去十六日。癸亥门其三门，门各五日，为十五日，明日戊寅，济于阴阪。叙事及历皆合。然"五"字上与"门"合为"闰"，后学者乃然转"日"为"月"也。①

杜预对襄公九年经传中的时日问题做了两点工作：一是说明传记"十一月己亥"是对的，而经记"十二月己亥"是记错了；二是推证此年无闰月，癸亥为十二月十五日，此日晋军开始攻郑都三个城门，每门各攻五天，共十五天，到第十六天即戊寅日(按当为十二月二十日)，晋军从阴阪渡河，侵扰郑国其他地方。传文中的"闰月"二字应是"门五日"三字之误。("五"字写进"门"中，误为"闰"字，后面的"日"字也随

① 《春秋释例》卷十四，7、14页，清嘉庆七年(1802)武英殿聚珍版。

“闰”字而误改为“月”字。)王夫之在其《春秋稗疏》中说：

以五月有辛酉推之，则八月癸未当在下旬。据杜解，十二月癸亥门郑三门为月五日，则辛酉当为五月晦日。八月朔日庚申，癸未为二十三日。十一月庚寅朔，己亥为十日。而下推明年五月当为丁亥朔，甲午灭偪阳，乃其八日也。此即合经文前后推之，昭然可见十二月不得有己亥。《传》言十一月，自是传写〔经〕者误“一”作“二”。而《传》言“闰月戊寅”，十二月己未朔，则戊寅不得在闰月，明年五月亦不得有甲午。此杜之注释经传，善救其失者也。特以闰月为门五日，则不如疑而缺之。①

王氏结合襄公九、十两年经传中所记的时日干支作一总的推算，竟然与杜注得出一致结论(按仅个别地方略有出入)。所以他以为杜注在此善于挽救经传中的失误；而只是对改“闰月”为“门五日”以为不如缺疑为好。而王韬(1828—1897)在其《春秋朔闰日至考》中襄公九年长历中，不仅各月朔干支与杜氏长历相同，而且说：

“十二月己亥同盟于戏”，十一〔按此“一”字当为“二”之误〕月无己亥，误。己亥，十一月十日，当从传。……“闰月戊寅济于阴阪”，十二月二十日。是年无闰月，当从杜说，“闰月”为“门五日”之误。②

---

① 王夫之：《春秋稗疏》，《清经解续编》第1册，53页，上海，上海书店，1988。

② 王韬：《春秋朔闰日至考》卷下，9页，光绪己丑(1889)王氏自校刊版。

按王夫之、王韬之说都有道理。张培瑜氏在其《史日朔闰表·春秋朔闰表》中亦推出鲁襄公九年(公元前564)无闰，而十年有闰。[①] 从这个例子亦可以见杜注在时日推算方面确有精到之处，是很值得参考的。

第二，关于地理问题。例如，《左传》宣公元年记："楚芳贾救郑，遇于北林。"杜注云："荥阳中牟县西南有林亭，在郑北也。"郦道元于其《水经注·渠水》中说：

> 《春秋》宣公元年，诸侯会于棐林以伐郑。楚救郑，遇于伯〔北〕林。服虔曰：北林，郑南地也。京相璠曰：今荥阳苑(当作菀)陵县有故林乡，在新郑北，故曰伯林也。余按林乡故城，在新郑北东如北七十许里，苑故城，东南五十许里，不得在新郑北也。考京、服之说，并为疏矣。杜预云：荥阳中牟县西南有林亭，在郑北，今是亭南去新郑故城四十许里，盖以南有林乡亭，故杜预据是为北林，最为密矣。[②]

郦道元反对服虔、京相璠之说，而赞赏杜预之说是有根据的。清儒尽管往往有重服、京而轻杜预的倾向，但在这样的地方也大都弃服、京而从杜注。如江永(1681—1762)之《春秋地理考实》、洪亮吉(1746—1809)之《春秋左传诂》、梁履绳(1748—1793)之《左通补释》、沈钦韩之《左传地名补注》、马宗琏之《春秋左传补注》、刘文淇之《春秋左氏传旧注疏证》等都是如此。又如《左传》昭公十九年记费无极之言曰："若大城城父而置大子焉，以通北方。"杜注云："城父今襄城城父县。"

---

① 张培瑜：《中国先秦史历表》，151页，济南，齐鲁书社，1987。

② 王国维：《水经注校》，717～718页，上海，上海人民出版社，1984。

惠栋于其《春秋左传补注》中说：

高诱曰：城父，楚北境之邑。今属沛国。北方，宋、郑、鲁、卫也。[①]

沈钦韩于其《左传地名补注》中也说：

杜预云：今襄城城父县。城父当作父城，在汝州郏县西四十里。汉颍川郡，晋分颍川置襄城郡。按传之城父，前志属沛，续志属汝南。杜预误。[②]

可是顾栋高在其《春秋大事表》七的楚都邑表中即已指出，楚国实际有两个城父。一个是《左传》昭公九年"楚公子弃疾迁许于夷，实城父"的城父(在今安徽涡阳西北)。

又有北城父。昭十九年费无极言于楚子："大城城父而置大子焉，以通北方。"故大子建居于城父。杜注：今襄城城父县。此又一城父也。[③]

① 惠栋：《春秋左传补注》，《清经解》第2册，736页，上海，上海书店，1988。

② 沈钦韩：《左传地名补注》，《清经解续编》第3册，96页，上海，上海书店，1988。

③ 顾栋高：《春秋大事表》，《清经解续编》第1册，509页，上海，上海书店，1988。

按顾氏所说北城父在今河南襄城以西。他已经看出高诱的错误。洪亮吉的《春秋左传诂》对杜预在地理方面的注多致不满，但在此城父问题上也赞成杜注。他说：

> 服虔云：城父楚北境也。按此颍川郡之城父，正楚北郡，非沛郡之城父也。下言“将以方城之外叛”可证。城父相近有汾丘。襄十八年传“楚伐郑治兵于汾”，《战国策》“楚北有汾陉之塞”是矣。高诱曰：“楚北境之邑，今属沛国……”今考云：沛国城父误。惠氏引此，有意与杜异，亦误。裴骃集解亦云：颍川城父县。亦一证。①

王引之于其《经义述闻·春秋左传下》中也对惠栋引高诱说作了批评：

> 引之谨案，二十年传费无极曰：建与伍奢将以方城之外叛。以今舆地考之，方城山在叶县南四十里，城父故城在宝丰县西北。自宝丰县东南至叶县六十八里，又四十里而至方城山。则城父故城当在方城西北百余里，正所谓方城之外也。故无极谓其将以方城之外叛。若沛国之城父，其故城在今亳州东南，去叶县南之方城远矣，势不能以方城之外叛。无极安得而诬之乎？自高诱以沛国之城父为大子建所居，阚骃《十三州志》(见《史记正义》)、《史记楚世家》正义并同其误。惠氏不能厘正，而反用其说以规

① 洪亮吉：《春秋左传诂》，《清经解续编》第1册，1339页，上海，上海书店，1988。

杜。非也。①

杜预注在地理方面的长处当然远不止以上两例。不过，仅举两例也足以说明，服虔、高诱、京相璠等权威是不可迷信盲从的，杜注在地理方面的成绩是不可轻易否定的。

第三，关于文字训诂问题。洪亮吉在其《春秋左传诂自序》中批评杜注“望文生义、不臻古训”、“师心自用”，而杜注中之可取者又被指称为承袭旧注。② 如照洪氏说法，那么杜注在文字训诂方面就只能是这样的：其正确处都是承袭前人的，其错误处都是他自己杜撰的。洪氏此说反映了清儒在训诂上鄙视杜注的一种极端心态。可是洪氏的这种看法实际是错误的。以下从三个方面举例加以说明。

其一，汉儒贾、服说与杜注不同处，确有杜是而贾、服非者。例如，《左传》庄公四年记：“纪侯不能下齐，以与纪季。”杜注云：“不能降屈事齐，尽以国与季，明季不叛。”焦循在其《春秋左传补疏》中指出贾逵有异说，但他以为杜是而贾非。他说：

> 《后汉书·贾逵传》“左氏义深君父，公羊多任权变”。注云：《左传》“纪季以酅入于齐”。“纪侯大去其国”。贾逵以为，“纪季不能兄弟同心以存国，乃背兄归仇，书以讥之”。此言“纪侯以与纪季”，则非兄弟不同心，而季固未尝背兄。杜依传文，用违贾

① 王引之：《经义述闻：春秋左传上》，《清经解》第6册，927～928页，上海，上海书店，1988。

② 洪亮吉：《春秋左传诂》，《清经解续编》第1册，1～2页，上海，上海书店，1988。

说，固贾氏所不及也。①

焦循深不满于杜预之为人，但在此处也肯定杜氏忠于《左传》原文的解释，而不赞成贾逵之说。又如，《左传》闵公二年记，晋献公派太子申生去伐皋落氏之狄，并使太子穿“偏衣”（按指一种左右不同色之衣），于是申生的部下纷纷推测晋献公的动机于申生有利还是有害。“先丹木曰：是服也，狂夫阻之。”杜注云：“阻，疑也。言虽狂夫，犹知有疑也。”李贻德在其《左传贾服注辑述》中引服虔说并驳杜注：

服曰：“阻，止也。方相之士，蒙玄衣朱裳，主索室中殴疫，号之为狂夫。止此服，言君与太子以狂夫所止之服衣之。”按《国语·晋语》“且是衣也，狂夫阻之衣也”。是明言狂夫所服者。如杜以狂夫犹知有疑为解，则《国语》所言为不辞矣。韦昭注云：狂夫，方相氏之士也。阻，古诅字。将服是衣，必先诅之。《周礼·方相氏》：“黄金四目，玄衣朱裳，执戈扬盾，以殴疫也。”韦以阻为诅，服以阻为止以释阻。字虽不同，而以狂夫为方相，则韦服同也。当是相传之古义如是。②

洪亮吉在其《春秋左传诂》中也引服虔说，并断言“杜注殊非”，而未说理由。可是服虔、韦昭之说是有问题的。隋代刘炫对杜注虽有不少批评，但在这个问题上也是赞成杜注而否定服、韦的。他说：

---

① 焦循：《春秋左传补疏》注二十八，《清经解》第6册，667页，上海，上海书店，1988。

② 李贻德：《左传贾服注辑述》，《清经解续编》第3册，969页，上海，上海书店，1988。

阻，疑，以意训耳。今言犹言阻疑。是阻得为疑也。服虔云：……（因文与上引同，从略）由无正训，各以意解。刘（据刘文淇《左传旧疏考证》，以“刘”字当为“炫”字，为刘炫自称。唐人误改炫为刘）乃以为方相氏狂夫所服，玄衣朱裳，左右同色，不得为偏衣也。当服此衣非是意所止也。诅乃服之，文无所出。故杜为此解。①

焦循以为服虔训阻为止与杜预训阻为疑并无矛盾，因为“阻之于疑，犹止之于碍，《说文》：‘碍，止也，疑声。’”②但此说极牵强，因为焦氏并未结合服虔说的上下文来理解服氏训阻为止的实际含义。邵瑛、刘文淇在深入研究孔颖达疏所引刘炫之文以后断言，刘炫所批评的是服虔和韦昭，而不是杜预，是服、韦之说错了。③

其二，清儒对杜注的批评固然很多，但是其前辈对杜注的批评又遭后辈的反驳，从而杜注又得到肯定者，亦颇有之。例如《左传》僖公二十二年“大司马固谏曰”句，杜注云：“大司马固，庄公之孙公孙固也。”顾炎武在其《左传杜解补正》中说：

大司马即司马子鱼也。固谏，坚辞以谏也。隐三年言召大司

① 转引自孔颖达疏，见《十三经注疏》，下册，1789页；刘文淇《左传旧疏考证》文，见《清经解续编》，第3册，893页。

② 焦循：《春秋左传补疏》注二十八，《清经解》第6册，668页，上海，上海书店，1988。

③ 见邵瑛《刘炫规杜持平》，卷一，16～17页；刘文淇《春秋左氏传旧注疏证》，239～240页。

马孔父而属殇公焉，桓二年言孔父嘉为司马，知大司马即司马也。……定十年公若藐固谏，知固谏之为坚辞以谏也。杜以固为名，谓庄公之孙公孙固者，非。朱鹤龄曰：按《史记·宋世家》则前后俱子鱼之言。①

顾氏以《左传》行文司马与大司马区分不严及《史记》所言为据否定杜注，但是惠栋在其《春秋左传补注》中驳顾氏说：

《晋语》云“公子过宋与司马公孙固相善”，韦昭曰：“固，宋庄公之孙，大司马固也。”公子过宋适当襄公之时，韦、杜皆据《世本》而言，称大司马，所以别下司马也。顾氏不见《世本》而曲为之说，失之。《史记》疏略，不足取证。②

惠栋引《晋语四》与《世本》之文，确证顾氏驳杜之非。沈钦韩亦有与惠相同之说。③ 顾炎武是经学大师，他对杜注的批驳也还有人驳正，而且远不止此一例。惠栋说自其曾祖父起已四世研究《左传》，无疑也是大师。他能驳顾炎武之驳杜注，同样也有人驳他对杜注的驳难。例如，《左传》成公二年齐顷公于鞌之战中大败而还，途中“辟女子”。杜注云：“使辟君也。齐侯单还，故妇人不辟之也。”惠栋于其《春秋左传

① 顾炎武：《左传杜解补正》，《清经解》第1册，8页，上海，上海书店，1988。

② 惠栋：《春秋左传补注》，《清经解》第2册，717页，上海，上海书店，1988。

③ 沈钦韩：《左传地名补注》，《清经解续编》第3册，32页，上海，上海书店，1988。

补注》中说：

> 辟当读跸。与五年伯宗辟重同。《周礼·大司寇》云："使其属跸。"康成曰："故书跸作避。杜子春云跸当为辟。玄谓跸止行也。"古跸字作辟，注训为避非也。①

洪亮吉在其《春秋左传诂》中对辟字提出了与惠栋不同的读法，以为"辟读作跸，《孟子》'行辟人'，赵岐注：辟除人使卑辟尊也。"然后又引惠说。② 沈钦韩于其《左传地名补注》中驳惠氏云：

> 按文不必读为跸。《乡士》云："为之前驱，而辟朝士。"云以鞭呼趋且辟，是解为辟止行人也。③

洪、韩二人都不同意惠栋读辟为跸，虽未明言为杜注辩护，而实际都是重申了杜氏释"辟"为"使辟"的意思。其实，"辟"(避)在古汉语中既可作不及物动词用，意为回避，又可作及物动词用，意为使避。杜注据上下文意选择后者，既自然又确切，惠氏的解释反而显得穿凿而迂曲了。洪亮吉也是研究《左传》的一位大家。他可以对惠栋的说法表示异议，但他的注释也不免有可批评之处。例如，《左传》隐公三年"苹

---

① 惠栋：《春秋左传补注》，《清经解》第2册，723页，上海，上海书店，1988。

② 洪亮吉：《春秋左传诂》，《清经解续编》第1册，1282页，上海，上海书店，1988。

③ 沈钦韩：《左传地名补注》，《清经解续编》第3册，44页，上海，上海书店，1988。

蘩薀藻之菜”，杜注云：“薀藻，聚藻也。”洪氏诂云：

《诗·毛传》：“苹，大蓱也；蘩，皤蒿也；藻，聚藻也。”按杜注：薀藻，聚藻也，是训薀为聚，非《毛传》意。今考《颜氏家训·书证篇》引郭注三苍云：薀，藻之类也。则薀亦水草，不可空训为聚。且寻上下文义，涧溪沼沚，筐筥锜釜，皆四者并举。况薀字从草，何得空训作聚？杜氏之说疏矣。①

刘文淇于《春秋左氏传旧注疏证》中又批评洪氏说：

《毛传》以薀藻以为聚藻，即用《传》薀藻意。《蜀郡赋》“杂以薀藻”，刘渊林注亦训薀为丛。古人行文，不必拘拘对偶。况下文潢污、行潦之水，亦非四者并举，与此薀藻句正隔句对也。洪说未可从。②

刘文淇无疑是清嘉、道间毕生治《左传》的专家，其书又曾经其子及孙的增订。他们驳洪，也就是在为杜注作证。我举这些例子，显然还很不全。不过由此我们可以得到一个认识：我们不能一看到清人批评杜注就以为杜注就真错了，最好再看看清儒之后辈对前辈的批评。从他们的这些批评和辩难中，我们就更可以看到杜注远远不是可以投入字纸篓的过时之物了。

① 洪亮吉：《春秋左传诂》，《清经解续编》第1册，1236页，上海，上海书店，1988。

② 刘文淇：《春秋左氏传旧注疏证》，20页，北京，商务印书馆，1959。

其三，从清儒对杜注所作的补充中，有时也可见杜注的高明之处。例如，《左传》宣公十五年记，晋君于对外战争胜利后奖赏有功之臣，羊舌职称赞说：“《周书》所谓‘庸庸祗祗’者，谓此物也夫!”杜注说明《周书》指《康诰》，庸意为用、祗意为敬之后说：“言文王能用可用敬可敬也。”杜预在此处没有说明他所作的注释的理由或根据。刘文淇就补充说：

> 《尔雅·释训》：“庸庸，劳也。”《尔雅·释诂》：“祗，敬也。”《广雅·释训》：“祗祗、畏畏，敬也。”杜注训庸为用，用亦劳意。①

按羊舌职所引《尚书·康诰》言文王“不敢侮鳏寡、庸庸、祗祗、威威、显民”。孙星衍《尚书今古文注疏》在解释此段时，首先也引了《尔雅》、《广雅》的训释(与刘文淇同)，然后却引用了杜预的“用可用、敬可敬”的解释，并说：“按杜义本古书说，则威威当为畏可畏也。”②孙氏认真体会这段《尚书》原文，悟出了其中的语法结构：“侮鳏寡”，侮为动词，鳏寡为宾词；“庸庸”，前一庸为动词，后一庸为宾词；以下“祗祗、威(同畏)威、显民”，都是前一字为动词，后一字为宾词。这完全是受杜预注启发所得的正确结论。而刘文淇引《尔雅》及《广雅》的《释训》中对重文叠字的训释来解说“庸庸祗祗”，实际是没有弄清这些重叠字的语法关系，用清人的说法就是未能审明词气。因为《释训》言

---

① 刘文淇：《春秋左氏传旧注疏证》，745页，北京，商务印书馆，1959。

② 孙星衍：《尚书今古文注疏》，《清经解》第5册，53页，上海，上海书店，1988。

形貌，所解多为由重叠字组成的形容词或副词。如把此处的“庸庸、祗祗”理解为两个形容词或副词，全段文意便晦然莫解。将刘、杜二人在此问题上的理解一对比，那就只能说在这点上刘还不如杜了。

以上举例说明几代清儒在批评杜注文字训诂时所出的问题，完全无意否定这些大师、专家们的卓越学术成就。我只想说明两点意思：一是，清儒破除对杜注的迷信是好的，但是他们有走向另一极端的倾向，我们不能不加注意；二是，清儒破除对杜注的迷信，进行深入研究与论辩，然后取得重大成绩，我们自然也不能迷信清儒，而也要取切实研究的态度，以求比清人更进一步。

其次说清儒从义理上批评杜注的问题。清儒对杜预的批评是不忠不孝，其表现于《左传》注中者则主要为不忠。清儒批评杜注义理的核心之点即为其对宣公四年《左传》“凡弑君称君君无道也”的解释。上文已经引述了清儒对杜注此条的批评，现在只需分析一下清儒的批评是否有合理性。

《春秋》经传中所记弑君称君者共有七例，现扼要分析杜注于下：(1)文公十六年《春秋》记：“宋人弑其君杵臼。”杜注云：“称君君无道也。例在宣四年也。”同年《左传》有解经之文：“书曰：宋人弑其君杵臼。君无道也。”杜注云：“始例发于臣之罪，今称国人，故重明君罪也。”杜预在此说得清楚，他所以说宋君有罪，其根据有二：一是宣公四年传规定的总凡例，二是本年传中又明言宋君有罪。(2)文公十八年《春秋》记“齐人弑其君商人”。杜注云：“不称盗，罪商人。”按齐懿公商人本为弑君自立之人，为政不得民心，其事见于《左传》，杜注说他无道是有根据的。(3)文公十八年《春秋》记：“莒弑其君庶其。”杜注云：“称君，君无道也。”同年《左传》说莒纪公(庶其)立了太子仆后又生了季佗，后因爱季佗而废太子仆。“且多行无礼于国，仆因国人以杀纪公。"纪公的无道在于他得罪了国人。(4)成公十八年《春秋》记："晋弑其君州蒲。"杜注云："不书臣，君无道。"接当时晋国诸大夫已握重权，晋厉公(州蒲)于前一年杀了据大权的郤氏三大夫，暂时未能触动与三郤有矛盾的栾书等，结果此年即为栾书等派人杀死。据《左传》，晋厉公只是要集大权于国君一人之手，因而大杀大夫。杜预从例谓之有罪。(5)襄公三十一年《春秋》记："莒人弑其君密州。"杜注云："不称弑者主名，君无道也。"同年《左传》记，莒犁比公(密州)也有既立世子后又废之的事。"犁比公虐，国人患之"。被废之子乃"因国人以攻莒子，弑之。"莒君密州之罪也是虐待了国人。(6)昭公二十七年《春秋》记："吴弑其君僚。"杜注云："僚亟战民罢，又伐楚丧。故光乘间而动，称国以弑罪在僚。"按吴公子光杀王僚以自立，本是吴王族内部争权问题，杜预乃以"僚亟战民罢"作为僚有罪的根据。(17)定公十三年《春秋》记："薛弑其君比。"杜注云："无传，称君君无道也。"由于缺乏《左传》的记载，杜预无法知道这一弑君事件的具体情况，乃据例说为君无道。综合以上全部事例，可知杜注是严格根据《左传》所确定的凡例与所记的史事来立论的。杜预为《左传》作注，而忠于《左传》原书的解释，这本来是无可非议的。所以清儒对杜注义理的批评已不止于杜注本身。上文所引万斯大、焦循等人对宣公四年传例的批评，实际都是在批评《左传》。

甚至清儒的这种批评所涉及的还不止《左传》。文公十八年《春秋》"莒弑其君庶其"，《公羊传》云："称国以弑何？称国以弑者，众弑君之辞。"成公十八年《春秋》"晋弑其君州蒲"，《穀梁传》云："称国以弑其君，君恶甚矣。"在此处，三传的见解是一致的，因为三传都程度不同地继承了先秦时期民本思想的传统。这种传统甚至在汉代经学家中也未完全遗忘。宣公四年"弑君称君君无道"传例下孔颖达疏云：

刘、贾、许、颍以为，君恶及国朝，则称国以弑；君恶及国人，则称人以弑。①

这也证明杜预在这一点上与汉儒是一致的。李贻德《春秋左传贾服注辑述》专以辑汉儒贾、服注为职志，可是对这一条刘、贾、许、颍的解释竟然不引。也并非李贻德一人如此。明初修《永乐大典》，杜预《春秋释例》的尚存内容绝大多数被收录进去了，可是就不收其中“弑君例”这部分，而这部分主要就在孔颖达为《春秋》经传所作的疏中，所以不是找不到的问题。先秦至汉，国君权力虽在逐步加强，但尚未登峰造极，所以民本思想传统还有脉络可寻。到了明清时期，专制皇权已绝对化，皇帝虐待国人成了家常便饭，国人如因此而有反抗，则已在十恶不赦之条。清儒受这种思想的影响既深，反而误以为早期儒家的民本思想为离经叛道。他们从义理上批评杜注，实际远不如杜预能理解先秦儒家民本思想，悲夫！

清儒从义理上批评杜注，既与时代背景不同有关，清儒从考证上批评杜注，其原因也只能从历史上作解释。魏晋时期的学者不满于汉儒章句之学，厌烦琐漫衍而喜简易清新；王弼之注《易》与杜预之注《春秋左传》，都体现了当时经学的新风气。清人惩于明儒之空疏，日益走上尊崇汉学的道路。这在学术趋向上正与杜预相反，自然不满于杜注不广征博引的做法。但是，杜注对汉人之注既有所舍又有所取，并在取舍中把注释《左传》的水平提高到了一个新阶段。其实清儒对于杜注也既有所舍又有所取，同样在取舍中把注释《左传》的水平提高了

① 《十三经注疏》下册，1869 页，北京，中华书局，1980。

一大步。从这一意义上来说，清儒不仅是杜注的批评者，而且是杜注的继承者与发扬者。

何兹全先生是我们敬仰的前辈史学名家，他以自己的道德文章在许多方面给我们作了典范。今年欣逢先生九秩荣庆，谨以此文为先生寿，祝先生康强矍铄，黄耇无疆。

第三辑　比较视野下的世界史与中国史

历史的比较研究与世界历史*

历史的比较研究，不论在国外还是国内，现在都是一个比较热门的研究取向。世界历史(World History)或者全球史(Global History)，现在也是一个日益为人们重视的研究领域。其实，比较研究作为一种方法，几乎和历史学一样的古老；而世界历史的写作，也在很早的时期就是历史学家的一种高尚的理想了。希罗多德(Herodotus)所写的《历史》虽然以希腊波斯战争为主题，但是它也涉及了当时他所知世界的历史。司马迁所写的《史记》虽然以当时的中国通史为基本，但是也涉及了当时他所知的世界；而且，以后的中国历代的“正史”，大多数都继承了《史记》的做法。当然，这些都不是世界史，而只是一种史家注意周围世界的倾向；真正叙述全世界历史的书的出现，在时代上则要晚得多。因为在世界范围的联系出现以前，要求写真正的世界史，那实际是不可能的。而且，如果按严格的要求来说，即使晚近某些以“世界史”为题的书也未必真能算得上

* 原载《北京师范大学学报》，1996 年第 5 期。

是世界史。这一篇小文的目的，就是要谈谈历史的比较研究和严格意义上的世界历史的关系。

比较研究(Comparative study)就是对于不同对象进行的互为参照的研究，在一般情况下多用来说明对同时并列的诸对象的研究。“比较”一词，英文作Comparison，法文作Comparaison，德文作Komparation，皆来自拉丁文Comparo，这个字由com和paro组成，前者意为“共同”，后者意为“并立”、“平列”等，原有不同事物之间的“联结”、“结合”的意思，引申而为“比较”、“对照”的意思。在中国文字里，情况也很相似。“比”字在甲骨文和金文里与“从”字不分，都是两个“人”字并列，所以“比”字原意本是“并列”；《说文解字》把“比”字和“从”字分开(只是两个“人”的方向与“从”字相反)，解释说“比，相次比也”。这也就是并列的意思。而“较”字却是“对照”的意思，例如，《老子》第二章：“长短相形”，王弼本作“长短相较”。“形”与“较”(与“校”相通)在这里都是对照、参校的意思。所以，在中国语言里，“比较”也是由并列而引出对照、比较的意思来的。

“比较”这个词虽然产生于同时并列的事物之间，但是它一旦作为一种方法用于历史的研究上，就在原有的同时比较之外，又加上了历时性比较的方面。比较研究的基本功能不外乎明同异。横向的共时性(Synchronic)的比较说明不同的国家、民族、社会集团等等之间在同一历史时期中的同异，纵向的历时性(diachronic)的比较说明同一个国家、民族、社会集团等等在不同历史时期中的同异。前者说明历史的时代特点，后者说明历史的发展趋势。历史的比较研究，从总体来说，就包括这两种取向。

以上说到历史比较的功能在于明同异，其实，同异也是历史的比较研究赖以实现的前提。历史时期相同，不同的国家、民族、社会集团等等之间的比较才是有意义的，而同一个国家、民族、社会集团与其自身没有比较的价值。这就是说，无异之同不具有比较研究的条件。历史时期不同，同一个国家、民族、社会集团的前后比较是有意义的，而不同的国家、民族、社会集团之间就没有比较的价值。这就是说，无同之异也不具备比较研究的条件。总之，有相同，才能比其异同；有相异，才能比其同异。所以，不同时期的不同国家之间，一般说来虽然不具有可比性，但是，只要从一个相同的角度去看，其间仍然是可以比较的。例如，西周时期的中国与中古时期的欧洲，主体非一，时代不同，本来不具有可比的条件；可是，只要我们注意到二者皆有分封制度，那么其间的异同就颇有可讲究的了。又例如，近代美洲的易洛魁人与古代希腊人、罗马人本来并无相同之处可以构成比较的条件，但是，当人们注意到它们都有氏族、部落制度，那么其间的异同也就大有可研究的了。这就是说，以上所举的两个例证虽然主体不同，时代也不同，但是其可比性在于其间可能有在历史发展阶段上的相同。这种相同不是绝对意义上的时间相同，而是相对意义上的时间相同。这也是一种横向的比较，一种相对共时性的异体比较，而其作用却有助于我们理解历史的纵向的发展趋势。应该说明的是，这样的比较研究，能够给予我们的启发性与危险性都比较大，所以运用时必须十分谨慎。

现在我们再来考察历史的比较研究与世界历史的关系。

第一，“世界历史”首先是由多而一的历史。世界历史，顾名思义，它就不是地区、国别史；不过，它又不能没有地区、国别史的内容作为基础。因为，自从有史以来，这个世界就是由各个地区和国家构成的，所以没有各个地区和国家的历史，也就不会有世界的历史。那么，是否把一切地区、国家的历史加在一起，就成了世界历史呢？

不是，那样加起来的只能是地区、国别史的总集或汇纂。若干个“一”用算术的方法加在一起，那所得到的只能是某一个多数，而不可能是“一”。可是，世界历史作为全世界的历史，它必须是一个整体，必须是“一”。我们可以把各个地区、国家的“一”名之为“小一”，而把世界的“一”名之为“大一”。“大一”由诸“小一”集合而来，从这一角度来看，它是“小一”的继续；但是诸“小一”集合的直接结果只能是多，只能是一种量变。要使诸“小一”的集合成为“大一”，那必须是一种质变，必须经过否定(Negation)或扬弃(Aufhebung，Sublation)的过程。那么，我们应该怎样来说明这个过程呢？我以为，这可以从两个方面来分析。

一则，这个过程说起来似乎显得抽象，其实作为历史考察的实践来说，只不过是要求我们把看问题的角度变换一下：当我们研究地区、国别史的时候，我们眼中的认识单位是一个个的地区、国家，它们是作为“一”出现的；而当我们研究世界历史的时候，我们眼中的认识单位就是整个的世界。它才是作为“一”出现的。每一位具有历史研究的经验的学者都会知道，由于看问题的角度的这一变化，地区、国别史的研究将会与世界历史的研究有多大区别。在此不须赘述。

二则，由诸“小一”经否定而达到“大一”的过程。在逻辑上就是抽象(Abstract)的过程。而所谓抽象，就是从许多对象中舍弃了它们的特殊性(speciality)而抽取其一般性(generality)，从而在舍、取并行的过程(即否定或扬弃的过程)中达到了由特殊而一般的境地，同时也就达到了由“多”而“一”的境地。按诸事物各自的特殊性即是其相互之间的异，而诸事物的一般性亦即其相互之间的同。所以，不辨异同，就无从进行抽象；而如无比较的研究，也就无从明辨异同。在这里，比较研究的“辨异同”，恰好在方法上构成了世界历史所需的“明一多”的必要条件。这样，我们就作了历史的比较研究与世界历史的关系的第一个方面的论证。

第二，“世界历史”同时又是一中涵多的历史。在我们认识到世界历史必须首先视为一个整体以后，进一步就必须了解这个整体是怎么样构成的。如果我们满足于由抽象达到的“一”，那么这个世界历史的“一”也就成为抽象的无差别的“一”或者纯粹的“一”。这个“一”必然像黑格尔的逻辑的起点的纯粹的“有”(Sein)一样，它在一方面是无所不包的，同时在另一方面又是一无所有的。所以它必然会直接地转化为无。按照逻辑学的规则，一个概念的抽象程度越高，它的外延就越大，同时这个概念的内涵也就越少。概念的外延与内涵成反比。一旦世界历史的“一”的抽象程度到了最高点，它作为概念的外延便接近于无穷大，相应地它的内涵也就接近于零了。内涵接近于零的世界历史，就不成其为历史；它不可能作为实际的历史存在，也不具有存在的价值。

这个道理说起来又似乎很玄虚，其实早在2000多年以前，古代的思想家们就都对此有了明白的说明。古希腊哲学家柏拉图在其所作《巴曼尼得斯篇》曾经以严密的逻辑论证了绝对纯粹的“一”是不可能存在的。不过，我们最好还是用比较形象的方法来说明这个问题。例如，《左传》昭公二十年记载了齐国的晏子与国君的一段对话，大意是说：齐景公对晏子说“唯据(指他的宠臣梁丘据)与我和夫”。晏子回答说：“据亦同也，焉得为和?”齐君说：“和与同异乎?”晏子说：“异。”以下他就举了一些例子，譬如，厨师做菜，要用各种不同的材料和调味品，加以调制，才成了美味佳肴；乐师奏乐，要用各种乐器、音调、节奏，加以谐调，才能奏出美好的音乐。所以，在君臣之间，也必须有不同意见的商榷，然后才能有良好的政治。最后他说：“今据不然。君所谓可，据亦曰可。君所谓否，据亦曰否。若以水济水，谁能食之。若琴瑟之专一，谁能听之。同之不可也如是。”晏子把无差别的“一”或同叫做“专一”，而有差别的“一”或和照理应该称为“和一”。他说的“专一”之不可取，其道理实际也适用于世界历史。

以上我们把世界历史理解为“一”，是从各个地区、国别的历史中抽象出同而加以概括(Generalization)的结果。不如此，我们从世界各地、各国看到的就是杂乱无章的一大堆事情，就没有世界历史。同样，如果把世界历史就看做抽象的同一，那么整个世界上的事情又变成了一大口袋马铃薯。从外表的口袋(抽象)来看，它是“一”；而从其内容(具体)来看，它们仍然是一堆杂乱无章的多。如果要想把世界历史看成有机的“一”，那么势必要把认识再深入一个层次，由抽象再上升到具体。那也就是从同中再看出异来，看出那些各异的部分是怎么样既互相拒斥又互相渗透地构成为有机的一体的。这就是晏子所说的“和”，亦即包含了异的同或者包含了多的一。

怎么样才能使认识深入一个层次，从而由同中再看出异来？这里所需要的就是比较研究的深入一个层次。譬如，在古代的许多地区都曾有过以城市为中心的小邦，通过比较发现这一共性，是有意义的；但是还必须作进一步的比较，看出它们的差别以及如何在差别中构成一个时代的总面貌的。这样我们才能算是了解了这个时代。所以，只要有了比较研究的同中见异，也就有了世界历史的多样统一的活生生的“一”。可见，历史的比较研究在方法上又可以成为世界历史所需的“明一多”的充分条件。这样。我们就又为比较研究与世界历史的关系作了第二个方面的论证。

在实际的世界历史研究中，我们时常可以看到人们在认识发展上的三个阶段：开始时我们看到的都是“异”，甲国和乙国不同，乙国又与丙国有异。在整个世界上没有一处完全相同，正如没有两个人完全相同一样。继而经过比较，人们又会发现，不同国家之间原来在甲方面有相同之处、在乙方面又有相同之处，以至有多方面的相同之处。于是，人们的认识就达到了由异而同、由多而一的阶段。再进一步，人们不能满足于抽象的“一”，就又经过比较而认识到世界正是一个多样统一的有机整体。这样就完成了对世界历史的一次完整的认识过程，而且这样的认识过程实际是需要不断深入进行的。而全部这样的认识过程都必须也必然是在比较的研究中实现的。有时不免会有两种不同的倾向：一种是初步一比，就断言世界的各个地区、国别的不同，从而否认世界历史的发展有其一般的规律；这种情况，如果用荀子的话来说，就是有所“蔽”，蔽于异而不知同。另一种是通过比较而看到了各个地区、国家的共同性，继而又忽视了世界的多样同一性；这种情况，如果用荀子的话来说，也是有所“蔽”，蔽于同而不知异。这两种情况在世界历史的研究过程中的出现是难免的，不过这不是比较研究的过错，而毋宁是比较研究半途而废的失误。只有在不断深入的比较研究中，我们才能达到世界历史研究的不断深入。

以上从“同异”与“一多”的逻辑联系探讨了历史的比较研究与世界历史的关系，下面再就关于世界历史的一些具体问题谈谈它与比较研究的关系。

第一个问题是，我们知道，“世界历史”既是在比较中逻辑地存在的，又是在联系中现实地存在的。那么，这两种存在之间的关系又是什么？通常我们可以看到“世界历史”被学者们分为两大阶段，其间以1500年左右的新航路的发现为界。这种分期的标准是全世界范围内各地区、国家间的实际联系的开始。在此以前，世界尚未形成一体，如果说有“世界历史”，那也只能是它的准备时期或潜在阶段。而在此以后，世界就真正逐步地走向一体化，以至于终于达到密不可分的程度。这种说法当然是有道理的，因而也为人们广泛地接受了。那么，在这样的世界历史分期中，比较研究的作用和意义又是什么？如果用一个比较简单的方法来回答，那就是：世界各地、各国间的现实联系的研究可以告诉我们这个过程是什么样的，而比较的研究则可以告诉我们它为什么是那样的。

现在我们可以作一些具体的说明。从人类文明在几个大河流域开始出现，到15世纪末的新航路发现，经历了一个漫长的历史过程。最初的古老文明好似广阔无垠的野蛮的沙漠中的几点绿洲，是互相隔离的。逐渐地文明的城市与其周边的地区在经济和文化等方面有所对流，于是文明的外缘不断向外浸润，以至逐渐一些距离较近的文明之间连成一片，形成了古代近东、古代印度、古代中国等几个文明的中心区，稍后又形成了古希腊、罗马文明中心区。这些文明中心区之间有着东西间的联系，同时又与它们北方邻居的游牧部落之间有着南北的联系。正是这些联系及其不断的进展，才使得以后全世界的联系逐渐成为可能的。那么，为什么在古代的东西之间、南北之间会有种种交往和对流呢？让我们假设在它们之间没有差别或者说完全相同，那么相互间的交往或对流就没有必要或者说失去了真正的意义，当然也就不会发生；试想，如果在物质生产上双方完全相同，那么它们之间还有什么可以交换？用相同的货物交换，如果不是白痴又有谁会这样做呢？在文化、艺术等等方面无不如此。只有在相异文明之间，才会有交流，才会有有意义的交流。为了说明不同文明之间的交流之所以发生，就不能不分析其间之异；而要分析其间之异，就不能没有比较的研究。再让我们假设在不同的文明之间存在着完全的异或者说达到了无共存条件的境界，那么在它们之间又用什么来进行相互间的交流？用货币？相互间没有共同的、至少可以相互沟通的货币；用货物？彼此之间没有相互需求的东西。在这样的情况下，如果不是白痴，又有谁会从事这种从根本上就是不可能的交往和对流呢？所以，要实现不同文明之间的交往和对流，除了双方必须有异之处，还必须双方之间有同。为了真正理解不同文明之间的交往和对流的产生原因，就不能不分析其间之同；而要分析不同文明之间的同，那就又不能不进行比较的研究。总而言之，不进行比较的研究，就不能明白古代的没有全球范围联系的世界为什么会变成这样全球沟通的世界。

那么，是否到了全球范围联系的世界出现以后，比较的研究就没有必要了呢？不是，而且更加必要了。当今的世界固然已经是一个联结为一体的世界，其所以能成为一体，无疑是因为各国之间有了越来越多的多方面的联系。为什么会有这种联系加多并加深的现象出现呢？因为其间有了越来越多的共同利害关系，因为其间有时代上的趋同性；而要了解这种趋同性的发生，我们就不能不进行比较的研究。同时，当今已经有多方面一体化了的世界难道就没有了差别？东方与西方的差别，南方与北方的差别，依然明显地存在着。不了解这种差别，就不能了解这个世界是怎么样现实地构成的，同样也就无从了解这个世界上的各种利害关系的真实背景和本质。所以，为了认识这个已经一体化了的世界，除了其间的同以外，还不能不了解其间的异；而要了解其间的异，这就又不能不作比较的研究。不如此，就不能了解这个世界的发展动向。

以上说了比较研究对于古今世界历史研究的必要性，现在再从另一个层面或者更原则的层面来说一下这种必要性所以会发生的原因。不论古今，历史发展的纵向趋势，总是由各个时期的人类社会中的不同群体之间的横向关系的发展来推动、来制约的。要了解一个时期的不同群体之间的关系的发展，就必须了解其间的异同；而要分析这种异同，就不能没有比较的研究。所以说，比较研究的重要性就植根于历史发展的这种横向关系推动并制约纵向趋势的基础上。

第二个要谈的问题是，我们知道，大概还没有一部称为“世界历史”的书真正能够把地球上一切国家、民族的历史囊括无遗。要说明这种现象出现的原因，就不能不回答以下两个问题。

这里需要回答的第一个问题是，那种无所不包的“世界历史”在实际上是否可能？看来这个问题比较容易回答，答案就是“不可能”。这有两个原因：一方面，并非一切国家、民族都有自己的历史记录；对于没有历史记录的国家、民族，自然也就无从撰写它们的历史。这对于历史学家来说，可以说是客观方面的不可能。另一方面，如果要求把一切有可能撰写的国家、民族的历史写入世界历史之中，并且写清楚了，那么这部书的篇幅将是何等巨大，实在难以实现；假如每一个国家、民族只写一点，那样就会成为一堆杂拌，从而没有价值，同样难以实现。这对于历史学家来说，可以说是主观上的不可能。

这里需要回答的第二个问题是，那种无所不包的“世界历史”在科学上是否必要？看来对于这个问题的答案应该是“没有必要”。因为以前我们已经说过，“世界历史”是世界作为“一”的历史，不是各个地区、国家、民族的历史的算术上的总和。它之作为“世界历史”，那只是从全世界发展的角度来观察历史的结果。如果作一个生动一点的比方，那么“世界历史”并非一只用工笔方式画出来的鸟，不求每一片羽毛都画出来；其实，就是在工笔画里，也不可能把一只鸟的每一片羽毛都画出来。“世界历史”只能是写意画，而且永远只能是写意画，当然其中还有大写意与小写意的区别。那么，什么是作为写意画的“世界历史”的特点呢？我想，那应该有这样一些基本的要求，即比例适当、重点突出、动态鲜明，这样就能达到总体上的神似。要写这样一部“世界历史”，所需的倒不是数量上的齐全，而毋宁是在结构上成为有机的整体。既然要把世界历史当做一个结构来考察，那就不能不在内容上有重有轻、篇幅上有详有略。必须承认，在不同的历史时期，世界的历史上有不同的中心；既然不同时期有不同的中心，那么也就承认了世界历史上的中心的转移。既然承认了世界历史上有中心和中心的转移，那么就不能不辨别中心与非中心的区别，不能不做出选择。而要做辨别与选择，就不能没有比较的研究。这也就是说，从“世界历史”的写作的角度看，比较的研究也是必不可少的。

文章写到这里，我想应该作一个简要的说明以作为结束。以上都说了历史的比较研究对于世界历史的重要性，以至说到前者是后者的必要条件，并在一定前提下(就世界范围作比较研究)是后者的充分条件。且不管我说的是否正确，那总容易给人一个印象，以为我是把比较研究看成能解决全部历史问题而无任何局限性的。其实不是这样。我是认为历史的比较研究也是有其局限性的。关于比较史学的局限性，前人已经从不同角度有所讨论；这里且不去论他们的是非，而只是以最扼要的方式表述一下个人的看法。我认为，历史的比较研究的局限性，就在于其自身离不开有意识的角度选择。因为，既有角度的选择，就必然有视域的规定性。而规定即否定，在选定视域以外的，自然就是被忽略了的。因此，如果我们不是清醒地认识这种局限性的存在，那么就必然会把自己一时比较研究所得视为绝对真理，从而陷于一种盲目自信的状态。世界历史可以选择的比较研究的角度是难以限定的。随着条件的变化和发展，人们会不断发现新的比较视角。所以，历史的比较研究不是可以一次完成的，世界历史也不是可以一次写定的。这也可以说是一种历史主义的态度吧。

谈世界古代史研究中要处理好的一些关系*

对于当今的中国人来说，世界古代史似乎是很遥远的事，因为它不仅在时间上是遥远的，而且在空间上也是遥远的。惟其遥远，所以研究起来难度也大。其中外国古史的分量很大，研究者不能不会外国语文，最好能会外国的古代语文。不通中国古代语文，就难以深明中国古代历史文化；不通外国语文(包括古代的)，同样难以深明世界古代的历史文化。

事情如此艰难，那有什么必要来做呢？这就不得不从当前说起。当今之世，中国要全面建设小康社会，不深知自己的国情，不行；不深知当今世界大势，也不行。必须深知中国及世界之今。而现在的中国与世界是怎么成为这样局面的？如果真想深入了解并解决这个问题，那么就不得不逐步上推到了解并理解世界古代的历史文化。看来是很遥远的东西，往往却正是我们真正了解并理解当今之世的前提。如果以为今就在眼前，知今就是知道眼前，那么

---

* 原载《北京师范大学学报》，2003 年第 1 期。

未免眼光太短浅了，与我们的具有深长历史文化传统的中国是不相匹配的。这种缺陷，如果用一个实际不能算新的“新名词”来说，那也就是一种“在场形而上学”(metaphysics of presence)。

因此，我们治世界古代史的人就有理由打起精神来，为迎接中国文化的新高潮而贡献自己的力量。怎么做呢？我想，大概要处理好以下四对关系。

一、处理好治中、外国别史与世界史的关系问题。世界史(包括古代史)不是国别史的简单的总和，但是必须有国别史的研究作为基础。所以治世界史必须有治中国史与治外国(国别)史的学者的合作。在我们的大学历史系里，由于开有专门而且详细的中国史课程，在世界史里不再讲中国史，这是可以理解的。但是千万不能由此而把世界史误解为外国史，中国史不在其中。从这一误解还会引申出新的误解：研究世界史乃是治外国史学者的专责；中国的世界史研究的好坏，治中国史的学者可以不管，并不“与有责焉”。我们的中国不能自外于世界，中国历史自然也不能自外于世界历史。中国历史是世界历史里的一个非常重要的部分，不能把中国历史放在世界史里来研究，对于中国历史和世界历史的研究都不利。所以需要治中国史和治外国史两方面的学者进行合作，我们的世界历史才能具有中国人的研究特色和自己的贡献。要这样做，就需要治外国史的学者多多关心中国历史的研究，治中国史的学者多多关心外国历史的研究，密切合作，相互交流。我们也需要一支同时研究中外历史的学者队伍，他们要在治中、外历史两方面学者之间多做沟通工作，促进中外历史的比较研究。这样，我们中国人的世界历史研究就会日益发展起来。

二、处理好微观研究与宏观研究之间的关系问题。这一点其实是很多学者共同的认识。微观研究的具体方面和内容很多，宏观研究的取向和理论也各有特色。我想，把问题推向极致来说，那就是要处理好语言文字之学(philology)与理论思维之学(philosophy)之间的关系。从直观的层面来说，历史学的研究对象既非前者，也非后者。可是，离开前者和后者，历史学的研究就很难完全到位。对于研究古代历史的学者来说，情况尤其如此。也许有人会说，此二者的内容与历史学之间有相当的距离，而二者相互之间的距离也颇远，实在难以结合。其实，历史学的主要资料来自文献，没有对于前者的深入，如何能确切而深入地理解并分析文献？历史上一切典章、制度、文化以及种种大事，无一不是有思想的人的行为，没有对于后者的深入，又如何能够确切地理解并分析历史本身？历史学(尤其古代史)的研究本身就同语言文字之学和理论思维之学有着密不可分的内在联系，而且这两种看来相距遥远的学科也正是在同历史结合的时候自身也相互结合起来。清末张之洞曾说："由小学(文字训诂之学)入经学(文献之学与义理之学)者，其经学可信。由经学入史学者，其史学可信。"其实这些并非他的发明，顾炎武(1613—1682)早就这样提倡了。只要我们对于这些说法能有具体分析，这种在中国文化史上的悠久传统对于我们仍然是很有启发的。外国学者在这方面也有很好的榜样，例如意大利学者维柯(G. Vico，1668—1744)的《新科学》就是一个很出色的代表。

三、处理好传统文献与出土资料之间的关系。这一点对于治古代史的学者特别重要。中国学者在这方面也有悠久的良好学术传统。就从清代中叶以下说起，阮元、吴大澂、孙诒让，治甲骨学之"四堂"(罗雪堂、王观堂、郭鼎堂、董彦堂)等都有很好的成就。外国学者在考古与古文字学方面的努力结果，开辟了埃及学、亚述学、印度学等，真是发前人所未发。我们目前在这方面还要做更大的努力。对于治世界古代史的人来说，的确艰苦的任务太多，有时真有应接不暇之感。但是，千里之行始于足下。我们只要一步步踏实地走下去，总有渐入佳境的时候。

四、处理好传承与创新的关系。大家都说："科学的生命在于创新。"我非常赞成，只是要补充一句："形似而实非的'创新'适足以摧毁科学的生命。""形似而实非的'创新'"，在数理与自然科学方面的危害可能不太严重，因为严密的逻辑推导和精确的实验都比较容易证明其为非、为假。可是这种所谓的"创新"在历史学领域就不那么容易被识破了，在资料本来相对较少而又在国内难得的情况下，世界古代史领域尤其要认真严肃对待这样的"创新"了。

传承与创新，本是带有哲学性质的历史研究重大课题，在这里无法具体多说。我想只具体说一点：我们的研究不能凭头脑灵机一动产生的念头出发。现实中的问题无疑是我们在古史中发现问题的重要启发，但是只有这一方面是不能构成我们历史(古史)研究的问题的。我们作历史研究，本来就是对传统作研究。所以，我们必须充分了解并分析前人的研究成果；看到人家的成就，承认它(而不是掠其美)以作为自己的一个起点；又看到人家留下的真正问题及其历史局限性，否定它、扬弃它来进行我们的创新。这样的创新才是真的，具有历史的真实性和价值。廉价的"创新"赝品有百害而无一利，如果说它还有用，那就是在我们还是自觉的情况下它可以成为一种"警报"。

古代中国在世界上的地位*

古代中国的时间下限可以有不同的理解。如果认为近代以前就是古代，那么下限应划在鸦片战争以前。如果认为奴隶制社会是古代，由于古史分期问题尚在讨论之中，那么下限又难以遽定。关于古代世界的时间下限，也并非没有争论。不过，一般不会下延到近代以前，因为中间还有一个中古（或中世纪）的时代。这篇小文姑且将时间下限划在公元五世纪前后。必须说明，这里不涉及中国古史分期问题，求其便于从比较中了解中国在古代世界上的地位而已。

中国是世界文明古国之一，这已经是尽人皆知的常识，至于要谈古代中国在古代世界的地位，可以写成许多专题论述。本文只从三个方面一般地介绍中国在各文明古国中的独特地位和作用。

---

* 原载《文史知识》，1986 年第 1 期。

一、中国在世界各文明古国中，是唯一的文明传统未曾中断的古国

中国的文明曙光出现于夏代，时间约在公元前21世纪。夏与商、周并称“三代”，这在中国是一个很古老的说法，孔子就是这样称呼它们的。司马迁的《史记》中有《三代世表》，商代世系已从甲骨文资料得到基本的证实，夏代世系看来也必有根据。近年一些考古学家又认为二里头文化就是夏文化。中国文明始于夏代的论据越来越充实了。

公元前20世纪以前出现的文明，除黄河流域的夏以外，有尼罗河流域古埃及文明，幼发拉底和底格里斯两河流域苏美尔、阿卡德文明(开始出现在公元前4000年代晚期)、印度河流域文明(开始于公元前2350年左右)和爱琴海上的克里特文明(约与夏代同时开始)。这就是世界最古的五个文明古国。

公元前2000年代，中国逐渐进入青铜器的繁荣时代。这期间，经历了商革夏命和周革殷命的两次王朝变更。尽管夏、商、周原本是同时存在的来源于不同部落的邦，但是他们之中有一个共主，即天子，而这种共主的地位和有关的礼制是在三代间依次相承的。《尚书·周书》中一再说到商革夏命，周革殷命，而三代相传的“天命”却是同一的。孔子说：“殷因于夏礼，所损益可知也；周因于殷礼，所损益可知也。”这也表明二代间虽有相革相代的一方面，但又有相继承的一方面。近年于周原发现甲骨卜辞，虽然目前可见数量还不多，但已可以充分证明殷周之间的文明的连续性。

公元前2000年代，埃及和两河流域的文明基本处于繁盛阶段(埃及有中王国、新王国，两河流域有古巴比伦王国)，同时叙利亚、巴

勒斯坦、小亚细亚也产生了一些国家，在爱琴地区出现了克里特—迈锡尼文明。但是就在这一时期，印度河流域文明灭亡了(约公元前1750年)，克里特—迈锡尼文明也先后灭亡了(约公元前15世纪、公元前12世纪)。而且它们的文字和历史被遗忘，除迈锡尼文明的线形文字以外，其他文字至今尚未释读成功。

公元前1000年代前半期，中国的西周王朝经过强盛而衰落，随后出现了春秋时代的诸侯争霸局面。中国在这期间进入了铁器时代。中国古代文明的传统在这时期奠定了坚实的基础，传世的最古老和最权威的文献《诗经》、《尚书》的核心内容形成于这一时期，孔子修《春秋》也在这一时期。司马迁的《十二诸侯年表》自共和元年(公元前841)开始，中国也从此有了逐年不断的历史记载。

公元前1000年代前半期，埃及和两河流域的古文明由盛而衰。兴起于两河流域北部的亚述帝国和兴起于伊朗高原的波斯帝国先后征服了埃及和西亚的古文明地区(公元前8—公元前7世纪，公元前6世纪后半叶)。埃及和两河流域这两个世界最古老的文明中心以及邻近它们的叙利亚、巴勒斯坦、小亚细亚的其他文明古国从此基本失去政治上的独立。这时期，在印度河流域和恒河流域形成了许多“雅利安”人的国家，在伊朗高原先后形成米底国家和波斯国家，在希腊形成为数众多的城邦，在意大利形成了罗马国家。可以说，除了中国以外，其他在青铜时代产生的文明古国至此已基本失去独立，它们的历史地位已由上述新起的一批国家所代替。

公元前1000年代后半期，中国经过战国时期的兼并，出现了秦的统一，继而出现了二百年统一强盛的西汉帝国。这是中国古代文明高度繁荣的时期，现在我们读到的各种先秦子书、儒家经书、种种古史大多都是这一时期产生或编定的。司马迁的不朽名著《史记》，作为中国古代第一部通史，上起五帝，下迄当时(汉武帝时期)，高度体现了中国文明发展的连续性。

公元前1000年代后半期，在世界史上也是一个颇见异彩的时代。希腊经过古典时代(公元前5—公元前4世纪)的高度繁荣之后，在公元前4世纪后期落入马其顿控制之下。波斯帝国亦于公元前4世纪后期为马其顿亚历山大所灭亡。亚历山大帝国转眼分裂之后，埃及、两河流域及西亚其他古文明地区又落入托勒密王国、塞琉古王国的统治之下(马其顿、希腊人为统治者)。公元前3世纪，孔雀帝国一度几乎统一印度半岛，但昙花一现后又分裂了。公元前2至1世纪间，罗马共和国日趋强大，逐渐征服了地中海周围广大地区。马其顿、希腊失去独立，埃及、叙利亚、巴勒斯坦、小亚一带古文明地区又落入罗马之手。曾经盛行于西亚各国的楔形文字、古代埃及的象形文字和其他两种文字，也在这个时期里逐渐失传。古代埃及、西亚文明的传统基本已经中断。近代学者在释读它们的文字以后，它们的历史才较清楚地为人所知。

1至5世纪间，中国经过两世纪的东汉帝国以后，有过三国的鼎立，西晋短期统一后的4至5世纪时，北方有过统治者以少数民族为主的“十六国”局面。但是，中国文明的传统甚至在北方也未曾中断。公元5世纪末，北魏孝文帝拓跋宏的改革是这种文明传统继续存在的有力证明。自魏晋至南北朝，政治上纷乱虽多，史学上却是一个繁荣的时代。仅就其间最混乱的“十六国”来说，据《隋书·经籍志·霸史》、《史通·正史·十六国史》等篇记载，即有史书二十六种二百七十一卷(其中三种不知卷数，未计。见金毓黼《中国史学史》第61—65页)。后来北魏的崔鸿又据这些书的资料编成《十六国春秋》一百卷。这些书都是前四史的继续，又是唐修《晋书》(载记部分)的资料来源。

这些都是中国文明从未中断的明显标志。

1至5世纪，罗马帝国经过两世纪的兴盛以后，3世纪便陷入危机，4世纪末分为东西两部，476年西罗马正式灭亡。日耳曼人纷纷在西罗马帝国废墟上建立起自己的国家。西方的古代文明至此实际中断了。以后，西方有过“文艺复兴”，但那是近代欧洲各民族文明的兴起，而绝对不是古希腊、罗马文明的恢复。

纵观古代历史，唯一保持了文明连续性的就是中国。

二、中国在世界各文明古国中，是唯一形成了稳定的统一趋势的古国

从世界文明古国的发展情况来看，大体早期出现的都是一些由部落联合而成的小邦，然后再由小邦统一为地区性的国家(古希腊的各城邦甚至没有发展到这个阶段就失去了独立)。公元前3000至2000年代间，埃及和两河流域一再出现过这种统一的局面(尽管这种统一并不十分巩固)，有时还把势力扩展出本地区之外，如叙利亚、巴勒斯坦一带。真正跨地区性的帝国出现于铁器已盛行的公元前1000年代和以后。这期间在世界上先后出现的帝国有：亚述帝国(公元前9—公元前7世纪，主要版图在两河流域和叙利亚一带，公元前7世纪中期一度包括埃及北部)、波斯帝国(公元前558—公元前330年，极盛时版图东起印度河流域，西北至巴尔干的色雷斯，西南至埃及)、亚历山大帝国(公元前325年定都巴比伦，公元前323年亚历山大死后帝国开始分裂，版图包括马其顿和波斯帝国)、孔雀帝国(公元前4世纪后期至公元前3世纪后期，阿育王统一半岛大部的时间不到40年)、安息帝国(公元前2世纪至公元2世纪，版图以伊朗为主，其盛世西有两河流域，东至中亚南部)、贵霜帝国(公元1—3世纪，其盛

时占有中亚和印度河流域)、罗马帝国(公元前1世纪末至公元476年，包括多瑙河以南、莱茵河以西的欧洲，埃及和北非其他沿地中海地区，小亚、叙利亚和巴勒斯坦，并一度扩展至两河流域、多瑙河以北今罗马尼亚一带及不列颠南部)、萨珊朝波斯帝国(公元3—7世纪中叶，领土范围大体与安息相当)、笈多帝国(公元4—5世纪，版图包括恒河流域和印度河流域部分地区)。

以上这些古代帝国中，一部分以一个地区为主，扩展到附近一些地区，如亚述帝国、安息帝国、贵霜帝国、萨珊波斯帝国、笈多帝国等，另一类是跨越多地区的，如波斯帝国、亚历山大帝国、孔雀帝国、罗马帝国。其中有些存在的时间很短，有些存在的时间较长，但总的说来它们都是不巩固的。斯大林曾说波斯帝国、亚历山大帝国和罗马帝国“不曾有自己的经济基础，而是暂时的不巩固的军事行政的联合。这些帝国不仅没有过而且也不可能有对于整个帝国统一的语言、对于帝国所有组成成员都懂得的语言。这些帝国是一些各有各的生活方式、各有各的语言的部落和部族的共同体”。① 这是说得很符合实际情况的。就以其中影响较大、历时较久的波斯帝国和罗马帝国来说，不管统治者对政治军事组织作了多大的调整和加强，它们的内部仍然不能成为一体。波斯帝国基本保持了各地原有基层社会政治结构，罗马帝国最盛时内部也有很多地方自治的城市(组织形式很像城邦)；各地对于帝国政府的关系不过服从统治、出税、出兵而已。这些帝国的出现本身就不意味着统一，因此它们一旦灭亡也就难以成为以后统一的历史基础。

古代中国的情况与其他古国不同。统一的趋势是中国历史发展中

---

① 斯大林：《马克思主义与语言学问题》，6～7页，北京，人民出版社，1964。

的一个重要趋势。中国文明出现之初，也曾有很多小邦林立。相传，“当禹之时天下万国，至于汤而三千余国”。(《吕氏春秋·离俗览·用民》)周武王准备伐纣，诸侯会于孟津者有八百之多(《史记·周本纪》)，这还没有加上站在殷一边的或中立的。小邦虽多，但是众小邦之上有一个大邦，就是王国，夏、商、周三代都是王国。周原甲骨的资料表明，周既是一个邦，同时又是服从殷领导的“周方伯”。西周时期，王国对诸侯的权威又胜于殷代。三代基本上是邦的联合，但其中又逐渐发生统一趋势。

春秋战国时期看起来像是周王朝失驭，诸侯独立性强了，这实际是在并小邦为地区性国家，变封建为郡县的过程中。因此，当公元前221年秦并六国时，在中国出现的是波斯和罗马无法与之比拟的郡县制帝国。秦虽不长，但是两汉时期四百年巩固了中国统一的历史基础。三国看来分裂了，但是蜀在西南、吴在东南方的发展实际为更大规模的统一作准备。西晋灭亡后，北方一度有“十六国”的分裂，但是北魏后来统一了北方，以后隋又统一了中国。中古时期的隋、唐帝国是古代秦汉统一趋势在更高程度上的再现。

在古代中国统一发展过程中，除郡县制以外，还有一个更主要的因素，尤其为其他古代帝国所未有，这就是中国的统一有民族的基础。在秦统一以前，以中原为核心的广大地区已经形成了语言相通、文化相同的“华夏”族，经过两汉又发展为“汉人”。这实际上都是民族融合的结果。原来中国有一个优良传统，就是不以血统而以文化分夷夏。正如韩愈所说：“孔子之作春秋也，诸侯用夷礼，则夷之；进于中国，则中国之。”所以“汉人”只不过是以先进的华夏、汉文化为中心，各兄弟民族融合的结果。南北朝时，北人称南人为“岛夷”，南人称北人为“索虏”，其实北人、南人都在共同发展同一文化，所以“岛夷”和“索虏”又共同融合成了隋唐时的汉族。有了作为核心的汉族和边裔兄弟族的联合，才有中国统一发展的稳定性。

三、中国在促成古代东西方文明的联系方面起了重要的作用

世界最古老的文明都产生于北温带南部(约北回归线至北纬40°之间)，南北差距不大，但是它们分散在不同的经度上，相互间有着远近不同的距离。因此，随着文明的发展，古代东西方文明间的联系也有一个形成过程。

公元前3000年代末，尼罗河流域、两河流域、印度河流域和克里特这些最古老的文明，在广阔的原始世界中不过是几个孤立的绿洲。到公元前2000年代中叶，随着叙利亚、小亚一带形成国家，埃及、两河流域和克里特—迈锡尼文明已经连接起来。到公元前1000年代中叶，随着波斯帝国从伊朗高原兴起，从印度到地中海区域之间也开始有了联系。由于帕米尔高原和喜马拉雅山的屏蔽，中国在地理上处于相对独立的地位。直到公元前1000年代中叶，中国不知帕米尔以西的国家，其他文明古国也不知东方还有一个文明高度发展的中国。波斯的皇帝们和马其顿的亚历山大先后远征中亚，兵锋最远也只达到帕米尔以西。因此，克服这种地形上的障碍成了打开陆上东西交通的关键。

公元前2世纪，汉通西域，这对打破东西方文明的分离状态具有重要意义。公元前138年，张骞奉汉武帝命首次西行，本为联合月氏对付匈奴。这项任务虽未完成，但他首次访问了中亚和伊朗东北部(大宛、大月氏、康居、大夏)，成为正式穿行“丝绸之路”关键一段的

第一人。当然，“丝绸之路”的开通，并非决定于汉武帝个人的政治军事动机，亦非成于张骞一人。张骞在大夏(马克特里亚)时，见到中国产品邛竹杖、蜀布，问大夏人从何处得来，回答是从身毒(印度)买来。可见中国西南早已与印度有商业往来。张骞死后，“西汉始筑令居以西，初置酒泉郡以通西北国。因益发使抵安息、奄蔡(里海东北)、黎轩(罗马)、条支(在伊朗西南波斯湾沿岸)、身毒国。而天子好宛马，使者相望于道。诸使外国一辈大者数百、少者百余人，……汉率一岁中使多者十余、少者五六辈，远者八九岁、近者数岁而反。……其吏卒亦辄复盛推外国所有，言大者予节，言小者为副，故妄言无行之徒皆争效之。其使皆贫人子，私县官赍物，欲贱市以私其利外国”。(《史记·大宛列传》)使团如此之大，又如此之多，结果实际成了国际商队。司马迁记载汉使从陆路到达黎轩、条支、身毒等地，这是东西交通史上的大事。可惜记事不详。到东汉和帝时，西域都护班超命甘英使大秦(罗马帝国)。甘英到条支，临“西海”(大概指波斯湾)，为安息西界的船人所阻，未能直达大秦，但是再次巡历了二百年前西汉使者所走通的“丝绸之路”。从“丝绸之路”的东端西安(约在东经110°)起，西经河西走廊、塔里木盆地，再逾帕米尔(约至东经70°)，这是一段十分艰险的路程。两汉时期开通了这一道路，并曾管辖了这些地区，首次使中国和中国以西的古代文明形成了直接的联系。帕米尔以西至两河流域(约东经70°—40°)的一段在贵霜和安息控制之下，中国使者亦曾行经其中大半，至波斯湾(约东经50°)。“丝绸之路”西端为地中海滨之安条克(东经36°)，在罗马统治之下。因此，在这条古代文明交通的大道上，不仅大量西运的丝绸来自中国，而且这条道路本身的开通在很大程度上也有赖于中国。

东西方的海上交通大约也在这时期开始了。一般地说，罗马统治下的希腊商船航行于红海和印度西海岸之间；印度商船航行于印度与中南半岛南端之间，有时也到中国口岸；中国船只西南航至中南半岛南端，有时也到印度东海岸和斯里兰卡。汉与罗马互相通使的企图因安息遮融而未实现。“至恒帝延熹九年(166 年)，大秦王安敦遣使自日南徼外来献象牙、犀角、瑇瑁，始乃一通焉。其所表贡，并无珍异，疑传者过焉。”(《后汉书·西域传》)不过东西方的海上联系确已形成了。

公元 1 至 2 世纪，从东到西在亚、非、欧大陆上领土相接地并列着东汉(约跨于东经 130°—70°)、贵霜、安息(二国约跨于东经 70°—40°)、罗马(约跨于东经 40°—西经 10°之间)四个帝国。其中经济文化比较发达、幅员比较广阔的是东汉和罗马。罗马与汉在其盛世，一西一东，大抵旗鼓相当。不过，如果从纵的时间过程来看这四个曾在空间上并列的帝国，那么其他三个国家就都无法与中国比拟了。关于这一点，前面已经说过了。

中国历史和世界历史*

中国史有结合世界背景考察之必要

中国史作为一门国别史，作为一门如此源远流长而又内容丰富的国别史，自然有必要不断地进行深入的专门研究。同时，中国是世界的一部分，是在世界的总环境中发展的，所以，中国史又有结合世界背景考察的必要。这就是说，既要把中国史放在与外部世界的比较中来考察，又要把中国史放在与外部世界的联系中来考察。

当然，要认识到一个国家的历史必须放在与外部世界的比较中来考察，这在客观上必然要有一个长期的发展过程。在自人类开始进入文明以来的约五千年中，新航路的开通在15世纪末、16世纪初，至今不足五百年，如果说世界作为一个有机的经济的和政治的整体的形成，那就是更晚的事了。古代人注意到从比较中认识自己国家的历史，

---

* 原载白寿彝先生主编《中国通史》第一卷，导论，第9章，原题“中国与世界”，上海，上海人民出版社，1989。

总是从与邻近的国家或民族比较开始的。然后，随着接触和了解范围的扩大，比较的范围也逐渐扩大。在中国，注意到以他邦的历史来与本邦作比较的情况是出现得很早的。《尚书·周书》中有若干周人与商人作历史比较的文字。例如《酒诰》记："王曰：封(康叔)，我西土棐徂邦君御事小子，尚克用文王教，不腆于酒，故我至于今，克受殷之命。王曰：封，我闻惟曰：在昔殷先哲王迪畏天显，小民经德秉哲，自成汤咸至于帝乙，成王畏相，惟御事厥棐有恭，不敢自暇自逸，矧曰其敢崇饮。"这里不仅有商周两代的纵向的比较，而且有商周两邦之间的横向的比较。春秋战国时期，由于争霸和兼并斗争的激化，邦君谋臣在分析天下大势时亦往往兼有对不同的邦的历史比较分析。西周晚期，周王室势力将衰，周宣王之弟郑桓公友曾"问于史伯曰：王室多故，余惧及焉。其何所可以逃死?"史伯回答了一大篇话，这就是《国语·郑语》的基本内容。这篇话既分析了当时形势，也比较了有关诸邦的历史(且不论其观点见解如何)。郑桓公听了这番分析后很高兴，"乃东寄帑与贿，虢、郐受之，十邑皆有寄地"。这样就为春秋时期的郑国安下了立足点。

在古代西方，注意从与外国比较中认识本国历史，也是有很古老的传统的。在希罗多德所著《历史》一书中，不仅有很多篇幅用于追述埃及、巴比伦等东方古国的历史，而且从比较中认识到希腊文化的许多因素是从东方学来的。例如，他知道希腊文字是从腓尼基人那里学来的(《历史》，V，58)。又如，他说"(埃及)国王阿玛西斯还规定出一条法律，即每一个埃及人每年要到他的诺姆的首长那里去报告他的生活情况，而如果他不这样做或是不来证明他在过着忠诚老实的生活时，他便要被处以死刑。雅典人梭伦从埃及那里学了这条法律而将之施行于他的国人中间，他们直到今天还遵守这条法律。"(《历史》，Ⅱ，

177)当然，希罗多德也说到了希腊与其他国家传统的不同。例如，他曾引用一个被放逐的斯巴达王和波斯皇帝的对话，以寓论于史的方法说明波斯传统重视王的权威，而希腊传统则重视法的权威(《历史》，V，11，102)。以后，希腊、罗马的许多史学家、哲学家在其著作中都有比较的探索。亚里士多德的名著《政治学》一书中充满了对希腊各邦之间以及对希腊与其他国家的比较研究。普卢塔克(Plutarch)著希腊罗马名人传，更是有意识地在作比较的研究。

西方在罗马帝国灭亡以后，文化衰落，史学不振，直至文艺复兴以前没有多少成就可言。但是，随着西方资本主义的兴起和新航路的开通，尤其是18世纪的启蒙运动以后，西方学者在其学术活动中开始在更广阔的范围里进行比较的研究。例如，法国的孟德斯鸠所著《论法的精神》(严复旧译称《法意》)一书，不仅是一部表示作者政治思想的巨著，而且在很大程度上也是一部对多国法制作了历史比较研究的书。到19世纪，西方学者在这方面更有所进展。例如，毛勒(Georg Ludwig Maurer，1790—1872)对于古代公社土地所有制的研究，摩尔根(Lewis Henry Morgan，1818—1881)对古代氏族制度的研究，都是具有重大启发意义的。

马克思和恩格斯随时分析研究当代学术研究的新成果，同时亲自作了许多历史的比较研究。我们从马克思的《资本主义生产以前各形态》，《摩尔根〈古代社会〉一书摘要》，《科瓦列夫斯基〈公社土地占有制，及其解体的原因、进程和结果〉一书摘要》，恩格斯的《家庭、私有制和国家的起源》等书中可以看出，伟大的导师在这方面作了大量的工作。也正是在比较的研究中，马克思主义经典作家为我们阐明了世界历史发展的基本规律，使史学发展成为科学。

在我国传统史学中，自司马迁《史记》以下，大部分纪传体史书多记边区少数民族。也有关于外国的记载。这些记载作为历史资料，是十分宝贵的，但其中作比较研究的意思不多，也可以说比较研究作得不够。出现这种情况的原因是相当复杂的，值得作深入的探讨。明中叶以后，世界形势迅速变化，而中国人于外国历史之认识仍裹足不前。于是中国人失去了对自己在世界上的实际处境的了解，到清中叶以后，我们的国家因此而饱经苦难。

严重的外来威胁使中国人逐渐清醒过来。于是乃有林则徐、魏源的《四洲志》、《海国图志》之作。近代的许多学者和政治家都开始注意比较中外历史了。戊戌变法时期，康有为、梁启超、谭嗣同等都很注意从世界看中国，注意中国历史与外国历史之比较。梁启超在《变法通议·论不变法之害》中说："印度，大地最古之国也。守旧不变，夷为英藩矣。突厥(土耳其)地跨三洲，立国历千年，而守旧不变，为六大国执其权，分其地矣。……今夫俄宅苦寒之地，受蒙古钤辖，前皇残暴，民气凋丧，岌岌不可终日；自大彼得游历诸国，学习工艺，归而变政；后王受其方略，国势日盛，辟地数万里也。今夫德，列国分治，无所统纪，为法所役，有若奴隶；普人发愤，兴学练兵，遂蹶强法，霸中原也。今夫日本，幕府专政，诸藩力征，受俄、德、美大创，国几不国；自明治维新，改弦更张，不三十年，而夺我琉球，割我台湾也。……记曰：不知来，视诸往。又曰：前车覆，后车戒。大地万国，上下百年间，强盛衰弱之故，不爽累黍。盖其几之可畏如此也!"梁氏所述史事容有未确之处，但是他的话道出了中国人必须把自己的历史置于世界变化的历史中自省的迫切心情。

近代中国史学家注意结合世界历史之背景来研究中国历史，在多方面都比前代有所进步，但其中也有各种各样的问题。问题大体在于两端：一则以为中国历史文化为世界之冠，为国粹派；一则以为中国百事不如人，为民族虚无主义派。

随着马克思主义的传入和马克思主义史学在中国的产生，以世界史为背景对中国史的研究进入了一个崭新的阶段，即从世界历史发展的一般规律来研究中国历史具体发展规律的阶段。郭沫若、范文澜、吕振羽、翦伯赞、侯外庐等老一辈马克思主义史学家已经在这方面作出了许多卓越的贡献。我们将永远不忘老一辈马克思主义史学家筚路蓝缕之功，当然也不能永远以他们的成就为满足，从此裹足不前。

现在我们要结合世界背景来考察中国历史，显然有大量工作有待进行。这是因为：第一，要作为中国史背景来考察的世界史，正在不断地而且相当迅速地发展着，我们必须结合世界史的最新科学研究成果来比较研究中国史。第二，从事中国历史研究所需的资料和条件也在不断地而且相当迅速地发展着，我们的研究不论在深度或广度上都必须有所进展。前进是必需的。

以上论述中国史有置于中外比较中考察的必要，考虑的是中外历史间客观存在的逻辑联系。那么，现在可进一步讨论中国史有必要置于中外历史的现实联系中考察的问题。

中国与外部世界的联系，因世界联系发生、发展的情况而分为两大阶段。马克思说："世界史不是过去一直存在的；作为世界史的历史是结果。"①马克思和恩格斯又说："各个相互影响的活动范围在这个(指历史——引者)发展进程中愈来愈扩大，各民族的原始闭关自守状态则由于日益完善的生产方式、交往以及因此自发地发展起来的各民族之间的分工而消灭得愈来愈彻底，历史也就在愈来愈大的程度上

---

① 《〈政治经济学批判〉导言》，见《马克思恩格斯选集》，第2卷，112页，北京，人民出版社。

成为全世界的历史。”①这就是说，全世界范围的有机联系有一个长期的发生过程，随着近代大工业的出现和世界市场的形成，世界才作为一个有机联系的整体出现。大体说来，上古和中古时代是世界的有机联系发生的时期，近代以后是世界的有机联系形成和发展的时期。

在上古和中古时代，中国与外部世界之间的联系有一个漫长的发生、发展过程。先秦时期的情况，由于史料不足，诸多待考。秦汉以后，尤其“张骞凿空”以后，中国与外部世界的联系已成为中国史书中一项经常保有的内容。当然，从秦汉以至近代以前，中国与外部世界的联系还不具有经常和必然的性质。关于这一时期中国史的世界背景，主要也应该从中外历史比较的角度来考虑。联系是客观存在的，而且总趋势是由近而远、由疏而密，其影响也是不容忽视的。西汉时，张骞西行，从此打通陆上丝绸之路。东汉时，班超副使甘英历安息，抵条支，临西海以望大秦(罗马)，虽未能直接与罗马建立联系，但汉与罗马都已互相知道对方的存在，间接的商业联系也已发生。《后汉书》载，大秦“与安息、天竺交市于海中”。“至桓帝延熹九年，大秦王安敦遣使自日南徼外献象牙、犀角、瑇瑁，始乃一通焉。”这说明东汉时与西方的海上联系也开始了。虽然这两条通路由于各种历史原因时通时断，但是通过这两条路而给中国带来的影响是很大的。世界三大宗教——佛教、基督教、伊斯兰教以及与之相应的文化艺术由此传入中国。三大宗教对于中国历史影响不小。佛教不仅在民间曾广泛流传，而且影响了中国的正宗思想——儒学。伊斯兰教对于回族、维吾尔等民族的影响也是非常明显的。三大世界宗教以外，还有一些

① 《德意志意识形态》，见《马克思恩格斯选集》，第1卷，51页，北京，人民出版社。

其他宗教也经由这两条路传入中国。如伊朗的祆教、摩尼教，以色列的犹太教(一赐乐业教)、印度的婆罗门教等都曾传入中国。这些宗教对中国也有或多或少的影响。例如摩尼教(又称末尼教、牟尼教、吃菜事魔等)就曾经被起义农民用作号召和组织群众的工具。此外，波斯、印度、阿拉伯及西方的许多物品也由此传入中国，其中矿物、植物、动物皆有，而且不少植物逐渐在中国培植和繁衍起来。这些不大容易被人注意的事情，对于中国历史实际是有其相当深远的影响的。如果我们浏览一下唐宋以来的药物记载，就可以看到其中有很多药物是从国外传来的。当然也有多种物品由此传往外国，对外国作了贡献，《中国伊朗编》(B. Laufer：Sino-Iranica，Chinese Contributions to the History of Civilization in Ancient Iran)对此考证颇详。唐宋以后，中国与波斯、阿拉伯及西方的贸易日益发展，这种往来对于中国历史的影响也日益重要。南宋以偏居一隅，财政负担十分沉重，因而重视大量的市舶之利对政府收入所起的作用。

近代以后的情况与以前又有了很大不同。首先，中国近代史是从鸦片战争开始的。在西方资本主义武装力量的压迫下，封建的中国门户被打开，中国由封建社会逐渐变成了半殖民地半封建社会。西方资本主义势力在东方，在全世界范围的扩张，这恰恰是中国跨入近代的总的历史环境或世界背景。如果离开这个背景来考虑中国近代史上的开端问题，那么我们对于当时中国历史处境的认识，将不会超过道光皇帝之流的清代统治者的水平。

中国在近代一步步地沦为半殖民地半封建的国家，在政治上和经济上实际都从属于资本主义的世界体系。中国人民头上压了三座大山——帝国主义者、封建地主阶级和买办资产阶级，不管三者之间存在多少各种各样的矛盾，他们在压迫剥削中国人民的罪恶活动中却总是狼狈为奸勾结在一起的，而帝国主义者就是他们的总支柱。因此，要研究中国近代社会的政治结构、经济结构、阶级结构，都完全离不开世界的总背景。在这种历史条件下，中国人民反对帝国主义和封建主义的斗争，同样也必然地带有世界的性质。

“第一次帝国主义世界大战和第一次胜利的社会主义十月革命，改变了整个世界历史的方向，划分了整个世界历史的时代。”①同时，“十月革命一声炮响，给我们送来了马克思列宁主义。十月革命帮助了全世界的也帮助了中国的先进分子，用无产阶级的宇宙观作为观察国家命运的工具，重新考虑自己的问题。走俄国人的路——这就是结论。一九一九年，中国发生了“五四运动”。一九二一年，中国共产党成立。”②从此，中国历史进入了新民主主义革命的阶段。因此，研究中国近现代史离不开世界的历史环境。不然，中国人民在共产党领导下所取得的新民主主义革命胜利，也是不能真正理解的。

现在，中国人民正在共产党领导下向四个现代化的宏伟目标前进。现代化是当前不可遏制的世界潮流。中国为实现社会主义现代化而奋斗的伟大历史意义，也只有结合世界历史的总背景才能得到充分的理解。

中国史在世界史中的重要性

以上，着重谈世界史对中国史的意义。现在谈谈中国史对世界史的意义。这不须经过详细论证，人们也能直观地发现，如果忽略了历史如此悠久、幅员如此辽阔、人口如此众多、文明如此灿烂的中国，

① 《新民主主义论》，见《毛泽东选集》合订本，628页，北京，人民出版社。

② 《论人民民主专政》，见《毛泽东选集》合订本，1360页，北京，人民出版社。

任何以世界史命名的著作都将不成其为世界史。过去，某些名为世界史的著作没有恰当地反映出中国历史应有的地位。这如果不是出于知识不足，便是出于偏见，也许二者兼而有之。

世界史虽由各国史综合而成，但又高于各个国别史的简单总和，其原因就在于世界史能在各国历史发展的具体规律之上，显示出人类社会发展的一般规律。这种社会发展的一般规律既寓于各个国别史中，又不能从国别史中直接地、自然地显现出来。只有通过比较研究，人们才能找到某种典型，并透过对典型的分析而对一般规律有所了解。恩格斯在分析国家在民族制度废墟上兴起的问题时指出："雅典是最纯粹、最典型的形式：在这里，国家是直接地和主要地从民族社会本身内部发展起来的阶级对立中产生的。"①恩格斯找到了雅典国家产生的典型形式，是在将它与罗马和德意志人国家的产生作了比较研究之后得出的科学结论。恩格斯在说明马克思为什么特别注重对法国史的研究时指出："法国是这样一个国家，在那里历史上的阶级斗争，比起其他各国来每一次都达到更加彻底的结局；因而阶级斗争借以进行、阶级斗争的结果借以表现出来的变换不已的政治形式，在那里也表现得最为鲜明。法国在中世纪是封建制度的中心，从文艺复兴时代起是统一的等级君主制的典型国家，它在大革命时期粉碎了封建制度，建立了纯粹的资产阶级统治，这种典型性是欧洲任何其他国家所没有的。而奋起向上的无产阶级反对占统治地位的资产阶级的斗争在这里也以其他各国所没有的尖锐形式表现出来。"②马克思和恩格斯

① 《家庭、私有制和国家的起源》，见《马克思恩格斯选集》，第4卷，165页，北京，人民出版社。

② 恩格斯为《路易·波拿巴的雾月十八日》写的《第三版序言》，见《马克思恩格斯选集》，第1卷，601～602页，北京，人民出版社。

也是在对欧洲各国历史作了比较研究以后才发现了法国这样一个典型。

为了从比较研究中寻求典型并揭示人类社会一般发展规律，用以进行比较的国家或地区自然是愈广泛而愈有代表性。马克思和恩格斯在自己的革命和科学的实践中不仅对欧洲国家的历史作了比较研究，而且也对东西方的历史进行过比较研究。恩格斯在对东西方历史作了比较的基础上指出："在亚细亚古代和古典古代，阶级压迫的主要形式是奴隶制，即与其说是群众被剥夺了土地，不如说他们的人身被占有。"①这就是通过广泛的比较研究而阐明古代社会阶级关系的一般规律。

应当承认，在迄今的比较研究和选取典型的过程中，中国史还没有得到世界史的研究者的充分注意。且不论造成这种现象的各种原因，这里只需指出，这样会使人们在选取典型时限于片面，从而对历史发展的一般规律的探讨也难以深入。世界史里长期存在一种以西方为中心的倾向，不仅在近代史上把西欧资本主义国家视为时代的中心，而且在上古和中古史上也自觉或不自觉地把西欧当做衡量其他地区或国家的一把标尺。不少人惯于把雅典和罗马的社会视为奴隶制社会的典型，于是对于其他古代国家不是夸大奴隶人数以与罗马附合，就是把它视为变种。可是随着研究的进展，人们愈来愈清楚，即使在雅典和罗马的极盛时期，奴隶也未能占人口的多数。于是关于古代社会性质问题又发生了很大的震荡。现在研究有待于深入，简单地以雅典、罗马为标准的办法肯定行不通，需要有广泛的比较研究。古代中国的社会具有系统的结构和层次，在不同的方国中还有多样的特点，

① 《美国工人运动》，见《马克思恩格斯选集》，第4卷，258～259页。

又具有他国少有的丰富典籍和出土资料。所以，我们应当也必须充分结合中国古代的历史来研究和解决问题。不少人惯于把中古西欧作为封建社会的典型，实际上，这与马克思和恩格斯以法国作为西欧的典型有原则上的不同。他们对其他中古国家，或是任意把非农奴说成农奴，或是说那里根本没有封建社会。从前论法兰克王国封建化的完成，的确曾强调其大多数农民的农奴化。但是随着研究的进展，人们逐渐看出并不是简单的、一例的农奴化，而是有各种程度不同的复杂的封建依附关系。简单地以中古西欧作为衡量其他国家封建制度的标准的办法也行不通了，现在需要更广泛和充分的比较研究。如果实事求是地考虑问题，中国史上的封建制度比西欧封建制度在许多方面都具有更为典型的意义。中国由上古到中古的过渡是在历史的正常连续进程中实现的，不像日耳曼人在西罗马帝国废墟上建立封建制度，从而也没有经济和文化的中衰和复兴等带有特殊性的现象。中国在中古时代经济、政治、文化等方面都有高度的发展，阶级结构和阶级矛盾也比欧洲为复杂，充分解析这样高度发展和结构复杂的封建社会，将会加深我们对于发展较低和结构较简的封建社会的了解，也会帮助我们更好地认识封建社会的一般发展规律。中国境内许多少数民族在封建制度方面也有许多特色，这对我们进行比较研究也是十分有意义的。尤其值得一提的是，中国中古时期文物、典籍的繁富为其他国家所少有。要多方面深入地了解封建社会，这个史料宝库是至为珍贵的。所以只要在比较研究中充分运用了中国史，我们对于其他国家历史的了解，对于世界历史发展的一般规律的了解都无疑会大为提高一步。

中国史对于世界史的重要性还在于，中国在与外部世界联系的过程中对其他国家，对整个世界的发展都发挥了重要的作用。

在近代以前，世界作为一个有机整体有一个逐渐发展的过程。中国在这个过程中曾经起了十分重要的作用。世界上最古老的文明出现在尼罗河流域、两河流域、印度河流域、黄河流域、克里特岛等几个孤立的点上。以后这些点逐渐连结或扩展为片，然后再逐渐连结为整体。公元前6至4世纪，古代文明大体已连结成三片：从地中海东部到印度河一片，从印度河到恒河一片，中国一片。印度和它以西的一片在印度河流域发生接触和交叉，相互间开始有了联系和了解。由于喜马拉雅山脉和帕米尔高原所造成的交通困难，这时中国和以西两片有无联系尚待确证。① 不过，中国形成为三大片文明地区之一，这对进一步联系的形成极为重要。公元前138年张骞奉汉武帝命出使，在匈奴稽留十余年后到达大夏(Bactria)等地。从此开通了“丝绸之路”，三片古文明之间的联系开始发生。以后千余年间，这条路在东西方交通中一直起着重要作用。在古代要走通这一条路，自然是十分困难的。中国人首先开通了这一条路，为东西方经济和文化的交流作出了重大的贡献，具有世界性的历史意义。中国与西方的海上交通，在汉代大约已到印度，② 这样也就开始接通了经波斯湾或红海而到达西方的航路。当然这条路在古代的艰难危险程度也不在陆路以下。东晋高僧法显从陆路经中亚到印度，以后经斯里兰卡由海路回中国，往返途中经历了许多艰险。随着陆海两路的开通，东西方经济文化交流日益发展。中国古代的四大发明——造纸术、指南针、印刷术、火药也先

① 公元前2世纪，张骞至大夏。见邛竹杖、蜀布，来自印度，他认为中国西南部与印度可能早有往来。印度《摩诃婆罗多》、《政事论》等书中也说到Cina，可能是指中国。确实联系待考。

② 在印度迈索尔发现了中国古钱，年代很可能属公元前138年(即汉武帝建元三年)。有的学者以此作为公元前2世纪中印海上交通的证据。

后传往西方。造纸术于8世纪中叶传到阿拉伯人手中，到12世纪才传入欧洲。印刷术约于12世纪传到埃及，14世纪末传入欧洲。这两项技术传到欧洲的时候，正是“文艺复兴”即将开始的前夜。它们为欧洲科学文化的传播和资产阶级人文主义战胜封建主义创造了有利的条件。中国人很早就发现磁石可以指南，11世纪中叶，曾公亮等所著《武经总要·前集》，在第十五卷中已说到以指南针为交通辨向工具。12世纪初，朱彧所著《萍洲可谈》第二卷中，已明确说到指南针用于航海事业。约12世纪，指南针传入阿拉伯人手中，以后又传往西方。欧洲人学会以指南针航海，为以后新航路的开辟作了准备，从而也为资本的原始积累准备了条件。火药于14世纪传入欧洲，成了“城市和以城市为依靠的新兴君主政体反对封建贵族的武器”。① 总之，四大发明的西传，对欧洲的历史起了重要的影响。

在近代以前，游牧民族的迁徙对于农耕地区民族有很大的影响，甚至影响到广大地区的政治局面。中国北部的游牧民族和中原以南的农耕地区的关系就往往影响到民族的迁徙。从历史上看，规模大影响大的迁徙有三次。战国、秦、汉时期，中国北方最主要的游牧民族是匈奴人。经过两汉时期汉与匈奴的搏斗与和解，1世纪末，南匈奴内附于汉，北匈奴败逃。约2世纪中叶，北匈奴逾葱岭西去。至4世纪，他们到达欧洲，引起了日耳曼各族的大迁徙和西罗马帝国的灭亡。这是第一次。南北朝后期、隋、唐时期，中国北方最主要的游牧民族是突厥人。经过隋、唐两朝与突厥的反复争战，8世纪中叶，突厥汗国最终灭亡，很多突厥人内附于唐，也有许多突厥人分布于葱岭

① 《反杜林论》，见《马克思恩格斯选集》，第3卷，207页，北京，人民出版社。

以西、中亚一带。11世纪，居于阿姆河流域的塞尔柱土耳其人向西移动，征服伊朗、两河流域、叙利亚直至小亚细亚。这是第二次。13世纪初，金与南宋、西夏处于对峙局面，北面蒙古兴起。在短短的几十年间，蒙古人征服了欧亚广大地区，形成了历史上空前庞大的帝国。这是第三次。匈奴人在西方建立的帝国、塞尔柱土耳其帝国和蒙古帝国，对于世界历史的影响是很大的。如要了解这些游牧民族的活动，中国史正是必不可少的背景。

在长期与外部世界交往的过程中，中国人曾留下了大量关于外国历史的记载。自《史记·大宛列传》以下，几乎历代纪传体史书都有关于外国的传记。它们不仅涉及邻近国家的朝鲜、日本、中印半岛诸国、南亚诸国及中亚地区，而且对西亚、欧、非的一些国家也有所记载。此外，中国历代还有许多私人著述，它们专门记述或涉及外国史事，其中有不少还是旅行家亲自记录的所见所闻。汉文《大藏经》中就包含了丰富的外国历史资料，主要是关于南亚、中亚地区的资料。中国典籍对于许多国家的历史，对于长期作为东西方交通要道的中亚地区史，具有十分重要的意义。可以毫不夸大地说，如要研究世界各地区联系形成的历史，中国的历史典籍是不可缺少的珍贵资料。总的说来，中国典籍在世界交往史上的意义与中国在世界客观联系形成中的作用是大体相当的。

15世纪末叶至18世纪末叶，世界各地区间海上航道逐渐开通。工业革命于18世纪后期从英国开始，19世纪又在欧洲大陆和美国逐步展开，同时世界经济也逐渐形成一个相互关联的整体。在这个时期，西方社会由封建主义而资本主义，而帝国主义，西方国家在世界范围内进行了残酷的殖民活动。在同一时期，中国逐渐落后了。19世纪中叶以后的百年中又沦为半殖民地的地位。这是中国历史上最暗淡的时期。就是在这样的时期里，中国对于世界历史的作用也是不能忽视的。17 世纪末至 18 世纪，东方的奥斯曼土耳其帝国、印度莫卧儿帝国都迅速衰落，而中国的清皇朝却在这时基本上保持了祖国的领土范围。中国作为一个统一的东方大国的存在，给西方殖民者的侵略扩张造成了巨大的障碍。

19 世纪中叶以后，中国逐渐沦为半殖民地。但是，中国人民的斗争坚持不断。在鸦片战争、中法战争、中日战争、义和团运动多次反对帝国主义的斗争中，不可计量的、无名的民族英雄为保卫祖国作出了多少可歌可泣的事迹。

孙中山领导的辛亥革命不仅在中国推翻了几千年的君主政体，而且在亚洲和世界上也有重要的意义。列宁说："孙中山纲领的每一行动都渗透了战斗的、真诚的民主主义。它充分认识到'种族'革命的不足，丝毫没有对政治表示冷淡，甚至丝毫没有忽视政治自由或容许中国专制制度与中国'社会改革'、中国立宪改革等等并存的思想。这是带有建立共和制度要求的完整的民主主义。它直接提出群众生活状况及群众斗争问题，热烈地同情被剥削劳动者，相信他们是正义的和有力量的。我们接触到的是真正伟大的人民的真正伟大的思想；这样的人民不仅会为自己历来的奴隶地位而痛心，不仅会向往自由和平等，而且会同中国历来的压迫者作斗争。"列宁还以孙中山先生与西方的总统相比，说西方国家的总统是已经腐朽的资产阶级的走狗或傀儡，而"这里的亚洲的共和国临时大总统是充满着崇高精神和英雄气概的革命的民主主义者"。①

① 《中国的民主主义和民粹主义》，见《列宁选集》，第 2 卷，424 页，北京，人民出版社。

辛亥革命没有能够完成反帝、反封建的历史任务。以民主和科学为号召的“五四运动”又进一步展开了反帝、反封建的斗争。毛泽东同志说：“中国人民，百年以来，不屈不挠、再接再厉的英勇斗争，使得帝国主义至今不能灭亡中国，也永远不能灭亡中国。”①经历了19世纪末、20世纪初帝国主义在世界范围瓜分殖民地的狂潮，中国作为一个古老的大国能够生存下来，这对帝国主义的侵略来说是一个挫折，对世界被压迫民族的斗争来说则是一个鼓舞。

从20世纪20年代初开始，中国人民在中国共产党领导下走上了新民主主义革命的道路。经过了二十八年的艰苦斗争，中国人民打败了日本帝国主义的侵略，推翻了国民党的统治，在1949年建立了中华人民共和国。中国革命是在历史悠久、地域广大、人口众多的国家取得胜利的。这就沉重地打击了帝国主义的世界殖民体系，鼓舞了全世界被压迫民族和人民的革命斗争。从此，中国人民站起来了，中国在世界历史上发挥日益重要的作用。

---

① 《中国革命和中国共产党》，见《毛泽东选集》合订本，595页，北京，人民出版社。

春秋战国时期的中国与同时期的世界*

第一节　中国古代史上的一个剧变时期

春秋战国历史概况　中国第一部编年史《春秋》始于公元前722年，终于公元前481年。因此学者常称这一时期为“春秋时期”。战国时期的起点有不同说法，终点则为公元前221年秦统一六国。这里所说的“春秋战国”时期泛指公元前770年至公元前221年由东周至秦的这一转变时期，并以《史记·六国年表》起始的公元前475年作为春秋战国的分界，将这约550年时间分为前后两个阶段，前一段称为春秋时期，后一段称为战国时期。

平王东迁以后，周王室地位日益衰落。西周晚期在东方(今河南新郑一带)建立起来的郑国曾经是周王室的主要依靠力量，并且强盛一时。当时北方的戎狄族时常侵犯中原诸邦，南方的楚逐渐兴起，吞并附近小邦，并且力图向

---

* 原载吴于廑、齐世荣总主编《世界史》古代史编上册(刘家和、王敦书主编)之第11章，1994。

中原扩展。有华夏之称的中原诸邦，面对来自南方和北方两面的压力，又缺乏一个团结的中心，形势相当危险。公元前685年，齐桓公即位，以管仲为相，励精图治，齐国强大起来。齐桓公以尊王攘夷为号召，联合华夏诸侯，公元前679年与一些诸侯会盟于鄄(今山东鄄城县)，开始称霸。公元前656年，齐桓公伐楚，与楚定盟而还。一时对楚的北上起了抑制作用。

从齐桓公称霸起，进入了春秋中期，即大国争霸时期。齐桓公死后，齐国一度内乱，虽不失为大国，但已失去霸主地位。宋襄公曾经想作霸主，但失败了。楚的势力更加强大，严重威胁中原各邦。公元前632年，晋文公率齐、秦等国联军在城濮(今山东鄄城县西南)大败楚、陈、蔡联军，再次抑制了楚的北上。晋国从此成为中原霸主，历时约百年。同时楚则称霸于南方，与晋争霸。公元前597年，楚庄王大败晋军于邲(今河南荥阳东北)，势力伸入中原。公元前575年，晋军大败楚军于鄢陵(今河南鄢陵北)。公元前557年，晋军再败楚军于湛阪(今河南平顶山市北)。晋楚长期争霸，互有胜负，而成为它们争夺对象的中原郑、宋等国却受尽了战争与向霸主贡赋之苦。东周初在关中建国的秦，大体与晋同时强盛起来，因为被晋挡住了东进的出路，只好称霸西戎，并与齐相对应，成为仅次于晋楚的东西二大国。

公元前546年，宋国大夫向戌利用自己与晋、楚两国执政大臣都有私交的条件，向他们提出“弭兵”的建议，结果约了十几国的代表在宋集会，晋、楚两国共同作为霸主。从此进入春秋时代的晚期。这一时期，晋国内部卿大夫势力扩大，互相争夺，公室地位削弱。楚国也因东方的吴国(都于今江苏苏州)兴起而受到了严重牵制和打击。公元前506年，吴大举攻楚，陷楚都。后来吴虽退去，楚国却受到了沉重的打击。不过，在吴国的后面，越国(都于今浙江绍兴)也在楚的支持下兴起。公元前494年，吴王夫差大败越军，越王勾践表面屈服于吴，实际上准备复仇。公元前482年，夫差北上，会诸侯于黄池(今河南封丘县)，迫使晋人让出盟主地位。可是就在这时，越人已经从后方乘虚攻入吴都。吴刚夺得中原盟主地位，就被越人捣了老巢。公元前473年，勾践灭吴，夫差自杀。勾践亦曾北上争霸中原，但是越的霸权也只是昙花一现，不久就衰落了。春秋时期少数大国争霸的局面结束，代之而起的是战国七雄间的剧烈斗争。

在春秋时长期称霸的晋国，公元前453年实际已被韩、赵、魏三家大夫所瓜分。至公元前403年，韩、赵、魏三家又被周王“命”为诸侯，正式成为三个独立国。公元前391年，齐国国君(姜姓)已被田氏迁于海岛；公元前386年，田和又被周王“命”为齐君。齐、楚、燕、秦、韩、赵、魏成为战国七雄，其他十几个小国则渐趋衰亡。周王实际上也只是一个无足轻重的小国君主；承认韩、赵、魏三家与齐田氏为诸侯，是周君以“王”的身份做的最后一批官样文章。以后的战国群雄中就很少有人再来打尊周王的旗帜，与春秋时期的霸主们以“尊王”为号召的情况大不相同了。

在战国初期，魏在七国之中最为强盛。魏国第一代君主文侯以子夏、段干木等儒者为师，以法家李悝为相，以军事家吴起为将，还任用西门豹等贤能之士。李悝实行改革，一面用种种措施促进农业生产，一面废除世禄制度，不以出身而按能力用人。因此，当时魏国富强，曾几次打败秦国，占有了西河(今陕西北洛水以东、黄河以西地区)。

公元前361年，秦孝公即位，随后任用商鞅进行改革：开始就重农抑商，奖励军功，即使是宗室，无军功也不能受爵；进而又废井田、开阡陌，普遍置县，统一境内度量衡等。改革持续了约20年，秦国由原先的落后并较弱的国家一变而为强国。与西方秦国兴起同时，在东方，齐威王也任用贤能，整顿吏治，广招学者，使齐国强盛起来。在南方的大国楚国，楚悼王曾任用从魏到楚的吴起(公元前382年)为令尹(即丞相)，实行废除贵族某些特权、撤销烦冗的官职、加强军事训练等改革。这次改革虽然因楚悼王死而很快中止，但旧贵族的力量在此前后受到了不小打击。其他燕、赵、韩诸国，在以后不同时期也在某些不同方面有程度不同的改革。从商鞅改革起，可说战国时代开始进入了中期。

战国中期是各国内部变化迅速的时期，也是七雄进行殊死搏斗的时期。原来强盛一时的魏国，到这时东面一再败于齐国，西面屡次受到秦的攻击以致失去西河之地，南面也曾受挫于楚。魏失去原来的优势，秦却迅速强大起来。秦继续向东扩展，使东方各国，首先是韩、魏、赵受到严重的威胁。魏曾想联合齐国抗秦，没有成功。公元前318年，魏、赵、韩、燕、楚五国计划联合攻秦，并推楚怀王为联盟首领；联军攻秦函谷关(今河南灵宝)，秦人开关迎战，五国失利而回。秦又向南扩展，灭了蜀巴，并夺取楚占的汉中。楚与齐原曾有联盟关系，但受到秦的离间而绝齐亲秦，结果导致大败。以后，东方各国又曾再三合谋攻秦，但都因相互间矛盾、冲突不已，很容易就被秦瓦解了。当时，东方各国南北一线形成的反秦联盟，史称“合纵”；秦人则全力瓦解“合纵”，让各国从东到西形成一个服从秦国的体系，史称“连横”。齐与燕距离秦国远，初未受到秦的直接打击。可是其间齐曾利用燕国统治集团内部争权夺位的机会，一度出兵攻占燕国(公元前314年)，大掠而归；以后(公元前284年)燕又攻齐，下70余城，齐在莒与即墨二城守了五年，才将燕军逐出齐境。秦利用东方各国的矛盾，不断东进。公元前278年，秦大败楚，攻占楚郢都，楚被迫迁都于陈(今河南淮阳)。原来还可以和秦较量一下的齐、楚两大国严重削弱，秦国独强之势已成。

楚都东迁，可说是战国晚期的开始。这一时期是秦继续利用东方诸国的矛盾，逐渐予以各个击破以最终实现统一的时期。不过，秦的兼并仍然遇到抵抗，有时甚至是很有力的抵抗。公元前 260 年，秦大败赵于长平(今山西高平)，坑赵降卒 40 万。赵都邯郸一度岌岌可危，但是魏公子信陵君救赵，挫败秦军(公元前 257 年)，赵得以不亡。以后秦攻魏，也曾被信陵君所击败。但是魏王不信任信陵君，使他在郁郁不得志中死去。公元前 246 年，秦王政即位，他在统一后称秦始皇帝。公元前 241 年，赵、楚、魏、燕、韩五国联军攻秦，但被击退。这是东方国家的最后一次合纵行动。秦继续东进，但仍然曾经被赵将李牧所击败(公元前 233 年、232 年)。公元前 230 年，秦灭韩。公元前 229 年，攻赵，用反间计使赵杀其名将李牧。公元前 228 年，灭赵。公元前 225 年，灭魏。公元前 223 年，灭楚。公元前 222 年，灭燕。公元前 221 年，灭齐。至此秦统一六国，战国时代结束。

经济的发展和社会结构的变化　春秋战国时期是中国古代史上的一个经济飞跃发展的时期。在春秋时期，中国开始进入铁器时代。迄今发现的最早的人工冶炼的铁都是公元前 6 世纪(春秋晚期)的。不过在这些最早的铁制品中，不仅有在较低温度中炼出的块炼铁，而且有在高温中炼出的生铁。西亚、南欧、印度的铁器时代开始较早，可是那里长期只能生产块炼铁，直到 14 世纪欧洲才成功地炼出生铁。中国铁器时代开始较晚，而进步很快，炼出生铁竟比欧洲早了近 2000 年。在农业方面，从前靠人用木制的耒耜翻地，随着铁器的制造，出现了用牛引铁犁的耕种方法，农作的效率空前提高。

从前每一个邦的领土面积都不大，通常包括国和野两个部分：都城（在古代也叫做国）和周围的郊区算作国，郊以外的边远地区叫做野。居住在国的人称国人，居住在野的人称野人。国人包括卿大夫等贵族和作为士的享有政治权利的自由人；因为士在国人中居大多数，所以古书上有时又把国人和士等同起来。在国中专门划出千亩称为籍田的土地，每年由国君率领国人耕种（籍田原是部落公田的残余，自应由部落首领率领大家耕种；后来国君和贵族的参加都变成象征性的），收入供本邦宗教和礼仪之用。郊区的土地划为份地分给一般国人即士，士的义务是服兵役和纳军赋（交一定数量的军用物品）。国君掌握野的土地，并把其中一部分作为封地封给贵族。野的土地分为公田和私田两部分。野人必须先在公田上为国君或贵族献出无偿劳动，然后才能种私田来维持自己的生活。野人没有政治权利，主要义务是为国君和贵族种地，还必须服劳役和辅助性的兵役。到春秋中后期，以上情况逐渐改变，例如，鲁国在宣公十五年（公元前594），“初税亩”，由借民力耕公田改为按亩收税；哀公十二年（公元前483）又“用田赋”，由国人出军赋改为按所占田亩交军赋。这种情况的出现显然与农业生产的发展有关。正是因为农田亩产量的提高，统治者才会认为按亩征收赋税是更为有利可图的事。这一改变又带来了两种重要的后果：第一，既然按亩征收赋税，从前的公田和籍田就没有存在的必要了，不再和公田发生关系的农民变成为个体的小农；第二，既然赋和税都按人们所占田亩来征收，从前国人和野人的区分也就没有存在的必要了，除了贵族以外，他们都一律成了平民。

随着铁器的使用，春秋战国时期的手工业也有了巨大的发展。不仅在制陶器、制漆器、制皮革、制盐、纺织、酿酒等方面有很多进步，而且一些豪民经营相当大规模的冶铁业，成为战国时期有名的家族，如赵国的卓氏、魏国的孔氏等等。农业和手工业发展的同时，商业也发展起来。不仅地方性的商业有所发展，而且还出现了一些往来经营于各国之间的大商人。孔子的大弟子子贡就是一位由经商而致富的大富翁，到各国都能受到人的尊重。从前，只有贵者才是富者，不同数量的财产总是和不同等级的社会地位结合在一起的；到这时候，由手工业尤其是商业的发展中产生的一批大富翁，他们没有从国君获得封地，没有贵族身份，可是他们掌握了大量的财富，甚至比一些没落中的贵族"封君"还富有得多。古人把这些没有封地而富于"封君"的人称为"素封"，意思就是没有"封君"身份的封君。

原来贵族们的主要剥削对象是野人。野人无偿地为他们耕种封地，也就可以耕一分私田来养活自家。号为"素封"的新富人在经营手工业和商业中主要剥削奴隶和雇工，在经营农业中则除奴隶、雇工以外，还剥削租佃土地的农民。刚刚同公田断了关系而新产生的个体农民，他们成了可以自由经营的小自耕农。他们一般是以五口之家种田百亩。可是他们的生活一般是不富裕的。战国初年魏国的李悝为个体农民的年收支算了一笔账。他说："今一夫挟五口，治田百亩。岁收，亩一石半，为粟百五十石。除十一之税十五石，余百三十五石。食，人月一石半，五人终岁为粟九十石，余四十五石。石，三十，为钱千三百五十。除社闾、尝新、春秋之祠用钱三百，余千五十。衣，人率用钱三百，五人终岁用千五百，不足四百五十。不幸疾病死丧之费及上赋敛，又未与此。"①在这种情况下，大多数个体农民只有靠加强劳动和降低生活水平来勉强维持生存；一遇天灾人祸，他们就会陷于破产处境，失去土地，沦为雇工、佃农以至奴隶。

原来在国人内部是有着固定的宗法关系的，在野人中也有宗法或

① 见《汉书·食货志》。

类似的血缘关系，二者之间却有一条明显的界限。随着国人与野人区别的消失、破产农民的流徙以及商业人口的移动，曾经长期存在的宗法关系逐渐解体了。社会的结构发生了大变化。

由“封建”而郡县 以上说过，逐级的“封建”关系是和逐级的宗法关系相辅相成的。宗法关系的解体的过程也就是原来的“封建”制度的社会基础被挖空的过程。不过，这种过程是自然的、渐进的。而春秋战国时期的国与国之间的急剧的兼并，对“封建”的解体与郡县的产生起了明显的加速作用。

西周以上，邦国之间虽常有战争，但灭国的现象不显著。一个大邦征服了一个小邦，只要求后者纳贡并听从指挥，结成一种不平等的联盟关系。商、周时期天子(王)与诸侯的关系实际就是这种不平等的联盟关系。春秋以下，灭国的现象日益盛行。征服者常常把被征服国并入自己的领土，而取消了其原有的国家。征服者怎样处置这块新土地呢？按传统，一邦的郊区是国人分地所在，而郊以外的野直属于代表国家的国君；国君可以直接掌握它，也可以分封给贵族作封地。新征服的地区在郊以外，其地位和野是相当的，因而其处置权也就落入国君之手。春秋时期就开始有了“县”和“郡”的名称，这两个词原来都有直属于国君的意思。晋和楚是春秋时期两个最强大的国家，它们灭国很多(楚灭国尤其多)，设立县和郡也较早。晋、楚两国设郡县的办法有所不同。晋常把县、郡分封给功臣，走的基本是分封的老路；结果晋国内部贵族纷争，曾经是春秋时期最强盛国家的晋最后分裂成为韩、赵、魏三国。楚国也有过把县分封给功臣贵族的事。但是楚很快改变了这种办法。例如，申、吕两国(在今河南南阳以北、以西)被楚兼并以后，成为楚与中原争霸的重要前沿阵地。曾经有人想把申、吕变为功臣、贵族的赏地，可是有人反对这样做，因为这样就会削弱楚与中原争霸的力量。于是楚国的重要地区都掌握在国君手中，其他地区的贵族、功臣封地也逐渐由永远世袭改为两代人以后就收归国家。这样，楚在春秋时期就成了君权最集中的强大国家。

到了战国时期，郡县制开始有所发展。边防重镇地区往往设郡，而在内地则相当广泛地设县。齐不设郡而设都，性质大体与郡相当。郡县制是和官僚的俸禄制密切相关的。奉国君之命镇守郡县的官员，不再得到封地，而是得到俸禄。在战国时期，功臣或贵族变为封君的现象还是存在的。但是这时的封君和过去的封君已有很大的区别。过去的封君就是其封地范围内的世袭统治者，而战国时期的封君只能收取封地的赋税以代替俸禄，封地的行政不是由国家委派的官吏管理就是由国家派来的“相”来管理，而且封君也不再有世袭封地的权利。所以，这种封君实际已经是一种由“封建”制向郡县制过渡的形式了。

春秋战国时期的政治历史呈现了一种复杂的现象。从一方面看，随着强大的西周王朝的衰落，出现了诸侯长期纷争的混乱分裂局面；可是，从另一方面看，在这个纷争过程中，郡县制逐渐取代“封建”制，众多的小邦兼并成为少数几个大国，最终又由秦统一为一个郡县制的帝国。所以，春秋战国的分裂实际上为更高一个层次的统一准备了条件。

夷夏界限的变化 远古时代在各地散布许多部落，无所谓夷夏问题。夏、商两代的王朝和一些方国进入了文明时期，同时还有许多部落仍处原始时代。周原是一个进入文明较晚的方国。在武王伐纣的时候，他的同盟军中还有庸、蜀、羌、髳、微、卢、彭、濮等部落。这些部落的名称见于《尚书·牧誓》，是可靠的。但是它们的详情现已不得而知，大抵都是居于中原西南方的少数民族。周统治者一方面和少数民族保持友好的关系，一方面又自称为“夏”。这大概是为了表示自己是夏文化的继承者，因而不在殷商以下。“夏”字在古代还有“大”的意思，周人以夏自称，也包含了尊大自己的意味。于是周王朝和从属于周的中原诸侯国逐渐自称为“诸夏”，并把蛮、夷、戎、狄等少数民族的部落当做野蛮人而和诸夏对立起来。在春秋时期，诸夏又称为诸华，或华夏，少数民族则泛称为夷或夷狄。

华夏和夷狄之间，的确曾经有民族、语言、文化等方面的不同，但是又长期有着密切的共处关系。在西周时期，距离都城镐京(今陕西西安附近)和东都洛邑(今河南洛阳)不很远的地方都有夷狄居住，封在今山东省的齐国和鲁国必须与附近的东夷、淮夷反复周旋，封在今山西省的晋国长期和戎狄杂处，南方的楚国的统治家族虽然可能是早先从中原移居去的，但实际上也入乡随俗而蛮夷化了。西周的国王们曾多次发动对北方的猃狁(犬戎)和对南方的楚(荆蛮)的战争，都未能征服他们。最终西周却灭于犬戎之手。到春秋时期，北方的山戎南下，一度灭了卫国，南方的楚国向北扩展，封在汉水流域的姬姓诸国都被吞并了。中原的诸夏一度面临很严重的局面。

齐桓公在管仲协助下，打出“尊王攘夷”的旗帜，联合诸侯，打败山戎，帮助卫国复国，又抑制了一下楚北上的势头。孔子曾经说，如果没有管仲，我们就都是“披发左衽”的野蛮人了。他肯定了齐桓公和管仲保存中原先进文化的历史功绩。以后齐的霸业为晋所代替，形成了长期晋楚争霸的局面。就在大国争霸的同时，晋、齐、秦等国都把邻近的夷狄纳入本国版图，加速了夷夏的融合进程；楚则一面兼并附近诸小国和蛮夷，一面迅速地华夏化。到春秋晚期，吴、越先后起来争霸时，他们自身也迅速地由蛮夷转变为华夏。到战国时期，各大国内部都不再有夷夏的问题，所谓夷狄主要已指北方塞外的胡(即匈奴)和华南地区的越了。这样就形成了一个人口众多的华夏族，也就是以后汉族的前身。

古代中国人有重华夏而轻夷狄的思想，这就同古代印度的雅利安人称异族为“蔑戾车”和古希腊人称异族为“蛮族”一样。不过，古代中国人对夷夏的区分还有其自己的特点。这就是在长期的过程中形成了一种重文化而非重种族的区分标准。

孔子到过许多华夏的国家，都不得意。他一度想到“九夷”(可能就是在鲁国以南的淮夷)去居住。有人说那里太落后(陋)了。孔子说：“君子居之，何陋之有?”①孔子没有把夷当做异类，甚至认为，只要“君子居之”，他们的落后状态也是可以改变的。孟子说，舜是“东夷之人”，而周文王是“西夷之人”，可是他们都在“中国”(指华夏地区)行仁政，就都成了圣人。② 夷狄之人不仅可以变为华夏之人，而且可以成为代表华夏文明最高品位的圣人。孔、孟这些思想不是凭空而来的。因为，中国古代的夷夏关系史上有两个明显的特点。其一是，夷变夏和夏变夷的事例太多。例如，相传周人的先祖弃是尧舜禹的后稷(负责农业的官)，原来属夏；后来子孙迁居戎狄之中，一变为戎；到公刘时期又逐渐向文明过渡，再变为夏。又如，周族一支在殷末南迁入吴，一变为蛮夷；到春秋后期，吴又再变为夏，等等。其二是，夷夏之间的交往和婚姻很多。例如，著名的霸主晋文公本是犬戎狐姬之子。按母系，他是夷狄，可是不妨成为尊王攘夷的诸夏首领。晋文公的母亲无疑是夷狄，可是又姓姬，与周王和晋君都同姓，所以这一支戎在历史上可能与周有血缘关系。由于这两种情况，人们很难以种族或血统来确指谁为夷谁为夏。于是文化上的先进与落后自然地就成了

① 《论语·子罕》。

② 《孟子·离娄下》。

区分夷夏的标准了。

以文化为标准的夷夏观形成于春秋战国时期，这对中国以后的历史有十分重大的影响。

士的活跃与百家争鸣 当一邦之内国和野的区分还明显存在的时候，士在国人中占了大多数。他们在本邦拥有份地，既参与邦内政治斗争，又是军队中的主力。他们和自己的邦有着密切的关系，所以把离开“父母之邦”当做一件大事。随着国野区分的消失，士的情况也发生了巨大的变化。他们可以来自原来的国人，也可能来自原来的野人；可以家财富足，也可能一贫如洗。他们从农、工、商业中游离出来，到处求师访友，小则学得一技之长，大则自成一家之学。他们的活动已不再限于本邦，为了求职或实现其理想，不惜奔走于各国之间。

在春秋后期，孔子首先开私人讲学之风。从他受过学的人很多，其中学得某种专长的杰出之士也有几十人。孔子开创了儒家学派。他主张实行仁政。仁政就是爱人之政。不过，孔子主张的仁，是从爱自己的老人和小孩开始，从近亲到远亲以至不相识的人，一层层地把爱推展出去。当然对于不同层次的人的爱的程度也是不同的。把爱分成不同的层次和等级，这就是礼。孔子的仁是和礼结合在一起的。孔子认为，各国的君主和贵族，只要把对自己亲属的爱推施于人民，那么理想的盛世就会到来，当时各国内部和各国之间的残酷斗争就会消除。孔子为了实现其理想，曾经到过许多国家，想说服其国君，而结果都无成效。他回到鲁国整理《诗经》、《尚书》等古代文献，以教育事业终老。

战国初期，墨子继孔子而起，开创了墨家学派。墨子看到当时不义战争既多而又残酷，所以主张“非攻”。为了非攻，他主张“兼爱”。

他反对孔子主张的分层次、有差别的爱人即仁，而主张爱无差别，爱陌生人的父母要像爱自己的父母一样。这就叫“兼爱”。他把“兼爱”说成是天神的意思，这就是他的“天志”。墨子和他的弟子自己生活极其刻苦，随时准备牺牲自己以帮助被侵略国家的人民。墨子的主张也没有被任何国家的君主所采纳。

约自战国中期起，开始形成道家学派。这一学派的两部代表作是《庄子》和《老子》。《庄子》书中主要思想是战国中期的庄子的。老子其人为谁，司马迁写《史记》时并存三说，已难断定。《老子》一书晚于《庄子》，这大概是无问题的。《庄子》和《老子》都从当时历史看出一种矛盾现象：知识和技术越进步，人们之间的争斗也就越诡诈，越野蛮。他们都主张使人们回到无知无欲的自然状况，以解除当时的激烈社会矛盾和斗争。道家主张君主“无为”，这样人民就朴实了，一切问题都解决了，也就是“无不为”了。《庄子》和《老子》也有不同之处：《庄子》倾向于逃避现实，以保全自己；《老子》则主张以柔克刚，倾向于以退为进。

在战国中后期，还形成了法家学派。商鞅是一位有系统法家思想的政治家；不过今本《商君书》中的大部分内容都是后世法家托商鞅之名写的。真正系统地提出法家思想体系的是战国末年的韩非子。韩非认为历史是在进步的，但也承认与这种进步同时出现了人心不古的现象。他也和道家一样认为仁义道德是无用的，不过他不主张复古，而主张利用人们好利恶害的欲望，通过赏罚来控制人民。韩非和道家一样主张愚民，主张堵死人们以知识、技能谋富贵的道路。他要求人民在平时尽力种田，上战场拼死杀敌，凡是在耕与战上有成绩的都给予奖赏，否则给以重罚。他也主张君主“无为”，那就是不做任何具体工作，只独自掌握并运用好赏罚的大权。这样臣民们自然会把一切都做好。韩非认为，对人民施仁政是没有意义的，儒家和墨家的主张早过时了。他主张君主要独断无情，实行严格的专制统治。法家思想成了秦统一六国并建成专制帝国的理论支柱。

在儒、墨、道、法以外，还有阴阳家、名家、农家、神仙家等等，而作为“显学”的儒、墨两家内部又各自分成许多流派。这种百家争鸣的现象，是西周社会体系与礼乐崩坏的自然结果，也是应战国时期社会剧变的需要而生的产物。战国的百家争鸣，在中国古代史上形成一个文化空前繁荣局面，在世界古代史中也占据一个极为重要的地位。

第二节　公元前8世纪至公元前3世纪的世界

古代世界的巨大转变　公元前1000年代，古代世界发生了空前巨大的变化。其中与中国的春秋战国时期相当的公元前8世纪至公元前3世纪，尤其是巨变的关键时期。这一时期的巨变，可以概括为以下几点来论述。

第一，铁器开始普遍使用。铁器时代的开始，在不同地区早晚不同。在地中海以东的西亚地区，约开始于公元前12世纪。在希腊“荷马时代”(公元前11—公元前9世纪)开始进入早期铁器时代，而铁器的大规模使用则在公元前800年以后。在印度次大陆，铁器时代约开始于公元前1000年，但其广泛使用则自公元前1000年代中叶开始。在埃及约开始于公元前6世纪，至今中国发现的最早炼铁也在公元前6世纪。自公元前1000年代中叶开始，在上述地区以外，在北欧以及东南亚的许多地区也开始进入铁器时代。

铁器的使用并非开始于文明发生最早的两河流域南部和埃及，那里经历了漫长的青铜文明时期。铁器的使用消除了最古老的文明对于周边地区民族的优势。原先落后的民族一旦将铁器用于生产和军事，就会变成对古老文明的巨大威胁。在公元前 8 世纪至公元前 3 世纪间，古代世界发生的多种格局变化，看来都直接或间接与铁器使用的发展有关。

第二，文明的区域的扩大与中心的转移。以上说道，大约与中国西周时期相当的时期(公元前 11 世纪—公元前 8 世纪早期)，古代世界其他地区的文明正处于一种萧条或萎缩的状态。印度河流域的文明早已衰亡，而新到的雅利安人还处于部落逐渐解体阶段。爱琴文明衰亡了，希腊正处于"黑暗时期"。从埃及经地中海东岸到两河流域，这一古老文明地区也处于风雨飘摇之中。公元前 9 世纪至公元前 8 世纪中期，亚述统治者采用烧杀抢掠的征服政策，给两河流域、叙利亚、巴勒斯坦等地造成了灾难性的破坏；结果亚述本身一度也因内部发生斗争而被削弱。

从公元前 8 世纪中期起，亚述的政策开始有所改变，但是征服并未停止。到公元前 7 世纪，亚述已成为一个包括全部两河流域、埃兰、叙利亚、巴勒斯坦以及埃及北部的大帝国。这些地区的文明已经衰落，所以落入亚述统治之下。公元前 7 世纪是亚述帝国最繁盛的时期。可是到公元前 7 世纪晚期，亚述帝国又被巴比伦的迦勒底人和伊朗高原西部的米底人所消灭。不久以后，米底王国又被波斯人推翻。到公元前 6 世纪后期至公元前 5 世纪初，波斯变成一个包括中亚大部(至阿姆河一带)、印度河流域西北部、伊朗高原、两河流域、小亚、叙利亚、巴勒斯坦、埃及、色雷斯等广大领域的帝国。波斯大帝国的出现说明两个问题：伊朗高原和中亚广大地区进入了文明阶段，文明的区域扩大了，中亚、西亚、北亚、东南欧之间的联系加强了；同时古老的文明中心已经衰朽，因而落入后起者的统治之下，文明中心转向新的地区。

从公元前8世纪至公元前6世纪，在希腊半岛、爱琴海岛屿和小亚西海岸等地兴起了为数众多的希腊人城邦。这种城邦一般幅员很小，但是进展很快。公元前5世纪早期，它们奇迹般地打败了强大的波斯帝国的侵略，随后便进入了其极盛时期——古典时代。就在公元前5世纪晚期，希腊城邦之间发生了伯罗奔尼撒战争，结果是经济、文化最发达的雅典惨败，而落后的斯巴达胜利了。但是斯巴达也好景不长。到公元前4世纪上半期，希腊城邦出现危机，而北方落后的马其顿迅速兴起。到公元前4世纪下半期，马其顿不仅实际上将希腊各邦置于自己控制之下，而且在亚历山大统率下征服了波斯帝国。亚历山大帝国本身又迅速分裂为几个希腊化的王国。公元前3世纪时，安提柯王朝统治着马其顿，托勒密王朝统治着埃及，塞琉古王朝初曾统治原波斯帝国在亚洲所占地区的大部，但公元前3世纪中叶伊朗地区的安息和中亚地区的大夏独立以后，它就只占有叙利亚、巴勒斯坦和两河流域一带。这三个希腊化国家在地中海东部鼎足而立，可是西方的罗马迅速崛起，不仅统一了意大利半岛，而且称雄于西部地中海。

在南亚次大陆，公元前8世纪，正是雅利安人从印度河流域向东部的恒河流域移动的时期。到公元前6世纪至公元前4世纪，在北印度已经兴起了许多国家，经济和文化迅速发展。到公元前3世纪时，形成了一度统一印度大部地区(南端除外)的孔雀帝国。不过，这个帝国历时甚短，在公元前2世纪时就已经分裂了。

公元前8世纪至公元前3世纪在中国是以上刚说过的春秋战国时代。当时中国的文明地区从黄河流域发展到长江流域的广大地区，而没有发生文明中心大转移的现象。

在公元前8世纪至公元前3世纪中，古代的文明在空前广阔的区域中以空前的速度发展起来。亚述帝国、波斯帝国、希腊城邦、亚历山大帝国，它们的兴衰和代谢的速度，是公元前3000年代和公元前2000年代的埃及和两河流域的古文明所不能比拟的。在古代中国，夏、商、周三代长时期中都以不平等的方国或部落联盟为基础建立“封建”的王朝与诸侯的政治体系，而在春秋战国时期(尤其是战国时期)，这种体系迅速地就被以地域为基础的郡县制所代替了。中国虽无大规模的文明中心转移，但是在社会和政治方面也发生了空前迅速的变化。

三个古典文化中心的出现 人们常说人类文明四大摇篮：埃及的尼罗河流域、西亚的两河流域、南亚的印度河流域、中国的黄河流域。有时又加上爱琴文明，并称五个文明古国。其实早在公元前8世纪至公元前3世纪这一时期之前，印度河文明和爱琴文明就已经先后衰亡而中断了，而埃及和两河流域文明在这一时期中也因失去独立而式微，最后也中断了。世界上最古老的埃及文明和两河流域文明，只是作为遗产被其后继者所继承，从而在后世的历史上间接地起着作用。

公元前8世纪至公元前3世纪，中国、印度和希腊成了世界上三个古典文化中心。这三种文化对以后的世界历史发生了长久而深远的影响。

中国、印度和希腊的古典文化和公元前2000年代以上的上古文化有一个明显的不同点，就是在人类历史上出现了最早的一批哲学家。这反映人类的精神开始进入了一种觉醒的状态。

众所周知，人从猿发展而来，原先本是自然界的一部分。自从开始创造工具，人就开始改造自然，并从自然中分离出来。原始人在客观上日益和自然界区分开来，可是在主观上没有也不可能认识到这一点。原始人可以把作为本氏族、部落的图腾的非人的生物当做自己的同类，也可以把本氏族、部落以外的原是同类的人当做异类的牲畜一样。当时的人还没有“人类”的概念。他们只知道氏族、部落的界限，而不知道人作为一类的界限；只知道氏族、部落内部的关系，而不知道人类内部的关系。

随着生产的发展、城市的兴起、文字的出现、国家的发生，人类开始进入文明时代，也开始有了一种人为万物之灵的自豪感。但是当时生产力的水平仍然很低，人在自然面前仍然软弱无力，所以人把自然当做天神来崇拜，把人与自然的关系当做人与天或神的关系。随着国家代替了氏族、部落，原先的人的氏族、部落界限也被阶级和国家的界限代替了。残杀敌国的俘虏，不把奴隶当做人看待，在文明的早期不仅是常有的事，而且也没有人对此有过反省。

到公元前6世纪，在中国、印度和希腊都开始出现了哲学家。他们开始对人与天或神的关系和人与人的关系问题作了认真的思考。在此以前，中国已有《尚书》、《诗经》，印度已有《吠陀》、《梵书》，希腊已有《伊里亚特》、《奥德赛》等，它们都在不同的程度上为公元前6世纪开始出现的古代哲人们提供了思考的资料。

在古代印度，婆罗门教认为，神是世界的主宰，人可以通过祭祀而向神求福。这反映了人屈服于自然的一种迷信状态。释迦牟尼则认为，人不可能靠祭神得福，而只能靠自己的觉悟来解除痛苦；因为世间的一切都是无常的，根本没有一个固定的“我”，人不觉悟到这点就永远不能超脱痛苦。佛陀认识到世间一切都在运动变化之中，并主张人应该依靠自己的觉悟来求福，这都反映了一种人在自然关系上的某种精神觉醒。不过，佛陀由看到世界无常而教人看空一切，这只是一种消极的“觉醒”，其前途仍只能通向宗教。在古代希腊，原先也有祭神求福的传统，可是当泰利士等哲学家出现以后，他们开始思考世界“始基”是什么的问题，并且试图以某种物质作为“始基”来解释世界。当然，甚至像赫拉克利特这样的唯物主义哲学家都没有彻底否认神的存在，不过他把“神”和世界运动的规律(逻各斯)等同起来。于是对于神的信仰与对于自然的研究可以并行而不悖，这反映了希腊人在人与自然关系上的精神觉醒。在古代中国，也长期有祭神求福的传统，可是在西周时期就开始有了对天将信将疑的思想倾向。孔子则公开主张“务民之义，敬鬼神而远之”。[①] 可以祭祀鬼神，但是不能迷信或依靠它们，而关键则在于把人民的事办好了。孔子开创的儒家学派重人事而不重天。战国晚期儒家代表荀子则直接把天解释或还原为自然，一扫人对天的迷信。这些都反映了中国先哲在人与自然关系上的精神觉醒。

在古代印度，婆罗门教把人分为不同的种姓，而不把人看成同类。释迦牟尼则主张“众生平等”。佛陀所说的“众生”包括人和其他有生命的物，所说“平等”是无差别的意思。因为他认为一切众生都可因佛教而得解脱。佛陀反对婆罗门教对人的区分，这是在人与人的关系上的一种精神觉醒；可是当他认为“众生”无差别并皆能因佛教而得救的时候，他就重新混淆了人与非人生物的界限并重返宗教迷信之中。在古代希腊，许多哲学家都讨论了人与人之间的关系问题，柏拉图的《理想国》、亚里士多德的《政治学》等书更是集中讨论这一问题的著作。城邦公民之间是否应有平等，怎样才算平等，学者们的认识并不相同；而在奴隶与主人之间无平等可言，意见基本则是一致的。不过，古希腊的哲学家也无法否认奴隶在自然上仍然是人。他们看到了

① 《论语·雍也》。

这一问题，而未能给予解决。在古代中国，哲学家们对人与人的关系问题的讨论，尤其热烈。孔子主张爱有等差的“仁”，墨子主张爱无区别的“兼爱”等等。不同的学派都为自己的主张作了论证，处于争鸣的状态中。古代印度、希腊和中国的哲学家们当然不可能解决人与人的关系上的认识问题。他们能对此有所反省，提出问题，并试图提出自己的见解，这就是一种精神的觉醒了。

古代印度、希腊和中国的哲学家们在人与自然之间和人与人之间的关系上所提出的问题，一直被后世的哲学家们思考着、讨论着，这是三者之间的共同性。具体地说，古代印度、希腊和中国的哲学家们在思考和论证上述问题时，又各有其特殊的方法和侧重点，这就开辟了三个各有特色的文化传统，而且各自影响了周围的地区，并且为后世不同地区的文化交流准备了条件。

秦汉时期的中国与同时期的世界*

秦汉历史概况 公元前221年，秦王政统一六国，改王号为“皇帝”，自称为始皇帝，梦想以后二世、三世以至万世。这一年，秦始皇决定废除封建诸侯的制度，在境内彻底实行郡县制。他还下令统一度量衡，统一货币制度，统一文字。公元前215年，秦始皇命大将蒙恬率兵北攻匈奴。公元前214年，蒙恬击败匈奴，收取河套一带地方，置九原郡(郡治在今包头西)；秦王朝将原六国北部长城连接为一，西起临洮(今甘肃岷县)，东至辽东，是为“万里长城”之始。同年秦始皇派兵取岭南地，置桂林(郡治在今广西桂平西)、南海(郡治在今广州)、象郡(郡治在今广西崇左)三郡。并开凿灵渠，联结湘江和漓江，加强了与南方的联系。以上都是秦始皇维护与加强国家统一的措施。

公元前213年，秦始皇下令焚烧六国的史籍以及私人所藏的《诗》、《书》与诸子百家(医药卜筮之书在外)之书，

---

* 原载吴于廑、齐世荣总主编《世界史》古代史编上册(刘家和、王敦书主编)之第13章，北京，高等教育出版社，1994。

违者严惩。公元前212年，秦始皇以妖言惑众罪坑杀儒生400余人。同年征发刑徒70万人修筑阿房宫与骊山陵（始皇墓）。秦的暴政引起民怨沸腾，人民逃亡者日多。

公元前210年，秦始皇死，二世胡亥继位，仍大量征发劳役。公元前209年，陈胜、吴广首先起义。次年陈胜、吴广被害，但各路起义势力已势不可当。公元前207年，项羽破秦军主力，刘邦攻入武关。公元前206年，刘邦军临咸阳，秦降，国亡。

秦亡以后，刘邦与项羽之间又发生战争。公元前202年，项羽兵败自杀。刘邦即皇帝位，建立了汉王朝，都城设在长安，史书上称之为西汉（公元前202—公元8年）。

西汉的历史大体可以分为三个阶段。

从汉高帝刘邦到景帝刘启（公元前202—公元前141年）的时代是初期。汉朝建立后，面临着三个严重的问题。第一，经过三年的反秦战争和五年的刘项战争，人民流离死亡，生产破坏，国家处于经济十分困难的状态。这一时期的统治者实行与民休息的政策，尽可能轻徭薄赋，使人民安心从事生产，逐渐改变了经济困难的状态。第二，刘邦在与项羽斗争的过程中不得不依靠韩信等大将的力量，不得不封他们为王。到项羽灭亡以后，刘邦就逐一收拾这些异姓功臣的王，而代之以自己的子弟，他以为这些同姓的王可以有助于巩固汉朝统治。可是以后同姓王的势力加大，他们又成了对中央政权的威胁。汉景帝时（公元前154年）平了吴楚七国之乱，这个问题才算大体解决。第三，这一时期匈奴势力强盛，一直威胁着北方。汉朝用和亲政策，避免双方发生大规模战争。

从武帝刘彻到宣帝刘询（公元前140—公元前49年）的时代是西汉中期。经过60年的休养生息，这时社会经济已经由恢复进而有所发展，“都鄙廪庾皆满，而府库余货财。京师之钱累巨万，贯朽而不可校。太仓之粟陈陈相因，充溢露积于外，至腐败不可食”。[①] 可是从休养生息中得到好处的并不仅是小自耕农，更主要的是地主和商人。地主和商人在轻徭薄赋的宽松经济环境中迅速地扩大自己的资产，同时把小自耕农当做自己兼并的对象。这样就又形成了汉代社会中的一个新的根本问题。

西汉中期也有三个问题。第一，各个王国的问题。武帝下“推恩令”，让各个王国一方面由王太子世袭王位，一方面又把部分土地分给其余诸王子，使他们成为诸侯，而诸侯国是隶属于郡的。这样一来，各个王国的土地和势力迅速削减，从此不再成为威胁中央政权的因素。第二，边疆问题。自西汉建国以来，匈奴一直是北部边疆的一大问题。汉武帝凭借已经恢复和充实了的国力，于公元前127年、前121年、前119年，三次派兵遣将出击匈奴，收复了河套一带(设朔方郡)、打通了河西走廊(设武威、张掖、酒泉、敦煌四郡)，迫使匈奴向西北远迁，不再能成为汉北边的严重威胁。以后匈奴内部发生分裂。公元前53年(宣帝甘露元年)南匈奴呼韩邪单于归附汉朝。北匈奴也曾遣使朝汉，因发现汉朝支持呼韩邪，后乃率众西迁。从此至西汉末，匈奴与汉一直和睦相处。汉武帝为了打击匈奴右翼，于打通河西走廊后又进军西域(古代“西域”一词主要指今新疆地区，但也包括了若干今国境外的地方)，于轮台(今新疆轮台)驻兵屯田。公元前60年，汉宣帝又设西域都护府，府治乌垒(在轮台县东)。公元前112—公元前109年间，汉武帝向南方进军，设南海(郡治在今广州)、苍梧(郡治在今广西梧州)、郁林(郡治在今广西桂平以西)、合浦(郡治在

① 《史记·平准书》。

今广西合浦西北)、儋耳(在今海南西北部)、珠崖(在今海南东北部)、交趾、九真、日南(以上三郡在今越南境内)等九郡，又向西南进军，设牂柯(郡治在今贵州黄平以西)、越嶲(郡治在今四川西昌东南)、沈黎(郡治在今四川汉源东北)、汶山(郡治在今四川茂汶以北)、益州(郡治在今云南晋宁)等郡。西汉中期在边疆方面有了新的拓展。第三，地主、商人兼并小自耕农土地的问题。汉武帝长期用兵，也用尽了以前国库的余财。公元前119年，他下令禁止私营盐、铁，统归官营，并实行“均输”、“平准”，对富商大贾打击甚大。同年又下令商人自报资产，按资产数额纳税；凡不报或所报不实者，人罚戍边一年，财产全部没收。凡有市籍的商人及其家属，皆禁止占有土地，违令者的土地与奴隶均被没收。公元前114年，武帝下令鼓励人们告发商人隐匿财产而不如实申报的行为，规定给予告发者以所没收财产之半。于是告发之风大盛，中产以上商人大都破产。汉武帝用这些方法解决了政府财政问题，也沉重地打击了富商地主，一时间也抑制了他们对农民土地的兼并。可是武帝连年用兵，对农民也是十分沉重的负担，因此农民流亡日多，时有起义发生。武帝晚年自悔劳民过度，开始有所节制，并鼓励农业生产。在他以后，昭帝(弗陵)、宣帝又实行与民休息政策，把皇家苑囿、公田假借给贫民耕种，并减免田赋。于是阶级矛盾有所缓和，政局比较稳定。

从元帝(刘奭)到孺子婴(公元前49—公元8年)时代是西汉晚期。这时贵族地主与豪强地主势力迅速壮大，商人势力也重新兴起，土地兼并的问题日益严重。汉王朝陷入深沉的危机之中。

公元8年，专政已久的外戚王莽篡汉自立，改国号为新。王莽本来有意实行改革，他宣布“更名天下田曰王田，奴婢曰私属，皆不得买卖。其男口不盈八而田过一井(九百亩)者，分余田予九族、邻里、乡党。故无田今当受田者，如制度”。[①] 他还用种种办法限制商人、高利贷者的活动，抑制他们对农民的剥削。王莽的计划遭到地主、商人的强烈反对，不能真正推行，而奸商却与官吏们勾结起来，给人民带来更多的痛苦。为了提高自己的威望，王莽又发动对边境少数民族的战争。这就更为加深了人民的灾难。从公元 11 年起，就陆续发生小规模人民起义。以后起义的绿林军、赤眉军势力逐渐强大。公元 22 年，王莽派 10 万大军攻赤眉军，结果失败。公元 23 年，绿林军立汉宗室刘玄为皇帝。王莽派 42 万大军围绿林军于昆阳(今河南叶县)，刘秀带少数人到邻近地区求救兵。他率援军先头部队千余人连胜莽军外围部队，士气大振；然后率敢死队三千猛攻莽军中坚，杀其大将。昆阳城中兵亦外出夹击。莽军大败。绿林军乘胜进军长安。王莽在长安暴动中被一商人杀死。至此新朝结束。刘玄建都洛阳，派刘秀招抚黄河以北地区。刘玄派人说降了赤眉军，可是不久又分裂了。公元 24 年，刘玄迁都长安，迅速腐化。公元 25 年 9 月，赤眉军入长安，刘玄败降，不久后被杀。绿林军势力解体，赤眉军入关中后也大为削弱。

公元 25 年 6 月，刘秀在鄗(今河北柏乡)宣布即皇帝位，10 月入洛阳，定都于此。史称东汉(公元 25—220 年)。

东汉的历史大体也可分为三个阶段。

从光武帝(刘秀)到章帝(刘炟)的时代(公元 25—88 年)是初期。这时东汉所面临的主要是恢复与巩固国家统一的问题。光武即位以后又用了十多年的时间才消除了各地的割据势力，恢复了西汉时的国家规模。但是各地的豪强地主不仅占有大量土地，而且控制大批农民，

---

① 《汉书·王莽传》。

成为危害统一的因素。光武下令“度田”，清查土地户口，虽遇抗拒未能彻底实行，但总算抑制了豪强力量。以后明帝(刘庄)、章帝基本继续这种政策，并把公田、苑囿土地假借给贫民耕种，缓解农民所受豪强兼并之苦。因此这一时期的社会经济又有恢复和发展。光武又改变了西汉时握有实权的丞相制，代之以徒有虚名的三公(司徒、司空、太尉)，而把处理大政的实权交给内朝的尚书台(皇帝身边的秘书处)，因为这些官员地位不高，势力不大，便于控制。皇帝的专制权力进一步增大。在边疆，匈奴在王莽时与莽对抗，在光武前期也曾扰汉北边。公元48年，匈奴再次分裂为南北两部，南匈奴要求内附于汉，得到光武允许。公元73—74年，明帝遣将进军西域，复设都护。

从和帝(刘肇)到质帝(刘缵)的时代(公元88—146年)是东汉中期。这时期的各个皇帝即位时年龄都不大，一般初期都由母后临朝，外戚专权；到皇帝长大后又依靠宦官来消除专权的外戚。由此形成中央政权中外戚、宦官不断斗争的局面。这种情况也可以说是光武取消丞相，把大权集中于皇帝和内朝的结果。这一时期东汉在解决边境问题方面相当成功。公元89—91年，汉军连续三次大败北匈奴。北匈奴降者20余万人，损失甚重。北单于率部离开蒙古高原老根据地而向西远迁。此后匈奴不再成为东汉的严重问题。班超在西域(公元73—102年)30年，帮助西域人民反抗并摆脱北匈奴的奴役，也加固了西域与内地的联系。班超在西域的成功主要并非靠兵力优势，而是靠能够得到当地人的支持。在东汉国内，这一时期豪强势力迅速扩展，农民流亡日多，预示着社会危机的临近。

从桓帝(刘志)到献帝(刘协)的时期(公元146—220年)是东汉晚期。桓帝初立时也是太后临朝，外戚专权。后来他又依靠宦官消灭外戚。从此宦官占了优势，朝政日益败坏。于是大量农民流亡，时有暴动发生，至公元184年终于发生了黄巾军的大起义。这次起义的主力军虽在一年之内被击败，但各地余部很多。东汉已走上末路。公元189年，灵帝刘宏死，子少帝立。外戚何进准备消灭宦官势力，反被宦官所杀。豪强贵族又杀宦官。在混乱中，董卓领兵到洛阳，废少帝而立其弟，是为献帝。公元190年，各地贵族豪强起兵讨董卓，次年卓兵败退往长安，又次年被杀。但是东汉已国破势衰，各路贵族、豪强据地称雄，互相火并不已。公元196年，曹操出兵把献帝从洛阳迎至许昌，从此汉献帝只不过是曹操手中一张王牌，东汉名存实亡。

汉代中国及其同时的世界 这个问题可以从以下三个方面加以论述。

(一)公元前2世纪至公元2世纪时的世界形势 汉王朝兴起于公元前3世纪末，灭亡于公元3世纪初，前后延续了约400年。这个时期也是古代世界史上的一个重要时期。在这个时期到来之前的约一个世纪里，古代世界曾经先后经历了亚历山大帝国、孔雀帝国、秦代中国的兴衰。在这三个帝国解体以后，在西起地中海东至中国的广大区域中有一个秩序重建的问题。

从西到东来说，罗马自从在公元前3世纪末取得第二次布匿战争胜利以后，于公元前200—公元前190年的第二次马其顿战争中，于公元前192—公元前189年的对塞琉古王国的战争中，均取得了关键性的胜利。从此，希腊化各王国不再是罗马的对手，罗马已不可避免地要成为地中海文明区域的主宰，虽则这一点的实现是在约一个半世纪以后。因此，公元前2世纪至公元前1世纪基本是罗马帝国在发生中的时期：通过对外战争，罗马由地区性国家变为控制多区域的帝国；通过内战，罗马从共和国变成了君主独裁的帝国。公元1至公元2世纪是罗马帝国的盛世，到公元3世纪罗马帝国开始了危机时期。

安息独立于公元前3世纪中叶，但是到公元前2世纪塞琉古王国衰落时，它才扩展成为一个强盛的帝国。安息与罗马对抗于幼发拉底河一线，在西方势不可当的罗马在这里被挡住了。安息是游牧部落建立的国家，它用游牧人的骑兵战术在草原上能够抵御罗马的强大的军团。从这种意义来说，安息与罗马的长期争衡，不仅有东西方之间的对抗，而且有游牧民族与农耕民族对抗的特点。大体与安息同时独立的大夏，只是在公元前2世纪前半期一度比较强盛，拓境直至印度西北部，但随后就在游牧民族迁徙的潮流中被冲垮了。迁入的游牧民族月氏人在这里定居下来，公元1至2世纪间形成了贵霜帝国。这是一个把中亚和印度部分地区结合起来的帝国，是游牧民族征服农耕民族后的结果。处于这一文明带最东端的是汉代中国。大约与西汉同时兴起的匈奴帝国不仅从北面威胁着汉朝，而且也威胁河西走廊和西域地区的各民族。月氏人正是在这种威胁下西迁，引起中亚塞种人的迁徙，最后形成了贵霜帝国。汉在与匈奴的斗争中终于获胜，公元1世纪末，南匈奴内附于汉，北匈奴向西远迁。南匈奴逐渐转向农耕生活，而北匈奴逐渐迁徙至欧洲，并在公元4世纪时推动了日耳曼民族的大迁徙。

（二）汉代中国与罗马帝国的异同　在公元1至2世纪的罗马、安息、贵霜、汉四个大国中，就领土面积、人口数字、经济和文化发展水平而论，罗马与汉都大体旗鼓相当，而其他两国是不能与之相比的。因此，我们可以对罗马和汉作一个比较，看看这两个古代大国有些什么异同。

第一，罗马帝国和汉代中国都是在战争过程中形成的，但是罗马帝国表现为武力征服的结果，而汉代中国则表现为武力统一的结果。

罗马帝国的广大版图是在共和国后期的征服的基础上进一步扩大

而来的。早在共和国前期，罗马作为一个城邦把本城和周围地区的人当做公民、把战败后与罗马结盟的拉丁人、意大利人当做同盟者，到公元前227年在西西里部分地区建立行省时，又把行省人民当做臣民。到共和国晚期，拉丁人和意大利人都获得了罗马公民权，行省数目大为增多。在罗马帝国形成以后，仍然保持了共和国时期的传统。罗马国家是征服者，罗马公民在法律上是国家权力的主体；行省臣民是被征服者，行省是“罗马人民的财产”。行省的城市往往享有不同程度的优待，一般有地方的自治权；行省城市的人民的地位约与同盟者相当，处于由臣民到公民的中间状态。公元1至2世纪时，罗马公民权逐渐向行省更多的人开放。到公元3世纪初，罗马公民权被赋予了帝国境内的每一个自由民，但这时罗马帝国已在军阀统治之下，公民权已经没有多大意义，而且还是一种负担(如公民有从军作战义务等)了。

汉王朝是秦王朝的继承者。秦始皇灭六国时，并没有使秦的人民获得任何地位高于六国人民的特权。秦代中国的一切自由民都称为“黔首”，没有征服者与被征服者的区别。汉高帝刘邦是东方的楚人，率领东方的起义军打入关中推翻秦朝，又靠关中和汉中人民的支持打败了东方的项羽，最后又建都于关中的长安。刘邦既没有也不可能把楚人或秦人当成为征服者，而把其他地方人当做被征服者。因此，在汉朝国内，除了王侯贵族和奴隶，其他人都是“编户齐民”。编户是说他们都编入户籍，齐民是说他们地位是一样的。编户齐民既不像罗马公民早期那样有参政的特权，也不像罗马行省臣民那样被排除于政治权利之外。他们分布在不同的“爵”级之中：有低爵者只能为民，有高爵者就可以当官。尽管绝大多数有爵的齐民只能为民，但是爵级作为一种阶梯对于齐民至少在原则上是开放的。因此，对于各地的编户齐民来说，汉王朝的建立是一种统一，而非一种征服。

第二，罗马和汉代中国作为幅员辽阔的跨地区的大国，不可避免地都要划分行政区域加以统治。罗马广泛实行行省制，汉朝则广泛实行郡县制。二者都由中央派官统治地方，具有相似之处。可是具体地说，二者又有十分明显的区别。

在罗马帝国中，各个行省的情况差别很大，它们所受的待遇也不全相同。例如，对于设在西西里的行省，罗马派一个总督去统率那里的罗马军队，并掌握那里的最高审判权，另外派两名财务官主管财政税收。总督和财务官都是每年一任，他们的手下并没有整套的官僚机构。当地的事，仍然由从属于罗马总督的各个小邦自己管理。行省对罗马的最大义务就是向罗马纳税，西西里省的定额是交纳收成的1/10。又如埃及则属于皇帝的私产，由皇帝派总督统治。总督和财务官等高级官员由罗马人担任，人数很少，他们有一批希腊人出身的官吏和包税人作为帮手。在广大的基层，埃及人的原有机构则继续存在。在公元1至2世纪时，不少行省里都兴起了一批自治或半自治的城市，每个城市都有一片或大或小的土地。总之，在罗马的行省体制中，不同程度的地方自治相当广泛地存在着。

汉朝的郡县制则是中央直接统治地方的一整套行政系统。郡有郡守(后改称太守)和郡一级官员若干人。郡以下是县，县有县令(小县称县长)和县一级官吏若干人。他们都由国家任命，并按制度从国库领取俸禄。县以下为乡，乡的“三老”是由地方长官从当地民众中选拔出来的，受命管理本乡，也从国家领取俸禄。汉代中国没有任何自治或半自治的城市。汉武帝以后，诸侯王国也名存实亡了。只有在西域这样的边疆地区才没有推行郡县制度。因此，从中央对地方的控制程度来看，罗马帝国与汉代中国是难以比拟的。

第三，罗马帝国和汉代中国都是多民族的国家，各自也都有一个民族在政治上处于主要的地位。这是二者之间的相似之处。但是就具体情况来看，两个大国在民族构成上的区别是很大的。

在罗马帝国中，罗马民族在政治上处于主要地位。什么是罗马民族呢？那就是罗马人和意大利人。意大利人不仅在语言、经济和文化上与罗马人关系密切，而且是和罗马人共同打下帝国天下的核心力量。罗马人把意大利以外的人（希腊人作为罗马文化的前导者例外）称为"蛮族"，这也说明他们把意大利人和自己视为同一民族，而其他人则是异族。这个罗马民族在帝国政治中无疑处于优势地位，但是他们又有其明显的劣势方面。首先，他们在整个帝国人口的比例中只占少数。据一种比较适中的估计，整个帝国人口约 5400 万，意大利约有人口 600 万，只占总数 1/9。二则，在罗马帝国中，有着悠久文化传统的是东方的各民族，有着杰出的文化贡献的是希腊民族，而罗马民族，除了在法学上作出突出贡献之外，在文化史上的建树是不大的。三则，在帝国中所谓的罗马化也是程度很浅的。在帝国东部，通用希腊语，是所谓希腊化的世界；在西部，通用拉丁语，才是所谓罗马化的世界。而且不论在东部或西部，拉丁语或希腊语（除在意大利或希腊外）只是通行于政府机关和城市之中，在广大农村则仍是各地语言的世界。罗马帝国在文化上实际是不统一的。

在汉代中国，汉族居于主要地位。汉族是由先秦时期的华夏族与夷狄各族融合而成的。原来在中原地区华夷杂处的现象相当普遍，在春秋时期还有华夷之间风俗不同、语言不通的问题。可是到战国时期，夷夏的区别在中原广大地区基本消失了。例如，中山国本是狄族一支鲜虞人所建，可是如从河北平山所发现的战国时期中山王墓中的铭文来看，那是看不出他们与华夏族有任何差别的。这个华夷交融而成的民族共同体到了汉朝就称为汉人，也就成为汉族的开端。在汉代中国，汉族人口占了全国总人口中的大多数。《汉书·地理志》中记录了公元2年(平帝元始二年)时中国人口的总数(59594978人)，又记载了各郡国的人口数字。中原汉族居住各郡人口数字总和，比汉族和少数民族杂居的边郡人口数字总和显然多得太多了。再从西汉早期曾经严重威胁北边的匈奴族来看，“匈奴人众不能当汉之一郡”①。后来部分匈奴人内附汉朝，成为汉代中国的重要少数民族之一，可是他们在总人口中所占的比例就很小了。汉族人口在汉代中国占大多数，这是罗马帝国不能比拟的。汉族不仅在人口上是国家的主体，而且在文化上也是国家的中坚。先秦时期的灿烂文化和汉代文化是一脉相承的，而创造这一文化的主体民族也是前后一贯的。汉代统治者把儒家学说定为正宗，用统一的思想来维护国家的统一。这就更不是罗马帝国统治者所能做到的了。

(三)汉代中国与西方的交通　古代东西方之间有一条重要商道，即“丝绸之路”。可是在公元前2世纪以前，只有葱岭以西一段业已开通，而葱岭以东中国境内一段却尚待开拓。公元前138年，张骞奉汉武帝之命出使月氏，中遭匈奴扣留，至公元前126年方归。公元前121年、119年，霍去病、卫青两次大败匈奴，控制了河西走廊，使匈奴远走漠北，这时张骞又奉命出使乌孙(在今巴尔喀什湖东南伊犁河流域)。司马迁把他的两次出使称为“凿空”，正是因为他第一次走通了前人未曾开通的道路。

张骞所走通的“丝绸之路”的东段，据《汉书·地理志》所记，有两个分支。“自玉门、阳关(今敦煌西)出西域有两道：从鄯善(今新疆若

① 《汉书·匈奴传》。

羌一带)傍南山(今阿尔金山、昆仑山)北波(循着)河(指二山以北诸河)西行，至莎车(今新疆莎车)为南道；南道西逾葱岭，则出大月氏、安息。自车师前王廷(今新疆吐鲁番西)随北山(今天山)波河(指今塔里木河)西行，至疏勒(今新疆喀什市)为北道；北道西逾葱岭，则出大宛(今费尔干纳)、康居(约在今巴尔喀什湖与咸海间)、奄蔡(约在今咸海至里海间)焉"(原作焉耆误)。这两条道都在天山以南，简单地说，北道在塔克拉玛干沙漠以北沿塔里木河西行，南道在塔克拉玛干沙漠以南沿阿尔金山、昆仑山北麓有河水之地西行。张骞第一次出使，去时从匈奴脱身经大宛、康居、大月氏而至大夏，所走的可能是《汉书》所说的北道；回来时"并(傍)南山"，则所走的肯定是《汉书》所说的南道。两道都由张骞开通。其实在这两道以外，天山以北还有一条道。张骞第二次出使，从内地直到乌孙，又从乌孙分派副使去大宛、康居、月氏、大夏。这样，他们就又走通了天山以北的一条道，只是在《汉书》里对于这一条道没有作具体的记载。东汉时班超经营西域，曾于公元 97 年派甘英使大秦(罗马)。甘英已经到安息西界，准备渡海，被安息西界船人所劝阻，未能实现。这是汉代中国使者在"丝绸之路"上达到的最西点。

"丝绸之路"开通以后，中国的丝绸大量运销于西方，在罗马成为贵族富人们普遍使用的衣服和帘幕材料。此外，中国的铁器、漆器等也输入西方。罗马帝国玻璃器皿、毛织品、印度的宝石、香料等也通过这条路而输入中国。此外，佛教也是经由这一大道而在两汉之际开始传入中国的，与佛教同时传入的还有犍陀罗艺术的风格。

除了陆路以外，《汉书·地理志》篇末还记载了一条汉通西方的水路。出发地是徐闻(今广东徐闻)、合浦(今广西合浦)，船行约五个月，到都元国；又船行约四个月，到邑卢没国；又船行约二十余日，到谌离国；再步行十余日，到夫甘都卢国；又船行两个多月，到黄支国；“黄支之南有已不程国，汉之译使自此还矣。”这一条路上各个国家的具体地点，学者们考证兼推测的结果颇有不同；唯黄支国在今印度东南部马德拉斯附近和已不程国在今斯里兰卡，学者们大都是同意的。这样，这条海路大体可推定为从出发地沿中南半岛和马来半岛海岸南下，在马来半岛东岸某处登陆；到西岸再乘船西行至印度。印度的东南海岸和斯里兰卡，是西汉时中国航海家所达到的最远点。《汉书·地理志》所记这条路的回程，不再中经陆路，但总的行程时间加长，那大概是绕过马六甲海峡的缘故。这条海路是重要的，尤其在陆上“丝绸之路”不通的时候。例如印度(天竺)在汉和帝时曾多次派使节经陆路来中国。到东汉晚期西域路断，公元 159 年、公元 161 年，印度使节就改从海上来了。公元 166 年，罗马使节访问东汉，也是从海路来的。

张骞、班超的出使西域，罗马使节之来华，陆、海两路中西交通的开辟——这是具有划时代意义的大事，表明亚欧大陆的东西两端之间建立起了直接的往来，中国古典文明与西方古典文明的交流翻开了新的篇章。

一多相济的发展*

《中国古代历史文化认同与多民族统一国家发展——在世界史背景下的考察》在《历史文化认同与多民族统一国家发展》研究课题里是第五部分，即总论中国古代历史文化认同与多民族统一国家的发展的特点。如何才能说明中国的这一历史特点呢？自然只有在世界史的背景下与其他国家或地区作必要的比较才能有所认识与发现。所以，就从更深层次上认识中国历史文化认同与统一多民族国家发展这一点来说，这一册书是前面四册书的继续，并与之融为一个整体。不过，这一册书，由于自身性质的要求，必须掺入世界史与中外历史比较的成分，从而又形成自身与前四册书不同的特点，所以也可以作为一本单行本提供给读者参考。为了协助读者事先从总体上了解这一本书，这里将首先说明本书的时代断限与内部分期，然后再分时期地略述历史大势与中国之特点。

---

* 原载瞿林东主编：《史学理论与史学史学刊》，2004～2005卷，北京，社科文献出版社，2005。

一、本书的时代断限与内部分期

本书的论述主题为中国古代历史文化的认同与多民族统一国家的发展，因此其开始与结束的断限及内部的阶段划分均以此一主题内容的发展趋势为标准。

(一)本书的时代断限 本书所论述的中国历史的时间断限，上起自殷周之际下至清代鸦片战争以前，即自公元前11世纪至公元19世纪前期。现在有必要说明一下这样断限的原因，亦即具体设置时间的上限与下限的理由。

首先说明上限设定的原因。中国古代文明的开端，据现在考古学与历史学研究的成果来看，设在夏朝的建立(即公元前21世纪)时是没有什么问题的；如果新的探索取得成果，那就还有可能向前推移。就外国历史而言，埃及与两河流域的文明开始于公元前3000年左右，印度河流域文明约开始于公元前2500年，爱琴文明约开始于公元前2000年。所有这些年代都远远早于本书所设定的起始年代，因此本书所设定的起始年代似乎是没有根据的。所以，这里要说明的是，本书的目的在于研讨中国历史文化认同的传统与多民族统一国家的发展趋势，从而在论述外国历史的时候也要求自同一个论题来考虑。

世界各文明古国在其早期，一般都是从建立城邑(为了与具体的古希腊的城邦有所区别，这里取城邑一词)国家开始的；在尼罗河流域、幼发拉底、底格里斯两河流域、印度河流域、黄河流域以至爱琴海地区，莫不如此。古代国家的发生与发展，往往与联合或统一的过程直接相关。甚至连城邑/城邦国家最初也曾经有过联合或统一的过程，如雅典就有过“塞诺西辛”(synoecismus)即由若干公社联合为一个城邦的过程。

城邑/城邦国家的进一步发展，在多数情况下，就是由若干小邦统一为一个地区性的王国，例如，尼罗河流域的埃及较早地出现了地区性的统一王国，先后出现了古王国、中王国、新王国三个统一的时期；两河流域也先后出现了阿卡德王国、乌尔第三王朝、古巴比伦王国等统一的国家；黄河流域的夏、商王朝时期虽然保留了实际上的半独立的大量小邦，不过它们都以诸侯国的形式出现，王朝本身已经表现为统一的王国。还有另外一种情况，就是一些城邑/城邦国家没有能够实现地区性的统一，例如，印度河流域的早期小邦、爱琴海文明的克里特—迈锡尼诸小邦在尚未统一以前就在历史上消失了，历史文化的认同发生断裂，失去了文明的连续性。

应该说明，在从城邑/城邦型的小国发展到地区性的王国的进展过程中，历史文化的认同是起了很大的作用的。例如，埃及从早王朝、古王国、中王国到新王国的发展过程中，尽管其间曾有分裂的“中间期”，也曾有外族的侵入，但是埃及的语言文字、宗教信仰、政治体制等方面都是一脉相承的。又如，古代两河流域最初出现的是苏美尔城邑国家，阿卡德人的语言不同于前者，但是采用了前者的书写符号，并传承了前者的文化，建立起苏美尔地区最初的统一王国，在阿卡德王国以后，苏美尔人重新建立起乌尔统一的第三王朝。后来，乌尔第三王朝在东方的埃兰人和西方的阿摩利人的入侵下灭亡，埃兰人很快退回东方山地，而在语言上与阿卡德人相近(同属塞姆语)的阿摩利人却停留下来，建立起伊新等小的城邑国家。在伊新时期，出现了一部《苏美尔王表》，这个王表里的早期国王具有神话的性质，不过，它叙述了王权在苏美尔—阿卡德地区各城邑的不断转移，其中包括了苏美尔、阿卡德、乌尔第三王朝的王表，可以看出其间先后虽有不同的部落甚至语言的掺入，但是他们却维持了一贯的历史文化认同。因此，随后出现的阿摩利人建立的统一两河流域的古巴比伦王国是有其历史文化认同的传统作为基础的。不过，上古时期的地区性的王国还不能算是民族国家，因为当时还没有形成稳定的民族。当然也就更谈不上什么多民族的统一国家了。

地区性的王国的进一步扩展，就是跨地区性的帝国的建立。公元前2000年代中期，在世界上文明出现最早的中东地区，埃及新王国向巴勒斯坦、叙利亚地区扩张，形成了一个早期的埃及帝国；形成于小亚细亚的赫梯王国也向南扩张，与埃及争夺叙利亚、巴勒斯坦，成了另一个早期的帝国；而两河流域北部的亚述(中期亚述)王国也统一了两河流域，并与赫梯在叙利亚一带对抗，形成了又一个早期的帝国。三个早期帝国在互相斗争与对峙的局面里都遭受到削弱。到公元前2000年代后期，又有“海上民族”与一些新的塞姆人部落侵入这一地区，赫梯国家在“海上民族”打击下分崩离析，埃及帝国在“海上民族”打击下一蹶不振，退守于埃及本土勉强自保，而中期亚述也在新的阿摩利部落入侵下衰落。中东最古老的文明地区，在公元前2000年代晚期出现了建立跨区域帝国的苗头，不过，那只是不断的战争与征服，纷纷扰扰地此起彼伏，远远谈不上统一的多民族国家的建立。

因此，就外国历史的情况来看，直到公元前2000年代晚期，尽管曾有一些依靠武力征服形成的跨地区的帝国的出现，但是皆为时不久，所以不在我们所考察的历史文化认同与多民族统一国家问题的范围之内。

到2000年代晚期，也就是中国的商周之际。在此以前，夏、商两代的历史，如据传世文献记载，已经有了天子与诸侯的区分。各诸侯国实际都是一些独立的或半独立的城邑小邦，在各个小邦诸侯之上有一个王，他是各小邦的共同的君主，也称为“天子”或天之“元子”，也就是代表天来君临各个诸侯国的“天”的管家长子。王权在夏、商之间的转移，颇有一点像《苏美尔年表》里所说的王权在苏美尔各城邑国家之间转移的样子。这就是说，严格意义上的统一国家虽然尚未形成，不过历史文化的认同却已经开始了。因为，夏、商两代的具体历史资料仍然不够充分，我们目前还难以作更多的深入探讨。所以，本书的探讨从商周之际开始。

以上所述，就是本书时间断限的上限设定的理由。

关于本书时间断限的下限设定，是考虑到 1840 年以后中国所面临的外在环境同过去相比已经有了根本性的不同。中国作为统一的多民族的国家到清代中期已经得到了相当充分的发展和巩固。也正是有了这一有利的条件，中国才能够在西方列强的武力侵略下终于坚持下来，没有完全沦为殖民地。而且，在西方列强侵略下，中国既作为一个多民族共存的统一国家继续存在，又在外来压力下形成为一个统一的中华民族以对抗外来的侵略。这是过去从来未有的局面，也是一个新的历史时期的开端。三千年来中国历史文化认同与多民族统一国家的发展的特点，到此正好可以作一份比较系统的总结。本书也就以在世界背景下论述中国近代以前的历史文化认同与多民族统一国家发展为目的。

(二)本书的内部分期　本书共分四个时期，概述如下：

第一时期：约公元前 11—公元前 3 世纪。在中国为殷周之际至秦统一时期。在印度由吠陀时代而亚历山大帝国，而希腊化国家统治之时期；世界上最古老的埃及与两河流域文明至此已经失去了独立，随后就发生了文明的断裂。在希腊为由荷马时代，经城邦兴衰，而沦于马其顿王国统治之下的时期。

第二时期：公元前 3—公元 3 世纪。在中国是秦、汉至西晋时期。

在印度是长时期处于分裂局面下的时期。在中东是希腊化王国之由盛而衰，安息(帕提亚)、大夏(马克特里亚)及其后的贵霜国家，以及罗马由统一意大利而征服地中海周围各地并形成大帝国然后在3世纪危机中走向衰落的时期。

第三时期：4—13世纪。在中国是少数民族进入中原，引起东晋、南北朝时期的分裂局面，以及隋、唐、宋的统一时期，即由分裂再统一的时期。在印度，曾有两度短暂的、不巩固的统一，最后由外来的穆斯林建立起一个统一的德里苏丹。在中东，先是萨珊波斯与罗马(及稍后的东罗马)对峙，7世纪，阿拉伯国家兴起，形成巨大的帝国然后又走向分裂。在西方，罗马帝国衰落，4世纪末分裂为东西两个国家，在日耳曼部落的侵袭下，西罗马帝国于5世纪灭亡；随后在西欧形成了若干日耳曼国家，元气大伤，直至10世纪中叶以后才逐渐复兴。在北方，13世纪，蒙古人兴起，对于欧亚历史的发展也发生了很大的影响。

第四时期：13—19世纪中叶。在中国，这是元、明及清代前期，是统一的多民族国家发展到空前规模的时期，同时，相对于西方而言又是逐渐由先进转为落后的时期。在中国与西方之间，先后出现过若干蒙古—土耳其人的穆斯林国家，其中影响西方世界最大的是奥斯曼土耳其帝国，不过它们随后一一衰落。在东欧，俄罗斯人逐渐从金帐(钦察)汗国统治下取得独立，逐渐克服封建贵族的分裂割据局面，到19世纪中叶已经形成为一个巨大的资本主义(农奴制一直保留到1861年)的帝国。在西欧，则经历了文艺复兴、地理发现、宗教改革、民族国家形成、启蒙时代、资产阶级革命、第一次工业革命等一系列重大变革，从而远远领先于世界其他任何地区。

以下将按照四个时期论述，每一时期再作分阶段历史概述，然后再在比较的视野下综述这一时期的中国在历史文化认同与统一的多民族国家发展上的特点。

二、第一时期的世界历史大势与中国的特点

(一)第一时期的世界历史大势

这一时期又可以分为三个阶段：

第一阶段：约公元前11—公元前8世纪。在中国是殷商被周取代及西周时期，周之代商没有完全打断殷商的文化传统，保留了(事实上也不能不如此)在天子—诸侯系统上建立起来的国家体制，同时又确立起以宗法制与分封制相结合的体制，使天子与诸侯之间形成了一种更稳定与坚固的关系，从而加强了统一的进程。在这一阶段，印度还是吠陀时代，雅利安人由游牧部落转为农业部落，逐渐开始阶级分化。在中东，亚述逐渐兴起，对外不断进行征服战争，并且以极其残酷的烧杀掳抢破坏被征服地区，因此胜利不能巩固。在希腊，这正是荷马时代及其向国家过渡的时期。

第二阶段：公元前8—公元前5世纪。在中国是春秋时期，西周灭亡以后，周天子的王权衰落，诸侯兼并与大国争霸之风兴起；从一个角度看是从西周的统一走向了分裂，而从另外一个角度看却是诸侯国由城邑/城邦国家转向地区性王国的开始。在印度，这是城邑国家形成与发展出一些地区性国家的时期。在中东，公元前8世纪后期，亚述进行了一些改革，包括军事方面与改变烧、杀、抢三光策略方面，从而在随后的百余年间建立起囊括两河流域、叙利亚、巴勒斯坦与埃及的帝国；可是亚述帝国于公元前7世纪晚期为米底及新巴比伦所灭亡；到公元前6世纪中叶，波斯灭米底与新巴比伦而兴起，到公元前6世纪末，波斯已形成为囊括印度河流域、伊朗高原、两河流

域、叙利亚、巴勒斯坦、埃及以及巴尔干半岛的色雷斯地区的地跨亚、非、欧三洲的大帝国。在随后一个世纪里，它又试图征服希腊，但未成功。在希腊，这是城邦形成并达到繁荣的时期。在意大利半岛，罗马国家开始发生，并于公元前510年建立起共和国。

第三阶段：公元前4—公元前3世纪。在中国是战国至秦统一六国时期。华夏民族在春秋战国时逐渐形成。由7个地区性王国统一而成一个跨地区的郡县制的帝国。在希腊，城邦国家由盛而衰，北面的马其顿王国兴起，随即征服了希腊，并向东灭亡波斯帝国，建立起亚历山大帝国；可是帝国在亚历山大本人死去以后迅速分裂为一些希腊化国家。在印度，公元前4世纪末，孔雀王朝兴起，在随后一个世纪里曾一度建立起统一了印度半岛(除南端外)大部的帝国。在意大利，罗马逐渐兴起，并于公元前3世纪前期征服了半岛的大部分。

这一时期的总特点是：中国由城邑/城邦性质的国家而区域性的王国，由区域性的王国而跨地区的帝国，经历的是一个稳定的发展过程；在中东、印度也曾有过类似的过程，但是，那是经历着巨大的动荡而又不稳定局面的过程。波斯帝国与亚历山大帝国都未能为任何大一统奠定基础。

(二)第一时期中国的特点

以下分几点来说：

其一，殷周之际的历史文化认同及其重要性

公元前2000年代，在世界范围内曾经有两度民族迁徙并从而引起两次历史文化认同的断裂：第一次在公元前17世纪左右，说印欧语的部落(所谓雅利安人)进入印度，引起印度河流域的古文明(哈拉巴文化)的灭亡及历史文化认同的中断；同时，另一群说印欧语(说希腊语的阿卡亚人)的部落进入希腊半岛，汲取了爱琴文化，与克里特文化一同构成克里特—迈锡尼文化。第二次在公元前13世纪末至公元前11世纪，除了“海上民族”的击溃赫梯、削弱埃及外，又一批说希腊语的部落(多利亚人)进入希腊，克里特—迈锡尼文明灭亡，历史文化的认同发生了断裂。就在公元前2000年代里，中国也出现过两次王朝兴亡的巨变：第一次是商代灭亡夏代，第二次是周代推翻殷商王朝取而代之。与其他地区不同的是，在中国不曾发生任何的历史文化认同的断裂现象。

关于商之代夏，由于材料缺乏，不能作具体的论证。周取代殷商的情况，不仅在《尚书》和《诗经》里有很清楚的说明，而且近百年来的考古成就也可以充分作证。商、周之间的历史文化认同可以从以下几方面加以说明：

第一，作为文化连续的基本手段的文字没有发生遗忘现象。《尚书·多士》记：“惟尔知，惟殷先人有册有典，殷革夏命。”殷商有册有典，这一点被甲骨文的材料充分证实了。现在不仅有了殷人的甲骨文卜辞，而且有了周人的甲骨文材料；这两种文字材料之间有着明显的继承关系。周人彝器上的金文，与殷人的金文也有明显的继承关系。所以，周虽然以文化较落后者战胜了较先进的殷商，但是其间并无语言文字上的任何隔阂。这一点甚至与迈锡尼文化对克里特文化的关系情况都不相同，迈锡尼文化虽然汲取了克里特文化的文字的线形形式，但是他们的线形文字B与克里特人的线形文字A所记的却不是同一种语言。

第二，周人自己承认与殷商在政治上有先后继承的关系。他们承认，在历史上，自己曾经是“小邦周”(《尚书·大诰》)，是“小国”(《尚书·多士》)，而殷商是“大国殷”(《尚书·召诰》)、“天邑商”(《尚书·多士》)、“大邦殷”(《尚书·召诰》、《尚书·康王之诰》)，公开承认过去对殷商有天子—诸侯的隶属关系。这就在历史文化认同以上又加上了一重统一国家的意识：过去就是统一的国家，不过当时是周从属于殷商。所以，周人在取代了殷商之后，把这解释为“皇天上帝，改厥元子”(《尚书·召诰》)。也就是说，老天爷换了一次当家的儿子(元子)，用周王代替了商王。所以，周取代殷商不仅没有发生历史文化认同断裂的问题，而且仍然保持了国家的统一，只不过天子—诸侯关系里的殷周地位发生了变化，周王这时成了天子，而殷商之后(宋)却成了诸侯。

第三，周人从殷周之际的大变革中看到了夏商周三代的历史文化在深层次上的内在一致性。以周公为代表的周初政治家和思想家经过反省，认识到政权的得失或王权的转移，并非像殷人所深信的那样“我生不有命在天”(《尚书·西伯戡黎》)，即取决于天，而是体认到“天难忱斯”(《诗·大雅·大明》)、“天不可信”(《尚书·君奭》)，那么，关键到底在哪里呢？答案是“天棐忱辞，其考我民”(《尚书·大诰》)，是“天畏(威)棐忱，民情大可见”(《尚书·康诰》)。在周初的文告里，现在我们还能看到，周公一再说明，夏曾经有德，因而有天下，后世夏王失德，从而失去民心，于是有商之代夏；商因有德而有天下，也是由于后世商王失德，从而失去民心，才有周之代商。失德就失去民心，失去民心就失去天命，夏商以来，一贯如此。而且他对年幼的周成王(如在《召诰》等篇)是这样说的，对殷遗民还是这样说的(如在《多士》等篇)，可见不是仅仅为了安抚殷遗民的一种政治说辞，而是一种真正的历史认识。在《苏美尔王表》里也已经有了王权在不同城邑/城邦间转移的观念，但是这种王权转移的内在依据是什么？这看来是苏美尔人不曾想到过的问题。而这一点，周初以周公为代表的思想家们却作了深入思考然后又给出了结论。周初的这种对历史的认识的价值，可以从两方面来说明：从逻辑的角度说，根据这样的认识，夏、商、周在直接性层面上表现出来的异，经过反省而到了间接性层面上就表现为同；正由于看到了这个“同”，人们才找到了历史文化认同的内在根据。从历史的角度说，历史的过程总是后者不断取代前者的过程，不过如果这一过程是真正的历史的，那么后者的代替前者，就不能是简单地割断传统或对前者实行彻底抛弃或决裂，而是要汲取前者曾有的正面因素，克服其负面因素，在认同中有否定，在否定中有认同；因为，必须有否定才能有历史的发展，必须有认同才能有历史的连续。这样的历史认识，对于中国历史文化认同的传统具有开山的意义，在人类的认识史上也是具有开创性的意义的。

其二，周代的封建/宗法制与城邦制在特点与意义上之异同

中国的夏商周三代时期，是小邦林立的时期。相传禹时有万国，汤时有三千余国。(《吕氏春秋·离俗览·用民》)周初封建诸侯时有1800国。(《史记·周本纪》)这样的小邦林立状况与古希腊的城邦林立是很相似的。周初经武王伐纣、周公东征，封建了不少功臣、贵戚为诸侯，这在一定程度上也与希腊的殖民有些相似。总之，其间的相似不外两点：一是国小而多，二是诸侯国有程度不同的独立性。不过，周初的局面与古希腊仍有很重要的不同，这主要表现为以下三点：

第一，周初实行了“封建”(分封诸侯建立邦国)，其中既有对原有邦国诸侯资格的确认性的封建，也有新的对功臣(如齐国，太公)、贵戚(如卫国，康叔)或功臣兼贵戚(如鲁国，周公之子伯禽)的封建。从一个角度来看，齐、鲁等国的封建确有些像古希腊的殖民，因为在周王国与诸侯国之间以及母邦与殖民地之间的关系均为横向的同时并列的关系。不过，希腊的殖民新邦与母邦之间没有任何政治上的从属关

系，而周代封建的诸侯国与周天子还保持了严格的君臣间的上下级的纵向关系，有一套履行权利及义务的体制以作为维护手段。加之不仅周天子与诸侯间有着这样纵向上下级的关系，而且诸侯国内部诸侯与卿大夫之间，卿大夫与家臣之间、与士庶人之间，还层层保持着这样的纵向的上下级间的关系。这种体制与简单的各部落或地区的横向并列有着很大不同，所以，周代的封建制里已经有了相当程度的统一国家的成分。

第二，周天子与诸侯间由封建而产生的关系，又由宗法制加以维系和巩固。周天子封同姓亲戚为诸侯，于是天子诸侯产生了叔侄的血缘关系。与周天子不同姓的诸侯照例与王室或同姓诸侯有通婚的关系，于是其间又产生了甥舅的血缘关系。依照宗法制度，周天子为同姓诸侯之大宗，大宗百世不迁，在理论上是永恒的。(诸侯在本国内又是大宗，以此类推下去)周天子对于异姓诸侯不是严格意义上的大宗，不过，通过婚姻而构成的血缘联系无疑有力地加强了文化传统的认同，从而有利于统一的局面。宗法制与封建制相表里，它也是纵向地层层按上下级关系建立起来的。

其三，周人又把宗法关系推演到天人关系的高度。周天子是王室的元子(嫡长子)，诸侯及其他贵族皆为王室之庶子，这是人间的事实。周人把这种关系上推到天，认为天子是天之元子(嫡长子)，而其他诸侯、贵族等等依次也就都是天之庶子。只有天子可以祭天，祭天时天子可以以自己的始祖配享，其他诸侯、贵族皆无此权利。这就是说，如果从更高的层次上以天为人类之祖，那么，周天子就是这个血缘系统里的大宗，其他一切诸侯、贵族都是小宗，不论同姓、异姓，在这个层次上就都进入了周王的宗法系统里了。这种思想，在当时当然是直接地为巩固周王朝的统治服务的，不过，从客观的意义上说，这也是天下一家思想的滥觞。

凡此等等，都是在古代世界其他地方难以发现的。

第三，中国夷夏关系的特点

对于世界文明古国来说，一般皆有民族的差异与矛盾的问题。把本民族当做高贵者，而把其他民族视为野蛮人，这是比较常见的事。例如，古代印度的雅利安人把非雅利安人称为“蔑戾车”(Mlecchas)，意思是异教徒。古希腊人称非希腊人为“巴巴罗夷”(Barbaroi，这个字成了后来西文中蛮族一词的辞源)，意思是异种人。在古代，不论是异种还是异教，就都是低等的，都可以视为法律以外的，即不受法律保护的。中国周代中原人自称为夏、华夏，而称周边民族为蛮、夷、戎、狄，这些字也都含有贬义，所以也有夷夏关系的问题。中国之异于他国者在于对待夷夏关系的一种特点。古代印度人认为把蔑戾车人的子女卖为奴隶是正当的(据《政事论》)，希腊人则认为蛮族是天生的奴隶(据亚里士多德《政治学》)，而古代中国人却不把夷夏区别看做种族的、凝固不变的，而是看做文化的、可以转化的。

为什么中国会有这样的特点呢？应该说，这是中国古代历史发展的自然结果。周代的先君后稷原是夏代的农官，夏代末叶他的后裔“自窜于戎狄之间”(《国语·周语上》)，约在殷商时期，其后裔公刘再起于西方，继而形成周邦，并以“夏”自称(见《尚书·康诰》)，自认为是华夏。孟子说周文王为“西夷之人”(《孟子·离娄下》)，实际是有其道理的。周太王(古公)之子太伯、虞仲为让位而逃往江南，从当地民俗“文身断发”(实际蛮夷化了)，到春秋后期，他们的后裔又作为华夏之邦的吴国君主而在历史上发挥作用。(《史记·吴太伯世家》)楚国君主本为祝融氏后裔，也属于华夏族，后世又迁到江汉地区，变为蛮夷(春秋初期楚君还以蛮夷自称)，当楚国势力北上中原的时候，中原诸侯(如齐桓、晋文等)也都视之为蛮夷，可是几代人以后楚庄王又俨然成为华夏文化的代表人物了。(《史记·楚世家》)这就是说，华夏与蛮夷间的相互转化屡见不鲜，所以人们也就习惯于以文化来作为区分夷夏的标准了。所以，在春秋时期，杞国君主本是夏代的后裔，可是在《左传》(僖公二十三年)里说："杞，夷也。"又说(襄公二十九年)："杞，夏余也，而即东夷。"为什么呢？杜预注云："行夷礼。"尽管是夏朝的后代，也不能保证永远算是华夏，只要不行夏礼而行夷礼，就被当做夷来对待。

这在中国是历史上的习惯，而在外国却尚未见此等事例，所以这自然是中国的特点。

三、第二时期的世界历史大势与中国的特点

(一)第二时期的世界历史大势

这一时期又可以分为两个阶段：

第一阶段：公元前3—公元1世纪。在中国，这是秦与西汉时期。郡县制与封建制经过反复较量，终于到达巩固。国家统一程度空前提高。秦汉的华夏民族与周边少数民族在相互冲突中逐渐相互交流，并开始融合。在葱岭以西、咸海与兴都库什山之间，公元前3世纪中叶开始出现大夏王国，公元前2世纪前期，大夏向南扩张到今阿富汗、巴基斯坦，并将都城迁至呾叉始罗(今巴基斯坦之拉瓦尔品第)，一度形成帝国，可是随即分裂为北南两部；大约同时，原居中国河西走廊的月氏人部落被匈奴打败，迁往葱岭以西，原居此地的塞种人被迫南迁，灭了北部的大夏，公元前2世纪中叶，月氏人部落南下大夏，塞种人则向南灭了南部的大夏。在伊朗高原，公元前3世纪中叶开始出现安息国家，它和大夏都是从希腊化的塞琉古王国中几乎同时独立出

来的，所以在一段时期里要忙于应付塞琉古的镇压；到公元前 2 世纪初，塞琉古在西面屡屡受挫于罗马，于是安息乘机向两河流域扩张，成为东方又一帝国。在罗马，共和国达到了强盛时期，它先后征服了西班牙、马其顿—希腊、北非的迦太基、叙利亚的塞琉古王国、高卢、埃及等，开始成为地跨欧、亚、非三洲的帝国。

第二阶段：1—3 世纪。在中国，1—2 世纪是东汉统一时期，3 世纪初逐渐分裂为三国，三国分立了 60 年，西晋再次统一，到 4 世纪初西晋在少数民族(匈奴、鲜卑、羯、氐、羌等)的侵犯下灭亡，北部陷于分裂状态。印度在此阶段仍处于分裂状态之中。在葱岭以西，1 世纪时月氏人部落统一成贵霜国家，随后扩张为北起葱岭、锡尔河(药杀水)南至纳巴达河、西起伊朗东境东至恒河中游的贵霜帝国；贵霜帝国与东邻中国(东汉)基本和平相处，对西面的安息则颇多争战；至 3 世纪初贵霜帝国分裂，失去在历史上的作用。安息东向与贵霜对峙，西向则与罗马长期对峙于两河流域与叙利亚之间，逐渐削弱了力量。到 3 世纪初，萨珊朝波斯取代安息而与罗马帝国对峙。在罗马，这是帝国时代，1—2 世纪是罗马帝国极盛期，地中海成了帝国的内海，但是到了 3 世纪，帝国危机发生，罗马逐渐走向衰落。

这一时期的总特点是：这一时期的欧亚大陆从东到西有以下几个重要国家：东面是中国，在这里多民族统一国家经过一段较长时间的比较稳定的发展，形成一个跨地区的大帝国。中间以次是大夏/贵霜与安息。西面是罗马。在一连串的四个帝国里，中间两个不仅有幅员与地理条件的局限性，而且从内部与外部说都有很大的不稳定性，因此不能与罗马及中国相比。罗马与汉，在幅员、文化、经济、军事等多种条件方面都旗鼓相当，所不同者在于内部结构(如郡县制与行省制等)之不同。以下再作具体分析。

（二）第二时期的中国特点

以下分几点来说：

其一，秦汉的统一与其他古代帝国征服之异同

在古代世界史上，几乎没有一个被称为帝国的国家不是靠武力完成的。秦灭六国，汉灭秦胜楚，同样也靠武力。不过，其间也有差别，那就是，在秦汉为武力的统一，而在同为公元前一千年代建立的其他帝国，如亚述帝国、波斯帝国、亚历山大帝国、罗马帝国，则仅能算是武力的征服，而非武力的统一。这样说的根据何在呢？兹略述如下：

第一，按照传统来说，上述其他古帝国都是没有任何历史渊源的，而秦、汉帝国则不同。秦与山东六国处于敌对的、分裂的状态，但是，从它们的来源上说，原先却曾有一个共同的渊源——都是周王室的诸侯。齐、晋、秦、楚、燕都是周王室原来的封国，齐由姜氏改变为田氏、晋为韩、赵、魏三家所分割，在名义上也都是经过东周王室追认的。所以，不论是春秋时期的大国争霸，还是战国时期的七雄混战，从传统上来说，都是对于原先统一局面的破坏。正因为如此，当孔子看到周室东迁、王权式微以后的情势才会有礼乐征伐由自天子出沦为自诸侯出的慨叹。孔子修《春秋》，提倡“尊王”，实际上就是要维护大一统的传统，尽管周代的一统还不能说是真正的一统。当韩、赵、魏三家分晋、田氏篡齐的时候，周王室已经势衰力微到了管不了什么事的程度，他们为什么还要请周王给他们册封一下呢？这就是历史文化传统的力量在起作用，因为周毕竟还是天下最高统一权力的象征，当时在人们的心目中还有一定的地位，否则他们是绝对不会多此一举的。

第二，在秦统一六国及汉再统一以前，在中原大地上居住的基本

已经是同一民族，即华夏族，所用的语言相同(尽管有方言之别)，文字相通(尽管有书写之异体)，文化传统无别(尽管内部有学派之不同)，学者、政客往来游说、仕宦于各国之间而无任何障碍，甚至劳动人民也可以在不同国家之间流动，孟子对梁王说，只要他行仁政，人们就会投奔他的国家来，《商君书·徕民》也说，只要秦王给予优惠政策，三晋的人民就会到秦国去当农民。所有这些事实都说明，到战国时期，中原各国之间在历史文化认同方面已经没有任何差异的问题。所以在当时的中国呈现的是一种矛盾现象：一方面，历史文化的认同已经造成了统一的基础，可是另一方面，战国割据，征战不休，生灵涂炭。所以，当梁襄王问“天下乌乎定?”的时候，孟子回答说：“定于一。”(《孟子·梁惠王上》)其实这也并非孟子一人之见，秦始皇同样认为只有统一才能消除战乱之苦(见《史记·秦始皇本纪》)；孟子是儒家的大师，秦始皇是法家的信奉者，二人基本政治主张相反，可是都觉得有统一的需要；所不同者，在于孟子反对用暴力手段，而秦始皇则是暴力统一的坚决实行家。可见，在战国中后期，统一已经成了很多人的共识。中国在秦汉统一前所具有的这些条件，对于在其前的亚述帝国、波斯帝国、亚历山大帝国、在其后的贵霜帝国、安息帝国、罗马帝国来说，都是不可想象的。所以，在中国古代，统一基本上是统一民族的统一，而在其他古国，则是对于不同民族的征服。

其二，秦汉郡县制与其他古代帝国的异同

在世界古代史上，常常被人们称为帝国的实际有两种情况：一种是，征服者以武力打败某些国家、迫使他们称臣纳贡，这些国家便被视为已经纳入一个帝国的范围了，但在实际上这些被征服的国家仍然保持某种半独立的状态，古代埃及新王国时期的帝国、亚述帝国以及中国商周时期，都属于这一类的国家；另一种是，被征服的国家不再存在，帝国对被征服地区派官统治，这样就在帝国之下有了地方政权机构，波斯帝国、罗马帝国以及中国的秦汉帝国，大体就都属于这一类的国家。这两种帝国可以说是两种类型，也可以说是两个阶段，即前者属于早期阶段的，后者属于成熟期阶段的。既然秦汉帝国与埃及、亚述不属于同一阶段，因此也就不宜用来互相比较。因此，可以用来比较的是波斯帝国与罗马帝国。以下再就两个方面作一些具体的比较分析：

第一，在波斯帝国里，大流士皇帝把广大的被征服地区分为二十几个省区(satrapy，其中很可能不包括波斯本部地区，因为这里的人是不纳税的)，每个省区都由皇帝派一个省长(satrap)来统治，他的一个重要任务就是保证每年向皇帝按规定上缴一定数量的赋税。可是在省区以下，就没有直属省长的下属行政机构，就连赋税也是由省长招来一些包税商，让他们先按规定把赋税垫交了，然后他们再到各地去向人民搜刮。在罗马帝国里，除了让意大利的被征服城邦保持同盟者地位以外，其他被征服地区都设立了行省(provincia)。每个行省都派一个总督去统治。可是总督以下，也是没有直属的下级行政机构的。罗马人往往在行省里设立各种自治权利不等的自治市，或者以原有城市为基础，或者从新设立，按照城邦的模式设立各种会议与公职，再由城市统治周围的农村。罗马人的办法是在帝国以下还是依靠城邑/城邦的模式来统治，尽管这种形式上的城邑/城邦的本质已经不是真正独立的国家了。而中国秦汉时期的帝国却与此不同，中央政府以下设郡，郡以下设县，郡有郡守，县有县令，皆由中央政府任命、调动，县以下还有直属于县的地方官吏。自从战国以下，这种“一竿子插到底”的郡县制就日趋成熟了。因此，秦汉帝国的统一程度是波斯以及罗马帝国所不能比拟的。

第二，关于帝国内部居民构成情况的异同。首先，波斯帝国、罗马帝国与汉帝国都是多民族组成的国家，可是内部民族人数结构的比例很不相同。波斯帝国里，波斯人与米底人居于主导地位，他们在总人口中的比重，现在没有资料，但是他们所占比重不可能很大。罗马帝国里，罗马人与意大利人居于主导地位，据统计，他们在帝国总人口中仅约占 1/9。西汉后期留下的人口统计材料显示，内地郡国居民人数远比边裔汉人与少数民族杂居地区的人数多得多。这是因为在先秦时期，华夏族与少数民族有长期的文化互相认同的传统，其结果就是他们逐渐融合成为一个新的族群共同体，到汉代便称为汉人。这样的情况对于汉代的大一统局面是非常重要的。再则，就居民的身份地位状况来看，中国与波斯、罗马也颇有不同。在波斯帝国里，波斯人地位最高，帝国的最高级官员往往由他们担任，波斯常备军及其核心“不死队”也由他们担任。在血缘与语言上同波斯关系较近的米底人次之，他们与波斯人共同组成常备军。其他不同地区被征服者更次之，处于无权地位，在战时参加辅助部队，他们中的上层也只能作地方官吏。在罗马帝国里，罗马人的地位最高，具有完全的公民政治权利，也有在军团中服役的义务；被征服者则被按照具体情况分别予以不同的政治地位与权利，较早被征服的意大利人，一般被视为“同盟者”，他们名义上保持独立，并拥有内部自治权，但是无外交权，并且要为罗马军团出辅助性的军队或提供海军船只等；在被征服的行省里，有权利不等的自治市，其市民拥有不同程度的权利，还有广大的农村，其居民则通常是没有什么权利；曾经抗拒罗马人而后又被迫投降者，被称为“降民”(dediticii)，处于完全无权的地位，等等。而在秦汉时期的中国，人们除了阶级与军功爵级的差别以外，已经没有什么差别。秦统一六国以后，秦民与六国之民一样算是“黔首”，汉代一般人民皆为“编户齐民”，老百姓都是编了户口的，所以为“编户”，他们身份一致，所以为“齐民”，齐者，平也。齐民就是平民，即身份无差异之民。这种情况也从另外一个角度说明秦汉作为统一帝国的内在稳定性是远远高于其他古代帝国的。

其三，汉代儒学的一统观的特点

在这一时期里，希腊人的城邦制度走上了末路，随后马其顿亚历山大建立了帝国，罗马人的城邦也走上了末路，他们也建立了帝国。不过，那些帝国的底层还是以城邦为模型的自治城市，再底层就是各地原有的机构。与此相应，传统的城邦政治学仍然深深地留下了影响。继柏拉图、亚里士多德的政治学而起的是斯多噶派的“世界主义的”(cosmopolitan，即世界城邦的)政治学。这也是一种天下一家、四海之内皆兄弟的思想，不过，它所注意的是个人，而没有切实解决个人与社会如何有机地结合起来的问题。汉代儒家的公羊学却在这一方面提供了系统而充分的理论说明。

西汉时期的董仲舒提出了“三统说”，认为夏是“黑统”，商是“白统”，周是“赤统”，依次相承；当周居于天子之位时，对前两代(夏、商)承认其过去作为天子的历史地位，保持一定的礼遇，继承周的王朝又要对前面的商、周两代保持周曾给予夏、商的礼遇。这样的学说，实际上有两重意义：一是从纵向的历时性的角度看，这是确认了历史文化认同的传统，坚持了历史的连续性；二是从横向共时性的角度看，这又在每一个具体确定的时期里只允许有一个唯一的天子，三统说的体系实际上就是要在确保传承不断的情况下坚持王权或国家的统一性。

东汉末叶的何休则强调了“三世说”。《公羊传》认为在《春秋》经里，春秋时期被分为三世，即所传闻世、所闻世、所见世，何休则对这三世做了这样的解释："所传闻世"是"衰乱世"，"所闻世"是"升平世"，"所见世"是"太平世"。何休认为，孔子作《春秋》，目的是要拿这一段历史来抒发自己的政治理想，借三个阶段来说明人类文明的三个发展阶段：在最初即"所传闻世"或"衰乱世"阶段，人们只能内本国而外诸夏，到第二阶段即"所闻世"或"升平世"，人们就进步到内诸夏而外夷狄的程度，而到了最高阶段即"所见世"或"太平世"，世界就进步到了"夷狄进至于爵，天下远近大小若一"的大同境界。这三个历史阶段是道德与仁政发展的三段，是历史文化认同与影响不断扩大的三段，也是国家统一、天下大同发展的三段。

汉代春秋公羊学的理论看起来颇似"非常异义可怪"，实际其内涵很有深思之必要，其详则将在本书正文里加以展开论述，此处不赘。

四、第三时期的世界历史大势与中国的特点

(一)第三时期的世界历史大势

这一时期又可以分为两个阶段：

第一阶段：4—9 世纪。在中国是从少数民族入侵、西晋灭亡开始的。3 世纪初，东晋在南方建立政权，北方各地曾先后出现 16 个国家，经历了一场历时约 120 年的大分裂；439 年，北魏统一了北方，约一个世纪后分裂为东魏(后为北齐所代)与西魏(后为北周所代)，是为北朝，与南方东晋以后的宋、齐、梁、陈并列为南北朝；6 世纪中晚期，隋取代北周，并进而统一南北，历时约 30 年后为唐所取代；唐朝从 7 世纪初到 10 世纪初，历时近三百年。这是继汉以后的第二次大统一，中国在多民族统一国家的发展道路上又进了一大步。在印度，4 世纪初出现了笈多王朝(法显此时赴印)，一度建立了包括印度半岛大部分地区的松散的帝国，5 世纪中叶在北方游牧民族的打击下

崩溃；国家很快就分裂了。在中国与西方之间，阿拉伯作为一个大国兴起，至8世纪中叶已形成包括西班牙半岛、非洲地中海沿岸、叙利亚、两河流域以及伊朗高原并东至印度河与葱岭以西广大地区的大帝国；不过随后百余年间阿拉伯帝国分解为多个小国，走向衰落。在西方，西罗马帝国经过日耳曼人及匈奴人打击以后，于476年灭亡，东罗马则保存下来，西方则出现了许多小的日耳曼王国，而每个小王国里都是贵族们的势力很大，王权相对软弱，所以也并非真正的统一王国；6世纪时，日耳曼人的法兰克王国逐渐强大，有试图一统西欧之势，东罗马也企图收回西罗马的失地，但是从东方来的阿瓦尔人的侵入又引起一番大动荡；8世纪时，法兰克王国在新的加罗林王朝统治下再度兴起，800年法兰克国王查理曼加冕为皇帝，建立了幅员包括易北河以西、比利牛斯山以北和意大利半岛北部的帝国；可是，43年以后，他的三个孙子瓜分了帝国，可算是今法国、德国和意大利的前身；8世纪中叶，在意大利中部还出现了教皇国；可是新的外患又降临西欧，从北欧来的维金人(海盗)、从东面来的马扎尔人、从南面越地中海而来的穆斯林人使西欧在10世纪初陷入极为悲惨的境地。

第二阶段：10—13世纪。在中国，是五代两宋及辽、金时期，五代是继唐末藩镇割据之后的分裂时期，除中原有梁、唐、晋、汉、周五朝以外，西部及南部又先后出现过十个小国，在北方则有契丹兴起；北宋统一了中原及西、南部，而与北方的辽(契丹)对峙；北宋(1125年)末，金灭辽，随后(1127年)又灭北宋，南宋继起，与金对峙于秦岭、淮河一线；13世纪初，蒙古兴起，于1234年灭金，1271年忽必烈改定国号为元，1279年元灭南宋；中国再次统一。在中国与西方之间，在这一阶段起了重要作用的有原居于中亚的土耳其人(即突厥人)与原居于蒙古高原的蒙古人。11世纪时，塞尔柱土耳其人(突厥人一支)南下，经伊朗进入两河流域，实际上夺取了阿拉伯人哈里发的政权，首领成了掌握实权的苏丹(或译素丹)，其中一支又西进至小亚细亚，夺取了东罗马帝国在这里的土地，使之严重削弱；另一支土耳其人南下进入印度，于12世纪末攻占了德里，随后又逐渐占有了印度大部地区；13世纪初蒙古兴起，成吉思汗及其子孙在征服南宋以前已经征服了中国北部、中东及东欧等广大地区，1259年蒙古帝国分裂为四大汗国(窝阔台汗国、察哈台汗国、钦察汗国及伊儿汗国)，忽必烈被尊为大汗，但实际只能统治中国；蒙古人扫荡了土耳其人在中东的政权，而蒙古人的军队里却掺入了大量的土耳其人，并使西征的蒙古人在语言和宗教(信伊斯兰教)上逐渐土耳其化。在西方，10世纪中叶以后开始了经济复兴的过程，来自北面和南面的入侵停止下来，东面的马扎尔人也被德意志王鄂图所击败，外患停止对于经济的增长起了很大作用；鄂图占有了德意志、波希米亚(捷克)及意大利北部，962年在罗马加冕为皇帝，开始了所谓的神圣罗马帝国，不过帝国的皇帝与罗马的教皇长期相互争斗，皇帝不断征伐意大利，教皇则挑动德意志诸侯反对皇帝，以致德意志和意大利长期陷于分裂之中；英、法两国的国王此时都力图控制贵族而加强王权，不过一再有法国的贵族到英国继任国王，于是英王在名义上还是法王的封臣，因为作为法国贵族在法国还拥有很多领地，结果英法之间也发生了许多冲突，影响了王权的增强。

这一时期的总特点是，中国经过少数民族大迁徙引起的大分裂与民族大融合而产生隋、唐大一统帝国，宋代开始了新一轮民族的冲突与融合过程，为下一阶段的统一的多民族国家的发展准备了条件；在中国与西方之间则发生了几度的民族大迁徙与若干短暂的帝国，对东西方(尤其对东欧)都起了冲击的作用，不过，其中除了阿拉伯人在中西文化之间的重大贡献以外，他们自身大多未能在统一国家形成方面留下稳定的历史遗产；在西方，经历了民族的大迁徙与大重组，逐渐有了民族国家的某种苗头，可是封建贵族或诸侯的割据以及皇帝与教皇的对抗等严重地妨害着真正的民族统一国家的形成，西方的查理曼帝国、神圣罗马帝国是与中国的多民族统一的帝国不能同日而语的。

(二)第三时期的中国特点

以下分两点来说：

其一，中国民族认同之特点

在这一时期，西方有日耳曼各族的大迁徙，摧毁了西罗马帝国，中国有匈奴、鲜卑、羯、氐、羌等(史称“五胡”)族进入中原，摧毁了西晋帝国；而且，在他们大举行动以前，约从3世纪起就已经有不少零星部落分别进入罗马与西晋疆域，他们或者协助守边，或者从事农业劳动。这些情况东西颇有相似之处。西罗马灭亡后，还残存着东罗马帝国；西晋灭亡后，还残存着东晋帝国。这些情况也颇有相似之处。但是，就民族间相互认同的情况来看，中国与罗马的差别就不能说小了。在罗马，罗马人与日耳曼人的界限是分明的，其间没有任何渊源上的联系。在中国的汉代，与北方的匈奴人关系十分重要。值得注意的是，中原的汉人并不把匈奴当做完全的外人看待，而是把他们看做夏王朝的后裔，那就是说，尽管后来文化上有了差异，可是祖先还是同一的。在司马迁的《史记》里就是这样说的，可见它是汉人的基本的共识。其他如鲜卑人被认为是黄帝的后裔，羯人被认为是匈奴的一支亦即夏王朝的后裔，氐人被认为是曾与夏禹之子启争夺王位的有扈氏的后裔，羌人被认为是舜的后裔。所以，一面把他们说为“五胡”，一面又把他们看做兄弟。这些说法见于《晋书·载记》，唐代修《晋书》时是参考了16国的史乘的，看来也是为少数民族所同意的。

其实，当时的少数民族也是很愿意认同与汉人同祖的关系的。首先起兵反对西晋王朝成功的刘渊，他原是匈奴南单于的后裔，因为是汉朝公主的子孙，所以他家早已姓了刘；他起兵后也就把自己的国号叫做汉。他称汉高帝刘邦、汉光武帝刘秀、蜀汉昭烈帝刘备为三祖，正式以汉王朝的合法继承人自命。刘渊这样做只是简单地为了政治上号召的便利吗？看来还不能这样说。因为他在起兵前已经对中原历史文化有了相当深刻的认同，他在经学上的修养已经达到相当水平，所以他这样做是有其文化认同为根本底蕴的。在欧洲，查理曼也被宣称为罗马人的皇帝，他也很努力学习，可是当时日耳曼人一般不识字、文化水平甚低，据说查理曼学习到死才能自己签名。这样自然就不能与刘渊相提并论了。其实，如果再进一步说，那还不仅是识字与否的差别的问题，前赵的君主石勒本是羯人，早年曾被卖为奴隶，也不识字，可是他对历史文化爱好甚深，即使在行军作战之中，也要抽时间让儒生给他读历代史书，他听了以后总要加以分析评论，而且常能看到问题的关键所在。他还不时以历史人物衡量自己，在一次宴会上，他问群臣他算得上是什么样的君主，群臣奉承他说，三代以下无人能与他相比，要比，那么轩辕黄帝大概和他差不多；他笑着说，他如果遇到汉高帝刘邦，那就只能俯首称臣，如果遇到汉光武帝刘秀，那么还可以一争高下，至于黄帝，那他是不能比的。一个不识字的石勒对历史文化能有这样深度的认同，这就可以看出当时统治北方的少数民族与汉人在历史文化认同的关系上是多么近了。刘渊、石勒以后，许多少数民族君主或多或少都有类似情况，其中前秦苻坚、北魏孝文帝元宏是尤其典型的实例。这样一类的情况在罗马帝国以后的欧洲是难以想象的。

有了16国时期和南北朝时期的民族之间的文化认同的过程，才有了隋唐时期的再统一的坚实基础。以后宋与辽金的关系，在一定程度上近似于南北朝的情况。这里且不详论。

其二，宗教在中国与西方的文化认同与民族传统发展中所起作用的异同

佛教于东汉时期传入中国，在魏晋南北朝时期的民族迁徙与融合中起了一定的作用；基督教在1世纪时兴起于罗马帝国，至帝国晚期由被压迫者的宗教一变而为统治者所倚重的宗教，以后又在日耳曼人中广泛传播，在历史上也起了不小的作用。但是，只要一作具体分析，那么就可以看出其间的很值得注意的不同。以下分两点论述于下：

第一，罗马人有自己的宗教，原来是城邦保护神性质的，后来又成了帝国的国教，皇帝本人兼任最高祭司。帝国内部其他各族各有自己本族的宗教，但是罗马国教处于最高的特权地位。这种宗教自然是与罗马文化传统相一致的。基督教否定一切民族性的宗教，也拒绝罗马国教与皇帝的最高权威，因此在初期曾经屡遭帝国迫害。到罗马帝国衰败时期，不仅大量下层贫苦人民处于绝望状况，企图从基督教获得精神上的慰藉，而且上层富有者也完全失去安全感，同样转向于基督教；于是君士坦丁皇帝转而支持并利用基督教。从奥古斯都以下皇帝一直兼任国教最高祭司的传统也被放弃了。罗马宗教政策的这一转变，固然是为了维护帝国统治，可是帝国未能维护下来，罗马历史文化认同的传统却被打断了。在中国，原有的是天神加祖先的崇拜，不过这种崇拜经过了儒家思想的洗礼，已经与伦理道德融为一体，多少具有了神道设教的意思。佛教自外面传入，最初曾经发生不同文化传统的对抗。佛教讲出家，不再对君、父承担任何义务，按中国传统看来，这就是不忠不孝了，所以曾经遭到批判。从《牟子理惑论》我们可

以看到这种批判与辩解。企图遵循佛教原教旨的僧人曾经企图维护佛教原来面目，可是，在中国这种办法行不通，只好与中国文化传统妥协，不断向这一传统靠拢，现在《大藏经》里还有一些讲忠讲孝的经，其实这些都是经过中国文化洗礼的成果了。那么，中国文化就完全拒绝了佛教？也不是。在魏晋时期，佛家思想影响到了玄学的发生、发展；唐宋时期的儒家同样猛烈批判佛家，可是宋代的理学却切切实实汲取了佛家思想的许多启发。所以，佛教在中国不是没有起作用，而是没有起到使中国历史文化认同发生断裂的作用，相反却起了丰富中国历史文化传统的作用。经过向基督教的转变，欧洲的希腊、罗马古典文明变成了基督教文明；经过佛教的传入，中国古典文明仍旧在发展，而且更丰富了。

第二，在民族迁徙的痛苦历程里，基督教和佛教都起过缓和剧烈冲突、减轻人民苦难的作用，从而有利于不同民族的互相包容与同情。不过，在欧洲形成了一个以罗马教廷为中心的教权统一势力，并且它与世俗的王权(包括皇帝)是互相对立的。在那里，宗教上只有一个领袖——教皇，是统一的；政治上却各国分立，甚至一国之内皇帝或国王也很难使诸侯完全顺从。所以，除了宗教以外，欧洲难以有政治上的大一统的认同，甚至一国之内的民族认同都需要经历一个缓慢过程。在中国，一方面有佛教在起缓和民族矛盾的作用，另一方面，经过儒家阐扬的大一统的历史文化传统又逐渐深入各族人民之心，几乎各族里所有具有雄心的君主心里都有统一国家的古圣先王在起样板作用；所以，尽管在南北的冲突与矛盾中，南贬北为“索虏”，北贬南为“岛夷”，时有势不两立之势，可是他们所争夺的却是同一个中国的统一权：不是中国要统一与否之争，而是由谁来统一之争。

这样，我们就可以看出，中西的宗教在其各自的历史的连续性

（纵向的历史文化之认同）与国家的统一性（横向的多民族的交融）方面所起的作用都是不相同的。

五、第四时期的世界历史大势与中国的特点

（一）第四时期的世界历史大势

这一时期又可分为两个阶段：

第一阶段：13—17世纪前期。在中国，有元一代经历了一场复杂的民族冲突与交融的过程：北方的金被蒙古征服以后，这里的契丹人、女真人、汉人都被蒙古人视为汉人，蒙古人决定按照汉人的传统建立起“元”的国号，可是在征服南宋后却把南方的汉人称为“南人”，实际上是在把汉人空前地扩大化了。明朝推翻元以后，元统治者退往漠北，而大量的色目以至蒙古人散居在漠南大地，后来都成了今天中华民族的成员；有明一代虽然统一了全国大部地区，而北方蒙古（北元，尽管其内部曾发生多种分裂）一直存在到明晚期（崇祯初年），所以实际上一直存在南北对峙的局面。在中亚，14世纪后期至15世纪初，一个自称为成吉思汗继承人的土耳其人帖木儿曾征服了察哈台汗国，重创钦察汗国、兼并伊儿汗国，侵入印度并焚毁德里，以大事残杀与破坏的手段一度建立起一个帝国，自然帝国在他死后就迅速解体了，一个自称要恢复蒙古帝国的人却摧毁了四大汗国里的三个（窝阔台汗国此前早被察哈台汗国所并），令人惊奇。在印度，13—14世纪时入侵的土耳其人建立了德里苏丹，一度曾统一印度半岛大部地区，于14世纪末受重创于帖木儿（德里被攻陷），趋于解体；帖木儿的、也是成吉思汗的后裔（土耳其人与蒙古人的混血）的巴卑尔于1526年率军侵入印度，建立起莫卧儿帝国，君临德里苏丹与莫卧尔帝国都是穆斯林王朝。13世纪末，小亚细亚的原属塞尔柱土耳其的一支土耳

其人在首领奥斯曼(一世)率领下建立起独立国家——奥斯曼土耳其，逐渐强盛，1453年终于灭东罗马帝国，再占领巴尔干半岛、叙利亚、巴勒斯坦、埃及，至16世纪，又占领了两河流域和整个北非，成为地跨亚、非、欧三洲的大帝国，17世纪开始转向衰落。在东欧，13世纪时俄罗斯各公国在钦察汗统治下，14世纪时莫斯科大公国逐渐统一了各部力量，打击了蒙古统治，到1480年莫斯科大公完全独立，钦察汗国统治结束；16世纪莫斯科大公成为全俄大公，后又称沙皇，并向西伯利亚扩展。在西欧，14—16世纪时在意大利出现了"文艺复兴"，随后并扩展到其他国家，新时代的文学家的一个特点就是开始用本民族的语言文字写作(以前通用拉丁文)，反映了民族意识的觉醒，可是在政治上封建诸侯的割据与纷争不仅在意大利和德意志依然如旧(1356年在德意志确立了由7个诸侯选举皇帝的制度更削弱了国家的统一)，在英、法之间的"百年战争"(1331—1453)也把两国弄得精疲力竭，战后法国走上了向民族国家发展的道路，英国再经过30年内战，以后也走向了民族国家发展的道路；在伊比利亚半岛，13世纪时已有亚拉冈、卡斯提尔等王国，1479年统一为西班牙国家，半岛西南部还有葡萄牙国家，西、葡两国在15世纪末开始的新航路的发现方面起了推动作用，并成为第一批海外殖民国家；荷兰、英国、法国继起；亚、非、拉美开始成为西方殖民国家迅速发展的牺牲品。

第二阶段：17世纪中叶—19世纪中叶。在中国是清代前期，康熙、雍正、乾隆三朝时将多民族统一国家发展到了它的盛世，不过在由盛而衰的过程中同时遇到了西方势力的东侵，从鸦片战争以后便沦于半封建、半殖民地的境地。在印度，莫卧儿帝国衰落，被英国占为殖民地。在中东，奥斯曼帝国衰落。在俄国，彼得一世(1682—1725)

开始西化并大肆向外扩张，到 19 世纪中叶它已成为地跨欧、亚的大帝国。在西方，17—18 世纪，先后发生了英国革命、美国独立战争、法国大革命，18 世纪后期至 19 世纪中叶，先后在英国及欧洲大陆发生了工业革命，于是英、法等殖民大帝国出现。

这一时期的总特点是，西方从封建时代进入到资本主义时代，资本主义的统一民族国家正在克服封建割据的现象，并且在海外殖民过程中建立起资本主义的殖民帝国；不过，这种帝国并不是一种多民族统一国家，而是在本土为民族的民主制国家，在海外却是赤裸裸地实行殖民主义民族压迫的殖民帝国；所以也正是这些民族国家，它们激起了殖民地人民民族反抗运动。在东方，奥斯曼土耳其帝国、印度的莫卧儿帝国都是多民族的国家，正在西方列强打击下趋向解体，而中国也开始受到了西方的冲击；值得指出的是，在随后的时期里，遭受西方列强侵略的多民族的中国人民却在殖民主义者的欺凌下凝聚为一个团结多民族为一体的中华民族，即在内部是多民族的团结统一，面对外来侵略则表现为一个中华民族。

（二）第四时期的中国特点

这一时期的世界的历史发生了巨大而重要的变化，其内容也十分丰富而复杂，不过，按照本书主题所确定的方向，在这一节里我们还是就历史文化的认同与统一多民族国家的发展的角度来谈中国的特点。以下分两点来说：

其一，多民族统一国家的发展与巩固

在西方，这一时期主要是争取建立与发展独立的民族国家的时期。这时西方的工场手工业逐渐兴起，并进而发生工业革命。当工商业开始发展的时候，西方所面临的是封建割据的局面，那时诸侯甚至大小贵族都有自己的领地，在自己领地上向来往的商人征收赋税，使商人不堪负担。于是，在国王削弱贵族势力以加强王权的斗争中，他们往往得到了新兴的工商业者或市民阶层的大力支持。所以，西方建立民族国家的过程并非分裂而是一种统一的过程。值得注意的是，西方这一时期的民族统一国家的建立，实际是在新的资本主义萌芽历史条件下进行的；而且其建立的速度与建成的先后，也往往与其资本主义经济发展程度互为因果。例如，英、法两国的民族统一国家建立进程较快，完成较早，其资本主义经济发展也较早，德意志经过三十年战争(1618—1648)，皇帝失败，神圣罗马帝国作为帝国的统一不成，而且分裂局面更加严重，这也深深影响了其资本主义经济的发展进程。在西欧建立跨民族的帝国，由于民族国家的竞争，已经十分困难。例如，哈布斯堡家族的查理曾因外祖父西班牙王无后而继任西班牙王，称查理一世(1516—1556)，他随后又当选为神圣罗马帝国皇帝，称查理五世(1519—1556)，兼领德意志、尼德兰、意大利一部分、西班牙及其海外领地，曾想建立一个大帝国，可是在多方面的反对下，最后只好把西班牙王位传给儿子，把神圣罗马帝国的帝位传给弟弟，一分为二，在他儿子在位时，西班牙的“无敌舰队”大败于英国海军之手(1588)，西班牙从此一蹶不振。又如，法王路易十四曾想让他的孙子继任西班牙国王，遭到英国、荷兰、奥地利等国反对，因而发生一场西班牙王位继承战争(1701—1714)，结果路易十四的孙子勉强继任为西班牙国王，却不能兼任法王，而且法国的很多海外殖民地也被英国占领了。西方这时也在建立帝国，不过那已经是向海外扩张的资本主义的殖民帝国了。

在中国，情况却完全是另外一种样子。成吉思汗统一蒙古诸部以后，仍然依照游牧部落旧习，热衷于四处发动掠夺战争。他曾对儿子们说，世界很大，他们尽可以攻城略地，占为自己的牧场。所以，他和他的儿子们不断发动对外攻击，本来毫无任何统一的念头。钦察汗国、察哈台汗国、窝阔台汗国就是成吉思汗三个儿子（第1、2、3）的封地，伊儿汗国则是成吉思汗之孙（忽必烈之弟）旭烈兀征服后所得之封地。他们所遵循的还是打天下、分家产的传统。到成吉思汗之四子拖雷之子蒙哥为大汗时加紧进攻南宋，他以其弟忽必烈为重要助手。蒙哥死，忽必烈立即取得大权，继承大汗职位。他于1260年3月即位，五月即下诏建立“中统”的年号，诏书里说：“建元表岁，示人君万世之传（确认传统之连续性）；纪时书王，见天下一家之义（确认国家的统一性）。法《春秋》之正始（申传统连续性之意），体大《易》之乾元（申国家统一性之意）。”（《元史本纪第五·世祖二》）这就是说，他一方面继承了中原自汉武帝建元以来的历史传统，另一方面也继承了中原儒家大一统的文化传统。中统五年（1264），他又定都燕京，改元为“至元”。至元八年（1271）又下诏建国号，理由是，早期尧（唐）、舜（虞）、禹（夏）、汤（殷）所建国号都是美称，以后秦、汉、隋、唐都以初起之地名为国号就不为妥当，此时既然“舆图之广，历古所无”，自然就要取一个相称的国号，“可建国号曰大元，盖取《易经》‘乾元’之义”（《元史本纪第七·世祖四》）。按《易·彖传》（今本在乾卦）“大哉乾元，万物资始，乃统天”。这个乾元就是万物都必须以之为首的混一元气，既然万物皆以它为首，它当然就一统天下了，故云“乃统天”。忽必烈很欣赏“乾元”，在建元中统时提到它，在改元至元时还是欣赏这个元，所以最终取这个元字作为国号。忽必烈在火南宋统一中国后，没有在国内再封建汗国，坚持了一统之义。

明朝推翻元朝在中原的统治，可是北元仍在北方。明太祖（朱元璋）、成祖（朱棣）父子大力经营北边，朱棣甚至迁都北京，目的不外统一，因为在他们看来，北边不定，中国就不能安宁。成祖永乐三年

(1405)至宣宗宣德八年(1433)，郑和曾奉命七下西洋，当时明朝国力鼎盛；可是十余年后，英宗正统十四年(1449)就发生了土木堡之败。此后明朝在北边要防蒙古，在沿海要防倭寇，像郑和那样无商业实利的航海事业，自然就无以为继了。

清朝取代明朝，重新统一中国。清代统治者在民族政策的运用方面颇为得心应手。他们在入关前就先后争取到漠南及漠北蒙古人的拥护，并得到一部分汉人的支持。入关以后，首先大力解决了中原统一的问题，对汉人在政治上压制与争取并用，在文化上则迅速趋同；对于边疆则于康熙、雍正、乾隆三朝解决了准噶尔叛乱的问题，稳定了清廷对青海、新疆、西藏的统治，使多民族统一国家发展到了新的水平。清代统治者没有像蒙古早期那样四处远征，他们借中原之力以稳定边疆，借边疆以巩固中原。检阅清代康熙、雍正、乾隆三朝历史，可以看到清廷在发展与巩固统一多民族国家方面的确竭尽了全力，也取得了空前巨大的成功，在中国历史上做出了重大的贡献。不过，这种内向的统一的努力却抑制了对外的交往与了解，这就使自己在随后面对西方的挑战时处于极其被动的地位。

其二，历史文化认同与民族交融的互补

在西方，自从西罗马帝国灭亡以后，人们在历史文化认同上就发生了问题，认同于罗马？那么，罗马安在？查理曼帝国、神圣罗马帝国都不足以表明对罗马的历史文化的认同，何况它们本身也从未得到人们的一般认同。如果说西欧还有某种程度上的共同的文化认同，那么它就是以罗马教廷为中心的基督教会。可是，到了13世纪时，罗马天主教会已经十分腐朽。因此，西方由意大利开始先后出现了“文艺复兴”。“文艺复兴”从形式上看是对于古代希腊罗马文化的复兴。其实，古典文化在此时只不过是用来否定以罗马教会为代表的中世纪文化传统的否定的武器；“文艺复兴”真正带来的却是西欧各民族的民族文化的兴起。西方经过这一场历史文化认同的巨变，逐渐进入了一个新的时代——资本主义的民族国家的时代。

在中国，出现的却是另外一种情况。忽必烈以蒙古汗入主中原，这实际是有条件的。蒙古人可以凭借武力“马上得天下”，却不可能“马上治之”。其实，蒙古在中原的征战要比他们几次西征艰难得多，历时也长得多。甚至忽必烈在蒙哥汗死后能够取得大汗地位也是其汉族谋臣(郝经)为之出谋划策的结果，他改用“至元”年号及建国号为“大元”也都是汉族谋臣(刘秉忠)的建议结果。在整个有元一代，蒙族皇帝反反复复警惕自己不要太汉化，以免失去蒙古人固有的优势；这其实也是很自然的。不过，他们又反反复复地不断地接受汉族历史文化。为什么？因为非如此就不能统治中国。所以，元世祖忽必烈灭南宋后，即命令史臣修宋辽金三史，可是因为以谁为正统的问题长期纷争不决，直到元朝末代皇帝顺帝时，右丞相脱脱奉命修此三史，决定依《南北史》体例，三史各与正统(各用其本国年号)，才快速修成。这样的处理正统的办法，既摆脱了以前争论的难题，又推尊元为能一变三家分立之局而统一之唯一正统。至此，元代统治者已正式把自己完全纳入中国历史文化的传统之中，同时又承认并保存不同民族历史文化的各自历史地位与意义。

元末政治腐败，民不聊生，起义四起，最后朱元璋取得胜利，建立明朝，是为明太祖。他之所以能够取得胜利，在很大程度上由于他能在行军征战中注意安民、保民，不事杀掠。当时存在民族矛盾，所以起义的红巾军曾建大宋国号以作号召，朱元璋准备北伐时的檄文里也曾有过“驱逐胡虏，恢复中华”的词句，但同时也说对蒙古人、色目人要“与中夏之人抚养无异”。[1] 但是，在正式派徐达等北伐时，朱元璋却在给徐达等的指示中说：“中原之民，久为群雄所苦，流离相望，故命将北征，拯民水火。元祖功德在人，其子孙罔恤民隐，天厌弃之。君则有罪，民复何辜。……诸将克城，毋肆焚掠妄杀人，元之宗戚，咸俾保全。庶几上答天心，下慰人望，以副朕伐罪安民之意。”(《明史·本纪二·太祖二》)这时已经是洪武元年，朱元璋没有要上继元朝的正统，所以又夸奖元祖的功德，而且打击对象仅限于元朝末季君主，对于民族问题，更是把各族一体视为子民。其实，他在起兵的过程中已经团结了许多少数民族人物，如开国大将胡大海、冯国用、常遇春、沐英、蓝玉等等，就都是回族人。

清朝入关前已早受中原历史文化浸润，入关后所习更深，顺治帝阅《通鉴》，“问汉高祖、文帝、光武及唐太宗、宋太祖、明太祖孰优。陈名夏对曰：‘唐太宗似过之。’上曰：‘不然，明太祖立法可垂永久，历代之君皆不及也。’”(《清史稿·本纪五·世祖本纪二》)此时顺治帝才 16 岁，对中原历史文化已有相当之了解，并有了自己的评判。他终年不过 24 岁，看他那篇遗诏，一口气列举了自己 13 条罪名，其中有内疚未能对父母尽孝方面的，有用人行政未能确当的，像这样的罪己诏在历代帝王中也是很少见的；赵翼曾谓“汉诏多惧词”(《廿二史札记》卷二)，可是真像顺治帝这样诚恳检讨的话仍然很少，可见顺治帝所受儒家教育影响之深。尤其让人不得不深思的是，顺治帝自我检讨中的第一条就是“渐习汉俗”，此外还有重用汉臣。为什么这样怕习汉俗却又深习汉俗呢？康熙、雍正、乾隆三代都有同样的矛盾心理，一

① 转引自白寿彝总主编《中国通史》，第 15 卷，192 页，上海，上海人民出版社，1999。

面深惧习汉俗，一面又日习日深。所以，他们一面坚持骑射习武，一面“稽古右文”，努力保持多元文化。或问：清帝以少数民族入主中原，中原传统文化的历史包袱不重，当时西方传教士已经带入许多西方文化，他们为何不选择西方文化呢？须知清帝所要统治的不是西方，而是中原，用西方文化是难以应对中原的各种挑战的。譬如，在曾静策动反清的事件中，曾静是以汉族的民族思想为武器的。雍正帝编了一部《大义觉迷录》，其中反驳、批评了曾静的各种议论。此书开篇就是雍正帝的一篇“上谕”，其中通篇贯彻两个主题思想，一是君臣大义，曾静以臣反君，就是大逆不道；一是所谓夷夏之防的问题，坚持夷夏之分在文化而不在种族的观点。他不否认满人原为东夷，但是，他引用儒家经典作了解释：“孔子曰：‘夷狄之有君，不如诸夏之亡也。’是夷狄之有君，即为圣贤之流；诸夏之亡君，即为禽兽之类，宁在地之内外哉。”又引用孟子的舜为“东夷之人”与文王为“西夷之人”的说法，论证说：“舜为东夷之人，文王为西夷之人，曾何损于圣德乎？”他还具体地分析了夷夏概念在历史上的变化，说：“且自古中国一统之世，幅员不能广远，其中有不向化者，则斥之为夷狄。如三代以上之有苗、荆楚、猃狁，即今湖南、湖北、山西之地也，在今日而目夷狄可乎？至于汉、唐、宋全盛之时，北狄、西戎世为边患，从未能臣服而有其地，是以有此疆彼界之分。自我朝入主中土，君临天下，并蒙古极边诸部落俱归版图，是中国之疆土开拓广远，乃中国臣民之大幸，何得尚有华夷中外之分论哉。”①他的这些说法里充满君主专制思想，但是他用这些思想来说服当时汉族里某些反清人士还是相当有力的；而且，其中对中国以文化来区分夷夏的历史文化传统的确

① 见《清史资料》第四辑，4、5、21页，北京，中华书局，1983。

也作了相当充分的发挥。他以历史事实说明，由于不断地由夷变夏，昔日之夷可为今日之夏，今日之夷也可以成为明日之夏。清朝入主中原，已经由夷变夏，而且使得蒙古等边疆少数民族也都由夷变夏。所以，凡在大清帝国以内各族，都不再分夷夏，或者说都是中国人民(在他看来，都是大清的臣民)，这在一定程度上也可以说是一种认识的开始发生：中国各族没有夷夏之分，都是中华民族的一部分。当然，如果往上追溯，这也可以说是先秦时期已经有了的天下一家思想的继承与发展。不过，那在以前，它还只是一种思想或理想，而到了清朝中叶，由于统一多民族国家的发展与巩固，它已经具备了成为现实的基本条件了。

这样，中国各族人民对于历史文化的认同就和多民族统一国家的发展形成为互相推进的因素。中国人就在这样的条件下进入了一个新时代，一个面向资本主义列强入侵的时代。

如何理解作为世界史的古代史[*]

长期以来，我所从事的教学与研究工作，基本都在世界古代史的范围之内。可是，我们所说的“世界古代史”究竟是如何成其为“世界史”的？这个问题，对于我来说，也是一个长期挥之不去的、颇难真正弄清楚的问题。在这一篇小文里，我将把自己所想到过的问题以及一些管窥蠡测，一并述说出来，谨向诸位专家及读者请教。

既然要讨论作为世界史的古代史应该如何理解的问题，那么，我们就不能不首先弄清世界史的概念。说来好像有点奇怪，“世界史”这个词本来就是大家都耳熟能详的，还有什么可以讨论的呢？其实，这个问题像许多其他问题一样，一眼看来是清楚的，再一深究，问题就一层一层地浮现出来了。

譬如。现在我国的各级社会科学研究机构和高等学校

---

* ［基金项目］(教育部哲学社会科学研究重大课题攻关项目：《中外史学理论比较研究》，项目批准号 04JZD00027，合同号 04JZDH0027)，原载《世界历史》，2008 增刊。

里，历史学科总是分设有中国历史与世界历史两大部类的相应机构的。这是大家都熟悉的。可是如果仔细一想，这样的分类在逻辑上对当吗？

我们所从事的历史学，可以按不同的区分标准加以分类，例如，从其内容的专业性来看，可以分为不同门类的专门史；从其时间划段的情况来看，可以分为断代史与通史；从其空间划分的情况来看，可以分为世界史与国别史（其中又有本国史、外国史之分）等。照理说来，这就应该是一、二、三级学科的三级分类的逻辑标准。如果说一级学科是属（genus 或译种）概念，那么二级学科便是这个属概念内部下属的各个种（species 或又译属）概念；如果说二级学科是属概念，那么三级学科便是这个属概念内部下属的各个种概念。如果按此标准，那么，世界史（主要从综合的角度来研究、把握历史）与国别史（主要从分析的角度来研究、把握历史）在概念上是同一级的，中国史与其他外国史（同属于国别史）在概念上是同一级的。以中国史与世界史并列，在逻辑上并不对当。另外，如果严格照逻辑分类，属概念之下的各个种概念之间的内容是必须互相除外的，也就是说，其间不能有任何的交集。然而，即使以世界史与中国史并列，那么世界史中本来就含有中国史的内容，这也就显然不合逻辑分类的规则。何况，现在我们的许多世界史研究与教育机构中，往往不列中国史的内容，这样的“世界史”其实就变成了外国史。当然，必须说明，中国史作为本国史，是本国人民自我认同的基础，予以足够重视是完全必要的（其他国家也无一不是特别突出本国史的）；而世界史，是我们生存的外在总体环境，当然具有同样重要性。因此，以中国史与世界史并列的分类法，尽管在逻辑上有些不妥，可是从价值判断来看，却是完全无可非议的。这里谈这个问题，只是要说明世界史作为一个学科在概念上并非没有思考的余地了。

又譬如，人们通常都认为，世界史，顾名思义，就应当包括全世界一切国家、民族的历史。这样的说法一般看来不能算错。20 世纪 50 年代初，我按分工开始从事世界古代史的时候，当时还不能读俄文书，所以只好时常参看布勒斯特德的《早期世界史》①。这本书除去简略的史前史以外，只讲古代近东和希腊、罗马的历史。没有印度和中国的部分，怎么能算世界史？我觉得这是编者的西方中心思想的偏见，大家的看法也是如此。稍后看到苏联师范学院历史系所用《世界古代史》教材（先是看到日知林志纯先生对此书初版的前半部分译稿，后又看到修订版原书），其中有了印度和中国，不过仍然简略到无法与希腊、罗马比拟的程度。当时觉得这总是向世界史进了一步。以后又看到苏联科学院主编的多卷本《世界史》（Всемирная История），其中古代史部分（1、2 两卷）所包含的国家和地区更多了。的确更全面了，不过也不能穷尽一切。这样，在我的脑海里就逐渐提出了这样的问题：一则，是否不能穷尽一切国家和民族的历史就不能是世界史呢，或者说，穷尽一切国家和民族的历史乃是世界史的必要条件呢？二则，是否一旦穷尽了一切国家和民族的历史就自然成为世界史呢，或者说，穷尽一切国家和民族的历史乃是世界史的充分条件呢？

稍后，我在读马克思、恩格斯著作中得到了启发，觉得他们的分析判断可以解除我的困惑。

马克思在《政治经济学批判·导言》中说："世界史不是过去一直

① J. Breasted, Ancient Times, A History of the Early World, 1935 修订本。

存在的；作为世界史的历史是结果。”①

这里只有两句话，意思非常清楚。如果变换一种方式来说，那就是：第一句话的意思是说，过去曾经存在过没有世界史的历史时期；第二句话的意思是说，存在世界史的时期是不存在世界史时期历史的结果。众所周知，在早先的不存在世界史的历史时期，散布在世界各地的国家或民族的历史是存在的，那么，这些存在于世界之上的国别史的总和是否是世界史呢？马克思的答案显然是否定的。为什么呢？我觉得这个问题仍然可以从马克思和恩格斯的解说中得到理解。

马克思和恩格斯在《德意志意识形态》中说：“各个相互影响的活动范围在这个发展进程中越是扩大，各民族的原始封闭状态由于日益完善的生产方式、交往以及因交往方式而自然形成的不同民族之间的分工消灭得越是彻底，历史也就越是成为世界历史。例如，如果在英国发明了一种机器，它夺走了印度和中国的无数劳动者的饭碗，并引起这些国家的整个生存形式的改变，那么，这个发明便成为一个世界历史性的事实；……”②又说：“它（指大工业——引者）首次开创了世界历史，因为它使每个文明国家以及这些国家的每一个人的需要的满足都依赖于整个世界，因为它消灭了各国以往自然形成的闭关自守的状态。”③

这样，我们就可以明白，世界历史的形成有赖于世界历史性的事实（das weltgeschichtlichen Faktum）的存在，而世界历史性的事实（按马、恩所举实例来看）就是在使世界构成一个有机的整体过程中发挥

① 《马克思恩格斯选集》，第2卷，112页，北京，人民出版社，1972。
② 《马克思恩格斯选集》，第1卷，51页，北京，人民出版社，1972。
③ 同上书，67页。

了历史作用的事实。反之，如果不是能在有机世界构成中发挥作用的事实，那么，尽管它们是在历史上出现过的事实，也不能算做世界历史性的事实。比如说，一对男女结婚，对于这个家庭来说自然是历史性的大事，但是，如果不是古代的涉及两个王室或国家分合的政治婚姻，那就不能算是一国历史的历史事实，从而对于国别史并非必需；如果一个国家内部发生瘟疫并造成巨大损失，但是并未流传出境且未影响国际关系，那就只能算是一国历史中的历史事实，而不能算是世界历史性的事实，从而对于世界史也并非必需。因此，即使穷尽一切国别史、家庭史的历史事实，那也不能构成世界历史。这样，原来使我感到困惑的问题就得到了解决：即使穷尽一切国别史、家庭史的历史事实，那也既非世界史的必要条件，又非其充分条件。要研究世界历史，当然必须有国别史研究的基础，这是毫无问题的；不过，超乎国别史的眼光尤为必要。因为，世界历史不能被理解为一切国家、民族的历史简单地相加所得的总和。如果从逻辑上说，那么，世界史作为一个概念，它必须是壹；而每一个国家、民族的历史作为概念，它们也必须各自是一。不过，前者是大壹，后者是小一。诸(譬如N个)小一相加之和，只能是多(N个一)，不能是一个大壹。

几乎就在探讨上述问题的同时，另外一个新的问题又展现在我的眼前。且不说大工业的出现，即使提前到15世纪末的新航路的发现来算，也就是现在常用的以1500年为古代与近代大致分期线，那么，我所从事的古代史是否能称为“世界古代史”，这也成了问题。

难道马克思真是绝对地否定了古代史作为世界史的资格？带着这个问题，我再仔细研读马克思的原话。既然“作为世界史的历史是结果”，那么，就像以上我所理解的，由此推导而来的必然结论就是“存在世界史的时期是不存在世界史时期历史的结果”。不存在世界史时期的历史竟然能够得出存在世界史时期历史的结果，这是否是无中生有呢？我们知道，从抽象的、绝对的无中是绝对不可能产生有的。但是从前面的一种存有状态经过质变而成为后一种存有状态，这样的事实是大量存在的。在后一种存有状态未曾出现以前，它当然是无；不过，在前一种存有状态中已经准备了产生后一种存有状态的条件，所以，后一种存有状态并非产生于绝对的无，而只是相对的无。《老子》(二章)言“有无相生”，说的也就是这个道理。在真正的世界史出现以前，世界是存在的、人类社会(包括民族、国家)是存在的，历史也是存在的，怎能说那就是绝对的或抽象的无呢？只不过还缺乏一种质变，整个世界还没有形成一个有机的一体，因而人类的历史还不具有全世界的性质而已。不仅如此，而且，如果没有前一阶段的充分准备以及种种量变，那么后一阶段的世界史也是不可能突然而生的。马克思所说的“作为世界史的历史是结果”，分明指的就是这个意思。

这样，我就明白了世界古代史作为世界史还是可以的，只不过那是完全意义上的世界史出现以前的准备阶段，或许也可以说，那是正在怀孕中的世界史。

当然我自己也知道，这样的明白还不是彻底的明白。因为，彻底的明白不能仅限于抽象的概念层面上。正如黑格尔所说“真理如果是抽象的，则它就是不真的”①。所以还要思考在真正的世界史出现以前的历史中潜在的世界性具体内容是什么。到了这个时候，具体的历史研究是十分必要而且重要的。不过，在作具体历史研究的同时，保持思路的清晰与明确也是十分(甚至可以说更为)重要的。如何理清自

① 黑格尔：《哲学史讲演录》，第1卷，29页，贺麟、王太庆译，商务印书馆，1997。

己的思路呢？在读《德意志意识形态》的时候，我已经感觉到了马克思和恩格斯对于这个问题早已有了系统的思考和分析。

马克思、恩格斯在《德意志意识形态》中说：“一当人们自己开始生产他们所必需的生活资料的时候(……)，他们就开始把自己和动物区分开来。人们生产他们所必需的生活资料，同时也就间接地生产着他们的物质生活本身。……而生产本身又是以个人之间的交往[Verkehr]为前提的。这种交往的形式又是由生产决定的。”①

“马克思和恩格斯的这一段话说明了这样一个事实：人类世界的历史只能从人类的生活开始，而人类的生活又只能依靠生产而继续；人类既然要生产，就不能不同时形成多重交往或关系，即人与自然的交往或关系(生产力)、人与人的交往或关系(生产关系)以及人与自然的关系对人与人的关系之间的交往或关系(生产力与生产关系之间的关系)。这样多重的交往或关系在多层次上表现为矛盾统一的结构。当然，这些交往或关系以及作为承载它们的结构，并非是不着实际的抽象概念，而是实实在在地体现在不同时期、不同地域、不同规模与组织程度的社会群体(如氏族部落、民族[Volk，people]、村社、城市国家、地区性国家、跨地区帝国等等)之中。”②纵向的历史发展总是以相应的不同规模与层次的横向结构为其载体的，因此，横向载体的不断发展正是真正的世界历史产生的量变积累过程。

其实，这种横向载体的不断发展正是真正的世界历史产生的量变积累过程，恰好也反映在人们对于“世界”的观念的发展上。

按“世界”一词，在当代西方主要语言中，相应为英文之 world、

① 《马克思恩格斯选集》，第1卷，25页，北京，人民出版社，1972。

② 附带说明，这一段话也见于另一篇尚待发表的拙作中。

法文之 monde、德文之 Welt、俄文之 мир。这些词在概念外延上具有很大的伸缩性：大而言之，可以囊括整个人类世界即全球；中而言之，可以分指不同国家集团（如现在常说的第一、第二、第三世界，黑格尔所说的“东方世界”、“希腊世界”、“罗马世界”、“日耳曼世界”等）；次而言之，可以分指不同社会群体（如商界、政界、学界等）；更小而言之，还可以指称一个人身边可见的小群体（例如俄文里的 мир，大则可以指称全球，小则可以指称一个小小的农村公社）。在中国，“世界”一词不见于先秦儒家经典，亦不见于先秦子书。看来汉语“世界”一词来源于佛教经典对于梵文 Loka 之翻译。有趣的是，按照佛经说法，人类活动所及的世界只是一小世界，积一千个小世界为一个小千世界，积一千个小千世界为一个中千世界，积一千个中千世界为一个大千世界，大千世界之上还有三千大千世界，等等。如果一定要在中国古典中找出相当于“世界”的词，那么它似乎应该是“天下”。真正的天下，即普天之下，那当然是指全世界。可是夏、商、周三代王朝的君主皆称天子，其所统治的领域就叫做“天下”，而各诸侯所统治的领域则称邦国或方国。三代以下，秦、汉等王朝，其君主皆称天子，其直接统治与影响所及的领域皆称天下。唐初骆宾王《为徐敬业讨武曌檄》云：“请看今日之域中，竟是谁家之天下。”天下又可以等同于域中。今人常说“今天大人不在家，这个家就成了孩子们的天下了”。所以，汉语里的“天下”和“世界”大体相当，概念外延的伸缩性也是很大的。在古代中国还有一种与印度的大千世界说相近似的说法，即战国时期的阴阳家邹衍的说法。邹衍“以为儒者所谓中国者，于天下乃八十一分居其一分耳。中国名曰赤县神州。赤县神州内自有九州，禹之序九州是也，不得为州数。中国外如赤县神州者九，乃所谓九州也。于是有裨海环之，人民禽兽莫能相通者，如一区之中者，乃为一州。如此者九，乃有大瀛海环其外，天地之际焉。”① 也可以说，邹衍对“天下”又作了一种特殊的解说。其实这些都不过是具有很大伸缩性的世界或天下的观念罢了。

那么，“世界”概念的外延为什么会有这样大的伸缩性呢？原来人类社会群体会因为社会经济等多重交往关系不断扩大而扩大，而人类社会群体的不断扩大又会促成人类眼界的扩大，所以，“世界”概念外延的不断扩大正是人类社会群体扩大以及随之而来的眼界扩大的这种不断的历史量变过程，在人们观念中留下的轨迹及其在想象中的延伸(如古代印度的大千世界之说与古代中国的大小九州之说等)。其实每一个具体的量变中都潜在着质变的因素(矛盾着的事物在不断自我否定、自我突破、自我超越中进展)，因此量变到了一定阶段才会导致质变，从而，严格意义上的世界性的历史事实以及世界历史，也就随着这样的由量变而质变的过程逐渐产生。

世界古代史存在于严格意义的世界史以前，但是，它本身的确为从小世界发展为大世界准备着条件，从而具有从小世界逐渐向大世界进展的潜力；因此，古代史绝对不是与“世界”的概念毫无关联，相反却是世界得以成其为世界的必要前提。由此可见，世界古代史作为世界史的资格是毋庸置疑的。

说到这里，似乎问题已经基本清楚了。不过，看来仍然有须待继续思考的问题。的确，我们研究世界古代史，不能不首先研究各个古代国家、民族之间的交往，并且从这种交往范围逐渐扩大过程中发现“世界”(包括实际的和观念的)的由小而大的进展。那么，是否只要简单地研究这些交往的事实就足够了呢？答案应该是否定的。因为我们

① 《史记·孟子荀卿列传》。

研究历史，不仅要研究事实的当然，而且要研究它们的所以然。否则，那就是史料的简单堆积，何以成其为史学？史料学只能是历史学中的一个组成部分，一个必要的组成部分，但是它绝对不能等同于作为有机整体的历史学。所以，要了解并理解历史事实的所以然，那就不能不研究历史事实之间的逻辑关系。

世界上的历史要从分散到整体、从多到一、从小一到大壹，然后才能逐渐演进为世界史。可是由于什么条件才能实现从分散到整体、从多到一、从小一到大壹呢？不妨从最原始的人类群体或姑且从氏族来谈起。氏族由若干个人组成，即氏族之作为一，乃由多人合成。可是简单的多人是不可能合成一个氏族的。氏族的组成最根本的条件是，必须兼有男女两性；有两性的结合才能有生育，有生育才能有人类的延续；有人类的延续才能有老、中、青、幼年辈的区分，有男女与年辈的区分才能有按性别与年龄划分的最初的劳动自然分工与合作，有分工合作才能有氏族群体作为整体即一的存在。可是，如果回头一看，那么我们就会发现，男女本来为异，即使一男一女的结合，其成员也是二人，为多；男女本来为异、为多，那么，他们又何以能够演化为一？因为男女两性同为人类(在属概念上为同，如取《易·系辞上》的说法即为太极)，同时又分别为男女(在种概念上为异，如取《易·系辞上》的说法即为两仪)，恰好因其为含同之异，所以互为相需，从而能够结合为同(同一群体)，结果也就由多而为一。不同的、相互通婚的氏族组成部落，不同的氏族本来为异、为多，然而恰好因其为含同之异，所以互为相需，才能适应氏族外婚的需要，所以能结合为同(同一群体)，结果也就由多而为一。由氏族而部落、而小邦(以城市为中心的小邦)、而地区性的国家，而跨地区的帝国，无一不是因为兼有异同而具有了由多而一的趋势。古代的商队反复往来在漫长的丝绸之路上，逐渐沟通东西方之间的交往，也是以不同地区的产品的兼有异同为前提的。如果双方产品与需求完全为同而无异，那么就根本不存在贸易的必要，没有人会用自己的米去徒劳地换别人同样的米；如果双方产品与需求完全为异而无同，那么双方就会既无同欲又无同欲之物，甚至没有双方共同承认的交换手段，那也就是说双方之间就根本不存在贸易的可能。双方各自没有对方需要的东西，那又如何能够交换呢？古代历史上长期存在过农耕民族与游牧民族之间的冲突、融合，其原因也基本在此。不同古代文明之间的冲突与分合，其原因也基本在此。

如果进一步追问，异同与一多在逻辑上是处于一种什么样的关系呢？答案应该是，如果在同一的属(genus 或译种)概念之下诸种(species 或又译属)概念相互之间为异(即种差)，那么它们之上的属概念即为同。如果说诸种概念为多，那么属概念本身即为一。因为，我们一旦说到某些事物为异，那就必须问它们何以为异？其实，这也就是在问。你根据何种区分标准指证其为异？而这个区分标准必须是同一的，否则全部事物就会无法分类，就会呈现为杂多(如同康德所说的Manifold)。换句话说，亦即这个区分标准本来就是从这些事物中抽象出来的共同基本属性。例如，考古学家从不同地方的地下发掘出很多经过人工敲击的石块，它们各式各样，经过研究，发现它们都是打制而成的石器，于是考古家根据制作方法这个同一区分标准把它们称为“旧石器”。不同文化的旧石器为异(种差)，而其区分标准即其制作方法为同(同属)。它们之间这样的同与异，才是具有意义的异同。作为不同文化的旧石器，它们是多而非杂多，同时它们都是旧石器，所以又同时为一，为有机的含多的一。又例如，古代希腊有很多城邦，各自独立存在并具有自己的政治体制、社会经济等方面的特点；雅典与斯巴达是其中最大、最主要的国家，而体制上的差异甚大。可是，古代希腊学者（包括史学家、哲学家）都认为它们在政治上同属于城邦型的国家，而且把斯巴达的黑劳士（Helot）与雅典的奴隶同样称为奴隶。同样都是城邦型的国家，亚里士多德又把它们分为六个具体类型，即三个正当的：君主制、贵族制、共和制，三个变态的：僭主制、寡头制、平民制。这些依据逻辑的区分，是以历史的事实为根据的，并非什么玩弄概念。可是，正是由于有了这样的一些区分，我们才看清了各个希腊城邦之间的异同；也正是由于看清了各个希腊城邦之间的异同，我们才能从多中看到一，从政治上从来不曾统一的希腊诸邦中看到了一个“希腊世界”。所以，如果我们想很好地研讨古代史之所以能够作为世界史，那么，看来自觉的逻辑意识还是具有相当重要的意义的。如何才能提高我们的历史研究中的自觉逻辑意识呢？那么，历史的比较研究，看来应该既是提高自觉逻辑意识必不可少的前提，也是历史学训练方面的一个重要的基础。

这一篇小文，没有具体的微观研究的内容，而主要是谈了个人的许多一管之见；不过这些管见积累于心已经多年，并非临时即兴而发。由于这些想法并不成熟，多年未敢轻言。现在，欣逢《世界历史》创刊“三十而立”大庆，承蒙编者厚意约稿，用敢不辞谫陋，谨抒愚见，既以为《世界历史》寿，亦以就教于各位专家与读者。如蒙有所赐教，则不胜感激之至。

2008 年 9 月 5 日，于北京师范大学寓庐愚庵

第四辑　史学与文化

略说文化*

文化一词的含义，笼统地说，似乎不成问题。譬如，狭义地说，它与政治、经济、军事等并列而为人类社会活动之一部分，亦即关系人类社会生活中的文学、艺术、科学、哲学、道德、风尚等精神方面的内容；广义地说，它与文明相当，包括人类社会生活中的物质和精神两个方面的内容，即物质文明和精神文明。这些似乎都是清楚的。然而如果确切地说，人们对于文化或文明实际上有着种种不同的理解，学者们也提出过种种不同的定义。于是文化一词的含义又成为模糊的。

这种模糊首先表现在"文化"概念的外延上。如果你狭义地把文化理解为精神方面的内容，那么我们在现实生活中看到有"联合国教育、科学及文化组织"，从许多书籍名称和内容标题中可以看到文化和哲学、文化和思想、文化和历史之类的并列。所以，狭义的文化有时可以自由地不包括教育、科学、哲学、思想或历史等等。这简直使人难

* 原载《中国文化研究集刊》(第二辑)，上海，复旦大学出版社，1985。

以想象，什么是“文化”概念中不可分割除外的因素。如果你对文化作广义的理解，那么就又有人把它和社会或人类社会生活等同起来。过去国内外出版的许多文化史或文明史，实际上写的就是包括社会生活各方面内容的历史。在近代西方人看来，所谓文明史或文化史，只不过是与只写政治、军事、外交和宫廷逸闻的历史不同的多方面历史而已。这又使人难以想象，除了未经人类加工的自然事物之外，社会上还有什么可以排除在文化之外。

其实，文化概念的模糊，也不仅表现在其外延不易确定上，而且还在其内涵的理解上。譬如说，文化包括思想，那是否也包括迷信的思想？包括风俗，那是否也包括愚昧的风俗？包括人类社会生活，那是否既包括其进步的方面，也包括其落后的以至反动的方面？于是，注重文化类型的研究者往往倾向于兼罗并包，注重文化价值的研究者往往着眼于先进成果。这样的分歧也不是可以简单地弄清其是非的。按常理说，文化似乎只应包括社会生活中的积极方面或结果，而不应当包括其消极的方面或结果。可是在实际生活中，不包含消极方面的纯积极现象是不存在的。所以，如果简单地说文化是不包括消极内容的人类社会现象，那也不能使问题变得较为清楚一些。

由此看来，文化概念的模糊问题，不可能靠形式逻辑的二分法来解决，而只能辩证地去思考。个人的意见是：文化是人类社会对于愚昧的否定过程，文明是人类社会对于野蛮的否定过程。我觉得，这样的理解有助于多方面地把握文化或文明的本质。现在分四点略加论列于下。

一、文化的辩证的性质

如果以形而上学的观点来考察文化，那么如上所述，存在两种可能，或是把人类社会的一切当做文化，或是把人类社会生活的积极方面或结果当做文化。按照前一种说法，社会生活就是文化，文化就是社会生活，它们都是简单的同一，无差别的同一。这样建立起来的文化概念，没有它自己的规定性，本身只能是模糊的。按照后一种说法，承认了社会生活中的文化与非文化方面的差异。不过如依这种见解，社会生活就是有差别而不同一(因为未见及社会生活中文化与非文化方面的对立同一)，而文化方面本身仍是简单的、无差别的同一(因为未见及文化本身之中即有非文化的方面)。这样建立起来的文化概念，只有抽象的规定性，而无具体的规定性(一切具体规定的同一都是对立的同一)，同样只能是模糊的。

如实分析社会，我们就会发现，不仅整个社会生活本身存在着文化和愚昧两个方面的对立同一，而且文化方面的内部也存在着对立的同一。社会生活之中存在着文化和反文化的现象，社会本身就在二者矛盾的斗争中不断地转向更高级的文化阶段。这一点是直观的存在，不需要更多说明。应该指出的是，文化方面本身内部的对立同一，也是现实中的存在。例如教育，它无疑是社会生活中的文化方面的内容之一。且不说原始人萌芽中的教育，过去几千年文明史中的教育，实际都是存在文化和愚昧两个方面的。当然，教育作为社会文化因子之一，其本质在于不断以文化否定愚昧，从而促进了人类文化由低级不断向高级的发展。又如哲学，它也无疑是社会生活中的文化方面的内容之一。过去几千年中，哲学中一直也存在明哲和愚昧的两个方面(如唯物主义和唯心主义的两个方面等)，而且它本身也是在这两个方面的斗争中发展起来的。也可以说，教育、哲学等本身都是作为对愚昧的否定过程而出现的。

这里要进一步说明的是，我们不是把文化中的愚昧方面简单地当做不断抛弃的对象，不是把它当做与黄金混在一起的沙子。简单的淘沙可以取金，简单地抛弃愚昧并不能得到文化。因为事实上并没有一种先天的文化存在人的头脑里，所以人类也就不可能靠简单地抛弃愚昧(事实上也没有这种简单的方法)而让文化从自己头脑中涌现出来。当然有不少唯心主义哲学家有类似的看法，不过我们无法同意这种唯心主义的说法。我们认为，文化不仅是与愚昧对立的，而且它也是在不断扬弃愚昧中由愚昧转化而来的。蜜蜂显得很聪明，可以凭本能把每个蜂穴筑成准确的正六边形。它们没有愚昧，也就没有文化。原始人如果构筑正六边形的居室，那很可能显得比蜜蜂还愚昧，但是人类正是从这种愚昧的不断否定或扬弃中学会了营建精致的六角亭乃至摩天大厦。常言道，失败乃成功之母，我们也不妨说，愚昧乃文化必需的条件。人类对于客观世界的认识，不论在微观或宏观方面，都是不能穷尽的，也就是说，总有相对愚昧的方面，而文化的每一个步伐都是在否定或扬弃一个新发现的愚昧的进程中迈出的。人类文化发展到了今天，无疑仍有许多愚昧。当然，今天人们的愚昧不仅和原始人、甚至和一个世纪以前的人的愚昧也是有着天壤之别的，今天作为不解之谜表现出来的愚昧可以说是前人无法梦想的。可是，我们有一点和前人相同，就是在否定愚昧中发展文化。这不仅在今天，在今后人们也将永远如此。

这样说是否也把文化概念说模糊了呢？不是。文化在客观上既是辩证地发展的，我们的概念也应该如实地反映它。用凝固的模式去套文化，才是文化概念模糊的真正原因。

二、文化的历史的性质

以上说了文化的辩证性质。文化既是辩证的，它也就必然是历史的。因为文化本身的内在矛盾都是在历史过程中展开和转化的。具体地说，文化是在历史的过程中发生、发展的。当第一片石器打制成功的时候，人类的时代开始了，人类否定自己的愚昧的过程也开始了。大约从一万年前开始，世界各地先后进入新石器时代，人们的生活从渔猎采集过渡到农业畜牧，人类已经不仅单纯地从自然界取得食物，而且用自己的劳动增殖自然的产物。用摩尔根的话说，这是自蒙昧到野蛮。这是人类否定自己愚昧过程中的重大一步。西方人一般都用culture(这个词来自拉丁文的cultus，主要是耕作的意思)表示文化，如果从新石器时代“农业革命”在人类社会史上的重要性来说，这是不无道理的。从公元前四千年代以后，各古老文明中心先后出现了城市和国家。用摩尔根的话说，这是从野蛮到文明。这是人类在否定自己的愚昧和野蛮的过程中的又一重大进步。西方人一般都以Civilization(这个词来自拉丁文Civitas，是城市国家的意思)表示文明，如果从“城市革命”和国家发生在人类社会史上的重要性来说，这也是有道理的。以后，人类的文化或文明也都是在不断否定愚昧和野蛮的过程中发展起来的。

考察文化的发生和发展，离不开历史，考察文化成果的价值，同样也离不开历史。例如巫术能否算作文化，这个问题在过去的历史教学中就发生过争论。有的学生曾争辩说：“巫术既然是愚昧的现象，怎能算文化呢?”其实，巫术是否具有文化价值，这也要结合历史条件来看。在古代，巫术盛行，当然其中有大量愚昧和迷信的内容。不过，不能忘记，未有巫术之前的古人比有了巫术之后的古人更愚昧。人们在当时的实践中逐渐发现某种活动或动作与猎获某种动物有关系，某种体位的刺激与某种病痛的解除有关系，但是他们不懂得其间真正的因果关系，于是用幻想的联系权充实际的联系，搞出了种种巫术。这种巫术中有科学也有迷信，有文化也有愚昧，如果加上对疾病的种种“恶治”，其中还有文明也有野蛮。在古代，这种巫术是对更早先的更愚昧状态的否定。它理应被历史地承认为文化，在古代文化史占一席之地。随着历史的发展和科学的进步，医学对于疾病已经有了科学的诊断和治疗手段，在这种情况下，巫医就不再具有任何文化上的价值，应该也必须予以淘汰或消除。这是一种情况。又如古代唯物主义的哲学，这不需要论证，人们就会承认它为文化，在古代文化史上占一席之地。可是，如果一加以具体分析，那么其中也都有程度不同的愚昧。例如，说世界上的一切都由地、火、水、风“四大”构成，并且作出了种种论证性的解释，这在当时确实是杰出的唯物主义思想，不过这种由直观得出的认识并不符合实际，也就是说其中同时具有愚昧的方面。这一类的古代唯物主义思想，虽然在历史上确实具有重大的意义，但是没有也不可能在今日仍有其现实的文化价值(即否定愚昧的价值)。

因此，要确定人类的一项社会活动或成果是否具有文化的价值，首先必须把它放在当时的历史条件中来考察，看它在当时主要是起了否定愚昧还是相反的作用。如果用成人的眼光看幼儿，那就会发现幼儿的一切活动都是幼稚的，同样，如果以今人的标准去衡量古人的社会活动或成果，那也会认为古人是愚昧的或无文化的。谁都知道，在现在小学的教学内容里，也有许多连孔夫子和亚里士多德都根本无法知道的东西。这就是说，考察文化不能离开历史，否则就不能承认古代的文化，就必然割断了人类的文化史。须知幼儿虽然幼稚，恰恰是他们在不断地否定自己的幼稚和愚昧的过程中才发育为成人的；同样，古代的文化虽然含有比现代文化更多的愚昧成分，但是现代文化也恰恰是由古代文化不断否定其愚昧的成分的过程中发展起来的。因此，当我们说古代文化在今天不再具有现实的文化价值的时候，丝毫也没有否认其历史价值的意思。相反，现代文化既由古代文化经过逐渐的否定过程而来，这本身也就说明现代文化对于古代文化有着批判的或扬弃的继承的关系。

总之，割断历史，就不能正确认识文化；形而上学地看待文化，也就割断了文化的历史。这两点都是我们必须注意避免的。

三、文化的阶级的性质

文化的辩证性质和历史性质，在一定的历史阶段里也表现为阶级的性质。在远古的原始社会里和今后的共产主义社会里，由于社会不存在阶级，文化当然也不具有阶级的性质；文化本身中的文化和愚昧两方面的矛盾，在社会上只是以先进和落后矛盾的形式表现出来。在人类社会分裂为不同的对立阶级的几个社会阶段里，文化本身所包含的文化和愚昧的矛盾，往往以阶级矛盾的形式（自然科学内部的正确与错误的矛盾一般不直接以阶级矛盾的形式）表现出来。马克思列宁主义认为，在阶级对立的社会中，对立的阶级有着对立的文化。这完全是符合人类社会的客观存在的。

在中古的欧洲，天主教会作为封建主阶级的精神代表控制着一切文化部门，农民和其他群众的反封建的力量则往往以异端的形式起而与之斗争。到中古晚期，资产阶级以“文艺复兴”的形式、以“宗教改革”的形式向封建主义的精神堡垒天主教会展开了激烈的斗争。为了彻底推翻封建主阶级的统治，18 世纪法国的启蒙学者更进而否认一切封建主义的权威，认为以前的一切都必须经过理性的批判，凡是不合理性的都必须放弃其存在的权利。他们提出天赋人权，提出自由、平等、博爱，向封建的等级制度和人身依附关系进行猛烈的批判。这些斗争都是阶级斗争，也是文化的斗争。

资产阶级革命的胜利，以资本主义生产方式否定了封建生产方式，使西方的社会向前迈进了一大步；资产阶级文化对于封建文化的胜利，以资产阶级的文化或文明否定了封建主义的愚昧或野蛮，也使人类社会的文化或文明向前迈进了一大步。

但是，资本主义社会仍是阶级对立的社会，按照启蒙学者的设想建立起来的国家只不过是资产阶级的民主共和国，而不是什么真正的“理性王国”，他们所开创的一代文化或文明也只能是资产阶级的文化或文明，而不是什么表现永恒真理的文化或文明。

无产阶级革命导师马克思和恩格斯对于作为资产阶级学者的文化或文明的核心思想的理性王国、天赋人权之类的思想多次地作了精辟的剖析。这一类思想，作为对封建主义的否定，无疑是人类社会文化史上的一次伟大的革命，但是它们本身又是包含着愚昧和野蛮的文化和文明。马克思在《资本论》里曾经指出，所谓天赋人权，只是在商品交换的领域里实行的。工人只是在出卖劳动力的过程中有着自由、平等的权利。“自由！因为商品例如劳动力的买者和卖者，只取决于自己的意志。他们是作为自由的、在法律上平等的人缔结契约的。契约是他们的意志借以得到共同的法律表现的最后结果。平等！因为他们彼此只是作为商品的所有者发生的关系，用等价物交换等价物。所有权！因为他们都只支配自己的东西。……”可是一离开这个简单的商品交换领域，“原来的货币的所有者成了资本家，昂首前行；劳动力所有者成了他的工人，尾随于后。一个笑容满面，雄心勃勃；一个战战兢兢，畏缩不前，像在市场上出卖了自己的皮一样，只有一个前途——让人家来鞣。”①资产阶级文化或文明中的自由、平等的核心内容里既然有着这样的对立方面，所以它们注定要被无产阶级的文化或文明所否定。人类的文化将在这一次的否定过程中摆脱掉阶级的性质。在这一过程未完成之前，文化中的矛盾总是有其阶级矛盾的内容的。

四、文化的民族的性质

文化是人类社会生活中的现象，而迄今的人类社会都是按民族(或国家)来区分的。因此，文化也具有民族(或国家)的性质。

文化的民族性质，是在特定的自然条件和历史条件中形成的。各个民族都在不断地否定自己的愚昧，都在发展自己的文化，这是无区别的。但是，不同民族的具体物质生活的条件和结构是不同的，游牧民族与农业民族不同，不同地区的游牧民族之间、不同地区的农业民族之间，也都各有差异。物质生活不同，社会组织、心理特征也就不同。简言之，各个民族都在否定自己的愚昧中前进，但是他们各自的否定愚昧的具体方式又各有特点。这就是文化或文明的民族间的形式区别。

一切民族的文化，都是对于愚昧的否定，都是不断变异和发展的，但是，各个民族的文化的形式，又都具有相当顽强的沿袭性，不是可以轻易改变的。每个民族都希望取得文化的进步，同时他们又都珍视本民族传统的文化形式。在历史上，一个民族的文化传统面临着其他民族的威胁的时候，他们往往都要为维护本民族文化传统起而作殊死的斗争。这种情况，不仅是合情的，而且也是合理的。因为每个

① 《资本论》，第1卷，第199～200页，北京，人民出版社，1975。

民族都是按照自己特有的形式在否定着自己的愚昧，从而取得生存和发展的。他们维护本民族的文化传统，实际是和维护本民族的生存和发展的希望联系在一起的。不过在民族之间，并不是不可有文化的交流，也不是不可有文化的融合。中国汉代的文化，就是由先秦的华夏族和夷狄族的文化融合而来的，今天中华民族的文化，更是汉代汉人和各兄弟民族的文化长期融合的结果。这样融合起来的文化比先前的华夏文化、汉文化不仅水平大有提高，而且内容也更加丰富了。不同民族的文化的交流和融合，实际也是人类历史发展的一种趋势。只要交流和融合是在平等和自愿的条件下进行的，这种交流和融合对于各有关民族否定自己的愚昧都有积极意义，当然也就不会是不可接受的了。

文化问题是高度复杂的问题。略抒管见，希望有助于问题的讨论，也希望得到指正和批评。

关于传统文化与教育的一些思考*

现在我们不难从社会上看到对于传统文化的这样一种见解，即以为传统代表过去，重视传统就是向后看，就是保守，就不利于现代化。我相信，一般持有这样见解的人都是出于良好的愿望，即渴望中国的现代化，而不愿意再处于过去那样的经济落后的状态中。有人还 把当前的种种贪污腐化之类的丑陋现象与历史上的类似现象联系起来，以为这都是传统的恶习，从而对传统深致不满。这些想法当然都是可以理解的。

不过，对于传统文化，仅凭着厌恶的感情或简单的抛弃的决心，人们就真能做到与之彻底地断绝关系吗？在与传统文化彻底地断绝关系的情况下，人们又将怎么样进行教育？看来这些都是不能不思考的问题。

人们往往把传统理解为过去，既是过去，即是“明日黄花”，有理由也有可能把它一脚踢开。按“传统”一词，来自西文 tradition(英、德、法文皆如此，俄文实亦同)；在一

---

* 原载《北京师范大学学报》，1994 年第 4 期。

般辞书中，此字的解释大约有“传统”、“传说”、“习俗”、“惯例”等等。这些释义都易使人联想到过去。因此，把“传统”视为过去，也并非全无理由。可是，“传统”虽与过去密切相关，却并非纯粹的过去。按今日西文中的 tradition 来自古拉丁文 traditio。此字除上述诸义以外，还有“交付”、“传递”、“献给”、“叛卖”等义。究其所以，盖此字由 tra（＝trans，意思是“转”）和 dit（来自 dare，do，意思是“给”）构成，本义就是“转给”、“传递”；其他义项皆由此引申而来。由“传统”之本义而言，它所表示的只是一种在时间流程中发生的行为，其自身也应当是一种过程。既是转给，就必须有授者，又必须有受者。自受者角度言之，其授者为前行者，而其所授亦必为前所已有，故在时间上为过去。受者自身与接受行为在过程中既是转给，受者必然要转化为授者。如果他在时间上为现在，则他的受者又必然在时间上为未来。由于每一代人在“转给”之流中必然既为受者又为授者（像接力赛跑时的运动员一样），“传统”本身也可以说是由背向过去而面向未来的“现在”（严格地说那只是极限趋近于 0 的一瞬）的无间断的展延过程。所以，过去的“现在”的延伸成了传统，当前的“现在”即在传统之中，未来的“现在”将为传统的继续。传统是过去，但并非与现在无关的过去，也不是已死的过去，而是延续到现在并对现在起着作用的有生命的“过去”。如果说已死的过去本来就不存在加以消除的问题（因为它已经不存在），那么与现在有密切联系的、尚有生命力的过去就又不是可以简单地一脚踢开了事的。

我们不妨看一看历史。历史上有没有过割断传统的事例呢？有，那就是在一个文明或民族由于外力或内力的作用而被消灭的情况下，例如古代的埃及文明、两河流域文明、印度河流域文明、爱琴文明等，以及在近代初期被西方殖民者消灭了的美洲印第安人文明等等。

应当指出，这些都不是历史的正常现象，而是人类历史上的悲剧。而在正常的情况下，“传统”是不能简单地被抛弃的。

在历史上，曾经有过不少人，他们在自觉的层面上是传统的激烈反对者，而在实际上却又是传统的执著的继承者。先秦的法家代表人物韩非批评儒、墨显学称尧舜、重传统，认为“世异则事异，事异则备变”(《韩非子·五蠹》)，因而主张抛弃旧的政治和学术传统。但也正是这个眼睛一般总向前看的韩非，却从眼睛一般总向后看的道家那里继承了一种传统。他写了《解老》、《喻老》，继承了道家的“无为而无不为”的思想传统以及愚民政策的主张。“文革”中的“四人帮”也是以与传统作彻底决裂的斗士的面目出现的。他们“破四旧”、“横扫一切”，自以为前无古人；可是，他们所做的无非就是“焚书”之类，所继承的不外乎秦始皇的残暴传统。他们破传统的姿态愈高，而传统之阴暗面在他们身上表现得也愈烈。江青怀着篡权的野心，给历史上的一些女统治者如吕后之流戴上“法家”、“改革家”等不伦不类的桂冠，用比附的方法来从政治上装饰自己。这更是有意歪曲地利用传统，而不是什么与传统决裂了。当然有人会说，上述的人是一些主张愚民政策的统治者，他们只是不让人民知道传统，以便他们自己可以任意歪曲并利用传统。这样说诚然有其道理。不过，如果并无上述人等的策略图谋，而是真诚地渴望抛弃传统，那么人们是否就可以做到这一点呢？看来答案仍然难以是肯定的。人们对其所要求否定的势力或思潮，往往采取“即以其人之道还治其人之身”的方法。这种现象在历史上可谓屡见不鲜，不须举例。可是，只要你以其人之道还治其人之身，你就不能说你已经与所要否定的对象彻底决裂；因为你已经利用了他的传统，因袭了“其人之道”。当然这往往并非是在自觉的情况下实现的。例如，在“四人帮”倒台以后，许多人出于义愤，对他们歪曲历史的行为作了批判。其中有些人批评江青利用吕后等人为其政治阴谋服务，这也是很自然的。不过，有人为了批判江青而把吕后等说成野心家、阴谋家，从而说明江青也是此类角色。大概不会有人怀疑这种批判在政治上没有与江青彻底决裂，可是，也不能不指出，这种批判在方法上却与被批判者有其相通之处。吕后自是吕后，江青自是江青，批判江青原本不必牵涉吕后。因为江青曾经利用吕后为其服务，人们习惯地以其人之道还治其人之身，就又借吕后来批江青。于是不自觉地在方法上继承了被批评者的传统。从这一事例看来，单凭义愤并不足以使人能够摆脱他所要摆脱的传统。

这样说来，人们在传统面前就毫无自由而只能俯首听命了？事情倒也并非如此。在这里，最需要的是对传统的分析或本来意义上的“批判”(criticize，此字来源于古希腊文，本义是“判断”；无分析便无判断，所以这里用“批判”一词表示“分析和判断”)，是对我们对于传统的认识的反省或反思(reflection)。我们没有任意抛弃传统的自由，却有对它进行分析和判断的自由；没有在思想上任意与传统断绝关系的自由，却有反省我们对传统的认识的自由。譬如，现在人们常说“弘扬中国传统文化”，所说实际是指优秀的传统文化；没有人会主张维护传统文化中落后的东西。把统一体分解为不同部分，这就是分析；把中国传统文化分解为精华和糟粕，也就是对它作了分析。由分析而定取舍，这就是对传统作了批判。其实，人们对于一切事物的认识都是在批判中进行的。人们总是把好事与坏事分开；取其好者，弃其坏者。这是人们通常都采用的分辨的方法，在此不须多作说明。不过，问题往往不能止步于此。譬如，当人们燃煤或油取暖的时候，燃料中的热能被认为有用的而收取，其他成分就被作为废料以烟尘的形式排放了。这是第一次批判。随后人们又发现，在煤或油的烟尘中还有各种可被应用的成分，只要加以析取，就能从中获得很重要的原料。于是批判进了一个等次。人们对于客观世界总是这样不断地批判着，批判每进一个等次，认识也相应地深入一个等次。对于传统，同样有着不断的批判的过程。这也就是对于传统的不断深入认识的过程。

说到这里，我们就不能不对人的认识不断深入这一现象本身作一些分析。我以为，这一现象本身至少可以从以下两个方面进行分析。

首先，人的认识不断深入的过程本身，从一个方面来看，它是知识的增长，其进行的方向是肯定的；而从另一方面来看，它是对于过去错误认识的纠正，其进行的方向又是否定的。《老子》言，“为学日益，为道日损”(第四十八章)。他是把“为学”和“为道”绝对对立起来看的。我认为，如果把“日益”和“日损”二者结合起来，那恰好就是人的认识不断深入过程本身的基本特征。应该说，这也就是文化过程的特征。十几年前，我写过一篇短文《略说文化》①，其中表述了个人的一点见解：“文化是人类社会对于愚昧的否定过程。”为什么这样说呢？因为文化不是人类的本能产物，也没有某种先验的文化资源贮藏在人的头脑中，可供随时、不断之采发。蜜蜂能够凭本能准确地构成正六边形的蜂房，而人类在最初试图构木为巢的时候，所能搭起的窝巢必定比蜂房显得拙劣。可是人类所以为万物之灵，不在于其本能，而在于其能够不断克服其自身的缺陷。人类的伟大之处就在于，他们能够不断否定自身的缺陷，从而能够把他们的居室从不避风雨的窝棚逐渐变化为摩天大厦。当人类最初试图搭盖窝棚的时候，他们是在否定过去无窝棚的状态。他们搭成的第一批窝棚，既包含了建筑技术的最初

① 载《中国文化研究集刊》第二辑，上海，复旦大学出版社，1985。

萌芽，又包含了大量的非科学成分；前者显示了他们的成功，后者则注定了他们的失败。他们从窝棚的不避风雨和易于倒塌中汲取教训，不断改正错误，在不断否定的过程中前进。这种否定的过程，也就是文化的过程。现在，我经过多年的反省，又试图否定自己过去认识中的缺陷。文化固然是一种否定愚昧的过程，但又非单纯的否定过程。当人们否定错误的时候，他们实际也是在肯定和发扬正确的因素；从这一角度来看，正确是否定错误的结果。同时，在增长中的正确因素又是使错误因素得以纠正的必要条件；无正确因素，又如何能够纠正错误因素？所以，从另一方面来看，对错误的否定，又是正确因素积累的结果。所以，人类文化的过程，人们认识不断深入的过程，就是“日损”而又“日益”的过程。无“日损”便无“日益”，无“日益”便无“日损”；有“日损”乃有“日益”，有“日益”乃有“日损”。“日损”与“日益”互为充分必要条件。

其次，值得注意的是，人们认识不断深入的过程，一方面是对事物不断批判的过程，而另一方面，则是对于自身认识的不断反省的过程。而反省本身，恰好具有一种矛盾的性质：它以过去的认识为思考依据，因而不能脱离过去；它又以批判过去的认识来寻求新知，因而又不能不脱离过去。对于这种矛盾现象，古代中国人已经有所发现。《易·大畜》卦彖辞：“大畜，刚健笃实，辉光日新其德。”而此卦象辞则说：“大畜，君子以多识前言往行，以畜其德。”大畜卦所以具有刚健笃实的品质，是因为其德日新，不断弃旧而图新；从这一角度来看，德就在于不断否定过去。可是，从另一角度来看，德之建立，又有待于多识前言往行以畜集之；所以，德之建立，又不能与过去一刀两断，彻底决裂。《易·系辞上》：“日新之谓盛德，生生之谓易。”在这里，无“日新”，便无“生生”；唯其“生生”，乃有“日新”。中国古代的思想家没有在这种矛盾的现象面前茫然不知所措，他们机智地、也是无比深刻地找到了一条沟通两极的桥梁，用孔子的话来概括，就是“温故而知新”(《论语·为政》)。在这里，“温故”既是对“故”的反省，也是对“故”的扬弃(aufheben，sublate)，因而能够推陈出新。

如果以上两点分析无误，那么我们就可以说，无论是传统还是文化，或者是传统文化，它本身只能是一种既断又续；既否定又肯定的批判的或扬弃的过程。

现在，我们可以进而讨论教育与传统文化的关系的问题。教育的基本功能，按个人的理解，就在于保证人类文化过程的延续和发展。而文化的过程，按以上所分析，乃是对于既有文化的不断的“日损”和“日益”。在这样的情况下，教育当然也只能对传统的文化作批判的传播。如果有人要求教育与传统文化完全断绝关系，那么，他到底将用什么作为他的教育内容？难道作为教育内容的文化可以凭空创造出来吗？可以无中生有吗？这当然是完全无法想象的。

不过，在《共产党宣言》中有这样一段话：“共产主义革命就是同传统的所有制关系实行最彻底的决裂(das radikalste Brechen，the most radical rupture)；毫不奇怪，它在自己的发展进程中要同传统的观念实行最彻底的决裂。”①马克思和恩格斯在这里用了“决裂”(das Brechen，rupture)一词，而且加上了“最彻底的”的定语。这也就是“四人帮”曾经高谈的两个“彻底决裂”的所谓根据所在。可是，人们难道可以把这里的“决裂”望文生义地理解为“彻底断绝关系”吗？如果真是这样，那么马克思和恩格斯就不可能也不应该与德国的古典哲学、

① 《马克思恩格斯选集》，第1卷，271～272页，北京，人民出版社，1972。

英国的古典政治经济学、法国的空想社会主义有任何渊源关系，那也就是说马克思主义的三个组成部分是没有也不应该有其各自的来源的。这样能够说得通吗？何况毛泽东也曾明确地说过："今天的中国是历史的中国的一个发展；我们是马克思主义的历史主义者，我们不应当割断历史。从孔夫子到孙中山，我们应当给以总结，承继这一份珍贵的遗产。"①如果真的按照"四人帮"的方式来理解"彻底决裂"，那么，毛泽东的这一段为大家都熟悉的话，岂不是也成了背离马克思主义的彻底革命精神了吗？这能够想象吗？因此，对于这里的"最彻底的决裂"，最好还是用马克思自己的辩证法的思想去理解，即理解为"最彻底的批判"（本来意义上的"批判"）或者"最彻底的扬弃"。其实也只有这样才是坚持了辩证法。

极"左"的"决裂"空谈，从来不能表现为与传统决裂的事实。实际上，这种空谈只能表现出空谈者在哲学上的无知以及他们在实践中的盲目性。正是由于只要求不可能成为现实的彻底断绝与传统的关系，而拒绝对于传统的批判，他们为自己排除了理性地认识传统文化的可能，而陷自身于盲目的冲动之中。他们对传统文化既不可能没有取舍，却又不能有合乎理性的取舍，于是就只有凭私欲的驱使来行动了。也正因为如此，他们在行动上，往往从传统中弃其精华而取其糟粕，并且往往不知羞耻地、毫无忌惮地把那些糟粕挥舞到疯狂的程度。譬如，在"四人帮"的煽动下，无政府主义的打、砸、抢曾经被视为最能与传统文化"决裂"的行为，而在教育界里当然也只有交白卷的造反派才能成为"英雄"了。其实，打、砸、抢和交白卷也并非真的史无前例，也根本谈不上什么与传统文化彻底决裂，而只不过是继承了

① 《毛泽东选集》，第2卷，496页，北京，人民出版社，1952。

传统文化中的某些糟粕而已。所以“四人帮”的“教育革命”在历史上只能是一次彻底破坏教育的闹剧，正如“文革”也不过是历史上的一次反文化的运动一样，岂有它哉。

“四人帮”早已经被扫进了历史的垃圾堆，但是他们散布的与传统文化彻底“决裂”的观念，在社会上、在教育界都还残留着不可低估的影响。由于传统的道德观念曾经被毫不区分地视为无用以至有害的糟粕，人们就惯于把“信义”的观念置于脑后，于是制造伪劣产品、侵犯知识产权、伤天害理地炮制假药等现象，都乘改革开放之机一齐涌现出来，甚至屡禁不止。由于尊重文化、尊重学术的优良传统在“文革”中被涂上种种可笑的油彩然后又撕得粉碎，造成了不易克服的影响，现在要实现尊重知识、尊重人才也困难重重。当然，如果我们把今天的一切问题都归罪于“四人帮”的影响，那也未免把他们的历史作用作了某种夸张。不过，无可怀疑的是，“四人帮”在“文革”中把人们对于传统文化的认识扰乱了。在这种情况下，有些人自以为是摆脱了传统文化的束缚，而实际上已经把中国传统文化中的糟粕与乘改革开放之机流入的外国传统文化中的糟粕盲目地糅合起来，从而造成了一种最糟糕的现象。这种现象如不克服，必然要给中国现代化的建设造成严重的危害。因此这是一个必须予以认真对待的问题。

以上曾经说到，教育就其内容而言离不开传统文化，离不开批判地传授传统文化。现在面对上述现象，教育(包括学校教育和社会教育)就更不能忽视传统文化的意义了。我们说要重视传统文化的教育，这既包括中国的传统文化，也包括外国的传统文化。当然，首先要重视的是中国的传统文化。因为我们是中国人，就生活于中国传统之中，不管你意识到或未意识到，自己身上总或多或少地有着传统文化的影响。你想不分青红皂白地抛弃传统，说不定正是抛弃了优良传统而发挥了恶劣传统。所以，既然是中国人，就不能不对自己的传统有一个批判的认识；有了批判，我们才能正确对待传统，弃其糟粕、取其精华，发扬中华民族的优秀文化。为什么还要重视外国的传统文化呢？因为文化并无国界，人类所创造的优良文化是人类的共同财产；要能自立于世界民族之林，就必须继承世界的优秀文化遗产。其实中国早已脱离子过去那种闭关锁国的时代，早在清朝末叶，洋务派就因形势所迫而开始半推半就地引进外国文化了。一个半世纪以来，实际上已经有大量外国传统文化被引入并且已经与中国传统文化结为一体，从而成了中国近代传统文化的一部分。当然，其中有精华与精华的结合，也有糟粕与糟粕的结合。这些对于我们来说，已经是有待批判的传统文化了。时至今日，由于科学技术的飞速发展，世界且行将变为一个“地球村”。在此情况下当然更没有排拒外来文化的可能性了。如果有人担心外来文化中的糟粕会毒害我们的社会，那么这种担心也并非多余的。艾滋病毒就是跟着外来文化的糟粕传进来的，但是如果没有中国文化的糟粕（如吸毒、淫乱等)与之相应，它不是进不来、就是进来也无法发展的。所以，我们所反对的只是外来文化糟粕与中国文化糟粕的结合，而所需要的却是外来文化的精华与中国文化精华的交融。张之洞主张：“中学为体，西学为用。”且不论其文化保守心态，他的话至少也违背了有关“体”、“用”关系的基本常识。体与用只不过是同一事物的两个不同方面：一为实质或本体(substance)，一为作用或功能(function)；一定的体必然表现为一定的用，一定的用也必然反映一定的体。故甲体必然显示出甲用，而不能显示出乙用；甲用亦必然反映出甲体，而不能反映出乙体。“中体西用”实际只能是一种类似牛首而马鸣的怪物。那么中外文化的结合应该是一种什么样的情况呢？如果可以打个比方，那就是“嫁接”。我们从事文化教育工作，首先要注意的是对中国传统文化与外国传统文化分别进行分析，辨明其为精华或糟粕；然后从外国文化中选出优秀的嫁穗，再嫁接在经过精选的中国文化的优秀砧木上。通过这样的嫁接，我们就可以得到一个新的优秀文化品种。它既植根于中国文化土壤之中，具有强大的生命力，又兼有中外文化之优长，可以硕果累累。其实外国的优秀传统文化中又何尝没有接上中国文化优秀嫁穗的文化植株呢？所以文化交流实际也就是文化互相嫁接的问题。这样的“文化嫁接”工作无疑是十分艰巨的，但也是十分富有意义的。

论原创文化与文化的创新*

一、如何理解"原创文化"一语中的"原创"的含义？

杨适先生把"原创文化"作为"轴心时期文化"的同义语，① 我谨表赞成。现再略申理由："原创文化"如果直接地以英文表述，那就是 original culture。英文之 origin 来自拉丁文之名词 origo，名词又来自动词 orior，于古希腊文则为 archy。这样的表述说明"起源"是足够的。因为以上所引拉丁、希腊词源，皆有"升起"、"起始"、"产生"、"渊源"等义。在现在的英文辞书里，尽管形容词 original 条下，已经有"新创造性的"(newly created)之类的解释，而名词 origin 条下则没有"创造"或"独创"的义项，所以这个形容词的解释里的"新创的"等是引申义。

---

* 原载《浙江学刊》，2003 年第 6 期。

① 杨适主编《原创文化与当代教育》，1～6 页，北京，社会科学文献出版社，2003 年。

那么，“轴心期”的确切意思是什么？雅斯贝斯(K. Jaspers)本人在其《历史的起源与目标》的第一章里用一句话作了回答：“历史之最深刻的分界线(裂口)就在于此。”①我们可以把它理解为人类历史上最深刻、最关键的转捩时期。雅斯贝斯对于“轴心期”的特征实际上还有一种表述方式，例如，他在此书第一编第五章第一节里把经历过轴心期的民族称为“轴心民族”，而称未经历这一时期的民族为“无突破的民族”。又，此章第二节标题是“突破后的世界历史”，汉译本就译作“轴心期后的世界历史结构”。“结构”一词非原文及英译之所有，是汉译者援前节之例所加，无伤大雅；把“突破后的”译为“轴心期后的”，虽不能说译文“信”实，不过汉译者可能是怕直译“突破后的”恐难为人理解，所以就转了一个弯。应该承认，汉译者的这个转弯译法在意思上并无错误。轴心期最根本的特点就在于“突破”(break-through、der Durchbruch)。

由此看来，如果只注意于“起源”、“最初”，那么，“轴心期文化”就不符合这样的条件了。因为，在轴心期(axial period，die Achsenzeit)以前还有上古历史文化(ancient historical civilizations，die Geschichtlichen Hoehkulturen)。雅斯贝斯所说的轴心期文化的形成的关键在于“突破”。轴心期以前，如果说也曾有突破，那就只能是亚当和夏娃的从伊甸园被逐出，即人类从自然的分离。人类的这一突破是客观的存在，但不等于在精神上自觉。轴心期文化则是人类的精神觉醒时期，这次的突破才是人类自觉的突破。

---

① Dort liegt der tiefste Einschnitt der Geschichte. *Vom Ursprung und Ziel der Geschichte*, München, Zürich, 1983. s. 19. *The Origin and Goal lr History*, transl. by Michael Bullok, New Heaven and London, 1965, p. 1.

愚意以为，原创文化有两重意义，一是“原”，一是“创”，雅斯贝斯的轴心期文兼二义，而重在“创”。如果只重原而不重创，那么原从何起？实在是迄今人们尚无从解决的问题。所以，我们必兼重原与创，而重在创。

王树人先生对汉字的“原创”一词作了字源上的分析，① 对我们也很有启发。这里想再作一些发挥。按《说文解字》十一篇下泉部：“厵，水本也。从灥出厂下。原篆文从泉。”这里“原”乃“源”之本字。厂为山岩，山岩之下出泉，就是水之源头。所以，“原”字即指“起源”、“本原”。② 按《说文解字》四篇下刃部：“刅，伤也。从刃从一。創，刅或从仓。”段注：“从刃仓声也。”此字读平声，相当创伤之“疮”。刃字加一，就是一刀留下的一道伤痕。③ 又《说文解字》五篇下井部：“刱，造法刱业也。从井，刃声，读若创。”④此字读去声，即创业之创。(金文中尚未确见此字)上述《说文》井部与刃部二字，实为同一字之两种写法，在许慎作此书时实际上已经通用了。那么，刀伤之创与创业之创，二者之间又有何关系？曰：创伤之创，实为突破或破旧，创业之创则为创新，无突破无以创新，若创新必先突破，所谓不破不立是也。汉字里有许多类似实例，如《说文解字》十四篇上斤部：“新，取木也。从斤亲声。”段注：“取木者，新之本义；引申之为凡始基之称。”又云：“当作从斤、木，辛声。”⑤按段说是。王筠曰：“薪者，新

① 杨适主编《原创文化与当代教育》，286～287页。

② 段玉裁：《说文解字注》，569页，上海，上海古籍出版社影印经韵楼本，1981。

③ 同上书，183页。

④ 同上书，216页。

⑤ 同上书，717页。

之累增字”。① 即“新”为“薪”之本字，原为动词(取木)，后引申为名词(被取之木)，是。按“斤”者，伐木之器，伐木而取薪，薪自木析出，不复为木，变而为薪；此即由破旧以为新。“创”与“新”取譬相类而立意相通。

总之，轴心期文化为人类精神觉醒之第一次突破：为第一次，故为原；为突破，故为创。窃引杨、王二先生之说以作如此之引申，或亦不无小补云。

二、如何理解或把握“原创文化”?

1.“原创文化”是含多之一，是活生生的有机体

如果我们以“原创文化”为“轴心期文化”的等义词，那么“轴心期”民族有哪些？雅斯贝斯在此书第一编五章一节里说有中国人、印度人、伊朗人、犹太人和希腊人。② 而在第二节和许多其他地方，则主要只说中国、印度和西方三个地区。不论如何，在世界上轴心期文化不止一个。如果说轴心期文化是“一”，那么它是含多之一。而且，不论是古代中国、古代印度还是古代希腊的轴心期的“原创文化”，都包含了许多不同的学派，每一个学派都从一个特定的角度表现出其为人类精神觉醒的特殊见地，如果用《庄子·天下篇》的术语来说，那就是各自表现为“道之一偏”的特殊“方术”。他们相互拒斥，相互批评，相互渗透，相互依存。分而言之，他们是多个独立的小系统；合而言

① 王筠：《说文句读》，2065页，上海，上海古籍社影印同治间王氏刊本，1983。

② *Vom Ursprung und Ziel der Geschichte*, Műnchen, Zűrich, 1983. s. 76. *The Origin and Goal lr History*, transl. by Michael Bullok, New Heaven and London, 1965, p. 51.

之，他们又同属一个完整的大系统。所以，每一个具体的原创文化都又是含多之一。不分别深研各个小系统，则不能真正理解大系统；不从总体上把握大系统，则又不能真正认识各个小系统。这就从更深一个层次说明，每一个轴心期文化/原创文化都又是含多之一。这是从横的角度看。

2.“原创文化”作为“原(源)”同时也有其过程(即自身亦为“流”)

每一个具体的“原创文化”既然都是一个有机体，有着内部各学派的相互作用，那么他们就不可能停留在一点上，从而形成固定不变的结构，而必然有其发展的过程。在轴心时期，古代中国、印度、希腊的学术思想都有各自的发展过程，这是众所周知的历史事实，无须赘论。需要指出的是，如果原创文化本身不是流，而是一个凝固不变之“点”，那么，它将上无以承上古历史文化之流，下无以开传统文化之源。原创文化作为人类文化史中的一段，它必须是流，是人类历史长流中的一段具有特殊价值的流。这是从纵的角度看。

3. 古代中国、印度、希腊三大“原创文化”的各自特点是如何形成的

既然各个“原创文化”都有其发展变化的过程，那么，他们又以什么作为自身独特的文化传统形成的标志？是各个原创文化都实现了其自身的学派统一？从具体的含多之一变成了抽象的纯粹之一？历史事实并非如此，而且具体的历史过程也绝不可能是一个简单的抽象化的过程。各个学派在发展中的兴衰、消长现象的确是存在的，但是从来也没有出现过学派的完全的统一。即使在董仲舒提出罢黜百家、独尊儒术的情况下，也没有能够完全实现儒家的一统天下；《汉书·艺文志》里“六艺”之外还有“诸子”(十家，可观者九家)，诸子之外还有“兵书”、“术数”、“方技”，可见“尊儒”的确有之(是否始终独尊，犹待具

体分析)，罢黜百家实在无从谈起。道理很简单，中国古代各家不仅有学术观点的分歧，而且有所治专业领域的不同。儒家居于思想主导是实在的，独尊也可以说，至于罢黜百家则不可能，例如医家如何可罢？那么，是某一学派占据了稳定的支配地位？历史事实也非如此。例如，儒家在战国时期虽曾为显学之一，但到战国中后期，法家、五行家在各国都占有重要地位。这些都涉及具体的历史内容，此处不赘。

愚意以为，在每个“原创文化”中都有多重的理性觉醒与超越意识的呈现，例如，道德理性、自然理性、历史理性、逻辑理性以及突破原始神灵崇拜而具有哲学思考背景的超越意识等等；突破由此而起，原创文化赖此而生。每一个“原创文化”以及其中的不同学派都有其自身的理性、超越意识构成的体系，而各自的个体构成方式不同。当一个“原创文化”形成的时候，尽管不同学派依然存在，但是总都有某一种理性或超越意识在各学派中同时占据了支配的地位。举例来说，在中国的“原创文化”里，历史理性占据了支配的地位，拙作《论历史理性在古代的发生》①就是对此而作的一次尝试性的论证。至于古代希腊，愚意以为是逻辑理性在各学派中占据了支配的地位。在古代印度，则是具有哲学背景的超越意识占据了支配的地位。当然这些都需要作具体的论证，容待以后继续努力。概括地说，每一个具体原创文化都由某一种理性支配的具体理性构成，又都是具体的含多之一，它体现了各个具体原创文化自己的范型(paradigm)。这是从每一个原创文化内部的有机构成角度看。

① 载《史学理论研究》，2003年第2期。

三、原创(轴心期)文化的传承(传统)与文化的创新

1. 原创文化与传统文化的区别

学术界一般都把原创文化作为传统文化之源，而把传统文化作为原创文化之流。这样二者之间既有联系，又有区别。这是很好的。海德格尔在《存在与时间》里说明传统对渊源既有彰显又有阻塞的双重作用(在杨适、游斌两位先生的文章里已经说到了)，这也是很好的。

这里想作的一点进一步的说明是：原创文化/轴心期文化本身有一个形成过程，这个过程一方面表现为对于上古历史文化的突破或超越，另一方面也表现为其自身的生成的流程。这个生成的流程也可以说是传承的过程，例如各个学派都有其形成的过程，实际也就是其自身传承的过程(tradition)，不仅有其传承的过程，而且有其传承的结果，即学派的相对稳定的传统(traditions)。所以，我们实际上无法使原创文化与传承(tradition 作为传承过程之流)/传统(traditions 作为具体传承下来的事物)截然分开。这也就是说，原创文化与传统文化作为相对峙的两方面，其对峙本身也只是相对的。

那么，原创文化与传统文化的关键性的区别何在？曰：在于各个原创文化都开创了各自相对独立的文化传统，建立起各自独特的提出问题与回答问题的取径(approach)或倾向。

2. 原创文化与传统文化的联系

正因为原创文化是传统文化的传统的开创者，传统文化自然是原创文化的继续。不过，在这里我们有必要注意一点，即不能简单地把原创文化理解为单纯的突破与创新的过程，而把传统文化简单地理解为单纯的保守与不变的过程。如果真是这样，那么，就永远不会有传统文化异化于原创文化、从而蔽障原创文化的问题了。历史事实也说

明，情况并非甚至远非如此简单。

凡原创文化之能于历史之流中长期延续下来者，其接着往下讲的传统文化都是在一边传承同时又一边创新(innovation)的。自汉代以下儒学成了中国传统文化之主流，儒家经典(作为原创文化中的重要成果)成了反复被注释/解释的对象。前人说有两种注经途径：一是我注六经，一是六经注我。二者看起来截然相反。其实，没有一个持“我注六经”主张的人能完全避免以六经注我，越是注经注出创造性的人就越是难免六经注我；也没有一个持“六经注我”主张的人能够完全避免我注六经，因为没有了我注六经，也就是没有我对六经的理解与沟通，又安能用六经来注我？如果真是这样，那也会注得驴唇不对马嘴，还会有谁相信呢？现在我们都从哲学解释学知道了注释与文本的本质关系在于对话，既然是对话，就必然有双方间的相互影响。

3. 传统文化的创新之特性或局限性

传统文化之所以能够往下传承，其条件就在于能够不断创新。这里说的“创新”(innovation，严格地说，其中并无“创”的含义，而是“使更新”，“使恢复”的意思)与原创文化之“原创”有其相通的一面，即都是除旧布新或推陈出新；不过，使传统文化更新的破并没有突破原创文化所建立并遗留下来的总传统。《周易》在战国时期成了儒家经典之一，《易传》是原创文化的一项成果。汉儒注《易》者多家，应该说皆各有特点。但是汉儒的《易》说里乌烟瘴气的东西的确不少，而且越来越烦琐。王弼一扫汉儒习气，重新注《易》，使人耳目顿时一新。到宋代，程、朱先后注《易》，皆有新的进展。直到清儒张、焦等人注《易》，也不能说无新意。不过，注来注去，逸不出大的传统规定的范围，所以不能得到突破。在西方，古代希腊人的逻辑理性在中古时期被引入基督教神学之中，出现了一种新局面；文艺复兴时期的人文主义大师们反对教会的神权统治，以返本开新的方式开辟了一个新时代；启蒙时代把传统当做理性审判的对象，极具创新精神，其实所沿袭的仍然是希腊人的理性主义的传统。17世纪以来，西方在科学发展方面取得空前的成就，究其实仍然是希腊人的逻辑理性的高度的发挥。所以，在雅斯贝斯看来，西方的近代文化的历史价值仍然不能与轴心期文化相提并论。

我们不能看低原创文化以后的传统文化的成就，这些成就从具体内容来说，很多都是原创性的轴心期文化不能望其项背的。但是，正如雅斯贝斯已指出的，以西方逻辑理性为主体的现代科技文化也给人类带来了更新、更严重的问题。因此，需要有另一次突破，需要有第二次轴心期。

4. 新的“轴心期文化”的性质问题

第一次“轴心期文化”是“原创文化”，那么，第二次“轴心期文化”与前一次的关系如何？是返本开新式的创新？还是对前一次的突破？如果是返本开新式的创新，那么它与第一次轴心期结束以来的传统文化又将如何区别？那还算得上什么第二次“轴心期”文化？如果是再一次的原创性的文化，那么它的突破对象又是什么？第一次“轴心期文化”所突破的是上古历史文化，第二次的突破当然不能再以上古历史文化为对象，而只能是以第一次“轴心期文化”为对象了。这就是说，新的原创文化的性质不再是传统文化中的创新，而是对前一次原创文化的突破。

5. 如何理解新的原创文化或第二次轴心期文化的新突破问题

“突破”[①]自然表明一种断裂、破裂、决裂状态。新的、将要来临的原创文化要同第一次原创文化决裂？果若如此，那么我们为什么还要研究第一次原创文化呢？其实，这里有一个对于断裂、破裂、决裂的理解问题。如果持形而上学的态度，那么断裂、破裂、决裂就是一刀两断，就是前后彻底失去关联，也就是说不再存在连续性。但是，这样对决裂的理解是不符合我们所说“突破”的含义的。以上对“突破”所作的注说明，这个复合词实际包含了两重意思：break 及 bruch/brechen，所表示的是破裂的方面意思，Through 及 Durch，所表示的则是经过、穿越、通过的意思。“突破”一词的这种复合性使我们想起了《易·系辞下》里所说：“易，穷则变，变则通，通则久。”[②]愚意以为，“突破”正与《易传》所说的“变通”含义相当。变就是从一种状态中破门或超越而出，通就是进入或转化为另一种状态。所以，突破或变通兼有断裂与贯通两个方面的内容，其本质就是历史的演进。如果把这种突破或变通理解为彻底的断裂、破裂、决裂，那么这种情况只有在新的文明对旧的文明完全失忆的情况下，例如吠陀时期印度人之于哈喇巴文化，古风时期希腊人之于爱琴文化等，才会出现。为了促进新的原创文化的出现，难道就必须彻底地忘记掉前一个轴心期的文化突破吗？忘记它，就等于回到轴心期以前的上古历史文化阶段去。正如吠陀时期印度人忘记了哈喇巴文化就回到文明以前、荷马时期希腊

---

① 英文之 break-through，德文之 die Durchbruch，其中的 break 及 bruch/brechen，同源于古条顿之词根 brek-，而 brek-相当于拉丁文之词根 frag-(意思是断裂、破碎)；其中的 through 及 Durch，则与西哥特语之 thairh(意思是通过)，thairko(意思是洞)同源(此据牛津字典)；此二字又与梵文之 tarati 同源，意思是“他穿过”(此据韦氏字典)。

② 孔颖达：《周易正义》，见《十三经注疏》，86 页，北京，中华书局，1980。

人忘记了爱琴文明就回到了文明以前一样。必须说明，这样的情况不能叫做突破，而只能叫做跌破或砸烂(break-down，die Zusammen-bruch)。

所以，我们所需要的新的突破是前进的突破，而不是倒退性的跌破或砸烂。要实现前进式的突破，必须具备两个方面的条件：一是要有被突破对象，二是要有赖以实现突破的凭借与资源。人造卫星突破了地球的引力范围，而它之所以能够突破却完全凭借于地球所提供的动力资源。我们要实现对于第一次原创文化/轴心期文化的突破，同样也既必须又只能凭借于轴心期文化以来人类已开发的一切必要资源。

第一次原创文化/轴心期文化，是新的突破的对象，同时也是突破赖以实现的资源。从后一个角度来说，我们对第一次原创文化实际上仍然很有不断地“返本”的必要。而且，越是这样深入地“返本”，就越是能够获得更多的实行突破的资源。其实，第一次原创文化也是既对上古历史文化进行了突破，又凭借了上古历史文化所准备好的资源的。

只有这样的突破，才统一了断裂性与连续性，才既是 break/brechen，又是 through/durch，才是真正的历史性。

如果再具体地说一点，那就是，三个轴心期文化(中国、印度、希腊)所开辟的、从而也就是随之而来的三个传统文化，其发展进程或创新所取的“返本开新”途径，其所返只是本文化之本，其所开自然也只是本文化之新。而新的原创文化，在世界已经形成一个有机整体的今天，所须返的就不仅是本文化之本，而且必须返所有第一次原创诸文化之本，而所开之新，也只能是人类共同创造的文化之新。

如果说，三个轴心期文化所开辟的传统文化每一次创新(例如，西方的文艺复兴、启蒙运动等)都是“返本开新”，那么，新的一次原创文化/轴心文化就应当是“反本开新”和“返本开新”。尽管在《说文解字》里“反”(覆也)和“返”(还也)已经有了区分，① 其实它们本来就是同源字。② 这个字和汉字里的许多其他字一样，具有正反两方面的含义，就像黑格尔所欣赏的德文里的 aufheben(通常译为“扬弃”)具有正反两方面涵义一样，是语言里深层辩证性的反映。

这里需要中外历史文化的比较研究，需要虚心的互相学习。不凭借本文化的资源，将失其所本，也就失去了比较研究的立足点；不深入学习、理解其他文化之所长，也就只能故步自封，不能实现新的突破。这是一项说起来轻松，而做起来的确非常艰巨的工作。但是，要向新的原创文化前进，我们首先必须有自我突破的精神。

区区管见，尚祈读者指正。

---

① 《说文解字》三篇下又部：“反，覆也，从又、厂。”《说文段注》，116 页。又《说文解字》二篇下辵[即今人所说的走之]部：“返，还也，从反，反亦声。”《说文段注》，72 页。又《说文解字》七篇下襾部：“覆，覂也，从襾复声。”段注：“覆、覂、反三字双声，《又部》‘反’下曰，‘覆也’，反覆者，倒易其上下。”《说文段注》，357 页。这就是说，反的意思是上下颠倒而翻转。三字之义相反相通。

② 王力：《同源字典》，581 页，北京，商务印书馆，1982。

关于世界古代文明史的学习和研究*

编写本书的目的是为有意于了解或研究世界古代文明史的青年朋友，尤其是治本专业的研究生，提供一个入门性的指导。对于古代各文明的具体研究指导将在以下各章中分别加以论述，这里首先作一个总论性的开场白。

因为我们所要与之对话的是有志于古代文明研究的青年，他们的志趣在于研究，在于历史学的研究，在于古代文明的研究，所以这个开场也就分为以下三个层次来谈。

一

既然要从事研究，那么当然应该对“研究”有进一步的了解。首先要了解“学习”和“研究”的关系。如果从广义看“学习”，那么“学习”的意思里就包括了“研究”。例如，孔子所说的“学而不厌”①，这就是终生治学不厌，其中当然

---

* 原为刘家和、廖学盛主编《世界古代文明史研究导论》之“引论”，北京，高等教育出版社，2001。

① 《论语·述而》，见刘宝楠：《论语正义》，《诸子集成》本，第1册，136页，北京，中华书局，1986。以下引用《论语》皆据此本，只记册数页数。

包括了“研究”。可是，如果从狭义看“学习”，那么它的意思就不包括“研究”了。这里让我们首先辨析一下“学习”与“研究”的关系。

按“学习”由“学”、“习”二字组成，原来它们也各有其不同的意思。

现在首先来谈“学”，“学”在中国古籍里有不同的解释，稍作说明如下：《说文解字》：“学，觉悟也。”①此字从“教”字来，意思是因受教而觉悟，由不知而有知。《广雅·释诂四》也说：“学，觉也。”②此其一。又《广雅·释诂二》：“学，识也。”③这个“识”是“记”的意思，就是说，学了不仅要知道，而且要记住，要记下来。此其二。又《广雅·释诂四》：“学，教也。”④教与学是授与受的关系，古书常有授受同词的现象，因为二者本来就是同一过程的两个方面。《说文解字》：“教，上所施，下所效也。”⑤教就是施，就是授，而学就是效，就是受。所以，学的过程又是仿效过程。此其三。这样说来，“学”就有了知道(被教会)、记住和仿效三层意思，而这三层意思都反映着人的受教过程。如何才能使受教的知识变成自己的呢？这就需要“习”。

其次谈“习”，《论语·学而》：“学而时习之，不亦说(悦)乎。”⑥指的就是这个意思。那么“习”字的本义是什么？《易经》坎卦由下坎上坎构成，卦辞曰：“习坎。”上下皆坎，为坎之重复，故曰“习坎”。《象

① 段玉裁：《说文解字注》，127页上，上海，上海古籍出版社影印经韵楼版，1981。以下引《说文解字》皆据此本，只记页数。

② 王念孙：《广雅疏证》，卷四上，22页A，上海，上海古籍出版社影印清嘉庆本，1983。以下引《广雅》皆据此本，只记页数。

③ 《广雅疏证》，卷二下，29页A。

④ 《广雅疏证》，卷四上，18页A。

⑤ 《说文解字注》，127页上。

⑥ 《论语正义》，1页。

辞》曰："习坎，重险也。"①坎为险陷之象，所以习坎就是"重险"。据此可知，习有重复的意思。至于"习"字本义，《说文解字》的解释是："习，数飞也，从羽从白。"②这里的"数"读作"朔"，传统的解释主要有两种：一是重复、频繁、屡次的意思，另一是急速的意思。不过，这两种解释之间也有其内在的联系，即凡鸟兽动作频率高其速度自然也快。《尔雅·释诂》："肃、齐、遄、速、亟、屡、数、迅，疾也。"③由此可以看出二者间的关系。所以，"学而时习之"的"习"，非指鸟的"数飞"，而是"引申为凡重习、学习之意。"④

如果概括起来说，由"学"和"习"两字组成的"学习"一词，所表示的就是由"学"而开始获得知识，在反复的"习"中达到切实的把握。"学习"大致相当于英文中的 learn。由"学习"再进一步，就到了"研究"的境地。"研究"相当于英文中的 study。"研究"一词，在中国早期的文献中原来也是分别用单个字来表示的。先说"研"字。《说文解字》："研，磨(原作䃺)也。"段玉裁注："亦谓以石磨物曰研也。"⑤所以，"研"字本指以石将物磨为粉末，而其引申义就成了对事物进行精细的分解。再说"究"字。《说文解字》："究，穷也。"《尔雅·释言》："究，穷也。"⑥《说文解字》："穷，极也。"⑦《尔雅·释诂》："究，谋

① 孔颖达：《周易正义》，42 页，北京，中华书局影印本《十三经注疏》，1980。

② 《说文解字注》，138 页上。

③ 郝懿行：《尔雅义疏》，"释诂"，46 页，长沙，商务印书馆，国学基本丛书本，1938。

④ 刘宝楠：《论语正义》，见《诸子集成》本，第 1 册，2 页。

⑤ 段玉裁：《说文解字注》，452 页。

⑥ 《尔雅义疏》，"释言"，15 页。

⑦ 《说文解字注》，346 页下。

也。”《说文解字》：“虑难曰谋。”[①]所以，“究”就是穷极究竟，就是远虑深思的意思。《易·系辞上》：“夫易，圣人之所以极深而研几也。”孔颖达疏：“言易道弘大，故圣人用之，所以穷极幽深而研核几微也。”[②]这句话里没有直接出现“研究”一词，但是其中的“极深研几”一语，就是“究深研几”，如果换一个说法，那就是“研究深(远)几(微)的事物”。

“研”与“究”组成“研究”一词是较晚的事，《世说新语·文学四》：“殷仲堪精核玄论，人谓莫不研究。”[③]可能是“研究”的较早出处。“研”与“究”组成一词，其实这两个字之间也是有其内容的关联的。“研”是彻底的分析、分解，“究”是彻底的探求。彻底的分析(研)是彻底探求(究)的准备，彻底的探求(究)则是彻底的分析(研)的完成。由彻底的分析而彻底的探求，这就是研究的过程。

现在再来谈“学习”与“研究”之间的联系与区别的关系。

从总体说，“学习”是为“研究”打基础、做准备，而“研究”是“学习”的继续与发展。“研究”的成果又成为新一轮“学习”的对象，从而引起新一轮的“研究”，如此运行不已，也就是人类文化的不断进展的过程。所以，“学习”与“研究”二者在人类文化过程中是密不可分地结合在一起的。不过，“学习”与“研究”的联系是有区别的联系：

一则，“学习”重在继承，而“研究”重在创新。

《论语·为政》：“子曰：温故而知新，可以为师矣。”这一句话看起来很容易懂，可是前人在解释时仍然见解不同。何晏《论语集解》：

---

① 《说文解字注》，91页下。

② 《周易正义》，《十三经注疏》，81页。

③ 刘义庆：《世说新语》，见《诸子集成》，第8册，62页，北京，中华书局，1986。

“温，寻也。寻绎故者，又知新者，可以为人师矣。”[①]按，“温”字释“寻”这在古代学者间并无分歧。而在这里如何释“寻”，就有意见分歧了。

按《集解》的解释，这里的“寻”释为“绎”。《说文解字》：“寻，绎理也。”[②]可以为据。又《说文解字》：“绎，抽丝也。”[③]所以，按《集解》的解释，“温故”就是从旧有的知识中去“寻绎”或者抽寻，这样就可以知新。这个思路不错，不过并没有说明怎么样就能从旧知识里抽出新知识。这是此说的不足。

刘宝楠不同意《集解》之说。他在《论语正义》中说：“《礼(记)·中庸》云：温故知新。郑(玄)注：温读如燖温之温，谓故学之熟矣，后时习之，谓之温……，或省作寻。”[④]这就是说，“寻”字与加“火”旁的字通用，就是加温不使冷却的意思，“温故”就是在旧时所学知识忘记(冷却)之前随时复习、温习，不使遗忘的意思。刘宝楠在其《正义》中还引了几家之说，大体谓温故为博古而知新为通今。[⑤] 此说坚守“温”、“寻”互训之义，以为“温故知新”就是由博古而通今，从而说出了“温故知新”的过程实际是由继承而创新的过程。这些说法也颇有可取处。不过，“温故”为什么就可以“知新”？道理也没有说出来。按“温故”的过程实际上就是“学而时习之”。学过一样知识，不时地温习它，实际可以产生双重的效果：一方面，把所学的知识牢固地记了下来；另一方面，在不断的复习中逐渐了解到所学知识是通过何种途径

① 《论语注疏》，见《十三经注疏》，2462 页。

② 《说文解字注》，121 页下。

③ 《说文解字注》，643 页下。

④ 《诸子集成》，第 1 册，29～30 页。

⑤ 同上。

得来的。或者说，温习的结果，既得到了具体的知识，又得到了产生此知识的方法。如果说，人们通过前者所把握的只是具体的“事”，那么，通过后者所把握的就包括了一般的“理”了。当人们试图用所得知的方法或“理”去进一步探讨新事物时，“研究”就从这里开始了，“知新”的门也就从这里打开了。当然，要做到以上这一点，那也是有条件的。这个条件就是“思”。《论语·为政》：“子曰：学而不思则罔，思而不学则殆。”按“罔”的意思是蒙蔽，用于主动的情况下是蒙蔽他人，用于被动的情况下则是被蒙蔽，也就是无知。朱熹注“学而不思则罔”云：“不求诸心，故昏而无得。”①这就是说，人们在学的时候，在温习的时候，如果不能思考，那么学了也是白学，其结果必然是一无所得，依旧无知。由此可见，如果学而不习，那就不能巩固学之所得；如果学习而不思，那就不能知其学之所以得，结果仍然只能处于昏然无知状态，也就无从向研究的层次进展。《礼记·学记》：“记问之学，不足以为人师。”郑玄注云：“记问，谓预诵杂难、杂说，至讲时为学者论之。此或时师不心解，或学者所未能问。”②所谓“记问之学”，就是耳食之学，从他人问得知识而未心解，把这样没有真正理解的所谓知识写成讲稿，背熟了，到上课时照本宣读，毫无新义。这样的人，学的时候就没有用心思考，更没有作研究，当然也就没有任何创新，所以不能为人师。所以，在中国的学术传统里，学习与研究或温故与知新，是有明确的区别的。其间也有着重要的联系，而这种联系的纽带就是“思”。学习或继承的阶段要会思，研究或创新的阶段

① 朱熹：《论语集注》，见《四书章句集注》，57页，北京，中华书局，1983。

② 郑玄注，孔颖达疏：《礼记正义》，见《十三经注疏》，1524页。

更要会思。

二则，由“学习”过渡到“研究”，从思维层次来说是从重肯定到重否定的发展。

现代汉语中的“学问”通常作名词用，表示“知识”或“学术成就”的意思。可是，这个名词是从动词演化而来的。《孟子·告子上》：“学问之道无他，求其放心而已矣。”①又《孟子·滕文公上》记滕文公之言曰：“吾他日未尝学问，好驰马试剑。”②这里的“学问”都是动词，用今天的话说就是“作学问”。《荀子·大略》：“《诗》曰：如切如磋，如琢如磨。谓学问也。”③又“学问不厌，好士不倦。”④他这里所说的“学问”，仍然是指作学问。而《荀子·劝学》：“故不登高山，不知天之高也；不临深溪，不知地之厚也；不闻先王之遗言，不知学问之大也。”⑤这里的“学问”就和“天”、“地”一样是名词了。先秦儒家学者很注意把“学”和“问”结合起来作为治学的根本，的确是很有道理的。“学”为什么必须继之以“问”？因为，如果无“问”，“学”就不能发展。朱熹曾训其门人云：“诸公所以读书无长进，缘不会疑。某虽看至没紧要底物事，亦须致疑。才疑，便须理会得彻头。”⑥他在论读书法时，又多次说到“疑”为熟读精思后的关键，如：“然熟读精思既晓得后，又须疑不止如此，庶几有进。若以为止如此矣，则终不复有进

---

① 焦循：《孟子正义》，载《诸子集成》，第1册，464页。

② 同上书，193页。

③ 王先谦：《荀子集解》，《诸子集成》，第2册，334页。

④ 同上。

⑤ 《荀子集解》，1～2页。

⑥ 宋·黎靖德：《朱子语类》，卷一二一，2931页，北京，中华书局王星贤校点本，1988。

也。”①怎么样去“疑”呢？朱熹的答案是：“读书，须是看它那缝罅处，方寻得道理透彻。若不见得缝罅，无由得入。看见缝罅时，脉络自开。”②朱熹的这些话实际是告诉我们，人在学了以后要会提问题(即疑)，问题从何而来？要从事物的内在矛盾“缝罅”中去发现。客观的事物或书中所说的事物，为什么会有“缝罅”可被发现？朱子没有回答这个问题。不过，黑格尔说得清楚：“凡有限之物都是自相矛盾的，并且由于自相矛盾而自己扬弃自己。”③朱子所说的“缝罅”实际就是客观的普遍存在的矛盾。当然，这里所说的“疑”，并非“怀疑主义”。黑格尔说：“怀疑主义没有认清它自己的真结果，它坚持怀疑的结果是单纯抽象的否定。”④中国古代学术传统所重视的“疑”、“问”，不是单纯抽象的否定，而是有分析的具体的否定，或者说是兼容否定与肯定的扬弃。

《礼记·中庸》所说：“博学之，审问之，慎思之，明辨之，笃行之。有弗学，学之弗能，弗措也；有弗问，问之弗知，弗措也；有弗思，思之弗得，弗措也；有弗辨，辨之弗明，弗措也；有弗行，行之弗笃，弗措也。”宋儒程颐对此五者极为重视，说：“五者废一，非学也。”有人问朱熹：“学问思辨亦有序乎？”答曰：“学之博，然后有以备事物之理，故能参伍之以得所疑而有问；问之审，然后有以尽师友之情，故能反复之以发其端而可思；思之慎，则精而不杂，故能有所自得，而可以施其辨；辨之明，则断而不差，故能无所疑惑，而可以见于行；行之笃，则凡所学问思辨而得之者，又皆必践其实，而不为空

---

① 《朱子语类》，卷十，168页。

② 同上书，162页。

③ 黑格尔：《小逻辑》，贺麟译，177页，北京，商务印书馆，1980。

④ 《小逻辑》，181页。

言矣。此五者之序也。”①朱子把学、问、思、辨、行五者解释为一条有内在联系的锁链：博学多知才能有比较和参考，才能看出并提出问题；在和师友反复问难、讨论中才能使问题深入，才能引人深思；经过深思，才能辨明是非，才能确定取舍；明辨是非取舍，才能笃行而无疑。在这五项中，学为学习的阶段，问、思、辨三者为研究的阶段，行为实践阶段。行当然不是学与问的过程的终结，而是新一轮学与问或者学习与研究过程的开始。

人类文化的进展，是在不断的学习与研究的过程中实现的。没有对前人成果的学习与继承，那么人类就必须永远从零开始，那也就和其他动物一样不能有任何文化，实际也就不能成其为人类。同样，没有对于前人所传下来的文化遗产的分析与思考，不否定其中的错误与缺陷，那么人类的文化就会永远停留在开始打造石器时的水平上，也就不能有任何的文化进展。人类文化实际总是这样发展的：前人留下的成果总是包括了两个方面，一方面是正面的积极因素，它成为后人继续前进的基础；另一方面是反面的消极的因素，它为后人提供了怀疑与思考的材料，否定了这种因素或回答了前人留下的问题，这样文化就又前进了一步。所以在人类文化的进程中不仅永远有肯定与继承，同样永远有否定与批判。大体说来，学习重在继承与肯定的方面，而研究则更重在批判与否定的方面；当然，如就文化进展总体而言，那就是肯定的继承中始终包含了否定，而否定的批判(按照辩证法本来意义上的批判)本身就包含了肯定与继承。

以上说的都是关于学习与研究的一般道理，也许有人看了会觉得

① 宋·朱熹、吕祖谦撰，清·江永集解：《近思录》，卷二，36～37页，上海，上海古籍出版社影印文渊阁《四库全书》本，1994。

与古代文明史的研究关系不大。这样说也未为不可。不过这一本书是为了帮助青年朋友步入研究之途，而研究首先需要的是眼界开阔和思想活跃。因此，开始作一点“务虚”，可能对以后是不无小补的。以下具体论述到历史学研究的层次。

二

现在谈谈有关历史学的研究的问题。当然，这里不可能泛论历史学研究的各个方面，而只是重点谈如何由历史学的学习过渡到历史学的研究的问题。目的仍在于帮助有志于历史学的青年朋友更有效地走上历史学研究之路。以下分两个方面来谈：

(一)首先，历史学的学习不能不从记忆开始，但是要作研究，又不能只靠记忆，而是要由记忆而理解，由理解而提出问题，而且只有在提出与解决问题的过程中，历史学的研究才得以实现。

为什么治历史学必须从记忆开始呢？看来这与历史学这门学科的特点有关。这可以从两方面来说。一方面，人类历史的客观过程就与记忆有密切的关系。我们知道，其他动物，甚至高级动物，都凭本能适应自然，它们每一天、每一代都从头开始，没有记忆以及在记忆基础上形成的任何进展，它们也就无历史可言。人类则不同。人类从打制第一把石斧起就有了改造自然的劳动，并且凭借记忆，把经验和技术逐渐传下去，从而形成了文化的进展，并出现了历史的过程。人类的历史和文化不仅借记忆而发生，而且也赖记忆而继续发展；假如人类在今天失去了记忆，历史和文化也就会从此中断，明天的一切就必须重新从零开始。因此，历史学家所研究的对象就是赖记忆而在时间中延续的流。另一方面，历史学本身又与记忆有着密不可分的关系。历史学以人类历史发展进程为研究对象，而历史进程本身早已成为过去，它已经消逝在时间之流中。因此历史学家就不能像天文学家那样可以直接面对宇宙星空的运转，也不能像经济学家那样可以直接面对社会上万千的经济活动。历史学家既无法直接面对已成过去的历史过程，那就不能不借助于人们对于以往历史的记忆。所幸客观历史过程的消逝并不等于一切均已消失，它仍然留存在人们的记忆中，并且不断地流传下去。这种记忆在不同时期与不同条件下，以不同形式呈现，当然最大量也最重要的是保存在以文字所作的记录中。因此，历史学家研究历史客观过程的根本媒介——历史资料，没有这种资料，历史的研究就从根本上失去了必要的条件——也是赖记忆而存在的。

事实上我们每一个人学习历史都是从记忆开始的，也都是靠记忆继续的。幼儿在幼儿园里听老师说历史故事，在脑海里留下了最初的关于历史的印象；在小学和中学里，青少年们上了历史课，读了一些课内课外的历史常识书籍，逐渐对历史有了一个大体轮廓的知识。这些知识基本上都是靠记忆形成的。其实，从古代起，人们关于历史知识的世代相传也是从记忆故事到记忆历史这样的过程里延续下来的。

即使已经从历史学的学习阶段进到了研究阶段的人，对于历史知识的记忆仍然是相当重要的。甚至可以这样说：一位历史学家学问的大小是和他所掌握或记忆的历史材料的量成正比的。我们大学里历史学专业的学生，已经是从历史学的学习向历史学的研究过渡中的人了。(大学生，如按英文就是 student，就是从事 study 的人了)他们还是需要掌握或记忆更多的历史知识。即使是已有成就的历史学家，他们也不会停止扩充自己的历史知识的努力。记忆对于历史学家来说，永远都是重要的。

不过，在我们对记忆对于治历史学的重要性作了充分说明以后，接着就不能不说明单纯依赖记忆的局限性了。

过去有一种偏颇的看法，以为历史课本从小学到大学的变化，就在于知识含量的不同，而学生水平的区分也就在于其所记忆的多少。知识记忆量的水平变成衡量学生业务水平的唯一标准。按照这个量的标准，小学历史教科书里所讲的是不系统的历史小故事；中学历史教科书里讲的是稍微系统的历史中等含量的故事，或简称中故事；大学历史学专业的教科书里讲的是较为系统而详细的故事，或者简称为大故事；而学习的方法，一例都是死记硬背。这样下去，到了硕士研究生阶段又该怎么办呢？还是老师讲故事再让学生去死记硬背？不同处只在把故事讲得更详细、更系统？这样的故事如果要简称又该怎么说呢？也许可以叫做老故事。可是，老故事还有谁愿意听、谁愿意背呢？而且背下来又有什么用处呢？就像照相馆里的照片，同一张底片，你可以把它放大成二寸、四寸、六寸、八寸或十二寸，它们就分别相当于小学、中学、大学或研究生所学所记忆的历史知识含量的比例。这样的相片在机械性的场合大概不会无用，但是如果作为艺术或学问，谁会欣赏、研究它呢？过去有人认为，大学里所学的历史课程必须在知识含量上比中学教科书多。因为只有这样，在大学里毕业的学生去教中学，自己有了一桶水才能给中学生一杯水。这样的说法，就知识量的角度说，不能说是没有道理。可是，其问题是，此说只看到了知识量的区别，而无见于知识质的区别。一桶水虽比一杯水多，但有尽时；历史知识的一时之多，也有其老化之时。如果不从知识的质上多多着眼，历史的学习总在记忆的量上打主意，那么，历史学的危机就真的要到来了。其实，当我们开始谈记忆的时候，就已经伏下了一个问题。记忆的条件是什么？不理解，真能够记忆好吗？过去在私塾里读书的儿童，开始只认字、读书、背书，老师并不给他讲解所读书的意思。这样背书也能背熟，记忆得很牢。但是如果以后他不能理解其中的含义，那么他所背的书就白背了。不过，就在这样的私塾里，也可以看到不同的儿童背书的速度很有不同，有人说这是记忆力差别造成的。其实，背书快的孩子大多会想办法去弄懂所学书的意思，于是背的效果就好，而背得慢的孩子则大多不懂书的意思。一个人的记忆能力从来就是与他的理解能力成正比的。现在我们可以进一步考察一下理解对于历史学的意义：一方面，历史学的资料都是前人记忆的成果，它们以文献、遗物等形式保存并流传下来。前人对于客观历史过程中的事情，有些是在无意中记忆下来的，但这样的记忆一般不能保存很久，因为它未必有意义；而大多数都是在有意的情况下记忆下来的。人们的有意识的记忆又主要发生在以下两种情况下：一种是，人们深切地理解到该事件或过程对于自己的重要意义，从价值系统认识到记忆此事件或过程的必要性，于是产生了极大的注意力；另一种是，人们对于该事件或过程的内在结构和外部关系有深切的理解，从知识系统具备了记忆此事件或过程的可能性。因此，我们今天所能接触到的前代的史料，都是前人根据自己的理解而记忆下来的、他们认为最需要也最清晰的事件或过程。历史上发生过的事件或过程太多而且太纷繁，人们不可能也不必要把它们全记忆下来，于是前人就根据自己的理解去作选择取舍；历史上发生的事件或过程都可以从多方面、多角度去加以考察并评述，前人又根据自己的理解去解释。因此，我们就不得不透过前人的理解去认识前代的客观历史过程。另一方面，我们今天学习前代历史，一旦从记忆的阶段进到理解的阶段，我们作为认识主体也就从被动地接受转到了主动分析状态。我们自然也必然会按我们的理解去认识并分析前代的历史。可是，在我们的理解与前人的理解之间，通常会有相同或相通的方面，不如此就会发生我们与前历史文化之间的断裂；同样，通常也会有不同或疏离的方面，不如此就不能有历史的发展。因为在前人与我们之间必然存在着理解上的异同，所以历史学研究中总不断会有问题的出现。研究总是从问题开始的，而研究成果所达到的水平是与研究者所能提出并解决的问题的深度密切相关的。以上我们曾说，一位历史学家学问的大小，是和他所掌握或记忆的历史资料的量成正比的。那么，在这里就必须说：一位历史学家学问的深浅，是和他所提出并解决问题的深度成正比的。前者所涉及的是量的问题，而后者所涉及的则是质的问题。历史学的发展中总不断有问题的提出，于是也就有不断的进展。所以，历史过程如长江大河滚滚向前，一方面是“大江茫茫去不还”，“浪淘尽千古风流人物”，历史上的人与事都早已成为无生命的过去；另一方面是“不尽长江滚滚来”，“不废江河万古流”，历史过程本身却常在常新。人们在常在常新的历史之流中不断反省过去，于是业已消逝的过去在历史学之流中也就常在常新。历史学的生命，就寓于这两种流(作为客观过程的历史之流与作为人类文化过程的历史学之流)的常在常新之中。

(二)再则，治历史学，从学习到研究，不能没有传承(或传统，tradition)，也不能没有创新(或革新，innovation)。在学习历史学的时候，比较着重于传承；在研究历史学的时候，则更着重于创新。

其实，治任何学问都不能没有传承，即使是当今创新最快的电子技术，也是在传承的基础上发展起来的。研究电子学的学者，最需要走向学科发展的前沿，某些三年前出版的书就因落后而不值得再参考了。当然，即使如此，一年以前甚至一个月前出版的书中的成果对于新的发展来说仍然是其出发点或基础，其间仍然有着传承的关系。不过，治历史学更注重于传承。研究历史学的学者，不仅要读最新的有价值的研究成果，走向学科发展的前沿，而且对将近千年以前的司马光著的《资治通鉴》、2000多年前司马迁著的《史记》，甚至更早的《尚书》等等，也不能不读。这和自然科学研究的情况是很不相同的。那么，这种不同产生的原因何在？

因为历史学研究的对象本身就是一条文化传承之流。郭象在《庄子·天运》篇注中有一句非常出色的话："承百代之流而会乎当今之变。"[1]这就是说，一切当今之变皆是百代之流中的一环，皆承百代之流而来；而百代之流作为一个过程，又都是一切当今之变的会合，并在不断的当今之变中延续下去。历史上的每一时代中的人和事都处在其当今之变(只有变的大小之异，而无绝对不变之理)中，而其所承则是历史的百代之流；至若历史的百代之流，则为不断的当今之变的汇集或结果。客观的历史过程既然是在传承之流中形成的，那么治历史之学者又怎能不注重传承本身呢？如果我们研究历史的学者也嫌三年前的书太陈旧而不读，那么就只能断送了历史学的根本，而不是研究历史学了。

历史之学既以传承为基础，那么又有什么必要去创新，而且创新又是否有可能呢？

让我们先来谈历史学研究创新的必要。这可以从两方面来说：一方面，我们研究前代的历史，必以前代当时人所记忆或记录的资料为原始的根据。在这些记忆或记录里，有些是前人和我们所共同关心的内容；但由于时代的变迁，也就有了前人所关心而我们却并不重视的事情。例如，在中国古代史书里有大量关于忠臣、烈女的事迹的记载，因为当时认为这些都是人伦大事，非详记不可；而这些对于今人

① 郭庆藩：《庄子集释》，见《诸子集成》本，第3册，233页，北京，中华书局，2006。

来说，已经时过境迁，不在话下了。同时，又有许多事，在前人看来是不重要因而不值一提的，而我们今天却视为大事，很想知其究竟。例如，古代史家一般都很重视政治、军事等方面的事情，从而也重视帝王将相的作用，对这些着墨最多，而对于社会经济以及从事生产劳动的人民，却藐然视之，很少涉及。修昔底德的《伯罗奔尼撒战争史》(Thucydides，History of the Peloponnesian War)无疑是古代希腊史学史以及世界史学史上的一部名著，可是如果想凭此书来研究古希腊的社会经济史或劳动者的历史，那么所期望得到的就只能是失望。在人类现实的历史过程中总有这样一种看来几乎是悖论的现象：由于实际生活过程的事情太多而且太复杂，人们只有淘汰了大量的事情以后才有可能把少部分自己视为最有价值的事记忆或记录下来。历史上所有的档案材料，都是经过精选和删削的孑遗。从前皇帝的《起居注》本来就已经是有选择的记录，由《起居注》而《实录》又经过一次选择和删除，由《实录》而《本纪》更是一次选择和删节的结果。我们读"二十四史"中的诸帝王的"本纪"，常会感到想知道的事其中没有，而无足轻重的事又累牍连篇。因此，不论在中国或外国，都曾发生了要变帝王将相的历史为人民史的创新过程。另一方面，不仅古今记事之重点内容不同，而且对于历史事实的解释也往往有异。造成这样的差异的原因不外两端：一是文化或知识程度不同所致，例如古人常以天象的变化说明历史变化的原因，这在今天一般就没有可能了。二是价值标准不同所致，例如古人常以古礼为标准来衡量其时的人物与事件，而那些古礼在今人看来甚至可能是无法接受的。因此，历史上一代一代人总是要不断地以自己的标准来重新解释历史，这样就不断地在对历史的见解上有所创新。

现在，再让我们谈谈历史学创新的可能性问题。这个问题也包含了两个方面的内容，即在历史资料方面创新的可能性与在历史解释方面创新的可能性问题。

先说历史学研究中历史资料领域创新的可能性。过去总有一种看法，以为既然研究的对象在古代，那么一定是越近古的材料越近真、越可靠，越是近古的人对于古代所知越多，也就是说后代的历史学家在知识上永远比不上前代历史学家。这样的看法，在各种条件不变的情况下，应该说是合理的。因为，一般说来历史上的记忆或记录会随着时间的流逝而逐渐流失或淡忘。可是，在条件有变化的情况下，这样的看法就未必为真了。这里所说的条件变化首先就是研究手段与技术条件的变化。例如，古希腊历史学家希罗多德（Herodotus）在时代上远比我们距离古代埃及、巴比伦更近，而他在其名著《历史》（History）中对于这两个古文明的记载是很零星且难以凭信的。因为他所取材的方法是收集传说，而当时的传说距离远古历史的真实已相距甚远了。自从19世纪以来，随着语言学和考古学的长足发展，历史学家不仅得到了希罗多德看不到的大量实物材料，而且看到并读懂了他所无法看到的文字记录。于是现在的近东古代史知识，是希罗多德所望尘莫及的。随着科学技术的迅速发展和有关学科的发展，前人视为无用之物的材料中所蕴藏的历史文化信息逐渐充分地被析取出来，于是当代的历史学家完全有条件获得大量前人无法得知的材料。不仅如此，而且在前人已有的材料中，我们今天也有条件比前人获得更多有用的信息。所以，在历史资料方面的创新现在可以说方兴未艾。问题在于我们如何掌握多学科的知识并在交叉学科的启发下更好地达到这种创新。

再说历史学研究中解释领域的创新的可能性。历史学进展的过程，既是对于历史过程叙述的延续，也是对于历史过程解释的延续；

历史的叙述中不可避免地包括了解释，历史的解释从来也离不开叙述。前人对于他们当时的事的叙述，对于我们今天来说是原始的史料，是我们必须充分予以重视的。但是前人在叙事时的解释是否正确，那就有待后人的分析和检验了。例如，西周时期的《尚书·吕刑》里说了"皇帝"(颛顼)的一个故事，说他"乃命重、黎，绝地天通，罔有降格。"①这句话是叙事，说的是颛顼命令重和黎两位官员断绝了天地之间的通道，没有人再能上(格)下(降)。当然其中也包含了一种解释。可是到了春秋时期，许多人就不知道怎么样解释这句话了。《国语·楚语下》记："(楚)昭王问于观射父曰：'《周书》所谓重、黎实使天地不通者，何也？若无然，民将能登天乎？'对曰：'非此之谓也。'"楚昭王按《周书·吕刑》原文字面作了自己的解释，以为重和黎断绝的天地通是物质的人行通道，所以才会以为未绝天地通之前的人能够上天，又从而表示怀疑。观射父则另有解释，他说绝天地通不是这个意思，而是指上古时"民神不杂"，一般人民不直接和神打交道，专门有负责宗教祭祀的人(如巫觋之类)和神往来。后来"九黎乱德，民神杂糅，不可方物。夫人作享，家为巫史。"家家祭神，人人成巫，这样就乱了套。所以，颛顼"乃命南正重司天以属神，命火正黎司地以属民，使复旧常，无相侵渎。是谓绝地天通。"②原来颛顼只是分别命令重和黎各自专管神(天上)的事及民间(地上)的事，从而恢复了从前人民不直接和神打交道的传统，这就叫做绝地天通。按照观射父的解释，所绝的天地之间的"通"，就不是人民可以缘之爬上天的物质通道或梯道，而是一种人和神打交道的精神通道。观射父在时代上晚于西周，

① 孔颖达：《尚书正义》，《十三经注疏》本，248页。

② 《国语》，《四部备要》本，卷十八，1～2页A，上海，中华书局，1936。

而他对“绝地天通”的解释却在水平上高出西周很多。这里没有完全引用观射父所说的原文，因为文字长且复杂，如果细读其原文，我们就又会发现其中仍然有对神迷信的成分，这在古人本来是不足为怪的。假如我们现在再以人类学的方法分析观射父的话，那么肯定还会在解释上取得更大的进步。

我们说后人在历史的解释上有创新的可能性，这主要有两方面的根据。其一，从人们所面对的客观的解释对象方面来看。历史上的种种事情，甚至看起来很单纯的事情，都是有其多方面功能与联系的，而且都有其多层次的结构；人们在不同时期与不同条件下论述这些事情的时候，往往只会接触到其中的某些方面与某些层次。后人所生存的社会不同于前人，或者说后世的社会通常较前代复杂，因而后人思考问题的角度在方面上会复杂得多，在层次上也会深入得多。譬如观射父对于天地之间的“通”，就除了物质的通道又思考到精神的通道，从而在解释上有了创新。其二，再从人们作为解释者的主体来看。解释能力的发展是随知识的增多和加深而发展的。对于客观历史过程中的事情的诸多方面和层次的认识程度，与人类的知识与理论发展程度是成正比的。譬如，人们对于历史运动过程及其动力的解释，在不同历史时期是颇有不同的。最初，人们往往只看到了事情的偶然性，后来才逐渐思考到其规律性的问题；有了规律性的思考以后，又进一步有了必然性与偶然性关系问题的思考，如何认识历史运动的规律又在不断的进展中。人们对于历史的解释能力现在已经远远超越前人，不过并未也永远不会有止境。人类知识与理论水平发展是无限的，这也就说明了历史解释创新的无限性。

以上，我们对历史学研究中的传承与创新作了探讨，现在有必要再对这种传承与创新之间的关系作一些必要的说明。

人们通常会有一种看法，以为传承(传统)与创新之间存在的是相互对立并相互排斥的关系：要创新就不能不破传承，要传承就无法再创新，从而完全否定了二者之间的不可分割的内在联系。在这样的认识的影响下，人们就可能出现两种极端的倾向：重创新就不重传承，或者重传承就不重创新。应该说这两种倾向在当前的历史学界都是存在的。

有必要的功力，对学术前沿的状况及其产生背景没有基本的了解，在这样的情况下，就抓一些热门话题并用一些风靡一时的学术词语构造出自己的历史学体系，这样貌似的“创新”果真能是新吗？没有坚实学术基础的作品甚至不具有实际的生命力，最多是昙花一现，还能算什么创新呢？一切尚未钻进去就想起飞的学术幻想都不能带来真实的学术进展，因为那实际不是学术的起飞，而是飘了。真正的学术起飞的结果是使学术达到一个新的境界，新的起点，而飘则是随风而去(gone with the wind)，其结果是不知所终。另一方面，一些坚持传统功力的历史学者孜孜不倦地为学术的进展做着脚踏实地的积累工作，也许由于对学术中出现华而不实现象的反感，他们对于历史学研究的新取向、新方法缺乏热情。其实，华而不实的“新”的出现，正是因为有了货真价实的“新”存在，就像一切赝品都由于新的正品出现而冒充正品一样。我们似乎没有理由因为讨厌新的赝品而迁怒于新的正品。假如华而不实的“创新”可以说是过犹不及，那么，只重传承不重创新的现象是否也可以说是“不及犹过”呢？

其实，在学术的传承与创新之间，所具有的是一种相反相成或对立统一的关系。历史学的情况也是如此。真正的历史学上的创新，正如历史过程中的创新一样，是植根于传承之中的。在历史学的传承中，成果与问题同时积累下来，而创新则是这两种同时并存的积累的必然继续。因为，没有问题的积累，就没有创新的需求；而没有成果的积累，就没有创新的实际能力。真正的历史学上的创新必须有对于传承中问题的破，如不深于传承，那就不知问题究竟何在，即使知道问题的大概所在，也不能真知其深层的症结所在，从而也就不能真知往何处破，更无从破到应有的深度。中国历史上每当王朝更换时都要重新编写历史，对于前朝的人物，能抹掉不写的就不写，不能不写的就来一个性质上的大翻案，前朝的忠臣成了新朝的贼子，前朝的叛将成了新朝的元勋。这样的破看起来相当巨大而粗暴，可是一按其实质，一点新的见解也没有，不过是以粗暴的形式掩盖的旧的基本思想(忠君思想)的再现。这样破的结果是，破于所不当破，或者是破而不及要害，或名为破而实为变形的守旧。破且不能，何从创新？当然，创新不止于破，更重要的还是在于立。须知，传承所积累的条件正如垫在我们脚下的一层层阶石，它们使我们有可能达到新的高度；彻底抛弃了传承的成果，人们也就无从创新了。同样，没有创新的传承，看起来不像没有传承为基础的“创新”那样危险，不会使传承的过程本身即时消失。因此，人们会以为没有创新的传承是可以维持下去的。其实，这也是一种表面的看法。传承从本质上说是人类文化生命的延续，而文化生命本身像人本身一样只能在不断地新陈代谢中维持下去。没有新陈代谢，没有推陈出新即创新，那么这样的传承就只能是不断弱化或萎缩下去的苟延残喘，其结果也就是最终的消亡。中国古代的某些学问不就是在不断萎缩的传承中逐渐消失的吗？真正的传承过程，就是活泼泼的推陈出新的过程。我们没有理由怀疑传承与创新之间的对立统一的关系。美国科学哲学家托马斯·库恩(Thamas Kuhn)写过一篇论文，题为《必要的张力》(The Essential Tension：Tradition and Innovation in Scientific Reasearch)，其中说到最成功的科学家往往是既最深于传承而同时又是最敢破坏传承的人。① 看来不仅自然科学界如此，作为历史学研究者，我们更需要充分地维持这种传承与创新之间的张力。

三

在一般地谈了研究与历史学的研究之后，现在再说世界古代文明史研究的问题。因为有关世界古代文明史的具体问题将在以下各章中分别论述，这里只就有关世界古代文明史总体的问题谈以下几点：

（一）首先简单地说一下本书所说的世界古代文明史基本范围和内容。通常在大学历史学专业里都有世界古代史的课程，也有同样内容的教科书。那里面包含着从人类形成开始的史前史以及从公元前4000纪后期到公元1000纪中期的上古时期文明史。考虑到史前时期的历史与其后的文明史有许多特点的不同，而且在研究中有许多特殊的专业要求（如考古学、古人类学、文化人类学等等），作为供有志于从事研究者参考的书自应另成专著。本书所探讨的是国家出现以后的文明史，所要论述的是世界古代的诸文明的发生、发展与衰落的内容；对于各个古代文明的史前时期，将结合各有关文明的产生来论述，所以实际也就是从论述其由史前向文明过渡的时期开始。

本书正文，首列《马克思、恩格斯和世界古代史》一章，使诸君在阅读具体历史内容之前对马克思主义经典作家的论述有一大体的了解。然后按分区的方法论述具体历史，包括古代埃及、西亚、南亚、地中海地区的希腊与罗马诸文明的历史。东亚地区的中国当然是世界

① The Essential Tension, Chicago & London, The University of Chicago Press, 1977, p227.

古代文明史中最重要的内容之一，只是因为在我国中国历史另有专业设置，本书未再作专章具体论述。应该说明，在我们对世界其他古代文明进行研究的时候，中国古代文明始终应该是我们必用的参考系。关于这一点，以下还会有所论述。

(二)要作世界古代文明史研究，当然首先要了解这门学科在本国发展的概况。因为各个具体地区古代文明的研究历史将在各有关篇章中介绍，这里只说一些总的概况。

从清朝晚期到新中国建立以前，中国人在了解西方的历史方面作了很多的努力。主要的成绩是翻译了一些外国的历史书籍，其中也有一些关于古代文化史的教材以及若干关于外国古代文明的专著，如李玄伯所译《希腊罗马古代社会研究》(法国 F. de Coulange 所著，原书题为《古代城市》)、刘麟生所译《尼罗河与埃及文明》(法国 A. Moret 所著)、陈建民所译《近东古代史》(法国 A. Moret & G. Davy 所著，原书题为《从部落到帝国》)等。也有一些学者编过关于西洋古代史的书，然大体皆为据西方某一书为蓝本的编译之作。因为既缺乏基础又缺乏条件，出现这样的现象是很自然的。新中国成立以后，随着高等学校历史系里普遍开设世界古代史课程，这门学科迅速发展起来。[①]这五十年又大体可以分为五六十年代与改革开放以来两个时期。

(1)在 20 世纪 50 年代，当时强调学习苏联，也是要通过学习苏联而学习用马克思主义指导古代史的研究。大学鼓励教师(尤其是青年教师)学习俄文并以俄文书为自己教学的基本参考。同时，苏联历

---

① 关于这一时期世界古代史研究进展情况，可参考于可：《世界古代史研究概述》，载陈启能主编：《建国以来世界史研究概述》，111～154 页，北京，社会科学文献出版社，1991。另有各年的《中国历史学年鉴》所载的有关文章。

史学家的著作纷纷译为中文。最初，出现了王易今所译米舒林著《古代世界史》(苏联中学历史教科书)，随后出现了日知所译狄雅可夫等著《古代世界史》(苏联师范学院历史专业教科书)，缪灵珠所译塞尔格耶夫著《古希腊史》、王以铸所译阿甫基耶夫著《古代东方史》、科瓦略夫著《古罗马史》(这三本书也都是苏联大学所用的教科书)。到1959—1960年，又译出了苏联科学院主编的多卷本《世界通史》中的第一、二两卷，内容也属于古代史。当时，这些书在中国大学的教学中占据了支配的地位，中国学者自己编写的教材也很难不以这些书为基本的参考。苏联教材译本出现的同时，还有许多苏联学者的历史学论文被译为中文发表。《历史研究》编辑委员会自1954年起出版了双月刊《史学译丛》，其中发表了很多原载于苏联《古史通报》等学术刊物上的关于古代世界史的论文。这样就比较及时地将苏联学术界的研究动态传到中国，对于当时中国的世界古代史研究也起了很大的影响。必须要说明的是，当时中国学者阅读苏联学者论文的目的，并不仅限于了解他们所研讨的近东古代与西方古代的问题，在很大程度上还在于以此为参考来促进中国古代史的研究。当时在中国讨论得很热烈的古史分期问题、中国古代社会特点问题等，都是以外国古史为比较和参考的情况下展开的。所以，以中国古代与外国作比较的研究也在进展中。

在这一时期，按照五种生产方式说，人类历史上文明史的第一阶段被确认为奴隶制社会时代。人类历史被认为是有统一规律的，而古代文明被统一地理解为奴隶制的文明。在统一的奴隶制文明中，不同地区的不同文明又各有自己的特点。怎么认识这些特点呢？这就成为当时讨论得最热烈的问题。马克思主义经典作家提到过“亚细亚生产方式”，也有过一些作品论及东方社会、国家的特点，苏联学者就把经典作家在不同时间和地方所作的论述合在一起，提出了古代奴隶制社会东西方二分说。按照苏联学者的说法，“亚细亚生产方式”所指即东方奴隶制社会，其特点为：水利灌溉的重要、土地国有、君主专制等。不过，在苏联学者中对于古代东方与西方的区别的解释也有两说：一派以为，东方与西方的区别是阶段性的，即东方尚在奴隶制社会的初级阶段，希腊、罗马则到了其发达阶段；另一派以为，东方与西方的区别在于类型的不同。其实，这两说都有其难以解答的问题：如果东西方的差别仅在于发展阶段的不同，那么，东方为什么没有充分展开的后期，而西方又为什么早期不显呢？如果完全抛开阶段而只谈类型之别，那么又如何体现东西方之间规律的统一性呢？看来简单地给东方规定出几条所谓的一般特点并由此而建立的东西方二分说是难以使问题得到解决的。中国学者对于苏联学者的见解(如对“亚细亚生产方式”的解释)是有过争论的。随着中苏关系的变化，六十年代以后，苏联学者关于古代史的观点在中国也受到了更多的质疑。不过，很快就在中国出现了政治上的暴风雨，世界古代文明史的研究当然也就停顿下来了。

(2)改革开放以来，中国的世界古代史学科，像许多其他学科一样，取得了前所未有的发展。

首先，改革开放时期到来之后，过去学术领域里的许多禁区也解禁了。世界古代文明史领域里的研究十分活跃起来。“亚细亚生产方式”的社会性质问题、奴隶制是否在古代诸文明中皆处于支配地位的问题、东方古国的土地所有制问题、“专制主义”是否为东方古代所特有且永恒的问题、城邦制是否为古代诸文明所同有的问题、商品货币经济在古希腊及罗马社会中到底发展至何种程度的问题等等，几乎所有这些问题都有不同见解的发表和讨论。在这些问题中，有些是中国学者自己提出来讨论的，有些则是由国外的讨论而移入中国的。因此，希望有志于从事古代文明研究的青年既要了解国内的讨论史，又要了解国外的讨论史。在以下本书各章中，都作了必要的介绍，本书最后还列有一篇国家图书馆所藏西文(主要是英文)有关世界古代历史的重要工具书(如辞书、百科全书、目录、索引、图录、地图、资料汇集等)的书名与内容简介，均可以作为研究之参考。

在活跃的学术气氛中，这一时期出现了许多有关世界古代史的教材和专著，发表了大量的论文和文章。这些都可以从历年的《中国历史学年鉴》中检索出来。这里只提两部比较具有代表性的著作。

第一部是“世界上古史纲编写组”(实际的主编是日知即林志纯教授)编写的《世界上古史纲》(人民出版社，上册 1979，下册 1981)。这部书的中心思想集中地体现在主编所写的“前言”、第五章“欧洲文明的起源”和第八章“亚细亚生产方式，不成其为问题的问题”中。“前言”里提出九个问题，可以说是对于 50 年代所热心学习的苏联学者的观点的反省和批评，并且力图根据马克思主义经典作家的原著来作出自己的理解和解释。第五章里提出以“古代世界三大文明区”说代替传统的“四大文明古国”说，提出美洲古文明也经历了与旧大陆一样的文明发展阶段。第八章实际是“前言”内容的引申，也可以说是与苏联学者 50 年代观点的辩驳，还指出了当时苏联学者开始有了一些观点上的变化。如果把这三篇的内容作一个最扼要的概括，那么也许可以说这是对 50 年代苏联学者关于世界古代史的见解的继承性的批判或者批判性的继承。所批判的是当时苏联学者的东方古文明的特殊论，其中具有某种程度上的歧视东方古代文明或某种变相的西方中心论；而所继承的则是同样寻求古代文明发展的统一性的规律，在《世界上古史纲》的作者看来就是城邦帝国的发展规律。《世界上古史纲》的其他各章也都是按照主编的这一见解解释各有关古文明的发展史的。应该说《世界上古史纲》是一部经过比较切实的努力而提出了新见解的书，对中国的古代文明史研究是有促进意义的。《世界上古史纲》出版后，引起了同行学人的纷纷批评，甚至在编写组内对于一些具体问题也不一定有完全一致的见解。应该说这些也都是正常的，而且也是有价值的。能引起进一步的思考本身就具有重要的学术价值。因为，只有这样才能逐步向真理逼近。

第二部著作是吴于廑、齐世荣教授总主编的《世界史》中的“古代史编上卷”(高等教育出版社，1994)。这一本书是按照已故著名历史学家吴于廑教授关于世界历史发展的从分散到整体的思想编写的。这些思想体现在吴先生作为总主编之一为《世界史》全书写的“总序”里。吴先生在这篇“总序”里既综论了世界历史的发展大势，又通论了关于“世界史”的史学发展的要领。如果要对这篇“总序”谈一管之见的体会，那么其中心的见解似乎可以说是在于“世界历史的纵向发展和横向发展”一章，或者说这一章是吴先生理论思维最具创发性的所在。“纵向发展制约着横向发展。纵向发展所达到的阶段和水平，规定着横向发展的规模和广度。”“横向发展一方面受纵向发展的制约，一方面又对纵向发展具有反作用。”这就是说，当纵向发展到一定阶段时，如果有相应的横向的发展，那么这个适时的横向发展就成为纵向发展的促进因素，起促进作用；如果相反，即没有得到适时的横向发展的呼应，那么这时的纵向发展就受到了阻碍，横向发展的缺乏就对纵向发展起了限制的作用。① 如果说，我们从前讲世界史的时候可能会有把国别史结集起来就当世界史的现象，那显然是因为对于历史发展中

① 吴于廑、齐世荣主编：《世界史》，古代史编上册“总序”，11～13页，北京，高等教育出版社，1994。

的横向发展对纵向发展的作用认识的不足，因而那样用国别相加的方法混合出来的世界史就不是真正的世界史。吴先生强调了横向发展的作用，所要求的实际是一个具有有机结构的化合出来的世界史，从而也是真正的世界史。当然，这样的有机地结构出来的世界史也有一个如何结构的问题。吴先生指出，19 世纪的西方殖民大国在支配世界的同时，在史学的领域里也就形成了“西欧中心论”。虽然到了 20 世纪这样的倾向有所改变，但实质未改；苏联学者为反对“西欧中心论”作了很多工作，其结果是仍然未能真正摆脱原来的窠臼，因为仍然用欧洲历史分期的方法作为世界历史分期的标准。① 根据吴先生的这些思想，《世界史》古代史编上卷大力加强了历史上的纵向发展和横向发展的关系的阐述，为了真正体现这一点，古代中国的历史是不能不作为其一个有机部分来作适当的论述的。因而这本书试图以中国学者的视角把中国历史与世界历史结合起来论述，比较古代诸文明间的异同，以体现总主编的见解。应该说这样做也是有其新意的。当然，该书也有其缺陷或不足之处，最具体的就是微观上的研究尚有待于大力加强。在吴先生这一思想的影响下，相继还出版了一些以这种方法撰述的世界史，而优点和缺点从总体上说大概与此相同。这就是说，前进了一步，又有了进一步的新问题。有新的进步又有新的问题，这样对学术的发展就能起促进的作用，所以是有价值的。

在谈了以上两部书以后，我们似乎可以得到三方面的启示：其一，当我们还没有注意到不同文明之间的共性的时候就作比较，那么所见的就都是异，都是具体的异，世界历史就成了杂乱的一摊（有异

① 吴于廑、齐世荣主编：《世界史》，古代史编上册“总序”，5～9 页，北京，高等教育出版社，1994。

无同)。在这样的情况下，比较的研究有必要作抽象与概括的努力，以求其同或者其间的共性。从异中见其同，从殊相中看出共相，这无疑是一大进步。可是，如果我们总停留在这个阶段上，那么世界的历史又会被看成为灰白的一片(有同无异)。这样，我们的研究似乎就应再进一步，从抽象上升到具体，也就是说从同中再看出其间之异。这个异不再等同于第一阶段之异，即杂乱无章的异，而是统一体中不同有机部分之间的异。正是凭借这样的同中之异，我们才可能把世界看成一个由异组成的同、由多组成的一。这样的世界史，从道理上说才能算得上真正的世界史。这就需要我们有理论上的自觉性，提高我们在比较研究中的思考能力。其二，我们要进行比较的研究，要看出纵向发展与横向发展之间的内在关系，其坚实的基础却不再在于宏观的思维，而在于切实的微观的研究。古代世界文明的研究不等于各个具体文明研究相加之和，却离不开个别文明微观研究之基础。这里面有十分艰苦而且大量的工作要做。没有一个古文明的研究不要求古代文字语言的阅读作为其基础，这是一项十分艰巨的工作。现在可喜的是已经有一批青年学者在这方面有所进展，或者已经取得相当的成绩。但是，由于过去缺乏这方面的基础，在外国古代文字、语言方面要赶上某些先进国家，那并非短期就可以见效的。唯一的办法就是持之以恒。其三，我们在对外国古代文明的微观研究尚未取得突破之前，是否就一切无可作为呢？我们还有一项艰苦的工作要做，这就是把中国古代文明与外国古代文明作认真的比较。这样就要求每一位研究者在基本把握了一个外国古文明的同时，还要认真地把握本国的古文明。有了这两个方面的条件，就既可以促进自己对中国古文明的了解，又可以对世界的古文明有一种新的视角并从而可能取得新认识。这正是我们可以也应该对世界的世界古代文明史作出自己贡献的地方。中国人不在这一方面作贡献，难道要求外国人来代替我们作贡献？这是我们的义务，责无旁贷的义务。《世界上古史纲》的主编林志纯先生和《世界史》的总主编之一吴于廑先生在论古代文明史时取径并不相同，但是两位老先生却有一个共同之点，即为改变“西方中心论”的现象而努力。而这也是我们后辈的学者所不能忽视的地方。

(三)关于研究世界古代文明史的意义，这也是应该谈的问题。人们通常会以为，世界古代文明史的内容(特别是在中国古代文明史的内容没有具体列入而只有外国古代文明史的内容的情况下)不论从时间上说还是从空间上说，距离我们今天都很遥远，当时的人与事与我们几乎没有什么直接的关系，因此，研究它到底有什么意义？就成为一个问题。其实这是一个值得分析的问题。按照一种方法来思考，我们是今天的中国人，和我们关系最为密切的无过于当代的中国；其次则为近代及中古之中国，再其次则为古代之中国；古代之世界与古代之中国之间的关系也远不如当代中国与世界关系之多且密，故自今日之中国人观之，其内容最遥远，与我们关系不大，意义也就不大。按照另一种思考方法，我们是今天的中国人，与我们关系最密切的自然是当代的中国，要深入认识当代之中国，就不能不深入认识近代之中国；要深入认识近代之中国，就不能不深入认识中古及古代之中国。至此与前一种思考是完全一致的。不过，须知今天的中国已经在世界经济、文化一体化的大潮流中，与整个世界息息相关，因此，要深入认识今天的中国，就不能不深入认识今天的世界；要深入认识今天的世界，就不能不深入认识近代及中古之世界；要深入认识近代及中古之世界，就不能不深入认识古代之世界。这仍然是从当代的中国人出发，但又是一条思路，一条今日中国人必不可少的思路。所以，如果只看事情的一偏，那么世界古代文明史就是遥远而无足轻重的；如果追寻事情的总体，那么世界古代文明史就是虽远犹近而不能不深研的了。

其实，这里面还有一个如何思考问题的问题。如果一定要完全功利性地考虑问题，那么，历史本来就是过去的人与事，它无论如何也不能直接满足现代的实际要求，它不能解决任何衣食住行等方面的具体问题，不能对世界古代文明史的具体功用有太多太高的幻想。但是，当我们承认了古代文明史的不具特别的现实功利价值以后，它的"无用之用"倒是不可小视的。因为它可以开阔人的视野，拓展人的心胸，提高人的智慧，改善人的素质。正如亚里士多德(Aristotle)所说，哲学是没有任何直接的具体的用途的，然而它却能提高人的智慧，而智慧是人的素质中最宝贵的东西。我们中国人常常会把历史看成也能起这样作用的学问。事实上不仅中国人如此，外国人何尝又不如此呢?

刚刚过去的20世纪，在人类历史上无疑是一个前所未有的飞速发展的世纪，因而也是对于传统文化破坏最为迅速而巨大的世纪。然而也正是在这个世纪，人们对于古代的文明却不断反复地有所思考。且不说许多关于古代历史的书籍里实际含有许多与现代作比较的内容，从当代的世界现实出发而思考文明的书也时有出现。例如，德国学者施本格勒(Oswald Spengler，1880—1936)于1918—1922年间出版了一部两卷本的《西方的没落》(Der Untergang des Abendlands)，英国学者汤因比(Arnold Joseph Toynbee，1889—1975)于1934—1961年间出版了十二卷本的《历史研究》(A Study of History)。这两位学者在具体观点上当然各有不同，不过，他们都不再以西方为衡量一切其他文化或文明的标准，而以为各个文化或文明都各有其自己的价值，各有其发生、发展与灭亡的生命周期。他们不再坚持西方中心说，但是他们都为西方的没落而悲哀。冷战结束以后，美国成为世界上唯一的超级大国，看来不可一世。然而。美国当代著名政治学家亨廷顿(Samuel P. Huntington)在1993年美国《外交》(Foreign Affairs)季刊上发表了《文明的冲突?》(The Clash of Civilizations?)一文，认为，今后世界的冲突将发生于不同的文明之间，从而引起了许多讨论和批评。1996年，他又出版了《文明的冲突与世界秩序的重建》(The Clash of Civilizations and the Remaking of World Order)一书(1998年新华出版社已出版周琪等人的中译本)，充分发挥了他的见解。他的见解确有其深刻之处，如他会从当今西方的"盛世"后面看出其中的危机来；他的见解又有其令人不能接受的地方，如他把中国这个文明说成对于西方文明的巨大的挑战或威胁。他讲的是当代世界的文明之间的关系问题，可是，当代的世界文明的格局是怎么样形成的呢？这就又不可避免地要涉及世界的古代文明。所以，如果以狭隘的实用眼光来看，世界古代文明史的内容从时、空两方面说都很遥远；如果以面向世界、面向未来的眼光来看，它又近在眼前。

刘家和著作目录

专著

《世界通史·上古部分》(合著，北京：人民出版社，1962 年版。)

《斯巴达》(北京：商务印书馆，1963 年版。)

《世界上古史纲》(合著，北京：人民出版社，上册，1979 年版；下册，1981 年版。)

《世界上古史》(长春：吉林人民出版社，1981 年版。)

《外国历史名人传·古代部分》(合著，重庆：重庆出版社，上册，1982 年版。)

《史学概论》(合著，银川：宁夏人民出版社，1983 年版。)

《中国通史》第一卷(合著，上海：上海人民出版社，1989 年版。)

《世界史·古代史编》(上卷，北京：高等教育出版社，1994 年版。)

《中国通史》第三卷(合著，上海：上海人民出版社，1994 年版。)

《古代中国与世界》(武汉：武汉出版社，1995 年版。)

编译

《世界通史资料选辑(上古部分)》(合作编译，北京：商务印书馆，1962 年版。）

《世界古代史资料选编》（合作编译，长春、北京：北京师范大学/长春东北师范大学，1963 年版。）

《混乱时期的伊拉克（1930—1941）》（合译，［苏］伊 格·米尔斯基原著，北京：人民出版社，1972 年版。）

《中国近代史》（合译，［苏］齐赫文思基原著，北京：三联书店，1974 年版。）

《伊拉克（1900－1950）》（合译，［英］S. H. 朗里梅（S. H. Longrigg）原著，北京：人民出版社，1977 年版。）

《泰晤士世界历史地图集》（合译，［英］J. 巴拉克拉夫主编，北京：三联书店，1982 年版。）

《世界古代史中世纪史资料选辑》（合译，北京：北京师范大学出版社，1991 年版。）